Ernst Seeger

Der Krieg der unsichtbaren Fronten

Ernst Seeger

Der Krieg der unsichtbaren Fronten

(Vom Kriegsrecht der Juden)

Archiv-Edition

Archiv-Edition

Die *Archiv-Edition* dient dokumentarischen, wissenschaftlichen und bibliophilen Zwecken. Es werden in ihr vor allem solche Bücher und Schriften veröffentlicht, die historisch bedeutsame Vorgänge behandeln und im Rahmen der herrschenden Meinungsmanipulation totgeschwiegen oder bei den umfangreichen Büchervernichtungsaktionen nach 1933 und nach 1945 aus den Bibliotheken entfernt worden sind.

Die Darstellungen der Verfasser der einzelnen in der *Archiv-Edition* veröffentlichten Titel entsprechen keineswegs durchgängig der Überzeugung des Verlegers, sie finden daher auch nicht dessen ungeteilte Zustimmung, insbesondere dann nicht, wenn Autoren die geschichtliche Entwicklung zu sehr als Folge von Verschwörungen irgendwelcher Welt- oder Hintergrundmächte erklären und zu wenig die Bedeutung anderer geschichtegestaltender Kräfte herausarbeiten, vor allem die Rolle weltanschaulicher, kultureller und wirtschaftlicher, aber auch staatsrechtlicher, medien-, bildungs- und bevölkerungspolitischer Bestrebungen und in diesem Zusammenhang vor allem die Rolle von Massensuggestion, Angsterzeugung und Gehirnwäsche, Drogenmißbrauch, Sendungs-, Auserwähltheits- und Rassenwahn.

Ausdrücklich distanziert sich der Verleger von allen Äußerungen, welche die Menschenwürde, das Recht auf Leben, auf körperliche und seelische Unversehrtheit, auf Selbtsbestimmung, auf kulturelle und sonstige Eigenart anderer angreifen könnten oder einzelnen Völkern, Gruppen oder Minderheiten bestimmte Verhaltensweisen pauschal zuordnen, vor allem, wenn dies geeignet ist, zu diffamieren, den Frieden zu stören, Rassenüberheblichkeiten zu fördern oder auf andere Weise die freiheitlich-rechtsstaatlichen Grundsätze zu verletzen. Er verzichtet aber darauf, solche Äußerungen durch Schwärzung unkenntlich zu machen, um seiner wissenschaftlichen Verpflichtung zu dokumentarisch korrekter Werkwiedergabe zu genügen.

2003

Faksimile der 1933 im Selbstverlag des Autors Dr. Ernst Seeger erschienenen Ausgabe

Archiv-Edition – Verlag für ganzheitliche Forschung

Herstellung und Auslieferung: *Verlagsauslieferung Dietrich Bohlinger*
Freie Republik Uhlenhof
Postanschrift in BRD: D-25884 Viöl/Nordfriesland, Postfach 1

Druck: Eigendruck

ISBN 3-936223-34-3

Vorbemerkung

Ich sehe durchaus das Problem, ein Buch wie *Der Krieg der unsichtbaren Fronten* nachzudrucken. Der Autor gebraucht einige Begriffe, Formulierungen und Forderungen, die heute, nach den Geschehnissen im Dritten Reich, nicht ohne weiteres von jedermann akzeptiert werden. Ich selbst würde andere Begriffe und Formulierungen wählen und nur solche Forderungen aufstellen, die nicht als Diskriminierung oder Rechtsverkürzung einer Volksgruppe mißverstanden werden können. Tatsächlich geht es ja nicht um Diskriminierung und auch nicht um Rechtsverkürzung – wie der Autor selbst immer wieder zum Ausdruck bringt –sondern um die Abwehr des Verhaltens einer der drei jahwistischen Priesterorganisationen, nämlich der mosaistischen. Allerdings trägt jene Volksgruppe, in der diese Organisation hauptsächlich verbreitet ist, zu diesen Mißverständnissen selbst am meisten bei. Und zwar vor allem dadurch, daß ein großer Teil dieser Volksgruppe, vor allem jener, der nach außen hin als der führende auftritt, sich nicht klar von der mosaistischen Priesterorganisation distanziert, insbesondere nicht von deren imperialistischer Ideologie, wie sie im *Alten Testament* zum Ausdruck kommt, und den darauf fußenden Herrschaftszielen und -methoden. Stattdessen zeigen sich viele ihrer Führer als eng verbunden damit.

Ich sehe natürlich auch die Verzwicktheit des Problems. Aber eine vernünftige Lösung setzt eine offene Erforschung und Diskussion voraus. Und das gerade wird derzeit eifrig unterdrückt. Mich reizt das zum Widerspruch. Doch hiervon abgesehen, halte ich es für unabdingbar, daß wichtige geschichtswissenschaftliche Bücher und Schriften, darunter jene, die im Rahmen der Bibliothekssäuberungen in den Jahren 1945 bis 1949 weitgehend vernichtet worden sind, für die Forschung und Archivierung wieder zugänglich gemacht werden, und das vor allem auf jenen Gebieten, die zu den Schwerpunkten meines Verlagsprogramms gehören. Hierbei liegt es in der Natur einer Dokumentation, daß eine Veränderung des Inhalts nicht möglich ist, denn dann wäre sie keine Dokumentation mehr. Dokumentation ist aber ein zentraler und unabdingbarer Teil jeder Wissenschaft, insbesondere der historischen.

Dem *Historiker* geht es um die Erforschung und Beschreibung von mehr oder weniger komplexen Vorgängen in der Vergangenheit. Er steht zunächst immer wieder vor der Frage, ob eine Quelle echt ist, und wenn das der Fall ist, was sie aussagt. Denn auch eine echte Quelle kann Halbwahres oder gar Falsches aussagen. Das quellenkritische Vorgehen gehört zu den elementarsten Anforderungen an ihn als Wissenschaftler. Darüber hinaus hat er aber nicht nur quellenkritisch vorzugehen. Er muß verschiedene Quellen in ihren Zusammenhängen sehen und auswerten. Er muß bei Bedarf neue Quellen erschließen. Er muß die Entwicklungen und Wirkungen der politisch und anderweitig tätigen Kräfte anhand der Quellen ebenso wie anhand philosophischer, psychologischer und naturgesetzlicher Grunderkenntnisse, allgemeiner historischer Erfahrungen u.a.m. erkennen, er muß Urteile fällen und Lehren ziehen. Hierbei steht er immer wieder vor dem Problem, daß über ein und denselben Vorgang von verschiedener Seite unterschiedlich, unvollständig, widersprüchlich oder gar unwahr berichtet und geurteilt wird. Was soll er tun, soll er das verschweigen? Soll er darüber nachdenken, weitere Nachforschungen betreiben? Soll er über Ausschnitte des Geschehens berichten, über Wesentliches, über Hintergründe und Zusammenhänge? Wo sind da die Grenzen? Und wie soll er das, was er fand oder zu erkennen meint, beschreiben und bewerten? Soll er sich anpassen an politisch erwünschte Meinungen und herrschende Gesetze oder soll er sich mutig bekennen? Wie die Geschichte der Geschichtswissenschaft zeigt, gibt es in der Geschichtsforschung einen ständigen *Fluß der Revision, der Erweiterung und Vertiefung, aber auch der Verflachung, Unterdrückung und Verfälschung* bei der Beschreibung und Bewertung geschichtlicher Vorgänge. Soll ein Fluß nicht fließen, kann man ein Strafgesetz beschließen, das ihm das Fließen verbietet. Ob das aber hilft? Man kann den Fluß auch stauen. Tritt er dann nicht eines Tages über die Ufer? Oder systematisch austrocknen. Dann gibt es vor Ort vielleicht eine Dürre und andernorts Unwetter. Oder einfach negieren. Aber dann fällt man eines Tages versehentlich hinein und ertrinkt darin. Soll die Geschichtswissenschaft das bleiben, was sie sein soll, nämlich ein Instrument zur Erforschung vergangener Wirklichkeit und ein Lehrmeister für die Zukunft mithilfe der Erkenntnis wichtiger Wahrheiten, dann darf sie nicht unter irgendein Ausrichtungsdiktat gestellt werden, dürfen ihr Dokumente nicht vorenthalten, Archive nicht verschlossen, offene Diskussion und Dokumentation nicht verwehrt werden. Sie verkommt sonst zur Unwissenschaft und Ideologie. Dagegen wehre ich mich, als Historiker und als Mensch, dem die Wahrheit an sich und die Mündigkeit der eigenen Person und die seiner Mitmenschen am Herzen liegt.

Den *Philosophen* beschäftigt hingegen zunächst die Frage nach dem Sinn des Lebens und der Schöpfung, nach den Gesetzen der Natur und der menschlichen Seele. Hierbei stößt er auch auf die Frage nach den geschichtegestaltenden Kräften. Und da ein echter Philosoph immer auch ein Ethiker ist, fragt er auch danach, wie negative, zerstörerische Kräfte abgebaut werden können, wie ein antiimperialistisches, freiheitlich-rechtsstaatlich-demokratisches, kulturvolles, soziales, ökologisch- und gesundheitorientiertes Gemeinschaftsleben innerhalb eines Volkes und Staates und zwischen den Völkern und Staaten gefördert werden kann. Ihn interessiert die Vergangenheit nur, um aus ihr grundsätzliche Erkenntnisse über gut und böse, richtig und falsch zu gewinnen, und um Hilfen zu entwickeln, damit die Zukunft lebenswerter, gerechter, freier und kulturvoller gestaltet werden kann.

Der Verlag wird vor allem von geschichtswissenschaftlichen und philosophischen Bestrebungen, wie sie vorstehend umrissen wurden, geleitet. Er distanziert sich von jeder rassistischen, hetzerischen oder einseitigen Darstellung und erst recht von jedem Eingriff in die Lebens-, Freiheits- und Kulturrechte des Einzelnen und der Völker. Vor allem ist für ihn aber maßgebend:

Das vorliegende Buch beschäftigt sich mit Aspekten der sogenannten *Judenfrage*. Der *Verlag für ganzheitliche Forschung* beschäftigt sich u. a. ebenfalls mit dieser Frage. Er vertritt in der Judenfrage neben dem rein wissenschaftlichen – der an sich zur Rechtfertigung genügt – auch noch folgenden Standpunkt:

In der mosaischen Religion ist von zentraler Bedeutung der sogenannte *Jakobsegen*. Neben ihm steht der sogenannte *Esausegen*. Aus *mosaistischer Sicht* ist der Verfasser dieser Zeilen und Inhaber des *Verlags für ganzheitliche Forschung* ein führender Vertreter des *Esausegen-Konzepts*. Das Esausegen-Konzept steht – im Gegensatz zu vielen anderen Inhalten der mosaischen Religion[1] – im Einklang mit dem weltanschaulichen Konzept des Verfassers, das vor allem auf den philosophischen Erkenntnissen von Mathilde Ludendorff und daneben auf denen von Nicolai Hartmann, Friedrich Schiller und Wilhelm von Humboldt fußt.

Bei der Verfolgung seines Konzepts steht der Verfasser nicht nur in einem Recht, sondern auch in einer Pflicht. Nach der Lehre des Mosaismus hat sich Jakob durch Betrug den Erstgeburtssegen seines Vaters Isaak, der eigentlich seinem Bruder Esau zustand, erschlichen und dadurch die Herrschaft über Esau erlangt. Esau mußte nun Jakob dienen. Doch Esau bekam von Gott Jahweh über seinen Vater Isaak im Rahmen einer anderen Segenerteilung das *Recht zugesprochen, eines Tages das Joch seines Bruders Jakob vom Halse zu reißen, um auch Herr zu sein*. Das heißt, das Esausegen-Konzept beinhaltet nicht, daß nun zur Abwechslung Jakob unters Joch gebeugt werden darf, sondern es soll etwas wesentlich anderes herbeigeführt werden: SELBSTBESTIMMUNG, GLEICHBERECHTIGUNG, FREIHEIT UND FRIEDEN FÜR BEIDE BRÜDER, BEIDE SOLLEN NUN HERREN SEIN, HERREN IHRER SELBST UND SOMIT FREI UND OHNE JOCH. Nur in diesem Sinne ist es auch möglich, daß Esau die Folgen heilen kann, die Jakob mit dem Beschreiten des von ihm eingeschlagenen Wegs erzeugte, den man in richtiger Ausdeutung dieser Symbolgeschichte als imperialistischen Weg bezeichnen könnte. Gewalt darf Esau hierbei nicht anwenden. Damit würde er sich nämlich auf den Weg Jakobs begeben, der ja als IRRWEG gerade überwunden werden soll. AUCH IN DER THORA WIRD DER WEG JAKOBS LETZTLICH ALS IRRWEG GEWERTET, DENN SONST ENTHIELTE DER ESAUSEGEN NICHT DIE VERHEISSUNG, DASS DEREINST DIE FOLGEN DES JAKOBSEGENS ÜBERWUNDEN WÜRDEN. JA, DADURCH WIRD DER ESAUSEGEN SOGAR ZUM OBERSTEN GESETZ. Das aber bedeutet, daß das Esausegen-Konzept nicht nur das Recht auf Selbstbefreiung Esaus enthält, sondern auch die Pflicht für Esau, Jakob zu helfen, den Weg der Befreiung und Läuterung und damit der Erlösung zu beschreiten. Das eine geht nicht ohne das andere. Das bedeutet zugleich, daß Jakob, nachdem begonnen wurde, das Esausegen-Konzept zu verwirklichen, Esau nicht in seinem Bemühen um Heilung hindern darf, will er im Rahmen seiner Religion bleiben und der Erlösung teilhaftig werden. Oder mit anderen Worten: Es erfolgt das Hervortreten des messianischen Konzepts aus dem Raum des Glaubens und der Hoffnung auf etwas Zukünftiges in den Raum der aktuellen Politik. Nach mosaistischer Sicht wäre eine Behinderung oder gar Verhinderung dieses Hervortretens gleichbedeutend mit einem grundsätzlichen Bruch des Bundes mit Jahweh, was – immer noch aus mosaistischer Sicht – die Verfluchung und Vernichtung durch Jahweh nach sich zöge. Diese Symbolgeschichte ist sicherlich der weiseste Beitrag des Mosaismus im Rahmen der Geistesgeschichte der Menschheit: in ihr liegt wie in einer Nußschale der Same und die Wegweisung zur Erlösung vom Übel des Imperialismus.

Es ist klar, daß eine Befreiung, die vor allem auf geistigem Gebiet erfolgen und beide Seiten umfassen soll, hauptsächlich mit den Mitteln des Vorbilds, der Aufklärung, der Erziehung, der Kultur sowie der Mobilisierung des Freiheits-, Rechts-, Wahrheits- und Schönheitswillens herbeigeführt werden kann. In diesem Rahmen kommt der geschichtswissenschaftlichen Forschung, Dokumentation und Publizistik eine herausragende Bedeutung zu. Hierbei müssen Forschung, Lehre und Publizistik frei sein, auch dazu frei, wesentliche Dokumentationen in den Forschungs- und Publikationsfluß einzuleiten, die unter dem Einfluß des Zeitgeistes einer älteren Geschichtsepoche entstanden sind und daher nicht durchgängig frei sind von Mängeln. Wenn dem Menschen zugebilligt wird, daß er fähig ist, als mündiger Bürger in einem freiheitlich-demokratischen Rechtsstaat zu leben, muß ihm auch die Freiheit der Entscheidung für das Richtige oder das Falsche zugebilligt werden in der Erwartung, daß die meisten Menschen diese Freiheit nicht mißbrauchen, sondern positiv und kritisch nutzen.

Roland Bohlinger

[1] Siehe vor allem die Schrift des Verfassers: *Zentrale Wurzeln des Terrors*, FREIHEIT UND RECHT, Folge 3-4/2002.

Inhaltsangabe.

Zur Einführung für den Leser.

Dieses Buch wendet sich nicht an Begeisterte, sondern an Kämpfer. Es sucht keine Freunde, sondern Entscheidungen. Es fordert keine Anerkennung, sondern Stellungnahme. Ob Für, ob Wider: — das gilt gleich; nur Vermittler und Unterhändler sind unerwünscht und verächtlich.

Dieses Buch wendet sich nicht an Menschen der Masse und der Alltagsphrase: — es wendet sich an Denkende, das will besagen, an Deutsche.

Es sucht die hochgemuten Menschen unter den Deutschen, das will besagen, die Freien.

Es sucht die Einsamen unter den Deutschen, das will besagen, die Herren aller Einsamkeiten eines entscheidungsschweren Lebens.

Es sucht die Stillen unter den Deutschen, das will besagen, die Eroberer der Jahrtausende.

Dieses Buch sucht keine unfruchtbaren Kritiker, sondern schaffende Beurteiler. Denn es will kein Entrüstungsgeschrei, sondern entsagungsvolle Arbeit um Deutschland und einsatzbereiten Kampf für das Deutschtum. Die Entscheidungen, die heute von uns gefordert werden, müssen im Gewissen jedes Deutschen fallen. Darum sehe jeder zu, daß er keinen Verrat an seinem Gewissen begehe! Denn das wäre ein Verrat an Deutschtum und Freiheit. Die Treue gegen Deutschtum und Freiheit aber ist uns durch den kategorischen Imperativ des Deutschen Gedankens aufgegeben: „Gedenke, daß du ein Deutscher bist!"

Dieses Buch sucht die Menschen der heiligen Kraft, die in der mahlenden Mühle des Alltags den Stolz des Deutschtums nicht vergessen und im allgemeinen Zusammenbruch unserer Tage die leidgestählte Kraft des Deutschen Gedankens durch heroisches Beispiel und Leben beweisen.

„Nicht in der Blüt und Purpurtraub'
Ruht heilige Kraft allein!
Es nährt das Leben vom Leide sich
Und trinkt, wie mein Held, doch auch am Todeskelch sich glücklich!"

so singt Hölderlin im Empedokles und erfüllt uns mit seiner heiligen Kraft.

Dieses Buch sucht die Menschen des tätigen Lebens; jenes Lebens, das den Keim des Gestern treulich bewahrt und zu seiner Zeit dem Boden für die Zukunft anvertraut.

„Und weil die Tat nur ist ein Kind der Stärke,
Die Stärke aber leicht wie Körner Sandes
Zerstiebt und schwach ist wie getrennte Stäbe,
Bis Einigkeit, der Bürge des Bestandes,
Den Bund der Kräfte schließt zu stolzem Werke:
So schwören wir, und jeder hier erhebe
Die Hand, und leuchtend schwebe
Des Schwures Wort empor: daß ohne Wanken
Getreu wir Bruderstämme der Germanen
Als eines Hauses Kinder unsre Bahnen
Ziehn wollen, bis in Staub die Letzten sanken
Auf leichenvoller Walstatt der Geschichte
Und deutscher Name lebt nur im Gedichte!"

(Robert Hamerling: Germanenzug.)

Der Verfasser.

Tübingen, am Reformationstag 1924 nach Teutoburg

Es bleibt mir noch die gern erfüllte Pflicht, meinen Freunden, die mich mit Rat und Tat beim Zustandekommen dieser Arbeit unterstützt haben, besonders den Herren Leopold Heiß und Oskar Wahl, meinen freundschaftlichen Dank auszusprechen.

Ernst Seeger.

1. Buch

Das Kriegsheer.

„Was ist das Schwerste von allem? Was dir das Leichteste dünket:
Mit den Augen zu sehn, was vor den Augen dir liegt."

(Schiller.)

1. Hauptstück.

Das Religionsvolk der Juden.

Das Judentum ist ein Torso; eine Geburtsgemeinschaft ohne Staatsgebiet, ohne Bauern, ohne Wehrmacht; geschaffen und beherrscht vom jüdischen Priestertum. Am Anfange der jüdischen Geschichte steht der jüdische Priester. Er gestaltet und schreibt sie zugleich und stellt sich selbst in den Mittelpunkt der Geschichte, auf den alles bezogen wird, von dem alles ausgeht. So sah der priesterliche Kompilator Esra die jüdische Geschichte und die Rolle des jüdischen Priesters in der Geschichte und darum ist es kein Zufall, daß als Schöpfer und Gesetzgeber des jüdischen Volkes ein Priester gilt — Moses.

Die Wissenschaft hat sich darüber gestritten, ob Moses gelebt hat oder als mythische Figur anzusehen ist. Da die Niederschrift der Bibel erst um 500 vor dem christlichen Zeitabschnitt begonnen und unter dem Einfluß einer streng jahwistisch gerichteten Priesterschaft über- und umgearbeitet wurde, so ist uns in der Hauptsache nur der zur Zeit der Niederschrift bzw. der Überarbeitung erreichte Zustand, — in die Vergangenheit verlegt, — geschildert. Die Frage, ob Moses gelebt oder nicht gelebt hat, verliert sofort an Bedeutung, wenn man sie dahin beantwortet, daß sich in Moses das jüdische Priestertum verkörperte und daß dieses an diese Gestalt seine Überlieferung anknüpfte und von ihr seine Macht herleitete.

Moses, der Lewit, steht als Urheber der kultischen und rechtlichen Überlieferungen im Mittelpunkt der alttestamentlichen Gesetzgebung. Aus seinem Segen lernen wir die Gepflogenheiten und Anschauungen der echten Lewiten kennen. Danach bringen sie Jahwe die Opfer dar; sie sind im Besitze der Orakel und sie „werden Jakob deine Rechte lehren und Israel dein Gesetz"! (5. Mose 33,8—10.) Wie uns der Jahwist belehrt, hat Moses dem Volk Israel in Qades Gesetze gegeben: „Daselbst stellte er ihnen ein Gesetz und ein Recht und versuchte sie ...." (2. Mose 15,25).

Die Stellung der lewitischen Priester als oberste richterliche Behörde, hat sich, wie die historische Überlieferung ergibt, zweifellos erst nach hartem Kampfe mit anderen rechtsetzenden und rechtsprechenden Stellen herausgebildet. So haben die „Ältesten und Vornehmen" der Ortschaften Recht gesprochen (1. Könige 21,8 ff.; in Geschlechtssachen, beim Blutrecht trat die Geschlechtsversammlung zusammen (2. Sam. 14,7) und oft greift auch in die

Rechtspflege ein. (2. Sam. 14, 15,2 ff.). Doch hat die priesterliche Kunst der Orakelerteilung — „Thora, die priesterliche (sakrale und weltliche) Rechtssetzung, ist ursprünglich Loswerfung, „belehren" das Werfen der Lose vor Jahwe" (Eduard Meyer S. 95) — den Sieg über die konkurrierenden Instanzen errungen und das lewitische Priestertum zum höchsten Träger der ganzen Rechtsentwicklung gemacht. Deutlich kommt das oberste Richtertum der lewitischen Priester in 2. Mose 18,13 ff. zum Ausdruck. Mose sagt dort: „Das Volk kommt zu mir um Jahwe um Rat zu fragen" (ebda. 15). Er, der lewitische Priester setzt dort die weltlichen Behörden als Stellvertreter des Priestertums ein, „daß sie das Volk allezeit richteten; was aber schwere Sachen wären, zu Mose brächten und die kleinen Sachen sie richteten" (ebda. 26). In voller Klarheit tritt uns die jüdische Priesterherrschaft, die jüdische Theokratie, aus diesen Bestimmungen entgegen, als deren Schöpfung wir den ganzen Pentateuch anzusehen haben.

Das lewitische Priestertum weiß zu herrschen und sich in der Herrschaft zu halten. Das zeigt uns das Gesetzbuch des Deuteronomiums. Nach Kapitel 17,18 nehmen die Könige, die Beamten und das Volk das Gesetz von den Priestern, den Lewiten, nach Vers 9 sprechen die Priester Recht, nach Vers 12 steht der Priester im Rang über dem Richter und nach Kapitel 20,2 ff. spricht der Priester vor dem Beamten zum Heere.

Welche Machtstufe das Priestertum in Israel schon um 850 vor dem christlichen Zeitabschnitt erklommen hat, sagt uns Deuteronomium 33,11 (Segen Moses): „Segne Jahwe seinen Wohlstand (des Priesterstandes) und seiner Hände Werk begnade, zerschmettere die Hüften seiner Gegner und seiner Hasser, daß sie sich nicht erheben können." Wie ernst es das Priestertum mit der Erhaltung seiner Macht meint, wie gründlich es sich auf das Hassen versteht, wo es seine Macht gefährdet glaubt, zeigt die Geschichte von Datan und Abiram, die es wagten, die Herrschaft und Heiligkeit des lewitischen Priestertums anzugreifen.

Vor der Macht des lewitischen Priestertums in Israel treten alle anderen Stände zurück. Weder die Richter, noch auch später die Könige konnten in der jüdischen Geschichte die Bedeutung des Priestertumes erlangen.

Dadurch unterscheidet sich das Judentum ganz wesentlich von den andern Völkern. Während bei den andern Völkern nicht nur Priester, sondern zumeist Krieger und Könige als geschichtsbildende, schöpferische und schicksalbestimmende Kräfte auftreten und wirken, ist es in Israel allein der Priester, der als Gesetzgeber und Politiker, als Staatsmann und Händler das jüdische Volk nach seinen Hochzielen, nach seinem Bilde formte. Das Judentum ist das Ebenbild seines Priestertums. Über diesen Sachverhalt, nämlich, daß das Judentum die Schöpfung seines Priestertums ist und von der schöpferischen Kraft des Königtums, des Kriegertums und des Bauerntums nie etwas erfahren hat, können uns auch die in der Bibel niedergelegten Überlieferungen von den Kriegen, die Israel geführt hat, nicht täuschen.

Seit etwa 1230 vor der christlichen Ära sitzen die Israeliten in Palästina. Doch waren sie damals keineswegs das herrschende Volk im Lande, sondern nur ein kleiner, in die alte choritische Bevölkerung eingesprengter Bevölkerungssplitter, der in den gebirgigen Rückzugsgebieten, im Gebirge Ephraim, in Judäa, im gebirgigen Galiläa, in der westjordanischen Wüste und in den gebirgigen, von Schluchten zerschnittenen Rückzugsgebieten des Westjordanlandes saß. Die Geschichte der Eroberung Kanaans ist ein nicht einmal schönes Märchen, das sich sofort als solches zu erkennen gibt, wenn man das Josua- und Richterbuch mit einiger Aufmerksamkeit liest. Während uns nämlich im Josuabuch erzählt wird, wie Jericho durch eine Wundertat Jahwes fällt, wie g a n z Kanaan erobert wird und alle seine Bewohner ausgerottet werden, eröffnet uns Richter 1,27 ff. mit entwaffnender Beschränktheit, welche Städte Israel n i c h t erobern konnte:

> „Und Manasse vertrieb nicht Beth-Sean mit ihren Töchtern, noch Thaanach mit ihren Töchtern, noch die Einwohner zu Dor mit ihren Töchtern, noch die Einwohner zu Jibleam mit ihren Töchtern, noch die Einwohner zu Megiddo mit ihren Töchtern; und die Kanaaniter beharrten zu wohnen in demselben Lande."

Dasselbe wird in den folgenden Versen dieses Kapitels von den Stämmen Ephraim, Sebulon, Asser und Naphtali erzählt und von den nichtjüdischen Amoritern heißt es:

> „Sie drängten die Kinder Dan aufs Gebirge und ließen nicht zu, daß sie herunter in den Grund kämen."

Das Ergebnis der Eroberung Kanaans ist demnach für die Israeliten niederdrückend. Sie, die „Sieger", sitzen nach der „Eroberung" des Landes in allen Rückzugsgebieten, während die Kanaaniter, die „eiserne Wagen haben", nach wie vor in den Vorzugsgebieten sitzen, nämlich in der Küstenebene, im Jesreelflachland (Megiddo) in der wichtigen Djaludsenke und in der diese Ebene beherrschenden Stadt und Oase Beth Sean.

Das Geheimnis der Eroberung Kanaans liegt in dem Ausdruck der „friedlichen Durchdringung" beschlossen. Das Ostjordanland wurde nicht im Schwertkampf erobert, sondern durch priesterliche Missionierung unter den unterdrückten Völkern und durch zielbewußte Unterwühlung der transjordanischen Amoriterstaaten.

> „Da aber Israel mächtig ward, machte es die Kanaaniter zinsbar und vertrieb sie nicht." (Richter 1,28).

Nicht der Krieger und nicht der Bauer haben Kanaan erobert, sondern der Priester und der Händler.

Das System der „friedlichen Durchdringung" fremder Länder macht den Krieger überflüssig. Diesem Gedanken hat auch die spätere jüdische Geschichtsschreibung in einfältigster Weise Ausdruck gegeben. Wenn in der Jerichogeschichte das Volk mit Posaunenblasen und Kriegsgeschrei um die Stadt zieht bis ihre Mauern einstürzen, so hat der priesterliche Geschichtsschreiber damit sagen wollen, daß Schreien und Trompetenblasen besser sei, als Schwert- und Speerkampf. Wenn der Geschichtsschreiber den Gideon und seine Mannschaft mit dem Schlachtrufe „Schwert für Jahwe" über ihre Feinde herfallen läßt und den israelitischen Soldaten in die eine Hand Fackeln, in die andere Hand Posaunen gibt, so hat er damit denselben Gedanken ausgedrückt. Der Krieger ist nach der ganzen jüdischen Geschichte keine Gestalt, der ein Platz in Israel zugewiesen werden könnte. Wer die sog. Kriegsgesetze im 5. Mose 20 liest, der muß ein Volk erkennen, das vom Wesen des Kriegertums noch nicht einen Hauch verspürt hat, das nicht begriffen hat, daß in der Wehrmacht eines Volkes der Wille zur Zukunft und zur männlichen Selbstbehauptung zum Ausdruck kommt. Wie sehr dem Volk Israel mit dem Kriegertum auch der männliche Lebensnerv fehlt, ergibt sich mit niederdrückender Deutlichkeit aus 1. Samuel 13,6—7:

> „Da das sahen die Männer Israels, daß sie in Nöten waren (denn dem Volke war bange), verkrochen sie sich in die Höhlen und Klüfte und Felsen und Löcher und Gruben.
>
> Es gingen aber auch Ebräer über den Jordan ins Land Gad und Gilead. Saul aber war noch zu Gilgal und alles Volk ward hinter ihm zag."

Mit dieser Schilderung stimmt auch die Meldung überein, daß sich David und Salomo hauptsächlich auf fremdstämmige Söldner stützten. Gerade von David wissen wir, daß er seine Söldner aus dem indoeuropäischen Stamme der Gethiter gewann, die ihm freiwillig folgten und die nach Renan den „Kitt des israelitischen Königreiches abgegeben" haben. „Von diesem arischen Truppenteil", wie er ihn nennt, sagt Renan:

> „Er war ebenso tapfer wie der Araber und unterschied sich von diesem durch seine Treue; um etwas Dauerhaftes zu gründen, mußte man sich auf ihn stützen. — Er war es, welcher die verräterischen Anschläge des Absalom, des Sebah, des Adoniah vereitelte, er war es, welcher den bedrohten Thron Salomos rettete — —.) (Chamberlain S. 435. Renan Israel II, 30—32.)

Von der israelitischen Heeresorganisation, die in der Königszeit feste Formen angenommen habe, wie Dubnow in seiner „Weltgeschichte des jüdischen Volkes" erzählt, bleibt hiernach nicht viel übrig. Sie findet sich auch in der späteren jüdischen Geschichte nicht, denn aus assyrischen Berichten über die Belagerung Jerusalems im Jahre 701 vor der christlichen Ära erfahren wir, daß ein arabisches Söldnerheer Jerusalem verteidigte, woraus sich ohne weiteres auf einen empfindlichen Mangel militärischer Eigenschaften im Judentum schließen läßt.

Daß fremde Söldner den „Kitt des israelitischen Königreiches abgegeben" haben, daß fremde Söldner die Unabhängigkeit des judäischen Staates verteidigten, ist, nebenbei bemerkt, eine schlagende Widerlegung jenes verbrecherisch dummen Satzes, wonach jede Wehrmacht eine Bedrohung von Freiheit und Unabhängigkeit der Bürger bedeute. Gerade das Judentum ist der sprechende Beweis dafür, daß nicht die Wehrmacht eines Volkes der Boden „imperialistischer Raub- und Unterdrückungspolitik" zu sein braucht, sondern daß zu einer solchen Politik die verschiedensten Faktoren zusammenwirken müssen, denn die Juden sind, obwohl sie nie eine eigene Wehrmacht besaßen, bis heute das am meisten imperialistische Volk der Erde. Wie ist diese eigentümliche Tatsache zu erklären?

An die Spitze unserer Abhandlung haben wir den Satz gestellt, daß das Judentum ein Torso (ein Bruchgebilde) sei. Wenn in einem gegliederten Ganzen ein Organ fehlt oder die ihm zukommende Obliegenheit nicht ausübt, so übernehmen andere Glieder nach Möglichkeit in ihrer Art die Arbeit des fehlenden oder ausgeschalteten Organes. Dieser Fall ist beim Judentum eingetreten. Das Priestertum ist hier an die Stelle des Kriegers und des Bauern getreten, hat daher die Funktionen beider Stände auf sich genommen und — auf priesterliche Art gelöst. Daß das jüdische Priestertum diese Lücke ausgefüllt hat, bleibt eine Tat von weltgeschichtlicher Bedeutung, denn durch sie wurde das jüdische Volkstum gerettet, das ohne den jüdischen Priester dem sicheren Untergang verfallen wäre. Es ist dies eine Tat von vorbildlicher völkischer Selbsthingabe eines Standes an sein Volk, die sich die Priestertümer anderer Völker zum Beispiel nehmen könnten.

Das jüdische Priestertum ist der Brennpunkt und das Sammelbecken aller männlichen und völkischen Kraftströme. Von ihm strahlt der Selbsterhaltungswille eines ganzen Volkes in alle Kanäle und Nerven seines völkischen Lebens aus. Was diesem Selbsterhaltungswillen widerspricht, wird rücksichtslos ausgemerzt, was ihn fördert — ob gute oder schlechte Eigenschaften — wird sorglich gepflegt. Unbeugsam und hart, andererseits wieder anpassungsfähig und verschlagen, grausam und machthungrig, engherzig und unduldsam, fanatisch und voll hingebender und leidenschaftlicher Bereitschaft für sein jüdisches Volk, das ist der Typ jenes jüdischen Priesters, dem das jüdische Volk seine Entstehung und sein Leben zu verdanken hat.

Die Aufgaben, die dem jüdischen Priestertum bei seinem Kampf um das Judentum und die Schöpfung des Judentums gestellt waren, unterscheiden sich wesentlich von den Aufgaben der Gesetzgeber und Führer der anderen Völker. Das Judentum steht als ausgesprochenes Priestervolk — sagen wir besser Religionsvolk — mit seiner Einheit von Blut und Glaube nicht nur im schroffsten Gegensatz zu den arischen Bauernvölkern, sondern auch zu den semitischen Nomadenvölkern und den mongolischen Hirten- und Jägervölkern. Es ist weder Bauern- noch Nomaden-, Hirten- oder Jägervolk, sondern eben, wie schon gesagt, Religionsvolk.

Während nun das Bauernvolk im Kampfe mit der Natur und, wenn ihm sein Lebensraum zu eng wird, im Schwertkampf sein Dasein behauptet, findet sich das Judentum vollkommen losgelöst von Grund und Boden, es hat nicht einmal mehr die lose Beziehung des Nomaden, Hirten oder Jägers zu dem es umgebenden Lebensraum. Seine Ernährungsgrundlage bilden nicht Grund und Boden, sondern — die Völker nichtjüdischer Art. Das Volk ohne Bauern muß zu den Bauern anderer Völker in Beziehung treten, das Volk ohne eigenen, geschlossenen Lebensraum muß in den Lebensraum der anderen Völker vorstoßen. Das „Freund-Feindverhältnis" (Karl Schmitt) dieses Volkes zu den anderen Völkern, d. h. die Politik dieses Volkes wird durch den Mangel des Bauerntumes und durch den Mangel eines eigenen Staatsgebietes maßgebend und empfindlich beeinflußt. Während in einem Bauernvolk der einzelne Bauer keine Politik treibt und sich nicht um Politik kümmert, weil er in seiner Blutsverbundenheit mit seinem Volke (in der Regel) nicht von anderen unmittelbar fremden und feindlichen menschlichen Lebensgemeinschaften direkt bedroht ist, sieht sich beim jüdischen Religionsvolk jeder einzelne Jude fast täglich und stündlich vor die Aufgabe gestellt, sein eigenes persönliches Freund-Feindverhältnis zu dem ihn umgebenden Volke in erträglicher Weise zu lösen. Das will besagen, daß für jeden einzelnen Juden die Beschäftigung mit dem Freund-Feindverhältnis zu den andern Völkern bei Todesstrafe lebensnotwendig ist. Vor diese Aufgabe sieht sich jeder Jude schon seit Jahrtausenden immer von neuem gestellt.

Wir sehen also, daß die Beschäftigung mit Politik im umgekehrten Verhältnis steht, je nachdem es sich um den Angehörigen eines Bauernvolkes oder um einen Juden handelt, was sich vollkommen natürlich erklärt. Daraus erklärt sich auch, was nur nebenbei bemerkt sei, vollkommen zwanglos der hohe Hundertsatz politisierender Juden unter den nichtjüdischen Bauernvölkern; bildet doch jeder einzelne Jude gewissermaßen Vorposten und Feldwache des Gesamtjudentums.

Wollte das Judentum sich nicht auflösen, wollte es sich nicht „assimilieren", so mußte es für den Daseins- und Lebenskampf, der sich aus seinem besonders gearteten Freund-Feindverhältnis zu den anderen Völkern entwickelte, Erfahrungen sammeln und aus diesen Erfahrungen Lebensregeln bilden. Dieses Amt und diese Aufgabe hat der jüdische Rabbinismus übernommen und die Erfahrungen des Lebens- und Daseinskampfes der jüdischen Religionsgemeinschaft in Bibel und Talmud niedergelegt.

Was für den Bauern seine bäuerliche Überlieferung und Lehre, das ist für den Juden die Überlieferung von Thora und Talmud. Wie der Bauer mit der bäuerlichen Überlieferung sein Bauerntum, so würde der Jude mit der talmudischen Überlieferung sein Judentum ablegen. Die Verleugnung der talmudischen Überlieferung wäre, wenn ihm überhaupt möglich, für den Juden gleichbedeutend mit Selbstaufgabe.

Wollen wir den Geist der jüdischen Gesetzgebung in Thora und Talmud erfassen, so müssen wir in den Sinn des rabbinischen Kampfes um das jüdische Volk einzudringen versuchen. Der Sinn dieses Kampfes ist:

Erhaltung des jüdischen Volkes um jeden Preis.

Henne Am Rhym macht in seiner „Kulturgeschichte des Jüdischen Volkes" darauf aufmerksam, daß alle Wandlungen und Entwicklungen des Judentums im Auslande ihren Anfang genommen haben. Er meint, daß in Ägypten das Hebräertum, in Babylonien das Judentum seinen Anfang genommen habe, das „in der Diaspora nach der letzten Tempelzerstörung kosmopolitisch geworden sei". In dieser Allgemeinheit halte ich diese Ansicht nicht für richtig, sondern bin eher geneigt zu glauben daß von der Diaspora her das palästinensische Judentum seine allmähliche Umwandlung vom Hebräertum zum Judentum erfahren hat, wie umgekehrt das Diaspora-Judentum durch seinen palästinensischen Stützpunkt vor der Auflösung bewahrt blieb. Die beiden Brennpunkte jüdischen Lebens, Palästina und Diaspora, von denen der eine Brennpunkt Palästina im Laufe der jüdischen Geschichte mehr und mehr zur Fiktion jüdischer Gehirne wurde, können mindestens für das antike Judentum als einander wechselseitig durchdringende Kräfte nicht übersehen werden. Das zeigt sich am deutlichsten bei Esra und Nehemia. Das Judentum hatte im babylonischen Exil unter dem Einfluß des Mazdaismus seinen nationalen Landesgott Jahwe zum Weltgott erhoben, d. h., es hatte — um mit Dubnow zu reden — den „absoluten Monotheismus" erworben, „der Jahwe als den einzigen Weltgott und das jüdische Volk als seinen Auserwählten und Apostel anerkennt". Von Babylonien hatte das Judentum den „absoluten Monotheismus", besser würden wir sagen Henotheismus, mitgebracht und in Jerusalem wurde nach dem Exil durch die Gesetzgebung Esras und Nehemias die Einigung und Absonderung der Nation mit Hilfe des jahwistisch umgedeuteten „absoluten Monotheismus" durch besondere Blutsgesetze durchgeführt. Die Gesetzgebung Esras ist konzentrierteste politische Erfahrung eines Volkes, dessen Lebens- und Selbsterhaltungswille im Kampfe einer jahrhundertealten Diaspora geschärft und gestählt worden war. Esra und Nehemia haben die Thora zur Verfassung Judäas erhoben, deren Gedanken und Rechtssätze in den folgenden Jahrhunderten von den „Kriegern der Synagoge" (Dubnow III. Bd., S. 216), den Erfahrungen des Judentums angepaßt und folgerichtig im Talmud weiterentwickelt und ausgebaut wurden. Der nachbiblische Judaismus hat sich im Talmud eine Riesenenzyklopädie geschaffen, die alle Gebiete des jüdischen Lebens umfaßt, das religiöse Ritual und die Theologie, das Recht und die Ethik. Gewiß enthält der Talmud eine Fülle von Plattheit und Unsinn, eine Fülle empörender Gemeinheit und Niedertracht. — Das sind nichtjüdische Werturteile, die der weltgeschichtlichen Bedeutung des Gesetzeswerkes nicht gerecht werden. Wer diese erfassen will, der muß in das Jahr 70 der christlichen Ära zurückgehen und die Tätigkeit eines zweiten judäischen Esra betrachten, des Pharisäers der Hillelschule Jochanan ben Sakkai. Dieser verließ während der Belagerung Jerusalems durch Titus die unglückliche

Stadt, wurde vor den römischen Feldherrn geführt, von dem er sich die Erlaubnis zur Errichtung eines Lehrhauses in Jabne (Jamnia) erbat. Titus gewährte diese Bitte und sofort ging eine Gruppe judäischer Pharisäer daran, mitten im Zusammenbruch des judäischen Staates in dem Lehrhaus in Jamnia einen neuen geistigen Gestaltungsmittelpunkt des Judaismus zu schaffen, der zum Kern der nachmaligen völkischen Wiedergeburt des Judentums wurde Dies talmudische Lehrhaus wurde Organisationsmittelpunkt des Judaismus. Wer nach den Erfolgen der jüdischvölkischen Erziehung durch das System der Lehrhäuser fragen sollte, der sei an den Aufstand des „Barkochba" im Jahre 115, ganze 45 Jahre nach der Zerstörung Jerusalems, erinnert, der das römische Weltreich an den Rand des Verderbens brachte. Hadrian warf den jüdischen Aufstand zwar nieder, machte Jerusalem dem Erdboden gleich und errichtete auf seinen Trümmern eine neue Stadt, — Aelia Capitolina, — baute dem Jupiter einen Tempel; — den Judaismus aber hat er nicht vernichtet! —

Warum entging das jüdische Volk der Vernichtung? —

Darauf gibt uns der Zionist Simon Dubnow, der Verfasser der Weltgeschichte des jüdischen Volkes, eine Antwort, die auch wir nicht besser geben könnten. Wir setzen sie darum hierher.

Nach der Eroberung Jerusalems tritt das jüdische Volk „in eine neue Phase seines geschichtlichen Daseins". Das System der Nomokratie gelangt nunmehr zu seinem vollen Triumph.

„Die weitestgehende innere Autonomie, soweit diese bei der politischen Abhängigkeit überhaupt erreichbar ist, soll das Ziel all Deines Strebens sein! —

Das war das erste Gebot, das diesem System zugrunde lag.

Das zweite Gebot aber war: „Widerstrebe allem, was zur Verschmelzung mit den umgebenden Völkern oder zur Assimilation führt." Das Prinzip der Selbstabsperrung kommt immer mehr zur Geltung. Besonders galt es dabei, sich gegen die „christliche Sekte", — dieses jüdisch-hellenistische Gemisch, — abzuschließen, das seinem ganzen Wesen nach dem nationalen Prinzip feindlich gegenüber stand. So wird der Zaun des Gesetzes, — der Israel von den Völkern trennt, — immer höher und höher getürmt. Von ihrem Geiste nach fremden oder gar feindseligen Elementen ganz umringt, verwandelt sich die Nation in eine geistige Armee, der die Zucht und das Reglement über alles geht. Die Formen dieser Reglementierung werden in der immer mehr anschwellenden Gesetzgebung der Mischna und des Talmud aufs minutiöseste ausgearbeitet. Wo aber das Prinzip der militärischen Zucht gilt, da ist es unstatthaft zu fragen, wozu das eine oder das andere nötig oder warum es verbindlich ist.

Es ist nötig, weil es in Zucht hält. Alle diese unzähligen religiös-rituellen Vorschriften, diese ganze reichlich verzweigte Reglementierung der Lebensweise, — die jeden Schritt auf dem Lebenspfade des Juden im voraus bestimmt, — sie sind einzig und allein darauf abgestellt, dem ganzen Leben der zerstreuten Nation strenge Uniformität zu verleihen, damit ein Jude seinen Stammesbruder an der ihm eigenen Lebensführung stets und überall zu erkennen vermöge. Es ist das gleichsam die Uniform, an der die Soldaten einer, in einem weit ausgedehnten Gelände, verteilten Armee einander auf den ersten Blick erkennen.

Im gesamten Gebiete Palästinas und der Diaspora, mitten unter allen Rassen und Stämmen, bilden die Juden eine einheitlich organisierte geistige Heeresmacht, die den Artikeln ihres Militärreglements strengstens Folge leistet. Sie ist auf Abwehr, nicht aber auf Angriff bedacht; sie bewahrt ihr inneres Leben vor dem Eindringen fremdartiger Elemente und kämpft um ihre Individualität, um ihr Recht auf freie, eigengesetzliche Entwicklung."

So weit der Zionist Dubnow im 3. Band seiner Weltgeschichte des jüdischen Volkes S. 15/16.

Auf S. 308 desselben Bandes spricht er sich noch einmal in derselben Schärfe, Klarheit und Bestimmtheit über den Talmud als den Erzieher des jüdischen Volkes zur Volkseinheit aus, indem er schreibt:

„Die Gesamtheit aller dieser (talmudischen) Gesetze und Bräuche, sollte in der Lebensordnung der Angehörigen der jüdischen Nation strenge Gleichförmigkeit schaffen, sollte sie durch die verbindlichen Formen der Lebensführung, der Bräuche und Sitten überall zu Teilen eines und desselben Ganzen machen. Dieses nationale Ziel hat der Talmud denn auch voll erreicht! Durch die strenge Zucht der Lebensführung förderte er die Einheit des zerstreuten Volkes und trug zur Erhaltung des Judentums bei, er bewahrte das Judentum vor der Auflösung unter den anderen Völkern, wappnete es gegen die Einwirkung fremder Religionen, fremder Kulturen und Sitten." —

Thora und Talmud bilden demnach das Kriegsrecht der Juden und können nur unter diesem Gesichtspunkt betrachtet werden. Theologische und ästhetische Zimperlinge haben sich über die Unsittlichkeit talmudischer Vorschriften entrüstet und eifrige Nachbeter gefunden. Als ob das Kriegsrecht eines Volkes ästhetischen und ähnlichen Regeln unterliegen würde. — Nein! Hier handelt es sich um die Totalmobilmachung eines gesamten Volkes vom jüdischen Säugling bis zur Sonderbestattung des jüdischen Greises getrennt von den Nichtjuden. Hier handelt es sich um die Zusammenballung und Ausrichtung eines ganzen Volkes zum Zwecke der Kriegführung gegen die anderen Völker! —

Und dies ist das Werk des jüdischen Priestertums, durch das es das jüdische Volk vor dem Untergang bewahrt hat.

Haben die Priestertümer der anderen Völker für ihre Völker die gleiche Großtat vollbracht? — Das deutsche Priestertum zum mindesten muß beschämt verneinen. —

Wenn wir nun fragen, welches die tragenden Gedanken des in Thora und Talmud niedergelegten Kriegsrechtes sind, so bietet uns die jüdische Geschichte und das jüdische Recht drei ineinander verschlungene Gedanken:

1. die Idee der Auserwähltheit,
2. der Messianismus und
3. die judäozentrische Geschichtsauffassung.

Um mit der Idee der Auserwähltheit zu beginnen, greifen wir nochmals auf das oben wiedergegebene Zitat Dubnows zurück. Er erwähnt als „zweites Gebot", d. h. als zweiten tragenden Gedanken im Talmud: „Widerstrebe allem, was zur Verschmelzung mit den umgebenden Völkern oder zur Assimilation führt."

Damit ist der Grund für das Ghettodasein der Juden klargelegt. Nicht die äußere, räumliche Abschließung des Juden im Ghetto ist der Grund des Judaismus, sondern das Ghettodasein des Juden ist eine Auswirkung des Judaismus, denn die Selbstabsperrung der Juden war je und je eine freiwillige! — Es ist nicht von ungefähr, wenn Dubnow sagt:

„So wird der Zaun des Gesetzes, der Israel von den Völkern trennt, immer höher und höher getürmt."

Es ist auch nicht von ungefähr, wenn der Jude Jakob Klatzkin in der Zeitschrift „Der Jude", Heft 9, Jahrgang 1916, des Zionisten Martin Buber sich in gleicher Weise über das Ghetto äußert:

„Unsere Religion ist es, in der das Rätsel unserer Dauer im Galuth (in der Fremde) zu suchen ist. Sie ist die Macht, die uns von allen Völkern sonderte und in aller Zerstreuung einte. Die äußeren Ghettomauern, die von unseren Feinden errichtet wurden, hätten es nie bewirken können. Die inneren Mauern aber, die in unserer Religion gegründet und die wir auf den Wanderweg mitgenommen und in den Siedlungen immer fester ausgebaut haben, diese beweglichen „Zelte Jakobs" sind es, die uns überall ein eigenes Heim sicherten. Die jüdische Religion ist reich an Umzäunungen, die unser Gemeinwesen gegen die Umwelt abgrenzen und ihm jede Fremdart fernhalten. Die jüdische Religion ist reich an Formen, die uns in Sein und Schein als Einheit binden und kennzeichnen. Ist sie doch im Gegensatz zu anderen Religionen keine Ideenlehre, sondern Gesetzeslehre. In unseren Gesetzen haben wir das Recht der Selbstbestimmung betätigt. Wir haben unsern Staat, aber nicht unsere Staatsverfassung verloren; wir erretteten sie gleichsam als tragbaren Staat, der uns auch in der Diaspora eine Art nationaler Autonomie ermöglichte."

„Wohl mußten viele Gesetze nach Verlust unseres Staates außer Geltung kommen, im ganzen und großen blieb jedoch unsere Gesetzesverfassung in Kraft; sie wurde noch erweitert, durch genauere Einzelbestimmungen ergänzt und vervollkommnet. Nur der jüdische Kodex beherrschte und gestaltete unser Leben in all seinen Äußerungen. Nur die jüdische Gerichtsbarkeit war uns maßgebend. Die Landesgerichtsbarkeit haben wir nicht angerufen und ihren Kodex nicht anerkannt. Wurden uns ihre Gesetze aufgezwungen, so haben wir sie als schlimme Verhängungen angesehen, die zu *beseitigen oder zu umgehen wir stets bemüht waren*.

Sie behielten diesen Charakter — als „Gseroth einer frevlerischen Herrschaft" — auch wenn wir genötigt waren, sie durch die Formel: „Das Gesetz der Regierung ist gültiges Gesetz" zu sanktionieren. Deshalb wurde der Angeber („Mossar"), d. h. der einen Juden bei der Regierung denunzierte, zu Schadenersatz und anderweitiger Buße verurteilt und aus der Gemeinde gestoßen.

Unsere Exilfürsten, Gaonim, Rabbanim waren nicht Geistliche und Seelensorger — wie die modernen westlichen Rabbiner, die das Judentum in eine Kirche verwandelten, sich in Anlehnung an die christliche Geistigkeit und Seligkeit gerne nennen; sie waren Vorsteher und Verwalter unseres Gemeinwesens; sie waren Richter, Dajanim; sie waren die oberste Behörde unseres exilarchistischen Staates. Ihre Gerichtshöfe hatten die Befugnis, auch Strafurteile zu fällen und zu vollziehen. Ihre Anordnungen hatten nicht nur religiöse Autorität, die Ungehorsam und Übertretung mit Ausschluß aus der Kirche beantwortet; sie waren mit Machtmitteln eines musterhaft organisierten und sehr strengen Regimes ausgestattet, das Zuwiderhandlungen recht empfindlich ahndete. Wir fügten uns ihnen in Liebe, aber auch in Furcht vor der Gesetzesgewalt.

Die Fremdherrschaft hat uns daher die Selbstverwaltung nicht entwinden können, solange wir unter der Botmäßigkeit unserer eigenen Gesetze und Gesetzeslehrer standen. Wir waren nicht eine Glaubensgemeinde; wir bildeten *eine in sich geschlossene Rechts- und Wirtschaftsgemeinschaft*. Nicht ein Bekenntnis, sondern vornehmlich eine *Satzung* war das Gefüge des einen Volkes. Nicht so sehr der religiöse und sittliche Lehrinhalt des Judentums als die konkreten Formen unserer Staatsverfassung trennten uns von allen Nationen, in deren Mitte wir unsere Zelte aufschlugen. Wir ruhten nicht an den Ruhetagen des Wirtsvolkes und feierten nicht seine Gedenktage, *teilten nicht seine Freuden und Leiden und waren nicht um die Wohlfahrt des fremden Staates besorgt. Eine starke Mauer von uns selbst errichtet*, sonderte uns vom Landesvolk ab und hinter der Mauer lebt ein jüdischer Staat in Miniatur.

So gaben wir unserem Landstrich in Babylon den Namen: Land Israels. Und Raw Huna durfte sagen:

> „Wir betrachten uns in Babylon wie im Heiligen Lande. Auch in unseren späteren Siedlungen war das jüdische Ghetto — das seinen Wesensgrund und seinen Bestand in unserer Gesetzesverfassung und nicht in den bösen Absichten unserer Feinde hatte — *ein Staat im Staate*."

Ich hielt es für richtig, den Aufsatz Klatzkins in aller Ausführlichkeit wiederzugeben, weil ich auch durch einen Juden den in dieser Arbeit verfochtenen Satz, — daß Thora und Talmud das jüdische Kriegsrecht enthalten, — bestätigt wissen wollte. Darüber hinaus bestätigt Klatzkin, daß das jüdische Ghetto nicht eine böswillige Erfindung der Nichtjuden ist, sondern im Wesen des Judentums begründet liegt und als Stützpunkt des jüdischen Staates in der Diaspora zugleich Tank, also Kampfwagen gegen die Organisation der nichtjüdischen Staaten ist.

Die jüdische Geschichte bestätigt Klatzkins Ausführungen Punkt für Punkt. Klatzkin erwähnt die Diaspora in Babylon; wir können seine Ausführungen noch durch den Hinweis auf die jüdische Diaspora in Ägypten ergänzen, wo besonders das jüdische Ghetto in Alexandrien zu größter Blüte und größtem Reichtum gelangt ist und von wo aus das Judentum mit der Übersetzung der Septuaginta die Unterwühlung und Vernichtung der antiken Welt unternommen hat. Triumphierend verkündet uns Dubnow, daß das Judentum „wie ein Keil in die antike heidnische Welt eingedrungen sei und nach und nach die altüberkommenen heidnischen Begriffe und die mit ihnen zusammenhängenden Lebensformen zertrümmert habe. Triumphierend erzählt er uns, daß es namentlich die griechische Bibelübersetzung, die Septuaginta, gewesen sei, die einem Hammer gleich, den Keil des Judaismus immer tiefer in das Bewußtsein der griechisch-römischen Welt getrieben habe, denn:

> „Zur Zeit der Befestigung der römischen Herrschaft im Morgenlande war die Bibel bereits allerorten verbreitet und vielen in ihrer neuen griechischen Form leicht zugänglich. War aber einmal das gewaltige Buch der gebildeten heidnischen Gesellschaft nicht mehr unbekannt, so mußte es auch unausbleiblich in einem gewissen Teile derselben eine mehr oder weniger tiefgreifende seelische Umwälzung mit sich bringen.“ (Dubnow II S. 350.)

Wenn die „antike heidnische Welt“ vom Judentume zertrümmert wurde, „wenn das Judentum wie ein Keil in diese Welt eingedrungen ist“, so ist die jüdische Diaspora als Kampforganisation und das Ghetto als Herd und Stützpunkt der jüdischen Revolution, — der spezifisch jüdischen Art der Kriegführung, — anzusprechen.

Zweifellos haben die Hellenen jener Zeit die Bedrohung ihres Lebens seitens der jüdischen Diaspora klar erkannt, denn es werden uns seit der Epoche der ersten Seleukiden, seit dem Bestehen jüdischer Diasporakolonien in Milet, Ephesos, Pergamon, Sardes, Laodicea, Agamea, Halikarnassos immer wieder Kämpfe und Reibereien zwischen Griechen und Juden gemeldet. Und Dubnow gibt ausdrücklich zu, daß die griechischen Stadträte oder oligarchischen Gerusien sich mit der Doppelstellung der Juden

> „als gleichberechtigte Bürger und zugleich als Mitglieder einer besonderen Gemeindeorganisation mit eigenen religiösen und gesellschaftlichen Institutionen nicht abfinden konnten und die jüdischen Rechte und Freiheiten in jeder Weise zu verkürzen suchten.“ (Dubnow II S. 339)

Zweifellos sahen die Griechen hier tiefer als die Römer, deren politischer Scharfsinn so oft Gegenstand kritikloser Bewunderung ist.

Der folgende römische Erlaß aus dem Jahre 46 der christlichen Ära bestätigt nicht nur die jüdischen „Rechte und Freiheiten", er ist darüber hinaus noch ein einzig dastehendes Beispiel geradezu grotesker Bevorzugung der Juden vor den Hellenen, da nämlich die letzteren von den Römern zur gleichen Zeit auf das grausamste und brutalste unterdrückt wurden. — Der Erlaß lautet:

„Gaius Julius, Prätor und Consul (Prokonsul) der Römer an den Magistrat, den Senat und das Volk von Paros.

Die Juden in Delos und einige der jüdischen Mietwohner sind in Gegenwart eurer Gesandten bei mir vorstellig geworden und haben angezeigt, daß ihr durch Verordnungen sie hindert, ihre althergebrachten Gebräuche und ihren Gottesdienst zu vollziehen. Es hat mein Mißfallen erregt, daß ihr solche Bestimmungen gegen unsere Freunde und Bundesgenossen erlaßt und ihnen verbietet, nach ihren Gesetzen zu leben und Geld zu gemeinsamen Mahlen wie zum Gottesdienst beizutragen, besonders da ihnen das nicht einmal in Rom untersagt ist. Denn unser Prätor und Konsul Gaius Cäsar hat, als er die Verordnung erließ, durch welche alle Versammlungen in der Stadt Rom verboten wurden, jene Zusammenkünfte, Geldsammlungen und Veranstaltungen von Gastmahlen ausdrücklich von dem Verbote ausgenommen .... Es ist daher erforderlich, daß ihr alle gegen unsere Freunde und Bundesgenossen erlassenen Verordnungen wegen ihrer Verdienste um uns und ihrer Treue sogleich aufhebt."

(Dubnow II, S. 340).

Dieser großmütig gewährte Schutz des römischen Reiches hinderte jedoch das Judentum nicht, „wie ein Keil in die antike Welt einzudringen" und ihre „Lebensformen zu zertrümmern". In den jüdischen Aufständen der Jahre 70 und 116 der christlichen Ära sollten die Römer die Frucht ihrer Tolerierungs- und Verständigungspolitik in reichen Garben einernten. Nach Dio Cassius wurden beim Aufstand des Jahres 116 an einem Tage in Cyrene 220 000 und auf der Insel Cypern 240 000 Römer und Griechen von den Juden hingemordet. Die jüdischen Sieger sollen an den Griechen und Römern furchtbare Grausamkeiten verübt haben: so sollen sie das Fleisch der Getöteten gegessen, sich mit deren abgeschundener Haut bekleidet oder die Besiegten den wilden Tieren vorgeworfen und in Gladiatorenkämpfen dem Tode preisgegeben haben. (Dubnow 3, S. 50.)

Die jüdische Diaspora und ihre Politik hat sich ihrem Wesen nach bis zum heutigen Tage in allen Ländern mit jüdischer Bevölkerung erhalten im Kahal, in der Alliance israelite universelle, in den rein jüdischen Freimaurerorden. Um diese rein jüdischen Diasporaorganisationen hat das Judentum noch einen Wall nichtjüdischer, — aber judenhöriger — Organisationen als Stützpunkte seiner Politik gelegt in den verschiedenen Logen der freimaurerischen Deserteurorganisation. Wir werden auf diese Organisationen und ihr Wesen als Stützpunkte des Judentums in besonderen Ausführungen eingehen und behandeln hier nur noch kurz den Kahal.

Über diese Organisation hat uns Jakob Brafmann mit seiner zweibändigen Aktensammlung „Das Buch vom Kahal" an Hand von

Akten des Minsker Kahals klaren Aufschluß erteilt. Das Judentum hat vergeblich versucht, die Echtheit des Buches in Frage zu stellen. Dubnow hat sie, das muß zu seiner Ehre gesagt werden, anerkannt.

Dem Kahal obliegt die Verwaltung und die Rechtsprechung. Er überwacht den Handel und den Verkehr, er regelt die Fragen des Gesundheitswesens, der Steuern, Schulen und der Armenpflege, er leitet die Zu- und Abwanderung der Juden und pflegt den Verkehr mit den nichtjüdischen Staatsbehörden.

In Polen-Litauen hatte der Kahal vier Abteilungen:

1. an seiner Spitze standen die vier Ältesten, (Raschim), aus denen der Monatsälteste gewählt wurde,

2. drei bis fünf Vertreter (Tobim oder Tuvim),

3. vier bis zehn Ikkarim, die bei Ausscheiden eines Ältesten oder eines Vertreters nachrückten, also gewissermaßen die Reserve für Nr. 1 und 2,

4. die Dajjanim, die Spezialbeamten, Revisoren und Richter.

Die Kahalbehörde wird aus den zu Nr. 1 und 2 genannten Personen gebildet und ist mit 7 Personen beschlußfähig. Der Kahal kann jedoch einem Mitgliede besondere Aufgaben zuweisen und ihm zu ihrer Durchführung das Stimmengewicht von 7 Mitgliedern zuteilen.

Außer dem Kahal lernen wir noch in der von allen vier Abteilungen gebildeten Generalversammlung, in der Asifa, eine weitere jüdische Behörde der Diaspora kennen, die über dem Kahal steht.

Neben dem Kahal steht der Gerichtshof, Betdin. Dieser wird als Gerichtsbehörde mit gelehrten Talmudisten und Rabbinern besetzt. Er bildet in Rechts-Kult- und Religionsfragen die Berufungsinstanz gegen Entscheidungen des Kahal. Im übrigen besitzt der Kahal absolute Autorität. Zum Beweise diene das Protokoll 385/II aus dem Brafmannschen Kahalbuch: „Von einem Befehl an sämtliche Bruderschaften der Handwerker, zu ihren Versammlungen einen Vorsteher der Stadt (des Kahal) einzuladen. An demselben Tage (5. April 1803) ist beschlossen, daß die oben genannten Bruderschaften kein Recht besitzen, die Versammlungen ohne Anwesenheit eines Vorstehers der Stadt abzuhalten. Der Großrabbiner soll die Bruderschaften unter Androhung von Strafen an diese Verordnung erinnern."

In diesem Zusammenhange wäre noch das Synhedrion als die oberste und höchste Vertretung der Judenheit zu erwähnen. Napoleon I versuchte sich desselben zur Durchführung seiner Politik zu bedienen. Das gelang ihm so lange, bis die Judenheit es für besser und im jüdischen Interesse liegend fand, das englische Roß zu besteigen.

Nach diesem kurzen Abriß über das jüdische Ghetto und die jüdische Diaspora bleibt uns noch die Aufgabe, zu zeigen, in welcher Weise der Judaismus den Zaun des Gesetzes, „der Israel von den andern Völkern trennt", aufgerichtet und höher und höher getürmt hat. Rein äußerlich betrachtet erweckt die Diaspora der Juden den Eindruck einer alltäglichen, nicht weiter beachtenswerten Erscheinung. Die Juden nehmen am Berufs- und Wirtschaftsleben ihrer Wirtsvölker teil, sie sind Ärzte, Richter, Rechtsanwälte, Professoren, Schriftsteller, Dichter, Theaterunternehmer, Journalisten, Parlamentäre, Diplomaten, Konsuln usw. Sie sprechen die Sprache der Wirtsvölker und entäußern sich damit einer für den Zusammenhalt ihrer Nation wichtigen Klammer. Und doch stehen sie als ein einheitliches Volk den andern gegenüber. Wo ist also der trennende Zaun des Gesetzes? Auf diese Frage geben uns die Thora, der Talmud, Dubnow und Klatzkin ein und dieselbe Antwort und diese lautet: „Sei ein Fremdling in diesem Lande und ich will mit dir sein und dich segnen; denn dir und deinem Samen will ich alle diese Länder geben und will meinen Eid bestätigen, den ich deinem Vater Abraham geschworen habe und will deinen Samen mehren wie die Sterne am Himmel und will deinem Samen alle diese Länder geben. Und durch deinen Samen sollen alle Völker der Erde gesegnet werden, darum daß Abraham meiner Stimme gehorsam gewesen ist und hat gehalten meine Rechte, meine Gebote, meine Weise und mein Gesetz." (1. Mos. 26 V. 3—5.) Diese Verheißung Jahwes findet sich an mannigfachen Stellen, in mannigfachen Redewendungen. So verheißt Jahwe dem Abraham:

„Und ich will dich zum großen Volk machen und ich will dich segnen und dir einen großen Namen machen und sollst ein Segen sein. Ich will segnen, die dich segnen und verfluchen, die dich verfluchen; und in dir sollen gesegnet werden alle Geschlechter auf Erden." (1. Mose, Kap. 12, V. 2—3.)

„Und ich will dir und deinem Samen nach dir geben das Land, da du ein Fremdling innen bist, das ganze Land Kanaan zu ewiger Besitzung und will ihr Gott sein." (1. Mose 17, V. 8).

„Ich habe bei mir selbst geschworen," spricht Jahwe, „dieweil du solches getan hast und hast deines eigenen Sohnes nicht verschont, daß ich deinen Samen segnen und mehren will wie die Sterne am Himmel und den Sand am Ufer des Meeres und dein Same soll besitzen die Tore seiner Feinde und durch deinen Samen sollen alle Völker auf Erden gesegnet werden, darum daß du meiner Stimme gehorcht hast." (1. Mose 22, 16—18).

Dieselbe Verheißung kehrt wieder im Jakobstraum 1. Mos. 28, V. 14:

„Und dein Same soll werden wie der Staub auf Erden und du sollst ausgebreitet werden gegen Abend, Morgen, Mitternacht und Mittag .... Hüte dich, daß du nicht einen Bund machest mit den Einwohnern des Landes, da du hineinkommst, daß sie dir nicht ein Ärgernis unter dir werden. Sondern ihre Altäre sollst du umstürzen und ihre Götzen zerbrechen und ihre Haine ausrotten. Denn du sollst keinen andern Gott anbeten. Denn der Herr heißet ein Eiferer; ein eifriger Gott ist er. Daß du nicht einen Bund mit des Landes Einwohnern machest und wenn sie huren ihren Göttern nach und opfern ihren Göttern, sie dich nicht laden und du von ihrem Opfer essest; und nehmest deinen Söhnen ihre Töchter zu Weibern und dieselben dann huren ihren Göttern nach und machen deine Söhne auch ihren Göttern nachhuren." (2. Mose 34, V. 12—16).

Derselbe Gedanke findet sich im 5. Buch Mose 7, V. 2—5 und V. 15—16:

„Der Herr wird von dir tun alle Krankheit und wird keine böse Seuche der Ägypter dir auflegen, die du erfahren hast; und wird sie allen deinen Hassern auflegen. Du wirst alle Völker verzehren, die Jahwe dir geben wird. Du sollst ihrer nicht schonen und ihren Göttern nicht dienen; denn das würde dir ein Strick sein."

In Jesaias 49, V. 23 lesen wir:

„Und Könige sollen deine Pfleger und ihre Fürstinnen deine Säugammen sein. Sie werden vor dir niederfallen zur Erde aufs Angesicht und deiner Füße Staub lecken. Da wirst du erfahren, daß ich Jahwe bin, an welchem nicht zu Schanden werden, die auf mich harren."

Die imperialistische Vision des 60. Kapitels des Jesaias, welche den Dreiklang des Judaismus: Auserwähltheit, Messianismus und judäozentrische Geschichtsauffassung in klassischer Weise zum Ausdruck bringt, muß in diesem Zusammenhang erwähnt, kann aber erst später besprochen werden.

Alle die angeführten Zitate aus der Bibel, die beliebig vermehrt werden könnten, sind Formeln des sakral begründeten, jüdischen Eroberungsrechtes. Jahwe verheißt seinem Volke das Land, „darinnen es ein Fremdling ist und sein soll", als Land seines Eigentums. Und für dieses Volk ist die jahwistische Verheißung Rechtsgrund genug, um das ihm verheißene Land gleichsam wie ein Eroberer in Besitz zu nehmen. Diesen Gedanken drückt auch Rudolf Kittel in seiner Geschichte der Hebräer aus, wenn er schreibt:

„Ein in der Zeit Moses dem Volke von Jahwe angewiesenes und geschenktes Land war ja um kein Haar breit unrechtmäßiger erworben als ein schon den Vätern übergebenes und verheißenes. In beiden Fällen gehört es ohne äußeren Rechtstitel dem Volke von Gottes und darum von Rechts wegen." (S. 157).

Das jüdische Eroberungsrecht ist also sakral begründetes Recht, wie nochmals betont sei. Jahwes Verheißungen bilden den Rechtsgrund der jüdischen Eroberungen.

Jahwe begleitet aber seine Verheißungen auch noch mit bis ins Einzelne gehenden Geboten, auf welche Weise die Eroberungen durchgeführt werden sollen:

„Du sollst keinen Bund machen mit den Einwohnern des Landes." „Du sollst ihre Altäre umstürzen und ihre Götzen zerbrechen, und ihre Haine ausrotten."

„Du sollst keinen andern Gott anbeten und ihren (der Fremdlinge) Göttern nicht dienen; denn das würde dir ein Strick sein."

Damit ist den Juden die Missionierung für Jahwe unter den Fremdlingen geboten. Damit ist die Wahrheit ausgesprochen, daß man die fremden Völker religiös und seelisch zerbrechen, „ihre Altäre umstürzen, ihre Götzen zerbrechen und ihre Haine ausrotten" muß, wenn man dauerhafte Eroberungen unter ihnen erzielen will. Das jüdische Eroberungsrecht beschränkt sich demnach nicht auf Eroberung des lebensnotwendigen geopolitischen Raumes, es geht aufs Ganze und schreibt dem Judentum die seelische Zertrümmerung der anderen Volkstümer vor. Die ganze jüdische Geschichte ist eine einzige Bestätigung und Durchführung dieses jüdischen Eroberungsrechtes. Nach diesen Geboten Jahwes haben die Propheten gehandelt, nach ihnen handelte der gesamte Judaismus. Wie sagt doch der Zionist Dubnow?:

„Wie ein Keil drang das Judentum in die antike heidnische Welt ein und zertrümmerte nach und nach die altüberkommenen heidnischen Begriffe und die mit ihnen zusammenhängenden Lebensformen."

Aus dem Gebot: „Du sollst ein Fremdling sein in diesem Lande", ergibt sich folgerichtig das Verbot der Mischehen. Jede Mischehe zwischen Juden und Nichtjuden kann einen Blutverlust bedeuten und zum Abfall von Jahwe führen. Durch das Verbot der Mischehen wird der Bestand des Volkstums unter allen Umständen erhalten, denn es verhindert das Eindringen fremdblütiger Elemente. —

Die „Umzäunungen des Gesetzes" hätten aber zweifellos nicht genügt, das jüdische Religionsvolk vor der Auflösung zu bewahren, weil das rein negative Gebot des Fremdseins nicht ausreicht, einem Volke eine bestimmte seelische Haltung zu verleihen. Dubnow (Band II, S. 338) spricht denn auch von der „angeborenen Abneigung der Juden gegen das Heidentum" als jener „Kraft der Abstoßung", welche „bei den Bekennern des Judentums der Anziehungskraft des Hellenismus die Wage gehalten" habe. Er hat damit zweifellos e i n e Ursache der jüdischen Selbständigkeit bloßgelegt, wenn es auch nur eine Ursache zweiter oder dritter Ordnung ist. Denn es ist immer noch die Frage offen, was denn der Grund der Abneigung der Juden gegen das Heidentum ist? Und darauf geben unsere Quellen eine klare und eindeutige Antwort.

Unter Heiden versteht die jüdische Rechtsordnung alle diejenigen, welche nicht zur Gemeinschaft des jüdischen Volkes gehören, also vor allen Dingen alle Unbeschnittenen. „Alle Heiden haben unbeschnittene Vorhaut", sagt Jeremias 9, V. 26. In den jüdischen Volksverband werden nach 1. Mose 17, V. 9 ff. zunächst männliche, von jüdischen Eltern geborene Personen durch den besonderen Akt der Beschneidung aufgenommen. Außerdem konnte „auch alles, was an Gesinde daheim geboren oder erkauft ist von allerlei Fremden, die nicht eures Stammes sind", beschnitten und damit in den jüdischen Volksverband aufgenommen werden. Wie man sieht, war ursprünglich die Blutgesetzgebung nicht ganz konsequent durchgeführt, denn durch die Sklaven konnte mancherlei fremdes Blut in den jüdischen Volksverband einsickern.

Unter den Fremdlingen kannte das jüdische Recht zwei Arten:

1. Fremdlinge oder Proselyten der Gerechtigkeit. Das waren

solche, welche sich nicht nur beschneiden ließen, sondern auch das ganze Gesetz Moses annahmen, welche also zur jüdischen Religion übertraten;

2. Proselyten des Tores, welche sich nicht beschneiden ließen und nur die sieben Gebote Noahs annahmen:

a) die Abgötterei fliehen; b) Jahwes Namen nicht lästern, noch mißbrauchen; c) kein Blut vergießen; d) von Blutschande und Unzucht sich enthalten; e) nicht stehlen; f) Recht und Gerechtigkeit halten (selbstverständlich das jüdische Recht, die jüdische Gerechtigkeit); g) kein Glied von einem lebendigen Tiere oder noch blutendes Fleisch essen.

Diesen Proselyten des Tores war das Wohnen im Lande gestattet, in Jerusalem verboten. Außerdem hatten sie am Gottesdienst oder an den Freiheiten Israels keinen Anteil.

Der wichtigste Unterschied, der zwischen Juden, Heiden, und Fremdlingen gemacht wurde, liegt jedoch auf dem religiösen Gebiet. Jahwe gebietet nämlich im 1. Moses 17, V. 14:

> „Und wo ein Mannsbild nicht wird beschnitten an der Vorhaut seines Fleisches, des Seele soll ausgerottet werden aus seinem Volk, darum daß er meinen Bund unterlassen hat."

Mit anderen Worten:

> „Der nicht hundertprozentige Jude wird ausgerottet, denn die eben erwähnte Vorschrift 1. Mose 17, V. 14 muß noch sinngemäß ergänzt werden durch die Vorschrift in Hesekiel Kap. 44 V. 9:
>
> „Es soll kein Fremder e i n e s u n b e s c h n i t t e n e n H e r z e n s u n d u n b e s c h n i t t e n e n F l e i s c h e s in mein Heiligtum kommen, aus allen Fremdlingen, so unter den Kindern Israels sind."

Was in der Mose-Vorschrift fehlt, ist in der Hesekiel-Vorschrift ergänzt. Es wird gefordert, daß nur Juden dem Geblüte nach das Heiligtum Jahwes betreten. Ergänzend hierzu ist noch das Königsgesetz 5. Mose 17, V. 15 zu erwähnen. Ebenso wie kein Fremdling das Heiligtum Jahwes betreten darf, ebenso darf nur ein Jude zum König in Israel gewählt werden. Selbstverständlich hat sich das Priestertum das Recht der Königswahl gesichert. Die in Frage kommende Gesetzesstelle lautet:

> „Wenn du ins Land kommst, das dir Jahwe geben wird, und nimmst es ein und wohnst drinnen und wirst sagen: Ich will einen König über mich setzen, wie alle Völker um mich her haben, so sollst du den zum König über dich setzen, den Jahwe erwählen wird. Du sollst aber einen aus deinen Brüdern zum König über dich setzen. Du kannst nicht irgendeinen Fremden, der nicht dein Bruder ist, über dich setzen."

Das jüdische Recht hebt demnach den Fremden blutsmäßig scharf und klar vom Juden ab und läßt ihn an der „geistlichen Gnadengemeinschaft" mit dem Judentum nicht teilnehmen. Im Gegenteil. Die jüdische Religion geht in ihrer Ausschließlichkeit so weit, daß das Judentum sich als Jahwes Eigentum und auserwähltes Volk bezeichnete, während die Heiden von der Gemeinschaft mit Jahwe ausgeschlossen blieben. Und damit haben wir den tiefsten Grund der jüdisch-völkischen Abschließung berührt.

Der Glaube an die Auserwähltheit und Heiligkeit des jüdischen Volkes, der auf jeder Seite der Bibel unermüdlich gepredigt wird, ist für Judentum und Christentum zu einem Satze von unumstößlicher Gewißheit erhoben worden. Der freigeistige Jude, wie der freigeistige Christ wird sich ohne Zaudern auf Anhieb zu dem Satz von der Auserwähltheit des jüdischen Volkes bekennen. Nicht nur der orthodoxe Jude, nicht nur der orthodoxe Christ. Was aber für das Judentum die schärfste Waffe in seinem Daseinskampfe ist, das wurde in der Hand des Christentums zum wirksamsten Mittel der völkischen Selbstzersetzung der nichtjüdischen Volkstümer. Der lautlose Krieg, der seit bald zwei Jahrtausenden mit dem Satze vom „auserwählten und heiligen Volke Gottes" unter den nichtjüdischen Völkern im Namen des jüdischen Imperialismus furchtbare Opfer fordert, hat leider bis heute noch keinen Geschichtsschreiber gefunden. Und doch ist es ein Krieg von unermeßlicher Tragweite, denn er ist im letzten Grunde als der Vater und Erzeuger aller europäischen Kriege des letzten Jahrtausends anzusehen und an ihm werden sich vermutlich auch in der Zukunft noch eine Reihe von Kriegen entzünden, wenn nicht die „Idee" vom „auserwählten und heiligen Volke Jahwes" unbarmherzig ausgerottet wird.

Die Frage, wie es kommen konnte, daß dieser grundunsittliche Gedanke eine solche Ausbreitung nehmen und unter den nichtjüdischen Völkern solche Verheerungen und Verwüstungen anrichten konnte, bleibt zwei besonderen Abschnitten vorbehalten. Hier haben wir uns nur auf die Tatsache zu beschränken, daß das Judentum von seinem Einfall in Kanaan bis auf unsere Tage diesen Gedanken rücksichtslos, „mit allen Mitteln der Gewalt, List und Grausamkeit" (Reventlow: Von Christen usw. S. 208) den Völkern einhämmerte, sie zur Absetzung ihrer Götter zwang und den Dienst Jahwes an ihre Stelle setzte. (Reventlow, ebenda.)

Wie ein roter Faden zieht sich die Idee der Auserwähltheit durch die Bibel und die übrige jüdische Gesetzgebung, deren tragender Grund der Bund oder Vertrag Israels mit Jahwe ist. Jahwe verheißt dem Volke Israel alles Land gegen Morgen, Abend, Mittag und Mitternacht und verspricht ihm seine Hilfe und Unterstützung. Israel verspricht dem Jahwe dagegen, daß es ihn als seinen einzigen Gott verehren und „seiner Stimme gehorchen" will. Israel ist Jahwes auserwähltes Volk, Jahwe ist Israels einziger Gott.

> „Werdet ihr nun meiner Stimme gehorchen und meinen Bund halten, so sollt ihr mein Eigentum sein vor allen Völkern; denn die ganze Erde ist mein. Und ihr sollt mir ein priesterlich Königreich und ein heiliges Volk sein." (2. Mose 19, V. 5—6).

Diese Idee des Bundes Israels mit Jahwe übt ihre Wirkung auf alle Lebens- und Rechtsverhältnisse der Juden aus. Von dem Augenblick an, wo Jahwe seinen Bund mit Abraham geschlossen hat, wird das Volk Israel gleichsam als im Mittelpunkt der gesamten Weltgeschichte nicht nur, sondern des ganzen Kosmos stehend betrachtet. Alles, was in der Weltgeschichte geschieht, wird auf das jüdische Volk bezogen. Wenn Josua seine Schlacht gegen die Amoriter schlägt, so ist es angemessen, daß die Sonne stillestehe zu Gibeon und der Mond im Tale Ajalon. „Da stand die Sonne und der Mond stille, bis daß sich das Volk an seinen Feinden rächte". (Josua, Kap. 10, V. 12—13.) Ebenso ist es angemessen, daß „des Mondes Schein sein wird wie der Sonne Schein und der Sonne Schein siebenmal heller sein wird denn jetzt, zu der Zeit, wenn Jahwe den Schaden seines Volkes verbinden und seine Wunden heilen wird". (Jesaias, Kap. 30, V. 26.)

Wenn Israel die Weltherrschaft erlangt haben wird, dann genügen auch Sonne und Mond nicht mehr, um die Würde Israels zu bestrahlen, denn kein Geringerer als Jesaias spricht es in seiner imperialistischen Vision des Kapitels 60 aus:

> „Die Sonne soll nicht mehr des Tages dir scheinen und der Glanz des Mondes soll dir nicht leuchten, sondern Jahwe wird dein ewiges Licht und dein Gott wird dein Preis sein. Deine Sonne wird nicht mehr untergehen, noch dein Mond den Schein verlieren; denn Jahwe wird dein ewiges Licht sein und die Tage deines Leides sollen ein Ende haben." (Jesaias Kap. 60, V. 19—20).

Das eben erwähnte Kapitel des Jesaias läßt sich nur aus den drei Ideen: der Auserwähltheit, der judäozentrischen Geschichtsauffassung und dem Messianismus heraus verstehen. Die Gedanken des Kapitels sind kurz die folgenden:

Das Licht Jahwes bescheint nur das Volk Israel, die anderen Völker wandeln im Dunkel. Erst das Judentum vermittelt den Heiden das Licht der Religion Jahwes. Und nun versammeln sich alle heidnischen Völker um Israel und bringen Jahwe und seinem Volke ihren Reichtum an Herden, Silber und Gold als Opfer und Tribut dar. Sie werden Israels „Mauern bauen", also Israels Macht bauen und ihre Macht wird gebrochen sein. Wer jedoch von den Heiden sich nicht unterwirft, der wird ausgerottet werden. Israel wird die Weltherrschaft erlangen und seine Macht und Größe wird überschwenglich verherrlicht und gefeiert werden. Dies der nüchterne Gedankengang des Kapitels, den die machtlüsterne Seele des Orientalen mit echt orientalischer Maßlosigkeit und Zügellosigkeit folgendermaßen ausgeführt hat:

> „Mache dich auf, werde licht: denn dein Licht kommt, und die Herrlichkeit Jahwes geht auf über dir! Denn siehe Finsternis bedecket das Erdreich und Dunkel die Völker; aber über dir gehet auf der Herr und seine Herrlichkeit erscheint über dir. Und die Heiden werden in deinem Licht wandeln und die Könige im Glanz, der über dir aufgeht. Hebe deine Augen auf und siehe umher! Diese alle versammelt kommen zu dir. Deine Söhne werden von ferne kommen und deine Töchter auf den Armen hergetragen werden. Dann wirst du deine Lust sehen und ausbrechen und dein Herz wird sich wundern und ausbreiten, wenn sich die Menge am Meer zu dir bekehrt und die Macht der Heiden zu dir kommt. Denn die

Menge der Kamele wird dich bedecken, die jungen Kamele aus Midian und Epha. Sie werden aus Saba alle kommen, Gold und Weihrauch bringen und des Herrn Lob verkündigen. Alle Herden in Kedar sollen zu dir versammelt werden und die Böcke Nebajoths sollen dir dienen. Sie sollen als ein angenehmes Opfer auf meinen Altar kommen, denn ich will das Haus meiner Herrlichkeit zieren. Wer sind die, welche fliegen wie die Wolken und wie die Tauben zu ihren Fenstern? Die Inseln harren auf mich und die Schiffe im Meer von längst her, daß sie deine Kinder von fern herbringen, samt ihrem Silber und Golde, dem Namen des Herrn, deines Gottes und dem Heiligen in Israel, der dich herrlich gemacht hat. Fremde werden deine Mauern bauen und ihre Könige werden dir dienen. Denn in meinem Zorn habe ich dich geschlagen und in meiner Gnade erbarme ich mich über dich. Und deine Tore sollen stets offen stehen, weder Tag noch Nacht geschlossen werden, daß der Heiden Macht zu dir gebracht und ihre Könige herzugeführt werden. Denn welche Heiden oder Königreiche dir nicht dienen wollen, die sollen umkommen und die Heiden vernichtet werden. Die Herrlichkeit des Libanon soll an dich kommen, Tannen, Buchen und Buchsbaum miteinander zu schmücken den Ort meines Heiligtums; denn ich will die Stätte meiner Füße herrlich machen. Es werden auch gebückt zu dir kommen, die dich unterdrückt haben und alle, die dich gelästert haben, werden niederfallen zu deinen Füßen und werden dich nennen eine Stadt Jahwes, ein Zion des Heiligen in Israel. Denn darum, daß du bist die Verlassene und Gehassete gewesen, da niemand durchging, will ich dich zur Pracht ewiglich machen und zur Freude für und für, daß du sollst Milch von den Heiden saugen und der Könige Brust soll dich säugen auf daß du erfahrest, daß ich Jahwe bin dein Heiland, und ich, der Mächtige in Jakob, bin dein Erlöser. Ich will Gold anstatt des Erzes und Silber anstatt des Eisens bringen und Erz anstatt des Holzes und Eisen anstatt der Steine; und will zu deiner Obrigkeit den Frieden machen und zu deinen Vögten die Gerechtigkeit. Man soll keinen Frevel mehr hören in deinem Lande, noch Schaden oder Verderben in deinen Grenzen, sondern deine Mauern sollen Heil und deine Tore Lob heißen. Die Sonne soll nicht mehr des Tages dir scheinen und der Glanz des Mondes soll dir nicht leuchten, sondern Jahwe wird dein ewiges Licht und dein Gott wird dein Preis sein. Deine Sonne wird nicht mehr untergehen, noch dein Mond den Schein verlieren; denn Jahwe wird dein ewiges Licht sein und die Tage deines Leides sollen ein Ende haben. Und dein Volk sollen eitel Gerechte sein und werden das Erdreich ewiglich besitzen, als die der Zweig meiner Pflanzung und ein Werk meiner Hände sind zum Preise. Aus dem Kleinsten sollen tausend werden und aus dem Geringsten ein mächtig Volk. Ich, Jahwe, will solches zu seiner Zeit eilend ausrichten. (Jesaias, Kap. 60).

Deuterojesaia, der wohl als Verfasser dieses Kapitels anzusprechen ist, hat hier in unübertroffener Klarheit die Idee des Judaismus ausgesprochen, um die herum sich alles andere im Judentum gruppiert. Aus ihr allein läßt sich die ganze Gedankenwelt des Judentums erklären. Wenn Chamberlain es als eine „kühne Behauptung" des jüdischen Philosophen Philo von Alexandrien bezeichnet, daß einzig die Israeliten „Menschen im wahren Sinne" seien, so übersieht er einfach, daß Philo lediglich die Schlußfolgerung aus der judäozentrischen Geschichtsauffassung und aus dem Satze vom „auserwählten Volke Gottes" gezogen hat. So ist auch nur aus der judäozentrischen Geschichtsauffassung heraus jene Auslegung der Stelle Exod. 16, 4 durch R. Simon ben Gamaliel zu verstehen:

> Da sprach Jahwe: Wohlan, ich will euch Brot vom Himmel regnen lassen." (Die Erzählung vom Manna Exod. 16,4).

Darauf Bezug nehmend, sagte R. Simon ben Gamaliel:

> „Seht nur wie lieb die Israeliten Gott sind, daß er um ihretwillen die Weltordnung änderte, indem er das Unterste zu oberst tat und das Obere zu unterst. Ehedem schoß das Getreide aus der Erde empor, der Tau fiel aber vom Himmel, jetzt fiel dagegen Getreide vom Himmel, während der Tau von der Erde emporstieg, wie es denn heißt: „Ich will euch Brot vom Himmel regnen lassen" und sodann „Und der tauende Nebel stieg auf"." (Zitat nach Dubnow III, S. 277).

Wenn Jahwe um der Juden willen die Weltordnung änderte, warum sollte er ihnen dann nicht auch die Weltordnung unterwerfen? Warum sollte die Apokalypse des Baruch, ein berühmtes jüdisches Werk aus dem ersten Jahrhundert der christlichen Ära nicht ebenso wie Jesaias den Juden die Weltherrschaft versprechen?

> „Die Männer aller Nationen sollen Israel untertan sein, doch diejenigen, die über euch geherrscht haben, sollen durch das Schwert vertilgt werden." (Zitat nach Chamberlain S. 478).

Warum sollte der jüdische Rabbiner Halevi nicht etwa tausend Jahre später um 1086 auftreten und Christen und Mohammedaner Götzendiener nennen, von welchen die ersteren das Kreuz, die letzteren den schwarzen Stein der Kaaba anbeten? Warum sollte dieser Rabbiner nicht erklären, daß die Juden das Herz der Menschheit seien, daß Jahwe die Zerstreuung der Juden nur angeordnet habe, um alle Völker seinem wahren Glauben zu unterwerfen? Warum sollte dieser Rabbiner das Christentum und den Islam nicht als Schrittmacher und Wegbereiter der wahren Erkenntnis, die allein das Judentum habe, bezeichnen? Warum sollte dieser Rabbiner die nichtjüdischen Völker nicht zum Übertritt zum alleinseligmachenden Judentum auffordern, da sie doch nur auf diese Weise an den Segnungen Jahwes teilnehmen könnten? Warum sollte er nicht? Stehen diese Dinge nicht alle in der Bibel, haben wir sie nicht eben bei Jesaias gelesen, stehen sie nicht im Talmud, ergeben sie sich nicht notwendig, logisch und klar aus dem Satze vom auserwählten Volk und aus der judäozentrischen Geschichtsauffassung? Haben uns die Juden glauben gemacht, daß ihretwegen die Sonne stille stand im Tale Gibeon und der Mond im Tale Ajalon, haben sie uns glauben gemacht, daß die Sonne siebenmal heller als sonst strahlen wird, wenn sie die Weltherrschaft erlangt haben; warum sollen sie uns nicht glauben machen, daß sie zur Weltherrschaft berufen seien und daß alle Völker sich nur um sie als den Mittelpunkt des ganzen Weltalls zu drehen haben? Seit der Propheten und Esras Zeiten bis auf diesen Tag kämpfen die Juden zäh und listig, mit allen Mitteln der Diplomatie und der Wirtschaft, leidenschaftlich und fanatisch, mit Betrug und Hinterlist, mit Brutalität und Grausamkeit, mit allen Künsten und Kniffen des Pathos und Ethos, mit Sentimentalität und sittlicher Entrüstung, mit Fluch und Bann: — um eine einzige Idee, um die judäozentrische Geschichtsauffassung. Denn mit dieser Idee steht und fällt das Volk Israel, sie ist seine Form des Imperialismus.

Um zu zeigen, zu welchen Schlußfolgerungen die judäozentrische Geschichtsauffassung und der Satz vom auserwählten und heiligen Volke Jahwes führt, bringe ich noch einige Anführungen aus dem Talmud, diesem echten Kinde des jüdischen Geistes.

Etwaigen jüdischen Kritikern gegenüber, welche mit den bekannten jüdischen Pfiffen und Kniffen die im folgenden erwähnten Talmudzitate zu entkräften suchen sollten, erwähne ich die unanfechtbaren Sätze Erich Bischoffs über den Talmud- und Schulchan-aruch-Geist:

„Der Schulchan-aruch-Geist ist der Geist der „halachischen" (um die religionsgesetzliche Lehrnorm disputierenden) Talmudisten. Der fast tausendjährige Einfluß des Talmud auf das Judentum sowie die rund tausendjährige Disziplinierung jüdischen Denkens und Tuns durch den Schulchan-aruch läßt sich in der jüdischen Volksseele ebensowenig binnen ein paar Jahren oder Jahrzehnten wegbeschließen, wie (wenn der Vergleich auch hinkt) der noch ältere Einfluß des Neuen Testaments auf das christliche Volkstum oder der Einfluß Luthers auf die evangelische Mentalität. Solche von Generation auf Generation vererbten, nicht papiernen, sondern in Fleisch und Blut eingegangenen wirklichen „Richtlinien" des Denkens, Fühlens und Handelns wirken ebenso unbewußt aber ebenso sicher weiter, als wenn der von ihnen Geleitete die entsprechenden Vorschriften bewußt ausübte."

Selbstverständlich vertritt auch der Talmud den Standpunkt: „Israel ist das vornehmste unter den Völkern." Deshalb wohnt auch die göttliche Majestät einzig beim Volke Israel. Traktat Berachoth fol. 7 col. 1:

„Moses hat drei Dinge von Gott begehrt, die er ihm bewilligt hat. Er hat begehrt, daß die göttliche Majestät über Israel wohnen sollte und er hat ihm willfahrt, wie Exod. 33, V. 16 gesagt wird: „Ist ihm nicht also, wenn du mit uns gehest." Er hat begehrt, daß die göttliche Majestät nicht über den Völkern der Welt wohnen möge und er hat es ihm verwilligt, wie (in gedachtem Ort Exod. 33, V. 15) gesagt wird: „Auf daß ich und dein Volk abgesondert werden." Er hat von Gott verlanget, daß er ihm seine Wege zu wissen tun möchte und selbiger hat ihm willfahrt, wie (in gedachtem Ort V. 13) gesagt wird: „So lasse mich deine Wege wissen."

Nach dem Talmud ist die Welt wegen Israel erschaffen worden, eine klassische Bestätigung unseres Satzes von der judäozentrischen Geschichtsauffassung. Wir lesen in dem Buche Zerór hammór fol. 106 col. 4 in der Parascha Bammidbar:

„Der Zweck der Erschaffung der Welt war allein wegen Israels; wiewohl aber dieses alles klar ist, so muß man doch diese Worte betrachten und mit dem Gaumen schmecken, denn es ist bekannt, daß, als das Gesetz gegeben wurde, alle Israeliten alle Vollkommenheiten erlangt haben, deren die Völker der Welt ermangeln, dieweil sie das Gesetz nicht haben annehmen wollen."

In dem Buche Schene luchoth habberith (oder luchos habbiris) lesen wir fol. 145, col. 3:

„Die Welt ist der Israeliten wegen erschaffen worden und dieselbigen sind die Frucht, die übrigen Völker aber sind ihre Schalen. Wir finden also, daß in Wahrheit kein anderes Volk sei, als Israel und die übrigen Völker ihre Schalen sind."

Da die Juden nach talmudisch-biblischer Anschauung im Mittelpunkt der Welt stehen, so ist es auch nur folgerichtig, daß nach talmudischer Ansicht die Welt ohne sie nicht bestehen kannn.

Das Buch Matteh Aharon fol 19 col. 2 schreibt darüber:

„Gleichwie die Welt nicht ohne die vier Winde bestehen kann, also kann sie auch ohne die Israeliten nicht sein. So befindet sich, wenn die Israeliten diese Welt nicht haben, daß der Esau (die Nichtjuden) in seinem Teil nicht bleiben könne: denn die Völker nicht bestehen, wenn nicht die Israeliten in der Welt erhalten werden."

Wenn die Israeliten „der Zweck dieser Welt" sind, so ist es auch ganz selbstverständlich, daß das ganze Weltgeschehen auf diesen Zweck ausgerichtet wird, auch Sonnenschein und Regen. Darum lesen wir in des Rabbi Bechai Auslegung über die fünf Bücher Mosis Parascha Bammidbar fol. 153 col. 3:

„Wenn die Israeliten nicht wären, so käme kein Regen herunter in die Welt und ginge die Sonne nicht auf, wofern es nicht ihretwegen geschähe, wie (Jeremias 33, V. 25) gesagt wird: „Halt ich meinen Bund nicht Tag und Nacht."

Und nun verlassen wir für einen kurzen Augenblick die talmudisch-biblische Atmosphäre und betreten den Raum unserer Gegenwartsgeschichte. Als die ‚Alliance israélite universelle' gegründet wurde, jene Organisation, welche seit ihrem Bestehen die ganze Weltgeschichte unserer Tage maßgebend beeinflußte, da erließ ihr Gründer, der Jude und Hochgrad-Freimaurer Adolphe Crémieux, den folgenden Aufruf:

„. . . Nicht eher wird der Jude der Freund des Christen und des Muselmannes werden, als bis das Licht des jüdischen Glaubens, der einzigen Vernunft-Religion, überall leuchten wird."

„Zerstreut inmitten von Völkern, welche unseren Rechten und Interessen feindlich sind, werden wir vor allem Juden bleiben. Unsere Nationalität ist die Religion unserer Väter, wir erkennen keine andere an.

Wir wohnen in fremden Ländern und wir können uns für die wechselnden Interessen dieser Länder nicht interessieren, solange unsere moralischen und materiellen Interessen in Gefahr sind.

Die jüdische Lehre muß eines Tages die ganze Welt erfüllen. Israeliten! Obgleich zerstreut über alle Punkte der Erde, betrachtet

Ihr euch immer als Glieder des auserwählten Volkes. Wenn Ihr glaubt, daß der Glaube Eurer Vorfahren der einzige Patriotismus ist, wenn Ihr glaubt, daß Ihr trotz Eurer äußeren Nationalitäten nur ein einziges Volk seid, wenn Ihr glaubt, daß das Judentum allein die religiöse und politische Wahrheit repräsentiert, wenn Ihr alle diese Dinge glaubt, Israeliten, der ganzen Welt, kommt, höret unsern Ruf, bezeugt uns Eure Zustimmung. Das Werk ist groß und heilig, der Erfolg ist gewiß. Der Katholizismus, unser hundertjähriger Feind unterliegt, auf das Haupt geschlagen. Jeden Tag wird das Netz, welches Israel über den Erdboden wirft, sich ausbreiten, und die erhabenen Prophezeiungen unserer heiligen Bücher werden in Erfüllung gehen. Der Tag kommt, wo Jerusalem das Haus des Gebetes für die vereinigten Völker wird, wo die Fahne des jüdischen Monotheismus auf den entferntesten Küsten weht. Benutzen wir alle Umstände. Unsere Macht ist groß, lernen wir sie gebrauchen. Was haben wir zu fürchten? Der Tag ist nicht mehr fern, wo die Reichtümer der Erde ausschließlich den Juden gehören werden. (Les richesses de la terre appartiendront exclusivement aux Juifs.)" Zitiert nach Karl Paasch „Eine jüdisch-deutsche Gesandtschaft" 3. Teil, S. 47).

J e s a i a s — H a l e v y — C r é m i e u x: Die Namen haben in Jahrtausenden gewechselt: — Der Judaismus und sein Geist, die Auserwähltheit und die judäozentrische Geschichtsauffassung, der kultische Imperialismus des Judentums und dessen messianische Verbrämung sind sich durch die Jahrtausende gleichgeblieben bis auf diesen Tag. Man könnte meinen, Crémieux habe das oben zitierte Jesaias-Kapitel ausgeschrieben, so haargenau decken sich die Gedanken des Jesaias und des Crémieux. Es gehört schon die geistige und seelische Blindheit christlicher Theologen dazu, um das nicht zu sehen. Der Aufruf Crémieux' ist Fleisch vom talmudisch-biblischen Fleisch und Geist von diesem Geist; daran kann keine Schönfärberei etwas ändern. Er beweist wieder einmal, wie sehr talmudisch-biblisches Denken gleichbedeutend mit jüdischem Denken ist. Ich brauchte für die Bestätigung meines Satzes, daß die judäozentrische Geschichtsauffassung sich seit über 2000 Jahren lähmend, erdrosselnd und erstickend über alle Völker der Erde gelegt hat, sie in undurchdringliche Nebel- und Dunstwolken hüllend, sodaß sie sich selber und sich gegenseitig nur durch die Verzerrung der jüdischen Geschichtsauffassung mit allen ihr anhaftenden Wertungen und Werturteilen erkennen und verkennen, keinen Beweis mehr. Aber es sei noch der Jude Wohlgemuth angeführt, der im Heft 8 und 9, Jahrgang 1914 seiner Zeitschrift „Jeschurun" auf Seite 268 uns ebenfalls mit der judäozentrischen Geschichtsauffassung beglückt, indem er schreibt:

„Es ist ein alter aggadischer Satz, daß auch die größten weltbewegenden Ereignisse nur um Israels willen sich vollziehen. Er ist wahrlich nicht aus nationalem Dünkel entstanden. Er will uns besagen: Israels Schicksal, das Glück und Elend der Menschen, die unter alle Völker verstreut, ist der Maßstab der unter den Völkern waltenden Gerechtigkeit."

Mit zwei Geschichtsauffassungen hat das Judentum die Welt beglückt:

1. mit der materialistischen Geschichtsauffassung des Juden Karl Marx;
2. mit der judäozentrischen Geschichtsauffassung.

Die erstere ist erkannt und wird von deutscher Seite bekämpft, die letztere ist überhaupt nicht erkannt, sie wird im Gegenteil vom christlichen Priestertum seit über einem Jahrtausend geschäftig unter der Parole vom „auserwählten Volke" dem Denken der nichtjüdischen Völker eingehämmert, deren Selbsterhaltungswille dadurch weitgehend zersplittert, gelähmt und erstickt wird. Wenn die materialistische Geschichtsauffassung die Völker geistig und blutmäßig entwurzelt hat, indem sie ihnen vorlog, daß die Völker nicht aus eigener Kraft, aus eigenem Wollen, aus eigenem Geiste und aus eigener Vergangenheit und im Hinblick auf ihre eigene Zukunft ihr Leben gestalten, sondern daß „blutleere" „Verhältnisse", aus denen der listige Blick des Juden nur allzu deutlich hervorlugt, ihr Denken und Schicksal bestimmen, so hat die judäozentrische Geschichtsauffassung die dauernde Selbstentfremdung der Völker besiegelt, indem sie die nichtjüdischen Völker zu verkrüppelten Jahweknechten verschnitt und sie als solche hinter Jahwes Bundeslade herhinken läßt. Wann wird diesem unwürdigen und selbstmörderischen Zustand ein Ende gemacht werden?

Wir haben nunmehr erkannt, daß der Satz von der Auserwähltheit Israels und die judäozentrische Geschichtsauffassung die beiden starken Klammern sind, von denen das Judentum zusammengehalten wird. Die dritte Klammer ist noch nicht besprochen. Der Messianismus. Wir können uns bei dieser Erscheinung um deswillen kurz fassen, weil sie zusammen mit der judäozentrischen Geschichtsauffassung schon zum Teil besprochen wurde.

Der Messianismus ist der Versuch des Judentums, den Judaismus als geistige Macht in die ethische Sphäre zu erheben. Das Bild, das uns das jüdische Schrifttum bezüglich der Darstellung der messianischen Idee bietet, ist nicht einheitlich. Wir müssen annehmen, daß die Darstellung jeweils der strategischen Lage des Judentums unter den Nichtjuden angepaßt wurde. Der Talmud beantwortet die Frage nach dem Messianismus im Traktat Sanhedrin damit, daß Isreal mit dem Messias zur Herrschaft kommt und wieder nach Palästina zurückkehrt. Und der Jalkut Schimoni verspricht jedem Israeliten 2800 Sklaven. Nach dem Talmud wäre also das Messiasreich nichts anderes als die Herrschaft Israels über alle Völker, d. h. ein rein diesseitig gedachtes Reich mit materiellem Wohlergehen für die Juden, so wie es auch Jesaias, Kapitel 60, geschildert ist.

Nun kommen aber wieder moderne Juden und erzählen uns, daß die Juden durch die Mordtat des Kain an Abel zu der messianischen Idee gekommen seien. Sie wollen damit gewissermaßen das hohe Alter dieser Idee beweisen. Hier muß ihnen aber gleich entgegengehalten werden, daß sie mindestens bis auf die Zeit des Esra nichts davon gewußt haben, denn sie haben bis Esra, also bis um 450 vor der christlichen Ära, nichts von den Sagen der Genesis, also auch nichts von Kain und Abel gewußt. Erst dieser große jüdische Geschichtsklitterer hat sein Volk mit dieser seiner angeblichen Vergangenheit bekannt gemacht.

Wenn man schon von einer Entwicklung und Herleitung des Messianismus sprechen will, so sind seine Ursprünge beim persischen Soschios, einem aus Zarathustras Familie stammenden Helden der Zukunft, zu suchen. Dieser Held wird alle Heuchelei, allen Unglauben überwinden und bei seinem Erscheinen werden die Toten auferstehen. Dieser Idee des Soschios nähert sich die Messiasidee seit dem Exil bei den jüngsten Propheten, zuerst bei Maleachi.

In der Jojakim-Ausgabe des Daniel-Buches tritt uns eine ähnliche, im Gegensatz zum Mazdaismus aufgestellte Messiasidee entgegen. Danach werden im Danieltraum „die vier Weltreiche durch das Reich des Menschensohnes abgelöst werden, das ewig ist, dem alle Mächte dienen und gehorchen werden. . . . Jojakim nahm die Weltgottvorstellung wieder auf. Der Gegensatz zu Darius und seinem Mazdaismus zwang ihm diese Wendung geradezu auf. Wenn Jahwe der Weltgott war, dann gebührt seinem Hohepriester auch die Weltherrschaft, dann mußte sich das Judentum zur Weltgemeinschaft, zu einem die ganze Welt umfassenden Priesterstaate ausweiten lassen. Jojakim brachte also seinen Gott Jahwe bewußt in Wettbewerb mit dem Ahuramazda des Darius. Er wollte der Lehre des Propheten Spitama, des Zoroaster, eine Konkurrenz entgegensetzen. Es war die große kritische Stunde in der Geschichte des Judentums, in der es auf dem Wege war, aus einer engumgrenzten Geburtsgemeinschaft zur welterobernden Religion zu werden." (Wilhelm Erbt: Das Judentum S. 149.)

Mit dem Ethos der Messiasidee, die, wie uns jüdische Schriftsteller glauben machen wollen, gleichbedeutend mit dem Pazifismus und der Sehnsucht nach Weltfrieden sein soll, ist es demnach nichts. Sie ist von dem Kohen Jojakim als eine ausgesprochene Waffe gegen den Mazdaismus gedacht und dem kultischen Imperialismus eingegliedert.

Die Idee des Messianismus erfuhr noch mancherlei Bearbeitungen; wie heute, so früher. Die Sadduzäer dachten sich den Messias als einen weltlichen König und Nachkommen Davids; die Essener erhoben ihn zu einem göttlichen Wesen, das sich in einem Nachkommen Davids verkörpern würde. Im Gegensatz zu den Sadduzäern und den Essenern begingen die Pharisäer den Pfiff und vermischten beide Vorstellungen miteinander und brachten noch einen vergrößerten Moses in diese Ehe: — so entstand der pharisäische Messias.

Der Jude Philo von Alexandrien impfte dem jüdischen Messias mit der Logosidee ein wenig Griechenblut ein, ohne daß der Messias Schaden daran nahm. — Denn heute spricht Herr Hermann Cohen ganz im Tone und im Bewußtsein des messianischen Ethos:

„Ohne den eingewurzelten Judenhaß würde es für den elementarsten wissenschaftlichen Sinn unverständlich sein, daß bei dem Zusammenhange des Neuen mit dem Alten Testament eine Wesensgleichheit der christlichen Völker überhaupt mit den Juden, und bei der inneren Verwandtschaft der Reformation mit den Urkräften des Glaubens, mit dem deutschen Volke bezweifelt werden oder auffällig erscheinen könnte."

„So sind wir in diesen Zeiten eines epochalen Völkerschicksals noch als Juden stolz darauf, Deutsche zu sein, denn wir werden uns der Aufgabe bewußt, die alle unsere Glaubensgenossen auf dem Erdenrunde von der religiösen Bedeutung des Deutschtums, von seiner Einwirkung, von seinem Rechtsanspruch auf die Juden aller Völker, und zwar ebenso für ihre religiöse Entwicklung wie für ihre gesamte Kulturarbeit überzeugen soll. So fühlen wir uns als deutsche Juden in dem Bewußtsein einer zentralen Kulturkraft, welche die Völker im Sinne der messianischen Menschheit zu verbinden berufen ist; und wir dürfen den Vorwurf von uns abweisen, als ob es unsere geschichtliche Art wäre, die Völker und die Stämme zu zersetzen. Wenn es wieder zum ernstlichen Bestreben nach internationaler Verständigung und wahrhaft begründetem Völkerfrieden kommen wird, dann wird unser Beispiel als Vorbild dienen dürfen für die Anerkennung der deutschen Vernunft in allen Grundlagen des Geistes- und Seelenlebens." (Hermann Cohen: Deutschtum und Judentum, S. 39 und 50).

Wie man hört, klingen auch diese Ausführungen an Jesaias und den Talmud an und auch unsere alte Bekannte, die judäozentrische Geschichtsauffassung, stellt sich wieder ein.

Es ist angemessen, daß ich diesen Abschnitt mit der Hymne Alenu des Abba Areka und mit dem Urteil Simon Dubnows über diese Hymne abschließe:

„Uns liegt es ob, zu huldigen dem Herrn des Weltalls und dem, der die Welt geschaffen, die Ehre dafür zu geben, daß er uns nicht gemacht, wie die Völker aller Länder und uns nicht das gleiche Los hat beschieden, wie all den Völkerscharen. Denn sie bücken sich vor einem Gespenst und einem Nichts und flehen zu einem Gott, der nicht helfen kann, wir aber beugen das Knie, bücken uns und bekennen unsern Glauben vor dem König über die Könige der Könige, dem Heiligen, gelobt sei er, der den Himmel hat ausgespannt und die Erde hat gegründet, dessen Herrlichkeit thront in den höchsten Höhen. Er ist unser Gott und keiner sonst; er ist in Wahrhaftigkeit unser König und keiner außer ihm .... Darum hoffen wir, Gott, unser Herr, auf Dich, daß wir ehestens schauen werden Deine Macht und Herrlichkeit, daß alle Greuel von der Erde verschwinden und alle Götzen vertilgt sein werden, daß die Welt im Reiche des Allmächtigen vollkommen werden wird, daß alle, die leben im Fleische, Dich bei Deinem Namen rufen und alle Sünder auf Erden sich zu Dir bekehren werden ...."

(Zitat nach Dubnow III. Bd., S. 195).

Dubnow schreibt darüber:

„Es war das eine stolze, gegen das Heidentum in allen seinen Abarten gerichtete Herausforderung, gegen all „die Gespenster und das Nichts", die sich ebenso gut hinter der Mystik der Christologie wie hinter der altersschwachen Abgötterei oder der persischen Feueranbeter-Religion verbergen. Zugleich kommt hierin aber noch der erhabene messianische Traum des Judentums zum Ausdruck: „Daß die Welt (das ganze Menschengeschlecht) im Reiche des Allmächtigen vollkommen werde." (Dubnow III. Bd., S. 196).

Wie dieses messianische Reich aussehen wird, das zeigt uns kein Geringerer als Walter Rathenau in seinem Buche „Der Kaiser", wo er an die Stelle des Logos des Juden Philo, die Herrschaft transzendenter Ideen setzt. Geben wir Walter Rathenau das Wort. Er spricht vom „pathetischen Gedanken der russischen Revolution" und fährt anschließend daran fort:

„Ihr praktischer Zukunftsgedanke ist die Aufhebung der europäischen Schichtungen unter der Staatsform sozialisierender Freistaaten .... In einem Jahrhundert wird der praktische Gedanke des Ostens so restlos verwirklicht sein, wie es heute der praktische Gedanke des Westens ist. Im Hintergrund der Zeiten steht wartend ein letzter Gedanke: Die Auflösung der Staatsformen und ihre Ersetzung durch ein bewegliches System selbstverwaltender Kulturvölker unter der Herrschaft transzendenter Ideen."

Der praktische Gedanke des Westens ist der Kapitalismus, der praktische Gedanke des Ostens ist der Bolschewismus, das „bewegliche System selbstverwaltender Kulturvölker" gleicht dem „tragbaren Verfassungssystem" der Selbstverwaltung der jüdischen Diaspora des Jakob Klatzkin wie ein Ei dem andern, die transzendenten Ideen Rathenaus sind eine „Verdeutschung" des Messianismus, wie der Logos Philos dessen „Gräzisierung" war. So kommen wir auf den Dreiklang in Rathenaus System: Kapitalismus, Bolschewismus, Messianismus. Der Grundton dieser Dreiheit aber ist der Judaismus.

Diesem judaistischen Geiste, von dem wir jetzt sprechen können, nachdem wir ihn geschildert haben, verdanken noch eine Reihe von „gesetzlichen Umzäumungen" ihre Entstehung. In allen Äußerungen von Juden, die ich im Verlaufe meiner Arbeit angeführt habe, läßt sich nicht nur eine „angeborene Abneigung des Juden gegen das Heidentum" erkennen, sondern eine geradezu brutale und grausame oder, gelinde ausgedrückt, eine ehrfurchtslose Haltung des Juden gegen alle Nichtjuden feststellen. Wie entwürdigend ist es, wenn der Jude das Gotterleben der Nichtjuden als „Nachhuren" ihren Göttern bezeichnet. Welch brutaler Machtwille gehört dazu, „die Altäre fremder Götter umzustürzen" und „die Haine der Götter auszurotten". Nur ehrfurchtsloseste Intoleranz konnte und kann solche Befehle geben. Doch das ist nur die halbe Wahrheit. Die Intoleranz ist zwar von Juden — z. B. Konrad Alberti — Sittenfeld — und Nichtjuden als typisch jüdische Eigenschaft erkannt worden; es wurde aber von jedem Kritiker übersehen, daß für das Judentum der Angriff auf seine Religion gleichbedeutend ist mit dem Angriff auf sein Volkstum, daß die Verteidigung der jüdischen Religion gleichbedeutend ist mit Verteidigung des jüdischen Volkstums, daß die Ausbreitung der jüdischen Religion gleichbedeutend ist mit Ausbreitung und Machterweiterung des jüdischen Volkstums, daß somit die jüdische Intoleranz in der Waffenrüstung des jüdischen Imperialismus ein unentbehrliches Requisit ist.

Die jüdische Intoleranz wehrt nicht nur volksfremde Elemente ab, sie scheidet auch volksfeindliche Bestrebungen und Kräfte, die sich innerhalb des jüdischen Volkstums breitmachen, rücksichtslos und brutal aus und erfüllt damit eine volkserhaltende Funktion. Darin unterscheidet sich die jüdische Intoleranz grundlegend von der christlichen. Während beim Judentum Volksbruder und Glaubensgenosse in der Regel zusammenfallen, ist bei den Völkern mit christlicher Religion Volkstum und Glaubensgemeinschaft durch eine unüberbrückbare Kluft getrennt, was sich noch unheilvoller auswirkt, wenn dem einen einheitlichen Volkstum mehrere Glaubensgemeinschaften gegenüberstehen. Wir werden im nächsten Kapitel auf diese Erscheinungen näher eingehen.

Der Intoleranz des Juden liegt ein ganz bestimmtes Ethos zugrunde, das im engsten Zusammenhang mit dem Satz von der Auserwähltheit Israels steht. Die Selbstvergottung Israels, die in dem Pentateuchsatze vom heiligen und vom priesterlichen Volk im Keime enthalten ist, findet sich als Grund der Ehegesetzgebung Esras und Nehemias sehr klar ausgesprochen und kommt im Talmud zu einem alles Maß übersteigenden Abschluß.

> „Das Volk Israel, seine Priester und Lewiten haben den heiligen Samen durch Mischehen mit Nichtjuden gemein gemacht."

Das ist die Klage Esras und ebenso spricht Sechanja:

> „Wohlan, wir haben uns an unserem Gott vergriffen, daß wir fremde Weiber aus den Völkern des Landes genommen haben."

Das wird dann zur Begründung für die unter Esra erfolgte Verstoßung aller nichtjüdischen Weiber und Kinder aus dem jüdischen Volksverband genommen.

Der Talmud treibt die Selbstvergottung Israels, wie schon gesagt, auf die Spitze. Das kommt gerade in seinem Eherecht zu besonders drastischem Ausdruck. Einige Beispiele werden genügen. Im talmudischen Traktat Jevamoth, fol. 94, col. 2 in den Tosephot lesen wir:

> „Der Same eines Fremdlings (Nichtjuden) ist wie (der Same) eines Viehes."

Und in dem Büchlein Ben Sira, fol. 8, col. 2 wird erzählt, daß Nebukadnezar zu Ben Sira gesagt habe:

> „Wenn Du mein Tochtermann sein und meine Tochter zum Weibe nehmen willst, so will ich Dich an meinem Platz regieren lassen."

Ben Sira habe aber dem Nebukadnezar geantwortet:

> „Ich bin ein Menschenkind und kann kein Vieh heiraten, wie (Ezech. 34, V. 20) gesagt wird: „Deren Fleisch Eselsfleisch ist usw."

Von der Begründung des Eherechtes des Esra bis zur Begründung des talmudischen Eherechtes ist nur ein kleiner Schritt, liegt doch beiden der Gedanke von der Auserwähltheit Israels zugrunde. Ebenso ist es von der Anerkennung der Auserwähltheit bis zur Selbstvergottung nur ein kleiner Schritt. Und dieser Schritt wird um so leichter getan werden, je oberflächlicher und äußerlicher das Gotterleben eines Volkes ist. Völker und Rassen mit tiefem und reinem Gotterleben waren immer in Gefahr, sich selber zu verlieren. Die Selbstvergottung des israelitischen Volkes ist darum alles andere nur kein Zeichen einer tiefen, ethischen Gottesvorstellung.

Wenn ich von Selbstvergottung des Volkes Israel spreche, so will ich damit sagen, daß im jüdischen Jahweglauben die Gottesvorstellung aufs engste mit Vorstellungen vom eigenen jüdischen Volke vermengt sind. Die Vorstellungen von Jahwe sind anthropomorph — darf ich sagen: judomorph, darf ich sagen: jüdische Vorstellungen? — Jahwe und Israel werden an manchen Stellen des Talmud geradezu identifiziert. Einige Talmudstellen werden dies belegen.

Im Buche Toledoth Jizchak, fol. 97, col. 1 in der Parascha Mattoth lesen wir:

> „Wer gegen einen Israeliten aufsteht (demselben Böses zu tun), der tut so viel, als wenn er wider Gott aufstünde."

In des Rabbi Bechai Auslegung über die fünf Bücher Moses werden wir fol. 81, col. 2 in der Parascha Beschallach belehrt:

> „Alle, die sich wider Israel empören, die tun soviel als wenn sie sich gegen die göttliche Majestät empörten."

Wer will, der kann diesen Satz als sakralen jüdischen staatsrechtlichen Satz auffassen. In dem talmudischen Traktat Sanhedrin fol. 55, col. 2 finden wir gewissermaßen das jüdische Majestätsbeleidigungsrecht:

> „Ein Goi (ein Nichtjude), der einen Israeliten schlägt, der ist des Todes schuldig. — Wer einem Israeliten einen Backenstreich (oder Maulschelle) gibt, der tut so viel, als wenn er der göttlichen Majestät einen Backenstreich gäbe."

Das ist eine jüdische Kampfansage an den Antisemitismus, wie sie schärfer und folgerichtiger nicht ausgesprochen werden kann. Wer den Gedanken des auserwählten Volkes zu Ende denkt und mit dem jüdischen Priestertum auch vor der letzten Schlußfolgerung aus diesem Gedanken nicht zurückschreckt, der muß mit unerbittlicher Notwendigkeit auf die talmudischen Sätze kommen. In diesen Sätzen kommt der jüdische Wille zum Ausdruck, der sein jüdisches Volkstum mit allen Mitteln zu erhalten sucht. Dieses Volkstum hängt aber von der Aufrechterhaltung des Satzes von der Auserwähltheit ab und diese erhält der Jude innerhalb und außerhalb seines Volkstums am besten dadurch, daß er es mit der göttlichen Majestät identifiziert.

Wer sich zu diesen Anschauungen bekennt, der muß auch den Antisemitismus als unsittlich verurteilen — und die Judenfreundschaft als höchste Stufe der Vollkommenheit preisen, denn der Judenfreund ist ja der Freund der göttlichen Majestät. Das sind, wie nochmals ausdrücklich betont sei, unausweichliche Schlußfolgerungen aus dem Gedanken der Auserwähltheit Israels. Aus ihm ergibt sich auch für Juden und Nichtjuden gleichermaßen die Pflicht zur Erhaltung des jüdischen Volkes. Nach dem Talmud ist dies höchste Sittlichkeit, wie der Antisemitismus todeswürdige Unsittlichkeit, todeswürdiges Verbrechen ist. Das Buch Avodath hakkodesch, II. Teil Chelek haavoda, 34. Kapitel, fol. 49, col. 2 schreibt:

„Wer eine israelitische Seele erhält, der tut so viel, als wenn er das ganze Gesetz gehalten hätte."

In dem Buche Pesikta sotarta lesen wir in der Parascha Beha alotecha fol. 44, col. 4:

„Ein jeder, der einen Israeliten hasset, der tut so viel, als wenn er denjenigen, welcher gesagt hat, daß die Welt sein sollte, (das ist Gott) hassete usw. Und ein jeder, der einem Israeliten hilft, der tut so viel, als wenn er demjenigen hülfe, der da sagt, daß die Welt sein sollte."

Bemerkenswert an dem jüdischen Ethos ist, daß nach jüdischer Lehre — Karl Marx ist Jude — Klassenkampf und Klassenhaß der nichtjüdischen Volksgenossen untereinander nicht unsittlich, sondern „notwendig" ist. Für jedes gesunde, nichtjüdische Volksempfinden ist gerade der Klassenkampf und Klassenhaß die abstoßendste und widerlichste Form der völkischen Selbstzerfleischung, mag er nun „von oben" oder „von unten" betrieben werden. Bemerkenswert ist an dem jüdischen Ethos ferner, daß der Haß des Juden gegen die Nichtjuden im jüdischen Recht weder verboten noch unter Strafe gestellt, sondern gelehrt wird. Der Pentateuch, das Buch Josua, Richter, die Propheten, Esther, Judith, alle diese Schriften bieten geradezu klassische Beispiele infernalischen jüdischen Hasses. Bemerkenswert an dem jüdischen Ethos ist endlich, daß den Nichtjuden alle Pflichten zur Erhaltung des jüdischen Volkes als sittliche und kategorische Imperative aufgeladen werden, während das Judentum sich alle Rechte vorbehält und nur die gnädige Entgegennahme nichtjüdischer Pflichterfüllung verheißt. Auch dies ergibt sich folgerichtig aus der Selbstvergottung des jüdischen Volkes.

Diese Selbstvergottung hat endlich, was nicht zu vergessen ist, zu einer Umprägung oder — mit Dubnow zu reden — zu einer „Zertrümmerung von Begriffen" geführt, die mit dem besten Willen nicht übersehen werden kann. Ein Volk, das ernsthaft die Selbstvergottung pflegt, muß in seinen einzelnen Angehörigen entweder Götter sehen oder Menschen ganz besonderer Art, sagen wir gottgleiche Menschen. Diese Notwendigkeit sahen selbstverständlich die Krieger der Synagoge ein und so lösten sie denn auch diese Aufgabe der neuen Begriffsbildung auf genial-jüdische Art. Es genügte ihnen nicht, die Israeliten als Freunde Gottes und Kinder der Könige zu bezeichnen, sie mußten, um ihr Volk nur ja recht scharf von den übrigen Völkern zu trennen und den Zaun des Gesetzes noch höher zu türmen, die nichtjüdischen Völker zu Tieren degradieren, um allein für das Volk Israel den Begriff des „Menschen" vorzubehalten. So werden die Worte Hesekiel, Kapitel 34, V. 31:

„Ihr nun meine Schafe, Schafe meiner Weide, ihr seid adam, d. i. „Menschen"."

in dem Buch Zeror hammor, fol. 2, col. 4 in der Parascha Bereschith folgendermaßen ausgelegt:

„Ihr (Israeliten) werdet adam, d. i. Menschen genannt, die Völker der Welt aber werden nicht adam, d. i. Menschen geheißen."

Im Buche Emek hammelech finden wir in fol. 67, col. 4:

„Ihr werdet adam, das ist Menschen genannt, die Völker der Welt aber werden nicht Menschen geheißen, obwohl sie von der Seite des Leibes und des bösen ersten Menschen herkommen, welcher die Unreinheit von der Schlange für sich und seinen Samen nach ihm empfangen hat, bis daß (Gott) über uns von der Höhe den Geist uns zu trösten ausgießen wird und haben dieselben keinen Teil an der Seele des ersten Menschen, welche alle israelitischen Seelen in sich begreift."

Im Jalkut Rubeni in der Parascha Lech lecha, fol. 39, V. 2 lesen wir:

„Einer der nicht beschnitten ist und den Sabbath nicht hält, der wird nicht ein Mensch genannt."

Im Traktat Bava mezia, fol. 114, col. 2 heißt es:

„Der Rabbi Simon, des Jochai Sohn spricht, die Gräber der Gojim oder Heiden verunreinigen nicht, dieweil (Ezech. 34, V. 31) gesagt wird: „Ihr nun meine Schafe, Schafe meiner Weide, ihr seid Menschen. Ihr werdet Menschen genannt, die Völker der Welt aber werden nicht Menschen, sondern Vieh geheißen."

Im Buche Emek hammelech werden die Worte Genesis 9, V. 2:

„Und eure Furcht und Schrecken sei über alle Tiere"

so ausgelegt:

„Die Teufel und die Völker der Welt werden unter den Tieren begriffen." —

Auf denselben Ton abgestimmt ist die dem Schulchan aruch Joreh deah 113,1 — außerkanonischer Traktat Pirke Rabbi Elieser c. 29 — entnommene folgende Stelle:

„Ein jeder (Jude), der mit einem Unbeschnittenen ißt, tut so viel, als ob er mit einem Hunde äße; denn wie der Hund nicht beschnitten ist, so ist auch der eine Vorhaut Habende nicht beschnitten. Und wer einen Unbeschnittenen anrührt, ist wie einer, der einen Leichnam anrührt und wer mit ihm badet, ist wie einer, der mit einem Aussätzigen badet; denn sie (die Nichtjuden) sind schon zu ihren Lebzeiten wie Tote und, wenn sie tot sind, wie Aas auf dem Felde und ihr Gebet gelangt nicht vor den Heiligen, Gebenedeiten (Gott) und von ihnen sagt (die Schrift, Psalm 115,17): „Die Toten loben Jahwe nicht." (Zitiert nach Erich Bischoff, Das Buch v. Schulchau aruch, S. 80.)

Die Juden verstehen also unter Menschheit das ganze Judentum. Dem Begriffspaar: Jude-Mensch steht im talmudischen Recht die Begriffseinheit Nichtjude-Fremdling-Tier gegenüber. Der Begriff Mensch ist demnach doppelsinnig, sobald er von einem Juden gebraucht wird. Der Jude kann vom „Fortschritt der Menschheit" sprechen und den „Fortschritt der Judenheit" meinen. Er erreicht mit dem ausdauernden, beharrlichen und zielbewußten Gebrauch des Begriffes „Menschheit" bei den Nichtjuden die Abkehr des Blicks vom eigenen Innern, vom eigenen Wesen; er jagt sie einem Phantom nach; sie vergessen darüber sich selbst, sie lösen sich aus der Vertrautheit ihrer bodenständigen Lebensformen, ihrer blutsmäßigen Gedankenwelten, um draußen irgendwo im Raum und in der Zeit den hehren Gedanken der „Menschheit“ zu erjagen. Da es so etwas wie „Menschheit“ in der Wirklichkeit nicht gibt, so macht der Jude flugs aus der „Menschheit“ eine „Aufgabe“, eine „transzendente Idee“ und der Nichtjude opfert dieser „Menschheit“ die „eine Aufgabe“, eine „transzendente Idee“ ist, mit Begeisterung sein ganzes Leben und — was das Schlimmste ist — wenn es um der „Menschheit willen“ sein muß, sein Volk. Der Jude aber hat gesiegt, denn nach seinem Talmud ist Menschheit gleich Judenheit — und so hat er denn durch „Zertrümmerung der Begriffe“ „die Auflösung der Lebensformen“ erreicht und die Herrschaft des „beweglichen Systems selbstverwaltender Kulturvölker unter dem Einfluß transzendenter Ideen“ kann auf den Trümmern vernichteter und entseelter Volkstümer errichtet werden. So zertrümmert der Jude Begriffe, denn „Worte sind die Waffen der Schwachen“, sagt Walter Rathenau in seinen Impressionen.

Die Erkenntnis, die wir gewonnen haben, lautet:

Das Judentum ist ein zur Kriegführung gegen die nichtjüdischen Völker organisiertes Religionsvolk. Es hat sich in seiner Diasporaverfassung ein „bewegliches System der Selbstverwaltung“ geschaffen, das jedem Druck nachgibt, ohne sich aufzugeben, das jede Stellung besetzt, die „durch Zertrümmerung der Begriffe und Auflösung der Lebensformen“ sturmreif gemacht wurde. Es hat sich zu diesem Zweck in seinen Gesetzen ein spezifisches Kriegsrecht geschaffen, das die lautlose Kriegführung eines ganzen Volkes im Bett, auf dem Markt, am Diplomatentisch, im Theater, im Kino, in der Presse, kurz auf allen Lebensgebieten gestattet, ohne daß die nichtjüdischen Völker das kriegführende Volk, den kriegführenden Soldaten erkennen, der sich den Mantel des Rechts umgeworfen hat. Darin liegt die weltgeschichtliche Bedeutung des talmudischen Rechts.

2. Hauptstück.

Die Schrittmacher des Judentums.

1. Abschnitt.

Das Christentum.

1. Vom christlichen Imperialismus.

Die deutsche Geschichte weist einige zum ernsten Nachdenken auffordernde Tatsachen auf. Tacitus preist die Reinheit der germanischen Ehe, den Stolz des Germanen und seinen trotzigen Freiheitssinn. Noch im fünften und sechsten Jahrhundert der christlichen Ära mußten Priester und päpstliche Legaten an den germanischen Königshöfen mit Überraschung feststellen, welch hohe Stellung die germanische Frau im

Leben der germanischen Völker innehatte im schroffsten Gegensatze zu den orientalischen Völkern. Als gleichwertige und treue Genossin des Mannes teilte sie mit ihm alle Mühen, Leiden und Gefahren, im Frieden und im Kriege ein gleich treuer unentbehrlicher Kamerad. Am Anfang der christlichen Geschichte in Deutschland steht ein in Jahrtausende altem Heidentum aufgewachsenes, sittenreines Volk, von dem noch der christliche Bischof Salvian von Massilia berichtet: „Wo Goten wohnen, da sind nur die Römer unsittlich, und wo Vandalen wohnen, da werden selbst die Römer sittlich.“ Und noch im zwölften Jahrhundert lehnten die Einwohner des heutigen Stettin das Christentum mit der Begründung ab, daß sie mit ihrer alten Religion zufrieden seien und nicht daran dächten, das Christentum anzunehmen, weil unter den Christen mehr Laster herrschten als unter den Nichtchristen[1]). Während Tacitus in Übereinstimmung mit anderen Quellen von sittlicher oder rassischer Minderwertigkeit der in jahrtausendalter, arteigener, nichtchristlicher Religion aufgewachsenen Germanen nichts weiß, berichtet uns die Geschichte von ihren christlichen Gegenspielern, daß die Sitten der christlichen Geistlichkeit schon in frühester Zeit völlig verwildert waren. Schon in frühester Zeit waren unter der Geistlichkeit Ehebruch und Unzucht an der Tagesordnung, obwohl sie nicht im Zölibat leben mußte. Und wenn ihr Umgang mit Frauen nicht dem widersprach, was man damals eine „bloße Liebkosung“ nannte, so blieb er ausdrücklich straflos[2]). Von den Sachsen des 9. Jahrhunderts entwerfen uns die Mönche Rudolf und Meginhart in der Translation S. Alexandrin autoribus Rudolfo et Meginharto das folgende Bild:

> „Da sie vorsorglich auf das eigene Geschlecht und ihre edlen Geschlechter bedacht sind, ist ihnen daran gelegen, nicht leichtfertig durch Ehen mit Fremdstämmigen oder Unfreien Schaden zu nehmen. Sie wollten ein eigengearteter, reiner, nur sich selber gleicher Stamm bleiben. Daher gleichen sie einander auch alle an Höhe des Wuchses und an Haarfarbe, so viele ihrer auch sind.“[3])

Von dem Hofe ihres christlichen Gegenspielers, Karls des Pippiniden, den die — christliche — Geschichtsschreibung „den Großen“ nennt, wird uns leider nicht dasselbe berichtet. Das Haupt des kaiserlichen Hofes war selber der Wollust in hohem Grade ergeben und von seinen Töchtern wissen wir, daß sie ein ziemlich liederliches Leben führten.

Niederdrückend für den Geschichtsschreiber ist auch der Blick auf das 13., 14. und 15. Jahrhundert der deutschen Geschichte. Während in der vorchristlichen germanischen Zeit die Germanen auf freiem Grund und Boden saßen, war der deutsche Bauer im Laufe der kurzen christlichen Herrrschaft zum Leibeigenen der großen Grundherren, der Markgrafen, Grafen, Erzbischöfe, Bischöfe und Äbte herabgedrückt worden.

---

[1]) Reventlow, Für Christen, Nichtchristen, Antichristen

[2]) Vgl. dazu Johannes Scherr, Geschichte deutscher Kultur und Sitte, Seite 67.

[3]) Monumenta Germaniae historica, Scriptores 2. S. 637.

Während die vorchristliche germanische Geschichte wohl Kriege und Kämpfe kannte, so waren ihr doch die unsittlichsten aller Kriege unbekannt, die Glaubenskriege, die Glaubenskämpfe. Am Anfang der christlichen Geschichte Germaniens steht der Glaubenskampf und flammt der Scheiterhaufen, an ihrem Anfang steht der christliche Imperialismus, die christliche Intoleranz. Ein geradezu klassisches Beispiel hierfür ist jener Brief Alkuins an Karl den Pippiniden, in welchem der Abt an den Kaiser die Mahnung richtet: Er solle das Imperium über die ganze Welt ausdehnen, nicht um politischen Ehrgeiz, sondern weil er hierdurch die Grenzen des katholischen Glaubens immer weiter rücke[4]). Ein begeisterter Dichter aus dem 9. Jahrhundert feiert Karls des Pippiniden Blutarbeit in den Sachsenkriegen mit den Worten:

> „Oh gesegnetes Erbarmen Gottes! Er will, daß alle Menschen gerettet werden sollen. Deshalb hat ihnen Gott einen solchen Lehrer und Glaubensmeister geschickt, nämlich den herrlichen Karl den Großen, auf daß er sie durch Krieg unterdrücke, wenn er sie durch Überzeugung nicht gewinnen könne, und sie also *gegen ihren Willen* zwinge, gerettet zu werden."[5])

Der kultische christliche Imperialismus ist sich durch alle Jahrhunderte gleich geblieben. Das Christentum hat seit seinem Auftreten in Europa und Deutschland im ganzen verflossenen Jahrtausend Krieg geführt gegen Volkstum und Familie, gegen den freiheitstrotzigen Germanen und seine Wissenschaft, gegen seine Rasse und gegen seinen arteigenen Staat, denn das christliche Ideal war seit Augustinus Zeiten der rassenlose Gottesstaat, die rassenlose Universalkirche.

So ließ Karlmann im Jahre 746 am Stein bei Cannstatt Tausende von Alemannen hinschlachten, in seine Spuren trat einige Jahre später Karl der Pippinide, der die Blutarbeit eines dreißigjährigen Glaubenskampfes mit der Hinmordung von 4000 Sachsen zu Verden an der Aller krönte. Sein Sohn, Ludwig der Fromme, führte den Kampf gegen das Volksgefühl der Deutschen und ihren arteigenen Glauben durch Vernichtung aller volksdeutschen Schriftdenkmäler, die der Vater sorgfältig gesammelt hatte. Da sie von seinen jüdischen und jüdisch-priesterlichen Drängern als teuflisch verleumdet wurden, so ist anzunehmen, daß sie für das Christentum sehr gefährlich waren. Mit der Vernichtung der volksdeutschen Schriftdenkmäler war der priesterlichen Geschichtsschreibung der Weg zur Phantasie geöffnet. Die vorchristliche Vergangenheit der Germanen konnte als barbarisch und finster verleumdet, ihre Gott- und Weltanschauung als ruchloser Aberglaube und heidnischer Greuel geschildert, die Göttergestalten zu Dämonen, Hexen und Teufeln umgedichtet werden. Das unheilvolle Erbe der judäozentrischen Geschichtsauffassung begann sich unheilvoll, kulturzerstörend und völkerfressend in Europa auszuwirken, denn das

---

[4]) Nach Chamberlain, Grundlagen des 19. Jahrhunderts S. 779.
[5]) Nach Heinrich Wolf, Weltgeschichte der Lüge.

Ideal des augustinischen Gottesstaates ist nichts anderes als die christliche Übersetzung des jüdischen Messianismus. Der von Ludwig dem Frommen vollzogenen Vernichtung des germanischen Schrifttums haben wir es zu „verdanken", daß wir von der Gott- und Weltanschauung unserer Vorfahren so dürftig unterrichtet sind, daß heute noch nichtchristliche Deutsche ihr Gotterleben und ihre Weltanschauung als minderwertigen Wotanskult von den Christen beschimpfen lassen müssen, daß heute noch unsere germanischen Vorfahren als saufende und bärenfellbekleidete Schlagetote und Faulenzer von Christen beschimpft werden können, die nur durch die Religion des auserwählten Volkes aus der Nacht des Heidentums befreit wurden. Wahrlich, die judäozentrische Geschichtsauffassung wirkte sich in Germaniens Landen entsetzlich aus.

Es ist geradezu symbolisch, daß Karl der Pippinide, der die Sachsen mit Feuer und Schwert ausrottete, für die Verwaltung seiner Finanzen aus Italien Juden kommen ließ, welche alsbald als Steuerpächter ihre segensreiche Tätigkeit aufnahmen und zu Reichtum und Macht emporstiegen, welche sie durch die Eroberung von wichtigen Vorrechten für ihre Nation weiter ausbauten. Sie genossen Handelsprivilegien und bevorzugte Behandlung, wenn sie Verbrechen begangen hatten. Die Bevölkerung der Universalmonarchie Karls mußte ihre Märkte auf den Sonntag verlegen, weil die Juden ihren Sabbath haben mußten! Und wie es vor Kurzem noch zum guten Ton gehörte, daß man als Deutscher irgend einem Verein zur Abwehr des Antisemitismus angehört, so war es zu des Pippiniden und seines Sohnes Zeiten guter Ton bei Hofe — — die Synagogen zu besuchen! Die Sachsen wurden im Namen des christlichen Imperialismus, des Gottesstaates hingeschlachtet, zugleich aber die Synagoge besucht und das Reich, in dem das geschehen konnte, nennt sich teils richtig, teils falsch: Heiliges römisches Reich deutscher Nation. Daß in diesem Reich der Deutsche von Geblüt nichts galt und nicht angesehen war, oder, wenn wir diesen Ausdruck schärfer formulieren wollen, daß in diesem Reiche das Deutschtum nichts galt, ist nicht etwa eine vereinzelte Erscheinung der deutschen Geschichte bis 1806, das ist vielmehr eine der unheilvollsten Auswirkungen des Christentums. Selbst der fanatische Christusgläubige H. St. Chamberlain bekennt einmal in seinen Grundlagen:

> „Das Christentum bedeutet durchaus keine Stärkung der Idee der Familie. Im Gegenteil, sein eigentliches Wesen ist, daß es alle politischen und rechtlichen Bande zerreißt und jedes einzelne Individuum auf sich selbst stellt. Von dem christlichen Kaiser Konstantin, der die Souveränität des pater familias (Sippenoberhauptes) aufhob, erhielt denn auch die römische Familie den Gnadenstoß. Als Ausfluß des Judentums ist außerdem das Christentum von Haus aus eine anarchistische Macht, eine antipolitische."[6])

---

[6]) Seite 210.

Die deutsche Geschichte bestätigt diese Chamberlainschen Sätze Wort für Wort. Die zuverlässige Entdeutschung Karls des Pippiniden und seines Sohnes Ludwig durch das Christentum haben wir schon kennengelernt. Der Mischling Otto III., der Kaiser aus dem sächsischen Hause und der Enkel einer bythinischen Schankwirtstochter beweist uns in einem Briefe an den französischen Priester Gerbert ebenfalls, wie zuverlässig er entdeutscht ist:

„Wir möchten gerne Euch, verehrungswürdiger und ausgezeichneter Mann, in unserer Nähe sehen, um dauernd den Umgang eines so trefflichen Führers genießen zu können, zumal Eure erhabene Weisheit gegen unsere Einfalt stets Nachsicht geübt hat. Um es gerade heraus zu sagen, wir haben den Entschluß gefaßt, Euch zu bitten, Ihr möchtet uns, die wir bisher nur ungenügend unterwiesen sind, in Wort und Schrift unterrichten und zugleich in den Staatsgeschäften mit treuem Rat unterstützen. Mit dieser Bitte, die Ihr uns nicht abschlagen dürft, verbinden wir den Wunsch, daß Ihr gegen die Roheit unserer sächsischen Natur schonungslos verfahrt, was uns dagegen von griechischer Feinheit beiwohnen möchte, belebt und ausbildet. Denn es dürfte sich ein Fünkchen des wissenschaftlichen Strebens der Griechen in uns entdecken lassen, wenn sich der rechte Mann findet, es anzufachen. Facht also mit der gewaltigen Flamme Eurer Wissenschaft dieses Fünkchen an, erwecket unter Gottes Beistand in uns den Griechengeist zu kräftigem Leben und unterweiset uns zunächst in der Zahlenlehre, damit wir durch dieselbe in die Philosophie der Alten eingeführt werden! Das ist es, was wir demütig von Euch erbitten. Was Ihr beschlossen habt, meldet uns sobald wie möglich ....“[7])

Gründlich überwunden sind hier die Zeiten jenes Wikingerstolzes, der dem Römling auf seine Frage: „Wer ist euer Herr?“, die stolze Antwort gab: „Keiner ist unser Herr, denn jeder von uns ist ein Herr.“ Der germanische Stolz ist zertrümmert, die Lebensform der Demut hat sich den Thron der christlichen Universalmonarchie erobert, deren Universalismus so allumfassend ist, daß sie unduldsam jedes arteigene Denken, jede ursprüngliche und arteigene Natur aus ihrem „allumfassenden“ Gebiete ausschließt und sie schonungslos verfolgt und ausrottet. Dafür schulden wir noch den Beweis.

Wenn der Professor Hans Rückert gelegentlich seiner Antrittsrede[8]) davon spricht, daß die Sachsen nach ihrer Niederringung durch Karl den Pippiniden nichts Ernstliches mehr gegen die Annahme des Christentums einzuwenden gehabt und schon in der zweiten christlichen Generation zwei Männer hervorgebracht hätten, die das Christentum besonders tief verstanden, Gottschalk und den Helianddichter, so hätte er mindestens die Geschichte des Grafen Gottschalk erzählen müssen. Gottschalk der Germane entwickelte nämlich im Anschluß an Augustin die Lehre von der göttlichen Gnade und der Prädestination. Dafür

---

[7]) Wilhelm v. Giesebrecht, Geschichte der deutschen Kaiserzeit, 1. Band, Seite 592/93.

[8]) 1932 Universität Tübingen.

wurde er von seiner Kirche öffentlich fast zu Tode gegeißelt und dann zu lebenslänglichem Kerker verurteilt. Sein Zeitgenosse, Skotus Erigena, wurde in römischem Auftrag von christlichen Mönchen ermordet. Im 11. Jahrhundert trat der Freigeist Beranger von Tours auf und entflammte mit seiner idealistischen Religion ganz Frankreich. Nicht lange. Gregor VII. ließ ihn ergreifen, von Gefängnis zu Gefängnis, von Konzil zu Konzil schleppen, bis er endlich im Jahre 1059 in Rom vor einer Versammlung von 113 Bischöfen seine Lehre widerrief und sich zu dem Glauben bekannte, „das Brot sei nicht bloß ein Sakrament, sondern der wahre Leib Christi, der von den Zähnen zerkaut würde".

Es ist die Zeit eines Gregor VII., der unumwunden erklärte, Kaiser und Fürsten seien dem Papst untertan. Die Tatsache, daß sich der christliche Imperialismus so offen zu erkennen gab, scheint einigen unter jesuitischem Einfluß stehenden Gelehrten unangenehm zu sein. Das Geschreibsel, daß Gregor keine Universalmonarachie gewollt habe, nimmt sich neben den zu Tage liegenden vielen Beweisen des christlichen kultischen Imperialismus zu komisch aus, als daß man dafür mehr als ein mitleidiges Lächeln haben sollte. Wenn je der eine Papst nicht imperialistisch gewesen sein sollte, so war es der andere. Entweder man bestreitet den kultischen Imperialismus des Christentums schlechthin, dann war kein Papst und keine Kirche imperialistisch oder man räumt das Dasein des christlichen Imperialismus ein und dann ist es gleichgültig, ob der eine Papst imperialistisch orientiert war oder nicht.

An Gregor VII. reihen sich würdig an die Päpste Innozenz III. und Bonifacius VIII. Unzweideutig gibt Innozenz zu verstehen, daß er alle Macht in seinen Händen vereinigt, denn seine denkwürdigen Worte: ego sum Caesar, ego sum imperator! sind in jeder Beziehung unmißverständlich. Er machte mit der Lehre von der Transsubstantiation (magische Verwandlung) den magischen Materialismus und die jüdische Opfertheorie zur Grundlage der kirchlichen Lehre, er organisierte das Inquisitionsgericht als bleibende Einrichtung, er stabilisierte die Ohrenbeichte als Kirchengesetz und ergänzte den nur einzelne Personen treffenden Bann durch das ganze Gemeinden, Provinzen und Länder strafende Interdikt. Wahrlich eine zielbewußte Ausgestaltung und Stabilisierung des christlichen Imperialismus! Aus diesem Tatbestand zog Bonifazius VIII., der im Jahre 1294 den kurulischen Stuhl bestieg, mit der Bulle Unam sanctam nur die letzte Schlußfolgerung. Die berühmt gewordene Zweischwerterlehre dieser Bulle enthält den unzweideutigen Macht- und Herrschaftsanspruch der Kirche über die Staaten. Die Kirche sei im Besitze zweier Schwerter, eines geistlichen und eines weltlichen. Das erstere führt sie allein, das letztere dagegen müsse von den Königen und den Kriegern für die Kirche geführt werden. Der Papst hat die Befugnis, die weltlichen Gewalten einzusetzen und abzusetzen. Ihm steht die oberste Gerichtsbarkeit über die weltlichen Gewalten zu, wenn sie sich seinen Anordnungen widersetzen.

Wie man sieht, spricht sich die Bulle Unam sanctam unzweideutig für den christlichen Imperialismus aus. Die päpstliche Tiara trägt denn noch heute drei Goldreifen: „Der eine Ring trug die Inschrift: „Corona regni de manu Dei", der andere: „Diadema imperii de manu Petri". Nach dem zum Katholizismus neigenden Wolfgang Menzel wird durch die Reifen die Herrschaft der römischen Kirche über Erde, Hölle und Himmel symbolisiert. Weiter kann kein Imperialismus reichen[9])."

Um das Wesen des christlichen Imperialismus zu erfassen, ist es weniger notwendig, seine Erscheinungen an einer einzelnen Stelle, z. B. dem päpstlichen Stuhl, zu betrachten, als ihm in seinen Äußerungen auf allen Lebensgebieten nachzugehen. So erwähnte ich das Wort Chamberlains, daß das Christentum keine Stärkung der Idee der Familie bedeute. Zum Belege dafür zunächst einige Äußerungen aus dem Jesuitenorden:

„Ein jeder von denen, die in die Sozietät (Gesellschaft Jesu) eintreten, soll, indem er jenen Rat Christi befolgt, wer seinen Vater verlassen hat . . . ., dafür halten, daß er Vater, Mutter, Brüder und Schwestern, und was er immer in der Welt hatte, verlassen muß, ja er glaube, daß zu ihm jenes Wort gesprochen sei: „Wer nicht haßt Vater und Mutter und außerdem seine Seele, der kann mein Schüler nicht sein." Dieses furchtbare Wort steht Lukas 10/26.)

„Wir Jesuiten erkennen als Geist unseres Berufes, daß wir weder einen Vater noch Verwandte, noch ein Vaterland haben, kurz, wir haben nichts auf dieser Welt."

Furchtbare Worte, die schon ein Jüngling mit wahrem Kindergemüt befolgen muß.

Ignaz von Loyola selbst sagt:

„Wer um Christi willen Verachtung der Welt bekennt, hat in der Welt kein Vaterland mehr, das er als das seinige anerkennt."

Das 7. Dekret der 21. Generalkongregation gibt als Richtschnur:

„Je kosmopolitischer der Jesuit ist, je weniger nicht nur in der Tat, sondern auch der Gesinnung nach der Jesuit ein Vaterland, Volk und Heimat kennt, je gleichgültiger ihm die Staatsform ist, unter der er zufällig lebt, umso mehr nähert er sich dem Ideal der Jesuiten."

Endlich führe ich noch den „deutschen" Jesuiten Meschler an, der 1911 geschrieben hat:

„Die Losung des Jesuiten lautet: „Gehet hin in alle Welt, wo die Ehre Gottes und das Heil der Seelen euch ruft . . . . Von Beruf aus ist der Jesuit international und Kosmopolit . . . . mit der Heimatscholle an den Füßen ist ein Eroberungsflug durch die Welt gar nicht denkbar."

„Jedes Familien-, jedes Bluts-, jedes Volks- und Vaterlandsgefühl ist in dem „Leichnam" ertötet."[10])

---

9) Chamberlain, Grundlagen s. 779.

10) E. und M. Ludendorff, Das Geheimnis der Jesuitenmacht. S. 11/12.

Der Jesuit kennt nur e i n Ziel: — Die Ausbreitung des Königstums Christi. Er kennt nur e i n e Sittlichkeit: — den katholischen Glauben. Er kennt nur e i n e n Kampf: — den Kampf um die Unterwerfung der Welt unter die christliche Herrschaft. Nur in diesem Sinne ist die jesuitische Politik und Lehre zu verstehen. Darum erklärt er auch den Glaubenskrieg für erlaubt, schreibt doch Ballerini-Palmieri S. J. (Opus theolog. morale):

„Einem christlichen Fürsten ist es erlaubt, Heiden und Juden wegen Sünden wider das Naturgesetz und damit nicht Christen durch sie geschädigt werden, aus ihren Ländern zu vertreiben. Auch ist der Krieg erlaubt, wenn die Untertanen in Ketzerei und Unglauben verfallen, andere mit sich reißen und so Uneinigkeit im Staat oder in der Provinz erregen. Zuweilen ist es erlaubt, Ungläubige, auch wenn sie keine Untertanen sind, mit Krieg zu überziehen, nämlich: 1. wenn sie durch ihre gottlosen Gebräuche Unschuldige schädigen, z. B. rauben, Kinder opfern, und wenn sie, deshalb von Christen ermahnt, nicht davon ablassen, 2. wenn sie durch Schmähungen und Gotteslästerungen den christlichen Glauben lästern oder Christen abtrünnig zu machen suchen, 3. wenn sie christlichen Predigern, die nach göttlichem Befehl das Licht des Evangeliums zu verbreiten suchen, den Zutritt in ihre Länder verweigern oder wenn sie ihren Untertanen die Freiheit verweigern, das Evangelium zu hören oder anzunehmen. Ebenso, wenn der König oder die Bewohner eines Landes, vom wahren Glauben abfallend, die Bewohner eines anderen Landes zum Abfall verleiten wollen, dann hat der benachbarte König einen gerechten Grund, sich zu verteidigen und die zugefügte Beleidigung zu rächen.“[11])

Das alles sind Lehren, welche weder auf Erhaltung der Familie, noch auf Pflege des Volkstums, noch auf Stärkung des Bluts- und Vaterlandsgefühls gehen, sondern unter Zertrümmerung des Volkstums, Zerreißung der Familien, Auflösung aller Blutsgemeinschaften die Errichtung „des Königtums Christi“, die Vollendung der christlichen imperialistischen Weltherrrschaft anstreben. Das Christentum erweist sich in allen diesen Lehren als eine antisoziale, anarchistische Macht. Als solche wird es auch von Dodel geschildert, wenn er über das Zölibat schreibt:

„denn das Gesetz der Ehelosigkeit ist nicht allein eine Todsünde an den Gesetzen der Natur, die auf die Dauer nicht ungerächt verletzt werden können, sondern das Zölibat der Geistlichkeit ist ein permanenter Raubzug der Kirche gegen die Kraftquelle des Volksintellekts, ein markzerstörendes Prinzip gegen alles Gedeihen der ganzen Menschheit. Kaum ist jemals im Hirn eines denkenden Menschen Übleres und Verhängnisvolleres ausgedacht worden, als wie damals, wo die Sachwalter der Kirche um der reinen Machtfrage willen das Zölibat in die Kirchenorganisation hineinzustellen für gut fanden.

---

[11]) Graf Paul Hoensbroech, Der Jesuitenorden, Eine Enzyklopädie.

Das Zölibat bedeutet: permanente Rassenverschlechterung, unausgesetztes Ausjäten der Stärkeren unter gleichzeitiger Schonung der Schwächeren, mit anderen Worten: langsamen Selbstmord der Volkskraft."[12])

Wer das Christentum als anarchistische Macht kennen lernen will, der darf nicht allein an solchen eben zitierten Lehren, wie den jesuitischen, zur Rechtfertigung des Glaubenskrieges kleben bleiben, der muß auch stets die christliche Praxis an ihren Lehren und ihrer Theorie nachprüfen. Die Namen eines Skotus Erigena, eines Gottschalk, eines Berengar von Tours, welche als Opfer des christlichen Imperialismus fielen, haben wir schon erwähnt. Ihnen reihen sich Männer an wie Savonarola, Wyklif, Huß, Giordano Bruno, Galilei und Vanini, ihnen reihen sich aber auch jene ungenannten Millionen an, welche als Opfer der Großinquisitoren Diego Perez, Cisneros, Torquemada und Petro Arbues den Scheiterhaufen bestiegen, an die Galeeren geschmiedet oder eingekerkert, mit dem Schwerte hingerichtet oder mit der Garotte erdrosselt wurden. Der Hexenjammer des Jakob Sprenger und Heinrich Institoris, dies Erzeugnis christlichen Geistes und christlichen Aberglaubens, wird auch stets als der brutalste Ausdruck des christlichen Imperialismus im Bewußtsein der Deutschen weiterleben. Wer den Hexenwahn nicht als echtes Kind des christlichen Geistes, des christlichen Imperialismus gelten lassen möchte, der sei auf das Studium der Bulle Summis desiderantes affectibus vom 5. Dezember 1484 des Papstes Innozenz VIII. verwiesen.

Das Christentum erwies sich aber nicht nur in Europa als anarchistische Macht. Ich bringe zum Beweise dafür nur zwei Beispiele aus der Geschichte der Eroberung Mittel- und Südamerikas und Mexikos.

Von dem Indianerhäuptling Hathucci erzählt uns der Bischof Las Casas das Folgende. Der Häuptling war vor den Spaniern von Espanola nach Kuba geflohen. Hier ereilte ihn jedoch sein Schicksal, denn er wurde gefangen und zum Feuertode verurteilt. Ein Franziskaner wollte ihn noch vor seiner Hinrichtung bekehren, indem er ihm für den Fall seiner Bekehrung die Seligkeit, für den Fall seiner Verstocktheit die ewige Pein in Aussicht stellte. Die Frage des Indianers, ob auch Spanier in den Himmel kämen, bejahte der Mönch. Darauf erwiderte der Häuptling, daß er lieber zur Hölle fahren wolle, als an einen Ort kommen, wo er wieder mit Spaniern zusammentreffen würde.

Matourin Ballou läßt auf Seite 21 seines Buches Aztec Land (Boston 1890) den bedeutenden mexikanischen Gelehrten Riveray Rio in folgender Weise zu Worte kommen:

„Mit dem Sturze Montezumas im Jahre 1520 begann die Herrschaft Spaniens. Während ihrer dreihundert Jahre langen Dauer hielten römische Päpste und spanische Könige gemeinsam Mexiko und sein Volk in ihrer Gewalt. Ihre gierigen Hände

---

[12]) Arnold Dodel, Entweder — Oder! Moses oder Darwin S. 145.

waren beständig ausgestreckt, um sämtliche Erträgnisse der Bergwerke und des Bodens an sich zu reißen. Während die Macht und Ausdehnung einer fremden Kirche und eines fremden Reiches sich beständig erweiterten, wurde Mexikos Bevölkerung völlig versklavt. Es war damals, als die Kirche Roms ein so zahlreiches Heer von Mönchen, Nonnen und Priestern hierher sandte, so ungeheuren Grundbesitz erwarb, so unglaublich viele steinerne Kirchen, große Klöster, Jesuitenschulen und Inquisitionsgefängnisse aufführte und so unermeßliche Reichtümer von Gold und Silber zusammenraffte. Während dieser Zeit versank unser armes Volk in das äußerste Elend. Es wurde aller Rechte und jeder Möglichkeit beraubt, sich emporzuarbeiten. Es wurde ihm überlassen, in geistiger Finsternis einherzutappen und irgendwie ein Fortkommen zu finden. Handel mit anderen Völkern zu treiben, war ihm nicht erlaubt. Erwarb irgend jemand Eigentum, so wurde es unter allerhand Vorwänden für kirchliche Zwecke beansprucht. Unter den falschen Lehren eines korrupten Priestertums herrschte blinder Aberglaube, während gleichzeitig die fürchterliche Inquisition mit ihrer grausamen Maschinerie das Volk in eine Unterwürfigkeit zwang, die in der Geschichte der Menschheit kaum ihresgleichen hatte. Unter solcher Mißwirtschaft verlor Mexiko unter den Ländern der Erde mehr und mehr an Bedeutung."[13])

Am Ende des dreihundertjährigen christlichen Imperialismus in Mexiko steht das Rassenchaos und die arteigenen Volkstümer sind zertrümmert oder ausgerottet. Die aus der Rassenvermischung entstandenen mittel- und südamerikanischen Staaten sind als Glaubensherden des imperialen Christusreiches ein geradezu grauenvoller Anblick. Der Mangel an organischem Rassenzusammenhang bringt eine moralische und geistige Zerfahrenheit mit sich, die durch keinen noch so einheitlichen Glauben ausgeschaltet werden kann. Der Mensch des Rassenchaos, der rassenlose Mensch, hat keine Vergangenheit und blickt in keine Zukunft, er schillert in allen Farben, die einander überdecken, er ist vieldeutig und durch seine Vieldeutigkeit beschränkt. Was in einem Volke, in einer Rasse, die Ursache überschwenglicher Blüte und Schönheit bildet, nämlich die Vielseitigkeit von einander abweichender Begabungen, die durch ihre Stammeseinheit zusammengefaßt werden, das wird beim Einzelmenschen zum Verhängnis, weil das, was die Kraft einer ganzen Rasse in Anspruch nimmt, die Kräfte eines Einzelindividuums weit übersteigt. Das war bisher das schlimmste Verbrechen am Menschen, daß man ihm Ewigkeitswert beimaß und den Mutterboden zerstörte, dem er entwachsen war. Der Mord an der Vergangenheit ist ebenso schlimm, wie ein Mord in der Gegenwart und der Mord an der Zukunft. Der Mord eines Volkstums ist nicht weniger schlimm als der Mord eines Einzelmenschen. Und ein Volkstum wird zuverlässig gemordet, indem man die hunderttausendjährigen Keime seiner Vergangenheit durch Entrassung und Rassenmischung systematisch vertilgt.

---

[13]) Randolph Charles Darwin, Die Entwicklung des Priestertums und der Priesterreiche. S. 300/301.

Der christliche Imperialismus ist sich durch Jahrhunderte gleichgeblieben. Wenn Albrecht V. (1550—1579) von Bayern sagte: „Lieber will ich keine Untertanen haben, als schlechte Katholiken und ungestrafte Verbrecher"[14]), so ist das genau dasselbe, was der Katholikenführer Buß 300 Jahre später, im Jahre 1850 sagte:

„Aber die Kirche rastet nicht und mit den Mauerbrechern der Kirche werden wir diese Burg des Protestantismus (— Preußen —) langsam zerbröckeln müssen. Wir werden in den vorgeschobenen norddeutschen Distrikten die zerstreuten Katholiken sammeln und mit Geldmitteln unerstützen, damit sie dem Katholizismus erhalten und Pioniere nach auswärts werden. Mit einem Netz von katholischen Vereinen werden wir den altprotestantischen Herd in Preußen von Osten und Westen umklammern und durch eine Unzahl von Klöstern diese Klammern befestigen und damit den Katholizismus und die katholischen Provinzen, die zur Schmach aller Katholiken der Mark zugeteilt worden sind, befreien und die Hohenzollern unschädlich machen."[15])

Wie Otto III. vor tausend Jahren von dem christlichen Priester Gerbert verlangte, daß er gegen seine sächsische Natur schonungslos verfahre, so schreibt die Paderborner Bonifacius-Broschüre vom Jahre 1895 ganz im Sinne des Ottonischen Wunsches:

„Wir sind zuerst Christen, zuerst Katholiken und erkennen in dem modernen Patriotismus ein Stück Barbarei, ein Vergehen an der Menschheit, eine Sünde gegen die Nächstenliebe, einen Abfall vom Christentum .... den modernen Patriotismus überlassen wir also unserem alten Vetter, dem deutschen Michel und der mag uns mit seinem Nationalitätsschwindel vom Leibe bleiben."[16])

In Übereinstimmung damit erklärte der Katholikentag in Konstanz vom Jahre 1923 den Nationalismus als schlimmste Häresie.

Daß Albrechts V. Geist ebenfalls noch sehr lebendig ist, mag durch zwei Äußerungen belegt werden, die beliebig vermehrt werden könnten und als Symptome dafür gewertet werden können, wie sehr der deutsche Geist vom christlichen Imperialismus infiltriert, durchtränkt ist. Die zentrümliche Germania vom 22. Mai 1924 schreibt:

„Die unheilvolle Rolle, welche die sogenannten vaterländischen und nationalen Verbände spielen, und die sich immer stärker zu Aufpeitschern einer gefährlichen innerpolitischen Spannung machen, nötigt uns, zwischen ihnen und uns einen klaren Strich zu ziehen, damit auch die Anhängerschaft im Lande und diejenigen, die noch zweifeln sollten, wissen mögen, woran sie sind.

Wir ermessen die volle Bedeutung dieses Problems, wenn wir sagen, zwischen uns, dem Zentrum als der christlichen Volkspartei und den sogenannten nationalen Anschauungen der vaterländischen Verbände gähnt eine unüberbrückbare Kluft.

---

[14]) E. und M. Ludendorff, Das Geheimnis der Jesuitenmacht und ihr Ende. S. 139.

[15]) Alfred Miller, Ultramontanes Schuldbuch, 3. Aufl., S. 193.

[16]) Alfred Miller, a. a. O. S. 29.

Es ist nicht ein Unterschied der politischen Taktik, der uns auseinandertreibt (!), es ist der Gegensatz der Weltanschauung, die uns zu Gegnern macht. Hie Christentum, Aussöhnung der Völker und nationaler Gedanke, der in seinen Forderungen an den ewigen Wahrheiten des Christentums orientiert ist, dort germanische Weltauffassung, Kampf und nationalistischer Gedanke, der in der Vergottung der Nation und der Rasse seine höchste Bekrönung erfährt. Zwischen diesen Anschauungen gibt es kein Paktieren. Der Kampf muß bis zum bitteren Ende ausgefochten werden." —

Aus Anlaß des 900jährigen Todestages des Kaisers Heinrich II. schrieb die „Augsburger Postzeitung" (Nr. 161, 1924):

„Damals, als katholischer Geist die Deutschen lenkte, als der deutsche Kaiser der weltliche Herr der Welt war, stand es anders um Deutschland als heute, und wenn wir Deutschlands Seele wieder retten wollen, dann darf unser rückwärtsschauender Blick nicht halt machen am Jahre 1871. Er muß sich lenken lassen zu den Zeiten, da alle Deutschen einen Kaiser hatten und da dieser Kaiser die Krone sich nicht selbst aufsetzte, sondern sich aufsetzen ließ, demütig knieend vor dem, dem der Heiland die Schlüssel des Himmelreiches überantwortete."[17])

2. Von den Grundlagen des christlichen Imperialismus.

Wie ich im vorhergehenden Abschnitt nur in groben Strichen eine Schilderung des christlichen Imperialismus geben konnte, weil es mir in dieser Arbeit ausschließlich nur darauf ankommt, in großen Zügen sein Dasein und seine Wirksamkeit anzudeuten, so muß ich mich auch in dem nunmehr folgenden Abschnitt bei Schilderung der Grundlagen auf Andeutungen beschränken.

Wir haben den kultischen Imperialismus des Judentums als Lebensform und Lebensäußerung des jüdischen Religionsvolkes erkannt. Wenn wir der jüdischen Staatsverfassung einen Namen geben wollen, so ist es der der Theokratie. Dieser Name paßt aber nur auf diese eine Nation, weil hier Volkstum, Glaube, Priestertum eine untrennbare Einheit bilden.

Nicht so beim Christentum. Der Unterschied, der zwischen Christentum und Judentum besteht, ist von Paulus in Römer 11, V. 16 ff. ausgesprochen worden. Danach ist Israel nach wie vor das auserwählte Volk, der gute Ölbaum, in welchen einzelne Zweige des wilden Ölbaumes eingepfropft werden. Die in Frage kommenden Verse des 11. Kapitels des Römerbriefes sind zu wichtig, als daß sie hier nicht erwähnt werden dürften, denn sie enthalten das Bekenntnis des Christentums zum Satze vom auserwählten Volk und zugleich auch wesentliche staatsrechtliche Anschauungen des Christentums. Ich bemerke gleich, daß sowohl die Systematik des Christentums wie seine Dogmatik von der judäozentrischen Geschichtsauffassung beherrscht sind, daß infolgedessen auch das christliche Staatsrecht von dieser Auf-

[17]) Alfred Miller, a. a. O. S. 36/37 und S. 169.

fassung her maßgebend beeinflußt ist. Es kommt mir bei meiner Untersuchung nicht darauf an, irgendwelche Stellen aus der Bibel herauszuziehen und auf sie meine Beweisführung zu stützen, sondern mein Bestreben ist vielmehr, die tragenden Ideen des Judentums und des Christentums herauszustellen und aus ihnen heraus in diesem Abschnitt die Haltung des Christentums zu erklären. Daß die judäozentrische Geschichtsauffassung eine tragende Idee des Judentums ist, habe ich im vorhergehenden Kapitel nachgewiesen. Denselben Nachweis werde ich im nächsten Abschnitt für das Christentum führen. Für diesen Abschnitt genüge der Hinweis auf Paulus, der im 11. Kapitel des Römerbriefes sich unumwunden zur judäozentrischen Geschichtsauffassung bekennt.

Nach dieser notwendigen systematischen Abschweifung kehren wir zum Thema zurück. Paulus sagt in Römer 11, V. 13 ff.: „Mit euch Heiden rede ich, denn dieweil ich der Heiden Apostel bin, will ich mein Amt preisen, ob ich möchte die, so mein Fleisch sind, zu eifern reizen und ihrer etliche selig machen. Denn so ihre Verwerfung der Welt Versöhnung ist, was wird ihre Annahme anders sein, denn Leben von den Toten? Ist der Anbruch heilig, so ist auch der Teig heilig, und so die Wurzel heilig ist, so sind auch die Zweige heilig. Ob aber nun etliche von den Zweigen ausgebrochen sind, und du, der du ein wilder Ölbaum warest, bist unter sie gepfropfet und teilhaftig worden der Wurzel und des Saftes im Ölbaum, so rühme dich nicht wider die Zweige. Rühmst du dich aber wider sie, so sollst du wissen, daß du die Wurzel nicht tragest, sondern die Wurzel traget dich. So sprichst du: Die Zweige sind ausgebrochen, daß ich hineingepfropfet würde. Ist wohl geredet. Sie sind ausgebrochen, um ihres Unglaubens willen, du stehst aber durch den Glauben. Sei nicht stolz, sondern fürchte dich. Hat Gott die natürlichen Zweige nicht verschonet, daß er vielleicht dein auch nicht verschone. Darum schau die Güte und den Ernst Gottes, den Ernst an denen, die gefallen sind, die Güte aber an dir, sofern du an der Güte bleibest, sonst wirst du auch abgehauen werden. Und jene, so sie nicht bleiben in dem Unglauben, werden sie eingepfropfet werden, Gott kann sie wohl wieder einpfropfen. *Denn so du aus dem Ölbaum, der von Natur wild war, bist ausgehauen und wider die Natur in den guten Ölbaum gepfropfet, wie viel mehr werden die natürlichen eingepfropfet in ihren eigenen Ölbaum.*"

Paulus sagt also, daß der Heidenchrist als ein Zweig des wilden Ölbaums dem „guten Ölbaum", das ist das Volk Israel, das auserwählte Volk, wie er im ganzen 11. Kapitel ausführt, eingepfropft wird. Den Heidenchristen trägt die Wurzel des „guten Ölbaums", des auserwählten Volkes. Darum soll er sich nicht gegen die jüdischen Zweige des „guten Ölbaums" rühmen. Paulus sagt weiter, daß der Heidenchrist aus dem wilden Ölbaum „*ausgehauen*" würde. Die Loslösung des Heidenchristen aus seinem Volkstum kann eigentlich nicht schärfer und klarer geschildert werden. Und doch hat sich Paulus in Römer 2, V. 28—29 noch übertroffen. Denn dort sagt er, daß der Heidenchrist durch den Christusglauben ein inwendiger Jude werde.

„Denn das ist nicht ein Jude, der auswendig ein Jude ist, auch ist das nicht eine Beschneidung, die auswendig am Fleische geschieht, sondern das ist ein Jude, ders inwendig verborgen ist, und die Beschneidung des Herzens ist eine Beschneidung, die im Geist und nicht in Buchstaben geschieht: eines solchen Lob ist nicht aus Menschen, sondern aus Gott."

Paulus hat also das Zwitterwesen des Christentums klar erkannt. Wenn er sagt, daß die Heidenchristen aus dem wilden Ölbaum ausgehauen und wider die Natur dem „guten Ölbaum" eingepfropft würden, so will das heißen, daß für sie nunmehr Vergangenheit und Zukunft des „guten Ölbaums" maßgebend und von Wichtigkeit sind. Durch dieses Tor hält die judäozentrische Geschichtsauffassung ihren Einzug in das Christentum! Damit ist zwischen Volkstum und Glaube der Heidenchristen eine gähnende und unüberbrückbare Kluft aufgerissen, denn, ausgehauen aus dem „wilden Ölbaum", wie sie sind, müssen sie als einzelne entweder mit ihrem Christentum zugrundegehen oder Juden werden oder ihren Glauben zur einigenden Grundlage eines von den heidnischen Volkstümern wie vom jüdischen Religionsvolk unterschiedenen Staatsverbandes machen: Das ist die Entstehungsursache der christlichen Kirchen. Diesen Staatsverband der rassenlosen christlichen Religionsherde, der sich dem Charakter der einzelnen Kirchen entsprechend mehr oder weniger deutlich durch die christlichen Völker hindurchzieht, nenne ich die Christokratie. Diese ist überall da deutlich ausgeprägt, wo der christliche Imperialismus scharf und deutlich seine Herrschaftsansprüche geltend macht, sie tritt dagegen überall da zurück, wo der christliche Imperialismus durch das Bewußtsein der arteigenen Völker gebändigt ist. Der Dualismus zwischen Staat und Kirche ist demnach im tiefsten Grunde gleichbedeutend mit dem Dualismus zwischen Volkstum und Christokratie.

Die Christokratie bildet aus den aus dem „wilden Ölbaum" ausgehauenen Heidenchristen eine neue Gemeinschaft, die durch das Band des christlichen Glaubens zusammengehaltene Glaubensherde. Wir unterscheiden das Religionsvolk von der Glaubensherde, weil im Religionsvolk Blut und Glaube eine untrennbare Einheit bilden, während in der Glaubensherde die Einheit von Blut und Glaube zertrümmert ist.

Das typische Merkmal der Christokratie ist die wahllose Verwürfelung und Durcheinandermischung der Einzelmenschen, bei welchen weder Name, noch Art, noch Herkunft, sondern allein der Glaube eine Rolle spielt. Da diese Christokratie ein Eigenleben zu führen sucht, so wird sie folgerichtig bemüht sein, das ihrem Wesen Fremde auszusondern. Darum schreibt auch Martensen in seiner Dogmatik:

„Gleichwie nun aber in jeder gesunden Entwicklung einer Gemeinschaft ein fortgesetztes Bestreben vorhanden sein muß, das Fremde auszusondern, welches sich Bürgerrecht erschleichen will, um die eigentümliche Entwicklung zu hemmen und zu untergraben, so muß auch in der christlichen Kirche ein fortgesetztes Bestreben sein, die jüdischen und heidnischen Elemente auszusondern, die unter dem Scheine des Christentums sich in die Kirche einschleichen wollen, — ein Bestreben, welches bedingt ist durch ein fortgesetztes geistiges Zurückgehen auf Christus, sowie durch die von der wahren Auffassung Christi unzertrennbare Gabe, die Geister zu prüfen."[18])

Das will besagen, daß den Lebensgesetzen der Christokratie die Ausrottung arteigenen Lebens entspricht. Denn arteigenes Leben ist gleichbedeutend mit Heidentum, schreibt doch Büchner in seiner Bibelkonkordanz:

„Heiden sind alle diejenigen, welche außer der Gemeinschaft des jüdischen Volkes waren. Indem sie ohne Erkenntnis des wahren Gottes, ohne Zusicherung seiner Liebe, und der auch den Gefallenen sich erweisenden Barmherzigkeit lebten, so war und ist freilich das Heidentum ein Zustand der Finsternis und Blindheit, da man weder Licht noch Trost, noch Hoffnung, besonders an dem Sterbetage haben konnte und kann. Denn außer Christo ist weder Trost noch Heil. Daher es ganz schriftwidrig und verkehrt ist, das Heidentum (die umgekehrte Religion, die Vergötterung der Natur, wodurch der Mensch zur Sinnlichkeit herabgezogen wird, anstatt zum Übersinnlichen erhoben zu werden) als eine notwendige Durchgangsperiode in der religiösen Entwicklung des menschlichen Geschlechtes zu betrachten, was ebenso widersinnig ist, wenn man zur physischen Entwicklung des Menschen den Durchgang des Kindes durch Verkrüppelungen notwendig finden wollte. Die Schrift lehrt die Verirrungen des Heidentums überall als Gott schlechthin mißfällige Greuel und Folgen der Sünde, ja als Werk des Satans ansehen. Man muß deshalb auch in der Vorliebe für das Heidentum nur das Symptom eines völlig krankhaften religiösen Zustandes erkennen."[19])

Wichtig ist für uns die aus diesen Ausführungen gewonnene Erkenntnis, daß das Heidentum als ein Zustand der Finsternis und der Blindheit, als ein völlig krankhafter religiöser Zustand aus der Christokratie ausgeschlossen wird. Da die Menschen aber alle, soweit sie nicht einem christlichen Rassenchaos entstammen, in Rasse- und Volksgemeinschaften als Heiden geboren werden, so ist es für die Christokratie ein unerläßliches Erfordernis, die Zweige aus dem wilden Ölbaum auszuhauen, mit den „heidnischen Greueln und Verirrungen" aufzuräumen, die Heiden nach dem Wort des Paulus an Herz und an Geist zu beschneiden. Mit anderen Worten: Der Ausrottungskampf gegen die selbstbewußten und arteigenen Völker gehört zum Wesensgefüge der Christokratie. Es ist nicht von ungefähr, daß auch die Christokratie nur die Begriffe Jude, Mensch, Heide, Fremdling kennt. Den Begriff des Volkes kennt sie in zwei Deutungen, nämlich einmal in der Bedeutung des auserwählten Religionsvolkes

[18]) H. Martensen, Die christliche Dogmatik S. 53/54.

[19]) M. Gottfried Büchners Biblische Real- und Verbal-Handkonkordanz 14. Aufl. 1873. S. 553.

der Juden, sodann in der Bedeutung des „auserwählten Geschlechts" z. B. im ersten Petrusbrief 2. Kapitel V. 6 ff. Ich gebe auch diese Stelle vollständig wieder, weil auch aus ihr die judäozentrische Geschichtsauffassung hervorlugt:

> „Darum stehet in der Schrift: Siehe da, ich lege einen auserwählten köstlichen Eckstein in Zion; und wer an ihn glaubet, der soll nicht zu Schanden werden. Euch nun, da ihr glaubet, ist er köstlich; den Ungläubigen aber ist der Stein, den die Bauleute verworfen haben, und zum Eckstein worden ist, ein Stein des Anstoßes und ein Fall des Ärgernisses, die sich stoßen an dem Wort und glauben nicht daran, dazu sie auch gesetzt sind. Ihr aber seid das auserwählte Geschlecht, das königliche Priestertum, das heilige Volk, das Volk des Eigentums, daß ihr verkündigen sollt die Tugenden des, der euch berufen hat von der Finsternis zu seinem wunderbaren Licht, die ihr weiland nicht ein Volk waret, nun aber Gottes Volk seid, und weiland nicht in Gnaden waret, nun aber in Gnaden seid."

Die Christokratie wird mit fünf Begriffen umschrieben: 1. auserwähltes Geschlecht; 2. königliches Priestertum; 3. heiliges Volk; 4. Volk des Eigentums; 5. Gottes Volk. Und sie wird zum Judentum und Heidentum in Gegensatz gebracht. Die Christen werden herausgehoben aus der Menge der Völker, die unter dem Sammelbegriff — Heiden — zusammengefaßt werden.

Nach christokratischem Recht ist darum auch nur der Christ — gleichgültig welcher Rasse und Farbe — als Bürger der Christokratie anzusehen wie Paulus an die Epheser im 2. Kapitel V. 11 ff. schreibt. Man beachte hier wieder die Verbindung mit der judäozentrischen Geschichtsauffassung:

> „Darum gedenket daran, daß ihr weiland nach dem Fleisch Heiden gewesen seid, und die Vorhaut genannt werdet von denen, die genannt sind die Beschneidung nach dem Fleisch, die mit der Hand geschieht, daß ihr zu derselbigen Zeit waret ohne Christum, fremd und außer der Bürgerschaft Israels, und fremd den Testamenten der Verheißung, daher ihr keine Hoffnung hattet, und waret ohne Gott in der Welt. Nun aber seid ihr, da ihr in Christo Jesu seid, und weiland ferne gewesen, nahe worden durch das Blut Christi. Denn Er ist unser Friede, der aus beiden Eines hat gemacht, und hat abgebrochen den Zaun, der dazwischen war, in dem, daß er durch sein Fleisch wegnahm die Feindschaft, nämlich das Gesetz, so in Geboten gestellet war, auf daß er aus zweien Einen neuen Menschen in ihm selber schuf und Frieden machete und daß er beide versöhnete mit Gott in einem Leibe durch das Kreuz, und hat die Feindschaft getötet durch sich selbst, und er ist kommen und hat verkündigt im Evangelium den Frieden euch, die ihr ferne waret, und denen die nahe waren, denn durch ihn haben wir den Zugang alle beide in Einem Geiste zum Vater. So seid ihr nun nicht mehr Gäste und Fremdlinge, sondern Bürger mit den Heiligen und Gottes Hausgenossen, erbauet auf den Grund der Apostel und Propheten, da Jesus Christus der Eckstein ist, auf welchem der ganze Bau in einander gefüget wächst zu einem heiligen Tempel in dem Herrn, auf welchem auch ihr mit erbauet werdet zu einer Behausung Gottes im Geist."

Die Christen sind demnach Bürger eines besonderen christokratischen Staatswesens, das sich von den heidnischen Staatswesen besonders abhebt und das seine Bürger seelisch von den Völkern trennt, von denen sie abstammen und in deren Mitte sie leben. Dieser geistigen und seelischen Lostrennung der christlichen Bürger, diesem Ausgehauensein vom „wilden Ölbaum“ gibt Offenbarung Kapitel 5 V. 9 ff. besonders scharfen Ausdruck:

„Du bist würdig zu nehmen das Buch und aufzutun seine Siegel, denn du bist erwürget und hast uns Gott erkauft mit deinem Blut aus allerlei Geschlecht und Zunge und Volk und Heiden, und hast uns unserem Gott zu Königen und Priestern gemacht, und wir werden Könige sein auf Erden.“ — — —

Da es mir in diesem Zusammenhang nicht obliegt, das Recht der Christokratie darzustellen, sondern es mir vielmehr darauf ankommt, die geistige und seelische Haltung des Christen zu schildern, so knüpfe ich an dem paulinischen Satze an, daß der Heide zuerst vom „wilden Ölbaum“ ausgehauen werden und dem „guten Ölbaum“ eingepfropft werden muß, ehe er Christ werden kann.

Man hat das Christentum eine individualistische Religion genannt. Das ist nicht richtig. Chamberlain nannte das Christentum eine antisoziale Religion. Das ist teils richtig, teils falsch, denn das Christentum ist sozial innerhalb der Christokratie, antisozial außerhalb seiner Grenzen. Individualistisch ist das Christentum deshalb nicht, weil Persönlichkeit und Individualität nur im Zusammenhang mit einem bestimmt gearteten Volkstum besteht, weil jede Persönlichkeit bestimmt geartete Züge trägt, während gerade das Christentum seinen Anhängern eine gewisse Uniformität der geistigen und seelischen Haltung aufprägt.

Ich möchte das Christentum eine solipistische Religion nennen. Unter dem Begriff des Solipsismus verstehe ich hierbei jene Anschauung, die nur das menschliche Einzelwesen, das subjektive Ich als Seiendes anerkennt und diesem Seienden in einem außerweltlich gedachten persönlichen Gott eine andere Wirklichkeit gegenüberstellt. Es ist im Verlaufe dieser Untersuchung schon gesagt worden, daß dem Christentum der Begriff des Volkstums als einer organisch gebundenen und gewachsenen Einheit fremd ist. Als Einzelner wird der Mensch geschaffen, als Einzelner geht er durch die Welt, als Einzelner erstrebt er die Seligkeit des christlichen Gnadenreiches. Wohl kennt das Christentum den Begriff des „auserwählten Volkes“, das nach der Dogmatik von Martensen als „dem Gesetz der Heiligkeit“ unterworfen, als „Volk des Wunders“, als „neue ethische Schöpfung“, als „typisches Volk“, dargestellt und dem Heidentum als dem „wilden Ölbaum“, der dem „Gesetz der Naturentwicklung“ unterworfen ist, gegenübergestellt wird. Da das Heidentum als ein Zustand der Finsternis und der Blindheit bezeichnet und aufgefaßt wird, da „das Gesetz der Naturentwicklung“ vom Christentum „als unheilig“ abgetan, ja die ganze Natur verteufelt wird, so konnte das Christentum weder zu einer richtigen Erkenntnis noch zu einer richtigen Wertung des Wesens des Volkstums kommen. Im Gegenteil. Das Christentum kennt nur einen Wert: — den unendlichen Wert der Einzelseele. So schreibt Harnack einmal in einer seiner Schriften, daß das Evangelium aufgehen soll in dem von ihm beschriebenen Merkmale der drei Kreise: Das Reich Gottes und sein Kommen, Gott der Vater und der unendliche Wert der Menschenseele, die bessere Gerechtigkeit und das Gebot der Liebe. Ein anderer Theologe, Hermann Cremer — das Wesen des Christentums — sagt im 12. Kapitel seines Buches auf Seite 224 von Christus:

> „Er redet nicht bloß ewig gültige Worte von Gott, vom Vater, vom Reiche Gottes, vom unendlichen Werte unserer Seele, vom Lieben und Dienen, seine Worte haben vielmehr eine ganz eigentümliche Kraft und sonderliche Bedeutung, indem sie Worte eines Lebendigen sind, der mit uns redet."

Vor dem christlich-solipsistischen Ideal des unendlichen Wertes der Menschenseele verschwindet der Wert von Volkstum und Rasse vollständig. Darin zeigt sich am deutlichsten, daß das Christentum ein Kind des Rassenchaos des ausgehenden römischen Imperiums ist. Nicht Individualisten, sondern rassen- und volkslose Solipsisten sind es, welche den germanischen Völkern der Völkerwanderungszeit und dem Abendland das Christentum übermittelten: „Wie Schiffbrüchige sind wir, die eine wilde Brandung ans Ufer geworfen hat", ruft Ambrosius schmerzerfüllt aus. Durch die Hände dieser Schiffbrüchigen gingen Philosophie und Recht, die Begriffe über Staat, Freiheit, Menschenwürde, sie waren es, welche den früher nur im ignorantesten Abschaum der Bevölkerung lebenden Aberglauben (Dämonenglauben, Hexenwesen usw.) zu der Würde anerkannter Dogmen erhoben, sie waren es, welche aus den disparatesten Elementen eine neue Religion zusammenschmiedeten und welche die Welt mit der römischen Kirche beschenkten, einer Art Wechselbalg des römischen Imperiumsgedankens; zugleich aber waren sie es, die mit der Wut der Schwachen alles Schöne aus der Vergangenheit, wo sie nur Hand darauf legen konnten, jede Erinnerung an große Geschlechter zerstörten. Haß und Verachtung wurde gegen jede Errungenschaft der reinen Rasse gelehrt, ein Lucian verspottet die großen Denker, ein Augustinus schmäht die Helden aus Roms heroischer Zeit, ein Tertullian schimpft Homer „einen Lügner". Sobald die orthodoxen Kaiser Konstantinus, Theodosius usw. auf den Thron kommen (ohne Ausnahme Rassenbastarde. der große Diokletianus war der letzte Kaiser aus reinem Blute) wird mit der systematischen Vernichtung aller Monumente des Altertums begonnen. Zugleich wird die bewußte Lüge zur angeblichen Beförderung der Wahrheit eingeführt: so bedeutende Kirchenväter wie Hieronymus und Chrysostomus ermutigen die „pia fraus", den frommen Betrug, bald darauf kommt die Begründung von Macht und Recht des römischen Stuhles anstatt durch Mannesmut und Sieg durch großartig betriebene Dokumentenfälschung, ein so ehrwürdiger Historiker wie Eusebius hat die einer besseren Sache würdige Naivität, einzugestehen, er modele Geschichte um, überall, wo dadurch „der guten

Sache" Vorschub geleistet würde. Fürwahr, dieses aus der Rassenvermischung und dem antinationalen Universalwahne hervorgegangene Chaos ist ein grauenvoller Anblick[20]).

Besser als Chamberlain es hier tut, kann wohl nicht gezeigt werden, wohin das solipsistische Ideal des unendlichen Wertes der Menschenseele führt. Dieser unendliche Wert der Menschenseele duldet keinen anderen Wert neben sich, er läßt alles neben sich veröden, er kann dem Mutterboden der Nation und der Rasse keinen Wert zusprechen, sonst wäre er ja nicht mehr unendlich, sondern endlich, und würde an seiner Mutter gemessen werden können. Diese solipsistische Lehre vom unendlichen Werte der Menschenseele wendet sich darum in tiefster Feindschaft gegen alles, was Rasse und Volkstum heißt. Ein Beispiel kann besser als viele Worte belegen, was wir sagen und wie lebendig das solipsistische Ideal im Christentum ist. Von der Stockholmer Weltkonferenz der christlichen Kirchen berichtet Friedrich Heiler in seinem Buche: „Evangelische Katholizität" unter der Ueberschrift „Kirche und internationale Frage" auf Seite 98 folgendes:

> „Professor Julius Richter, der bekannte Berliner Missionshistoriker, schloß sich den Ausführungen des indischen Missionsbischofs an .... Er erachtete es ferner als notwendig, daß die Kirchen die Frage der Rassenwanderung und der Rassenmischehe ernstlich prüfen. So wenig eine Rasse das Recht hat, einer anderen die Einwanderung zu verbieten, kann die Kirche gegen die Rassenmischung auftreten. Sie muß sich vor allem gegen die Mißachtung der Kinder aus Mischehen wenden."

So spricht der christliche, anarachistische Solipsist, der nur ein Vaterland kennt, die Christokratie.

Demgegenüber erklärte ein Vertreter der schwarzfarbenen Methodisten Amerikas, der Negerpastor Dr. Bell aus Newyork, „eine feine und harmonische Persönlichkeit", wie Friedrich Heiler sagt, das Folgende:

> „Christliche Kräfte haben den Negern vorwärts geholfen und sollen es weiter tun. Wir wollen jedoch keine Rassenvermischung. Wie die fünf Finger an der Hand, so sollen die verschiedenen Rassen nach Gottes Ordnung nebeneinander bestehen. Aber wir wollen unverzagt für den Sieg der Weltbrüderschaft und der Rassenharmonie wirken."

So spricht der rassenbewußte Individualist, der den Zusammenhang mit seiner Rasse noch nicht verloren hat, der allerdings an der Oberfläche seines Wesens auch schon ein wenig solipsistisch angekränkelt ist.

Wie man sieht, ist nicht jeder Christ auch ausgesprochen Solipsist. Er ist es besonders dann nicht, wenn in ihm noch ein starkes Art- und Blutbewußtsein lebendig ist, wenn das solipsistische Christentum durch die Gesetze von Rassen- und Volkstum gebändigt

---

[20]) H. St. Chamberlain a. a. O. S. 363/364.

ist. Da das solipsistische Ideal vom unendlichen Werte der Menschenseele aber ein Kernstück der christlichen Lehre bildet, so schlummert auf dem Grunde jeder Christenseele, jedes Christenbewußtseins der Solipsismus als anarchistisches Element der rassischen Zersetzung der Volkstümer.

Dieses Ideal wirkt sich deshalb so gefährlich auf den Bestand der Rassen- und Volkstümer aus, weil es durch die Lehre von der Notwendigkeit der Erlösung des Menschengeschlechts mit der Gottesanschauung verbunden ist. Die Erlösungslehre kann wohl als der Mittelpunkt aller kirchlichen Systeme gelten, obwohl sie in ihren Einzelheiten von den einzelnen Kirchen verschieden ausgestaltet wurde.

Diese Lehre kann eigentlich ohne den in ihr enthaltenen solipsistischen Kern nicht verstanden werden, den nachzuweisen eine Aufgabe dieser Arbeit ist. Wir halten uns zu diesem Zweck an einen der konsequentesten Vertreter des christlichen Solipsismus und untersuchen die kalvinische Lehre von der Gnadenwahl. Ich behandle gerade mit Absicht diese Lehre, obwohl darüber Streit herrscht, ob sie „das wesentlichste" Dogma der reformierten Kirche oder nur ein „Anhängsel" sei.

„Urteile über die Wesentlichkeit einer historischen Erscheinung sind nun aber entweder Wert- und Glaubensurteile — dann nämlich, wenn das an ihr allein „Interessierende" oder allein dauernd „Wertvolle" damit gemeint ist. Oder es ist das wegen seines Einflusses auf andere historische Hergänge kausal Bedeutsame gemeint: dann handelt es sich um historische Zurechnungsurteile. Geht man nun, wie das hier zu geschehen hat, von diesem letzteren Gesichtspunkt aus und fragt also nach der Bedeutung, welche jenem Dogma nach seinen kulturgeschichtlichen Wirkungen beizumessen ist, so müssen diese sicherlich hoch angeschlagen werden. Der Kulturkampf, den Oldenbarneveldt führte, zerschellte an ihm, die Spaltung der englischen Kirche wurde unter Jakob I. unüberbrückbar seit Krone und Puritanismus auch dogmatisch — eben über diese Lehre — differierten, und überhaupt wurde sie in erster Linie, als das staatsgefährliche am Kalvinismus aufgefaßt und obrigkeitlich bekämpft. Die großen Synoden des 17. Jahrhunderts, vor allem Dordrecht und Westminster, daneben zahlreiche kleinere, stellten ihre Erhebung zu kanonischer Gültigkeit in den Mittelpunkt ihrer Arbeit, unzähligen der Helden der „eccelsia militans" hat sie als fester Halt gedient und im 18. ebenso wie im 19. Jahrhundert hat sie Kirchenspaltungen hervorgerufen und bei großen Neuerweckungen das Schlachtgeschrei abgegeben."[21])

Daß die Lehre von der Gnadenwahl in erster Linie als das staatsgefährliche am Kalvinismus aufgefaßt und obrigkeitlich bekämpft wurde, sollte wohl Grund genug sein, diese Lehre des Näheren zu betrachten und danach zu forschen, was eigentlich an

[21]) Max Weber, Gesammelte Aufsätze zur Religionssoziologie 1920 1. Band S. 89.

dieser Lehre staatsgefährlich sein kann. Wir geben sie nach den Sätzen der „Westminster confession" vom Jahre 1647 wieder:

„Kapitel 9. (Vom freien Willen) Nr. 3: Der Mensch hat durch seinen Fall in den Stand der Sünde gänzlich alle Fähigkeit seines Willens zu irgend etwas geistlich Gutem und die Seligkeit mit sich Führendem verloren, so sehr, daß ein natürlicher Mensch, als gänzlich abgewandt vom Guten und tot in Sünde, nicht fähig ist sich zu bekehren oder sich auch nur dafür vorzubereiten.

Kapitel 3. (Von Gottes ewigem Ratschluß) Nr. 3: Gott hat zur Offenbarung seiner Herrlichkeit durch seinen Beschluß einige Menschen .... bestimmt (predestinated) zu ewigem Leben und andere verordnet (foreordained) zu ewigem Tode. Nr. 5. Diejenigen aus dem Menschengeschlecht, welche bestimmt sind zum Leben, hat Gott, bevor der Grund der Welt gelegt wurde, nach seinem ewigen und unveränderlichen Vorsatz und dem geheimen Ratschluß und der Willkür seines Willens erwählt in Christus zu ewiger Herrlichkeit, und dies aus reiner freier Gnade und Liebe, nicht etwa so, daß die Voraussicht von Glauben oder guten Werken oder Beharrlichkeit in einem von beiden, oder irgend etwas anderes in den Geschöpfen, als Bedingung, oder Ursache, ihn dazu zu bewogen hätten, sondern alles zum Preise seiner herrlichen Gnade. Nr. 7: Es gefiel Gott, die übrigen des Menschengeschlechtes gemäß dem unerforschlichen Rat seines Willens, wonach er Gnade verteilt oder vorenthält, wie es ihm gefällt, zur Verherrlichung seiner unumschränkten Macht über seine Geschöpfe zu übergehen und sie zu ordnen zu Unehre und Zorn für ihre Sünde, zum Preise seiner herrlichen Gerechtigkeit.

Kapitel 10. (Von wirksamer Berufung) Nr. 1: Es gefällt Gott alle die, welche er bestimmt hat zum Leben, und nur sie, zu der von ihm festgesetzten und passenden Zeit durch sein Wort und seinen Geist wirksam zu berufen .... indem er hinwegnimmt ihr steinernes Herz und ihnen gibt ein fleischernes Herz, indem er ihren Willen erneuert und durch seine allmächtige Kraft für sie das, was gut ist, entscheidet ....

Kapitel 5. (Von der Vorsehung) Nr. 6: Was die bösen und gottlosen Menschen betrifft, welche Gott als ein gerechter Richter um früherer Sünden willen verblendet und verhärtet, so entzieht er ihnen nicht allein seine Gnade, durch welche ihr Verstand hätte erleuchtet und ihre Herzen ergriffen werden können, sondern zuweilen entzieht er ihnen auch die Gaben, die sie hatten, und bringt sie mit solchen Gegenständen in Beziehung, aus welchen ihr Verderbnis eine Gelegenheit zur Sünde macht und übergibt sie außerdem ihren eigenen Lüsten, den Versuchungen der Welt und der Macht Satans, wodurch es geschieht, daß sie sich selbst verhärten, sogar durch dieselben Mittel, deren Gott sich zur Erweichung anderer bedient."[22])

Ein außerweltlicher persönlicher Gott teilt nach diesen Artikeln von Ewigkeit das Menschengeschlecht in ein zur Seligkeit berufenes auserwähltes Geschlecht einzelner Menschen einerseits und in ein zur

---

[22]) Karl Müller, Die Bekenntnisschriften der reformierten Kirche, Leipzig 1903.

Verdammnis berufenes verdammtes Geschlecht einzelner Menschen andererseits ein. In grenzenloser Isolierung und Vereinsamung, aus dem lebendigen Volksverband ausgerissen und ausgehauen, steht der Mensch einem Gott gegenüber, dessen Heilsplan schon von Ewigkeit her festgelegt ist, der unabänderlich das Schicksal nicht nur der Erde, sondern auch aller auf ihr lebenden einzelnen Menschen bis ins Kleinste bestimmt hat, sodaß die Maschine nur noch in Gang gesetzt zu werden brauchte, um durch die Arbeit der Erhebung der Auserwählten und der Zermalmung der Verdammten der Verherrlichung der unumschänkten Macht dieses Gottes über seine Geschöpfe zu dienen. Vorherbestimmt zum Tode? Vorherbestimmt zur Seligkeit? Das sind die beiden Fragen, um die das Denken des frommen Kalvinisten sein ganzes Leben hindurch kreiste, die ihn vom ersten Augenblick, da er denken lernte, bis zum letzten Augenblick, da er sich müde zum Sterben legte, unausgesetzt begleiteten und deren zermarternde Ungewißheit zum mindesten *eine* zuverlässige Folge und Wirkung hatte, ihm die Überzeugung vom unendlichen Wert seiner eigenen einzelnen Seele unvergeßlich einzuhämmern. Zwischen diesen beiden Fragen: Vorbestimmt zum Tode? — Vorbestimmt zur Seligkeit?, wurde im frommen Kalvinisten jedes Volks- und Rassengefühl vollständig zerrieben, stand doch das Los der eigenen Seele auf dem Spiele und war doch die Erde der Kampfplatz, auf welchem um den höchsten Einsatz gespielt, gekämpft und gerungen wurde, den der Mensch zu vergeben hatte, *um den unendlichen Wert der Menschenseele*. Zwischen diesen beiden Fragen: Vorherbestimmt zum Tode? — Vorherbestimmt zur Seligkeit?, mußte aber auch jedes Familiengefühl zerrieben werden, denn, wer konnte wissen, ob Gott nicht wie das Volk und die Rasse, so auch die Familie zum Fallstrick des Menschen werden ließ? Was dem Auserwählten ein Mittel zur Erweichung seines Herzens, das war dem Verdammten ja ein Mittel zur Verhärtung! Hier steht kein Helfer, kein Mittler zwischen Gott und den Menschen, keine magischen Wunderwirkungen entsühnen den Menschen, die ganze Welt ist entzaubert. In dieser ganzen Lehre ist eigentlich die Mittlerschaft Christi, die bei den anderen christlichen Konfessionen die Erlösungslehre noch eträglich macht, vollkommen überflüssig, heißt es doch in einer Predigt, gehalten 1609 zu Broek bei Rogge:

> „Man sagt wohl, daß Gott seinen Sohn gesandt hat, um das Menschengeschlecht zu erlösen, — aber das war sein Zweck nicht, er wollte nur einigen aus dem Fall aufhelfen . . . . und ich sage euch, daß Gott nur für die Auserlesenen gestorben ist."[23])

Wer die Stimmung und die seelische Haltung des Kalvinisten, des Puritaners kennenlernen will, der lese das meistgelesene Buch der puritanischen Literatur: „Die Pilgerreise" des Kesselflickers Bunyan. Wie Christian erkennt, daß er in der Stadt des Verderbens weilt, und wie der Ruf zu ihm dringt, die Pilgerfahrt zur himmlischen

---

[23]) Zitiert nach Max Weber a. a. O. S. 94.

Stadt anzutreten, da verstopft er sich die Ohren, ist taub gegen Weib und Kinder, die sich an ihn hängen, und kennt nur e i n e s: „Leben, ewiges Leben!" Das ist der Ruf, mit dem er seine Familie im Stiche läßt. Später, als er sich gerettet weiß, denkt er, daß es nun doch auch ganz schön wäre, seine Familie bei sich zu haben. Es ist dieselbe qualvolle Angst vor dem Tode und dem Nachher, die wir bei Alfons von Liguori, wie Döllinger ihn uns geschildert hat, so penetrant überall empfinden — weltweit von jenem Geist stolzer Diesseitigkeit, dem Macchiavelli in dem Ruhm jener Florentiner Bürger Ausdruck gibt, denen — im Kampf gegen Papst und Inderdikt — die Liebe zur Vaterstadt höher stand, als die Angst um das Heil ihrer Seelen, und freilich, noch weiter entfernt von Empfindungen, wie sie Richard Wagner Siegmund vor dem Todesgefecht in den Mund legt: „Grüße mir Wotan, grüße mir Walhall — doch von Walhalls spröden Wonnen sprich du wahrlich mir nicht."[24])

Wir sagten schon, daß Bunyans Pilgerreise das meistgelesene Buch der puritanischen Literatur ist. Es muß also dem Geiste des christlich-puritanischen Kalvinismus entsprochen und ihn treffend wiedergegeben haben. Es hat aber auch den christlichen Solipsismus und die Ethik des solipsistischen Menschen unübertrefflich geschildert und uns an einem kleinen Beispiel gezeigt, wie christlicher Solipsismus das Familiengefühl zertrümmert.

Die Lehre vom unendlichen Werte der Menschenseele, diese solipsistische Lehre par excellence, muß notwendigerweise alle natürlichen Wertungen zerbrechen. Vor diesem unendlichen Werte sinken Volkstum und Rasse ins Nichts, steht doch unerreichbar über ihnen das mit dem Glorienschein des unendlichen Wertes versehene einzelne Ich. Auf diesen unendlichen Wert muß alles ausgerichtet, ihm muß alles untergeordnet, vor ihm müssen alle Schranken aus dem Wege geräumt werden, den er geht. Mit anderen Worten: Mit Hilfe der egozentrischen, der egoistischen Lehre vom unendlichen Werte der menschlichen Einzelseele hat der christliche Imperialismus Völker und Staaten zertrümmert und wird nicht eher damit aufhören, als bis er selber zertrümmert am Boden liegt. Diese Lehre ist nächst der judäozentrischen Geschichtsauffassung, die wir in dem ersten Hauptstück kennengelernt haben, das gefährlichste Erbe, welches uns das Rassenchaos des ausgehenden römischen Weltreiches mit dem Christentum übermittelt hat.

Aber nicht nur dem unendlichen Werte der Menschenseele werden die Volkstümer geopfert, sondern noch einem zweiten Werte, den ebenfalls das Christentum auf seine Tafeln geschrieben hat, dem Werte des auserwählten Volkes Israel.

„Israel ist Gottes auserwähltes Volk und bleibt es trotz seiner Verstocktheit . . . . Nach seiner Bekehrung wird Israel als das wahre Adelsvolk unter den Nationen der Erde an der Spitze stehen. Alle anderen Völker bleiben „Heidenvölker", sind vor Gott

[24]) Max Weber, a. a. O. S. 98.

wie der Tropfen im Eimer, wie das Scherflein in der Wage. Er kann sie zerbrechen wie der Töpfer einen mißratenen Topf..."[25])

Das ist die Äußerung eines evangelisch-christlichen Blattes.

„Der kommende Mensch der Zukunft wird Mischling sein. Für Paneuropa (die Vereinigten Staaten von Europa) wünsche ich mir eine eurasisch-negroide (eine europäisch-asiatisch-negerische d. V.) Zukunftsrasse, um ein Vielfach der Persönlichkeit herbeizuführen."

„Die Führer sollen die Juden stellen, denn eine gütige Vorsehung hat Europa mit den Juden eine neue .... Adelsrasse .... von Geistesgnaden geschenkt ...."

So schreibt der römische Katholik, Mitglied der Wiener Freimaurerloge Humanitas und Rassenmischling, also „vielfache Persönlichkeit", Graf Coudenhove — Kalergi. —

Wie kommt dieses Denken und Werten in das Bewußtsein der nichtjüdischen Völker?

Diese Frage leitet uns zum nächsten Abschnitt über.

3. Christliche Rassenvergötzung.

Im Anfang des Christentums war Gegensatz und Streit, denn an seinem Anfang stand das Rassen- und Völkerchaos. Und der Kampf der Deutschen ist, seitdem ihre germanischen Vorfahren am Ausgang des römischen Imperiums das Erbe der antiken Welt antraten, nichts anderes als Abwehr des von Osten her eindringenden Rassenchaos, das unter der doppelten Führung des Christentums und des Judaismus die nordische Welt zu überwältigen sucht.

Deshalb ist es eine sehr gefährliche Auffassung, die nicht schroff genug zurückgewiesen werden kann, daß die Deutschen im Laufe der Jahrhunderte sich das Christentum mehr und mehr angepaßt hätten, sodaß mit der Zeit ein deutsches Christentum entstanden sei, das dem innersten Wesen des Deutschen so sehr entspreche, daß aus dem Deutschtum und dem deutschen Christentum eine untrennbare Einheit geworden sei. Die deutsche Geschichte und die deutsche Gegenwart ist eine einzige Widerlegung dieser Geschichtslüge. Von Widukind bis Ludendorff beweist uns die deutsche Geschichte schlagend, daß überall, wo im Deutschen das Gotterleben ganz besonders tief war, wo seine Gott- und Weltanschauung sein ganzes Wesen besonders tief erfaßt hat, der deutsche Gegensatz gegen den christlichen Glauben scharf und unversöhnlich emporloderte. Es gibt wohl kein christliches Dogma, an dem sich der Deutsche nicht den Kopf zermartert hätte, an dem nicht schwächere deutsche Naturen zerbrochen sind, während die Starken unter ihnen zu Ketzern wurden. Im Innersten fremd und feindselig standen von jeher die deutschen Ketzer dem christlichen dogmatischen Bau gegenüber, weil es ihnen im Innersten ihrer deutschen Seele unfaßbar war, wie man etwas, das Sache zeit-

[25]) Zeitschrift: Licht und Leben, Folge 22/21.

losen Erlebens war, in die Welt der zeit- und raumgebundenen Begriffe hineinzwängen konnte. Die wider ihre Natur auf den „guten Ölbaum" gepfropfte deutsche Seele ist nie im Christentum zu Hause gewesen. Und darum fiel der Deutsche dem Rationalismus und dem Materialismus und anderen Verirrungen zum Opfer. Die Geschichte des vergangenen Jahrtausends beweist uns schlagend, daß unsere ganze Kultur am Mangel einer wahren Religion krankte, — wir, deren ganzes Wesen gewaltigstes Gotterleben widerspiegeln kann, wie die Geschichte aller deutschen Ketzer beweist, sollten uns mit dem spärlichen und brackigen Wasser begnügen, das uns das religionsärmste Volk der Welt bot. Darüber sollten wir nicht verdorren! Jede Wiederverchristlichung des deutschen Volkes verurteilt es daher entweder zur Rebellion oder zum Verdursten.

Wer mit den Vertretern des Christentums in den Ketzern lauter gottlose Menschen sieht, die aus abgrundtiefer Bosheit die ihnen vom Christentum in Aussicht gestellte Rettung ihrer Seele ausschlagen, der wird natürlich nie zu einer sachlich richtigen Beurteilung nichtchristlichen Gotterlebens kommen. Wir Deutschen sind ja nicht die Einzigen, denen das Christentum Schmerzen, Zweifel und bitterste Kämpfe bereitet hat, denn, wenn wir unseren Blick in die christliche Geschichte zurückwenden, so begegnet uns schon in den Anfängen der christlichen Kirche eine Gestalt, an der wir nicht vorbeigehen können, das ist Bischof Marcion. Man kann ihn als einen der ältesten und auch den unbestritten bedeutendsten Ketzer bezeichnen, der schon vor dem Jahre 150 mit der kirchlichen Tradition des werdenden Katholizismus brach und der damals schon judaisierten Kirche eine andere Kirche gegenüberstellte, die mehrere hundert Jahre bestand, aber schließlich von der Urkirche mit Hilfe der gesamten Judenheit gestürzt wurde. Diese Erscheinung ist beachtenswert genug, um zu zeigen, wie der Judaismus eigentlich schon von frühester Zeit an es verstand, einzelne ihm günstige Richtungen innerhalb des Christentums zu unterstützen und gegen andere ihm ungünstige Richtungen auszuspielen. Denn Marcion suchte den Judaismus aus dem Christentum auszuschalten, indem er unter Verwerfung des Alten Testaments ein Neues Testament zusammenstellte, welches die von judaistischen Entstellungen gereinigten ersten Paulusbriefe und das Evangelium des Paulusjüngers Lukas enthielt. Er bezweifelte zwar die Wahrheit des Alten Testamentes nicht, er hält auch an Jehova als dem Weltschöpfer fest, dessen auserwähltes Volk das jüdische sei. Aber für ihn ist Jehova der Verursacher aller Übel, dem er Ungerechtigkeit, Parteilichkeit, Rachsucht, Unsittlichkeit, Irrfähigkeit vorwirft. Indem er im Gott des jüdischen Volkes das böse Prinzip sieht, erklärt er das jüdische Volk, das auserwählte Volk dieses Gottes, als das schlechteste aller Völker. Diesen Gott des auserwählten Volkes stellt er dem „fremden Gott" gegenüber, welchen Christus offenbart habe. Dieser habe Christum auf die Erde geschickt, um die Welt und die Menschen vom Schöpfergott des Alten Testamentes, von dem für das Judentum voreingenommenen Demiurg zu befreien.

Der Kampf Marcions endete mit seiner Niederlage, d. h. mit der Niederlage der von ihm gegründeten Kirche. Das ist der Grund dafür, daß das Alte Testament heute noch zu den Grundlagen der christlichen Kirche gehört. Mit der Niederlage und der Vernichtung der marcionitischen Kirche war ein wesentliches, vielleicht das wesentlichste Hindernis der fortschreitenden Judaisierung der Kirche aus dem Wege geräumt, denn nun konnte die Ansicht durchdringen, daß das Alte Testament die göttliche Offenbarung sei und darum die Christen und ihren Glauben binde und verpflichte. Doch suchte sich auch jetzt noch der nichtjüdische Geist immer wieder aus der tödlichen Umklammerung des Judentums zu befreien. Der Kampf verschob sich auf das Gebiet der Bibelauslegung. Harnack umschreibt den Standpunkt der altchristlichen Theologen in folgenden Sätzen:

> „Wenn die geistige (allegorische) Deutung des Alten Testamentes die richtige ist und die buchstäbliche die falsche, so ist jene von Anfang an die richtige gewesen. Nun aber hat das jüdische Volk von Anfang an und stets die buchstäbliche Deutung befolgt — es hat sich beschneiden lassen, es hat blutige Opfer gebracht, es hat die Speisengesetze beobachtet —, also ist es stets im Irrtum gewesen und hat durch solchen Irrtum bewiesen, daß es niemals das auserwählte Volk war. Das erwählte Volk war stets das christliche, es war gleichsam latent immer vorhanden, wenn es auch erst mit Christus in die Erscheinung getreten ist. . . . . Das Alte Testament, dieses ganze Buch, geht die Juden überhaupt nichts an. Widerrechtlich und frech haben sie es an sich gerissen.... Das Buch gehört von Anfang an, jetzt und immerdar den Christen allein, die Juden aber sind das schlimmste, gottloseste und gottverlassenste Volk unter allen Völkern, das eigentliche Teufelsvolk, die Synagoge des Satans . . . . Die Patriarchen, Propheten und Gottesmänner, die der Mitteilung von Gottes Worten gewürdigt sind, haben mit dem Volk der Juden innerlich nichts gemein.[26])

Die schiefe und falsche Auffassung vom Alten Testament, die hier zum Ausdruck kommt, war unhaltbar und wegen ihrer historischen Unmöglichkeit nicht lebensfähig. Nur von einem absolut unhistorischen und unkritischen Standpunkt aus konnte das Alte Testament, dieses Erzeugnis des jüdischen Geistes, als ein „die Juden nichts angehendes Buch" bezeichnet werden. Sie konnte deshalb auch das Eindringen des Judentums in die Kirche nicht hindern, denn mit dem Inhalt des Alten Testaments, ganz gleich wie er gedeutet wurde, zog auch der judaistische Geist und — die judäozentrische Geschichtsauffassung in die christliche Kirche ein. Es konnte nicht ausbleiben, daß die christlichen Theologen die Ursprünge ihrer Religion mit der Schöpfungsgeschichte in Verbindung brachten. Dem jüdisch-chronistisch-historischen Glauben wurden indoeuropäische Metaphysik und Mythologie aufgepfropft, mit dem Erfolg, daß das indoeuropäische Pfropfreis auf dem „guten Ölbaum" im Laufe der Jahrhunderte mehr und mehr abstarb. Man kann nicht ohne tiefste Erschütterung das große religiöse Sterben der christlich gewordenen nichtjüdischen Völker in

---

[26]) Zitat nach Heinrich Wolf: Weltgeschichte der Lüge.

5*

den letzten zwei Jahrtausenden betrachten. Der Kampf zwischen dem indoeuropäischen und dem jüdischen Element im Christentum endete mit der vollständigen Niederlage des indoeuropäischen Geistes. Denn mit der Übernahme der Bibel als Grundlage der Kirchen wurde zugleich die Übernahme der jüdischen Tradition vollzogen. Die Bibel wurde zur Quelle aller Weisheit, aller Religion erhoben und damit die reich sprudelnden Quellen des Gotterlebens in der menschlichen Brust erstickt. Das Erleben des Einzelnen sollte nicht mehr gelten. Besonders der Deutsche konnte nicht mehr sinnend und staunend vor den Wundern der Welt und ihrer Natur stehen, er konnte nicht mehr erkennen, daß das die ganze Natur durchpulsende göttliche Wesen auch ihn selbst durchseelte und ihm mit seinem göttlichen Lebensgesetz den Adel verantwortungsbewußten Lebens aufdrückte. Zwischen ihm und seinem Gotterleben stand ein Buch, das als heilige Offenbarung ihm autoritär und für alle Zeiten vorschrieb, was er zu glauben, was er für wahr zu halten, was er von Gott zu denken hatte. Das Unaussprechliche sollte er begreifen und das Begriffene sollte er unaussprechlich und göttlich finden. Mit dem Auge der Vernunft sollte er sehen, wo ihm doch das Schauen seiner Seele im Zeitlosen eine Fülle des Erlebens bereitete. Er sollte einsehen, daß alle Forschung und Erkenntnis überflüssig, ja frevelhaft ist, denn alle Weisheit ist in der Bibel enthalten. Überflüssig ist alle Forschung besonders in der eigenen Volksgeschichte, denn die Geschichte des ganzen Menschengeschlechtes und ihr Sinn ist ja schon in der Bibel enthalten. So ist ohne die Bibel die eigene Volksgeschichte nicht mehr verständlich, die Bibel allein bietet die einzige wahre Erklärung für alles geschichtliche Geschehen: — das will besagen, daß die judäozentrische Geschichtsauffassung mit der Bibel ihren Einzug in das Denken aller christlichen Völker hält und mit allen Auffassungen, die sie hinter sich herzieht, Geschichte, Denken und Selbstbewußtsein aller christlichen Völker maßlos verzerrt und verfälscht. Der aus dem „wilden Ölbaum" ausgehauene und dem „guten Ölbaum" eingepfropfte Zweig zieht seine Nahrung und seinen Saft aus Stamm und Wurzel des „guten Ölbaumes": — der eingepfropfte Zweig muß am Leben des „guten Ölbaumes" teilnehmen, er wird wider seine Natur gezwungen, Säfte in sich aufzunehmen, die ihm tödlich sind und die ihn nach einem kurzen Scheinleben zum Verdorren bringen müssen. Zwei dieser Gifte, die der eingepfropfte Zweig in sich aufnehmen mußte, können allein hier genannt werden:

1. die judäozentrische Geschichtsauffassung;
2. die christliche Rassenvergötzung.

Schon im ersten Buche haben wir das Wesen der judäozentrischen Geschichtsauffassung kennengelernt. Dort haben wir auch den Nachweis erbracht, daß sie für das Judentum ein wesentliches Mittel in seinem Daseinskampf ist.

Hier bleibt uns noch der Nachweis zu führen übrig, daß sie, wie für das Judentum, so auch für die christlichen Völker gilt. Wir können uns dabei kurz fassen, denn der verlangte Nachweis ist erbracht, wenn gezeigt wird, daß die Bibel, welche die judäozentrische Geschichtsauffassung enthält, uneingeschränkt und autoritär für die christlichen Völker gilt.

Die römisch-katholische Kirche erkennt die Bibel in dem Umfange als Offenbarungstext an, wie er in der Lateinischen Vulgata angenommen ist. Auch die sogenannten apokryphischen Bücher des Alten Testaments gehören zum Kanon und alle Bücher genießen gleiche Autorität und gelten als göttlich inspiriert. Allein die Kirche hat das Recht der Auslegung. Das Bibellesen der Laien ist zwar in den Symbolen nicht verboten, muß aber in Wirklichkeit als verboten angesehen werden. Die hauptsächlichsten Gründe für das Verbot des Bibellesens waren:

1. die außerordentliche Majestät der Bibel sollte vor Entweihungen geschützt werden,
2. es sollte Mißverständnissen dunkler Stellen und unnötigen Zweifeln vorgebeugt werden,
3. die Kirche versorgt ihre Gläubigen hinreichend mit der Schriftspeise, sodaß das Bibellesen der Laien überflüssig ist.

Es erübrigt sich, hier auf die Geschichte des Bibelverbotes einzugehen.

Die griechisch-orthodoxe Kirche erkennt ebenfalls die Bibel in ihrem ganzen Umfange als göttlich inspirierte, autoritäre Quelle ihres Dogmas und Glaubens an. Sie wacht über ihre Integrität und autoritäre Auslegung.

Die protestantischen Kirchen erkennen die Bibel als einzigen Glaubensgrund an, der alle christlichen Heilswahrheiten enthält. Die Bibel gibt die ganze und ungeteilte Offenbarung Gottes wieder, sodaß die Annahme einer individuellen Geistesoffenbarung als verwerflicher Spiritualismus gilt. Während in der römisch-katholischen wie in der griechisch-orthodoxen Kirche noch der Tradition eine große Autorität als Glaubensquelle zugesprochen wird, gelten in den protestantischen Kirchen Glaubensurkunden, Meinungen der Kirchenväter usw. nur insofern, als sie im Einklang mit der Bibel stehen. Die Bibelauslegung ist grundsätzlich frei und nicht von der Autorität irgendwelcher Kirchenlehrer oder von einer authentischen Auslegung der Kirche abhängig. Nach innen gilt als allgemeine Regel, daß die Bibel nur in Übereinstimmung mit sich selber ausgelegt oder aus sich selber erklärt werden muß. Auch für die protestantischen Kirchen gilt die Bibel als göttlich inspiriert.

Da die verschiedenen christlichen Kirchen als die berufenen Hüterinnen des christlichen Glaubens und der christlichen Lehre die Bibel als göttlich inspiriertes Schriftwerk, als Wort Gottes anerkennen, so haben sie auch die in der Bibel vertretenen Auffassungen, also vor allen Dingen die judäozentrische Geschichtsauffassung als christliche Heilswahrheit, als maßgebend und bindend anzuerkennen. Das ist eine unausweichliche Schlußfolgerung. Nun wird mir aber zweifellos von christlicher Seite entgegengehalten werden, daß das Christentum weniger eine judäozentrische als vielmehr eine christozentrische Geschichtsauffassung kenne, denn der Mittelpunkt der christlichen Lehre sei Christus. Das ist falsch, denn die christozentrische Geschichtsauffassung hat das Judentum nicht etwa von seinem Platz im Mittelpunkt der Welt verdrängt, sondern es vielmehr erst richtig zum Mittelpunkt der Welt gemacht. Das ist der bisher unerreichte Dienst, den das Christentum dem Judentum geleistet hat. Um zu zeigen, wie sehr die judäozentrische Geschichtsauffassung das christliche Denken beherrscht, zitieren wir aus der Dogmatik von Martensen den § 121: Das auserwählte Volk.

„Während das Heidentum, der wilde Ölbaum, dem Gesetze der Naturentwicklung unterworfen ist, wird dem Volk Israel das Gesetz der Heiligkeit offenbar. Es ist nicht die menschliche Natur, welche hier in instinktmäßiger Sehnsucht und dunklem Suchen sich dem unbekannten Gott entgegen bewegt, es ist der Herr, welcher hier in seiner Offenbarung sich dem Menschen entgegen bewegt, und eine Grundanschauung begegnet uns hier, welche den polarischen Gegensatz zu der Mythologie bildet. In der Mythologie ist die Weltidee, welche sich in eine Mannigfaltigkeit von Ideen spaltet, das alles Bestimmende. Israel dagegen beginnt mit der Furcht des Herrn, und zeugt von dem Einen, dem wahren Gottt, dem unsichtbaren Schöpfer Himmels und der Erde, der einen Bund mit Israel geschlossen hat. **Was das Gewissen in der inneren Welt des einzelnen sündigen Menschen ist, das ist Israel in der sündigen Völkerwelt — der stille Zeuge der Wahrheit mitten unter der Ungerechtigkeit der Welt, und damit das von dem Heidentum übersehene und unbemerkte Volk.** (Eine geradezu klassische Bestätigung meines Satzes von der judäozentrischen Geschichtsauffassung im Christentum!) Nicht in der Verwirklichung irgendeiner Weltidee, nicht in politischen Werken, oder in Kunst und Wissenschaft liegt die Bestimmung dieses Volkes. Es ist ein unkünstlerisches, nicht-philosophierendes Volk, ohne Taten auf dem großen Schauplatz. Sein Beruf geht ausschließlich auf in der religiösen Aufgabe, seine Bestimmung ist es, ein Ausdruck zu sein für die sündige Menschheit, insofern diese unter der Einwirkung des Wortes und Geistes Gottes für sein Reich erzogen werden soll. Der Kampf, den dieses Volk seine ganze Geschichte hindurch kämpfen soll, ist der Kampf des Glaubens, der geistige Kampf zwischen Gott und Welt, zwischen dem Herrn und dem Götzen, der Kampf zwischen dem Gesetze des Herrn und dem heidnischen Wesen, damit das Reich Gottes auf Erden wieder gegründet werden könne Das Alte Testament betrachtet die Götzen teils als Schein-Götter, als ohnmächtige Schattenbilder, teils als wirkliche Mächte, mit welchen Jehova im Kampf liegt. Jehova ist groß vor allen Göttern. (2. Mose 12, 12. 18. 11.) Die mythischen Gottheiten sind also Scheingötter, insofern sie anstatt Jehovas genommen werden, andernfalls sind sie geistige Mächte . . ., welche ihr eigenes Reich haben und Jehova entgegenarbeiten können. Der

Gegensatz zwischen dem Herrn und den Götzen ist also der Gegensatz zwischen dem heiligen Schöpferwillen, dem es allein gebührt zu herrschen, und den kosmischen Mächten in ihrer falschen Herrschaft über die Seelen der Menschen, eine Betrachtung, welche weiter sich ausbildet zu dem Gegensatz zwischen dem Gottesreich (Theokratie) und den Weltreichen, von denen Israel umgeben ist, und die vor Jehova keine Berechtigung haben. Und aus dieser Grundbestimmung in der israelitischen Anschauung läßt sich die Bedeutung des Volkes Israel erklären. Die Notwendigkeit eines solchen Volkes ist in dem Begriffe der Ökonomie des Heils begründet. Wie in der sündigen Menschennatur das Gewissen und die Sehnsucht des Herzens der Anknüpfungspunkt für die erlösende Gnade Gottes ist, so soll in der sündigen Menschengeschichte dieses Volk mit dem Gesetz und den Propheten die Verwirklichung des Heils vorbereiten und dafür die Bedingungen abgeben. Wie dieses Volk das von der Welt übersehene, so ist es das von Gott ausersehene und auserwählte, von der weltlichen Masse ausgesonderte Volk, das teleologische Volk, das Volk der Vorsehung und der Zukunft. Denn das Heil kommt von den Juden. (Joh. 4, 22.)"

Wie sich aus diesen dogmatischen Ausführungen ergibt, habe ich nicht zuviel gesagt, als ich die judäozentrische Geschichtsauffassung als ein Haupt- und Kernstück des Christentums bezeichnete. Dient doch in diesen dogmatischen Ausführungen diese Geschichtsauffassung als Begründung und Rechtfertigung des christlichen Glaubens. Die Heiden treiben alle Götzendienst, die Juden allein haben den wahren Gott und den wahren Gottglauben. Darum muß Jehova die anderen Götter niederkämpfen. Das ist zwar kein Monotheismus, sondern Henotheismus, entspricht aber der Auffassung des Alten Testaments. Der Kampf geht solange fort, bis vor dem Gottesreich (Theokratie) die Weltreiche in Trümmer liegen, denen jede Berechtigung abgesprochen wird! Im Namen der Theokratie, der messianischen Hoffnung, wird hier in religiös-dogmatischer Form den Christen gesagt, daß die heidnischen Reiche vor Jehova keine Berechtigung haben. Das Volk Israel wird mit dem Gewissen des Menschen verglichen und als „Volk des Heils" der „sündigen Völkerwelt" gegenübergestellt. Der christliche Dogmatiker sieht die Bestimmung dieses Volkes nicht in „politischen Werken" und nicht in der „Verwirklichung einer Weltidee", sondern in der „Verwirklichung des Heils in der sündigen Menschengeschichte". Der Messias der Welt soll also Israel sein. Da die Heiden nicht ohne das Judentum zur Erkenntnis des Heils und des wahren Gottes Jehova kommen können, so steht es als Mittlervolk zwischen Jehova und den Heiden, als heiliges Volk weit über den Heiden. Als ein über allen Völkern stehendes „Heiliges priesterliches Volk" wird es als ein mit göttlichen Gaben ausgerüstetes Volk gedacht, dessen übernatürliche Berufung auf übernatürliche Gaben schließen läßt. Darum und weil es „das Volk des Heils" ist, hat es unbedingten Anspruch auf ganz besondere Verehrung seitens der Heidenvölker. So führt die judäozentrische Geschichtsauffassung zur Rassenvergötzung mit dem Judentum! Im eigenen nichtjüdischen Volk sieht man einen mißratenen Topf, im Judentum erblickt man „das Heil der Welt".

Wie innerhalb der christlichen Lehre die Rassenvergötzung mit dem Judentum gelehrt und begründet wird, dafür ist uns wiederum die Dogmatik von Martensen Beweis. Wir lesen im § 122:

„Das auserwählte Volk ist das Volk des W u n d e r s, nicht nur weil in der Geschichte desselben sinnliche Zeichen und Wunder vorkommen, sondern weil es selbst ein geschichtliches und psychologisches Wunder ist, welches nicht wie das Heidentum aus einer bloßen Naturschöpfung und Naturentwicklung, sondern nur aus einer n e u e n e t h i s c h e n S c h ö p f u n g sich begreifen läßt. Wenn es in der Erwählung Abrahams heißt: „Gehe aus deinem Vaterlande und von deiner Freundschaft und aus deines Vaters Hause in ein Land, das ich dir zeigen will," (1. Mose 12,1—3) so wird darin die Aussonderung aus dem heidnischen Naturzusammenhang, die Unterbrechung der bloßen Naturentwicklung und das Eintreten eines neuen Anfanges, eines neuen übernatürlichen Entwicklungsprinzips ausgedrückt. N a t ü r l i c h kann kein Volk Anderes entwickeln, als was im Volksgeist liegt, weshalb auch die Mythologien ethnische Religion, ihre Götter echte Nationalgötter sind. Hier dagegen wird ein einzelner Mann und ein einzelnes Volk Träger eines Prinzips, das über alle Volksgeister hinausliegt. Denn Gott will nur insofern der Gott Abrahams sein, als er d u r c h ihn der Gott aller Geschlechter sein will, und der Partikularismus ist hier also nur die Hülle für den Universalismus. Daß nun Gott gerade dieses Volk erwählt, das kann freilich nicht als willkürlich oder zufällig betrachtet werden. Die übernatürliche Erwählung deutet hin auf eine natürliche, eine a n e r s c h a f f e n e Anlage für den Glauben, auf einen religiösen Naturgrund, welcher vor andern Völkern und Geschlechtern dieses Volk dazu geeignet machte, der Bewahrer der heiligen Überlieferung und der Träger ihrer Entwicklung zu sein. Aber aus der bloßen religiösen Natur, aus einer bloß instinktmäßigen Entwicklung der Religion, läßt sich die Entwicklung Israels nicht erklären. Aus der bloßen Naturentwicklung läßt sich wohl eine mythische Gärung erklären, worin das Heilige sich regt, aber kein festes prophetisches Wort in fortschreitender Entfaltung von Klarheit zu Klarheit; sporadische Durchbrüche des Heiligen, aber keine Kette der Tradition, wo das nachfolgende Glied organisch das vorhergehende aufnimmt; Ahnungen und Suchen nach dem unbekannten Gott, aber kein bestimmter Glaube an den unsichtbaren Gott und kein fortschreitendes Wachstum im Glauben. Die Jehovareligion ist keine wildwachsende Religion. Freilich fällt das Volk Israel immerfort von Jehova ab und wandelt den Götzen nach. Das beweist aber gerade, daß Israels Gott nicht, wie die Götter der Heiden, ein Gott nach der Lust des natürlichen Herzens ist. Der Herr und die Götzen, die wahren und falschen Propheten kämpfen Israels ganze Geschichte hindurch. Seinem inneren Menschen nach hat Israel Lust am Gesetze und Worte des Herrn, aber seinem weltlichen Menschen nach hat es Lust an dem mythischen Bilderdienst und wandelt fremden Göttern nach. Daß aber das Jehovaprinzip siegt, und durch eine fortschreitende Entwicklung sein Reich sich gründet, daß durch alle Erschütterungen und Kämpfe hindurch eine heilige Kette von Glaubenszeugen sich erstreckt, eine Kette (Hebr. 11), welche nie gebrochen wird, sondern von Abraham, dem Vater der Gläubigen, der im Geiste das künftige Heil sah, bis auf den alten Simeon reicht, der im Tempel mit leiblichen Augen die Erfüllung sah (Luk. 2,30), dies läßt sich aus keiner religiösen Naturentwicklung erklären, sondern nur aus einer göttlichen Erwählung, oder daraus, daß Gott mit diesem Volke einen Bund geschlossen hat. Mag daher auch die Kritik einige sinnliche Wunder zweifelhaft machen können, das Grundwunder der Erwählung kann keine Kritik wegerklären. Der Glaube Abrahams, die mosaische Gesetzgebung auf Sinai, das heilige Königtum Davids und der Tempelbau Salomos, der zweite Tempel und die Bewahrung der messianischen Hoffnung bis auf ihre Erfüllung, diese unzweifelhaften Tatsachen lassen sich nur aus einem Prinzip erklären, welches zu der Mythologie und damit zu jeder Form der natürlichen Religion den polarischen Gegensatz bildet."

Die Bibelkritik hat zwar schon längst das Dogma von der übernatürlichen Entstehung der Bibel widerlegt. Man weiß heute, daß die jüdische Geschichte des Alten Testaments willkürlich korrigiert und konstruiert wurde, um die im fünften vorchristlichen Jahrhundert vollendete Kirche nicht als Menschenwerk erscheinen zu lassen. Wie die jüdische Geschichte durch „Rückwärtsprophezeiungen" konstruiert wurde, beweist uns am besten das Danielbuch. Daniel gibt sich als jüdischen Diener des Königs Nebukadnezar aus und behauptet, daß er das Buch in der Zeit der babylonischen Gefangenschaft, im sechsten Jahrhundert der vorchristlichen Ära geschrieben habe. In Wirklichkeit ist die Schrift kurz vor 165 vor der christlichen Ära geschrieben worden, sonach gehörten alle „Prophezeiungen" damals schon längst der Vergangenheit an. Das ist das, was ich „Rückwärtsprophezeien" nannte.

Die Bibelkritik hat zwar nachgewiesen, daß die ganze geschichtliche Überlieferung mehrmals überarbeitet und im Interesse der jawistischgerichteten Priesterschaft umgearbeitet wurde. Diese Priesterschaft brauchte zur Befestigung ihrer Herrschaft das Dogma vom göttlichen Ursprung des Gesetzes, darum wird die Vergangenheit unter dem Gesichtspunkt des Gehorsams bzw. Ungehorsams gegen das „Gesetz Moses" betrachtet. Viele wertvolle historische Nachrichten wurden beseitigt und dafür Prophetenlegenden aufgenommen. Menschliches, Allzumenschliches hat beim Zustandekommen der Bibel mitgewirkt, sodaß weder von einer übernatürlichen Erwählung des Volkes Israel, noch von übernatürlichen Anlagen dieses Volkes die Rede sein kann.

Trotzdem ist ihm der Nimbus des auserwählten Volkes geblieben, trotzdem übt die judäozentrische Geschichtsauffassung ihre unheilvolle Herrschaft über die christlichen Völker aus. Weil die Bibel als göttlich inspirierte Offenbarung gilt und allen Christen autoritär vorschreibt, daß sie im Judentum das auserwählte Volk, das heilige Volk, das priesterliche Volk zu sehen und — zu verehren haben. —

Götzendienst liegt vor, wenn etwas Unheiliges als heilig verehrt wird. Rassenvergötzung ist es, wenn einer Rasse ein absoluter Wert, ein absoluter Vorrang vor den anderen Völkern eingeräumt wird. „Den Götzen macht nicht der Vergolder, sondern der Anbeter!" sagt Balthasar Gracian in seinem Handorakel. Wir schelten darum nicht die Juden, die es verstanden haben, sich den Völkern als „auserwähltes und heiliges Volk" aufzuschwatzen, wir schelten auch nicht die Bibel, welche die judäozentrische Geschichtsauffassung enthält, wir schelten lediglich diejenigen, welche sich zur judäozentrischen Geschichtsauffassung bekennen und den Judaismus anbeten, indem sie seine Offenbarungen als ewige und autoritative Bindungen und Erkenntnisse annehmen und glauben. Die judäozentrische Geschichtsaufassung und das Dogma vom auserwählten Volke sind solche Offenbarungen, die von der Christenheit kritiklos angenommen und geglaubt werden müssen. Und darin sehe ich den christlichen Götzendienst am Judaismus, der dem Judentum zu seiner umfassenden Machtstellung in der Welt verholfen hat. Dieser Götzendienst ist die größte weltgeschichtliche Schuld, die das Christentum den christlichen Völkern gegenüber auf sich geladen hat. Es hat gehandelt, als ob es im Dienste des Judentum stände. Es hat gehandelt, als ob es zum Judentum gehörte. Es hat gehandelt, als ob es berufen sei, das jüdische Messiasreich heraufzuführen. Der Götzendienst, der mit der kritiklosen Annahme der judäozentrischen Geschichtsauffassung getrieben wurde, erschlug das arteigene deutsche Gotterleben, zerstörte das deutsche Volksempfinden, die deutsche Verbundenheit und zertrümmerte das deutsche Selbstbewußtsein, indem es die Deutschen ein Volk bewundern ließ, das keine Bewunderung verdiente. Die so gebildeten Deutschen lächeln über den Fetischismus der Wilden, sie geruhen aber dabei vornehm zu übersehen, daß sie selber seit über einem Jahrtausend das Opfer des Wortfetisches vom auserwählten Volk und der judäozentrischen Geschichtsauffassung geworden sind. Sie selber, die Deutschen, zeigen sich bezüglich dieser beiden Wortfetische als Fetischanbeter im besten Sinne des Wortes. Diesen Fetischen haben sie das Beste zum Opfer gebracht, was sie zu opfern hatten, sich selbst. Sie haben das mit deutscher Gründlichkeit getan — — — und denken scheinbar auch heute noch nicht daran, den Opferdienst für die beiden Wortfetische einzustellen, die — wie nochmals gesagt sei — heißen:

Auserwähltes Volk Israel und
Judäozentrische Geschichtsauffassung.

4. Rom und das Judentum.

Im Jahre 1807 christlicher Zeitrechnung erließ der jüdische Sanhedrin folgende Dankadresse an die christliche Geistlichkeit:

„Die israelitischen Abgeordneten der am 30. Mai zusammengetretenen Synode des Kaisertums Frankreich und des Königreichs Italien, durchdrungen von der Dankbarkeit für die Jahrhunderte hindurch ihnen bewiesenen Wohltaten seitens der christlichen Geistlichkeit der verschiedenen europäischen Staaten, erfüllt von Erkenntlichkeit für den von den Päpsten sowohl als von Geistlichen in verschiedenen Ländern zur Zeit der Barbarei, wo Vorurteile und Unwissenheit die Juden aus der Gesellschaft verbannten, ihnen erwiesenen Beistand, haben beschlossen: den Ausdruck der sie beseelenden Gefühle in diesem heute aufgenommenen Protokoll, als ein bleibendes, glaubhaftes Zeugnis der Israeliten dieser Versammlung für das ihren vorangegangenen Generationen in allen Ländern Europas erwiesene Gute, niederzulegen."[27])

Diese Dankadresse beweist einmal unwiderleglich, daß die Wohltäter und Schrittmacher des Judentums im Christentum zu suchen sind, sie beweist aber auch, wie gründlich verfehlt die Sentimentalität ist, welche in den Juden des Mittelalters und der Neuzeit das Pariavolk der Gesellschaftsordnung sehen will. Die Geschichte beweist uns das Gegenteil, denn auf jedem Blatte finden sich Spuren des von Päpsten und Fürsten den Juden gewährten Schutzes. Die kirchlichen und weltlichen Instanzen hätten ja gegen die christliche Dogmatik und Weltanschauung handeln müssen, wenn sie den Kampf gegen das Judentum mit dem Ziele seiner radikalen und gründlichen Ausscheidung aus dem Leben der nichtjüdischen Völker aufgenommen hätten. Von einem Kampf gegen den Judaismus seitens der Fürsten und Päpste konnte keine Rede sein, höchstens von einer zeitweiligen Zurückdrängung des übermächtig werdenden jüdischen Einflusses.

Im 7. Jahrhundert wirft sich der Papst Gregor der Große zum Schutze und Verteidiger der Juden gegen die ganze Christenheit auf. Die judenfreundliche Stellung der Karolinger haben wir schon kennengelernt. Die Päpste Innozenz II. und Alexander III. traten mehrfach für die Juden ein. Von Gregor IX. wissen wir, daß er in Frankreich, England und Spanien für sie eintrat und jeden Christen mit der Exkommunizierung bedrohte, der ihre Feste störte. Avignon wurde unter Clemens VI. eine Zufluchtsstätte für die Juden. Nikolaus II. verbot der Inquisition, die Juden zum Übertritt zum Christentum zu zwingen. Und wenn die Juden von den Greueln der Inquisition in Spanien reden, die schwer auf ihnen gelastet hätten, so wollen wir ihnen entgegenhalten, daß die Inquisition die nichtjüdischen Völker noch viel schwerer traf als die Juden und daß z. B. der Großinquisitor Thomas Torquemada ein Judenstämmling war, deren sich in jenen Zeiten der Barbarei und Vorurteile noch einige auszeichneten. Der Jude Baruch Spinoza könnte ein Lied davon singen.

Wenn die Juden so furchtbar unterdrückt worden wären, — — wie kommt es dann, daß sie schon in frühester Zeit den wichtigen Geschäftszweig des Geld- und Kapitalverkehrs monopolisierten, sodaß uns für das Jahr 1255 bei Darlehen auf Wochenfrist Zinsen von 43⅓ bis zu 174 Prozent gemeldet werden. Das sieht doch wirklich nicht nach Unterdrückung aus. Oder ist es etwa Unterdrückung, wenn den Juden das Recht eingeräumt wurde, unrechtmäßig abhanden gekommenes Gut, das sie gekauft hatten, nur gegen Erstattung der Kaufsumme an den rechtmäßigen Besitzer herauszugeben? Ist das nicht

---

[27]) Nach Eduard Drumont, Das verjudete Frankreich, Bd. I, S. 257.

vielmehr Bedünstigung der Hehlerei? Wir finden dieses Recht im Privileg Heinrichs IV. für die Wormser Juden, im Jahre 1244 im Privileg des Herzogs Friedrich von Österreich, 1257 in den Dortmunder Statuten, 1265 in der Ordnung Heinrichs des Erlauchten von Meißen.

Ist es etwa Unterdrückung, wenn an vielen Orten Deutschlands die Juden nur vor den Synagogen verklagt werden und vielfach als Zeugen gegen Juden nur Juden auftreten durften? Das Braunschweiger Stadtbuch bemerkt zu diesem Rechtszustand: „Da haben sie besser Recht der Schuld zu entgehen, als jemand sie zu überführen."

Wo sind die Unterdrückten, wenn uns aus der Zeit von 1300—1400 berichtet wird, daß die deutschen Obrigkeiten der rücksichtslosen Auswucherung der deutschen Bevölkerung durch die Juden untätig zusehen, daß darüber das von den Gesetzen so schändlich im Stich gelassene deutsche Volk sich durch das Mittel der sozialen Vehme, „die ganze Stände aus uns unfaßbaren Gründen brandmarkte"[28]), Luft zu schaffen suchte? Die soziale Vehme „hat vor allem den Beruf des Wucherers getroffen, und der Wucherer war zwar nicht immer Jude, der Jude aber stets Wucherer".[29])

Zu welcher Machtfülle die armen unterdrückten Juden in Deutschland unter der wohlwollenden Duldung christlicher Obrigkeiten am Ende des Mittelalters gestiegen sind, läßt sich aus der nachfolgenden Schilderung Liebes unschwer erkennen:

> „Der Abschluß der mittelalterlichen Entwicklung des Judentums läßt zwei entgegengesetzte Strömungen erkennen. Das Aufbäumen des Volkes gegen die Knechtung einer rücksichtslosen Plutokratie hatte zwar die Juden in eine bürgerliche Sonderstellung drängen können, ihre wirtschaftliche Position aber nicht zu erschüttern vermocht, weil die rückständigen ökonomischen Anschauungen ihnen das Monopol des Geldhandels sicherten. Die staatlichen Gewalten aber hüteten sich, diese Anschauungen zu durchbrechen, weil es ihnen bequem war, die Untertanen durch die Juden, die hilflos in ihren Händen waren, auszuwuchern und ihnen das Odium zu überlassen. Einen klaren Blick für diesen Sachverhalt verraten die Worte eines Flugblattes von 1493:
>
> Fürst, Graf und Herr, folg meiner Lehr,
> Die ich Dir gieb, hast Du Gott lieb,
> So meid drei Stück auf Erden.
> Nit setz Dein Mut auf Wuchergut,
> Nit mach das Recht zu einem Knecht,
> Ob Du willst selig werden.
> Und hab den Juden nit zu lieb,
> Setz nicht auf sie Vertrauen,
> Sie sind Deiner Seelen Dieb
> Die Schmäher unserer Frauen.

[28]) Georg Liebe, Das Judentum in der deutschen Vergangenheit S. 27.
[29]) Georg Liebe, a. a. O. S. 27,

Wie sich einem geschulteren Denken die Furcht und Haß zugleich erweckende Doppelstellung der Juden darstellte, ersehen wir aus den Worten des berühmten Abtes Tritheim (gest. 1516), die von einer seltenen Objektivität zeugen: „Es ist erklärlich, daß sich bei Hohen und Niedrigen, Gelehrten und Ungelehrten ein Widerwille gegen die wucherischen Juden eingewurzelt hat, und ich billige alle gesetzlichen Maßregeln zur Sicherung des Volkes gegen Ausbeutung durch den Judenwucher. Oder soll etwa ein fremdes eingedrungenes Volk über uns herrschen und zwar nicht durch größere Kraft, Mut und Tugend, sondern durch Geld, dessen Erwerb ihm das Liebste zu sein scheint? Aber nicht durch gewaltsame Verfolgungen und Ausplünderungen muß man sich der Judenplage entledigen, sondern dadurch, daß man den Juden allen Wucher und alles schändliche Betragen abschneidet und sie selbst zu nützlichen Arbeiten auf dem Felde und Werkstätten anhält."

Der Kapitalisten entraten konnte das wirtschaftliche Leben Deutschlands nicht mehr, die Macht der jüdischen mußte eben so lange währen, bis andere sich gefunden hatten, und die Juden wieder waren zu sehr mit ihrem Berufe verwachsen, um ihn noch aufgeben zu können. Nur das weinerliche Märchen, daß dieser Beruf ausschließlich ein aufgezwungener gewesen sei, sollte endlich verschwinden. Wenn wir darauf hinweisen konnten, daß die Juden trotz ihrer stellenweise bis ins 13. und 14. Jahrhundert währenden Unangefochtenheit die Gelegenheit, im deutschen Volke aufzugehen, nicht ergriffen, so ist anzunehmen, daß sie selbstbewußt ihre nationale und religiöse Sonderstellung zu wahren trachteten, und man darf nicht darüber klagen, wenn dies später auch von der Gegenseite geschah. Als einen Teil dieser jüdischen Besonderheit aber die Neigung zu Geldgeschäften aufzufassen, lehrt ein Blick auf ihre Geschichte in der Heimat, wo wir der Klage über Wucher nicht selten in den Büchern des Alten Testaments begegnen. Wie schon lange vor dem Exil jüdische Bankhäuser in den Weltstädten Mesopotamiens nachweisbar sind, so haben auch nach dem Wiederaufbau Jerusalems zahlreiche Juden den Aufenthalt in der Fremde, besonders in Alexandrien vorgezogen, um die Vorteile einer parasitären Existenz zu genießen. Gleicherweise haben die Juden des Mittelalters rasch die Stelle des Wirtschaftslebens erspäht, deren Ausnützung für sie am bequemsten war; sie mußten neben den Vorteilen auch die Nachteile dieser Sonderstellung auf sich nehmen."[30])

Durch das ganze Mittelalter, durch die ganze Neuzeit hören die Klagen des deutschen Volkes über die unheilvolle Tätigkeit der Juden nicht auf. Im Jahre 1541 beklagt sich die Stadt Nördlingen über die Juden der Grafschaft Ottingen:

„Also daß leider viele in kurzer Zeit um eine kleine Summe Geldes durch den hochbeschwerlichen Wucher von häuslichen Ehren samt Weib und Kind an den dürftigen Bettelstab gerichtet und in das unentfliehbare Elend gestoßen worden sind. Das heißt seine Schäflein schuldiger Oberkeit nach wohl beschirmt, da mit wohlsehenden Augen gestattet wird, dieselben um eines kleinen Nutzens

---

[30]) Georg Liebe, a. a. O. Seite 31 ff.

wegen nicht allein zu bescheeren, sondern auch die Haut mit der Woll abzuziehen."

Siebzig Jahre später, im Jahre 1612, wurde dem Kaiser Matthias eine Bittschrift eingereicht, die an Deutlichkeit nichts zu wünschen übrig ließ:

„Kaiserliche Majestät wolle selbst konsiderieren, was vor stattlicher Unterhalt auf soviel tausend müßige Seelen gehen, denn sie vom Wind nicht leben können, wo nehmen sie denn anders ihren Unterhalt her, denn aus unserem Schweiß und Blut, daher werden sie unsere Kostgänger, sie sind unsere Saug-Egel, die nicht nachlassen, bis auch das Mark in Beinen verzehrt und wir zum Bettelstab fertig."

Die Inflation der Jahre 1918—1924 hat ihren Vorgang in der Kipper- und Wipperzeit 1600—1700. Im Jahre 1604 hören wir den Münzprobationstag eines niederrheinischen Kreises klagen:

„daß man nun heillosen Juden und eigennützigen finanzischen Kaufleuten das Münzwesen in Händen stehen, auch endlich geschehen lassen muß, daß eine jede Privatperson in das hohe Regal des Münzwesens ihrem Gefallen nach ein- und vorgreife und den Münzsorten stündlich andern Wert setze, dieselben verändere und ersteigere."

In jenen Jahren lassen die Fürsten ihre Münzen geringwertiger ausprägen, der den Silbermengen beigemischte Satz Kupfer wurde immer größer, aus jedem vollwertigen Silberstück, das in den Schmelztigel wanderte, wurden sechs bis zehn neue, natürlich minderwertige Münzen gezeugt. Der in der Inflation 1918—1923 verderbliche Satz: „Mark gleich Mark" wurde auch in der Kipper- und Wipperzeit angewandt, mit dem uns ebenfalls aus der Inflation bekannten Erfolge, daß ein wilder Taumel und Geldrausch die Bevölkerung ergriff, die in der mühelosen Geldzunahme nichts Arges witterte. Indessen durchzogen die Juden geschäftig das Land, zogen unauffällig die alten vollwichtigen Münzen aus dem Verkehr und brachten ebenso unauffällig das schlechte Geld unter die Leute. Sie als die privilegierten Wechsler der Deutschen zahlten für diese ihre segensreiche Tätigkeit in Wien an den Kaiser um das Jahr 1618 die Summe von 19 000 Gulden wöchentlich.

Wie die Deutschen nach 1923 erkennen mußten, daß sie zu Bettlern geworden waren, so war es schon 300 Jahre vorher ihren Vorfahren in der Kipper- und Wipperzeit ergangen. Dreimal wurde der deutsche Rentner erwürgt, ohne daß die christliche Obrigkeit, die christlichen Kirchen, ihn beschützt haben: — in der Kipper- und Wipperzeit um 1600, in der Gründerzeit nach 1872 und in der Inflationszeit 1918 bis 1923. Und in allen drei Perioden spielten Juden eine unheilvolle Rolle. Die Literatur der Kipperzeit gibt ein getreues Bild von der Lage. So lesen wir in einem Flugblatt von 1609:

„Wenn Gold und Silber das Metall
Wird so verderbet überall
Wo wird man endlich nehmen Geld

Welches sein rechte Münzprob hält?
Ist das nicht ein Sünd und Schand
Daß Juden münzen in Teutschland?" —

Ein nicht gerade rühmliches, undeutsches Kapitel in unserer deutschen Geschichte ist das Kapitel der Hofjuden. Seit Karl IV. bedienten sich priesterliche sowohl wie weltliche Fürsten dieser unerfreulichen Zeitgenossen des jeweiligen Deutschland. Sie haben nicht selten die Politik und Wirtschaft in Deutschland unheilvoll beeinflußt, sodaß von einer messianischen Sendung nicht gut gesprochen werden kann. Wenn sie, wie Martensen in seiner Dogmatik treuherzig, aber nicht ganz richtig meint, innerhalb der sündigen Heidenwelt die Rolle gewissermaßen des Menschheitsgewissens spielen sollen, so hätten sie als wohlgesehene und gern geduldete Hofjuden diese Aufgabe glänzend erfüllen können. Es ist uns aber von dem Geschlecht der Hofjuden von Karl IV. bis zu den Hofjuden Wilhelms II. nicht berichtet, daß sie ihrer Aufgabe der messianischen Weltverbesserung und Welterlösung nachgegangen wären. Im Gegenteil. Unter Ferdinand II. beschäftigten sie sich mit Heereslieferungen und Spionagediensten — wie unter Wilhelm II. Im 18. Jahrhundert, der Glanzzeit der Hofjuden, finden wir sie als liebevolle Förderer der fürstlichen Verschwendungs- und Prunksucht. Die Namen Süß, Moses, Elkhans, Model und Elkan Fränkel sind den Deutschen jener Zeit sicher ebensogut geläufig gewesen, wie die Namen Sklarz, Helphand, Kutisker, Barmat, Sklarek usw. bei den Deutschen unserer Tage eine traurige Berühmtheit erlangt haben. Die Rathenau, Ballin, Warburg, Katzenstein müssen in diesem Zusammenhang als die Hofjuden und Berater Wilhelms II. besonders erwähnt werden, weil durch sie erwiesen ist, daß auch nach dem Sturz der Monarchie in Deutschland die Dynastien der Hofjuden ungestört unter der neuen Herrschaft weiterlebten und weiterwirkten.

Dieser kurze geschichtliche Abriß belehrt uns, daß das Christentum und die christlichen Obrigkeiten in Deutschland keinen Schutz gegen den Einbruch des Judentums und des Judaismus boten, daß sie im Gegenteil eine günstige Grundlage für den jüdischen Vormarsch abgaben. Auch der Hinweis auf die Judenordnungen und den Judenflecken[31]) verfängt hier nicht, wird uns doch aus dem Jahre 1614 be-

---

[31]) Den Juden, die über die Einführung des „Judenfleckens" so sehr als über eine Kulturschande wimmern und wehklagen, sei gesagt, daß dieser „Judenfleck" auf „göttliche Gebote" der Bibel zurückgeht, daß die nichtjüdischen Völker also lediglich jüdische Gesetze zur Ausführung brachten, als sie die Juden zwangen, den Judenfleck zu tragen. Es heißt in 4. Moses 15. V. 37—39: Und der Herr sprach zu Mose: Rede mit den Kindern Israel und sprich zu ihnen, daß sie sich Quasten machen an den Zipfeln ihrer Kleider samt allen ihren Nachkommen und blaue Schnürlein auf die Quasten an die Zipfel tun, und sollen euch die Quasten dazu dienen, daß ihr sie anseht, und gedenkt aller Gebote Jehovas, und tut sie, daß ihr nicht von eures Herzens Dünken euch umtreiben lasset, noch euren Augen nachhuret."

richtet: „Es ist dahin geraten, daß sie soviel nach ihrer Judenordnung gefragt, als der türkische Kaiser zu Konstantinopel." Daß die Juden trotz des „Judenfleckens" sich sehr üppig zu kleiden wußten, zeigt uns Sebastians Brants Narrenschiff, das die „jüdische Sitt" in der Kleidung geißelt. Die Stadt Augsburg begründet die Einführung des Judenabzeichens — allen Ständen war eine besondere Kleidung vorgeschrieben — folgendermaßen:

„daß die Juden sich mit so ehrbaren Kleidern und priesterlichem Gewande zieren und bekleiden, daß männiglich und besonders Fremde, die sie nicht erkennen, sie für Priester ehren mit Hüten und Kappen abziehen."

So wenig die Judenordnungen und die Einführung des Judenfleckens verfingen, so wenig konnte das kanonische Recht der deutschen Bevölkerung einen wirksamen Schutz bieten, klaffte doch zwischen Recht und Dogma eine unüberbrückbare Kluft. Was das Recht gebot, wurde vom Dogma und der christlichen Weltanschauung als Sünde verworfen und verboten. Der gläubige Christ geriet über diesen Zwiespalt zwischen Recht, Dogma und Glaube in schwere Gewissenskonflikte. Das Gewissen, d. h. der Glaube, siegte über das Recht und so blieb das kanonische Recht auf dem Papier stehen. Die judäozentrische Geschichtsauffassung und alle mit ihr zusammenhängenden Wertungen zertrümmerte die Rechtstafeln des kanonischen Rechts. Das Gesetz vom Sinai zertrümmerte das römische Gesetz Selbstverständlich darf man sich das nicht so vorstellen, als ob es sich hier um einen bewußten Vorgang handelte. Nein. Aus der judäozentrischen Geschichts- und Weltauffassung heraus wurde das im kanonische Recht niedergelegte Gesetz ausgehöhlt und allmählich außer Kraft gesetzt. Das weltanschaulich gebildete Gewohnheitsrecht zertrümmerte das mit der Weltanschauung nicht übereinstimmende Gesetzesrecht des kanonischen Rechts. Je weiter der jüdische Geist in die römische Kirche eindrang, desto mehr mußte das ihm entgegenstehende Denken beseitigt werden. Wenn nun noch die Politik irgendwelche äußere Anstöße hinzubrachte, so wurde der ohnedies im Flusse befindliche Vorgang der Judaisierung beschleunigt. Einen solchen politischen Anstoß brachte der Weltkrieg. Es kann zwar nicht mit apodiktischer Sicherheit der Beweis geführt werden, daß im Zusammenhang mit der Niederringung Deutschlands durch die überstaatlichen Mächte das kanonische Recht sorgfältig überarbeitet und deshalb im Jahre 1917 sämtliche die Juden betreffenden Bestimmungen und Gebote beseitigt wurden. Und doch ist es sicher mehr als bloßer Zufall, daß das Jahr 1917 als das Jahr der Erzberger-Scheidemannschen Friedensresolution verwerflichen Angedenkens auch das Jahr ist, in welchem die römische Kirche durch Beseitigung aller Judenparagraphen im kanonischen Gesetzbuch aller Welt zeigte, daß für sie keine Judenfrage mehr besteht. Ihre traditionelle Judenfreundschaft ist damit endgültig zum Siege gelangt und damit der Widersinn beseitigt, der zwischen Christentum und Judenfeindschaft besteht. Der Papst Pius XI. zog denn auch daraus im Jahre 1926 die einzig richtige Schlußfolgerung. Anläßlich der Gründung der

„Gesellschaft der Freunde Israels" erklärte er „in fast programmatischer Form, daß er und einige Kardinäle Judenfreunde seien und daß es gegen das katholische Prinzip verstoße, die Juden zu verfolgen, weil sie das auserwählte Volk Gottes seien, daß er darum den Kampf gegen den Antisemitismus unterstütze."[32])

Wir dürfen wohl annehmen, daß die Politik der römischen Kirche künftighin nach diesen Gesichtspunkten geleitet wird. Unzweideutig hat hier der Papst, der doch weiß, was Christentum ist, ausgesprochen, daß Christentum und Judenfeindschaft unvereinbare Begriffe sind. Wir dürfen aber auch hier wieder als die Voraussetzung der päpstlichen Stellungnahme die judäozentrische Geschichtsauffassung erkennen.

Diese Geschichtsauffassung mit allen ihr anhängenden Wertungen macht das Christentum zum Schrittmacher des Judentums.

2. Abschnitt.

Die Freimaurerei.

Am 6. Februar des Jahres 1919 christlicher Zeitrechnung erklärte der erste Reichspräsident des Deutschen Reiches, Exzellenz Fritz Ebert, in der Nationalversammlung zu Weimar:

„So wollen wir an die Arbeit gehen, unser großes Ziel fest vor Augen: das Wohl des deutschen Volkes zu wahren, in Deutschland eine starke Demokratie zu verankern und sie mit wahrem sozialen Geist sozialistischer Art zu erfüllen. So wollen wir wahrmachen, was Fichte der deutschen Nation als ihre Bestimmung angegeben hat. Wir wollen errichten ein Reich des Rechts und der Wahrhaftigkeit gegründet auf Gleichheit alles dessen, was Menschenantlitz trägt."

Der römisch-katholische Priester Mönius gibt in seiner Schrift: „Paris, Frankreichs Herz" die Erläuterung zu dem Satze von der Gleichheit alles dessen, was Menschenantlitz trägt, auf welche die deutsche Republik gegründet werden sollte, bzw. gegründet wurde. Mönius schreibt:

„Was hier in Paris an Rassen unangefeindet nebeneinander wohnt, lebt, spaziert, sich amüsiert, studiert bezeugt in allen Farben, daß Paris Kosmopolis ist. Bilder über Bilder: ein Neger als Autobusschaffner, eine Mulattin als Straßenbahnschaffnerin, Hottentottinnen knien vor einem Beichtstuhl, ein Senegalknabe ministriert, Mongolen sitzen in Scharen im Luxembourggarten, an der Sorbonne wimmelt es von Menschen beiderlei Geschlechts in allen Hautfarben, alle Rassen und Spielarten auf den Boulevards und in den Cafés. Ein Weißer geht Arm in Arm mit einer Farbigen, ein Farbiger mit einer Weißen, die stolz einherschreitet und nicht er-

[32]) Alfred Miller, Rom und das Judentum, Weltkampf Nr. 35/26, Seite 481.

rötet. Und im Tanzsaal: Weiße, Kreolen, Mulatten, Mestizen, Neger und Mongolen. Und selbst: welche Verführungen des Lasters! Schwarze Schmach? Keinem Menschen kommt so etwas in den Sinn. In der Moulin Rouge konnte ich einmal an die Hälfte Schwarzer und Gelber mit Europäerinnen tanzen sehen. Die Kosmopolis (die Allerweltsstadt), ist kein Sumpfboden für eine rassenmäßige völkische Frage. Die Grande Nation umfängt, wie die katholische Kirche, vorurteilslos die fremden Rassen. Pius XI. hat in einer Allokution für die Missionare den Rassenhochmut der Abendländer gestürzt und die anderen Rassen vor dem Stigma der Minderwertigkeit in Schutz genommen. Frankreich ist bei allem Stolz auf seine Latinität weit entfernt von einem Rassendünkel und beansprucht deshalb das moralische Recht, fremdrassige Bundesgenossen für sich kämpfen zu lassen. Zudem hat Frankreich farbige Soldaten benützt, weil es sie hatte, während manch anderer Staat sie vielleicht nur deshalb nicht benützte, weil er sie eben nicht hatte. Nicht das Blut bildet den Staat, sondern der politische Staatswille. Es ist ein romantischer Aberglaube um das Blut, der — aller Wissenschaft zum Trotz — seine Ideologien züchtet. Der Tunesier, Senegal- oder Kongoneger, der Inder, der Tongkinger und Anamit kann ein ebenso begeisterter Franzose sein, als der Vollblut-Pariser ..."

Nachdem uns der christliche Priester Mönius auf diese Weise belehrt hat, daß Frankreich, „die fremden Rassen ebenso vorurteilslos umfängt, wie die katholische Kirche" es tut, gibt er uns auf Seite 90 seiner Schrift eine weitere wichtige Lehre, indem er schreibt:

„Durch alle Jahrhunderte ist es in allen Ländern des Orbis Christianus der Ruhm von Episkopat und Klerus, auf seiten des Papstes zu stehen, auch gegen das eigene Land. Gallikanismus ist Nationalismus; Katholizismus jedoch bricht jedem Nationalismus das Rückgrat."[33])

Ehe wir in die Erörterung über die Freimaurerei eintreten, müssen wir die Grundlagen dafür noch durch weitere Zitate ergänzen. Der Weltkampf Nr. 1, Jahrgang 1925 meldet auf Seite 38:

„Ende November 1924 fand in Washington eine Zusammenkunft von führenden Protestanten, Katholiken und Juden statt. Es wurde über ein gemeinsames Vorgehen gegenüber der „Intoleranz" gewisser (d. h. antisemitischer) Kreise beraten. Der Zusammenkunft wohnten Delegierte der Freimaurerbünde (!) und Knights of Columbus (des größten katholischen Ordens) bei. Die Eröffnungszeremonie wurde im Tempel der Washingtoner jüdischen (!) Gemeinde abgehalten. Die Redner betonten, daß die Intoleranz unamerikanisch sei und weitherzige Anwendung der Duldsamkeit, die in der Unabhängigkeitserklärung und in der Konstitution proklamiert ist, durchgeführt werden müsse. (J. P. Z. vom 27. November 1924, Nr. 320)."

In den ersten Ausgaben des „Allgemeinen Handbuches der Freimaurerei" 2. Band, Seite 203 findet sich folgender Satz:

„Die Freimaurerei ist die einzige Gesellschaft auf Erden, die sich die Pflege und Beförderung des Weltbürgertums zur Auf-

---

[33]) Zitiert nach Weltkampf, 7. Jahrg. 1930, S. 134—135.

gabe gestellt hat. Demgemäß dürfen die Logen nur (!) weltbürgerliche Bestrebungen fördern und sich nicht (!!) bei vaterländischen oder staatsbürgerlichen Bestrebungen beteiligen. An der Leipziger-Schlacht-Feier haben die Logen keinen Anteil genommen, denn (!!) es war ein vaterländisches Fest. Als in einer der deutschen Logen der Vorschlag gemacht wurde, aus der Logenkasse einen Betrag für Schleswig-Holstein zu entnehmen, da legte dagegen mit Recht ein Mitglied der Loge Verwahrung ein. Ebenso war es dem Bundeszweck zuwiderlaufend, als eine deutsche Großloge tausend Taler zur Herstellung einer deutschen Flotte beisteuerte. Die erhobene Einsprache hatte zur Folge, daß keine deutsche Loge das gegebene Beispiel nachahmte." (Die Neuausgabe des Allgemeinen Handbuches 1901 hat diese Stelle gestrichen.)

Ueber den Zusammenhang zwischen Freimaurerei und Judentum, über den wir im Laufe dieser Untersuchung auch noch sprechen müssen, äußerte sich der Freimaurer Schottke in seiner Schrift „Ruhrbesetzung und Freimaurerei:

„Erinnern wir uns einmal daran, daß immerhin Frankreich es war, das zuerst den von absolutistischer Fürstenwillkür politisch und von unduldsamem Konfessionszwange geistig geknechteten Völkern die Fackel der Freiheit entzündete, zuerst als Vorkämpfer aller anderen die Menschenrechte proklamierte, zuerst die Gleichheit der Menschenklassen und der Menschenrassen verwirklichte, zuerst den seit Jahrhunderten durch ein fanatisches Christentum erbarmungslos verfolgten Israeliten die bürgerliche Gleichberechtigung gab."[34])

Daß diese Freimaurerei ein **Menschheitsbund** ist, der sich mit dem Bau „der Fundamente einer neuen Gesellschaftsordnung" befaßt, das bestätigt uns die Freimaurerzeitschrift **Kellet** (Juli 1911) der symbolischen Großloge in Ungarn:

„Es ist in Abrede zu stellen, daß die Freimaurerlogen Wohltätigkeitsvereine sind. Um Wohltätigkeit zu üben, braucht man sich doch nicht einzuschließen, mit Schurzfell und Bändern zu behängen . . . ."

„Nein wir bauen die Fundamente einer neuen Gesellschaftsordnung. Dazu brauchen wir das Geheimnisvolle zu unserem Zusammenhalt. Die Wohltätigkeit ist nur der Deckmantel, den man abwirft, sobald er nicht mehr notwendig ist. Das Gelöbnis der Geheimhaltung hätte auch keinen vernünftigen Sinn, wenn es sich nur um Wohltätigkeit handelte, und die fürchterlichen Freimaurereide wären gar nicht nötig."[35])

Ebert war Freimaurer und zwar Mitglied der Loge Art et Travail in Paris. Seine Ansprache in der Nationalversammlung ist demnach als Bekenntnis zu dem freimaurerischen Ideal der Rassen- und Menschengleichheit zu werten.

Die im Vorhergehenden geschehene Zusammenstellung von freimaurerischen und christlichen Zitaten hatte den Zweck, an einigen Bei-

---

[34]) Zitiert nach dem Weltkampf Jahrg. 1926 Seite 215/216.

[35]) Zitiert nach Ludendorff: Vernichtung der Freimaurerei durch Enthüllung ihrer Geheimnisse 131.—140. Tausend 1930 S. 50.

6*

spielen zu veranschaulichen, wie nahe verwandt jüdisches, christliches und freimaurerisches Denken ist, sodaß aus dieser Verwandtschaft auf einen gemeinsamen Mutterboden, auf gemeinsames geistiges Erbgut geschlossen werden muß.

Der christliche Priester Mönius bestätigt die Erscheinung, die einsichtige Männer im völkischen Lager schon lange vor ihm feststellten, daß Frankreich mit Riesenschritten dem Rassenchaos entgegengeht, daß es nicht mehr als europäische Kulturmacht, sondern als farbige Vormacht zu gelten habe, die im Begriffe ist, Europa zu zertrümmern; daß Afrika und der Orient durch Geburtensieg ganz Europa zu verschlingen drohen und daß neben der Balkanisierung Deutschlands auch seine Afrikanisierung und Orientalisierung in greifbare Nähe gerückt ist.

„Kosmopolis" — die Allerweltsstadt — ist für den christlichen Priester ein Idealbegriff, denn er sagt ausdrücklich, daß Paris kein „Sumpfboden für eine rassenmäßig-völkische Frage ist", und übersieht geflissentlich, daß Afrika und der Orient noch jede rassenmäßig-völkische Frage durch ihren Geburtensieg gelöst haben. Die Kulturen Indiens, Persiens, Babyloniens, Assyriens, Ägyptens, Griechenlands und Roms, die alle am Rassenchaos des schwarzen und orientalischen Blutes zugrunde gegangen sind, reden eine zu beredte Sprache für die Bedeutung der Rassenfrage, als daß sie von ernsthaften Leuten überhört werden könnte. Entwurzelten Triebsandmenschen, wie der christliche Priester Mönius einer ist, fehlt allerdings das Organ zum Verständnis der Rassengesetze.

„Kosmopolis" ist aber auch für den Freimaurer Ebert ein Idealbegriff. Er kann zwar als Oberhaupt des Deutschen Reiches das deutsche Volk nicht übersehen, doch ist ihm die „starke Demokratie" marxistischer Prägung, gegründet auf der Gleichheit alles dessen, was Menschenantlitz trägt, ersichtlich mehr am Herzen gelegen. Das kann auch gar nicht anders sein bei einem Manne, der in der klassen- und rassenlosen Weltrepublik ein „Menschheitsideal" sieht und sehen muß. Erklärt doch schon ein im Jahre 1722 in England gefaßter Freimaurerbeschluß:

> „Die Maurerei ist ein Menschheitsbund zur Verbreitung toleranter und humaner Grundsätze, an welchem Ordensstreben der Jude und der Türke ebensoviel Anteil nehmen kann, wie der Christ."[36])

„Kosmopolis" — die Allerweltsstadt — ist aber auch das Ideal jener christlich-jüdisch-freimaurerischen Kreise, welche im jüdischen Tempel zu Washington im Jahre 1924 die Ächtung des Antisemitismus beschlossen. Es ist dagegen nicht das Ideal Fichtes, wie gegen Ebert bemerkt sei, denn Fichte hat, anders als Christen und Freimaurer unserer Zeit, nicht in dem Triebsandideal der Gleichheit

---

[36]) Zitiert nach Alfred Rosenberg, Das Verbrechen der Freimaurerei 2. Ausgabe S. 17.

aller Menschen die Bestimmung der Menschen gesehen, sondern in der trotzigen Selbstbehauptung als Volk! Wie hätte er sonst sagen können:

„Geht ihr ferner so hin in eurer Dummheit und Achtlosigkeit, so erwarten euch zunächst alle Übel der Knechtschaft: Entehrung, Demütigung, der Hohn und Übermut des Überwinders. Ihr werdet herumgestoßen werden in allen Winkeln, weil ihr allenthalben nicht recht und im Wege seid, solange, bis ihr durch Aufopferung eurer Nationalität und Sprache euch ein untergeordnetes Plätzchen erkauft und bis auf diese Weise allmählich euer Volk auslöscht."

Die völkerfressende „Kosmopolis" — die Allerweltsstadt — ist der sichtbare Ausdruck des christlich-freimaurerischen Gleichheitsideals. Von allen Seiten zieht sie den menschlichen Triebsand an sich, der keine Heimaterde kennt, nach allen Seiten schickt sie Wanderdünen von Triebsand hin, alles Leben erstickend, sich auf alles legend — bis alles Land mit Dünen überdeckt ist, für welche Sonnenschein und Regen gleich fruchtlos sind.

Das Triebsandideal der Gleichheit alles dessen, was Menschenantlitz trägt, ist zunächst ein christliches Ideal. Wir haben im letzten Abschnitt über das Christentum die Erkenntnis gewonnen, daß Bürger der Christokratie jeder Christ werden kann, aber auch nur der Christ. Die Christokratie verlangt von ihren Bürgern nicht die Zugehörigkeit zu irgendwelchen Volkstümern, sondern nur die Annahme eines bestimmten Glaubens, des christlichen Glaubens. „Du hast uns erkauft mit deinem Blut aus allerlei Geschlecht und Zunge und Volk und Heiden." Der Christokratie prägt also nicht ein Volkstum seinen Charakter auf, sondern ein Glaube. Während es das Wesen des Nationalstaates ist, daß er von seinem Volkstum her seinen Charakter erhält, während beim Nationalstaat Volkstum und Staat eine Einheit bilden, deren tragende und zeugende Kraft das Volkstum ist, finden wir bei der Christokratie genau das Umgekehrte. Die Christokratie prägt ihren Bürgern ihren Charakter auf, denn sie wird nicht, wie der artgebundene Nationalstaat, aus lebendigen Volkstümern gelebt, sondern setzt sich aus einzelnen Menschen zusammen, die nach Paulus aus dem wilden Ölbaum ausgehauen wurden. Sie führt kein Eigendasein, sondern ein abgeleitetes Dasein, sie lebt nicht aus dem Innersten der Volkstümer, sondern zehrt an der Kraft dieser Volkstümer. Auf die Dauer muß auch der kräftigste Baum zugrundegehen, aus welchem nach Paulus fortgesetzt Zweige ausgehauen werden.

Die Christokratie besteht demnach aus einem Bündel einzelner Menschen, um welche das Band des Glaubens geschlungen ist. In diesem Bündel hat jeder Einzelne gleich viel Wert, denn alle Menschen sind vor Gott — lies: Priester — gleich. Wohl predigt das Christentum zur gleichen Zeit den unendlichen Wert der Menschenseele und sucht dadurch das Artbewußtsein im Menschen zu ersetzen. Wenn aber unendlich viele solcher „unendlichen Werte" nebeneinander stehen ohne eine andere Beziehung zu einander zu haben als die eines gemeinsamen Glaubens so ist keine Macht der Welt imstande, abzuleugnen, daß diese unendlichen Werte eben einander „unendlich gleich“ sind. Es ist gleichgültig, ob ich endliche oder unendliche Werte einander gleichsetze. Wir kommen also auch von der Lehre vom unendlichen Werte aus zum christlichen Triebsandideal von der Gleichheit aller Menschen.

„Hier ist weder Jude noch Grieche, denn ihr seid alle eins in Christus“ — sagt der Apostel und bringt damit zum Ausdruck, daß die Einerleiheit des Christentums die Einzigartigkeit des Volkstums auslöscht. Er sagt damit auch, daß ihm die Einerleiheit des Christentums höher steht, als die Einzigartigkeit des Volkstums. Die Auflösung der Einzigartigkeit des Volkstums in der Einerleiheit des Christentums bedeutet Entwurzelung des völkischen Einzelwesens, bedeutet Verwischung seiner Gesichtszüge, Verwirrung seines Denkens und Fühlens, Zertrümmerung seines Gemüts- und Seelenlebens, es bedeutet kurz gesagt: Absterben seiner Einzigartigkeit. In dieser Weise wird durch das Ideal der Gleichheit alles dessen, was Menschenantlitz trägt, jede Eigenart, jedes einzigartige Lebewesen zerstört; aus der im Volkstum wurzelnden eigenvölkischen Persönlichkeit wird der erlösungsbedürftige, wurzellose Triebsandmensch.

Wenn das Christentum sich gestattet Zweig um Zweig „aus dem wilden Ölbaum auszuhauen“, warum sollte dies nicht auch dem Judentum erlaubt sein? Wenn das Christentum die ausgehauenen Zweige durch seinen Glauben in dem Bündel der Christokratie zusammenfaßt, warum sollte das Judentum nicht dasselbe versuchen — in der Freimaurerei? Wenn das Christentum das Triebsandideal von der Gleichheit alles dessen, was Menschenantlitz trägt, so erfolgreich zur Durchsetzung seiner Gedankenwelt eingesetzt hat, warum sollte das Judentum nicht im Gefolge der christlichen Gedankenwelt in die Front der christlichen Völker einbrechen und die vom Christentum ausgebrochenen Steine zu seinem „Menschheitsbau“ verwenden? Wie richtig der Jude das Christentum als Geist von seinem Geist bewertet und für seine Zwecke zu verwerten weiß, beweist uns Br. Hieber:

> „Die Lehre Jesu ist im Judaismus, im Hebräismus; endlich im Christianismus gewinnt die religiöse Sittlichkeit ihre Vollendung, indem der volkschaftliche Standpunkt vollständig verlassen wird .... Darin besteht auch der Zusammenhang zwischen Bibel und Freimaurerei.“[37])

Wie das Christentum Zweig um Zweig aus dem wilden Ölbaum aushaut, so bricht der Jude Stein um Stein aus den artgemäßen Volkstümern und macht aus dem unbehauenen Stein den „behauenen“ oder „beschnittenen“ Kubus, d. h. den echten Freimaurer, den künstlichen Juden. Und hier kommt die große Lüge der Lehre von der Gleichheit alles dessen, was Menschenantlitz trägt, ans Tageslicht. Hier zeigt sich der Doppelsinn des Wortes „Mensch“, den der Jude mit seiner im ersten Buche beschriebenen talmudischen Lehre vom

---

[37]) Zitiert nach Erich Ludendorff, Vernichtung der Freimaurerei Seite 45.

Menschen aufgebracht hat. Denn, wohlgemerkt: der Freimaurer darf alles sein, er darf Christ, Nichtchrist, Antichrist, Protestant, Katholik oder Mensch sein, vor allen Dingen darf er Jude sein Niemals aber darf er artbewußter Nichtjude sein. Mensch sein ist für die Freimaurerei demnach gleichbedeutend mit Judesein, das will bedeuten, daß sich die talmudische Anschauung vom Menschen durchgesetzt hat. Mensch darf der Freimaurer sein, Jude ebenfalls, dagegen ist ihm jedes Artbewußtsein als „engstirnig" verboten. Nach allen Gesetzen der Logik ist die von mir aufgestellte Gleichung: „Mensch gleich Jude" für die Freimaurerei oberstes Gesetz und oberste Richtschnur. Der Zynismus der Lehre von der Gleichheit alles dessen, was Menschenantlitz trägt, kommt erst dann richtig zum Ausdruck, wenn wir sie in ihren richtigen jüdisch-freimaurerischen Sinn übersetzen und sagen: „Alle Menschen sind gleich, sofern sie Juden sind." Wem diese Formulierung zu schroff sein sollte, der muß sich die andere Formulierung gefallen lassen, die lautet: „Alle Menschen sind gleich, nur die Juden stehen als etwas Besonderes, Unvergleichliches über den Menschen." Man mag den Tatbestand formulieren wie man will, man wird feststellen müssen, daß die Lehre von der Gleichheit aller Menschen für alle Menschen gilt, nur für die Juden nicht, die sich als auserwähltes Volk von allen Völkern und Menschen abheben. Auch für die Freimaurerei gilt also die judäozentrische Geschichtsauffassung als unantastbarer Glaubenssatz. Die Gesellschaftsherde der Freimaurerei stellt sich somit in eine Front mit der Religionsherde der Christokratie. Das freimaurerische „Ideal" der „Humanität" erweist sich so als eine bisher unerreichte Barbarei, weil es außer dem jüdischen Volkstum kein anderes Volkstum duldet. Wie sagte doch Herr Moritz Venetianer schon im Jahre 1874:

„Die Idee der Nationalität steht im Widerspruche mit der Idee der Humanität, ist aber als Übergangsstufe zu dieser in der Herstellung und Befestigung der Großstaaten ein notwendiges Übel. .... Das Endziel aller sozialen und staatlichen Entwicklung ist die freie Arbeiterassoziation und eine die Menschheit umfassende Republikenpyramide."[38])

Dasselbe sagte auch Herr Lazarus nach dem deutschen Zusammenbruch des Jahres 1918:

„Deutschland ist berufen, der Welt in der Lösung der Menschheitsfrage voranzugehen, die sie die soziale heißen. Unter ihrer Führung schlossen sich wiederum in Deutschland Millionen zu einem mächtigen Parteigebilde zusammen, auf dessen Fahne das Wort „Sozialismus" prangt . . . Einen urgewaltigen Ausdruck fand dann endlich dieses Ringen der deutschen (?) Volksseele nach der Erfüllung ihrer Bestimmung in den Ereignissen des 9. November 1918 und in allem was mit diesem Tage in Zusammenhang steht."[39])

---

[38]) Alfred Rosenberg, Das Verbrechen der Freimaurerei. 2. Ausg. Seite 98.

[39]) Alf. Rosenberg, Das Verbrechen der Freimaurerei, 2. Ausg., S. 99.

Nicht weniger deutlich war der Bolschewik Leo Trotzky (Braunstein) in seiner Schrift: „Der Krieg und die Internationale Berlin 1914“:

„Für das Proletariat kann es sich nicht um die Verteidigung des überlebten nationalen „Vaterlandes“ handeln, sondern um die Schaffung eines weit mächtigeren Vaterlandes — — — der republikanischen Vereinigten Staaten Europas, als Fundament der Vereinigten Staaten der Welt.“[40])

Wenn wir unter einem arteigenen Staate und Volke in Übereinstimmung mit Ludendorffs Kampfzielen eine Einheit in Blut, Glaube, Kultur und Wirtschaft verstehen, so stellt uns die Freimaurerei in der Einerleiheit der Vereinigten Staaten Europas und der Vereinigten Staaten der Welt das Triebsandideal der rassenlosen Gesellschaftsherde gegenüber, die solange bestehen wird, bis die „Menschheit“ im Rassenchaos verkommen ist. Wenn es richtig ist, daß ein Volkstum im Kriege ausbluten kann, ohne zu verbluten, so ist es ebenso richtig, daß ein Volkstum sich im Rassenchaos nicht nur ausbluten, sondern völlig verbluten kann. Dieser im Rassenchaos sich abspielende Verblutungsvorgang ist deshalb der ein Volkstum in seinem Leben wirklich bedrohende Gefahrenzustand, weil er sich unbemerkt abspielt. Die Gesellschaftsherde des Freimaurertums vertritt in diesem Falle die Stelle eines Schröpfkopfes, der zum Zwecke der Blutansaugung am Volkskörper angesetzt wird. Je mehr Blut dem Volkskörper durch den freimaurerischen Schröpfkopf entzogen wird, desto rascher zerfällt das Volk, das bei fortschreitendem Kräftezerfall nicht mehr die Fähigkeit aufbringt, sich wieder zu regenerieren. Der fortschreitende Kräftezerfall läßt sein Selbstbewußtsein schwinden, es empfindet den fortgesetzten Blutverlust sogar als „Fortschritt“ und als „Wohltat“, der Ohnmachtszustand des Zerfließens in eine rassenlose Gesellschaftsherde erscheint als neue, begrüßenswerte, ideale Lebensform und so kann sein rassenhaft bestimmtes Ichbewußtsein ersetzt werden, durch ein verschwommenes und in allen Farben des Rassenchaos schillerndes „Menschheitsbewußtsein“. Damit ist dann der Zeitpunkt erreicht, in welchem die letzten Konsequenzen aus dem Triebsandideal der Menschengleichheit gezogen werden. Wenn die rassenlose Gesellschaftsherde als die höchste Staatsform und die vollkommenste Lebensführung für den „Menschen“ gilt, so gibt es für ihn nur einen Kampf, den Kampf um diese höchste Staatsform, und nur eine Sittlichkeit, die in der rasselosen Gesellschaftsherde verkörperte Sittlichkeit des rassenlosen Triebsandmenschen. Die durch keine Rassen- und Volkstumsgesetze gebundene Sittlichkeit des rassenlosen Triebsandmenschen kennt darum keine sittlichen Pflichten gegen Rasse und Volkstum. Denn wenn schon der Geburtensieg des Rassenchaos über die artgemäßen Volkstümer in der freimaurerischen Gesellschaftsherde als wünschenswert erstrebt wird, so muß auch die hemmungslose, rassen- und volksverachtende Trieb-

---

[40]) Alfred Rosenberg, Das Verbrechen der Freimaurerei, 2. Ausg. Seite 99.

entfesselung gewünscht und mit allen Mitteln herbeigeführt werden. So steht die freimaurerische Sittlichkeit der rassenlosen Triebentfesselung der rasse- und volksgebundenen Sittlichkeit, der rassebewußten Triebbeherrschung und Triebleitung feindlich gegenüber. Dem entfesselten Triebsandmenschen steht die artbewußte, volksverwurzelte Persönlichkeit gegenüber. Der Triebsandmensch, der bereit ist, die Zukunft seiner Rasse und seines Volkes dem Geburtensieg des Rassenchaos zu opfern, der ist auch bereit, auf allen anderen Gebieten der Gesellschaftsherde zum Siege zu verhelfen. An die Stelle der Rassentreue tritt die Gesellschaftstreue und die Menschentreue. Die Erhaltung der Rasse wird als sinnlos gegenüber der „höchsten" Vollkommenheit im „Menschentum" empfunden. Der farblose Begriff des „reinen Menschentums" fordert die Zertrümmerung des Rassentums und des Volkstums. Der Pazifismus gilt als sittlich, Hoch- und Landesverrat als geboten. Aus dieser Gesinnung heraus erklärt z. B. die freimaurerisch-jüdisch durchsetzte Sozialdemokratie:

> „Die deutsche Sozialdemokratie wird . . . ., wenn die historische Situation es erfordert, nicht zu fürchten haben, was das Strafgesetzbuch . . . Hoch- und Landesverrat nennt. Der Vorwurf des Landesverrates ist nichts gegenüber einer Partei, die keine Pflichten gegenüber Land und Nation, die Pflichten lediglich gegenüber der Klasse des Proletariats hat."

Wer nun aber glauben sollte, daß die Sozialdemokratie überhaupt keinen Hoch- und Landesverrat kennt, der weiß nichts vom Triebsandideal der Gleichheit alles dessen, was Menschenantlitz trägt. Die Sozialdemokratie darf alles tun, was gegen die Lebensgesetze artgemäßer Völker verstoßt, dagegen darf sie niemals auch nur im geringsten gegen den jüdischen Volkserhaltungs- und Selbsterhaltungswillen verstoßen. Denn für die Sozialdemokratie ist wie für die Freimaurerei das Judentum das auserwählte Volk vor allen anderen Völkern. Auch für sie gilt die judäozentrische Geschichtsauffassung unter allen Umständen als unantastbares Dogma, steht doch im Mittelpunkt ihres Denkens und ihrer politischen Betätigung das Judentum. Da für dieses der Volksverrat am Judentum allerschwerstes Verbrechen ist, so gilt dasselbe auch für die Sozialdemokratie. Das Vaterland der Sozialdemokratie ist die Menschheit. Geben wir diesem Satze den talmudisch-jüdischen Sinn, so heißt seine Übersetzung: „Das Vaterland der Sozialdemokratie ist die Judenheit!" Dementsprechend schrieb denn auch das „Jüdische Volksblatt" (Wien, Juli 1900):

> „Fördern wir die Sozialdemokratie, wo es nur angeht, aber seien wir hierbei vorsichtig, damit die breiten Massen es nicht merken, daß die Sozialdemokratie nur eine Judenschutztruppe ist, und damit für die Gegner kein Anlaß vorhanden ist, die betreffende Partei als Judenknechte und wie dergleichen liebenswürdige Ausdrücke noch lauten, zu bezeichnen!"

Von der judäozentrischen Geschichtsauffassung aus betrachtet, verliert die freimaurerische, sozialdemokratische, pazifistische, kommunistische, demokratische Politik jeden Widerspruch. Denn alle diese

Parteien und Organisationen ziehen aus der judäozentrischen Geschichtsauffassung die einzig mögliche Schlußfolgerung. Wenn es nämlich ein unumstößlicher Satz ist, daß das Judentum das auserwählte Volk ist, wie das Christentum lehrt, so handeln sie nur im Sinne des Christentums, nur im Sinne Jehovas, wenn auch sie sich für dieses Volk entscheiden und sich diesem Volke und seiner Politik anschließen. Wer der judäozentrischen Geschichtsauffassung huldigt, der muß dem Volke Israel Gefolgschaft leisten, denn für ihn gibt es einfach sonst kein Volk, das einen so begründeten Anspruch auf seine Gefolgschaft und Treue hätte. Nach dieser Geschichtsauffassung stellt eben das Judentum den höchsten Wert in der ganzen Welt dar, der alle anderen Werte zertrümmert und keinen gleichen Wert neben sich duldet. Also ist es nur sittlich, diesem höchsten Wert zur Geltung zu verhelfen! Das ist der Boden, aus dem die Drachensaat der judäozentrischen Geschichtsauffassung üppig in die Halme schießen und zur Frucht reifen konnte. Über ein Jahrtausend hindurch hat das Christentum den Völkern als „ewige christliche Heilswahrheit" den Satz eingehämmert: „Alles Heil kommt von den Juden!" Ist es da nicht natürlich, daß die Völker unter dem Einfluß dieser Suggestion, die mit dem Anspruch auf ewige Gültigkeit auftritt, nicht mehr das Heil von sich selber erwarten, sondern die Juden als die Träger alles Heils zu ihren Führern machen? Nachdem nun aber die Völker unter dem Einfluß der judäozentrischen Geschichtsauffassung den Juden in den Sattel geholfen haben, kommen jetzt wieder Geistliche und versichern, daß „die neue herrliche Entwicklung Israels zeige, daß es Gott wieder in den Stand der Gnade aufgenommen habe. Wie dürften die Menschen noch hassen und zürnen, wo Gott verziehen habe und liebe."[41]) Wie bescheiden doch diese Leute ihre eigenen Taten einschätzen und wie genau sie über ihres Gottes Taten und Gesinnungswandel im Bilde sind! Alles Heil kommt danach erst recht von den Juden! Wer will es dem deutschen Freimaurer, dem deutschen Arbeiter verübeln, wenn er unter dem Einfluß der judäozentrischen Geschichtsauffassung sein Heil nicht vom Deutschtum, sondern vom Judentum erwartet und darnach handelt? Wer will es ihm verübeln, wenn er nicht mehr deutsch, sondern international denkt? Da steht gleichsam in den Himmel geschrieben die ewige christliche Heilswahrheit: „Alles Heil kommt von den Juden" — und der Deutsche, dem sie als unumstößliche Heilswahrheit gepredigt wird, sollte nicht den Juden zu seinem Führer machen? Es ist kein Zweifel, daß die judäozentrische Geschichtsauffassung die Wurzel jedes Internationalismus, jedes Landes- und Hoch- und Volksverrats ist und sein muß. Wer die Ursachen des Volksverrates vom November 1918 begreifen will, der darf nicht an der materialistischen Geschichtsauffassung und ähnlich törichten Mätzchen stehen bleiben, sondern muß bis zur judäozentrischen Geschichtsauffassung vordringen. Sie ist die Ursache des Judensieges, sie ist die Ursache der Revolution, der Inflation, des Versailler

[41]) Reventlow, Für Christen, Nichtchristen, Antichristen, S. 206.

Diktates, des Dawes- und Young-Planes usw. Sie wird die Ursache sein, an der das deutsche Volkstum vollends zerbricht. Jeder Beschönigungsversuch wäre hier ein Verbrechen. Und wenn die christlichen Kirchen immer von der Schuld des Menschen sprechen, so muß auch einmal das Wort von der Schuld der Kirchen an den nichtjüdischen Volkstümern gesprochen werden. Diese Schuld aber ist mit der Einhämmerung und Verbreitung der judäozentrischen Geschichtsauffassung unter den nichtjüdischen Volkstümern eine weltgeschichtliche geworden. Denn ohne Christentum und judäozentrische Geschichtsauffassung wären solche Erscheinungen wie das Freimaurertum, der Liberalismus und Marxismus nicht möglich gewesen. Die materialistische Geschichtsauffassung wäre mit ihrer geistigen Dürftigkeit und Ärmlichkeit niemals imstande gewesen, die Deutschen zum Volks- und Hochverrat zu bringen: — Die Frucht des 9. November 1918 reifte aus der Drachensaat der judäozentrischen Geschichtsauffassung. Es soll darum unvergessen bleiben, was jener englische Nachrichtenoffizier in einem Buche schrieb:

> „Kein Land ist so großzügig in praktischer Betätigung seines Dankes, wie England. Es ist des britischen Volkes unwürdig, den Eifer zu vergessen, mit dem die sozialdemokratischen Parteien in Deutschland im Kriege für uns gearbeitet haben. Wir haben ja damals freilich ihre Dienste gezahlt, aber das genügt nicht. Ich schlage vor, daß man an einem geeigneten, zentral gelegenen, Platze in der Reichshauptstadt ein Denkmal errichten möge mit folgender Inschrift: „Dieses Denkmal ist vom britischen Volke errichtet worden, als ein Zeichen seines bleibenden Dankes gegen die republikanischen Parteien des Deutschen Reiches, die im großen Kriege der Sache der Verbündeten so wertvolle Dienste geleistet haben." (Unsere Partei Nr. 10/27 und Deutsche Zukunft Nr. 11 vom 5. Juni 1927.)

Christentum, Freimaurerei, Marxismus, Liberalismus werden alle von der Einheit des Judentums umfaßt. Es ist eine Front von Dibelius — Mönius bis Scheidemann — Thälmann, von Habicht — Stresemann zu Warburg — Schiff und Lenin — Trotzky.

Ohne die judäozentrische Geschichtsauffassung bleibt die Politik der Freimaurerei vollständig unverständlich. Hat man aber einmal entdeckt, daß sich durch die gesamte Freimaurerpolitik der letzten 150 Jahre wie ein roter Faden der Satz hindurchzieht: „Alles Heil kommt von den Juden", so lösen sich alle Widersprüche der freimaurerischen Politik zwanglos auf. Wir können das an einem geradezu klassischen Schulbeispiel zeigen — an dem ehemaligen Außenminister des Deutschen Reiches, dem Herrn Gustav Stresemann.

Als Frankreich im Januar des Jahres 1923 in das deutsche Ruhrgebiet einbrach und es gegen alle Regeln des Völkerrechtes besetzt hielt, da blieb vor allen Dingen die sittliche Entrüstung des „Weltgewissens" aus, die wir sonst, wenn es gegen Deutschland ging, immer zu spüren bekamen.

Wenn vor dem Kriege deutsche Kreise in der Ostmark und im Elsaß zum Zweck der Erhaltung des deutschen Volkstums deutschen

Schulunterricht, deutschen Religionsunterricht, deutschen Landerwerb und zwangsweise Einschränkung der französischen und polnischen Werbearbeit verlangten, so trat sofort das mahnende „Weltgewissen" auf den Plan und erklärte diese Forderungen als Grund unserer „Rückständigkeit" und „Unbeliebtheit" in der Welt. Heute jedoch, wo die Franzosen im Elsaß, die Polen in der Ostmark mit brutalsten Maßnahmen und Drangsalierungen die deutsche Bevölkerung in den genannten Gebieten vergewaltigen, heute schweigt das „Weltgewissen" — und der Vatikan. Es handelt sich ja nur um die Vernichtung des deutschen Volkstums.

Während des Krieges verhängten Juden und Freimaurer die feigste und niederträchtigste Art der Kriegführung über Deutschland, nämlich die Hungerblockade gegen wehrlose Frauen und Kinder. Dazu schwieg das „Weltgewissen" und — der Vatikan. Es ging ja nur um deutsches Leben.

Als aber Deutschland zur U-Bootwaffe griff und seine Gegner mit Hilfe dieser Waffe niederzuzwingen begann, da zeterte das „Weltgewissen" und der Vatikan über schändliche „Kulturbarbarei".

Als Deutschland im August 1914 in Belgien einmarschierte, da schrie das „Weltgewissen" auf und sein Trabant, Bethmann-Hollweg, prägte das schändliche Wort vom „Unrecht an Belgien". Dieses angeblich überfallene Belgien hatte aber schon im Jahre 1906 seine Neutralität gebrochen.

Daß die pazifistischen „Menschheitsfreunde" in Wirklichkeit als die blutrünstigsten Kriegshetzer anzusehen sind, sei durch zwei einander ergänzende Äußerungen zweier führender Pazifisten bewiesen. Der jüdische Pazifist Fried äußerte:

> „Nie mehr werden die durch die deutschen Machtgrößen geängstigten Völker eine kriegerische Auferstehung Deutschlands zugeben. Sie werden jede derartige Regung Deutschlands im Keime ersticken und schließlich, wenn die Gefährdung kein Ende nimmt, durch Aufteilung des Landes und unerbittlichen Massenmord diesem Volk, das alle hassen, ein Ende bereiten."

Wie dieser Massenmord aussehen würde, verrät der römische Pazifist Fr. W. Förster:

> „Falls das deutsche Volk nicht seinem nationalistischen Wahn entsagt und der deutsche Militarismus die Welt wieder in Krieg stürzt, wird die amerikanische Chemie durch giftige Gase usw. aus Deutschland eine menschenleere Mondlandschaft machen."

Während also, wie diese wenigen Beispiele beweisen, jede, auch noch so schüchterne Äußerung deutschen Selbsterhaltungswillens, von seiten des „Weltgewissens" allerschärfste Zurückweisung und Verurteilung erfährt, findet der französische Imperialismus die begeisterte Unterstützung des ganzen und ungeteilten „Weltgewissens", ganz nach der Moral des Raubvogels im „Götz": „Ruhe und Frieden! Ich glaubs wohl, das wünscht jeder Raubvogel, um die Beute in Gemächlichkeit zu verzehren."

Herr Dr. Stresemann stand im Ruhrkampf von allem Anfang an auf Seite des Raubvogels und des „Weltgewissens“. Zwar war er zu Beginn des Ruhrkampfes einer der lautesten Rufer im Streite, stammt doch von ihm das starke Wort: „Ganz Deutschland müsse ein zweites Irland werden“, was soviel bedeutet, daß Deutschland sich auf einen langen Zermürbungskrieg einzurichten habe, der unter Einsatz der persönlichen Freiheit und Hinopferung alles Eigentums zu führen sei. Doch schon im April 1923 verlangte Stresemann, der im Januar aus Deutschland ein zweites Irland hatte machen wollen, Verhandlungen mit Frankreich und gab damit zu verstehen, daß er den Ruhrkampf als aussichtsloses Unternehmen betrachte und daß sein Wort vom „Zweiten Irland“ nichts als eine Phrase war. In der Aprilrede Stresemanns vom Jahre 1923, deren „politische Aktivität“ darin bestand, daß er sich die Forderung des englischen Premierministers Bonar Law nach einer internationalen Anleihe für Deutschland zum Zwecke der Reparationszahlungen zu eigen machte, entpuppte er sich als das, was er immer war, als Vorkämpfer des jüdischen Finanzkapitalismus in Deutschland. Die Aprilrede hat ihm denn auch den Weg zur Kanzlerschaft des Deutschen Reiches freigemacht.

Von April ab setzte eine systematische Minierarbeit gegen das Kabinett Cuno ein, die vom zielbewußten Abbau des Ruhrkampfes begleitet war. Stresemann, der im Januar aus Deutschland ein zweites Irland machen wollte, hatte sich bis zur Übernahme seiner Kanzlerschaft so weit „realpolitisch orientiert“, daß er den Ruhrkampf zur Zufriedenheit der Franzosen liquidieren konnte. Allerdings hat das deutsche Volk unter Führung Stresemanns und Hilferdings nicht nur den Ruhrkampf, sondern auch sein Vermögen verloren. Wir werden den in der Inflation geschehenen Vermögensraub in einem anderen Kapitel behandeln. Hier ist nur wichtig festzustellen, daß unter der Kanzlerschaft Stresemanns die deutsche Währung weit unter den Nullpunkt sank. Jetzt konnte er nach Anleihen rufen, jetzt hatte er einen Grund m e h r, sich gerade auf d i e Kräfte zu stützen, welche Deutschland in das Elend der Inflation gestürzt hatten. Ausländische Anleihen sollten das Wunder der deutschen wirtschaftlichen und politischen Befreiung vollbringen, obwohl von vornherein klar war, daß das internationale Finanzkapital nur unter schweren Bedingungen zur Hergabe von Krediten bereit war. Das wußte Stresemann ebenso genau, wie er wußte, daß es seinerzeit beim französischen Einbruch ins Ruhrgebiet nur eines finanzkapitalistischen Druckes bedurft hätte, um Frankreich zur Ordnung zu rufen. Das internationale Finanzkapital brauchte aber den Ruhreinbruch, um nach Zerstörung der deutschen Währung das Deutsche Reich an die Anleihekette legen zu können.

Ausgerechnet dieses internationale Finanzkapital rief nun Stresemann zu Hilfe. Es erklärte sich denn auch hilfsbereit, wenn Deutschland seinen Nationalismus und Militarismus aufgebe und dem „Weltgewissen“ alle von ihm verlangten Konzessionen einräume.

Noch Ende 1923 wurden zwei Sachverständigen-Ausschüsse gebildet, deren einer unter der Leitung des Mr. Dawes, eines Angestellten der Morganbank, stand. Dem „Wunsche" des Finanzkapitals entsprechend hatte sich Deutschland mit Hilfe eines Ermächtigungsgesetzes „seiner inneren Schulden gegenüber seinen Rentnern und Sparern entledigt", noch ehe die Sachverständigen überhaupt ihre Arbeit aufgenommen hatten.

Das Vertrauen Stresemanns zu den Sachverständigen-Ausschüssen war unbegrenzt, denn schon am 20. Januar 1924 sprach er das große Wort aus: „Wir hoffen, daß es dann ohne Verzögerung gelingen wird, die Vorschläge der Ausschüsse in die Wirklichkeit umzusetzen." Dabei hatten die Ausschüsse erst begonnen und waren — mindestens für die profane Welt — noch zu gar keinen Vorschlägen gekommen. Stresemann war sich von allem Anfang an darüber klar, daß die Vorschläge unter allen Umständen angenommen werden, mochten sie aussehen, wie sie wollten. Zielbewußt stellte er seine ganze Politik auf dieses eine Ziel — Annahme des Dawes-Gutachtens — ein und verfocht mit der ihm eigenen Schlauheit und Energie seine Politik des „Sichandenhalswerfens". Um zum Ziele zu kommen, schreckte er auch vor den größten Irreführungen und Fälschungen nicht zurück. Er war es, der als Reichsaußenminister durch die „Reichszentrale für Heimatdienst" in Massen eine kleine Schrift, das „Sachverständigen-Gutachten", verbreiten ließ, durch die das deutsche Volk über das Wesen des Sachverständigen-Gutachtens in schamlosester Weise getäuscht wurde. Die Annahme des Gutachtens wurde denn auch mit Hilfe der 50prozentigen Deutschnationalen erreicht. Auf den Inhalt des Dawes-Gutachtens einzugehen, ist nicht der Zweck dieser Zeilen. Nur einige Urteile über dasselbe seien hier vermerkt. So schrieb E. Wright im „Evening Standard":

> „Der Dawes-Plan macht die Deutschen zu **Untertanen** anderer Nationen. Er bringt das zustande, was Versailles noch ostentativ vermied, nämlich die Eroberung Deutschlands." „Professor Arthur Salz hat im Archiv für Sozialwissenschaft und Sozialpolitik Band 50, Seite 565 in einem Aufsatze über den „Imperialismus der Vereinigten Staaten" die Eroberungsmethodik dieser Macht ausgezeichnet dargelegt. Er sieht sie in der Enteignung nationaler Innenwerte und Hoheitsrechte auf pseudolegalem Wege, vor allem durch die Besitznahme der Verkehrshoheit und der Geldhoheit! Professor Salz weist nach, wie jene Macht auf diesem Wege ohne Kenntnis des amerikanischen Volkes beispielsweise die mittelamerikanischen Staaten „erobert" hat. Dawes und seine Leute sind Meister dieses Verfahrens."[42])

Oswald Spengler sagt im „Neubau des Deutschen Reiches":

> „Die Annahme des Dawes-Planes ist der letzte Akt der Außenpolitik eines Parteiklüngels, dessen rechte Seite hier beendet, was die linke Seite in Versailles begonnen hatte, **den Verkauf eines ganzen Volkes in die Sklaverei**, nachdem man

---

[42]) Oberfinanzrat Dr. Bang, Die Deutschen als Landsknechte, Seite 30 und 32

es durch eine Mißwirtschaft von fünf Jahren seelisch entwaffnet und durch den Lärm der Parteipolitik über sein Schicksal getäuscht hat. So haben bisher nur Häuptlinge von Negerstämmen gehandelt .... In jedem anderen Lande würde der Staatsgerichtshof Gelegenheit finden, diese Vorgänge genauer aufzuklären."[43])

Herr Dr. Stresemann ließ sich nicht nur als Befreier der Rheinlande, sondern als größten europäischen Staatsmann feiern. Welches Recht er dazu hatte, zeigt uns am besten ein Artikel des Franzosen F. Caussy, des Berliner Vertreters des Pariser linksradikalen „Oeuvre" in einem Artikel: „Die zufriedenen Deutschen." Darin heißt es:

„Besser als jeder Zwang, besser als jede politische Aufteilung vollendet das Londoner Abkommen den Sieg der Alliierten. Denn was ist in Wahrheit der Plan der Sachverständigen? Einfach die Wegnahme der wichtigsten Hoheitsrechte der Eisenbahnen und der indirekten Steuern! Die Hoheitsrechte des Deutschen Reiches werden um drei Viertel gemindert .... Ich benütze als Bewohner von Berlin die Ringbahn und denke dabei: Auch die gehört uns (den Franzosen). Die Leute um mich herum rauchen Zigarren, darauf zahlen sie Zoll und Steuern — für uns! Sie zahlen für den Zucker, den sie so gern naschen. Sie zahlen für das Bier: und das ist keineswegs wenig .... In Versailles hat niemand gewagt, dergleichen Dinge vorzuschlagen, weil man die deutsche Ehre nicht antasten wollte. Heute ist man von solchen Bedenken weit entfernt. Niemand kümmert sich mehr um die deutsche Souveränität oder die deutsche Würde. Und was ihre Feinde nicht tun können oder tun wollen, das machen die Deutschen selber: sie sind mit dem Ergebnis durchaus zufrieden, sie verlangen ja gar nichts anderes.[44])

Der Franzose hat besonders mit dem letzten Satz das Wesen der Stresemannschen Politik treffend gekennzeichnet. Graf Reventlow schrieb damals: „Es ist ganz unrichtig, zu sagen, wie es gegen Ende des Ruhrkampfes gesagt wurde, dann während des Dawes-Kampfes, und wie es heute um Sicherheitspakt und Völkerbund geschieht: Stresemann habe sich unterworfen, treibe „wieder Erfüllungspolitik." Der Außenminister Stresemann hat sich nicht mit innerem Widerstreben oder mit schmerzlichen Gefühlen *unterworfen*, sondern *jene internationale Eingliederung Deutschlands ist das eigenste* Ziel des Außenministers. Sie entspricht seinem internationalen Ideal und seiner internationalistischen Anschauung. Mindestens ebenso verfehlt ist die Behauptung, er treibe eine Politik der Erfüllung. Das Wort schreibt sich her aus den Jahren, als es sich darum handelte, ob man die Forderungen der Feinde ablehnen oder sie erfüllen sollte. Der Außenminister Dr. Stresemann stellte sich nicht diese Frage, braucht sie sich nicht zu stellen. Denn sein Silberstreifen war und ist deutsche Schuldknechtschaft im Dienste der „Geldgeber der

---

[43]) Oberfinanzrat Dr. Bang, Die Deutschen als Landsknechte, Seite 30 und 32.

[44]) Zit. nach E. zu Reventlow, Minister Stresemann als Staatsmann und Anwalt des Weltgewissens. 8. Auflage S. 41.

Welt" unmittelbar und der dadurch bedingten Schutzherrschaft, damit der Schuldner arbeitsfähig bleibe: Freudig gewollter Verzicht der Regierenden Deutschlands auf die Eigentumsrechte des Volkes, auf Hoheitsrechte des Staates, wie vorstehend geschildert worden ist, war selbstverständlich. Das nennt der Außenminister Dr. Stresemann: „Die Lösung des Reparationsproblems!" „Sallustius Crispus nannte es: Ruere in servitium, freudig hinein sich stürzen in die Sklavenschaft."

Stresemann gilt daher mit Recht als der „Prophet der Bibel der Wirtschaft", wie seine Freunde und er selber das Dawes-Gutachten vollkommen treffend und richtig nannten. Denn wie der Glaube an die Bibel der Juden, so hat uns der Glaube an die Bibel der Wirtschaft, genannt Dawes-Gutachten, vollkommen zugrundegerichtet. Von der Bibel zum Dawes-Gutachten führt nur ein Schritt. Denn wie das Dawes-Gutachten Geist vom Geiste der Freimaurerei ist, so ist die Freimaurerei Fleisch vom Fleische der Bibel. Die amerikanischen Methoden der Eroberungspolitik, die uns Professor Salz geschildert hat, und die in Deutschland beim Dawes-Plan so erfolgreich ins Werk gesetzt worden sind, gleichen der im ersten Buche gezeichneten Methode der „friedlichen Durchdringung" Kanaans durch das Judentum wie ein Ei dem anderen. Priester und Händler haben Kanaan erobert, Priester und Händler haben Deutschland erobert. Wer die Methoden der „friedlichen Durchdringung" kennenlernen will, der lese 5. Mose Kapitel 20 V. 10 ff. mit psychologischem Blick unter Bezugnahme auf unsere Zeit. Wir stellen zum besseren Vergleich Gesetzesvorschrift und Wirklichkeit nebeneinander.

Vers 10. Wenn du vor eine Stadt ziehst, sie zu bestreiten, so sollst du ihr den Frieden anbieten.

> Das macht das Judentum in der Moderne in der Weise, daß es den Pazifismus der Fried, Förster, Tucholsky, Grelling, Ströbel usw. ins Leben ruft und die Stadt bestreitet, in dem es ihr den „Frieden" anbietet und von ihr verlangt, ihren Militarismus und Nationalismus abzulegen.

Vers 11. Antwortet sie dir friedlich und tut dir auf, so soll all das Volk, das drinnen gefunden wird, dir zinsbar und untertan sein.

> Herr Stresemann hat friedlich geantwortet und aufgetan, denn er glaubte an das Heil, das von den Juden kommt. Und darum steht im Dawes-Plan: „Die neue Bank als Bankierbank ..... wird die Rolle des Sammlers und Steuereinnehmers der deutschen Regierung spielen .... Wir lehnen selbstverständlich die Ansicht ab, daß aus Deutschlands Hilfsquellen zuerst seine vollen inneren Bedürfnisse erfüllt werden müßten und daß für die Erfüllung dieser Verpflichtungen lediglich das herangezogen wird, was es etwa an Überschüssen herauswirtschaften kann. Das Deutsche Volk muß auf ein nicht weiter einzuschränkendes Minimum seiner eigenen inneren Bedürfnisse gebracht werden."

Vers 12 ff. Will sie aber nicht friedlich mit dir handeln, und will mit dir kriegen, so belagere sie.

13. Und wenn sie der Herr, dein Gott, dir in die Hand gibt, so sollst du alles, was männlich drinnen ist, mit des Schwertes Schärfe schlagen.

Der Pazifist A. H. Fried gibt zu dieser Stelle den richtigen Kommentar: „Nie mehr werden die durch die Deutschen Machtgrößen geängstigten Völker eine kriegerische Auferstehung Deutschlands zugeben. Sie werden jede derartige Regung im Keime ersticken und schließlich, wenn die Gefährdung kein Ende nimmt, durch Aufteilung des Landes und unerbittlichen Massenmord, diesem Volk, das alle hassen, ein Ende bereiten."

15. Also sollst du allen Städten tun, die sehr ferne von dir liegen, und nicht hie von den Städten sind dieser Völker.

Berlin liegt ferne von London, Paris, Newyork.

16. Aber in den Städten dieser Völker, die dir der Herr, dein Gott, zum Erbe geben wird, sollst du nichts leben lassen, was den Odem hat,

17. sondern sollst sie verbannen, nämlich die Hethiter, Amoriter, Kanaaniter, Pheresiter, Hewiter und Jebusiter, wie der Herr, dein Gott, geboten hat,

18. auf daß sie euch nicht lehren tun alle die Greuel, die sie ihren Göttern tun und ihr euch versündigt an dem Herrn, eurem Gott.

19. Wenn du vor einer Stadt lange liegen mußt, wider die du streitest, sie zu erobern, so sollst du die Bäume nicht verderben, daß du mit den Äxten daran fahrest, denn du kannst davon essen, darum sollst du sie nicht ausrotten. Ists doch Holz auf dem Felde und nicht Mensch, daß es vor dir ein Bollwerk sein könnte.

Zu dieser Stelle gibt uns der Pazifist F. W. Förster den Begleittext: „Falls das deutsche Volk nicht seinem nationalistischen Wahn entsagt und der deutsche Militarismus die Welt wieder in Krieg stürzt, wird die amerikanische Chemie durch giftige Gase usw. aus Deutschland eine menschenleere Mondlandschaft machen.: Zu den Versen 10—19 geben wir kurz die Bilanz der Hungertragödie, die der lautlose Krieg oder die „friedliche Durchdringung" Deutschlands durch das Judentum und die Freimaurerei über das deutsche Volk brachte. Der Berliner Börsenkurier vom 10. März 1924 Nr. 123 meldet unter anderem: „Das Statistische Amt der Stadt Berlin meldet in den letzten 22 Monaten 103 Hungertodesfälle. Die Anzahl ist natürlich weit höher. In den meisten Fällen aber gibt der Arzt eine andere Todesursache an, weil er seiner Sache nicht ganz gewiß ist. Hierzu tritt, daß auf Unterernährung und Erschöpfung viele Krankheiten mit tödlichem Ausgang zurückzuführen sind. Selbstmorde aus Nahrungssorgen verzeichnete die Statistik 1923 etwa 300. In Charlottenburg gingen von 161 Selbstmördern 79, also die Hälfte, nachweislich aus Nahrungssorgen in den Tod. Ein Bericht des Polizeiamtes Kreuzberg erwähnt, daß diese Selbstmörder meist dem Mittelstande angehörten: ein Professor, ein Dr. phil., ein Generalleutnant, ein Fabrikant, ein Kunstmaler, zahlreiche Kleinrentner. In mehreren Fällen schieden Ehepaare gemeinsam aus diesem Leben. Aus dem nachgelassenen Briefe eines aus Nahrungssorgen freiwillig in den Tod gegangenen Chefredakteurs einer süddeutschen Zeitung: „Wir gehen jetzt in den Tod, weil wir nichts mehr einkaufen können. Siehe den Brotpreis! Kartoffeln reichen nur noch für einmal. Das Gas ist für uns unerschwinglich . . . ."

Da das Volk dem Juden nicht nur zinsbar sondern auch untertan sein soll, so ist angemessen, daß für die Juden Sonderrechte geschaffen werden, z. B. bezüglich des Wohnungswesens. Wir geben hier einige

Stellen aus dem Ostjudenerlaß vom 1. November 1919 des ehemals preußischen Ministers Heine wieder: „Dagegen verbietet es sich zur Zeit und bis auf weiteres trotz der Nöte der inländischen Bevölkerung aus völkerrechtlichen und aus Gründen der Menschlichkeit, die im Lande bereits befindlichen Ostjuden, selbst wenn sie unter Umgehung der Grenzsperre und ohne im Besitz der vorgeschriebenen Legitimationspapiere und der Einreiseerlaubnis zu sein, eingewandert sind, zwangsweise in ihre Heimat zurückzuweisen, weil sie dort nach Lage der Verhältnisse vielfach unmittelbar Gefahr für Leib und Leben, jedenfalls aber der Bestrafung wegen Fahnenflucht und Wehrpflicht-Entziehung ausgesetzt wären . . . . Unter diesen Umständen bleibt nur übrig, die vorgedachten Ausländer, soweit sie persönlich einwandfrei sind, bis auf weiteres im Lande zu dulden, auch wenn dadurch die Möglichkeit einer gewissen Beeinträchtigung der Arbeitsgelegenheit für Inländer gegeben ist."

Das Sonderrecht der Juden in Deutschland wird in den folgenden Sätzen des Dr. A. Manz, des ehemaligen Dezernenten im Wilmersdorfer Wohnungsamt besonders klar aufgedeckt: „Den Ausländern stand in ihrem Kampf gegen das Wohnungsamt eine gewichtige Macht zur Seite, und diese war das auswärtige Amt. Unglaublich war geradezu, für welche Ausländer das Auswärtige Amt Empfehlungen gab! Irgendein Zweck, der den Ausländer in den Augen des Auswärtigen Amtes empfehlenswert erscheinen lassen konnte, war immer vorhanden. Weder meine Kollegen noch ich haben auch nur einen Fall erlebt, in welchem das Auswärtige Amt einen Ausländer dem Wohnungsamt n i c h t empfohlen hätte. Wo gab es für unsere deutschen Mitbürger eine auch nur annähernd so gewichtige Stelle, die sich seiner Wohnungssorgen angenommen hätte, wie das Auswärtige Amt? Wurde ein Ausländer nicht geradezu mit Glacehandschuhen behandelt, so hagelte es Beschwerden über Beschwerden, unterstützt vom Auswärtigen Amt. Half schließlich alles nichts mehr und wollte das Wohnungsamt sich gegenüber dem Ausländer, der zu Unrecht eine Wohnung oder einen Wohnungsteil bezogen hatte, mit Gewalt durchsetzen, so half die Exterritorialität. Mit dieser Exterritorialität ist gegenüber den Wohnungsämetrn ein unerhörter Unfug getrieben worden, ohne daß das Auswärtige Amt in den mir bekannten Fällen jemals eingeschritten wäre. Das Wohnungsamt ist geradezu genasführt worden." (Manz in der Berliner Zeitschrift „Westen").

„In Berlin regnet es in etwa 10 000 Wohnungen durch die Dächer hindurch.

Polizeilich bereits geschlossene Wohnungen werden wieder bewohnt, weil die Menschen nicht auf der Straße liegen können. In Minden wohnen ein Dutzend Familien und mehr zusammengedrängt in uralten Häusern, die nur für eine Familie gedacht waren. Hier hausen die Unglücklichen in völlig dunklen Löchern, feucht und modrig, die früher landwirtschaftliche Vorräte aufnahmen. In einem Raum, einem Zwischengeschoß, in dem man sich nur gebückt fortbewegen kann, schlafen nun Menschen. Weitere Beispiele aus dem Leben aus verschiedenen Städten: Ein Ehepaar mit sieben Kindern und einem Untermieter wohnen in zwei Räumen und einem Alkoven. Der Abort muß von 26 Parteien benutzt werden. Ein Ehepaar: Die Wohnung ist ein in zwei Teile geteilter Abtritt. Er faßt ein Bett und eine Kommode. Ein kleines, schmales Fenster erhellt notdürftig den Raum. Künstliches Licht gibt es nicht. Das Kind das in einer Schüssel, mitunter in einer Bratpfanne auf der Kommode untergebracht wurde, fand man eines Morgens erstickt auf seinem primitiven Lager, angeblich in Folge der Stickluft. Von 25 056 Tuberkulosen hatten 3 334 kein eigenes Bett. Von der Gesamtbevölkerung Deutschlands haben 10 bis 12 Prozent, das heißt rund 7 Millionen, kein eigenes Bett. Der Konsum von Butter ist gegen 1913 um 39 Prozent, der an Fleisch um 40 Prozent zurückgegangen. Der Konsum an Hundefleisch hat um 41,5 Prozent zugenommen.

Der Reichsminister des Innern sagte am 20. Januar 1920 unter anderem: .... Die Zahl der Wohnungssuchenden wächst ständig. Allein in Berlin suchen etwa 80 000 Haushaltungen Wohnungen. Der Nachfrage steht ein verschwindend geringes Angebot von Wohnräumen gegenüber. Der Flüchtlingsstrom wächst. In den letzten Wochen sind viele tausende deutscher Beamten aus den an Polen abgetretenen Gebieten ausgewiesen worden. Die vertriebenen Deutschen sind gezwungen, teils in Güterwagen, Baracken oder anderen unzulänglichen Unterkunfts-Gelegenheiten zu wohnen. Unter diesen Umständen erregt es bei der Bevölkerung steigenden Unwillen, daß viele Tausende fremdstämmige Ausländer Wohnräume innehaben."

5. Mose 20. V. 14. Allein die Weiber, Kinder und Vieh und alles, was in der Stadt ist, und allen Raub sollst du unter dich austeilen, und sollst essen von der Ausbeute deiner Feinde, die dir der Herr, dein Gott, gegeben hat.

Der Begleittext zu diesen Worten ist im Wesentlichen schon gegeben. Es sei die Stellung der Juden zu den nichtjüdischen Weibern ganz kurz angedeutet. Im Literarischen Echo, Heft 3, 1912, schreibt Anselma Heine über den Dichter Jacobowski: „Plötzlich entdeckte ich an ihm den typischen uralten Schmerzenszug seiner Rasse. Es war ihm eine rachsüchtige Wonne, über die Frauen Macht zu zeigen und nie markierte er höhnischer den Plebejer, als wenn er sich rühmte, mit brutaler Kraft die feinen Frauen der blonden Edelinge unterjocht zu haben."

In seinem Roman „Weg von Zion" läßt der Jude Kurt Münzer den Helden des Romans, Ephraim Unrast, folgendermaßen sich aussprechen: „Nicht nur wir Juden sind so entartet und am Ende einer so ausgesogenen und aufgebrauchten Kultur. Alle Rassen von Europa — vielleicht haben wir sie infiziert, haben wir ihr Blut verdorben. Überhaupt ist ja alles heute verjudet. Unsere Sinne sind in allem lebendig, unser Geist regiert die Welt. Wir sind die Herren, denn was heute Macht hat, ist unseres Geistes Kind. Mag man uns hassen, uns fortjagen, mögen unsere Feinde nur über unsere Körperschwäche triumphieren. Wir sind nicht mehr auszutreiben. Wir haben uns eingefressen in die Völker, die Rassen durchsetzt, verschändet, die Kraft gebrochen, alles mürbe, faul und morsch gemacht mit unserer abgestandenen Kultur. Unser Geist ist nicht mehr auszurotten."

Auf welchem Wege der Jude zur Macht gelangte, schildert Münzer in anerkennenswerter Aufrichtigkeit: „Aber innen tief innen glühte das Herz, fraß ein unsterbliches Feuer von Haß und Rache genährt. Sie leckten den Speichel auf der Unterdrücker, sie leckten ihre Füße, sie leckten ihren After, krochen höher unaufhaltsam, wuchsen und wuchsen! Die Knie strafften sich, der Kopf hob sich über den Unterdrücker, der umschmeichelt erlegen war. Der Jude stand da, die schwere Not jahrhundertelanger Friedlosigkeit in den entzündeten Augen, den Rücken gebeugt von den Erinnerungen erlittener Schläge, noch in hündischer Furcht vor jedem Fremden, der verbrieftes Recht hatte, den Vogelfreien zu beschämen und zu treten. Aber hinter allem glühte der Triumph des erschlichenen Sieges. Die Welt verjudet, im Judengeist und -laster zersetzt. Das war die Rache."

Das ist, in ganz groben Strichen gezeichnet, das „System der friedlichen Durchdringung", das vom Judentum mit genialer Virtuosität geübt wird und in das nicht nur die Wirtschaft, sondern alle Lebensgebiete einbezogen werden. Herr Dr. Stresemann, dessen Wirksamkeit und Arbeitsweise wir vom Ruhrkampf bis zum Dawes-Plan zeigten, ist in diesem riesenhaften System der friedlichen Durchdringung nur ein kleiner, wenn auch wichtiger Faktor gewesen. Als Träger und Verfechter der judäozentrischen Geschichtsauffassung — „Alles Heil kommt von den Juden" — war er für das Judentum eine unvergleichliche Kraft. Er wäre aber ohne das Freimaurertum, das ihn trug und lobte und hätschelte, weil er immer dessen gehorsamer Sohn war, nicht möglich gewesen. Die Freimaurerei umgekehrt ist in ihrem Bestand nur durch das Christentum und die Bibel möglich, die ihrerseits den tragsamen Grund für die judäozentrische Geschichtsauffassung abgeben.

Unsere Erkenntnis lautet: Die Freimaurerei und alle ihr geistig verwandten Organisationen und Parteien sind als Schrittmacher des Judentums zu werten.

Im folgenden Buche lernen wir den „Krieg der unsichtbaren Fronten", das System der friedlichen Durchdringung im Einzelnen kennen, nachdem wir in den ersten beiden Hauptstücken die Träger dieses Systems erkannt haben.

2. Buch

Der Krieg der unsichtbaren Fronten.

1. Hauptstück

Vernebelung

1. Abschnitt. Jerichopolitik.

Von Abraham Lincoln stammt das treffende Wort: „The pen is mightier than the sword." — „Die Feder ist mächtiger, als das Schwert." — Sein Tod ist Beweis für die Wahrheit dieses Wortes, denn er starb von der Hand fanatisierter Mörder.

Wer an die Macht der Feder glaubt und erkannt hat, daß die Großmacht der Presse in unserer Zeit das deutsche Sechzigmillionenvolk von der Höhe seiner Macht gestürzt hat, dem wird auch klar sein, daß das Judentum seinerzeit das Land Kanaan ohne Schwertstreich erobert hat. Die Geschichte von der Eroberung Jerichos und die Geschichte Gideons sollte jeden Deutschen, der den Zusammenbruch seines Vaterlandes 1918 vor den Posaunen des Judentums, genannt jüdische Pressegroßmacht, erlebt hat, einigermaßen nachdenklich stimmen.

Der von den Juden in der Jericho- und Gideongeschichte angewandte Grundsatz: „Schreien ist besser als Schwertkampf" fand in veränderter Form in den Jahren seit 1870 durchaus zweckentsprechende und erfolgreiche Anwendung bei der Niederkämpfung Deutschlands und Rußlands durch das Judentum. Denn was wir als Tätigkeit der Presse tagtäglich „bewundern" und bestaunen durften, das ist nichts anderes als die Anwendung des zum politischen System ausgebauten Grundsatzes: „Schreien ist besser als Schwertkampf." Schreien ist überhaupt besser als kämpfen.

Wie die Jerichogeschichte beweist, muß das Judentum schon früh den Wert des Schreiens und Lärmens als eines politischen Kampfmittels und eines Mittels zur Kriegführung erkannt haben. Darum hat es sich schon früh in der Technik des Schreiens und der Zertrümmerung der Begriffe geübt. Darum hat es schon früh gelernt, das Wort „als die Waffe des Schwachen" zu führen. Darum hat es schon früh verstanden, die Klage und das Leiden zu vergöttlichen. Darum ging es schon früh dazu über, aus seinem Leben in der Zerstreuung ein Leben des Martyriums zu machen und sich selber im Glanze des Martyriums zu vergöttlichen. **Das Judentum ist das Volk des angreifenden Martyriums.**

Dieser Satz bedarf der Erläuterung. Jedes Volk kennt in seiner Geschichte Kriege und Revolutionen, es kennt Sieg, Niederlage und Aufstieg. Es gibt wohl kaum ein Volk, das in seiner Geschichte nichts von Bürgerkriegen, dieser an Wahnsinn grenzenden Art der Selbstzerfleischung, kennte. Die christliche Ära hat die dem Christentum anhängenden Völker mit dem Abscheulichsten bekannt gemacht, das Menschenhirne erdenken konnten und erdacht haben: mit Inquisition und Hexenprozessen. Besonders das deutsche Volk hat in Inquisition und Glaubenskriegen ein Martyrium ohnegleichen mitgemacht. Wir lernen diese Tatsachen als Verirrungen des christlichen Geistes in unserer Geschichte kennen, ohne daß es jemals einem unserer Geschichtsschreiber eingefallen wäre, aus diesen Tatsachen ein System der Vergöttlichung des Leidens zu konstruieren, das dem leidenden Volk einen Anspruch auf besondere Achtung und Verehrung seitens der anderen Völker sicherte.

Gerade das ist aber die Stimmung und das Grundgefühl der jüdischen Geschichtsschreibung von ihren ersten Anfängen bis auf unsere Zeit. Jede Begebenheit, jedes Geschehnis in der Geschichte des jüdischen Volkes wird von seinen Geschichtsschreibern mit der Aufschrift versehen: „Ihr seid verstoßen unter den Heiden, mißachtet und geringgeachtet von ihnen, ihr werdet verkannt und infolgedessen unschuldig verfolgt; aber es kommt die Zeit, da ihr herrlich erhoben und über alle Völker herrschen werdet, da euer Martyrium ein Ende nehmen wird. Dann wird es den Völkern der Welt, die euch so lange verfolgt und bedrückt haben, schlimm ergehen, denn Jahwe wird sie in seinem Grimm zerstoßen." Diese Idee des unter alle Völker zerstreuten, unschuldig leidenden, aber am Ende der Tage über alle seine Feinde „siegreich mit und durch Jahwe" triumphierenden Volkes kann als spezifisch *jüdische Schicksalsidee* angesprochen werden. Während die Schicksalsidee des Germanentums von der Erkenntnis der strengen Gesetzmäßigkeit und Unabänderlichkeit alles Geschehens ausgeht und in der unerbittlich waltenden Verkettung von Ursache und Wirkung *eine* Seite göttlichen Wirkens erkennt, steht für das jüdische Denken Jahwe als willkürlich waltender Gott im Mittelpunkt alles Geschehens, besonders des jüdischen Geschehens, der Gehorsam mit Erhöhung belohnt und Ungehorsam mit Verstoßung bestraft. Wenn wir die jüdische Schicksalsidee in ihre einzelnen Bestandteile zerlegen wollen, so sind es diese: Jahwes Willkür steht in ihrem Mittelpunkt. Er kann erheben, er kann aber auch verstoßen, wie er will, wie es in seinem Belieben steht. Als Regel kann gelten, daß Gehorsam gegen Jahwe seinem Volke eine Anwartschaft auf Erhörung und Erhöhung gibt, während Ungehorsam Verstoßung nach sich zieht. Jahwe verfolgt und bestraft aber nicht nur die Sünden der Gesamtheit des Volkes, sondern er läßt das ganze Volk die Sünden der einzelnen büßen. Die Geschichte Achans in Josua Kapitel 7 ist ein schlagendes Beispiel für diese Ansicht. Heißt es doch gleich in Vers 1:

„Aber die Kinder Israels vergriffen sich an dem Verbannten, denn Achan, der Sohn Charmis, der Sohn Sabdis, des Sohns Serahs, vom Stamm Juda, nahm des Verbannten etwas. Da ergrimmte der Zorn des Herrn über die Kinder Israels."

In Vers 12 wird daraus die Schlußfolgerung gezogen:

„Die Kinder Israels können nicht stehen vor ihren Feinden, sondern müssen ihren Feinden den Rücken kehren; denn sie sind im Bann. Ich werde hinfort nicht mit euch sein, wo ihr nicht den Bann aus euch vertilgt."

Vers 15:

„Und welcher erfunden wird im Bann, den soll man mit Feuer verbrennen, mit allem, das er hat, darum, daß er den Bund des Herrn übertreten und eine Torheit in Israel begangen hat."

Vers 24—25:

„Da nahm Josua und das ganze Israel mit ihm, Achan, den Sohn Serahs, samt dem Silber, Mantel und güldenen Stange, seine Söhne und Töchter, seine Ochsen und Esel und Schafe, seine Hütte und alles, was er hatte und führeten sie hinauf ins Tal Achor. Und Josua sprach: Weil du uns betrübt hast, so betrübe dich der Herr an diesem Tage. Und das ganze Israel steinigten ihn und verbrannten sie mit Feuer . . . ."

Aus dieser Geschichte und aus anderen Stellen der Bibel hat der Talmud folgerichtig den Rechtssatz abgeleitet:

„Ganz Israel bürgt für einander."

Ein kurzer Beleg wird genügen. In des Rabbi Bechai Auslegung über die fünf Bücher Moses fol. 151, col. 2 Parascha Bechykkothai steht über die Worte Levit. 26 V. 37: Und soll einer über den andern fallen:

„Unsere Rabbinen, gesegneten Gedächtnisses, haben selbige von der Sünde eines andern ausgelegt, (sodaß der Verstand ist; es soll einer wegen des andern Sünde fallen), welches uns lehrt, daß alle Israeliten füreinander Bürgen sind. Also hat auch Moses (Deuter. 29, V. 10) gesagt:

„Das ganze Israel, (denn) alle Israeliten werden wegen eines Menschen Sünde angegriffen und also findest du es an dem Achan, welcher (wie Josua 7, V. 1 zu sehen ist) gesündigt hat und ist doch das ganze Israel wegen seiner Sünde angegriffen worden, wie (Josua 7, V. 11) gesagt wird: Israel hat sich versündigt: sie haben auch (vom Verbannten) gestohlen und solches verleugnet und unter ihr Gerät gelegt. Eines Sünde ist dem ganzen Israel aufgebürdet worden.

In Schir haschirim rabba lesen wir über die Worte:

„Ich bin hinab in den Nußgarten gegangen: „Warum werden die Israeliten mit einer Nuß verglichen?"

Gleichwie, wenn man eine Nuß vom Haufen nimmt, alle nacheinander herabfallen und herumfahren, also wenn einer von den Israeliten geschlagen wird, so fühlen sie es alle, wie (Numer. 16, V. 22) gesagt wird:

Ein einziger Mann sollte gesündigt haben und du wolltest über die ganze Gemeine dich erzürnen?" (Worte des Rabbi Bechai).

Demnach ist also das Schicksal des einzelnen mit dem Schicksal seines Volkes ebenso unlöslich verknüpft, wie das Schicksal des Volkes als von der Tat jedes einzelnen abhängig gedacht ist. In dem talmudischen Rechtssatz: „Ganz Israel bürgt für einander", der in genialer Weise mit der jüdischen Schicksalsidee verknüpft wurde, liegt das Geheimnis der jüdischen Stoßkraft. Denn der Gehorsam gegen das Volksganze ist hier gleichbedeutend mit dem Gehorsam gegen Jahwe.

Die Zerstreuung Israels wird von der jüdischen religiösen Geschichtsschreibung als Strafe für den Abfall von Jahwe aufgefaßt, so z. B. im 5. Buch Mose, Kapitel 4 V. 25 ff., wo Jahwe seinem Volk erklärt:

„Wenn ihr nun Kinder zeugt und Kindeskinder und im Lande wohnet und verderbet euch und machet euch Bilder irgendeiner Gestalt, daß ihr übel tut vor Jahwe, eurem Gott und ihr ihn erzürnet; so rufe ich heutigen Tages über euch zu Zeugen Himmel und Erde, daß ihr werdet bald umkommen von dem Lande, in welches ihr gehet über den Jordan, daß ihrs einnehmet; ihr werdet nicht lange drinnen bleiben, sondern werdet vertilgt werden. Und der Herr wird euch zerstreuen unter die Völker und wird euer ein geringer Haufe übrig sein unter den Heiden, dahin euch der Herr treiben wird .... Wenn du aber daselbst Jahwe, deinen Gott, suchen wirst, so wirst du ihn finden, wenn du ihn wirst von ganzem Herzen und von ganzer Seele suchen. Wenn du geängstigt sein wirst und dich treffen werden alle diese Dinge in den letzten Tagen, so wirst du dich bekehren zu Jahwe, deinem Gott, und seiner Stimme gehorchen. Denn Jahwe, dein Gott, ist ein barmherziger Gott; er wird dich nicht lassen, noch verderben, wird auch nicht vergessen des Bundes, den er deinen Vätern geschworen hat."

Die Zerstreuung Israels ist also nicht als endgültig gedacht, sondern endet mit der „herrlichen Erhöhung dieses Volkes" durch Jahwe.

Nach einer anderen Erklärung, die wir bei der Dogmatik von Martensen schon kennengelernt haben, ist die Zerstreuung Israels nicht eine Strafe, sondern ein Mittel zur Verwirklichung des „göttlichen Heilsgedankens". Diese Erklärung findet ihre Stütze unzweifelhaft ebenfalls in der Bibel, und zwar in der Idee des Messianismus. Die Zerstreuung ist danach eine Auswirkung des Schicksals der messianischen Berufung. Die Zerstreuung erscheint unter diesem Gesichtspunkt betrachtet als eine aus der messianischen Berufung des jüdischen Volkes sich ergebende Notwendigkeit, deren Nichtanerkennung oder Mißachtung seitens der Heiden ein Strafgericht Jahwes zur Folge hat. Die messianische Sendung Israels ist Schicksal, seine Zerstreuung ist Schicksal, die Bekehrung der Heiden zum Judaismus ist Schicksal, das Strafgericht Jahwes über die Heiden, die sich nicht zum Judaismus bekehren, ist Schicksal, die Erhöhung Israels über alle Völker endlich der Schlußpunkt dieser durch und durch jüdischen Schicksalsauffassung. Diese Auffassung hat kein geringerer als der jüdische Philosoph Philo von Alexandrien vertreten, dessen Ansichten gerade heute, als für das Judentum maßgebend, angesprochen werden müssen. Ich gebe sie darum in der Ausführung Dubnows wieder:

„Er (Philo) glaubte an die Auserwähltheit des jüdischen Volkes, ganz im Geiste des prophetischen Wortes: „Israel — eine

Leuchte der Völker." Die Mission des Judentums ist eine geistliche Mission: Das jüdische Volk steht in dem gleichen Verhältnis zu der gesamten Menschheit, in dem der Priester zum Staat steht. „Wenn ein solcher Mensch, ein weiser und gerechter, sich in einer Stadt befindet, ist er der ganzen Stadt ein Haupt; besteht eine ganze Stadt aus solchen Menschen, so ist sie dem ganzen Lande ein Haupt, wenn sich aber ein ganzes Volk aus solchen Menschen zusammensetzt, so wird es für alle Völker das sein, was das Herz für den Leib ist." Philo träumt von einem universalen Judaismus, der sich durch passive und aktive Propaganda ausbreiten wird, doch will er das nicht auf dem Wege der Assimilation oder des Aufgehens des Judentums, als eines Gärstoffes, in der Menschheit erreicht wissen. Dieser der Sprache nach hellenisierte Jude verpönt Mischehen mit Griechen, da die solchen Ehen entsprießenden Kinder unter dem Einfluß des heidnischen Vaters oder der heidnischen Mutter dem Monotheismus untreu werden könnten." (Dubnow a. a. O. S. 519—520.)

Nach Philo setzt sich also das auserwählte Volk Israel aus lauter weisen und gerechten Menschen zusammen und darauf gründet er die messianische Berufung des Judentums. Da er aller Wahrscheinlichkeit nach die Auserwählten Galiziens nicht gekannt hat, so können wir uns eine gelehrte Widerlegung Philos ersparen. Seinen jüdischen und nichtjüdischen Nachbetern von heute, die den jüdischen Messianismus mit der Weisheit und Gerechtigkeit des Judentums, statt mit dessen jahwistischer Berufung, begründen wollen, sei gesagt, daß uns das Dasein der jüdischen Zeitgenossen, besonders der Zeitgenossen aus Galizien, erhebliche Zweifel an der Messiassendung Israels eingejagt hat. Das nebenbei.

Selbstverständlich bin ich mir darüber klar, daß ich mit diesen Einwänden den Glauben an die Messiassendung des Judentums unter den Gläubigen nicht zerstört habe. Ich halte sogar dafür, daß dieser Glaube unzerstörbar ist, solange Juden leben. Sie müßten sich denn selber aufgeben.

Von diesem Glauben hängt zweifelsohne ihr Bestand als Volkstum ab. Solange sie nämlich an ihrer messianischen Berufung festhalten, durch welche Verdammnis und Seligkeit der heidnischen Völker aufs engste mit dem Schicksal des Judentums verknüpft sind, solange es ihnen gelingt, in den heidnischen Völkern den Glauben aufrecht zu erhalten, daß Jahwe die Juden zum Heil und zur Seligkeit für *alle* Völker berufen und auserwählt habe, *solange haben sie auch das Recht, etwaige Feindseligkeit der nichtjüdischen Völker gegen sie, die Juden, als Handlungen abgrundtiefer Bosheit, seelischer Verkommenheit und geistiger Rohheit zu brandmarken und sich selbst den also verdonnerten Völkern in der Gestalt des Märtyrers zu zeigen.* In dieser Weise drängt der Glaube an die Auserwähltheit und den Messianismus Isreals unter den nichtjüdischen Völkern das Judentum geradezu in die Rolle des verkannten Wohltäters und des unschuldigen Märtyrers hinein. Da ist es denn kein Wunder, daß sich der Jude, der den Vorteil dieser Rolle sehr früh erkannte, in diese Rolle einlebte und sie zur Waffe des angreifenden Martyriums in seinem Daseinskampfe umbildete. Nirgends zeigt sich der angreifende Märtyrer schöner als in den oben angeführten Talmudsätzen:

> „Ganz Israel bürgt für einander" und „Wenn einer von den Israeliten geschlagen wird, so fühlen sie es alle."

Wie der Rabbinismus, so tut die jüdische Prophetie und Geschichtsschreibung das ihrige, die Idee des Messianismus in das System der jüdischen Kriegführung einzugliedern. So schleudern die Propheten der angreifenden Märtyrer den nichtjüdischen Völkern unermüdlich in immer neuen Wendungen den Fluch Jahwes ins Gesicht für den Fall, daß sie den jüdischen Messias nicht anerkennen oder gar verachten. Das Judentum tritt mit dem Anspruch vor die Völker, daß ihr Schicksal mit dem seinigen unlöslich verknüpft ist und daß sie alle verworfen sein sollen, wenn sie diese ihm von Jahwe zudiktierte Schicksalsidee nicht anerkennen. Damit hat das Judentum sich das Amt zugeschrieben, Sachwalter der anderen Völker vor Jahwe zu sein.

> „Du aber Israel, mein Knecht, Jakob, den ich erwählt habe, du Samen Abrahams, meines Geliebten; der ich dich gestärkt habe, von der Welt Enden her und habe dich berufen von ihren Grenzen und sprach zu dir: „Du sollst mein Knecht sein; denn ich erwähle dich und verwerfe dich nicht; fürchte dich nicht ich bin mit dir; weiche nicht, denn ich bin dein Gott. Ich stärke dich, ich helfe dir auch, ich erhalte dich durch die rechte Hand meiner Gerechtigkeit. Siehe, sie sollen zu Spott und Schanden werden alle, die dir Gram sind; sie sollen werden als nichts; und die Leute, so mit dir hadern, sollen umkommen, daß du nach ihnen fragen möchtest und wirst sie nicht finden. Die Leute so mit dir zanken, sollen werden als nichts und die Leute so wider dich streiten, sollen ein Ende haben. Denn ich bin Jahwe dein Gott, der deine rechte Hand stärket und zu dir spricht: „Fürchte dich nicht, ich helfe dir." (Jesaias 41, Vers 8—13). Dasselbe sagt Jeremias im Kap. 30, V. 12 ff.: „Denn also spricht Jahwe:

> „Dein Schade ist verzweifelt böse und deine Wunden sind unheilbar. Deine Sache handelt niemand, daß er sie verbände; es kann dich niemand heilen. Alle deine Liebhaber vergessen dein, fragen nichts darnach. Ich habe dich geschlagen, wie ich einen Feind schlüge, mit unbarmherziger Staup um deiner großen Missetat und um deiner starken Sünden willen. Was sprichst du über deinen Schaden und über dein verzweifelt böses Leiden? Hab' ich dir doch solches getan um deiner großen Missetat und um deiner starken Sünden willen. Darum alle, die dich gefressen haben, sollen gefressen werden und alle, die dich geängstet haben, sollen alle gefangen werden; und die dich beraubt haben, sollen beraubt werden und alle, die dich geplündert haben, sollen geplündert werden. Aber dich will ich wieder gesund machen und deine Wunden heilen, spricht Jahwe darum daß man dich nennt die Verstoßene und Zion sei, nach der niemand frage."

Bei Hesekiel finden wir in Kapitel 25 denselben Gedanken ausgesprochen. Es heißt dort in Vers 1 ff.:

„Und Jahwes Wort geschah zu mir und sprach: Du Menschenkind richte dein Angesicht gegen die Kinder Ammon und weissage wider sie und sprich zu den Kindern Ammon: Höret Jahwes Wort! So spricht Jahwe: Darum daß ihr über mein Heiligtum sprecht: Ha! es ist entheiligt! und über das Land Israel: „Es ist verwüstet", und über das Haus Juda: „Es ist gefangen weggeführt." Darum siehe, will ich dich den Kindern des Morgenlandes übergeben, daß sie ihre Zeltdörfer in dir bauen und ihre Wohnungen in dir machen sollen; sie sollen deine Früchte essen und deine Milch trinken. Und will Rabba zum Kamelstall machen, und das Land der Kinder Ammon zu Schafhürden machen und sollet erfahren, daß ich Jahwe bin. Denn so spricht Jahwe: Darum daß du mit deinen Händen geklatschet und mit den Füßen gescharret und über das Land Israel von ganzem Herzen so höhnisch dich gefreut hast, darum siehe, ich will meine Hand über dich ausstrecken und dich den Heiden zur Beute geben und dich aus den Völkern ausrotten, und aus den Ländern umbringen und dich vertilgen; und sollst erfahren, daß ich Jahwe bin."

Wenn man die jüdische Literatur aller Zeiten daraufhin prüfen würde, in welcher Weise das Judentum die Propaganda seines angeblichen Martyriums unter den Völkern als Waffe in seinem Daseinskampfe verwertete, so würde man vor der erstaunlichen Tatsache stehen, daß es seinen Messianismus in unzähligen Variationen unermüdlich den Völkern als ewige Heilswahrheit predigte und sich selber stets die Rolle des erhabenen Menschheitslehrers und Weltweisen zuschrieb. Einige Beispiele jüdischer Philosophie und Geschichtsschreibung. Der Jude Simon Dubnow mag sie uns als gewiß unverdächtiger Zeuge erzählen:

„So verfaßte der jüdische Denker Arsstobulos, der in Alexandrien unter Ptolemäus Philometor lebte (um 170 vor der christlichen Ära), ein diesem König gewidmetes Werk über die Gesetze Moses. Aus den erhaltengebliebenen kurzen Fragmenten dieses Werkes ist zu ersehen, daß sein Verfasser sich gut in den philosophischen Systemen des Pythagoras, Plato und Aristoteles zurechtfand und auch die Poesie des Homer und Hesiod wohl kannte, *wobei er die Lehren der hellenischen Weisen aus dem Judaismus herzuleiten suchte. Er stellte die Behauptung auf, daß die richtig verstandene Lehre Moses bereits das wertvollste dessen in sich berge, was die späteren griechischen Philosophen lehrten. Er nahm sogar an, daß die letzteren ihre Ideen unmittelbar den Büchern Moses verdankten.* (Hervorhebungen vom Verf.) Um die Theosophie der Bibel der griechischen Metaphysik näher zu bringen, bemühte sich Aristobulos zu beweisen, daß die biblischen Anthropomorphismen (die Gott dem Menschen gleichmachenden Redewendungen, wie z. B. „Gott sprach", „Gott streckte seinen Arm aus" und dgl.) nicht buchstäblich, sondern im übertragenen Sinne verstanden werden müßten, nämlich in dem einer Einwirkung der Macht oder des Willens Gottes auf die sichtbare Welt. Damit wandte er als erster die Methode der allegorischen Ausdeutung der Bibel an, dieselbe Methode, die später die Grundlage der gesamten Religionsphilosophie des Philo von Alexandrien bildete."

Ebenso tüchtig wie Aristobulos erwies sich der Jude Artapanus. Von ihm berichtet Dubnow an derselben Stelle:

„Artapanus schließlich versteigt sich (in seiner Darstellung der jüdischen Geschichte!) zu der widersinnigen anachronistischen Behauptung, die Ägypter hätten all ihre Glaubenslehren, Kenntnisse, Erfindungen und Einrichtungen den alten Juden zu verdanken. Noch der Erzvater Abraham soll, seiner Meinung nach, während seines Aufenthaltes in Ägypten den Pharao mit der Astrologie bekannt gemacht haben; Joseph soll dann als oberster Verwalter Ägyptens für bessere Bebauung des Landes Sorge getragen haben, während der wahre Begründer der ägyptischen Kultur kein anderer als der mit dem griechischen Musäus, dem Lehrer des Orpheus und dem Urheber der Wissenschaften und Künste, identische Moses gewesen sein soll. Er war es, der zuerst Ägypten in 36 Bezirke oder Nomen einteilte, dort die Gottesverehrung einführte, die Staatsordnung begründete und überdies die Priester in die Kunst des Schreibens einführte. Aus Neid wollte der König Chenephres Moses umbringen lassen, jedoch erhielt dieser noch rechtzeitig von Gott den Befehl, mit seinem Volke aus Ägypten zu ziehen."

(Simon Dubnow: Weltgeschichte des jüdischen Volkes, III, Seite 221—223.)

Das Volk der angreifenden Märtyrer zeigt sich hier in vollem Angriff. Es scheut, um sich den Heiligenschein des Menschheitsführers und Weltweisen zu erhalten, nicht vor den unglaublichsten Fälschungen, Trübungen und Verwirrungen der fremdvölkischen Geschichte zurück. Wo man das Dasein der besten und größten Nichtjuden nicht abstreiten kann, da stempelt man sie flugs zu Juden um. Wenn nur der Zweck der Erhöhung des Judentums über alle Nichtjuden damit erreicht ist. Dubnow, der eine Begründung für diese jüdische Fälschungstaktik zu geben sucht, tut es auch typisch nach Art des angreifenden Märtyrers.

„Der Judaismus mußte gegen die Verleumdungen und Verspottungen der Heiden in Schutz genommen werden."

Das tut man am besten, indem man den Nachweis erbringt, daß alle Verleumdungen und Verspottungen den erhabenen Weltweisen, die „Leuchte der Menschheit" treffen — einen Märtyrer ohnegleichen, den Märtyrer der Welt. Da auch Dubnow gerade in seiner Begründung der jüdischen Fälschertaktik sich als typisch angreifender Märtyrer zeigt, so sei seine Begründung hierhergesetzt:

„Diese künstliche Vermengung jüdischer und hellenischer Anschauungen in Geschichte und Philosophie rührte jedoch nicht allein von dem rein theoretischen Bestreben her, die Lehren der Juden mit den Ideen der sie umgebenden Kulturwelt in Verbindung zu bringen; gar oft wurde diese Verbindung von der unabwendbaren Notwendigkeit diktiert, den Judaismus gegen die Verleumdungen und Verspottungen der Heiden in Schutz zu nehmen. War doch die Literatur der alexandrinischen Griechen nur allzu reich an judenfeindlichen Tendenzen. Böswillige Erdichtungen judenfeindlicher Geschichtsschreiber, wie die des ägyptischen Priesters Manetho, fanden weite Verbreitung und entfachten eine den Juden gegenüber feindliche Stimmung. Derartigen verletzenden Darstellungen der geschichtlichen Schicksale des Judentums traten nun die jüdischen alexandrinischen Schriftsteller mit Apologien entgegen, in denen die Vergangenheit der israelitischen Nation wie deren Lehre als ein Quell allmenschlicher Kultur dargetan werden sollte. Um ihrer Verteidigung des Judentums besonderen Nachdruck zu verleihen, pflegten sie sie dem einen oder dem anderen alten griechischen Schriftsteller in den Mund zu legen. Von dieser „pseudoepigraphischen" Literatur verdient besondere Erwähnung das Buch des sog. Pseudo-Hekatäus, das eben jenem griechischen Schriftsteller Hekatäus von Abdera zugeschoben wurde, der sich in seiner „Geschichte Ägyptens" einst in ganz unvoreingenommener Weise über die Juden geäußert hatte. Seinen Namen machte sich nun der spätere jüdische Apologet zunutze, als er sein eigenes Werk „Über die Juden" (wahrscheinlich im 2. Jahrhundert vor der christlichen Ära) veröffentlichte." (Simon Dubnow: Weltgeschichte des jüdischen Volkes, II. Bd., S. 223/224).

Das Judentum hat seine „Apologeten", seine angreifenden Märtyrer, nie verloren. Noch im 19. Jahrhundert lernen wir in dem jüdischen Geschichtsschreiber Graetz einen typisch angreifenden Märtyrer kennen. Wir lassen auch hier eine Größe sprechen, deren Fachurteil nicht gut angezweifelt werden kann, Heinrich von Treitschke:

„Man lese die Geschichte der Juden von Graetz: welche fanatische Wut gegen den „Erbfeind", das Christentum, welcher Todhaß gerade wider die reinsten und mächtigsten Vertreter germanischen Wesens, von Luther bis herab auf Goethe und Fichte! Und welche hohle, beleidigende Selbstüberschätzung! Da wird unter beständigen hämischen Schimpfreden bewiesen, daß die Nation Kants eigentlich erst durch die Juden zur Humanität erzogen, daß die Sprache Lessings und Goethes erst durch Börne und Heine für Schönheit, Geist und Witz empfänglich geworden ist. (Heinrich von Treitschke: „Ein Wort über unser Judentum", 1878, S. 3).

Während Treitschke hier übersieht, daß Graetz gegen das Deutschtum Krieg führt, daß er in seiner jüdischen Geschichte die seit Jahrtausenden vom Judentum mit Genialität geübte Jerichopolitik des Ausposaunens des jüdischen Ruhmes und des Verächtlichmachens und Niederschreiens der nichtjüdischen Leistungen und der nichtjüdischen Größen anwendet, hat er an einer anderen Stelle die Taktik der jüdischen Jerichopolitik sehr gut erfaßt und geschildert. Er schreibt darüber:

Unter den führenden Männern der Kunst und der Wissenschaft ist die Zahl der Juden nicht sehr groß; umso stärker die betriebsame Schar der semitischen Talente dritten Ranges. Und wie fest hängt dieser Literatenschwarm unter sich zusammen; wie sicher arbeitet die auf dem erprobten Geschäftsgrundsatz der Gegenseitigkeit begründete Unsterblichkeits-Versicherungsanstalt, also daß jeder jüdische Poetaster jenen Eintagsruhm, welchen die Zeitungen spenden, blank und bar, ohne Verzugszinsen ausbezahlt erhält.“ (Heinrich von Treitschke: ebenda S. 3).

Wie der Talmud vorschreibt: „Ganz Israel bürgt für einander.“

Die Jerichopolitik als System genommen besteht aber nicht nur im Ausposaunen des jüdischen Ruhmes; sie besteht auch in der Aushöhlung und Zertrümmerung aller geschichtlichen und philosophischen Begriffe, aller lebenden Überlieferungen der nichtjüdischen Völker. Die Häuser der angreifenden Märtyrer „sind voller Tücke, wie ein Vogelbauer voller Lockvögel ist“. (Jeremias 5. Kapitel. V. 27.) Die Waffen, deren sich das Volk der angreifenden Märtyrer bedient, sind mannigfach und finden sich an den mannigfachsten Stellen des Talmud. Der jüdische Erzvater Jakob, ebenfalls ein Virtuose des angreifenden Märtyrertums, nimmt im System der jüdischen Jerichopolitik einen hervorragenden Platz ein. Wir lesen in des Rabbi Bechai Auslegung über die fünf Bücher Moses fol. 42, col. 4, in Parascha Vajischlech:

„Wisse, daß in dieser Parascha eine Erklärung desjenigen sei, das sich zwischen dem Jakob und seinem Bruder Esau zugetragen hat, und daß es auch eine Bedeutung auf die Geschlechter (derselben und ihre Nachkömmlinge) sei, was sich stets und mit den Kindern Esaus zutragen werde! Und ist billig, daß wir die Manieren Jakobs ergreifen, welcher sich zu dreien Dingen, nämlich zum Krieg, zum Gebet und zum Geschenk fertig gemacht hat. Zum Krieg (hat er sich bereitet) wie (Genes. 32, V. 7) geschrieben stehet: Und teilete das Volk, das bei ihm war. Und (Vers 8) stehet geschrieben: Und sprach, wenn Esau kommt usw. Zum Gebet (hat er sich fertig gemacht) indem er (V. 9 und 11) gesagt hat: O Gott meines Vaters Abraham! usw. Lieber errette mich. Zum Geschenk (hat er sich geschickt) wie (V. 14) geschrieben steht: Zweihundert Geißen. Von demselben hat es der König Hiskias abgesehen (und gelernt) und es auch also gemacht, welcher sich dreien Dingen gegen den Senacherib, den König von Assyrien, bereitet hat, wie (2. Könige 18, V. 15) geschrieben steht: Also gab Hiskias all das Silber. Und (2. Chron. 32, V. 6) stehet geschrieben: Und stellete die Hauptleute zum Streit neben das Volk. Und (2. Könige 19, V. 15) stehet geschrieben: Und Hiskias betete vor dem Herrn. Also müssen wir auch in der Väter Wegen gehen (und ihnen hierinnen nachfolgen) und uns fertig halten, ihnen (nämlich den Nichtjuden) mit Geschenken und sanften (schmeichelnden) Worten, wie auch mit einem Gebet vor dem gelobten Gott entgegen zu gehen. Was aber den Krieg anbelangt, so können wir denselben unmöglich gegen dieselben führen, wie (Hohelied 2, V. 7) gesagt wird: Ich beschwöre euch ihr Töchter Jerusalems usw. Er hat sie beschworen, daß sie mit den Völkern keinen Krieg führen sollen.“

Nachdem der Rabbi die Regeln der jüdischen Kriegführung angegeben hat, sagt er als letzten Satz der Erklärung nur: „Was aber den Krieg anbelangt, so können wir denselben unmöglich gegen dieselben führen." In diesem Satze versteht der Rabbi eben unter Kriegführung den Schwertkampf, den blutigen Krieg, in welchem Völker und einzelne in klar sichtbaren Fronten aufeinanderprallen und dem Schwert ihr Schicksal anvertrauen. Der Krieg der unsichtbaren Fronten, in welchem das Volk des angreifenden Martyriums ein bisher unerreichter Meister ist, hat seine Schilderung in allen vorhergehenden Sätzen der rabbinischen Parascha gefunden. Als Waffen dieses Krieges der unsichtbaren Fronten werden in der Parascha angegeben: Bestechung und — Gebet. Welcher Nichtjude wittert im betenden, scheinbar im Erleben des Göttlichen versunkenen Märtyrer den gegen alle historischen und philosophischen Begriffe, gegen alles nichtjüdische Seelenleben Krieg führenden jüdischen Feind? Das ist der Krieg der unsichtbaren Fronten, der in sorgfältiger Tarnung aller Lebensäußerungen, in einem Schwalle von Phrasen und im Schall der Posaunen die Todfeindschaft und die feindliche Tat verbirgt. Neben dem Gebet als einer Waffe im System der jüdischen Kriegführung steht ergänzend die Mentalreservation als Mittel der Gesinnungstarnung. Das Wort als Verkleidung der Gesinnung hat ebenfalls seinen Platz im System des jüdischen Kriegsrechts gefunden. Der Talmud erzählt von dem talmudischen Lehrer Raf Kahana, daß er zu einem Goi (Nichtjuden) gekommen sei und gesagt habe: „Der Herr sei gegrüßet!" Raf Kahana habe mit diesem Gruß nicht den Goi, sondern seinen Rabbi, der über ihm war, gemeint. Doch habe er den Goi bei dem Glauben gelassen, daß ihm der Gruß gegolten habe. Dieses Beispiel der Gesinnungstarnung durch das Wort können wir durch ein weiteres Beispiel ergänzen. Im talmudischen Traktat Avoda sara, fol. 16, col. 2 lesen wir:

> „Unsere Rabbinen lehren, daß, als der Rabbi Elieser von den Ketzern (nämlich den Römern, welche ihn zur Abgötterei zwingen wollten, wie der Rabbi Salomon darüber anzeigt) gefangen worden und man ihn vor den Kriminalrichterstuhl gebracht, daß er verdammt werden sollte, habe der Vogt zu ihm gesagt, sollte ein alter Mann, wie du bist, mit solchen eitlen Dingen (die in deiner Religion sind, umgehen: Da habe er ihm geantwortet, der Richter ist getreu gegen mich (und tut mir recht) es hatte aber der Vogt gemeint, daß er solches von ihm gesagt habe, da er es doch von seinem Vater im Himmel (Gott dem Herrn) gesagt (und damit anzeigen wollen, daß derselbe ihn wegen seiner Sünden mit Recht also heimsuche) und sprach zu ihm, dieweil ich dir glaube (daß du also aufrichtig von mir urteilst), so schwöre ich dir bei dem Dimus (welcher ein Abgott war), daß du frei und los sollest sein."

Selbstverständlich werden jüdische Stimmen erklären, daß diese talmudischen Bestimmungen entweder nicht gelten oder daß ihnen andere Bestimmungen entgegenstehen, die das Gegenteil besagen oder daß es sich ja um gar keine Bestimmungen im juristischen Sinne handle. Auch diese Taktik gehört in das System des jüdischen Kriegsrechts. Denn bezüglich der Behandlung und Auslegung der einander folgende Ausführungen. (In den Rabboth in Bammid bar rabba):

„Die Männer der Versammlungen sind die Lehrjungen der Weisen, welche versammelt sitzen und studieren im Gesetz: diese halten ein Ding für rein, jene für unrein: diese verbieten, jene erlauben es: diese halten es für unrecht, jene für recht. Es möchte aber jemand sprechen, weil diese ein Ding für unrein, jene aber für rein halten: diese verbieten, jene erlauben: diese für unrecht, jene aber für recht erkennen, wie soll ich dann das Gesetz lernen? Der Text will soviel sagen, diese Lehren sind von einem Hirten gegeben, ein Gott hat sie gegeben, ein Erhalter oder Herrscher hat sie gesagt: Sie kommen aus dem Munde des Herrn aller Werke, des gebenedeiten Gottes, wie (Exodi 20, V. 1) gesagt wird: Und Gott redet alle diese Worte. — So laß deine Ohren gleich als wie ein Trichter sein und schaffe dir ein Herz, welches die Worte derjenigen, die ein Ding für unrein halten und derjengen, die es für rein erkennen, die Worte der Verbietenden und die Worte der Erlaubenden, die Worte derjenigen, die etwas für unrecht sprechen und die Worte derjenigen, die es für recht halten, hören möge."

So schreibt auch das Buch Ammudeha Schifa, fol. 42, col. 1 unter dem Titel Ammud harevij:

„Wiewohl dieser etwas verbietet und jener dasselbe erlaubt, so ist doch beides Gottes Wort und kann beides zur Zeit bekräftigt werden."

Der Nachdruck dieser Bestimmung liegt auf den beiden Wörtchen: „zur Zeit". Denn der Jude kann nach dieser Bestimmung nunmehr nach Bedarf die Geltung der einen oder der anderen Bestimmung behaupten. Es steht in seinem Belieben, wie und welche Bestimmung er „zur Zeit" „bekräftigen" will.

Wichtig im System des jüdischen Kriegsrechts sind auch die beiden im Rabbinismus waltenden Grundsätze, deren Geltung Erich Bischoff behauptet:

„Was (im jüdischen Gesetze) nicht verboten ist, das ist erlaubt."
Und
„Was nicht ausdrücklich (im jüdischen Gesetze) geboten ist, das braucht man nicht zu tun."

(Erich Bischoff: Das Buch vom Schulchan aruch, S. 110.)

Als Mittel der jüdischen Kriegführung haben wir bisher erkannt: Bestechung, Gebet, Mentalreservation (Gesinnungstarnung), Begriffszertrümmerung, Irreführung, Geschichts- und Seelenverwirrung. Als Mittel und Zweck der jüdischen Kriegführung in einem haben wir im ersten Buche schon den Dreiklang erkannt „Kultischer Imperialismus, Messianismus und Dogma der Auserwähltheit".

Das Vorhandensein des Bestechungsrechts im Talmud als eines Mittels der jüdischen Kriegführung habe ich bisher absichtlich noch nicht nachgewiesen. Ich mußte die Behandlung des Bestechungsrechts deshalb aufschieben, weil sich gerade auf diesem Gebiete eine Reihe von sich „widersprechenden" Vorschriften im Talmud befinden. Darum mußten die talmudischen Auslegungsregeln zuerst gegeben werden. Diesen Auslegungsregeln entsprechend gilt das Bestechungsrecht, obwohl und trotzdem sich im Talmud noch eine Reihe von Bestechungsverboten finden. (Man kann auch sehr wohl den Standpunkt vertreten, daß die Bestechungsverbote das jüdische Staatsrecht, die Bestechungszulassungen das jüdische Kriegsrecht enthalten.) Manche der Vorschriften enthalten einen gewissen Doppelsinn. So z. B. die folgende, in welcher von den Gottlosen gesagt wird, daß sie Geschenke annehmen. Setzt man den Begriff der Gottlosen gleich mit Abgöttischen, mit — Nichtjuden, so hat man sofort den Doppelsinn. Was ursprünglich sittlich klang — wer Geschenke nimmt ist gottlos — erhält sofort seinen kriegsrechtlichen Sinn, wenn man sagt: Der Gottlose, das will sagen, der Nichtjude, nimmt Geschenke. Kriegsrecht ist es, wenn wir in den Sprüchen, Kapitel 17, V. 8 lesen:

„Wer zu schenken hat, dem ists wie ein Edelstein; wo er sich hinkehrt, ist er klug geachtet."

Und Kriegsrecht ist es, wenn in Sprüche, Kapitel 21, V. 14 zu lesen steht:

„Eine heimliche Gabe stillet den Zorn und ein Geschenk den heftigen Grimm."

Zu Sprüche 17, V. 8 gibt der Rabbinismus die Auslegung:

„Warum wird das Geschenk einem Stein verglichen? Dieweil es allenthalben, wo es hinfällt, zerbricht."

Eigentlich ist es selbstverständlich, daß der Jude keine Geschenke umsonst gibt. Trotzdem findet sich im Talmud die Vorschrift, daß es dem Juden verboten ist, den Gojim eine Gabe umsonst zu geben. In dem Buche Col bo, fol. 109, col. 1, lesen wir unter dem Titel Avoda sara:

„Es ist verboten, den Gojim (Nichtjuden) eine Gabe umsonst zu geben."

Und in der Auslegung des Rabbi Bechai über die fünf Bücher Moses steht fol. 196, col. 4 und fol. 197, col. 1 in der Parascha Vaethchanan:

„(Unsere Rabbinen) haben die Worte (Deut. 7, V. 2) „Und sollt ihnen keine Gunst erzeigen" also ausgelegt: „Du sollst ihnen keine Gabe umsonst geben."

Weitere hierher gehörige Stellen sind: das Buch Jad chasaka 1. Teil, 10. Kapitel Nr. 4 unter dem Titel Avoda sara, im 4. Teil 3. Kapitel Nr. 11 unter dem Titel Sechia umatbana; im Schulchan aruch im Teil Jore dea Nr. 151, § 11.

Wir haben mit der Erwähnung des Bestechungsrechtes im Rahmen des Systems der Jerichopolitik die Grenzen dieses Systems schon etwas überschritten. Die Behandlung des Bestechungsrechts in diesem Abschnitt rechtfertigt sich aber unter dem Gesichtspunkt, daß die Bestechung im Dienste der Vernebelung eine große Rolle spielt.

Unsere Darstellung wäre indes unvollständig, wenn wir nicht auch noch die Bestechung der Nichtjuden „durch sanfte, schmeichelnde Worte" erwähnen würden. Gerade diese Art der Bestechung, die das Judentum geradezu genial zu handhaben versteht, weil der Jude keinerlei Hemmungen des Stolzes kennt, wenn er nur sein Ziel erreicht, ist schon manchem nichtjüdischen Volk zum Verhängnis geworden. Der Byzantinismus ist wohl die einzige Macht auf Erden, welche um den Umschmeichelten unübersteigbare und undurchdringliche Mauern zu errichten vermag, wenn er ihm zugänglich ist. Wenn Philipp von Mazedonien meinte, daß ein mit Gold beladener Esel selbst die höchste Mauer übersteigen könne und übersteige, so hat er von Byzantinern nichts gewußt und die Mauern nicht gekannt, welche die Byzantiner um ihr Objekt herum aufzuführen imstande sind.

Wir würden dem Juden unrecht tun, wenn wir seinen Byzantinismus mit dem Byzantinismus der Nichtjuden gleichstellen würden, denn der Jude bleibt bei allem Byzantinismus noch er selbst. Der Jude erzielt mit seinem Byzantinismus für sich und seine Nation Eroberungen; der byzantinische Nichtjude hingegen wirft sich weg. Darum wird der Byzantinismus im System des jüdischen Kriegsrechts zu einer der gefährlichsten Waffen, durch welche schon mehr als ein großes Reich zugrundegerichtet wurde. Ob Byzantinismus vor gekrönten Häuptern oder Byzantinismus vor der Masse, vor der Straße — er bleibt in jeder Gestalt eine der gefährlichsten Vernebelungen, unter welche einzelne Persönlichkeiten und ganze Völker gesetzt werden können. Und auf Vernebelung geht jeder Byzantinismus aus, weil er im Umschmeichelten falsche Vorstellungen von seiner Person erweckt und sein Urteil über seine Umwelt in ausgedehntem Maße trübt. Die Vernichtung der Urteilskraft und Urteilsfähigkeit im byzantinisch Umschmeichelten ist aber nicht die einzige Wirkung des Byzantinismus. Die Zerstörung des Gemüts- und Seelenlebens, die Selbstentfremdung und die Entfremdung gegenüber der eigenen Art und dem eigenen Volke als Folgen des Byzantinismus kommen noch hinzu und sind ebenso schwer zu werten.

Der Byzantinismus ist ein Kampf im Reiche der Imponderabilien, im Reiche der Unwägbarkeiten. Wie sich die Jerichopolitik des Judentums überhaupt fast ganz im Reiche des Unwägbaren bewegt! Es ist das Wesen des jüdischen Kriegsrechts, daß es den Kampf des Judentums um die Eroberung der Weltherrschaft so gut wie ausschließlich in das Reich des Unwägbaren, Unmeßbaren verlegt hat. Es mag paradox klingen, aber die Tatsache ist nicht wegzudisputieren, daß das Volk des krassesten Materialismus die größten Erfolge bei seinem Kampfe um die Weltherrschaft im Reiche der seelischen Unwägbarkeiten erzielt hat. Der Krieg der unsichtbaren Fronten, dessen Wesen im Byzantinismus sehr deutlich hervortritt, ist, wie die politische Lage der Gegenwart beweist, bisher der erfolgreichste gewesen. Tag und Nacht, Stunde um Stunde, Jahrhundert um Jahrhundert, Jahrtausend um Jahrtausend wütet dieser Krieg unter den europäischen, arischen Völkern und fordert fortgesetzt Opfer um Opfer — und der einzige, der das Wesen dieses Krieges — ich will nicht sagen bewußt, aber instinktiv — erfaßt und bewußt ausgestaltet hat und in dem Reich der Unwägbarkeiten führt, das ist der Jude. Das System der jüdischen Jerichopolitik und des jüdischen Kriegsrechts ist ohne das Reich der Unwägbarkeiten gar nicht verständlich. Im einleitenden Buche haben wir die Bemerkung gemacht, daß die Thora dem Juden die Zertrümmerung des nichtjüdischen Seelenlebens zur Pflicht macht. Jetzt können wir diese Bemerkung ergänzen und sagen, daß das jüdische Kriegsrecht auf die Eroberung des Reiches der Unwägbarkeiten unter den nichtjüdischen Völkern ausgeht. Ist dies Reich erobert, so sind die Völker erobert.

Der Kampf um dieses Reich und auf der Ebene des Unwägbaren bietet dem Juden auch unschätzbare Vorteile. Er kann als Freund auftreten, auch wo er Todfeindschaft im Herzen trägt, er kann sich in seiner Pose als angreifender Märtyrer in die geheimsten Falten, Winkel und Kammern des Seelenlebens seiner Wirtsvölker einschleichen, einschmeicheln, einstehlen und es als Schmarotzer am nichtjüdischen Geistes- und Seelenleben bis zur letzten Entkräftung auszehren. Darin besteht das Wesen der Jerichopolitik und des jüdischen Auszehrungskrieges, daß das Judentum das Reich des Unwägbaren innerhalb der nichtjüdischen Völker, das allein, sofern es gesund ist, die tragsame Grundlage für alles und jedes Volksleben bildet, systematisch zertrümmert. Gerade in diesem Auszehrungskrieg geht es, mehr als in jedem anderen Kriege, um Sein oder Nichtsein der Völker. Darum ist es frevelhafter Leichtsinn und verbrecherischer und selbstmörderischer Wahnsinn, die Judenfrage mit irgendwelchen Phrasen abzutun. Der Auszehrungskrieg, den uns das Judentum aufgezwungen hat, indem es ihn systematisch seit Jahrhunderten führt, muß durchgekämpft werden. Und zwar muß er auf der Ebene durchgekämpft werden, auf der der Jude steht, auf der Ebene der Unwägbarkeiten. Das Reich der Unwägbarkeiten ist der Kriegsschauplatz des jüdischen Auszehrungskrieges, des Krieges der unsichtbaren Fronten. Hier werden seit Jahrtausenden die entscheidenden Schlachten im Leben der Völker geschlagen. Und die Völker wissen nichts davon, denn sie sind bisher von ihren Regierungen im Stich gelassen und von ihren Kirchen ausgeliefert worden — im Namen Jahwes, dessen Ruhm, Größe und Macht das System der jüdischen Jerichopolitik in alle Welt zu posaunen wußte. Es ist die zwölfte Stunde. Und ihr Gebot ist dasselbe, das es auch in der ersten Stunde war. — Ordnung und Ausrichtung auch der nichtjüdischen Kampfscharen zum Krieg der unsichtbaren Fronten. Zu diesem Zwecke brauchen wir vor allen Dingen das, was ich den Charakterhaushalt eines Volkes nennen möchte. Über die Finanzen eines Staates und Volkes wird Buch geführt und Rechnung gelegt weil es unanständig ist, wenn Unordnung herrscht und Geld verludert wird. Wann werden wir den Charakterhaushalt in unserem Volke bekommen, der der unanständigsten Form der Verluderung, der Charakterverluderung im Volksleben entgegentritt? Im nächsten Abschnitt werden wir einige Formen der Charakterverluderung durch die jüdische Jerichopolitik kennenlernen.

2. Abschnitt.

Auswirkungen der Jerichopolitik.

Leitwort: „Was faselt Ihr? So lange wir nicht die Presse in Händen haben, ist alles, was Ihr sagt, vergeblich. Umsonst schafft Ihr Gesellschaften, Anleihen, Bankerotte u. dgl., so lange wir nicht die Presse zur Verfügung haben, um die Welt zu betäuben und zu täuschen, richten wir nichts aus und unsere Herrschaft bleibt ein Hirngespinst."

(Der Jude Montefiore im Jahre 1840.)

1. Die Presse.

A. Allgemeines.

Die Presse ist die große Kanzel, von der aus das Judentum den Völkern das predigt, was diese glauben, lieben und nachbeten sollen.

„Wir Juden müssen uns klar sein", schrieb der Rabbiner Fischl im „Leipziger Israelitischen Familienblatt" (Nr. 3, 1926) in einem Aufsatz: „Unsere Juden", „daß die Presse noch der einzige Weg ist, den erhabenen jüdischen Gedanken und das uns stets und immer widerfahrene Unrecht zu verkünden.

Unser Kampf geht nicht nur um unsere Existenz, sondern auch um die Erhaltung unseres ganzen jüdischen Seins, um unsere Allmacht, die uns vor zweitausend Jahren genommen worden ist."

Und unter Ablehnung der Anpassung an die Wirtsvölker schreibt er weiter:

„Doch das wollen wir nicht, solange in uns noch Seele und Atemzüge wohnen, solange in uns jüdisches Blut zirkuliert, wollen wir weder uns noch unsere Juden verleugnen. Wir wollen jüdisch denken und jüdische Gedanken in aller Welt verkünden, damit sie nicht dem Laster dieses Jahrhunderts verfallen."

(Zitiert nach dem „Handbuch der Judenfrage", 30. Auflage, Leipzig 1931, S. 270—271.)

Ganz im Sinne des Rabbiners Fischl erhoben sich schon in den Jahren 63—30 vor der christlichen Ära die „eifrigen Apostel des Judaismus und bemächtigten sich der Maske der alten Sybille, um in ihrem Namen die im Heidentum versumpfte Welt zum reinen Monotheismus aufzurufen". So berichtet uns Simon Dubnow, der uns von der Propagandatätigkeit dieser sybillisch maskierten angreifenden Märtyrer noch das Folgende zu erzählen weiß:

„So tauchte denn in der Literatur auch eine jüdische Sybille auf, namens Sabbe oder Sembethe (wahrscheinlich von Sabbat abgeleitet), die sich zuweilen für die Enkelin oder Schwiegertochter des biblischen Gerechten Noah ausgab. Das Ergebnis ihres

Schaffens war eine Reihe in griechischen Hexametern verfaßter pseudosybillinischer Bücher. Die zunächst entstandenen Bücher aus dieser Reihe wurden von Juden zur Verherrlichung des Monotheismus verfaßt, die späteren von Christen, zwecks Verbreitung des Dogmas von dem Gottmenschen Christos."

(Simon Dubnow: Weltgeschichte des jüdischen Volkes, Band II, Seite 351.)

Damals wie heute dieselbe Tendenz in der jüdischen Literatur. Damals wie heute dient die jüdische Literatur und Schriftstellerei dem einzigen Zweck der Verherrlichung des Judentums. Damals wie heute sehen wir den gleichen kultischen Imperialismus am Werk. Der Unterschied zwischen damals und heute besteht lediglich darin, daß heute das Judentum eine fast unbeschränkte Macht im Pressewesen fast der gesamten Welt ausübt. Einige, längst nicht vollständige Zahlen werden auch den harmlosesten Menschenfreund und den erhabensten Weltweisen über die jüdische Pressegroßmacht aufklären, wenn er nicht als vollkommener Narr gelten will. Erst einmal die verschiedenen Korrespondenzbüros.

Deutschland

Wolffsches Telegraphen-Büro (WTB.) Hauptaktionär Bankhaus Bleichröder

B. und S. Lokalkorrespondenz M. Sochaczewski

Berliner Redaktion Dr. R. Demmert

Tagesfragen Dr. R. Demmert

D. P. B.-Korrespondenz „Der Heinzelmann". Deutsch.

Der Handelsteil, Berliner Handels- und Wirtschaftskorrespondenz H. Horwitz

Der Bote. O. Kühl und Dr. P. Landau

Erzähler. O. Kühl und Dr. P. Landau

Korrespondenz Kühl. Die Gleichen

Kunst und Bühne. Die Gleichen

Wissenschaftliche Korrespondenz. M. Loeb

Der aktuelle Leitartikel. Dr. Auer

Deutsche Orientkorrespondenz. Dr. Werthauer

Osteuropa-Dienst. Alfred Kohn

Unterm Strich, Feuilleton-Korrespondenz. M. Feuchtwanger

Presse-Photo-Gesellschaft m. b. H. Geschäftsführer, Kaufmann und Schriftführer Nachmann Hirsch Schifrin, Berlin und Ingenieur Salomon Feinschreiber, Berlin.

(Nach Handbuch der Judenfrage, S. 301—302.)

England

Das Büro Reuter. Von diesem Büro berichtet Germanicus in seiner Schrift: „Das Gift der Weltpresse im Weltkrieg." (S. 12—13.)

„Das Büro Reuter . . . ist begründet worden von einem deutschen Juden, der wegen antipreußischer Umtriebe 1866 aus Deutschland ausgewiesen wurde. Er verstand es durch geschickte

Ausnützung billig erworbener Konzessionen auf wichtige Kabellinien und manche Nebengeschäfte sich bald in den Besitz eines großen Vermögens zu setzen, das sein Sohn, der 1915 verstorbene „Baron“ Herbert von Reuter, noch wesentlich vermehrte. Dabei wuchs die Macht und der Einfluß des Büros auf die Presse, nicht nur die englische, sondern auch die außerenglische, zusehends von Tag zu Tag, bis sie schließlich jenen verderblichen Umfang annahm, den wir im Weltkrieg zu beobachten ständig Gelegenheit hatten. Die Gefahr, die darin liegt, möge illustriert werden durch die Worte eines deutschen Diplomaten, namens Emil Witte, der die fragwürdige Ehre einmal genossen hat, im „Büro Reuter“ einen verantwortungsvollen Posten einzunehmen und infolgedessen die Verhältnisse aus eigener Erfahrung kennt. Er sagt in seinem Buche: „Aus einer deutschen Botschaft. Zehn Jahre deutschamerikanischer Diplomatie“, daß die staats- und völkergefährlichen Umtriebe des „Büro Reuter“ die staatlichen Grundlagen weit mehr erschüttern, als alle anarchistische Propaganda der Tat. „Denn die Männer, die daran interessiert sind, kennen kein Vaterland, denken und fühlen international und ihre Familienangehörigen sind über die ganze Welt zerstreut; sie sind in Berlin und Paris, in Rom wie in Petersburg und Wien, in London wie Neuyork ansässig. Krieg und Kriegsgefahr bilden für diese Männer die günstigste Gelegenheit, im Trüben zu fischen und es wäre unvernünftig, von ihnen zu erwarten, die sich ihnen darbietenden „goldenen“ Gelegenheiten unbenützt vorübergehen zu lassen.“

Frankreich

Dort besteht seit 1835 das Nachrichtenbüro „Agence Havas“, dessen Hauptaktionär in den siebziger Jahren die jüdischen Barone Hirsch und Erlanger wurden. Auch das Bankhaus Crédit Lyonnais darf nicht vergessen werden, denn Nachrichtenbüros sind die schärfsten Waffen des Kapitalismus. Frankreich verdankt seine hervorragende politische Stellung nicht zuletzt dem Umstande seines über ganz Europa vorzüglich organisierten Nachrichtendienstes, denn die Agence Havas steht im Fusionsverhältnis zur Agenzia Stefani in Italien, „Agence d'Athens“ in Griechenland, „Agence Fabre“ in Madrid, „Agence Roumaine“ in Rumänien, wobei den Landesbewohnern der Glaube gelassen wurde, daß diese Nachrichtenbüros selbständige nationale Unternehmungen seien. In Wahrheit waren sie nur ein französisch-jüdisches Unternehmen unter falscher Flagge, Ableger der Havas der Barone Hirsch und Erlanger.“

(Zitiert nach Handbuch der Judenfrage S. 308.)

Österreich, Rußland, die nordischen Staaten und die Vereinigten Staaten von Amerika zeigen dasselbe Bild. Eine sehr gute, bis ins einzelne gehende Zusamenstellung bringt Josef Eberle in seinem Buche: „Die Großmacht-Presse“, auf welches hier verwiesen sei. Wir wollen noch einen kurzen Blick auf die Besitzverhältnisse im Zeitungswesen in Deutschland, England und Frankreich werfen.

Deutschland

Hier sind es hauptsächlich fünf Konzerne, welche auf das Pressewesen Einfluß nehmen.

1. Zeitungsgruppe Haus W. Girardet.
   Düsseldorfer Nachrichten, Essener Allgemeine Zeitung, Generalanzeiger für Elberfeld-Barmen, Niederrheinische Nachrichten u. a.
2. Gruppe Leonhard in Braunschweig
   Chemnitzer Allgemeine Zeitung, Braunschweigische Landeszeitung, Braunschweiger Neueste Nachrichten, Neue Vogtländische Zeitung, Kieler Neueste Nachrichten, Vogtländischer Anzeiger u. a.
3. Wolgang Huck
   Bayerische Zeitung, Breslauer Neueste Nachrichten, Kasseler Neueste Nachrichten, Münchner Zeitung, Neue Münchner Zeitung.
4. Gruppe Fuchs
   Danziger Neueste Nachrichten, Danziger Zeitung, Stuttgarter Neues Tagblatt.
5. Hugenberg-Konzern
   Berliner Lokalanzeiger, Tag, Berliner Nachtausgabe, München-Augsburger Abendzeitung und viele andere.

(Handbuch der Judenfrage, S. 280—281.)

Die spezifischen Judenzeitungen, wie: „Berliner Tageblatt", „Frankfurter Zeitung", „Vossische Zeitung", sind in diesen Gruppen nicht genannt. Damit soll nicht gesagt sein, daß diese fünf Gruppen etwa judenrein sind. Im Gegenteil. Der Einfluß des Judentums macht sich in diesen Zeitungen überall geltend. Zum Beweise dafür greifen wir den deutschnationalen Lokalanzeiger des Hugenberg-Konzerns heraus. Das „Mitteilungsblatt nationaldeutscher Juden" schrieb in der Mainummer 1930 über den Hauptschriftleiter des „Berliner Lokalanzeigers", Herrn Dr. S. Breslauer, folgendes:

„Unser zweiter Vorsitzender, Herr Chefredakteur Dr. S. Breslauer, hat vor kurzem das 60. Lebensjahr vollendet. — Was der Verband ihm zu danken hat, wissen alle, die unserer Arbeit näherstehen. — Gerade in seiner Eigenschaft als rechtsstehender Politiker hat Herr Breslauer stets bewiesen, daß man auch in einer Umgebung, die von Vorurteilen gegen „die Juden" keineswegs frei ist, sich seine Stellung schaffen und erhalten kann, wenn man des eigenen Gefühls sicher ist und sich von dem geraden Weg nicht abdrängen läßt, insbesondere auch nicht durch Ressentiments. Was im übrigen unser Jubilar gerade durch seine Tätigkeit in diesem Wirkungskreise dazu beigetragen hat, die landläufigen Vorurteile unserer nichtjüdischen Volksgenossen abzubauen, kann nur beurteilen, der ihm persönlich nahesteht."

„Beim Abbau des Antisemitismus der nichtjüdischen Volksgenossen" werden dem Herrn Dr. Breslauer kräftig geholfen haben die folgenden Herren:

Goldschmidt, Verlagsdirektor beim Berliner Lokalanzeiger
Proskauer, Leiter der illustrierten Beilage d. Verl.

Polaczek von der Lokalchronik der „Berliner Nachtausgabe"
Simson (früher Simonsohn) vom „Gerichtssaal"
Tannenbaum am lokalen Teil der Nachtausgabe
Schönfeld und Caro Schriftleiter am Lokalanzeiger.

Die folgenden im Verlage des Lokalanzeigers in den letzten Jahren aufgegangenen Stars werden den Herrn Dr. Breslauer ebenfalls nicht wenig unterstützt haben: Schreiner, Rosenthal, Aron, Kapralik, Stern, Löwe, Maritai usw.

(Vgl. Handbuch der Judenfrage, S. 297—298.)

Das Beispiel des Berliner Lokalanzeigers zeigt, daß eine Zeitung sich deutsch und national nennen kann, während Verlag und Redaktionsstuben hundertprozentig verjudet sind. So inhaltlos leer und nichtssagend ist in Deutschland der Begriff und Name „deutsch" geworden. So verludert ist das deutsche Empfinden, daß in deutschen Redaktionsstuben Juden sitzen und dem D e u t s c h e n sagen und vorschreiben dürfen, was Deutschland und Deutschtum sind. Deutsche — was seid ihr doch für komische und erbärmliche Narren! Ist euch der Ehrenname des Deutschen wirklich nur soviel wert, daß ihr ihn dem Juden zur gefälligen Benutzung und Beschmutzung vor die krummen Beine werft? —

Die Besitzverhältnisse allein geben, wie das Beispiel des Lokalanzeigers zeigt, kein Bild über die jüdische Pressemacht in Deutschland. Ein richtiges Bild erhalten wir, wenn wir die Zeitungen weltanschaulich gliedern.

Im Jahre 1928 hatten wir in Deutschland 3356 Zeitungen: 2139 waren Tageszeitungen. Als „parteilos" bezeichneten sich insgesamt 1804 Zeitungen, die man in Wirklichkeit als jüdisch-demokratisch bezeichnen muß. Denn in diesen Zeitungen darf über alles geschrieben werden, nur nicht gegen das Judentum. 88 Zeitungen nannten sich demokratisch, standen also der Ullstein- und Mossedemokratie nahe. 196 Zeitungen und 13 Zeitschriften waren sozialdemokratisch, also judenfreundlich. Die dem Zentrum und der Bayerischen Volkspartei nahestehenden 1383 Zeitungen sind ebenfalls judenfreundlich. 59 Blätter bezeichneten sich im Jahre 1928 als liberal, 57 Zeitungen waren teils national, teils demokratisch-liberal; auch hier herrscht das Judentum unumschränkt. 143 Zeitungen trugen die Bezeichnung amtlich, 374 Zeitungen nennen sich national, dazu kommen 20 Blätter der Landwirte. Wenn alle das Lokalanzeiger-Deutschtum vertreten, dann sind sie ebenfalls als jüdische Pressposaunen anzusehen.

Man kann demnach das deutsche Zeitungswesen als eine ausschließliche Domäne des Judentums ansehen. Noch nachdenklicher wird man gestimmt, wenn man sieht, welche gewaltige Machtstellung ein Verlag wie der Ullstein-Verlag im deutschen Geistesleben einnimmt.

„Dieses Verlagshaus beschäftigte am 19. September 1928 ein Gesamtpersonal von 9832 Menschen (291 Redakteure und Zeichner, 1940 kaufmännische Angestellte, 2032 Mann technisches Personal, 4519 Boten, Zeitungsausträger, Radfahrer und Kraftwagenführer).

Der tägliche Postein- und Auslauf wird mit 42 000 Stück angegeben. Der tägliche Zeitungsversand durch Autos, Flugzeuge, Post und Bahn beträgt weit über eine Million Exemplare. Der Verlag beschäftigt 46 Haupt- und 152 Unterkorrespondenten im Inland, im Ausland 36 Hauptberichterstatter in London, Neuyork, Paris, Rom, Wien, Genf, Moskau, Haag, Brüssel, Luxemburg, Zürich, Wilna, Kowno, Prag, Budapest, Bukarest, Belgrad, Sofia, Athen, Buenos Aires und in der kalifornischen Filmstadt Hollywood. 91 Rotationsmaschinen arbeiten bei Ullstein für Zeitungen, 61 für Bilderdruck, 55 Flachschnelldruckpressen. Im Jahre 1928 hat Ullstein 2654 Waggon Zeitungspapier zu je 10 000 Kilo verdruckt, also 26 540 000 Kilo (in Worten 26½ Millionen Kilo Druckpapier!), deren Kosten sich allein auf 18 Millionen Mark beliefen. Der Verlag unterhält 116 Personen- und Lastautos, zwei Motorboote und drei Flugzeuge. Die Auflagen der im Verlag Ullstein erscheinenden Blätter betrugen nach notarieller Beglaubigung:

Berliner Illustrierte Zeitung (wöchentlich)	1 832 290	Stück
Berliner Morgenpost (täglich)	607 710	"
Die grüne Post (wöchentlich)	über 1 000 000	"
Das Blatt der Hausfrau (monatlich)	370 370	"
B. Z. am Mittag (täglich)	260 060	"
Uhu (Magazin)	180 000	"
Montagspost (wöchentlich)	176 380	"
Vossische Zeitung (täglich)	68 000	"
Zeitbilder	81 900	"
Berliner Allgemeine Zeitung (täglich)	51 570	"
Die Dame	54 820	"
Die Koralle (Magazin)	44 600	"
Der Querschnitt (Magazin)	17 460	"
Die Bauwelt	11 920	"
Das deutsche Bauwesen	8 600	"
Wohnungstauschanzeiger	5 920	"
Verkehrstechnik	3 210	"

Wöchentliche Gesamtauflage des Verlages Ullstein demnach rund 10 000 000 Stück!! Reingewinn im Jahre 1928: 1,9 Millionen Mark. 15 Prozent Dividende auf ein Aktienkapital von 12 Millionen Mark." (Handbuch der Judenfrage, S. 272—273.) Und das alles dafür, daß der Jude dem Deutschen die Narrenkappe aufsetzen und ihm das Schellenkleid umhängen durfte.

Das jüdische Verlagshaus Mosse sei in diesem Zusammenhang nur kurz erwähnt. Hier erscheinen:

Berliner Tageblatt	350 000	Stück
Berliner Morgenzeitung (im Jahre 1920)	100 000	"
Berliner Volkszeitung (im Jahre 1920)	300 000	"
8-Uhr-Abendblatt (Nationalzeitung von Viktor Hahn)	?	

Bäder-Almanach, Illustrierte Familienzeitung, Gartenflora, Gießereizeitung, Deutsche Kolonialzeitung, Rudolf Mosse-Almanach, Die Post von Holland, Deutsches Reichs-Adreßbuch, Gewerbe und Handel, Technische Rundschau, das Witzblatt „Ulk", Die Wärme. (Handbuch der Judenfrage, S. 274.)

Bei Mosse wird die Volksaufklärung besorgt von den Herren: Wolff, Dombrowski, Pinner, Engel, Scheffer, Berkes, Bonn, Löwenstein, Dernburg, S. Rubinfeld, Viktor Auburtin u. a. Der Mosseverlag kann demnach ruhig als koscher bezeichnet werden. Ebenso koscher war das Verzeichnis der deutschen Presse in Genf bei der Märztagung 1926 des Völkerbundes.

„Auslandspressedienst (Fleischer), Grüne Briefe (J. Sonntag), Hucksche Blätter (S. Floch), Reichsdienst der deutschen Presse (Cohen), Sozialdemokratischer Pressedienst (E. Alfringhaus), Transozeanische Tel.-Ges. (W. Schwedler), Ullstein Nachrichtendienst (Dr. J. Becker), Telunion (P. Broedner), Vossische Zeitung (Georg Bernhard), Welt am Montag (H. v. Gerlach), Berliner Tageblatt (Willi Ruppel, E. Feder, G. Höffner), die Frankfurter Zeitung (Wolf Dewell), Kölnische Zeitung (Dr. Max Beer), Vorwärts (Viktor Schiff), Münchner Post (Lenz)."

(Handbuch der Judenfrage, S. 302.)

England

Auch die englische Presse hat sich in letzter Zeit vertrustet.

„Die bedeutendste und wichtigste Gruppe ist die des Lord Rothermere, des Bruders Lord Northcliffes. Ihm gehören u. a. die Times, Daily Mail, Evening News. Lord Rothermere beherrscht heute die meisten Zeitungen in London, Swensee, Gloucester, Cheltenham, Stoke-on-Trent, Derby, Hull und Bristol. Neuerdings hat er sich auch in Newcastle festgesetzt.

Eine zweite Gruppe ist die der Brüder Berry, Montan- und Metallindustriellen. Ihnen gehört Daily Telegraph, Daily Sketsch, Sunday Times, Sunday Graphic, Financial News, im ganzen 26 Morgen- und Abendzeitungen und zahlreiche Wochenschriften in Glasgow, Newcastle, Manchester, Sheffield, Bristol, Cardiff.

Die dritte Gruppe ist die des Sir William Harrison. Ihm gehören illustrierte Zeitschriften in London. Harrison ist zugleich Holzstoff- und Papierfabrikant.

Die vierte Gruppe Starmer mit ungefähr 34 Zeitungen und Zeitschriften in Newcastle, Birmingham, Darlington, Bradford, Nottingham, Lincoln, Swindon, York, Lancaster, Norwich usw. Weitaus der größte Teil dieser Konzernpresse steht restlos im Dienste des Judentums, wenn er auch nicht gerade jüdische Herausgeber hat. Die Konzernpresse ist eine Schöpfung der Hochfinanz, in deren Dienst sie auch steht."

(Handbuch der Judenfrage, S. 307.)

Frankreich

Als Beherrscher der französischen Presse muß die jüdische Pariser Hochfinanz der Rothschild, Pereire, Crémieux, Dreyfus, Ephrussi, Germain gelten.

„Das mußte sogar die franzosenfreundliche „Frankfurter Zeitung" zugeben, als sie in ihrer Nummer vom 29. März 1919 die Schuld an den französischen Presseverhältnissen auf „jenen an Geldmittel und Verbreitung weit überragenden Teil der Pariser

Presse, der den großkapitalistischen Cliquen, von denen die französische Republik zur Stunde noch beherrscht wird, unmittelbarer als der Regierung selber botmäßig ist", schob".

(Handbuch der Judenfrage, S. 306.)

B. Von der Arbeit der Presse

Die Arbeit der Presse im System des jüdischen Kriegsrechts untersuchen, das bedeutet soviel wie nachprüfen, inwieweit dieses Kriegsrecht in der jüdischen Pressepolitik Anwendung findet.

Im Jahre 1889 erklärte aus Anlaß der Hundertjahrfeier der „großen" französischen Revolution, der Jude und Hochgradfreimaurer Isaak Adolphe Crémieux:

„Die Absicht der Logen ist, Deutschland zu vernichten."

Dieser selbe Jude hatte bereits im Jahre 1870 einen Preis von einer Million Franken auf den Kopf Wilhelms I. ausgesetzt. Ähnliche Vorgänge konnten im Weltkriege beobachtet werden. Die Pariser Freimaurerloge L'Avant-Garde gab das Stichwort aus und die freimaurerischen Judenzeitungen der ganzen Erde beteten es nach.

„Wilhelms Verbleiben auf dem deutschen Kaiserthron wird als — Herausforderung betrachtet . . .", sagt z. B. der Matin (Paris).

„. . . mit den Hohenzollern gibt es keinen Frieden . . .", heißt es im Figaro.

Und als bald nach dieser Einleitung der „Internationale Freimaurerkongreß" — im April 1917 — in Paris stattfand, da war der wichtigste Gegenstand der Beratungen der: Wie kann man in Deutschland selbst eine starke Bewegung gegen die Monarchie hervorrufen? Denn die Grundlage des Weltfriedens muß die Absetzung des deutschen Kaisers bilden! — Mit der Geschwindigkeit des Funkspruches arbeitete sich dieser Gedanke über den ganzen Erdball. Überall konnte mans lesen, in jeder Zeitung stand es schwarz auf weiß:

„Der Frieden kann nicht geschlossen werden, bevor sich nicht Wilhelm II. und Kaiser Karl ins Privatleben zurückziehen." (Friedrich Wichtl: Weltfreimaurerei, Weltrevolution, Weltrepublik, 11. Auflage, S. 218.)

Man vergleiche dazu Kidduschin 22 a:

„Der beste Arzt gehört in die Hölle und der beste Metzger ist ein Genosse Amaleks und den besten der Gojim sollst du töten."

Mechilta, fol. 11, col. 1, Parascha Beschallach:

„Sie (nämlich die Ägypter) sind ihnen (verstehe den Israeliten) ein Anstoß gewesen, daher hat der Rabbi Schimon gesagt: den besten unter den Gojim oder Heiden bringe um: der besten unter den Schlangen zerknirsche das Hirn."

Jalkut Rubeni fol. 93, col. 1 Parascha Beschallach:

„In dem talmudischen Traktat Sopherim wird gesagt: „den rechtschaffensten unter den Abgöttischen bringe um das Leben."

Wir werden im Kapitel über „Entrassung“ das eigentliche Anwendungsgebiet dieser Vorschriften kennenlernen. In diesem Kapitel mußten sie nur deshalb genannt werden, weil die Presse fast in allen Fällen politischen Mordes in der Gegenwart als geistige Urheberin in Betracht kommt. Sie ist aber nicht nur für einzelne politische Mordtaten als geistige Urheberin zu betrachten, sie ist auch mit den hinter ihr stehenden Drahtziehern als Verursacherin des Weltkrieges verantwortlich zu machen. Es ist hier nicht der Ort, umfänglich und bis ins einzelne gehend den Nachweis zu erbringen, daß Judentum und Freimaurerei den Weltkrieg verursacht haben. Diese Aufgabe liegt nicht im Rahmen des Buches. Die Kenntnis der tatsächlichen Zusammenhänge, die zum Krieg geführt haben, muß ich als gegeben voraussetzen. Diejenigen, welchen das Gebiet der Kriegsschuldforschung unbekannt ist, seien hauptsächlich auf vier Bücher verwiesen: Friedrich Wichtl: Weltfreimaurerei, Weltrevolution, Weltrepublik; Karl Heise: Ententefreimaurerei und Weltkrieg; Erich Ludendorff: Kriegshetze und Völkermorden; Karl Hermann: Von Pater Philppart, Kardinal Mercier und anderen unbekannten Soldaten.

Hier sind nur einige kurze Erinnerungen an die erfolgreiche jüdische Vorbereitung des Weltkrieges am Platze. Im Jahre 1920 schrieb die „Jüdische Rundschau“, daß der Zionismus es verstanden habe, „*in jahrelanger, zielbewußter Arbeit die Erfolge vorzubereiten, die die Situation des Krieges zu pflücken gestattete*“. Und Litman Rosenthal schrieb im Jahre 1919 in den American Jewish News unter der Überschrift: „Wenn Propheten sprechen“:

„Vor vielen Jahren prophezeite Nordau die Balfoursche Erklärung.“ (Daß England den Juden in Palästina eine Heimstätte schaffen werde.) „England hatte 1903 den Zionisten Uganda als Heimstätte vorgeschlagen und Herzl, Nordau, der sechste Zionistenkongreß, waren zum Erstaunen vieler Juden darauf eingegangen. Nordau-Südfeld verteidigte dieses Vorgehen und sagte: „Jetzt hat die große fortschrittliche Weltmacht England als Zeichen seiner Sympathie für unser armes Volk der jüdischen Nation Uganda angeboten. Nun liegt Uganda in Afrika und ist nicht Zion und wird niemals Zion werden, um Herzls Worte zu gebrauchen. Aber Herzl weiß, daß der Sache des Zionismus nichts so wertvoll ist, als freundschaftliche politische Beziehungen zu einer Macht wie England . . .

Herzl weiß, daß wir vor einer furchtbaren Erschütterung der ganzen Welt stehen. Bald vielleicht wird eine Art Weltkongreß zusammenberufen werden und England, das große, freie und mächtige England, wird dann sein Werk fortsetzen, das es mit seinem großmütigen Angebot an den sechsten Kongreß begonnen hat.

Ich will Ihnen die folgenden Worte sagen, wie wenn ich die Stufen einer Leiter zeigte, die höher und höher führt: *Herzl, der Zionistenkongreß, der englische Uganda-Vorschlag, der kommende Weltkrieg, die Friedenskonferenz, wo mit Hilfe Englands ein freies und jüdisches Palästina geschaffen werden wird.*“ (Arno Schikedanz, Sozialparasitismus im Völkerleben, S. 197—198.)

Danach hat das Judentum den Weltkrieg kommen sehen, es hat lange Jahre vor seinem Ausbruch um ihn gewußt und in seine politische Rechnung gestellt, es hat nichts getan, um ihn zu verhindern, ja seine Presse gehörte zu den wildesten Kriegshetzern. Als Beispiel nennen wir für Deutschland den Herrn Maximilian Harden, für Frankreich den Matin, für England den Juden Northcliffe-Harmsworth (Stern).

Dr. Friedrich Thimme hat in seiner Schrift: „Maximilian Harden am Pranger", mit diesem gemeinsten aller jüdischen Ehrabschneider und Giftmischer vernichtend abgerechnet. Da es mir nicht möglich ist, das ungeheure, von Thimme gegen Harden-Witkowski vorgebrachte Material zu bringen, seien hier lediglich jene Sätze aus der Einleitung gebracht, die zeigen, was diesem jüdischen Giftmischer zur Last gelegt wird.

„Ich lade Maximilian Harden, den Herausgeber der „Zukunft", vor das Gericht des deutschen Volkes.

Ich klage Maximilian Harden vor diesem Gericht einer dreifachen Schuld an.

Ich klage ihn an, einer der Hauptschuldigen an dem unseligen Weltkrieg zu sein.

Ich klage ihn an, einer der Hauptschuldigen an der deutschen Niederlage zu sein.

Ich klage ihn an, einer der Hauptschuldigen an dem schließlichen Endresultate des Versailler Schmach- und Schandfriedens zu sein.

Schuldig am Kriege ist Harden. weil er viele Jahre vor seinem Ausbruch als einer der schlimmsten Imperialisten, Macht-vor-Recht-Politiker und Kriegstreiber, die Atmosphäre hat schaffen helfen, aus der die ungeheure „Tragödie der Irrungen" erwuchs.

Schuldig an der deutschen Niederlage ist Harden, weil er seit dem Momente, wo er erkannte, daß die Chancen des im Jahre 1914 ausgebrochenen gewaltigen Völkerringens sich zugunsten der Entente neigten, dazu übergegangen ist, das Vertrauen auf die Gerechtigkeit der deutschen Sache, die Zuversicht und Durchhaltekraft des deutschen Volkes zu untergraben und zu brechen.

Schuldig am Versailler Schandfrieden endlich ist Harden, weil er sich nach dem Zusammenbruch des deutschen Volkes zum eifrigsten Sachwalter der Entente aufgeworfen, sich ihre wilden Anklagen gegen das „kriegsschuldige" Deutschland zu eigen gemacht, dem deutschen Volke, seiner Regierung und seiner Friedensdelegation jedweden moralischen Kredit zu rauben gesucht und die Entente in dem Glauben bestärkt hat, von diesem Volk und dieser Regierung Alles und Jedes, selbst das Eingeständnis der alleinigen deutschen Schuld und Verantwortung am Kriege, erpressen zu können."

Harden's „Zukunft"-Artikel waren für die französische Propaganda das wertvollste Kampfmittel. Sie wurden als Beweise deutschen „Kriegswillens" zu Hunderttausenden unter die französischen Soldaten verbreitet. In seinem Aufsatz „Wenn ich Wilson wäre" (22. April 1916) stellte er die Behauptung auf, daß weder Frankreich, noch England und Rußland den Krieg gewollt, sondern sich gegen ihn gestemmt hätten, während Deutschland den Krieg als Präventivkrieg entfesselt habe. Dieser Aufsatz schadete uns in Amerika mehr, wie eine verlorene Schlacht!

Ähnliches weiß das Heft 10/1925 des Weltkampfes aus Rumänien zu berichten. Der Brief eines Rumänen ist hier „für die Wirkung der Hardenschen Kriegsartikel auf die Stimmung in Rumänien überaus aufschlußreich. Er bewundere, so schrieb der wackere Rumäne, nach wie vor die Großtaten des deutschen Heeres an der Front und die Leistungen der deutschen Frauen in der Heimat. Viele seiner besten Landsleute stimmten mit ihm in dieser Gesinnung und in dem aufrichtigen Wunsche überein, Rumänien möge dem Drängen der Alliierten zum Eintritt in den Reigen der Feinde Deutschlands entschlossenen und erfolgreichen Widerstand leisten und seine Wünsche nach dem Siege der deutschen Waffen auf dem Wege der friedlichen Verständigung geltend machen. Seine und seiner Gesinnungsgenossen Bemühungen in der Richtung dieses Zieles gestalteten sich jedoch von Woche zu Woche aussichtsloser, seitdem die deutschen Schriftsteller Karl Liebknecht und Maximilian Harden sich offen auf die Seite der Feinde Deutschlands gestellt hätten und der feindlichen Presse durch mündliche, schriftliche und gedruckte Äußerungen die gefährlichsten Waffen gegen ihr eigenes Vaterland lieferten. Dadurch werde der Krieg endlos hinausgezogen und Hunderttausende braver Soldaten würden um Leben und Gesundheit gebracht, „nur weil es der deutschen Regierung an dem erforderlichen Mut fehle, dem Treiben dieser Unholde ein Ende zu bereiten . . .“ (Weltkampf, 1925, S. 443.)

Zu Harden-Witkowski und Liebknecht tritt als weiterer prominenter Dolchstößler im großen Krieg: Simon Südfeld, genannt Max Nordau. Von diesem Juden berichtet die „Deutsche Zeitung“ vom 20. April 1923 in einem Artikel eines Amerikadeutschen unter der Überschrift: Der erste Dolchstoß.

Wer die ersten Kriesmonate 1914 in den Vereinigten Staaten von Nordamerika verbrachte und dort Gelegenheit hatte, die Auffassung der mehr oder minder gebildeten Kreise des eigentlichen Nordamerikanertums im persönlichen Umgange kennen zu lernen, der wird sich zweifellos erinnern, daß diese Auffassung längere Zeit hindurch keineswegs deutschfeindlich war, trotz des unglaublich törichten und ungeschickten Geredes Bethmann-Hollwegs und seiner Leute über das deutsche „Unrecht“ an Belgien und trotz der schon damals im Dienst der Entente stehenden nordamerikanischen „Weltblätter“!

Das wurde plötzlich anders, als im Laufe des November 1914 an allen Ecken und Enden des Riesenreiches die Meldung verbreitet wurde, kein Geringerer als der „große deutsche Schriftsteller und Politiker“ Max Nordau habe vor aller Welt laut und feierlich bezeugt, daß nicht nur das französische Volk, sondern auch die französische Regierung von dem Kriege überrascht worden und an seinem Ausbruch völlig unbeteiligt seien. (!!) Das Zeugnis Nordaus sei in den größten deutschen Zeitungen, insbesondere auch in der vormaligen „königlich privilegierten" „Vossischen Zeitung" in Berlin, veröffentlicht und von der deutschen Zensur durch unbeanstandetes Passierenlassen als richtig anerkannt worden.

Nach Überwindung recht erheblicher Schwierigkeiten gelang es mir schließlich, in den Besitz der Nummer 556 der „Vossischen Zeitung" (vom 1. November 1916) zu gelangen, in deren 4. Beilage der vielberufene Aufsatz des „großen" Max Nordau stehen sollte. Ich traute meinen Augen kaum, als ich tatsächlich den folgenden Satz fand:

„Der Ausbruch des Krieges war für Frankreich eine furchtbare Überraschung, für die Regierung nicht minder als für das Volk: Dieses hat ihn ebensowenig gewollt wie jene; das muß vor der deutschen Öffentlichkeit und vor der Geschichte ausdrücklich und feierlich bezeugt werden."

Man beachte: Schon im Jahre 1903 erzählt Nordau von Herzl und gesteht damit auch für sich ein, daß sie das Kommen des Weltkrieges mit Sicherheit erwarteten. Weder Herzl noch Nordau haben trotz dieses Wissens jemals etwas unternommen, um den Weltkrieg zu vermeiden. Im Gegenteil. Sie haben die ihnen stammverwandte Freimaurerei und die Judenpresse in allen Ländern unentwegt auf diesen fürchterlichsten aller Kriege hinarbeiten lassen und unter den Völkern eine Kriegshetze ohnegleichen geduldet. Als der Krieg dann entfacht war, da erstrebte das Judentum zielbewußt den Zusammenbruch Deutschlands und Rußlands und den Sieg des Westens. Das aber nicht etwa, weil der Jude den englischen, französischen oder amerikanischen Sieg wünschte, sondern weil er um seinen eigenen, jüdischen Sieg kämpfte. Denn das Judentum war und ist eine selbständige, kriegführende Großmacht ganz im Sinne von Bibel und Talmud.

Sotah fol. 35 b:

„Es heißt (Jes. 35. 12): „Die Völker werden zu Kalk verbrannt." Gleich wie der Kalk keinen Bestand hat, sondern verbrannt wird, so haben auch die weltlichen (nichtjüdischen) Völker keinen Bestand (im Weltgericht) sondern werden verbrannt."

„Siehe, die Heiden sind geachtet wie ein Tropfen, so im Eimer bleibt und wie ein Scherflein, so in der Wage bleibt. Siehe, die Inseln sind wie Stäublein ... Alle Heiden sind vor ihm nichts und wie ein Nichtiges und Eitles geachtet." (Jesaias 40, V. 15—17.)

„Ihr Mund ist glätter denn Butter und haben doch Krieg im Sinn; ihre Worte sind gelinder denn Öl und sind doch bloße Schwerter." (Psalm 55, V. 22.)

„Ich habe euch lieb, spricht der Herr. So sprecht ihr: „Womit hast du uns lieb?" Ist nicht Esau Jakobs Bruder?, spricht der Herr und doch habe ich Jakob lieb und hasse Esau und habe sein Gebirge öde gemacht und sein Erbe den Schakalen zur Wüste." (Maleachi, Kapitel 1, V. 2—3.)

„Und es werden die übrigen aus Jakob unter vielen Völkern sein wie der Tau von dem Herrn und wie die Tröpflein aufs Gras, das auf niemand harret, noch auf Menschen wartet. Ja die übrigen aus Jakob werden unter den Heiden bei vielen Völkern sein wie ein Löwe unter den Tieren im Walde, wie ein junger Löwe unter einer Herde Schafe, welchem niemand wehren kann, wenn er da durchgehet, zertritt und zerreißt. Denn deine Hand wird siegen wider alle deine Widersacher, daß alle deine Feinde müssen ausgerottet werden." (Micha 5 V. 6—8.)

„Seine Herrlichkeit ist wie eines erstgeborenen Stieres und seine Hörner sind wie Einhornes Hörner; mit denselben wird er die Völker stoßen zuhauf bis an des Landes Enden." (5. Moses 33, Vers 17.)

„Und ihr von Tyrus und Sidon und alle Kreise der Philister, was habt ihr mit mir zu tun? Wollt ihr mir trotzen? Wohlan, trotzet ihr mir, so will ich's euch eilend und bald wieder vergelten auf euren Kopf. Die ihr mein Silber und Gold und meine schönen Kleinode genommen, und in eure Tempel gebracht habt, dazu auch die Kinder Juda und die Kinder Jerusalems verkauft habt den Griechen, auf das ihr sie ja fern von ihren Grenzen brächtet. Siehe, ich will sie erwecken aus dem Ort, dahin ihr sie verkauft habt, und will's euch vergelten auf euren Kopf. Und will eure Söhne und eure Töchter wiederum verkaufen durch die Kinder Juda; die sollen sie denen in Reicharabien, einem Volk in fernen Landen verkaufen; denn der Herr hat's geredet. Rufet das aus unter den Heiden; heiliget einen Streit, erwecket die Starken, lasset herzukommen und hinaufziehen alle Kriegsleute; macht aus euren Pflugscharen Schwerter und aus euren Sicheln Spieße. Der Schwache spreche: „Ich bin stark." Rottet euch und kommet her, alle Heiden um und um, versammelt euch. Daselbst führe du hernieder, Herr, deine Starken! Die Heiden werden sich aufmachen und heraufkommen zum Tal Josaphat, denn daselbst will ich sitzen, zu richten alle Heiden um und um." (Joel Kapitel 4, V. 4—12.)

Alle diese Stellen atmen kriegsrechtlichen Geist. Das Judentum als kriegführende Macht erhebt in diesen Stellen zum mindesten den Anspruch, auch als solche anerkannt und gewertet zu werden. Daß die Art der jüdischen Kriegführung so grundverschieden ist von der arischen Kriegführung, das berechtigt uns doch nicht, *diese jüdische Kriegführung* nicht als Kriegführung anzuerkennen. In allen eben angeführten Bibelstellen tritt das Judentum als Macht, und zwar als *selbständige* Macht auf und nimmt für sich das Recht in Anspruch, seine Feinde auszurotten; mindestens gegen seine Feinde Krieg zu führen. Das Ziel seines Krieges ist sein Messianismus.

Da das Judentum schon seit Jahrtausenden eine selbständig kriegführende Macht ist und es immer bleiben wird, so hat es auch am Weltkrieg als selbständig kriegführende Macht teilgenommen und in allen Ländern seine Kampfscharen aufmarschieren lassen. Während die arischen Staaten und Völker den Schwertkampf gegeneinander führten, organisierte und führte das Judentum den Krieg der unsichtbaren Fronten!

Weil das Judentum schon immer eine selbständig kriegführende Macht war und ist, deshalb ist es eine staatsrechtliche Torheit, einem Juden Bürgerrechte in einem Staate einzuräumen und von ihm zu erwarten, daß er das Treueverhältnis zu seinem Volk zugunsten seines Wirtsvolkes zerbreche. Jeder deutschblütige und deutschbewußte Mensch wäre empört, wenn man ihm zumuten würde, daß er das Treueverhältnis zum Deutschtum lösen und zum Judentum übertreten solle. Denn der Übergang vom Deutschtum zum Judentum führt nur über die Brücke des Volksverrats und der Volksverleugnung. Das aber verlangen wir von den Juden, wenn wir sie zu deutschen „Staatsbürgern" machen. Und da wundern wir uns, wenn die Juden das Treueverhältnis zu ihrem Volk höher stellen, als alle anderen Rücksichten? Theodor Herzl, Maximilian Harden, Max Nordau sind Angehörige des jüdischen Volkes; sie standen während des Krieges da, wo sie stehen mußten! — in der jüdischen Front auf dem Kriegsschauplatz der unsichtbaren Fronten! Sie haben in den Formen *ihres jüdischen kriegsrechtlichen Systems* gekämpft, die uns nunmehr schon ziemlich klar geworden sind. Diese Formen sind nicht erst von heute und von gestern! — sie sind schon uralt und sollten den Völkern allen bekannt sein, wenn Regierungen und Kirchen ihre Pflicht getan hätten. Erzählt uns doch schon die Bibel im 2. Moses 1, V. 8 ff.:

> „Da kam ein neuer König auf in Ägypten, der wußte nichts von Joseph und sprach zu seinem Volk: „Siehe, des Volks der Kinder Israel ist viel und mehr denn wir. *Wohlan, wir wollen sie mit Listen dämpfen, daß ihrer nicht so viel werden. Denn wo sich ein Krieg erhübe, möchten sie sich auch zu unseren Feinden schlagen und wider uns streiten und zum Lande ausziehen.*"

Die Worte, die hier der jüdische Geschichtsschreiber dem Pharao in den Mund legt, enthalten das Eingeständnis, daß das Judentum eine selbständige, souveräne Macht ist. Nach diesem Grundsatz haben die Juden immer und zu allen Zeiten gehandelt. So z. B. unter den Westgoten Spaniens. Sie lebten dort in großer Zahl sogar in eigenen Judenstädten wie Granada und Tarragona und es ging ihnen lange Zeit gut. Sie hatten dort auch schon eine solche Machtstellung erobert, daß die westgotischen Könige, die gegen sie einschreiten, ihren Erwerb einschränken oder sie aus dem Lande treiben wollten, außerstande waren, ihren Willen durchzusetzen, weil die königlichen Maßregeln und Gesetze von den westgotischen Großen einfach nicht beachtet wurden. Als nun vollends der Westgotenkönig Egika sie zur Bekehrung nötigen und die Güter der sich weigernden Juden einziehen lassen wollte, da riefen die Juden die Araber aus Afrika ins Land und führten so den Zusammenbruch des Westgotenreiches in Spanien herbei. Die Schlacht bei Xeres de la Frontera (711 der christlichen Ära), die den Zusammenbruch des Westgotenreiches besiegelte, ist ein Judensieg gewesen. Zwanzig Jahre später hat der Semitismus schon die Pyrenäen überschritten und schickte sich an, Europa zu erobern. Die siegreiche Schlacht bei Tours und Poitiers (732) unter Karl Martell rettete jedoch den Norden noch einmal, für kurze Zeit wenigstens, vor dieser Gefahr.

Wer die Fixigkeit, Wendigkeit und Geschmeidigkeit der jüdischen Politik bewundern will, der betrachte einen ganz kurzen Abschnitt aus der Bürgerkriegsgeschichte der römischen Republik. Während der römischen Revolutionskämpfe, die mit der Militärdiktatur des Augustus endeten, haben die Juden mit erstaunlicher Genialität immer den rechten Anschluß gefunden. Erst ergriffen sie Partei für Pompejus, dann für Julius Cäsar; später hielten sie sich an Cassius und Brutus, dann schlossen sie sich an die Triumvirn des Jahres 43 an, um bei der letzten Entscheidung zuerst für Antonius, später für Oktavianus Augustus einzutreten. „Die Treue wechselte wie die Parole." Im 20. Jahrhundert sagt man einfacher und schlichter: „Man stellt sich auf den Boden der Tatsachen."

Das unerschöpfliche Thema: „Judentum und Landesverrat" mag noch durch zwei Beispiele belegt werden. Im Jahre 1670 wurden die Juden aus Österreich verwiesen; ein Jahr später mußten sie noch die nicht von den Türken besetzten Teile Ungarns räumen, weil sich herausgestellt hatte, daß sie die damals mächtig vordringenden Türken unterstützten, ja vielfach in verräterischem Einverständnis mit ihnen standen. Bei der Erstürmung Ofens durch die Kaiserlichen leisteten sie den Türken sogar Waffenhilfe.

Treitschke schreibt in seiner „Deutschen Geschichte":

„Als die Franzosen (in Berlin) einzogen, bekundete sich in manchen jüdischen Kreisen eine leicht erklärliche Teilnahme für das Volk, das ihnen zuerst die volle Gleichberechtigung geschenkt hatte und Napoleon verstand dem jüdischen Kosmopolitismus geschickt zu schmeicheln; das eifrigste Werkzeug der französischen Polizei in Berlin war Davidsohn-Lange, der Herausgeber des berüchtigten „Telegraphen"."

(Heinrich von Treitschke: Deutsche Geschichte im 19. Jahrhundert, II. Band, S. 410.)

Im ersten Band seiner Deutschen Geschichte schreibt er über die „Vossische Zeitung" kurz und vernichtend:

„Eine sorgsame Zensur überwachte „nos deux gazettes": so hießen in der Sprache der preußischen Diplomatie die patriotische Spamersche und die *charakterlose*, vom Grafen St. Marsan *insgeheim unterstützte* Vossische Zeitung." (Ebenda I. Bd., S. 371.)

Dieses Urteil Treitschkes wird in geradezu klassischer Weise durch ein Selbstzeugnis der Vossischen Zeitung ergänzt, das wir hiermit der unverdienten Vergessenheit entreißen. Sie schrieb an einen Düsseldorfer Zeitungshändler:

„Die „Vossische Zeitung" ist jetzt dasjenige Blatt, das in Düsseldorf die besten Absatzchancen hat. Diese Zeitung wird von der französischen Besatzungsbehörde überall mit größtem Entgegenkommen behandelt, weil ihr bekannt ist, daß die Vossische Zeitung das einzige Blatt in Deutschland ist, das für die Verständigung mit Frankreich eintritt. Die französische Besatzungsbehörde weiß, daß sie bei der unbedingten Freigabe des Verkaufs der „Vossischen Zeitung" keinerlei Gefahr läuft, weil in ihr für allerhand Vermutungen und sonstige politische Kombinationen, die nicht der Annäherungspolitik dienen, kein Raum gegeben wird. In gleicher Weise verhält es sich mit den Bildern in der „Berliner Illustrierten Zeitung". Der französischen Besatzungsbehörde ist auch hier bekannt, daß von der Redaktion die nötigen Rücksichten genommen werden." (Berliner Tageblatt, Nr. 205/1921.)

Zum Kapitel — „Judentum und Landesverrat" gehört auch der folgende, von Ludendorff in seinem Buch „Kriegshetze und Völkermorden" gebrachte Auszug aus der „Festschrift" der Loge „Karl zu den Adlern". Dort heißt es:

„Der 27. Oktober 1806, an welchem der siegreiche Napoleon seinen Einzug in die preußische Hauptstadt hielt, öffnete auch die Pforten unseres Tempels den der französischen Armee angehörigen Brrn., die sich durch Zertifikate oder gegenseitige Bürgschaft vorher als Maurer ausgewiesen hatten. Es waren ihrer neun, teils französische, teils holländische Offiziere und zwei Militärärzte. An Stelle des abwesenden Meisters v. St., Br. Weißmantel, begrüßte Br. Weißenborn dieselben durch Ablesung einer in französischer Sprache abgefaßten, auf diesen Gegenstand und die Zeitumstände passenden Ansprache, worauf einer der besuchenden Brr. eine kurze „Gegenrede" hielt. Ebenso verlas der erste Vorsteher eine „angemessene Rede" über denselben Gegenstand in französischer Sprache, worauf noch Br. Dominicus eine dritte Ansprache in derselben Mundart vom Stapel ließ. Zur Ehre sei's gesagt, daß wenigstens der Br. Redner zuletzt noch einige Kapitel aus den Instruktionen in deutscher Sprache vortrug. Mit diesem Tage war der Loge Karl zu den drei Rädern ein französisches Gepräge aufgedrückt."

(Erich Ludendorff: Kriegshetze und Völkermorden, 51—60. Tausend, Seite 32.)

Von Metternich ist uns aus dem Jahre 1849 eine Äußerung bekannt, die ebenfalls im Judentum eine kriegführende Macht erkennen läßt:

„Es gibt im deutschen Reich revolutionäre Kräfte, die fürchterlich sind; das jüdische Element z. B. In Deutschland haben die Juden die ersten Rollen eingenommen und sind die hochfliegendsten Revolutionäre. Sie sind Philosophen, Schriftsteller, Dichter, Redner, Journalisten, Bankiers und haben im Kopf und im Herzen das ganze Gewicht der alten Schande! Sie werden einen fürchterlichen Tag für Deutschland herbeiführen . . ., welchem wahrscheinlich ein fürchterliches Morgen für sie folgen wird."

Die eine Seite der Metternichschen Prophezeiung ist inzwischen in Erfüllung gegangen; der fürchterliche Morgen für die Juden steht noch aus.

Man prüfe die sämtlichen, oben zitierten Bibel- und Talmudstellen daraufhin nach, ob sie nicht vollkommen dem Geiste der jüdischen Politik, dem Geiste der Herzl, Harden, Nordau, Liebknecht und ihrer Rassegenossen in Rom, Spanien, Österreich entsprechen und dann widerlege man durch Gegenbeispiele meinen Satz, daß alle von mir angeführten Bibel- und Talmudstellen kriegsrechtlicher Natur sind und daß Bibel und Talmud das System des Kriegsrechts der Juden enthalten. Man widerlege meinen Satz, daß die Juden eine Nation bilden, die seit Jahrtausenden nach ihrem Kriegsrecht Krieg führt, selbständige Politik treibt und auch heute noch für sich das Recht zu Kriegführung und Friedensschluß in Anspruch nimmt.

Alle diese eigentlich am Tage liegenden Tatsachen und Erkenntnisse wurden seither durch den zum Selbstmord führenden Glauben überdeckt, daß die Bibel als „Wort Gottes" derartige Dinge wie jüdisches Kriegsrecht nicht enthalte. So hat man von christlicher Seite, um nur ein Beispiel zu erwähnen, die Stellen im Jesaias, in denen von der Umwandlung der Schwerter in Pflugscharen und der Spieße zu Sicheln, von lämmerweidenden Wölfen, strohfressenden Löwen und erdefressenden Schlangen und pazifistischen Bären — (vgl. Jesaias, Kapitel 2, V. 4, Kapitel 11, Kapitel 65, V. 25) — die Rede ist, als erhabenste Geschichte gepriesen, denen in der nichtjüdischen Poesie nichts Gleichwertiges zur Seite zu stellen sei. Mit solchen Auslegungen versperrt man sich allerdings den Weg zu jeder Erkenntnis und landet gedanklich in der Welt des jüdischen kultischen Imperialismus.

Das war seither einer der verhängnisvollsten Irrtümer der christlichen Lehre, daß sie im Judentum „das Volk des Friedens" sah. Diesen Irrtum haben die nichtjüdischen Völker mit Strömen von Blut bezahlen müssen. Nur die Idee des jüdischen kultischen Imperialismus und des jüdischen (nicht des christlichen!!) Messianismus ermöglicht eine widerspruchslose Auslegung der Bibel. Wer diese Ideen als die treibende Kraft in der jüdischen Prophetie erkannt hat, für den rücken z. B. Jesaias (Kapitel 2 ,V. 4; Kapitel 11, Kapitel 65, V. 25 usw.) und Joel (Kapitel 4, V. 1—12) und Micha (Kapitel 5, V. 6—8) ganz nahe zusammen, während sie ohne die sie verbindenden Klammern des jüdischen Imperialismus und Messianismus sehr schroff und unversöhnlich einander gegenüberstehen.

Jedoch nicht nur die jüdische Prophetie muß dazu herhalten, um aus ihr die Berufung Israels als Friedensapostel zu konstruieren — auch aus dem fünften Mosesgebot:

„Du sollst nicht töten" hat man schon die Erhabenheit des jüdischen Pazifismus und der jüdischen Gedankenwelt herauslesen wollen.

Da man die Bibel niemals ohne den Talmud lesen und studieren soll, so fragen wir auch bei der Auslegung dieses Gebotes den Talmud um Rat. Und da sagt uns denn der Rabbi Levi ben Gerson in seiner Auslegung der fünf Moses, fol. 77, col. 4 in der Parascha Vajischma Jethro:

„(Die Worte Exodus 20, V. 13), „Du sollst nicht töten" bedeuten, daß du keinen Menschen von den Israeliten umbringen sollest. Denn die Tötung der lebenden Tiere ist ihnen erlaubt, wie aus vielen Orten in dem Gesetz erhellt. So ist ihnen auch geboten etliche Völker, als den Amalek und die übrigen Völker zu töten, von welchen ihnen befohlen ist, daß sie keine Seele von ihnen sollen leben lassen. Deswegen folgt, daß dieses Gebot nur die Israeliten betreffe."

Der Rabbi Mosche bar Majemon äußert sich in seinem Buche Jad chasaka im vierten Teil, fol. 47, col. 1 im 1. Kapitel Nr. 1 unter dem Titel: Hilchoth rozeath:

„Wer einen Menschen von den Israeliten tötet, der übertritt ein verbietendes Gebot, wie gesagt wird: Du sollst nicht töten!"

Der Gleiche ebenda, 4. Teil, fol. 48, col. 2, Kapitel Nr. 11 unter dem gleichen Titel:

„Ein Israelit, welcher einen Fremdling, der bei uns wohnt, umgebracht hat, wird seinetwegen in dem Richthaus nicht getötet, weil (Exodus 21, V. 14) gesagt wird: Wo aber jemand an seinem Nächsten frevelt (und mit List ihn erwürget) und ist nicht nötig zu sagen, daß er nicht wegen eines Nichtjuden getötet werde (weil derselbe sein Nächster nicht ist).

Der Gleiche ebenda, 4. Teil, fol. 295, col. 2, 10. Kapitel Nr. 4 unter dem Titel Hilchoth melachi:

„Ein Kind Noahs (ein Nichtjude), der Gott fluchet oder Abgötterei begehet oder bei seines Gesellen Weib liegt oder seinen Gesellen umgebracht hat und den jüdischen Glauben annimmt, der ist frei (und wird deswegen nicht gestraft). Hat er aber einen Israeliten getötet, oder ist er bei eines Israeliten Weib gelegen und wird ein Jude, so ist er (des Todes) schuldig; und wird derselbe um eines Israeliten willen umgebracht und um eines israelitischen Weibes willen, die er beschlafen hat, mit dem Strang gerichtet, denn siehe sein Urteil ist (auf solche Weise) anders beschaffen."

Den Satz: „Den besten unter den Nichtjuden schlage tot", haben wir schon kennengelernt.

So viel zur Auslegung des fünften Mosesgebotes, durch welches jedem Juden eingeschärft wird, daß er im Heeresverband des jüdischen Volkes an jeder Stelle, wo er sich befindet, in erster und letzter Linie Kämpfer für sein Volk ist. Sind die Herzl, Nordau, Harden, Liebknecht in ihrem ganzen Leben jemals etwas anderes gewesen als Kämpfer für ihr Volk im Verbande der jüdischen Heeresorganisation? Kann einer unter uns Nichtjuden diesen Juden auch nur einmal den Vorwurf machen, daß sie ihr Volk, ihr Judentum verraten hätten? Wir haben unser Volk verraten, indem wir unser, der Deutschen, Schicksal ihnen anvertrauten und von den Juden erwarteten, daß sie um des Deutschtums willen an ihrem Volk Verrat und Volksverleugnung begehen würden! An diesem Geschichtskuriosum trägt das Christentum sein gerüttelt Maß an Schuld. Leider ist es nicht nur ein Geschichtskuriosum . . .

Während das Völkerrecht der nichtjüdischen, arischen Staaten unter der Lebensinteressen- und Ehrenklausel steht, gilt für das jüdische Kriegsrecht diese Einschränkung nicht. Hier gilt der unbeschränkte jüdische Imperialismus. Wie in des Rabbi Bechai Auslegung über die fünf Bücher Moses fol. 198, col. 1 Parascha Vahaja ekef zu lesen ist:

„Du sollst alle Völker fressen, die Jahwe dein Gott dir geben wird:

Du sollst sie vertilgen und wie Brot fressen nach dem Spruch (Numeri 14, V. 9, wo gelesen wird) denn sie sind unser Brot.

Unsere Rabbinen gesegneten Gedächtnisses erklären solches (also, daß du die Völker vertilgen sollst) zur Zeit, wenn sie dir in deine Gewalt übergeben sind."

Jalkut Schimoni über die fünf Bücher Moses fol. 245, col 3 Nr. 772 und in Bammidbar rabba fol. 229, col. 3 Paradscha 21:

„Wer das Blut der Gottlosen vergießet, der tut eben so viel, als wenn er (Gott) ein Opfer opferte."

Rabbi Bechai schreibt in seiner Auslegung über die fünf Bücher Moses fol. 132, col. 1 in der Paradscha Schemini:

„In dem Medrasch (wird gelehrt, daß die Worte Levit. 11, V. 2) das sind die Tiere, die ihr essen sollt, dasjenige bedeuten, was die Schrift (Hab. 3, V. 6) spricht. Er stund und maß die Erde und sahe die Heiden an und zertrennte sie. Zur Zeit als der heilige und gebenedeite Gott den Israeliten das Gesetz geben wollte, stund er auf und maß die Erde und gab den Israeliten das Gesetz öffentlich in der Wüste; deswegen steht geschrieben: Er stund auf und maß die Erde. Er hat ihnen (nämlich den Israeliten) ihr (nämlich der Heiden) Blut erlaubt (selbiges zu vergießen) wie (Jesaias 60, V. 12) gesagt wird: Und die Heiden sollen ganz und gar verwüstet (oder vertilgt) werden. Er hat ihnen ihre Seelen erlaubt, wie (Deuteronomium 20, V. 16) gesagt wird: Du sollst keine Seele leben lassen. Er hat ihnen ihre Güter erlaubt, wie (Deuter. 7, V. 16) gesagt wird: Du wirst alle Völker fressen."

Man vergleiche mit diesen Talmud- und Bibelstellen die nachfolgenden Ausführungen, mit denen Walter Rathenau den Deutschen im Jahre 1919 in der Züricher Zeitung ihr Los verkündet:

„Wer in 20 Jahren Deutschland betritt, das er als eines der blühendsten Länder der Erde gekannt hat, wird niedersinken vor Scham und Trauer. Die großen Städte des Altertums, Babylon, Ninive, Theben, waren von weichem Lehm gebaut, die Natur ließ sie zerfallen und glättete Boden und Hügel. Die deutschen Städte werden nicht als Trümmer stehen, sondern als halb erstorbene steinerne Blöcke, noch zum Teil bewohnt von kümmerlichen Menschen. Ein paar Stadtviertel sind belebt, aber aller Glanz und alle Heiterkeit ist gewichen. Müde Gefährte bewegen sich auf dem morschen Pflaster. Spelunken sind erleuchtet, die Landstraßen sind zertreten. Die Wälder sind abgeschlagen. Auf den Feldern keimt dürftige Saat. Häfen, Bahnen, Kanäle verkommen und überall stehen traurige Wohnungen, die hohen verwitterten Bauten aus der Zeit der Größe .... Der deutsche Geist, der für die Welt gesungen und gedacht hat, wird Vergangenheit. ... Ein Volk ... das noch heute jung und stark ist ... ist tot."

So schildert der Jude Rathenau die Folgen des jüdischen Auszehrungskrieges gegen Deutschland. Du wirst alle Völker fressen.

Ehe ich zur Schilderung der Kriegshetze in Frankreich übergehe, muß ich die Praxis der jüdischen Presse zum Mosesgebot: „Du sollst nicht töten" und die Art ihrer Einwirkung auf die Rechtspflege behandeln.

Als der Jude Friedrich Adler den österreichischen Ministerpräsidenten, Grafen Stürgkh, niedergeschossen hatte, da setzte sofort in der ganzen jüdischen Weltpresse eine Entlastungsoffensive zugunsten Adlers ein. Krankheit, Nervosität, Überarbeitung mußten herhalten, um den armen Mörder zu entlasten, dessen überragender Charakter mit echt orientalischer Phantasie in allen Tonarten gefeiert und gepriesen wurde. Später — nach der marxistischen Rebellion — machte man ihn wieder zum Führer des österreichischen Marxismus und zum Vorstandsmitglied der Zweiten Internationale.

Der 21fache jüdische Raubmörder Schlesinger wurde von der Judenpresse den erstaunten Deutschen als „hoffnungsvoller" Musiker, als der Künstler mit „feinen, schmalen Händen" vorgestellt, an welchem die Todesstrafe zu vollziehen ausgemachte Barbarei und Kulturschande wäre.

Überall, wo es um Juden geht, da finden wir ganz Israel gemeinsam im Kampf gegen die Todesstrafe; sobald sich aber Nichtjuden gegen Juden erheben, wie z. B. die Araber in Palästina gegen die zionistische Diktatur, da wird aufs bestimmteste die Verhängung der Todesstrafe über die Nichtjuden gefordert. So schrieb z. B. das „Allgemeine Jüdische Familienblatt" vom 15. November 1929 zu den in Palästina über die aufständischen Araber gefällten Todesurteilen:

> „Diese (d. h. die verurteilten Araber) haben kein Recht mehr zu leben .... Wir verlangen eine gerechte Bestrafung ihrer Taten. Das Recht bestraft solche Mörder mit dem Tode .... seid keine Humanitätsnarren: schafft keine arabischen, hinter Kerkermauern schmachtenden Märtyrer."

Wer das System der jüdischen Kriegführung und des jüdischen Kriegsrechts durchschaut hat, der kann mit uns den Satz, auf den es in der Äußerung des Allgemeinen Jüdischen Familienblattes ankommt, in seinem *wahren* Sinne lesen: „Das *jüdische* Recht bestraft *solche* Mörder — d. h. Nichtjuden — mit dem Tode."

Natürlich wird mir hier von jüdischer Seite entgegengehalten werden, daß ich dem Allgemeinen Jüdischen Familienblatt etwas unterschiebe, was nicht seine Meinung sei, denn ich würde damit sagen, daß die Juden zweierlei Recht kennen, nämlich das jüdische und das nichtjüdische Recht und daß sie dem jüdischen Recht vor dem nichtjüdischen Recht Geltung zuerkennen. Es wird zur Entkräftung und Widerlegung unserer Ansicht der rabbinische Satz ins Feld geführt werden: „Staatsgesetz ist Gesetz."

Darauf habe ich mit Bischoff zu erwidern, daß „*kein* rabbinischer Ausdruck von den jüdischen und halbjüdischen Apologeten *so dreist gemißbraucht* worden ist, wie dieser ... In meinen (Bischoffs) „Rabbinischen Fabeln" (S. 34 ff.) habe ich auch diese üble Ecke des apologetisch-polemischen Augiasstalles ausgeräumt und dem unbesonnenen Herrn Landesrabbiner kurz nachgewiesen, daß sowohl in der talmudischen Ursprungsstelle (Baba kamma 113 a) wie *überall* in der rabbinischen Literatur (von Talmud über den Schulchan-aruch hinaus) *der unbequeme Satz Samuels, daß Staatsgesetz in gewissen Fällen auch gelte, niemals unwidersprochen bleibt, sondern stets bedeutenden Einschränkungen unterworfen oder für nicht an-*

wendbar erklärt wird, wie z. B. in dem vom Schulchan=aruch behandelten eherechtlichen Falle (Choschen=ha=mischpat 369, 11 Hagah), wo es offen heißt: „In diesem Falle gilt nicht: „Staatsgesetz (ist Gesetz)“ ... weil sonst alle jüdischen Gesetze beseitigt werden würden.“ Und Hoffmann selbst muß (der Schulchan=aruch S. 73) eingestehen: „Allerdings würde dieser Samuelsche Grundsatz, allgemein gefaßt und konsequent durchgeführt, das jüdische Recht beseitigen und an dessen Stelle das Landesrecht gesetzt haben.“ (Erich Bischoff: Das Buch vom Schulchan=aruch, S. 120—121.)

Von dem in diesem Buche vertretenen Gesichtspunkte aus, daß das Judentum eine selbständige Nation ist, muß der eben entwickelte rabbinische Standpunkt als folgerichtig anerkannt werden. Denn eine Nation ohne eigenes Recht ist keine Nation. Allerdings ist die Ableugnung des eigenen Rechts im System der jüdischen Kriegführung ebenso folgerichtig, weil das Loyalitätsgeschrei und die Loyalitätsversicherung im ganzen System der Jerichopolitik der angreifenden Märtyrer unentbehrlich ist.

Man braucht jedoch die Geltung des Satzes: „Staatsgesetz ist Gesetz“ nicht einmal in Frage zu stellen, wenn man die Einschränkungen kennt, die das jüdische Kollisionsrecht zu diesem Satz macht. Auch dieses steht im Dienst der jüdischen Kriegführung: Heißt es doch in Baba kamma:

> „Wenn ein Israelit mit einem Nichtjuden vor dir zu Gericht kommt, so sollst du ihm nach jüdischem Gesetz möglicherweise Recht geben und zu jenem sagen so sei es nach unserem Gesetz; und wenn nach dem Gesetz der weltlichen Völker (dann sollst du) ihm Recht geben und jenem (Nichtjuden) sagen: so sei es nach eurem Gesetz; wenn aber (das auch) nicht, so komme jenem (Nichtjuden) mit einer Hinterlist.“

Ganz abgesehen davon, daß hier dem Juden Rechtsbeugung durch Hinterlist gegenüber dem Nichtjuden zur Pflicht gemacht ist, wenn dem Juden nicht mehr anders zu helfen ist, so ist hier einwandfrei festgestellt, daß das „Staatsgesetz“ immer dann gilt, wenn es dem Juden zum Siege über die Nichtjuden hilft.

Wenn das jüdische Recht nicht gelten würde, so hätten auch jene Vorschriften keinen Sinn, nach welchen es den Juden verboten ist, einander vor den nichtjüdischen Gerichten zu verklagen. Auch das Judentum nimmt als Nation für sich den selbstverständlichen Grundsatz an, daß es sich seine Rechts= und Gerichtshoheit von keinem anderen Volke nehmen läßt, denn Rechts= und Gerichtshoheit sind wesentlichste Stützen nicht nur der arischen Staaten, sondern auch der jüdischen Diasporaverfassung. Wer mit Klatzkin das Dasein der jüdischen Diaspora anerkennt, der muß auch folgerichtig die jüdische Rechts= und Gerichtshoheit anerkennen, für den kann auch die Geltung von Vorschriften, wie der beiden folgenden nicht zweifelhaft sein. Choschen=ha=mischpat 26, 1.

„Es ist verboten, vor den Richtern und in den Gerichtshäusern der Nichtjuden zu prozessieren, selbst wenn sie (die nichtjüdischen Richter) den jüdischen Gesetzen entsprechend urteilen. Sogar wenn beide (jüdische) Parteien (freiwillig) übereingekommen sind, den Prozeß vor ihnen (den nichtjüdischen Richtern) zu führen, ist das verboten. Jeder, der es aber doch tut, ist ein Bösewicht und (so zu achten), als ob er mit Mißachtung, Lästerung und erhobener Hand gegen das Gesetz unseres Meisters Mose, auf dem der Friede sei, loszöge." (Erich Bischoff: Das Buch vom Schulchan-aruch, S. 97).

Dasselbe sagt der Rabbi Bechai in seinem Buch Cad hakkemach fol. 121, col. 4 und fol. 22, col. 1 unter dem Titel Oth Gimel:

„Derjenige, welcher hingehet und rechtet bei den Gerichten der Gojim oder Heiden, der entheiligt (und verunehrt) den Namen des gebenedeiten Gottes und ehret einen Abgott und macht, daß derselbe geachtet werde, sintemalen (Deuter. 32, V. 31) geschrieben stehet: Denn ihr Fels ist nicht unser Fels: und unsere Feinde sind Richter. Und halte ich dafür, daß man sagen müsse, daß das Wörtlein wie, welches in den Worten „wie unser Fels" enthalten ist, zu den Worten „unsere Feinde" gehöre und daß dieses der Verstand der Schrift sei, daß es das Ansehen habe, daß er (nämlich Gott) nicht aller Völker Fels sei, wenn unsere Feinde Richter sind. Hieraus erhellt, daß ein solcher eine große und schwere Sünde begehet und so viel tut, als wenn er die oberste Kraft (d. i. Gottt) schwäche. Du mußt auch wissen, daß diese Sünde eine Materie zu vielen anderen Sünden ist, denn aus derselben Wurzel sprossen und wachsen Äste großer Sünden. So finden sich auch unter denselben Fittichen viel Schäden und Anstöße ohne Ende und ist sie schwerer als der Totschlag und will ich dir erklären welcher Gestalt (solches wahr sei). Es ist bekannt, daß der Totschlag eine von den schwersten Sünden sei, deren im Gesetz gedacht wird, und daß die Strafe (desselben) sehr groß und schwer sei, dieweil ein Totschläger Menschenblut vergießet und machet, daß eine Seele von der Welt verloren wird. Er machet auch nicht allein, daß der Getötete, sondern auch sein Geschlecht, welches von ihm hätte kommen und ohne Ende hätte sein können, verloren wird: denn siehe, der Adam war allein und alle Menschen der siebzig Sprachen, die in der Welt sind, kommen von ihm her. Wenn nun dem also ist, so lernen wir, daß, wenn einer eine Seele umbringet, er so viel tue, als wenn er die ganze Welt voll umbrächte. Also auch ist es (im Gegenteil) mit der Errettung (eines Menschen) beschaffen, wenn einer eine Seele von Israel erhält, daß er ebenso viel tut, als wenn er die Welt voll erhielte. Siehe, hieraus lernest du, was der Totschlag für eine Sünde sei. Wiewohl aber die Sünde des Totschlags schwer ist, so ist doch die Sünde der Räuberei und der Entheiligung des Namens Gottes noch schwerer, als dieselbe, denn dem Totschläger wird vergeben, wenn er Buße tut, und so finden wir es an dem Kain. Mit der Räuberei aber ist es nicht also beschaffen, denn die Buße nutzet dem Räuber nichts, bis daß er das Geraubte wieder gibt und wenn er es nicht wieder gibt, so wird ihm nimmermehr vergeben. Eben also ist es auch mit der Entheiligung des Namen Gottes bewandt, daß die Buße dem Entheiligenden nichts nützet, denn sie ist schwerer als die Sünde, welche die Ausrottung (aus diesem Leben) und die (vier Tode) des Gerichts verdient: maßen unsere Rabbinen, gesegneten Gedächtnisses im (talmudischen) Traktat Joma (fol. 86, col. 1) es also ausgelegt haben: Wenn einer eine Sünde begangen hat, welche der Ausrottung (aus diesem Leben) und der vier Tode des Gerichts (nämlich des Richtens mit dem Schwerte oder dem Strange oder des Steinigens oder Verbrennens würdig ist und tut Buße, so hebt die Buße und der Versöhnungstag dieselbe auf und die Strafen, (welche Gott zuschicket) nehmen sie weg (und reinigen den Menschen davon) wie (Psalm 89, V. 33) gesagt wird: So will ich ihre Sünden mit der Rute heimsuchen usw. Wenn aber einer den Namen Gottes entheiligt, so hat die Buße keine Macht, solches aufzuheben und der Versöhnungstag versühnet es nicht und die Strafen nehmen es nicht weg, sondern diese Stücke alle halten es auf und der Tod reiniget davon, wie (Jesaias 22, V. 14) gesagt wird: Und der Herr der Heerscharen ist vor meinen Ohren geoffenbaret worden. Es sind aber diese zwei Sünden, nämlich die Räuberei und die Entheiligung des Namen Gottes, welche schwerer als der Totschlag sind, in der Sünde, welche durch das Rechten bei den Gerichten der Gojim, das ist, Christen, begangen wird, begriffen. Die Entheiligung des Namen Gottes (ist darinnen enthalten), denn siehe, wer bei den Gerichten der Gojim rechtet, der entheiligt den Namen Gottes und gibt die Ehre einem anderen (als Gott, nämlich einem Abgott) und seine Ehre den Götzen. Wehe aber wegen solcher Verwirrung und großen Trunkenheit denjenigen, die in einem Orte sind und solches wissen (daß es eine große Sünde sei) und doch dawider handeln, gleichwie der Prophet Jesaias Kap. 29, V. 9) gesagt hat: Sie sind trunken aber nicht von Wein usw., denn siehe, sie verlassen das Hauptwesen (nämlich Gott) und geben dem Abgott Geschenke und Ehre: und dieses ist, was der König David, auf welchem der Friede sei, (Psalm 16, V. 4) gesagt hat: Sie vermehren ihre Götzen und begaben einen andern, indem sie einem andern Gott Gaben geben, ihm zu dienen. Die Räuberei (ist auch darinnen begriffen), denn wer die Gerichte Israels verlässet und bei den Gerichten der Gojim Wasser herausbringet (das ist rechtet), der begeht eine vollkommene Räuberei und gedenkt doch nicht daran, daß er raube, deswegen gibt er auch das Geraubte nicht wieder: und um solcher Ursache halber wird ihm in Ewigkeit nicht vergeben. Wer sich nicht an die israelitischen Gerichte hält und bei einem Gericht der Völker einen Prozeß führt, der tut so viel, als wenn er sich der Gottheit des heiligen gebenedeiten Gottes entzogen hätte, denn das Gesetz (Levit. 24, V. 22) spricht: Es soll ein Recht unter euch sein usw. Denn ich bin der Herr euer Gott. Es bedünket mich aber, daß die Schrift durch die Worte „ein Recht" so viel bedeuten will, als das Recht des einigen (nämlich Gottes:) dasjenige Recht, welches euch auf dem Berge Sinai (von Gott) ist gegeben worden, nicht aber das Recht der Völker und ihr Gesetz; denn ich bin der Herr euer Gott. Wenn ihr dasselbige Recht in Acht nehmt, so bin ich der Herr euer Gott. Aus dieser Regel J a hörest du auch das N e i n , denn wer solches Recht nicht beobachtet, siehe, der tut so viel, als wenn er sich der Gottheit des heiligen gebenedeiten Gottes entzogen und das Fundament (nämlich Gott verleugnet hätte: maßen es eine bekannte Sache ist, daß alle

Glauben (oder Religionen) der Völker und ihre Rechte Früchte des Gesetzes sind; und daß die Rechtssatzungen, welche in dem Gesetz sind, zu den Fundamenten (oder Hauptstücken) des Gesetzes gehören: und wenn wir uns derselbigen nicht befleißigen, so ist es eine Entheiligung des Namen Gottes. Diejenigen auch, welche es verhindern können, (daß solches nicht geschehen möge) und verwehren es nicht, die entheiligen den Namen Gottes und verachten das Gesetz Mosis und geben dem Abgott die Ehre und machen, daß die Israeliten um ihr Geld und Gut kommen, werden auch ins künftige darüber Rechenschaft geben müssen." (Eisenmenger, 2. Band, S. 475/477.)

Ein Volk, ein Glaube, ein Recht — das ist der langen Rede kurzer Sinn. Und bei einer so klaren Erkenntnis des Wesens des Rechts und seiner Verbindung mit dem Leben eines Volkes sollten die Juden bereit gewesen sein, auf ihre Rechts- und Gerichtshoheit zu verzichten? Die Juden sollten aus ihrer Diasporaverfassung gerade das gestrichen haben, was die Grundlage ihrer Diasporaverfassung ausmacht — die Rechts- und Gerichtshoheit? Ohne die Rechtshoheit keine Diasporaverfassung und ohne die Diasporaverfassung kein Judentum! Wer mich widerlegen will, der muß Klatzkin widerlegen, muß Bibel und Talmud widerlegen.

Für denjenigen, der die Ansichten der jüdischen Presse an den kriegsrechtlichen Bestimmungen von Thora und Talmud nachprüfen will, gebe ich noch einige Fälle wieder. Ich brauche wohl nicht zu betonen, daß ich deutsche Rechtsanschauungen vertrete.

Am 24. Juni 1922 wurde Walter Rathenau erschossen. Von ihm stammt das berühmte Wort:

„Nie wird der Augenblick kommen, wo der Kaiser als Sieger der Welt mit seinen Paladinen auf weißen Rossen durchs Brandenburger Tor zieht. An diesem Tage hätte die Weltgeschichte ihren Sinn verloren."

Er führte Deutschland in die Not, Novemberrevolte und den Zusammenbruch des Jahres 1918. Da sich heute niemand mehr zur Vaterschaft bei der Novemberrevolte bekennen will, so wollen wir doch wenigstens das Geständnis Rathenaus festhalten. Der Zionist und Bolschewik Artur Holitscher erzählt in seiner Schrift: „Mein Leben in dieser Zeit":

„Eines Abends bald nach dem Zusammenbruch des Heeres und der Ausrufung der Republik, traf ich Rathenau im Hause meines Verlegers Fischer. Nachdem der Fisch serviert worden war, legte Rathenau plötzlich seine Serviette hin und sprach mit der scharfen und klaren Stimme eines Menschen, der seine Worte wohl überlegt hat, zu mir gewandt folgendes:

„Wie konnte das geschehen, Herr Holitscher, daß in diesen Tagen die Jugend Deutschlands an mir, der ich diese Revolution in Wahrheit geschaffen habe. ohne Dank und Gruß vorübergegangen ist?" Und nach einer Pause mit erhobener Stimme: „Ohne Dank und Gruß! In 400 Jahren — in 400 Jahren wird die Geschichte berichten, daß in den ersten Tagen der deutschen Revolution Deutschlands Jugend ohne Dank und Gruß an mir vorübergegangen ist."

Rathenau hat nicht nur Deutschland zum Zusammenbruch durch die Revolution geführt! — er machte es in den folgenden Jahren zum Ausbeutungsobjekt eines „internationalen Privatsyndikats". Er hat nichts getan, was den Zusammenbruch Deutschlands und seine Versklavung hätte verhindern können und alles unternommen, um es unter die Botmäßigkeit des internationalen Finanzkapitals zu zwingen. Er war „einer, der dem ewigen Boche ins Gesicht zu spucken wagte" — sagte der Jude Zweig und wollte damit wohl ausdrücken, daß er Recht damit tat. Wir hätten uns also vom Juden ins Gesicht spucken und treten lassen sollen. Er wurde niedergeschossen und zwei seiner Mörder übten Selbstmord. — Das Judentum hätte sie aufs grausamste hingerichtet.

Im Jahre 1894 starb der Zar Alexander III. Bis zum Erscheinen des Buches „Die kaiserliche Orgie" des Juden Saltus war alle Welt des Glaubens, daß der Zar eines natürlichen Todes an einer akuten Nierenentzündung gestorben sei. In Wirklichkeit wurde er von seinem Leibarzt, dem Juden Zacharjin, vergiftet. Der Vorgang wird uns vom Juden Saltus in seinem Buche geschildert wie folgt:

> „Nachdem der Zar die Medizin eingenommen und sich in qualvoller Agonie auf seinem Sterbelager wand, beugte sich Zacharjin über ihn (wobei über sein Gesicht, nach dem Bericht von Saltus ein teufliches Grinsen sich ausbreitete).
>
> „Wer sind Sie?" — röchelte der Zar. „Ich — ein Jude!" Und mit eiserner Stirn wandte sich der Henker zur anwesenden Zarin, den Ministern und dem Hofe und sagte:
>
> „Keine Aufregung, S. M. fiebert" und dann beugte er sich über den Sterbenden und grinste ihn wieder an: „Du hauchst Dein Ende aus und wir haben gesiegt." (Weltkampf 1926: Ein Meer von Blut. Von Dr. Gregor, S. 251.)

„Den besten der Nichtjuden schlagt tot!"

Hat das Judentum jemals das fürchterliche Russenpogrom unter der bolschewistischen Regierung mißbilligt? Unter des Juden Trotzki und seiner Rassegenossen Führung wurde Rußland ausgemordet und ausgehungert. Der Tscheka — nach General Tschereg-Spiridowitsch in jüdischer Sprache der Ausdruck für Viehschlachtung, da die Nichtjuden nach dem Talmud Vieh sind — fielen zum Opfer: 28 Bischöfe, 1215 Priester, 6000 Mönche, 8800 Ärzte und Heilgehilfen, 54 650 Offiziere, 10 500 Polizei-Offiziere, 48 500 Schutzleute, 260 000 Soldaten, 361 825 Rechtsanwälte, Staatsanwälte und alle anderen freien Berufe, 192 350 Arbeiter, 815 000 Bauern.

Im Jahre 1926 wurde der Kosakenhetman Petljura in Paris von dem Juden Schwarzbart niedergeschossen. Petljura war Nichtjude, war Gegner des Bolschewismus und seiner jüdischen Massenmörder. Dabei war Petljura nachweislich kein Antisemit, saß doch in der Regierung der Ukrainischen Volksrepublik unter Petljura ein jüdischer Minister. Wenn also in der Ukraine unter Petljuras Regierung irgendwelche Judenhinrichtungen vorgekommen sind, so war der jüdische Minister in seinem Kabinett mitschuldig. Der jüdische Haß richtet sich aber nur gegen den Nichtjuden Petljura. Im Ton des angreifenden Märtyrers schrieb die „Jüdische Rundschau“ (Nr. 40/41, 1926):

„Die Revolverschüsse am Boulevard St. Michel werden die Kulturmenschheit aufhorchen lassen wie einst die Schüsse gegen den Armenierschlächter Talaat. In unserer schnell lebenden Zeit fast vergessene Ereignisse tauchen gespenstisch auf: Ein Volk, schutzlos preisgegeben toll gewordenen Bestien, blutet, stöhnt verzweifelt und es gibt keinen Retter. Die Judenfrage aber besteht heute noch. Die Welt hat an den Opfern der Pogrome ihre Pflicht der Wiedergutmachung noch nicht erfüllt. Nur wenn das jüdische Volk in normale Verhältnisse auf eigenem Boden übergeführt wird, werden Ereignisse wie die, die jetzt in Paris ihr spätes Echo in der leidenschaftlichen Rache eines auch persönlich schwer von den Pogromen Getroffenen gefunden haben, nicht mehr geschehen können.“

Und die „Wiener Morgenzeitung“ vom 13. Juni 1926 schrieb wutentbrannt:

„Das internationale Gesindel, dem das Messer immer locker sitzt, will dem Juden nicht einmal das primitive Zugeständnis der Rache machen.“

So spricht der angreifende Märtyrer, der eben Millionen von Nichtjuden zynisch, sadistisch und pervers niedermetzelte: So spricht der angreifende Märtyrer, der sofort andere Töne findet, wenn es um Nichtjuden geht. Als nämlich während des Hungerjahres 1922 in Rußland täglich 30 000 Nichtjuden krepierten, da meinte der Jude Trotzki:

„Desto besser, der Hunger wird uns die Verwaltungsarbeit erleichtern.“ (Weltkampf, Jahrgang 1926 Gregor: Ein Meer von Blut S. 249.)

Wer das noch immer nicht gelten lassen will, dem sei noch einmal mit Maximilian Harden gedient. Der Weltkampf (Jahrgang 1925, S. 607) bringt seinen Lesern einen Zeitungsausschnitt aus dem Jahre 1924 zur Kenntnis, der ihm aus den Vereinigten Staaten zugegangen ist „und der sich auf die Hetze Hardens gegen die amerikanische Kinderhilfe bezieht. „Wie der bekannte Kritiker“ H. L. Mencken schreibt, wird die ganze antifranzösische Propaganda der Engländer in Amerika durch die antideutschen Artikel Maximilian Hardens in amerikanischen Blättern geschädigt. Vor kurzem veröffentlichte Harden Artikel, in denen er wiederholt behauptete, daß Deutschland genug Lebensmittel besitzt. Die Absicht war offenbar die, die von General Allen großzügig eingeleitete amerikanische Rettungsaktion für die deutschen Kinder zu beeinträchtigen. Darauf hat ein amerikanischer Dichter in einem amerikanischen Blatte folgende Verse veröffentlicht, die wir im Original und in der Übersetzung beifügen:

„When the man like his work lies rotten
In the swamp of time forgotten,
Two lines, not his own, will linger
Traced on his tomb by a little finger — This epitaph:
„He sold his country's foes empoisoned brands —
He tore the bread from hungry childrens hands.“

Wenn der Mann wie sein Werk vermodert liegt,
Und endlich trotz ihm die Wahrheit siegt,
Dann werden zwei Zeilen — die seinen nicht — bleiben —
Kleine Hände sie ihm auf den Grabstein schreiben
Als Epitaph:
„Er verschacherte giftige Dolche nach Feindesland,
Er riß das Brot aus hungernder Kinderhand".

Wir haben damit schon das Gebiet der politischen Brunnenvergiftung betreten. Ein Beispiel liefert uns 1. Mose 19, V. 30 ff.

„Und Lot zog aus Zoar und blieb auf dem Berge mit seinen beiden Töchtern; denn er fürchtete sich, zu Zoar zu bleiben; und blieb also in einer Höhle mit seinen beiden Töchtern. Da sprach die älteste zu der jüngsten: Unser Vater ist alt und ist kein Mann mehr auf Erden, der zu uns eingehen möge nach aller Welt Weise; so komm, laß uns unserm Vater Wein zu trinken geben und bei ihm schlafen, daß wir Samen von unserem Vater erhalten. Also gaben sie ihrem Vater Wein zu trinken in derselben Nacht. Und die erste ging hinein und legte sich zu ihrem Vater; und er wurde nicht gewahr, da sie sich legte, noch da sie aufstund. Des Morgens sprach die älteste zu der jüngsten: Siehe, ich habe gestern bei meinem Vater gelegen. Laß uns ihm diese Nacht auch Wein zu trinken geben, daß du hineingehest, und legest dich zu ihm, daß wir Samen von unserem Vater erhalten. Also gaben sie ihrem Vater die Nacht auch Wein zu trinken. Und die jüngste machte sich auch auf und legte sich zu ihm; und er wurde nicht gewahr, da sie sich legte, noch da sie aufstund. Also wurden die beiden Töchter Lots schwanger von ihrem Vater. Und die älteste gebar einen Sohn, den hieß sie Moab. Von dem kommen her die Moabiter bis auf den heutigen Tag. Und die jüngste gebar auch einen Sohn, den hieß sie das Kind Ammi. Von dem kommen her die Kinder Ammon bis auf den heutigen Tag."

Rudolf Kittel schreibt in seiner Geschichte der Hebräer über die Entstehung der Kinder Moab und Ammon:

„Man wird sie (die Geschichte nämlich) deshalb doch eher mit Dillmann dem hebräischen Volkswitz zuschreiben, welcher durch sie seinem Widerwillen gegen Moab — Ammon Worte lieh." (Kittel, Geschichte der Hebräer, S. 137.)

Gerlach schreibt in seinem Kommentar zu dieser Stelle:

„Die Moabiter und Ammoniter waren den Israeliten stammverwandt, aber von früh an einem verderblichen Götzendienst ergeben, welcher sie zu gefährlichen Nachbarn für das Volk Gottes machte. Unsere Geschichte zeigt, wie schon ihr Ursprung sehr unreiner Art war, und die darin sich kundgebende Gottlosigkeit der Keim der späteren . . ." (Otto von Gerlach, 5. Aufl. 1873, I., S. 57.)

Kittel schreibt die Stelle dem hebräischen Volkswitz zu, Gerlach erkennt ihre Wahrheit in vollem Umfange an und schreibt den Moabitern und Ammonitern in Übereinstimmung mit den Juden den Ursprung aus Blutschande zu; — ich glaube weder an den „hebräischen Volkswitz" noch an die Entstehung aus Blutschande, sondern halte die Stelle für eine gefährliche jüdische Brunnenvergiftung, vorgenommen zu dem Zweck, die dem „Volk Gottes“ „gefährlichen Nachbarn“ ein für allemal zu erledigen.

Setzen wir den Fall, daß in 2000—3000 Jahren keine Deutschen mehr leben, daß die Werke der deutschen Dichtkunst, Tonkunst, Literatur und Wissenschaft mit dem Deutschtum untergegangen sind und nur alle jüdischen Greuelgeschichten aus Weltkrieg und Nachkriegszeit den künftigen Menschengeschlechtern überliefert wurden, so werden wir von den zukünftigen Theologen vom Schlage der Gerlach und Kittel wie die Moabiter und Ammoniter abgetan werden. Es gibt ein verlogenes Sprichwort: „Lügen haben kurze Beine.“ Die an Moab und Ammon begangene jüdische Brunnenvergiftung beweist das Gegenteil. Es ist darum nicht weiter erstaunlich, wenn wir im Schulchan-aruch Jore dea fol. 120 col. 2 Nr. 151, § 14 lesen:

> „Es ist verboten, den Gojim oder Christen zu rühmen, auch nur zu sagen, wie schön ist dieser Abgöttische an seiner Gestalt. Viel weniger soll man seine Werke loben oder etwas von desselben Sachen loben.“

Dergleichen Vorschriften sind auch in dem Sepher mizvoth gadol des Rabbi Mosche Mikkozi, fol. 10, col. 3 und im Buch Col bo fol. 108, col. 4 Nr. 97 unter dem Titel Avoda sara, und im Buch Jad chasaka, 1. Teil, 10. Kap. § 4 des Traktates von der Abgötterei, wie auch im Buche Toledoth Adam vecchava fol. 160, col. 2, VI. Teil Titel Nathif schifa eser zu finden. (Eisenmenger, I. Band, S. 616.)

Es ist noch in aller Deutschen Erinnerung, daß im Weltkriege die arischen Völker von der jüdischen Weltpresse mit Hilfe der gemeinsten und niederträchtigsten Greuelpropaganda in den Krieg gegen Deutschland getrieben wurden. Hauptsächlich waren es Juden aus Deutschland, welche sich bei diesem traurigen Geschäft am meisten auszeichneten — und am meisten verdienten. Sagt doch Herr Isaak Markussohn zu London laut Times vom 3. März 1917:

> „Der Krieg ist ein riesiges Geschäftsunternehmen und das Schönste daran ist die Geschäftsorganisation.“

Verstand doch der Jude Lämmle aus Laupheim als Inhaber der Filmunternehmung „Universal Pictures Corporation“ mit ihren 200 Filmtheatern das Hetzgeschäft gegen Deutschland ganz ausgezeichnet. Sein Kampf gegen die Monarchie der Hohenzollern mit dem Film „Die Bestie von Berlin“ ist in Deutschland unvergessen. —

Auch der aus Mannheim stammende Großfinanzier Otto Hermann Kahn tat sein Möglichstes in der Verächtlichmachung Deutschlands. Er stiftete während des Krieges dem Hetzblatt deutscher Deserteure in der Schweiz, der „Freien Zeitung“, 50 000 Dollar zwecks Förderung ihrer Wühlarbeit. Er selber gestand am 11. November 1919 auf einem Bankett zu Neuyork:

> „Vom Tage des ersten Schusses an, der im Sommer 1914 abgefeuert wurde, habe ich alles getan, um meine bittere *Feindseligkeit gegen den abscheulichen preußischen Geist darzutun, der über die Welt das unaussprechliche Unglück jenes entsetzlichen Krieges*

gebracht hat, und ich tat alles, um mein unbedingtes Eintreten für die Sache der Alliierten zu beweisen, weil ich in ihr die Sache des Rechts und der Freiheit erblickte. In dieser Stellung bin ich niemals wankend geworden." (Zitat nach Heinrich Wolf: Angewandte Rassenkunde. S. 367.)

Auch heute, nachdem in Deutschland die nationale Regierung unter Hitler ans Ruder gekommen ist, geht eine jüdische Greuelpropaganda gegen Deutschland allergrößten Ausmaßes über die Welt. Der „Völkische Beobachter" vom 25./26. März 1933, Nr. 84/85 meldet darüber:

„Die von gewissen ausländischen Kreisen gegen Deutschland betriebene Hetz- und Wühlarbeit, die schon vor Tagen einsetzte, dauert in unverminderter Heftigkeit an.

Hauptausgangspunkt der antideutschen Propaganda ist zweifellos Neuyork, wo eine Reihe von Zeitungen tagtäglich über angebliche Vorgänge in Deutschland Nachrichten veröffentlicht, die den während des Krieges von einer gewissen ausländischen Presse veröffentlichten Schauermärchen über Grausamkeiten deutscher Soldaten usw. in nichts mehr nachstehen.

Damit man sich aber ein Bild über die Schamlosigkeit der in einem Teil des Auslandes betriebenen Hetze machen kann, seien nachfolgend einige Blüten maßloser, aus dem Geiste der weltanschaulichen Verzweiflung und des Hasses geborenen Veröffentlichungen wiedergegeben.

Der „New York American" meldete am Donnerstag aus Berlin, daß der Wärter des jüdischen Friedhofes in Berlin-Weißensee in den letzten drei Nächten von Nationalsozialisten herausgeklingelt worden sei und nach Öffnen der Haustür auf den Stufen regelmäßig

verstümmelte Judenleichen

vorgefunden habe. Zahlreiche deutsche Juden seien von den Nationalsozialisten entführt, ihre von Kugeln durchbohrten Leichen seien später aufgefunden worden.

Ähnliche Greuel propagiert der Neuyorker „Daily Mirror", der am Montag die Schamlosigkeit aufbrachte, zu behaupten, daß

jüdische Mädchen auf öffentlichen Plätzen zusammengetrieben wurden

und daß sich ältere Jüdinnen schützend vor sie stellten, um sie vor Vergewaltigungen zu schützen. Das will das Blatt von seinem angeblichen Chefkorrespondenten in Genf gehört haben, dem es wieder Juden erzählt haben sollen, die aus Belgien und Holland kommen, weil Belgien und Holland sich offenbar selbst gegen den Zuzug solcher unerwünschten Flüchtlinge aus Deutschland verwahrt hätten. Neuerdings meldet dieser dunkle Ehrenmann aus Genf, dort seien weitere Hundert von deutschen Juden eingetroffen, von denen neun Zehntel, darunter zahlreiche Kinder, schwer mißhandelt worden seien.

Es nimmt angesichts der frivolen Hetzarbeit, die in Neuyork geleistet wird, nicht wunder, daß sich auch schon die englische Presse mit den Dingen zu beschäftigen beginnt, obwohl sich der sozialistische Daily Herald schon vorher auf diesem Gebiet hervorgetan hatte. Die Londoner Blätter widmen jetzt den jüdischen und anderen Protestkundgebungen in Amerika wegen der angeblichen Judenverfolgungen in Deutschland sowie der Boykottdrohung gegen deutsche Waren erhöhte Aufmerksamkeit.

Der „Daily Expreß“ schreibt: Dr. Luther werde bei seinem Amtsantritt in Washington feststellen, daß die Feindseligkeiten gegen Deutschland in Amerika wie Pilze aus dem Boden geschossen seien.

Der Abgeordnete der Arbeiterpartei, Wedgewood, hat im Unterhaus einen Antrag eingebracht, in dem es heißt, daß „nach der Meinung dieses Hauses alle Verhandlungen mit Deutschland über die Revision der Friedensverträge abgebrochen werden sollen, bis Gesetzlichkeit, Ruhe und anständige Behandlung der Gefangenen aller Klassen wiederhergestellt sind.“

Das Organ der Arbeiterpartei der „Daily Herald“ hat dafür gesorgt, daß die Judenfrage in der Sitzung des englischen Gewerkschaftskongresses am Mittwoch behandelt würde. Dort wurde auch ein Brief der englischen Schneidergewerkschaft erörtert, in dem der Kongreß aufgefordert wird, durch den internationalen Gewerkschaftsverband Maßnahmen ergreifen zu lassen, um die Angriffe auf Gut und Leben der jüdischen Bevölkerung in Deutschland zu verhindern. Die jüdischen Mitglieder der Gewerkschaft hätten mit Schrecken die Berichte des „Daily Herald“ gelesen und mit größter Besorgnis die Möglichkeit judenfeindlicher Ausschreitungen ins Auge gefaßt.“

Und nun warte ich auf den Theologen, der auch diese niederträchtige Greuelpropaganda gegen Deutschland aus dem „hebräischen Volkswitz“ erklärt!

Die Jerichopolitik der angreifenden Märtyrer ist in vollem Zuge. Die ganze Welt bekommt in tausenden, hunderttausenden, Millionen von Presseerzeugnissen, in tausenden von Vorträgen und durch den amerikanischen Rundfunk zu hören, was für eine Abscheulichkeit der Antisemitismus ist und was für verabscheuungswürdige Ketzer die Deutschen sind. Der internationale Gewerkschaftsverband wird zum Schutze der Juden aufgerufen. Siehe da — plötzlich regt sich die „Internationale“! Als Millionen von D e u t s c h e n nach dem Schächtschnitt der jüdischerseits herbeigeführten Inflation zugrundegingen, da regte sich keine Internationale, keine Menschlichkeit! Wo war die Internationale als Deutschland durch den „Hexenhammer“ des Versailler Diktates, durch Dawes-Gutachten und Young-Plan versklavt und geschändet wurde? Die Internationale war solidarisch mit der internationalen Hochfinanz, als D e u t s c h l a n d ausgebeutet wurde — und sie sind heute wieder solidarisch.

Als bei der Sozialistenkonferenz in Marseille die englische Abordnung die Revision des Versailler Vertrages und die Aufhebung der Daweslasten, der Reparationen und Sachlieferungen verlangte, da stimmte die „deutsche“ Sozialdemokratie dagegen. Dittmann, Hilferding, Scheidemann hießen ihre Vertreter in Marseille. Das ist die Internationale!

Als der amerikanische Sozialist Viktor Berger die Streichung bzw. die Ausgleichung der Kriegslasten verlangte, da stimmte die „deutsche“ Sozialdemokratie dagegen. „Sie habe sich nun einmal auf die Be-

10*

hauptung von Deutschlands Kriegsschuld festgelegt." Das ist die Internationale!

Fordern Sie welche Maßnahmen Sie wollen, die „deutsche Sozialdemokratie wird immer dagegen stimmen, wenn sie zu Deutschlands Wohl, zu Judas und seiner Hochfinanz Nachteil oder Unheil ausschlägt". Das ist die Internationale!

Wird dagegen das Judentum irgendwie im geringsten angegriffen oder in seiner Herrschaft beeinträchtigt — da ertönt auch schon schmerzerfülltes Märtyrergestöhne durch die ganze Welt und wie ein Mann steht die ganze Internationale auf zum Schutz des angreifenden Märtyrers — und die Welt hallt wider von internationaler Greuelpropaganda. Das ist die Internationale!

Ja, die Internationale opfert unbedenklich ihre eigenen Schrittmacher, wenn sie etwas unternehmen, was ihrem Interesse zuwiderläuft. Als Jean Jaurès im Jahre 1914 es wagte, gegen den von der Freimaurerei und ihren willfährigen Werkzeugen Eduard VII., Sassonow, Witte, Iswolsky, Delcassé, Briand, Millerand und Poincaré, von langer Hand vorbereiteten Weltkrieg aufzutreten, da wurde er kurzerhand niedergeschossen. Jaurès kannte zweifellos die wahren Zusammenhänge nicht und wußte nicht, daß seine eigene Partei schon längst von den Kriegshetzern gekauft war. Den Beweis hierfür hat ein Pariser Chefredakteur in seinem Buche „Hinter den Kulissen des französischen Journalismus" durch Veröffentlichung einer Reihe von Briefen aus den geheimen Staatsakten erbracht. Das Buch wurde in Frankreich verboten und in Deutschland aufgekauft. Vielleicht äußert sich „Deutsche Rundschau" darüber, warum sie keine Neuauflage des Buches mehr veranstaltet, da es für die Erörterung der Kriegsschuldfrage eine Fundgrube ersten Ranges ist.

Es ist in diesem Zusammenhange nicht möglich, alle Briefe wiederzugeben, die die „scheußliche Bestechlichkeit" der „französischen" Presse beweisen. Der Schriftwechsel Iswolsky-Sassonow ergibt mit unwiderleglicher Deutlichkeit, daß die kriegsfreundliche und kriegshetzerische Politik des Herrn Poincaré erst durch ein umfassendes Bestechungssystem gegenüber der französischen Presse mit Hilfe russischer Rubel möglich war. Der folgende Brief Iswolskys an Sassonow spricht sich wohl deutlich genug über die in Frankreich betriebene Kriegshetze aus:

„Erhalten 12. Juli 1913.

Nr. 348. Strengstens geheim.

Werter Sergei Dimitriewitsch!

.... Er (Poincaré) verhehlte mir durchaus nicht die großen Schwierigkeiten, welche wir auf diesem Wege noch zu überwinden haben .... Die größte Schwierigkeit sieht er von Seiten der Radikalsozialisten voraus, die einem jeden Kriege, hauptsächlich aus Börsen- und Geschäftsgründen, ganz besonders aber einem Kriege, der seinen Ursprung am Balkan nimmt, abgeneigt sind. Diese Partei hat sehr fähige Köpfe, Caillaux, Herriot, Painlevé, verfügt über eine beträchtliche Anzahl Abgeordneter und Zeitungen. Von diesen letzteren — „Le Radical", „La Lanterne", „Le Rappel", „L'Action", „L'Aurore", „La Dépêche de Toulouse" u. a. — haben einzelne keinen großen Leserkreis und doch einen sehr bedeutenden Einfluß. Sie sind das Sprachrohr eines hervorragenden Führers und werden von dessen Gefolge als parteistreng zu befolgende Parole aufgenommen. Jeder dieser Zeitungseigentümer und Führer hat eine Gruppe Abgeordneter und Senatoren hinter sich, die mit ihm in die Höhe kommen wollen und sich ohne Widerspruch unterordnen . . . .

Herr Poincaré glaubt mit mir, daß für diesen Zweck ein sehr großes Opfer unsererseits notwendig ist. Ich wage kaum den Betrag anzugeben: 3 Millionen Franken . . . .

Wenn wir in Betracht ziehen, daß die türkische Regierung 5 Millionen für Beeinflussung der französischen Presse, selbst einen der allerersten Schriftsteller kaufte (Pierre Loti, d. Übers.), wenn wir ferner erwägen, wie unbedeutend ein solcher Betrag gegenüber dem damit näher zu kommenden weltverändernden Ziele ist, so werden Sie es vielleicht unternehmen, diesen Vorschlag dem Ministerrat zur ungesäumten Bewilligung zu unterbreiten.

Ich schlage vor, diese Subsidien wie früher auf Monatsraten zu verteilen, um der Willfährigkeit der Zeitungen in jedem Augenblick sicher zu sein. Ich halte es für vorteilhaft, diesmal nicht Lenoir, sondern Laffon zu benutzen. Laffon, den zu beurteilen Sie ja in Petersburg Gelegenheit hatten, scheint mir außerordentlich gewandt. Er hat auf den „Matin", dessen Finanzdirektor er war, sowie auf die großen Tageszeitungen einen recht bedeutenden Einfluß.

Ich würde diese ganze Angelegenheit mit ihm in direktem Verkehr und nach steter Beratung mit Herrn Poincaré erledigen unter vollständigem Ausschluß von Geheimrat Raffalowitsch. Dessen engherzige Sparsamkeit und wenig geschmeidige Haltung haben uns sehr geschadet. Er ist ein fleißiger, pflichtgetreuer Beamter, ein Finanzmann ersten Ranges, jedoch kein Politiker.

Indem ich Ew. Exz. inständig bitte, dem Herrn Ministerpräsidenten von dem Vorstehenden Kenntnis zu geben, benutze ich diese Gelegenheit, um Sie von neuem meiner verehrenden Hochachtung und meiner völligen Ergebenheit zu versichern.

Iswolsky.

Ein Kabinettsrat unter dem Vorsitz des Zaren genehmigte die in dem vorstehenden Briefe Iswolskys gemachten Vorschläge und so flossen die drei Millionen Franken russisches Geld in die Taschen des französischen Journalismus, der nun ungehemmt in „Kriegshetze machte"! Die Antwort Sassonows an Iswolsky läßt an Deutlichkeit nichts zu wünschen übrig.

Nr. 2155. Strengstens geheim zu halten. 15./28. Juli 1913.
Chancellerie du Ministère
des Affaires étrangères.
Archives politiques.

Als Folge der Zuschrift Ew. Exz. v. 8./21. Juli (Nr. 348) habe ich nicht verabsäumt, Ihren Vorschlag und den Bericht Ihrer Unterredung nach Einholung der Ansicht des Ministerpräsidenten im

Kabinettsrat unter Vorsitz S. M. zur Kenntnis zu bringen. Es gereicht mir zur Freude, Ihnen mitteilen zu können, daß nach einigem wohlbegreiflichen Zaudern (quelques hésitations bien compréhensibles) von S. M. das Verlangen des Präsidenten der Republik in Sachen der von uns der Presse zur Verfügung zu stellenden Summen genehmigt wurde mit der Bestimmung, daß Geheimrat Raffalowitsch nach wie vor mit der formellen Ausführung soweit es die Finanzseite anbetrifft, betraut bleibt. Herr Staatsrat Davidow wird zu diesem Zwecke sofort mit weitestgehenden Instruktionen nach Paris abreisen.

Sassonow."

In welche Kanäle der Goldregen der ersten Rate von 100 000 Franken geleitet wurde, ergibt die folgende Zusammenstellung:

„Streng geheim. 7. November 1913.

An die Kanzlei der Kredit-Operationen, Finanzministerium St. Petersburg.

Im Einvernehmen mit Herrn Davidow überreiche Ihnen anbei 27 Schecks im Gesamtbetrage von 100 000 Franken, die mir von dem mit der Verteilung Beauftragten als Belege zugestellt wurden:

La Lanterne	42 000 Fr.
L'Aurore	17 000 Fr.
L'Evènement	11 000 Fr.
L'Action	9 000 Fr.
La France	11 000 Fr.
Le Rappel	7 000 Fr.
Le Gil Blas	2 000 Fr.
Paris Journal	1 000 Fr.

„Alle Zeitungen dieser Liste", so schreibt Raffalowitsch, „sind ausschließlich Organe der Sozialradikalen Partei. Einige haben nur eine rein parlamentarische und politische Existenz, ohne jede Verbreitung unter dem großen Publikum. Es ist in Betracht zu ziehen, daß die Verwendung dieser ersten Monatsrate, ebenso wie der zweiten, ausschließlich durch die französische Regierung und ohne jede Einmischung unsererseits, um die Empfänger zu bezeichnen, bewerkstelligt wurde. Herr Davidow wird das bestätigen, da ich von allen diesen Briefen weder eine Abschrift noch ein Konzept zurückhalte. Diese Verteilung geschieht ausschließlich für die politisch parlamentarischen Alliancezwecke. Bitte nur den Empfang zu bestätigen, ohne jedoch irgendwie die Schecks oder deren Verwendung zu erwähnen. Ich füge bei, daß die Zahlung durch die Banque de France an die Ordre unseres Verteilers gemacht wurde.

A. Raffalowitsch."

Raffalowitschs Bericht an die Kanzlei der Kreditoperationen vom 19. November 1913 erwähnt die Bezahlung einer Rate von insgesamt 410 000 Franken, die sich folgendermaßen verteilen:

Le Radical (2. Rate)	120 000 Fr.
La Lanterne	35 000 Fr.
Le Figaro	25 000 Fr.
Le Temps	50 000 Fr.
La libre Parole	80 000 Fr.

L'Aurore (2. Rate)	......	45 000 Fr.
Le Gaulois	....	25 000 Fr.
La Liberté	....	30 000 Fr.

Wie in Frankreich so wurde auch in Amerika, unter entsprechender Anpassung großzügige Bestechung geübt, um willfährige Federn für die Kriegshetze zu gewinnen. Der Chefredakteur teilt uns darüber mit:

„J. D. Welpley, der Pariser Korrespondent einer Anzahl hervorragender amerikanischer Zeitungen, erhält 7500 Rubel jährlich, um „in der amerikanischen Presse eine Rußland und der Entente günstige Stimmung zu erzeugen". Ein Kassabeleg vom 14. Febr. 1913 über 2500 Rubel, einer vom 1. Juli, sowie vier weitere über die gleichen Summen befinden sich unter den Akten des Finanzministeriums.

H. Wallas, ein anderer amerikanischer Journalist, erhält 10 000 Dollar jährlich. Von dem Newyorker Zeitungsschreiber John L. Burroughs befinden sich fünf Belege über je 200 Pfund in den russischen Archiven." (Zu diesem und dem Vorhergehenden: „Hinter den Kulissen des französischen Journalismus". Von einem Chefredakteur. Berlin 1925, S. 105 ff. Verlag Deutsche Rundschau. Vergriffen.)

Das ist nur ein kleiner, aber vielsagender Ausschnitt aus der auf dem Kriegsschauplatz der unsichtbaren Fronten schon vor dem Weltkrieg geleisteten Arbeit. Das Urteil des Franzosen über diese zum Weltkrieg führende Arbeit ist zu wichtig, als daß ich es den Lesern vorenthalten dürfte, vollends da sein Buch aus der Öffentlichkeit verschwunden ist.

„Die Presse und die Kammer sind angekauft. Der Widerstand der Sozialradikalen hat plötzlich aufgehört. Jeder einzelne Schritt, der zum Ziele des Weltkrieges führen muß, ist reiflich erwogen und vorbereitet. Der serbisch-österreichische Konflikt, die russische Intervention, das Eintreten Frankreichs und darauf Englands — alles war vorausgesehen, erwogen, kaltblütig als unvermeidlich hingestellt! Und man hat nur ein Bestreben: Nicht das „Unvermeidliche" vermeidlich zu machen — nein: die Oppositionszeitungen zum Schweigen zu bringen, um das letzte Hindernis zu beseitigen.

Diese letzten Hindernisse sind glänzend beseitigt worden — nicht immer spielend leicht, oft mit schweren Geldopfern. Aber diese Geldopfer wurden zum größten Teile mit fabelhafter Geschicklichkeit aus den Taschen des Mittelstandes und der sparsamen Bevölkerungskreise gezogen, die ihr Geld in französischen und russischen Staatspapieren anlegten und auf diese Weise selbst die Waffen schmiedeten, denen sie im Weltkriege, der zu einem großen Teil ein Krieg der Finanzen war, zum Opfer fallen sollten. „Die scheußliche Käuflichkeit" unserer Presse und die Frage der Kriegsschuld werden auf ewig miteinander so eng verknüpft bleiben, daß es fast unmöglich erscheint, beide Schuldkonti voneinander zu trennen. Ich glaube dies auf den vorliegenden Seiten an Hand einwandfreier Dokumente, herausgegriffen aus der Fülle erdrückenden Beweismaterials, bewiesen zu haben. Wenn die französische Presse auch gleichsam nur Werkzeug in der Hand der kriegslustigen Politiker wurde, — es stand ihr frei, den besseren Weg, den der Vernunft, zu wählen. Sie hat den schlechten Weg, der mit Rubelstücken gepflastert war, beschritten, und muß daher auch einen Teil der Riesenverantwortung an diesem sechsjährigen Menschenmorden, das sie vorbereiten half und unterstützte, tragen. Sie blieb Jahrzehnte hindurch ihrem Wahlspruch „non olet" treu. Darf jemals erwartet werden, daß sie zu den Grundsätzen und edlen Pflichten, die ihr Verantwortlichkeit auferlegt, zurückkehren wird?" (Hinter den Kulissen des französischen Journalismus. S. 112/113.)

Ich habe im Verlauf dieser Arbeit schon einmal darauf hingewiesen, daß die französische Presse von der Pariser jüdischen Hochfinanz abhängig ist. Die Darstellung des französischen Chefredakteurs zeigte sie uns in sklavischer Abhängigkeit vom jüdischen Freimaurertum, denn die Herren Sassonow, Iswolsky, Witte, Poincaré sind Freimaurer. Und die Freimaurerei ist eine Hilfs- und Machtorganisation des Judentums, welche alle Staaten durchzieht. Wir haben erkannt, daß Nordau und Herzl den Weltkrieg mindestens schon im Jahre 1903 kommen sahen, wir können hinzufügen, daß der Mord von Serajewo vorbereitete Freimaurerarbeit war, sodaß der Ring zwischen Hochfinanz, Freimaurerei und Pressearbeit geschlossen wäre. Die freimaurerisch-jüdische Vernebelung der Völker ist vollkommen gelungen.

Der Franzose spricht in Übereinstimmung mit dem Russen von der „scheußlichen Käuflichkeit" der französischen Presse. Dieser Vorwurf ist, soweit französische Zeitungsschreiber damit getroffen werden sollen, richtig; dagegen ist er falsch, sobald jüdische Zeitungsschreiber damit gemeint sind. Die ersteren verraten ihr Vaterland, die letzteren führen Krieg. Ich glaube kaum, daß sich eine jüdische Zeitung kaufen ließe, um systematischen Volksverrat gegen das Judentum zu betreiben. Die jüdische Geschichte kennt wohl Beispiele jüdischen Volksverrats. Aber diese verräterischen Juden blieben immer vereinzelte Erscheinungen. Der in ein System gebrachte Landes- und Volksverrat, den ganze Parteien und Bevölkerungsgruppen zum Programm erhoben haben, wie es im Marxismus und Freimaurertum unter den nichtjüdischen Völkern geschehen ist, blieb dem Judentum fremd. Kein Jude hätte jemals die Hand zur Einkreisung seines Volkes geboten, wie es deutsche Freimaurer vor dem Kriege ihrem Vaterland gegenüber getan haben. Kein Jude hätte jemals die Hand zur Versklavung seines Volkes geboten, wie es deutsche Zentrumsjesuiten vom Schlage eines Erzberger im Walde von Compiègne getan haben. Kein Jude hätte jemals seinem Volke einen November 1918 bereitet, wie es die „deutschen" Novemberparteien taten. Denn ganz Israel bürgt füreinander.

Man schlage die übelste jüdische Hetz- und Buschklepperzeitung auf, welche die extremste Anarchie und die gemeinste Geschlechtlichkeit „vertritt"; — man wird vergeblich auch nur das geringste tadelnde Wort über das Judentum finden. Auch den „internationalsten" Weltbühne-Jakobsöhnen bleibt das Judentum etwas Unantastbares, Nichtanzugreifendes. Unter sich mögen die Juden streiten und uneins sein, nach außen bilden sie eine stets geschlossene Front. Ganz Israel bürgt füreinander — im großen wie im kleinen. Denn der Jude führt Krieg, an welcher Stelle er stehen möge. Als „deutscher" Diplomat führt er Krieg, als Rechtsanwalt führt er Krieg, als Arzt führt er Krieg, als Zeitungsschreiber führt er Krieg, als Politiker führt er Krieg, als Kaufmann führt er Krieg, als Schieber führt er Krieg, als Mädchenhändler führt er Krieg, mit seiner Geschlechtlichkeit führt er Krieg; — der Jude führt Krieg immer und überall, wohin er kommt. Und alles, was er in seiner Macht hat, wird zur Waffe im System seiner Kriegführung.

Die Juden Barmat, Kutisker, Bosel, Castiglioni, Sklarek usw. werden als Schieber allergrößten Ausmaßes entlarvt. Die Judenpresse aber stellt sich schützend vor sie, deckt sie, haut sie nach Möglichkeit heraus — denn sie haben Krieg geführt und hatten das Pech, in Kriegsgefangenschaft zu geraten. Der jüdische Schieber hat seinen Platz im System der jüdischen Kriegführung genau so wie der jüdische Großfinanzier. Steht nicht in Baba bathra fol. 54 b als jüdisches Beuterecht der Satz:

„Die Güter der Nichtjuden gleichen der Wüste, sind wie herrenloses Gut und jeder, der zuerst von ihnen Besitz nimmt, erwirbt sie!"

Der im Feindesland stehende Jude eignet sich nur herrenloses Gut an, wenn er sich als Schieber betätigt. Das ist der Sinn dieser Vorschrift. Da aber der Jude beim Beutemachen erwischt werden und in nichtjüdische Kriegsgefangenschaft geraten kann, so obliegt den anderen Waffengattungen der Juden, z. B. der jüdischen Presse, den jüdischen Rechtsanwälten usw. die Pflicht, ihren kriegsgefangenen Volksgenossen zu befreien.

Wie in einem arischen kämpfenden Heere das Überläufertum mit der Todesstrafe belegt ist, so ist es auch in der Heeresorganisation des Judentums. Da das Denunziantentum im jüdischen Kriegsrecht unter schwersten Strafen steht, so wird sich wohl nie eine jüdische Zeitung finden, welche irgendeinen Juden angeben würde. Die Stellen Schulchan-aruch Choschen-ha-mischpat 388, 10 und Hagah, 388, 15 f enthalten das die Denunzianten betreffende Recht im System des jüdischen Kriegsrechts.

10. „Es ist auch heutzutage an jedem Orte erlaubt, den Angeber zu töten. Und (Aber) es ist (nur) erlaubt, ihn zu töten bevor er die Denunziation ausführt (mithin, wenn er sie ernstlich androht). Wenn er vielmehr sagt: Siehe, ich werde den N. N. denunzieren, (so daß er Schaden erleidet) an seinem Leibe oder seinem Gelde — mag es auch nur wenig Geld sein — so hat er sich von selbst dem Tode preisgegeben. Und man warne ihn und sage ihm: „Denunziere nicht!" Wenn er aber trotzig sagt: „Nein, ich werde ihn doch denunzieren." — so ist es ein Gebot, ihn zu töten und jeder, der ihn zuerst totschlägt, ist im Rechte" (tut etwas Verdienstliches) — (Hagah): „Wenn aber zur Warnung nicht mehr Zeit ist, so ist sie nicht nötig. Manche

sagen (z. B. Isserles), man solle den Angeber nur dann töten, wenn man sich vor ihm nicht durch Beschädigung eines seiner Glieder retten kann; ist das aber möglich, z. B. durch Ausschneiden seiner Zunge oder Blendung seiner Augen, so ist es verboten, ihn zu töten; denn er (ist dadurch nachdrücklich genug „gewarnt" und) hat nichts Schlimmeres gewollt als die übrigen Verfolger (der Juden, es aber nicht auszuführen vermocht).

15. „Wenn (ein Jude) nachweislich (schon) dreimal Juden denunziert (und diesen Strafe zugezogen) oder (durch Denunzieren) ihr Geld in die Hand der Nichtjuden gebracht hat, so sucht man Mittel und Wege, ihn aus der Welt zu schaffen."

16. „Zu den Ausgaben, die man (jüdischerseits) gemacht hat, um den (jüdischen) Denunzianten aus der Welt zu schaffen, sind alle Bewohner (des Tatortes) beizutragen verpflichtet, auch die, welche an einem anderen Orte Steuern zahlen."

Nr. 388, 10 ist einem „haggadischen" (erzählenden) Berichte des Talmud entnommen, der erst bei den Rabbinen „halachisch" (normativ) umgeformt wurde. In Baba kamma 117a heißt es nur kurz und erbaulich:

„Einst wollte jemand, das (hinterzogene) Stroh eines anderen Juden anzeigen (denunzieren). Als er deshalb vor Rabh kam, sagte dieser: „Du sollst es nicht, Du sollst es nicht anzeigen!" Jener entgegnete: „Ich werde es doch, ich werde es doch anzeigen!" Da erhob sich Rab Kahana, der (als Schüler) vor Rabh saß, und brach jenem Angeber den Hals." — Nr. 15 und 16 stammen aus den Responsen Rabbenu Ascher." (Erich Bischoff: Das Buch vom Schulchan-aruch, S. 123/124.)

Nach diesen Vorschriften dürfte die jüdische Presse in einem arischen Staate als Hüterin des öffentlichen Lebens nicht gerade geeignet sein. Da in einer Reihe von Vorschriften, die wir in anderem Zusammenhange betrachten werden, sich das Gebot findet, die Nichtjuden hinters Licht zu führen, falsche Vorstellungen in ihnen zu erwecken oder falsche Vorstellungen nicht zu berichtigen, so werden wir auch diese Taktik in das System des jüdischen Kriegsrechts einzugliedern haben. Einige Beispiele werden auch hier wieder am besten die jüdische Kriegführung beleuchten. In einem vortrefflichen Aufsatz: „Juden und Deutsche" hat 1920 Herr Vehme (Grotenburg) die Vernebelungstaktik der Juden und ihre bösen Wirkungen für den deutschen Michel besprochen. Er bringt eine Reihe von Beispielen aus den verschiedensten Ländern.

England. Als in London Januar 1889 Louis Lewin zehn Jahre Zuchthaus erhielt, berichtete die Presse von dem Deutschen Lewin. An einem Tage brachten die Notizen über Unglücksfälle und Verbrechen folgendes:

„Ernestine Katz, eine deutsche Hebamme; es handelt sich um eine jüdische, vielfach vorbestrafte Kupplerin. Weiter „Nathan Obstbaum, ein Deutscher"; er wurde wegen Straßenraub mit 18 Monaten Zuchthaus bedacht. Ferner „Schwere Strafe für schlechtes Fleisch. Jonas Nathan, ein deutscher Schlächter..."

In Dänemark ist durch die Juden das Wort „Tysk" ein Schimpfwort geworden; besonders war man über das Treiben „deutscher" Badegäste empört. Mit Recht stellte unsere „Staatsbürgerzeitung" vom 10. September 1912 fest, „daß durch das Benehmen gewisser Reichsangehöriger in Bornholm der Ruf des Deutschtums in den Augen des Auslandes nicht gewonnen hat. Darum ist es Pflicht jedes Deutschen, Protest gegen die „Identifizierung" des deutschen Volkes mit Leuten zu erheben, die mit uns Deutschen nur das Geburtsland, aber sonst nichts gemein haben".

Dasselbe gilt für Schweden. Schon 1867 schrieb Passarge:

„Sie haben keine Vorstellung davon, welch ein Gesindel aus Deutschland hierher kommt. Es ist ganz besonders das Berliner Judentum, das seine Vertreter hierher schickt und das Stettiner Schwindlertum, um Glück zu machen .... So ist denn das Wort tysk (deutsch) zu einem halben Schimpfwort geworden."

Die Äußerung eines Russen aus dem Jahre 1887 lautet:

„In Wilna ist alles in den Händen oder unter dem Einfluß der Juden; ohne sie kann man nichts erreichen. Nicht zum geringsten stammt der Deutschenhaß der Russen daher, daß das Volk gewohnt ist, Juden und Deutsche unter einen Begriff zu bringen."

So ist es auch außerhalb Europas. Der vielgereiste Historiker A. Wirth war in Südafrika erstaunt, „Jude" und „Deutscher" als gleichbedeutende Begriffe zu finden. Ebenso in Südamerika. Am 11. Februar 1914 schrieb ein deutschbrasilianisches Blatt:

„In den letzten Jahren ist unser Staat mit jüdischen Hausierern und Händlern überschwemmt; man braucht nur die Passagierlisten der Dampfer durchzusehen und man wird fast regelmäßig offenkundig jüdische Namen darunter finden. Uns Deutschen aber kann diese Einwanderung nicht lieb sein. Diese jüdischen Hausierer sprechen deutsch und tragen deutschklingende Namen; sie gelten daher in den Augen der Lusobrasilianer als Deutsche. Das persönliche und geschäftliche Benehmen eines großen Teils der genannten Einwanderer ist aber nicht darnach angetan, dem deutschen Namen Ehre zu bringen und das Ansehen des Deutschtums in den Augen unserer Mitbürger zu heben." (Heinrich Wolf: Angewandte Rassenkunde, S. 350/351.)

„Als am 9. Oktober 1916 der Haushaltsausschuß des Reichstags einen Beschluß gefaßt hatte, worin eine Nachweisung aller in den Kriegswirtschaftsstellen und in den Kriegsgesellschaften beschäftigten Juden gefordert wurde, da griff das Judentum zu seinem beliebten, weil leider immer erfolgreichen Mittel und erhob ein wüstes Geschrei in der Judenpresse über angebliche „Konfessionsschnüffelei" und „Judenverfolgung", von dem sich die leitenden Stellen dermaßen einschüchtern ließen, daß die statistische Aufnahme unterblieb und der bereits angenommene Antrag einfach in der Versenkung verschwand." (Otto Armin: Die Juden in den Kriegsgesellschaften. S. 13.)

So viel zur Vernebelung der arischen Völker auf den verschiedensten Gebieten durch die jüdische Presse. Eine weitere Form der Vernebelung des Ariertums lernen wir im nächsten Abschnitt kennen.

Leitwort: „Ein Lebemeister ist mehr als hundert Lesemeister.“
(Meister Eckhart.)

2. Byzantinertum und Estherpolitik

Die dem Juden angeborene Scheu vor der Waffe ist einer der Gründe, deretwegen das Judentum seinen Eroberungs- und Vernichtungskampf gegen die Völker im Reiche der Unwägbarkeiten führt. Während im System des Schwertkrieges der Listkampf lediglich Hilfsmittel ist, können wir beim Krieg der unsichtbaren Fronten die Beobachtung machen, daß an die Stelle des Schwertes des Soldaten Dolch und Gift des Mörders getreten sind. Des Mörders in jedem Sinne. Mord kann begangen werden durch Kugel, Dolch und Gift, d. h. durch grobmaterielle Einwirkung auf den Körper des zu Ermordenden, Mord kann begangen werden durch systematische Entnervung des Opfers, Mord kann begangen werden durch systematische Entrassung des Geschlechts, Mord kann begangen werden durch planmäßige Abtötung des rassischen Selbstbewußtseins und durch planmäßige Vergiftung des Seelenlebens. Diese letzte und feinste Form des Mordes vollzieht der Byzantinismus. Ein Beispiel dieser Art der Ermordung die auch zum leiblichen Tode führt, gibt uns der Freimaurer Br. Didler in seiner Schilderung der „Vergiftung des Kaisers Leopold durch den Freimaurerbund“.

„Geschichtlich nachgewiesen ist es, daß Martinowitz bei Josephs Nachfolger, dem Kaiser Leopold, seine Stellung zu behaupten wußte und sich auch der Gunst dieses Monarchen in hohem Grade zu erfreuen hatte. Leopold, ein großer Freund der Alchemie, hatte gleich bei seiner Ankunft zu Wien in der kaiserlichen Hofburg die dort schon bestehende kaiserliche Privatloge mit einem chemischen Laboratorium versehen lassen, in dem er mit dem jungen Fürsten Karl von Lichtenstein, der nachmals (1795) im Duell mit dem Domherrn Weichs, kaum 30 Jahre alt, fiel, und mit dem preußischen Gesandten, dem General Bischofswerder, viele Stunden des Tages an der Herstellung einer Universalmedizin und des Steins der Weisen arbeitete.“

„Die Fruchtlosigkeit der diesfalls angestellten Versuche veranlaßte Leopold, den Abt Martinowitz, der sich ihm als hoher maurerischer Würdenträger und Inhaber ganz exorbitanter Geheimnisse kundgegeben hatte (er war ein Illuminatenhaupt), den beiden obengenannten Mitarbeitern an dem großen Werk beizugesellen. Unter der Leitung des intriganten und mit einer seltenen Suada begabten Abtes nahmen die geheimen Arbeiten im kaiserlichen Laboratorium unvermerkt eine eigentümliche (von den Freimaurern berechnete) Wendung. Langsam aber sicher wurde der Kaiser zu der Überzeugung geführt, das eigentümliche, tiefinnerste Mysterium des Maurerordens bestände darin, sich ungescheut den Entzückungen des intensivsten Lebensgenusses hinzugeben, die (von den Illuminaten erfundene) philosophische Tinktur hätte ihrerseits nur dafür zu sorgen, daß solches ohne alle Gefahr für Leib und Seele geschehen könne, und in der Tat verbürge deren weise und sachgemäße Anwendung unzerstörbare Lebenskraft und hohe geistige Frische bis in das späteste Alter.“

„Von dieser Zeit an wurde das kaiserliche Logenlaboratorium der Schauplatz zügelloser Orgien, an denen die Damen Prohaska, eine Polin, die Gräfin Wolkenstein, besonders aber die reizende und feurige Italienerin Donna Livia (in Herrenkleidern aus- und eingehend) tätigen Anteil zu nehmen pflegten."

(Die weitere Schilderung in der Latomia, S. 39, ist so empörend, daß sie nicht wiedergegeben werden kann.)

„Die Folgen wurden an Kaiser Leopold sehr bald sichtbar. Die sog. philos. Tinktur, aus den stärksten Stimulantien mit großer Virtuosität bereitet, „Aphrodisiacum Diavolini" genannt, richteten den Monarchen zugrunde und trugen Schuld an dem Nervenschlage, der seinem Leben nach kaum dreitägigem Krankenlager ein Ende machte."

Diesen Bericht der Latomia teilen wir hier mit tiefster Entrüstung mit, um zu zeigen, was die Freimaurer in ihren geheimen Zeitschriften zu sagen fähig sind." (Freimaurer-Geheimschrift Latomia-Dez. 1866. Zitiert nach Erich Ludendorff: Kriegshetze und Völkermorden, 51.—60. Tauf. S. 29.)

Es gehört zum Wesen des Byzantinismus, daß er sich die Eroberung des Vertrauens des von ihm ausersehenen Opfers mit allen Mitteln der Verstellung, der Lüge, des Truges zur Aufgabe machen muß. Das setzt eine Meisterschaft voraus, die nur in langer Schulung und durch angeerbtes Können erworben werden kann. Das ist beim Judentum der Fall, wie der Central-Verein deutscher Staatsbürger jüdischen Glaubens ebenfalls eingesteht:

„Der Selbsterhaltungstrieb, der den Juden vielfach zur Verstellung und scheinbaren Unterwürfigkeit seinen Herrn und Peinigern (man bemerkte wieder den angreifenden Märtyrer!!) gegenüber nötigte, entwickelte in ihm auch natürliche schauspielerische Fähigkeiten, die sich organisch weiterbildeten." (Zitiert nach Arno Schikedanz: Sozialparasitismus im Völkerleben. S. 114.)

Schon in der Frühzeit des Judentums beobachten wir eine sehr merkwürdige Anpassungsfähigkeit dieses Volkes an seine Umgebung. In Genesis 12, V. 10 ff. veranlaßt Abram seine Frau Sarai, sich als seine Schwester auszugeben, „auf daß mirs wohlgehe um deinetwillen und meine Seele bei dem Leben bleibe um deinetwillen". (Kapitel 12, V. 13.) Im Kapitel 20 der Genesis kehrt dasselbe Motiv wieder. Auch Isaak übte die Politik Abrams, denn, „wenn die Leute am selben Orte fragten von seinem Weibe, so sprach er: Sie ist meine Schwester. Denn er fürchtete sich, zu sagen: Sie ist mein Weib; sie möchten mich erwürgen um Rebekkas willen, denn sie war schön von Angesicht." (Genesis 26, V. 7.)

Das in diesen Geschichten immer wiederkehrende Motiv: „Das Geschlechtswesen Weib diene als Waffe im Daseinskampfe des einzelnen und des Volkes", findet eine blutige Ausgestaltung durch den Geschichtsschreiber in Genesis 34, wo die Geschichte von Dina und Sichem und das Blutbad von Sichem behandelt wird. Die Geschichte ist kurz die folgende: Sichem, der Sohn Hemors, verliebt sich in die israelitische Dame Dina, Tochter Jakobs. Da er sie heiraten will, bittet sein Vater für ihn bei Jakob um Dinas Hand. Das wird gewährt unter der Bedingung, daß sich sämtliche Sichemiten beschneiden lassen „Wir können das nicht tun, daß wir unsere Schwester einem unbeschnittenen Manne geben, denn das wäre uns eine Schande". (V. 14.) Die Sichemiten gehen auf die Beschneidung ein und werden beschnitten. Allem Anscheine nach besorgten die Juden diesen Akt so gründlich, daß die Sichemiten infolge Wundfiebers kampfunfähig waren, denn sonst wäre es unmöglich gewesen, daß die Söhne Jakobs sie kampflos niedergemacht hätten. „Und am dritten Tage, da sie Schmerzen hatten, nahmen die zween Söhne Jakobs, Simeon und Levi, der Dina Brüder, ein jeglicher ein Schwert und gingen in die Stadt kühnlich (!!) und erwürgeten alles, was männlich war; und erwürgeten auch Hemor und seinen Sohn Sichem mit der Schärfe des Schwertes und nahmen ihre Schwester Dina aus dem Hause Sichems und gingen davon. Da kamen die Söhne Jakobs über die Erschlagenen und plünderten die Stadt, darum daß sie hatten ihre Schwester geschändet. Und nahmen ihre Schafe, Rinder, Esel und was in der Stadt und auf dem Felde war und alle ihre Habe, alle Kinder und Weiber nahmen sie gefangen und plünderten alles, was in den Häusern war. Und Jakob sprach zu Simeon und Levi: Ihr habt mir Unglück zugerichtet und mich stinkend gemacht vor den Einwohnern dieses Landes, den Kanaanitern und Pheresitern; und ich bin ein geringer Haufe. Wenn sie sich nun versammeln über mich, so werden sie mich schlagen. Also werde ich vertilget samt meinem Hause. Sie antworteten aber: Sollten sie denn mit unserer Schwester als mit einer Hure handeln?

Die Begründung, daß Dina geschändet worden sei, geht fehl, denn in Vers 3 des Kapitels wird von Sichem ausdrücklich festgestellt: „Und sein Herz hing an ihr." Seit wann schändet ein Mann die von ihm geliebte Frau?

Oder sollte darin eine Schändung gesehen werden, daß ein Nichtjude eine Jüdin zur Ehe nimmt? Weil der Nichtjude als Tier angesehen wird? —

Die Geschichte von Jael und Sisera können wir übergehen, weil sie das „Esthermotiv" nicht rein enthält. Dagegen ist die Geschichte von Judith und Holofernes wieder typisch, ebenso die Esthergeschichte, von der wir die Bezeichnung „Estherpolitik" genommen haben. Die Geschichte ist die Verherrlichung einer jüdischen Frau, welche durch ihre „Schlangenklugheit" — wie Graetz sagen würde — nicht nur ihr Volk gerettet, sondern auch die Gegner ihres Volkes der Ausmordung durch die Juden preisgegeben hat. In der Esthergeschichte findet der Kampf zwischen Juden und Nichtjuden symbolische Darstellung. Haman, der Gegner der Juden, ist der Vertreter des Ariertums, Mordechai und Esther sind die Vertreter des Judentums.

Der persische König Ahasveros sucht sich an Stelle der von ihm verstoßenen Königin Vasthi ein anderes Weib, — eine Gelegenheit, die der Jude Mordechai sofort ergreift, um seine Nichte Esther an die Seite des Königs zu bringen. Seiner, des Mordechais Anweisung entsprechend, verbirgt sie vor dem Könige ihre Nationalität und versteht es meisterhaft, sich in die Gunst des Ahasveros einzubuhlen. Dies gelingt ihr hauptsächlich auch durch Entdeckung eines Mordanschlages gegen den König.

Dieser hatte einen Minister, Haman, einen scheinbar klugen Herrn, der das Judentum durchschaut hatte, denn er sprach zum König Ahasveros:

> „Es ist ein Volk zerstreut und teilt sich unter alle Völker in allen Landen Deines Königreiches und ihr Gesetz ist anders, denn aller Völker, und tun nicht nach des Königs Gesetzen; und ist dem Könige nicht zu leiden, sie also zu lassen." (Esther, Kap. 3, V. 8.)

Dieser Haman wollte die Juden als kriegführende Nation mit den Waffen der Arier schlagen. Das sollte ihm nicht gelingen, denn Mordechai weiß sich in Erinnerung zu bringen bzw. er wird dem Könige in Erinnerung gebracht, der sich ihm zu Dank verpflichtet fühlt. Und Esther weiß den König zu bestimmen, daß er seinen Minister Haman aufhängen ließ und den Juden die Erlaubnis gab, sich durch ein großes Pogrom an den Persern zu rächen.

> „Aber die andern Juden in den Ländern des Königs kamen zusammen und standen für ihr Leben, daß sie Ruhe schafften vor ihren Feinden; und erwürgten ihrer Feinde 75 000, aber an ihre Güter legten sie ihre Hände nicht."

Selbstverständlich wurden auch die zehn Söhne Hamans erwürgt.

> „Dazu erwürgten sie Parsandatha, Dalphon, Aspatha, Poratha, Adalja, Aridatha, Parmastha, Arisai, Aridai, Vajesatha, die zehn Söhne Hamans, des Sohns Medathas des Judenfeindes; aber an seine Güter legten sie ihre Hände nicht." (Esther, Kap. 9, V. 7—10.)

In der Esthergeschichte haben wir eine Schilderung jüdischer Kriegführung vor uns. Eine jüdische Frau öffnet mit ihren Reizen ihrem Volke den Weg zu Macht und Aufstieg. Sie bringt es fertig, den König eines nichtjüdischen Volkes so zu beherrschen, daß er wie ein Feind an seinem Volke handelt. Wie in der Jerichogeschichte die ausgesandten jüdischen Kundschafter die Hure Rahab zum Volksverrat bestimmten, so bringt Esther den König Ahasveros durch ihre Reize auf den Weg der völkischen Selbstmordpolitik. Der Instinkt der Selbsterhaltung und Volkserhaltung ist im Könige vollkommen ausgelöscht; — im Mittelpunkt seines ganzen Denkens steht Esther, deren Gedankenwelt einzig um die Erhaltung ihres Volkes, des Judentums, kreist. Allerdings darf Mordechai als der zielsichere Führer der Esther nicht vergessen werden. Er hat es verstanden, durch Esther zu Macht und zu den höchsten Ehrenstellen in dem nichtjüdischen Staate zu gelangen.

Wenn es sich nun auch in der Esthergeschichte nicht um eine wahre Geschichte in dem Sinne handelt, daß sie sich tatsächlich zugetragen hat — die Juden feiern allerdings den Purimstag als besonderen Freudentag — so ist doch der Begriff der Estherpolitik und ihr Wesen eine unentbehrliche Waffe im System der jüdischen Kriegführung, die immer und immer wieder mit Erfolg angewandt wurde. Durch die alljährliche Feier des Purimstages wird den Juden die Bedeutung der Estherpolitik immer wieder von neuem eingehämmert, denn nationale Feiertage sollen in einem Volk nicht nur das völkische Selbstbewußtsein wacherhalten, sie sollen auch das Bleibende und Ewig-Gültige in einer politischen oder militärischen Großtat herausstellen und in das Bewußtsein der individuellen Gegenwart einhämmern.

Der Sinn der Esthergeschichte ist Kriegführung Judas mit Hilfe des Weibes als eines Geschlechtswesens. Otto von Gerlach in seinem Bibelwerk sieht in der Hinmordung der Söhne Hamans ein „göttliches Strafgericht" und bestätigt damit unsere Ansicht von der im Christentum herrschenden judäozentrischen Geschichtsauffassung. Da den Juden bei ihrem Pogrom an den Persern wieder einmal die edelsten Motive unterschoben werden, — göttliches Strafgericht; sie handeln also in Vertretung Gottes — so ist den Bibellesern wieder einmal der Weg zur wahren Erkenntnis des Judentums als eines selbständig kriegführenden Volkes zuverlässig versperrt und der völkische Selbsterhaltungswille im bibelgläubigen Nichtjuden ebenso zuverlässig eingeschläfert! Um wieder einmal zu beweisen, wie wenig das Christentum die tragenden Ideen des Judentums erfaßt hat und wie zuverlässig es durch die judäozentrische Geschichtsauffassung eingenebelt ist, setze ich die Kommentarstelle Gerlachs zu Esther Kapitel 9, V. 7—10 hierher:

> „Sie bewiesen damit, daß sie nur ein göttliches Strafgericht vollziehen, nicht aber aus Eigennutz handeln wollten. Es scheint aber dessen-ungeachtet unzweifelhaft, daß sie in diesem Verfahren gegen Hamans Söhne und in dem Folgenden das Maß weit überschritten. Nach Persischem Rechte waren allerdings die Kinder für die Vergehen des Vaters mitverantwortlich (das ist sehr, sehr zu bezweifeln!) nicht aber so nach dem göttlichen (!!) Gesetze (s. 5. Mose 24,16), welches das Ebenbild Gottes in der persönlichen Verantwortlichkeit der Einzelnen ehrte. Auch atmet der Wunsch der Esther unleugbar etwas von der blinden Rachsucht der späteren Juden. Indes erzählt auch hier die hl. Schrift treu und wahr, ohne zu verschönern, und berichtet auch die Fehler der sonst aus Gottesfurcht und Liebe zu ihrem Volk handelnden Hauptpersonen dieser Geschichte." (O. v. Gerlach: Bibelwerk, S. 390, 5. Aufl. 1873, Berlin.)

Ich gestatte mir hierzu nur die eine statt vieler Fragen:

Wie steht es denn mit der persönlichen Verantwortlichkeit der einzelnen in den Stellen: 2. Moses, 20, V. 5: „denn ich Jahwe, dein Gott, bin ein eifriger Gott, der da heimsucht der Väter Missetat an den Kindern bis ins dritte und vierte Glied, die mich hassen . . ."; in 2. Moses 34, V. 7; 4. Moses 14, 18; 5. Moses 5, 9. Wie steht es mit der Verantwortlichkeit der einzelnen in Josua 7, wo der einzelne Achan Diebstahl geübt hatte und daher nicht nur er selbst, sondern seine Söhne, Töchter, seine Ochsen, Esel und Schafe gesteinigt und mit seiner Hütte und seinem ganzen Vermögen verbrannt wurden?

Die Art der Bibelauslegung, die Gerlach in seinem Kommentar an der angezogenen Stelle übte, ist zu leichtsinnig und oberflächlich, als daß sie nicht gerügt gehörte.

Nach dieser Abschweifung kehren wir wieder zum Thema zurück. Die Judithgeschichte enthält ebenfalls das Esthermotiv. Während der Belagerung der Stadt Bethulia verläßt Judith die Stadt und geht in das Lager des Holofernes:

„Und da sie vor ihn kam, wird er sobald entzündet gegen sie. Und seine Diener sprachen untereinander: Das ebräische Volk ist traun nicht zu verachten, weil es schöne Weiber hat. Sollte man um solcher schöner Weiber willen nicht kriegen? Da nun Judith den Holofernes sah sitzen unter seinem Vorhang, der schön gewirkt war und mit Purpur und Gold und mit Smaragden und viel Edelsteinen geziert, bückte sie sich und fiel vor ihm nieder. Und Holofernes hieß sie wieder aufrichten. (Judith 10, 19—21.)

Vorher hat die Jüdin gebetet: „Strafe seinen Hochmut durch sein eigen Schwert; laß ihn durch seine eigenen Augen gefangen werden, wenn er mich ansieht und durch meine freundlichen Worte betrogen werden. Gib mir einen Mut, daß ich mich nicht entsetze vor ihm und vor seiner Macht, sondern daß ich ihn stürzen möge. Das wird Deines Namens Ehre sein, daß ihn ein Weib darniedergelegt hat.“ (Judith Kap. 9, V. 10—12.)

In dieser Gesinnung tritt sie dem Holofernes gegenüber, in dieser Gesinnung kniet sie vor ihm, in dieser Gesinnung läßt sie ihre weiblichen Reize spielen und erobert sein Vertrauen, seine Zuneigung und entflammt seine Leidenschaft.

„Am vierten Tage machte Holofernes ein Abendmahl seinen nächsten Dienern allein und sprach zu Bagoas, seinem Kämmerer:

„Gehe hin und berede das ebräische Weib, daß sie sich nicht weigere, zu mir zu kommen, denn es ist eine Schande bei den Assyrern, daß ein solches Weib sollte unberührt von uns kommen, und einen Mann genarrt haben.“

Da kam Bagoas zu Judith:

Schöne Frau, ihr wollet euch nicht weigern, zu meinem Herrn zu kommen, daß er euch ehre und ihr mit ihm esset und trinket und fröhlich seid.

Da sprach Judith:

Wie darf ich's meinem Herrn versagen? Alles, was ihm lieb ist, das will ich von Herzen gerne tun all mein Leben lang.

Und sie stund auf und schmückte sich und ging hinein vor ihn und stund vor ihm. Da wallte dem Holofernes sein Herz; denn er war entzündet mit Begierde zu ihr. Und er sprach zu ihr: Sitz nieder, trink, und sei fröhlich; denn du hast Gnade gefunden bei mir.

Und Judith antwortete:

Ja, Herr, ich will fröhlich sein, denn ich bin mein Leben lang so hoch nicht geehrt worden. Und sie aß und trank vor ihm, was ihr ihre Magd bereitet hatte. Und Holofernes war fröhlich mit ihr und trank so viel, als er nie getrunken hatte sein Leben lang.“ (Judith, Kap. 12, V. 11—21.)

Judith schickte sich an, den Sieg im Kampf der unsichtbaren Fronten zu pflücken.

„Holofernes war auf sein Bett hingefallen und schlief, denn er war ganz trunken.“ (Jud. 13, V. 3.)

Liebe, Leidenschaft und Vertrauen von der Schlangenklugheit eines jüdischen Weibes als Machtfaktoren im Kampf der unsichtbaren Fronten eingesetzt, haben die völlige Entwaffnung und Wehrlosmachung des Nichtjuden Holofernes herbeigeführt. Und die siegende Judith hieb ihm unter Tränen und Gebet den Kopf ab. Wieder einmal hatte die Estherpolitik zum Siege geführt. —

Außerhalb der Bibel werden uns von der jüdischen Geschichte noch mehr Fälle von Estherpolitik berichtet. So versuchte die Jüdin Sainab den Religionsstifter des Islam, Mohammed, zu vergiften, indem sie ihm sein Leibgericht, einen Hammelbraten, vorsetzte, den sie aber vorher vergiftet hatte. Einer der Tischgenossen des Propheten, der von dem Fleisch genossen hatte, starb sofort, indessen Mohammed den vergifteten Bissen rechtzeitig ausspie und so dem sicheren Tode entging. Als Begründung ihrer Tat gab die Jüdin an:

> „Du (Mohammed) hast meinem Volk unsägliche Leiden zugefügt und nun dachte ich bei mir: bist Du nur ein gewöhnlicher Eroberer, so werde ich, indem ich Dich vergifte, meinem Volk Ruhe verschaffen; bist Du aber ein Prophet, so wird Dich Gott vor meinem Vorhaben warnen und Du wirst unversehrt bleiben."

Mohammed ließ die Jüdin kurzerhand hinrichten. Ein für Mohammed glücklicher Zufall hatte diesmal gegen die Juden und für den Nichtjuden entschieden.

Unter dem Kalifen El Aziz (975—996) stieg der zum Islam übergetretene Jude Jakob ibn Killis zum Wesiramt empor und verwaltete das Kalifenreich dreizehn Jahre lang bis zu seinem Tode. (978—991.) Nach Ibn Killis verwaltete der Christ Isa ben Nestorius das Wesiramt. Dieser machte zu seinem Statthalter in Syrien den damaszenischen Juden Menasche al Kazaza. Diese beiden betrieben nun eine ganz im Sinne der jüdischen Politik der „friedlichen Durchdringung" liegende Personalpolitik, indem sie überall christliche und jüdische „Katiben", Schreiber bzw. Beamte einstellten und die Muselmanen aus ihrem eigenen Staate verdrängten. Besonders das Amt der Steuereinnehmer scheint sehr begehrt gewesen zu sein, denn Menasche machte lauter Juden zu Steuereinnehmern. Die unter dem christlichen Wesir und dem jüdischen Statthalter eingerissene Günstlings- und Protektionswirtschaft veranlaßte einen zeitgenössischen Dichter zu folgender Äußerung:

> „Die Juden unserer Zeit sind am Ziel ihres Strebens, sie sind zur Macht aufgestiegen, ihnen gebührt Ehre, ihnen auch das Geld! Aus ihrer Mitte werden die Staatsräte erwählt und all die hohen Würdenträger. Oh, Ihr Männer Ägyptens! Ich rate euch: werdet Juden, denn der Himmel selbst ist jüdisch geworden." (Zitat nach Simon Dubnow: Weltgeschichte des jüdischen Volkes. S. 494/495.)

Die Erscheinung des Hofjuden gehört ebenso zum Nationalkolorit und zum Nationalcharakter der Juden, wie die Esther. Der Hofjude könnte gewissermaßen als Komplement, als Ergänzung der Esther angesehen werden. Auch die wohlwollendste Geschichtsschreibung über das jüdische Volk kann den Hofjuden nicht übergehen. Und so verwundern wir uns nicht, daß wir am Hofe von Kairo unter dem Kalifen Az-Zahir (1021—1036) wiederum die Tätigkeit zweier Hofjuden bewundern dürfen. Es waren nach dem Bericht Dubnows „reiche Kaufleute aus der persischen Stadt Tustar, Abu Saad Ibrahim und Abu Nasr Harun . . . Der eine von ihnen war ein vermögender Juwelenhändler, der in verschiedenen Ländern allerlei Kostbarkeiten und Raritäten aufkaufte, während der andere ein Bankgeschäft betrieb und als Grundstücksmakler im Irak und in Ägypten tätig war. Beide Brüder halfen dem Kalifen Zahir aus mancher Geldverlegenheit. Überdies pflegte der Kalif dem Abu Saad allerlei Kostbarkeiten abzukaufen. Einst brachte Abu Saad aus dem Süden ein schwarzes Sklavenmädchen von blendender Schönheit mit und überließ es dem Kalifen. Dieser machte sie zu seinem Weibe und die beiden Juden wurden die Günstlinge der ehemaligen Sklavin und „gewannen" hauptsächlich nach dem Tode des Kalifen Einfluß auf die Staatsgeschäfte". Die ersten Minister des Fatimidenreiches, welche diese geheimen jüdischen Hofeinflüsse störend in ihrer Staatstätigkeit empfanden, machten aus ihrer Abneigung gegen die beiden Juden kein Hehl. Das hatte zur Folge, daß einer der Wesire von der Kalifenwitwe mit dem Tode bestraft wurde." (Simon Dubnow: Weltgeschichte des jüdischen Volkes, III. Band, S. 498—499.) Wie man sieht, wurde auch vor 1000 Jahren der Antisemitismus mit dem Tode bestraft. Wie es das jüdische Kriegsrecht befiehlt. Vgl. hierzu den Ausbruch jüdischen Hasses gegen Judenfeinde und auch gegen Jesus von Nazareth. Talmud Gittin fol. 56 b:

„Onkelos bar Kalonikos (recte: Kallinikos) ein Schwestersohn des Titus, wollte zum Judentum übertreten. Da ging er, ließ durch Nekromantie den Titus heraufholen und sprach zu ihm: „Wer ist in jener Welt geachtet? Er sagte: „Die Israeliten."

Soll man sich ihnen anschließen? Er sagte: Ihre Gebote sind zu viel und Du kannst sie nicht einhalten; lieber gehe und bedränge sie, so wirst Du Oberhaupt werden, denn es heißt (Thran. 1,5):

„Ihre Bedränger sind zum Haupte geworden."

Dann fragte er ihn: Womit bist Du gerichtet? Er sagte: „Was ich für mich bestimmt habe: jeden Tag versammelt man meine Asche und nachdem ich geurteilt werde, wieder verbrennt man mich und verstreut die Asche auf die sieben Meere. Hierauf ließ er Bileam heraufkommen und sprach zu ihm:

„Wer ist in der Welt geachtet?"

Er sagte: Die Israeliten. Soll man sich ihnen anschließen? Er erwiderte: „Nicht suche ihren Frieden und ihr Bestes alle Deine Tage." (Deuter. 23,6.) Dann fragte er ihn: „Womit bist du gerichtet?" Mit siedendem Samenerguß. Hierauf ließ er Jeschu (Jesum) heraufkommen und sprach zu ihm: „Wer ist in jener Welt geachtet?" — Er sagte: Die Israeliten. Soll man sich ihnen anschließen? Er erwiderte: „Suche ihr Bestes und suche nicht ihr Böses; jeder, wer an ihnen rührt, das gilt so, als wenn er seinen Augapfel berührte. Da fragte er ihn: Womit wirst Du gerichtet? Er sagte: Mit siedendem Kote, denn der Meister sagte: Wer über die Worte der Weisen spottet, wird durch siedenden Kot gerichtet.

Komme und siehe den Unterschied zwischen einem abtrünnigen Israels und dem heidnischen Propheten."

Ebenso erfolgreich wie im Kalifenreich war die jüdische Estherpolitik in Spanien. Die Entrassung war dort im 15. Jahrhundert so weit gediehen, daß Graetz berichten kann, daß es nur noch wenige angesehene Familien sind, welche nichtjüdisches Blut in ihren Adern hätten. So war der von Torquemada im Jahre 1488 jüdischer Ketzerei angeklagte Alfonso de Caballeria, der Vizekanzler von Aragonien, ein Jude. Er hatte zwei Töchter, welche die vornehmsten Adeligen heirateten, während einer seiner Söhne eine Base des nachmaligen Kaisers Karl V. heiratete. So kann man ruhig sagen, daß fast der ganze hohe Adel des heutigen Spaniens jüdisch entrasst ist.

Aber nicht nur in Spanien fressen sie sich erfolgreich ein. Schon Karl der Kahle fiel dem jüdischen Giftmischer Sedicias zum Opfer. Heinrich III. starb am Gift des Juden Meire. Mahommed II. sollte auf Anstiftung des Juden Salomoncini und seines Bruders durch seinen Leibarzt, den Juden Valcho, vergiftet werden. Die Verhandlung gegen die beiden Anstifter fand am 9. Juli 1477 statt. Die Königin Elisabeth ließ ihren Arzt, den Juden Lopez, aufhängen, weil er sich an Philipp II. verkauft hatte.

Doch auch die Stuarts und die Bourbons durften die Feindschaft der Juden erfahren. Wilhelm III., Prinz von Oranien, fand bei der Vorbereitung seines Feldzuges gegen seinen Schwiegervater, Jakob II. von England, die tätigste finanzielle Unterstützung seitens der Juden. Sie stellten ihm die zur Ausrüstung seiner Flotte gegen England notwendigen Mittel zur Verfügung. Ein aus Amsterdam an ihn abgeordneter Jude, namens Schwartzau erklärte ihm in der Audienz:

„Hoheit, Sie gebrauchen Geld zur Ausführung Ihres Vorhabens. Hier bringe ich ihnen 2 Millionen; gelingt ihr Plan, so erstatten Sie sie mir zurück, mißlingt er, so sind wir quitt."

(Nach Eduard Drumont: Das verjudete Frankreich, S. 171.)

Wer glaubt wohl, daß die Juden hier keine jüdischen Ziele verfolgt haben? — Aber nicht nur vom Prinzen von Oranien, auch vom englischen Protektor Cromwell meldet die Geschichte, daß er als eifriger Beschützer der Juden den über sie verhängten Verbannungsbefehl aufzuheben bemüht war. Über seine Erfolge in dieser Richtung ist jedoch, wie Mirabeau berichtet, absolut Sicheres nicht bekannt.

In Deutschland scheint in dem Streite zwischen Reuchlin und Pfefferkorn der jüdische Arzt Maximilians eine sehr beachtenswerte Rolle gespielt zu haben. Drumont behauptet, daß Reuchlin durch diesen Arzt für das Judentum gewonnen wurde, weil er in seinem um das Jahr 1494 erschienen Buche: „De verbo mirifico" für das Judentum eintrat und in seinem Gutachten zum Talmud erklärte, daß er keine tadelnswerten Angriffe gegen das Christentum darin finde. Gegen ihn nahm allerdings auch die Pariser Fakultät, die sich in 47 Sitzungen mit dem Talmud beschäftigt hatte, sehr scharf Stellung. Doch Kaiser Maximilian, der scheinbar völlig unter dem

Einflusse seines jüdischen Arztes stand, stellte sich auf Reuchlins und der Juden Seite.

Auch der Kaiser Ferdinand II. nahm die Juden unter seinen besonderen Schutz, waren sie doch seine Kriegslieferanten und seine Spione.

„1633 wurde kaiserlicherseits dem böhmischen Juden Lazarus bezeugt, daß er „Kundschaften und Avisen, daran der kaiserlichen Armada viel gelegen" einholte oder auf seine Kosten einholen ließ und sich stets bemühte, allerlei Kleidung und Munitionsnotdurft der kaiserlichen Armada zuzuführen, wobei er viel Pferde zu Tode geritten. Moscherosch in den Gesichtern Philanders von Sittewald hat bei dem Bilde des Soldatenlebens diesen Zug nicht vergessen. „Alle Kommissarii sind Juden und alle Juden sind Kommissarii", lautet sein summarisches Urteil. Die Juden und Kommissarii haben ein Gesetz und Freiheit, welches heißet: Lügen und trügen, wenn es ihnen nur einträgt." (Georg Liebe: Das Judentum in der deutschen Vergangenheit. S. 70.)

Die Grafschaft Henneberg muß geradezu ein Eldorado für die Juden gewesen sein. Als der berühmte sächsische Staatswirt Melchior von Ossa im Jahre 1548 die durch die Jagdleidenschaft des Grafen Wilhelm zerrüttete Wirtschaft der Grafschaft in Ordnung bringen sollte, erkannte er als größtes Übel die nicht geringe Zahl der Juden, „welche die Untertanen aussogen und mehr Schutz, Ansehen, auch besseren Zutritt beim Grafen hatten, als alle Räte oder vornehme, ehrliche Leute der Herrschaft".

„Mit allerlei Kunstgriffen hatten sie sich bei dem alten Grafen einzuschmeicheln gewußt. Sie gaben ihm bisweilen etwas ins Zeughaus, da waren sie geflissen, dem alten Herrn seltsame Instrumente zu Geschütz dienlich zu bringen, damit nahmen sie dem Grafen Wilhelm das Herze." Erklärte doch der joviale und persönlich ehrenhafte Herr: „Seine Hunde und seine Juden wolle er gegen männiglich wohl verteidigen." (Ebda. S. 41.)

Der Große Kurfürst zwang die Universität Frankfurt, Juden unter ihre Hörer aufzunehmen; dreihundert Jahre später stürzten ihre Rassegenossen die Hohenzollern.

Vor ihm hatte sich schon der Kurfürst Joachim II. von Brandenburg, der mit Anna Sydow, „der schönen Gießerin", das französische Maitressenwesen ganz ungeniert trieb, den Hofjuden Lippold angeschafft, der ihm die Mittel zu seiner leichtsinnigen Verschwendung herbeischaffen mußte.

Das Amt dieser sogen. Finanzmänner, d. h. auf gut deutsch, Wucherer, Aussauger und Diebe, war bis ins 18. Jahrhundert hinein eine stehende Einrichtung vieler Fürstenhöfe.

„Man ließ es sich wohl sein und die Hofjuden dafür sorgen, die Geldmittel zum Wohlleben durch ein raffiniertes Steuersystem herbeizuschaffen," schreibt Scherr in seiner „Geschichte deutscher Kultur und Sitte".

So lernte Württemberg nach dem Tode Eberhard Ludwigs in dem Juden Süß Oppenheimer einen jüdischen „Star" allerersten Ranges kennen. Karl Alexander machte ihn zu seinem Premierminister, der sich auf das Amt der Kriegführung und Brandschatzung à la juive ausgezeichnet verstand.

„Das Haus des Juden war nämlich der Mittelpunkt der unerbittlichsten Erpressung sowohl als auch der zuchtlosesten Orgien und es verbanden sich in dem Manne Wollust und Grausamkeit in seltenem Grade. Während der dreijährigen Regierung des Herzogs wurden durch Süß dem armen Ländchen vermittelst Stellen-Verkauf und anderen widerrechtlichen Finanzereien über eine Million Gulden abgepreßt." (Johannes Scherr: Gesch. deutscher Kultur und Sitte. S. 454.)

Die Mecklenburger Herzöge hatten ihre Hofjuden in Hamburg; Bischof Johann Philipp von Würzburg hatte um 1700 in der Person des Moses Elkhans seinen Hofjuden in Frankfurt a. M.

Im Fürstentum Ansbach hatte die Hofjudendynastie der Familie Model zwei Menschenalter hindurch eine absolute Machtstellung inne. Leider wurde sie durch den Juden Elkan Fränkel gestürzt, der sich scheinbar aufs Hofjudengeschäft noch besser verstand. Er konnte zwar weder schreiben noch lesen; das hinderte aber nicht, daß er in der Gunst des Markgrafen Wilhelm Friedrich so emporstieg, daß er nicht nur in allen Staatsangelegenheiten zur Beratung zugezogen wurde, sondern auch die Stellenbesetzung gegen Geldzahlung völlig in der Hand hatte.

Der Jude Ephraim, Hofjuwelier Friedrichs des Großen, wird durch sein Geld in ganz Preußen bekannt. An ihn hatte der große König während des siebenjährigen Krieges die Berliner Münze verpachtet und ihm die Erlaubnis gegeben, die Münzen geringwertiger auszuprägen. Und so durchzogen denn wie zur Zeit der Kipper und Wipper seine geschäftigen Helfershelfer das Land auf der Suche nach alten vollwichtigen Stücken, für die die Leute zuerst arglos die neuen mit Aufgeld in Zahlung nahmen, aber nur zu bald kam der Reim auf:

„Von außen schön, von innen schlimm,
Außen Friedrich, innen Ephraim."

(Georg Liebe: D. Judentum i. d. deutschen Vergangenheit, S. 88/91.)

Den Einfluß des Hauses Rothschild im öffentlichen Leben Deutschlands nach den Freiheitskriegen schildert uns Heinrich von Treitschke:

„Mittlerweile lagen die mit dem Blute der Waterloo-Kämpfer erkauften französischen Millionen gegen mäßigen Zins bei Rothschild und bereicherten das Haus, das zuerst durch die Blutgelder des hessischen Kurfürsten seine Größe begründet, dann seit dem Jahre 1813 sich rasch zu der Stellung einer Weltmacht aufgeschwungen und in wenigen Jahren mehr denn eintausendzweihundert Millionen Gulden an Subsidienzahlungen und Anleihen für die tief verschuldeten Höfe Europas übernommen hatte. Die deutsche Volkswirtschaft zog aus den Schätzen der Rothschilds wenig Gewinn, denn die Firma war nicht deutsch wie einst Fugger und Welser, sondern zeigte von vornherein den weltbürgerlichen Charakter des modernen Judentums. Die fünf durch den dankbaren Kaiser baronisierten Söhne des alten Amschel siedelten sich in allen Hauptplätzen Westeuropas an und befolgten allesamt jenen einfachen Grundsatz, welchen einst ihr Vater gegen den Kurfürsten von Hessen ausgesprochen hatte: „Wer mir mein Geld nimmt, nimmt mir meine Ehre und meine Ehre ist mein Leben." Der Frankfurter Zweig des Hauses blieb der Hofburg ein treuer Helfer in ihrer ewigen Finanznot und ein mächtiger Bundesgenosse ihrer deutschen Politik; in Berlin war wenig zu gewinnen, da der preußische Staatshaushalt bereits zehn Jahre nach dem Frieden wieder in Ordnung kam. Friedrich Gentz aber schrieb voll uneigennütziger Begeisterung einen langen Aufsatz für das Konversationslexikon, der die unvergleichliche Weisheit und Tugend der Gebrüder Rothschild in vollendetem Bedientenstile feierte." (Heinrich von Treitschke: Deutsche Geschichte im 19. Jahrhundert, II. Bd., S. 163.)

Da Rothschild die Waterloomillionen und die Festungsgelder unbedingt für seine menschenfreundlichen Zwecke brauchte, so blieb Oberdeutschland selbstverständlich ohne militärischen Schutz.

Wie ängstlich die Rothschilds auf die Wahrung ihrer Ehre bedacht und wie besorgt auch ihre kurfürstlich-hessischen Gönner um ihr Wohlergehen waren, sollte sich im Jahre 1817 zeigen. Während der Hungersnot hatte nämlich der hessische Kurfürst durch den Hofjuden Rothschild baltisches Getreide bestellt, das aber erst ankam, als die Getreidepreise wieder den normalen Stand erreicht hatten.

> „Damit seine Kammerkasse keinen Schaden litte, zwang nun der reiche Fürst die Kasseler Bäcker, ihm das Ostseegetreide zu zwölf Talern zwei Groschen für das Kasseler Viertel abzunehmen, während der Marktpreis im Lande nur auf sieben Taler stand. Also ward das Notjahr den Bürgern der hessischen Hauptstadt durch den liebevollen Landesvater noch um einige Monate künstlich verlängert." (H. v. Treitschke, ebd., II. Bd. S. 172.)

Angesichts solcher Vorkommnisse ist es denn nicht verwunderlich, daß sich in jener Zeit der Karlsbader Beschlüsse und der Demagogenverfolgungen die Erbitterung des Volkes wie gegen die Fürsten, so auch gegen die Juden wandte. Es kam zu Unruhen in Würzburg, Karlsruhe, Heidelberg, Darmstadt, Frankfurt; jüdische Häuser wurden gestürmt und ihre Bewohner mißhandelt. Bis nach Kopenhagen und Amsterdam strahlte die Bewegung aus. Doch — sie war zum Scheitern verurteilt, da der Jude nur auf der Linie und Ebene des Krieges der unsichtbaren Fronten zu treffen und zu schlagen ist. Der Kampf gegen das Judentum wird im Reich des Unwägbaren entschieden. Nur durch die Arbeit und das Beispiel deutschblütiger, deutschbewußter Lebemeister kann das Judentum ausgeschieden und das Deutschtum gerettet werden. Darum ist die Heranziehung deutscher Lebemeister, die dem Volke Beispiel und Vorbild sein können, die dringendste und erste Aufgabe eines deutschen Charakterhaushaltes. Erst von dieser Grundlage aus hat eine deutsche Kampfführung gegen das Judentum Aussicht auf Erfolg. Der Sieg gegen das Judentum ist erst gesichert, wenn es der deutschen Kampfführung gelingt, die in unserem Volke mannigfach vorhandenen deutschen Lebemeister auf allen Lebensgebieten in den Kampf der unsichtbaren Fronten als Gestaltungsmittelpunkte deutschen Lebens einzugliedern. Das unermüdlich schaffende und gestaltende Deutschtum, das in einem einzigen deutschen Lebemeister zum Ausdruck und zur sichtbaren Verkörperung kommt, wird als der unbezwingliche Gegner des Judaismus in diesem riesenhaftesten aller Kämpfe den Sieg davontragen. Das ist die Pflicht, die uns der Krieg der unsichtbaren Fronten auf unsere Schultern gelegt hat.

Gewalttätigkeiten bringen uns im Kampfe gegen den Judaismus nicht einen Schritt weiter. Das bewies der Aufstand des vom Judentum gepeinigten Volkes in den verschiedenen Städten. Da erreichte der preußische Oberpräsident Vincke um das Jahr 1817 durch seine stille Verwaltungsarbeit und seinen zähen Kampf um das Deutschtum mehr. Die rheinischen Provinzen mußten in jenen Jahren für Preußen gewonnen werden. Welch schwierige Arbeit und welch harter Kampf hier dem preußischen Staate bevorstand, erhellt aus dem Umstand, daß noch auf dem Wiener Kongresse alle Gegner Preußens die zuversichtlichste Hoffnung aussprachen, daß sich der preußische Staat an dem deutsch-*französischen* Sonderleben des Rheinlandes den Kopf einrennen möge.

Als Vincke im Regierungsbezirke Paderborn sein Amt antrat, da fand er das Land unter dem Krummstab völlig verwahrlost.

> „Mit Entsetzen lernte Vincke das Irland Westfalens kennen: überall kümmerliche Zwergwirtschaft und baufällige Hütten, wunderbar verschieden von den stattlichen Bauernhöfen am Hellweg: das Volk gutartig, aber trunksüchtig, verwildert, im ewigen Kriege mit dem Gesetze sodaß oft große Banden mit langen Wagenzügen in die Forsten einbrachen, ganze Waldstrecken in einer Nacht entblößten; und zu alledem „die Pest des Landes", die Wucherjuden in jedem Dorfe. Auch hier erwarb sich der Oberpräsident nach einiger Zeit stillen Kampfes das allgemeine Vertrauen, als er mit fester Hand die bürgerliche Ordnung wiederherstellte, neue Schulen anlegte, den alten Lehrern, die oft nur dreißig Taler Gehalt bezogen, Zuschüsse verschaffte, die Ansiedlung der Juden erschwerte und der Hausindustrie neue Absatzwege eröffnete. (H. v. Treitschke, ebda., II. Bd., S. 262.)

Wie man sieht, rettet auch das hundertprozentige Christentum die Deutschen nicht vor Trunksucht, Verwilderung und vor der „Pest des Landes", den Wucherjuden. Den Beweis dafür dürfte die Krummstabsherrschaft in Paderborn erbracht haben. —

Seit der von Moses Mendelssohn erschlichenen Judenemanzipation fingen die Juden auch an, im Geistesleben des deutschen Volkes eine unheilvolle Rolle zu spielen. Ihre Byzantiner- und Estherpolitik ließ sie eine neue Form des Angriffs auf die nichtjüdische Gesellschaft erfinden: — den schöngeistigen „Salon". „Die schöngeistige Gesellschaft des Berliner Judentums hatte nach Mendelssohns Tode ihren Mittelpunkt im „Salon" des Arztes Markus Herz, eines witzigen Gesellschafters, dem eine schöne und gescheite Frau zur Seite stand, und in dessen Hause die Töchter Mendelssohns, Dorothea, später Friedrich Schlegels Frau und Henriette, sowie Rahel Levin, später mit Varnhagen verheiratet, vielfach verkehrten, und wo auch deutsche Schriftsteller und Gelehrte von Ruf aus- und eingingen. Man stand mit jüdischer Eitelkeit täglich stundenlang geistig vor dem Spiegel, um sich selbst zu analysieren und dann zu bewundern; man bemühte sich, hysterische Empfindungen zu bekommen, um sie niederschreiben zu können, kurz, es wurde unnatürlich viel Geist gemacht. Durch die ganze Gesellschaft aber, oder doch durch das Wesen der Hauptpersonen ging ein Zug schwüler, geiler Sinnlichkeit . . ., der im Verein mit einem anderen solchen Merkmale, dem Mangel an Scham, zu den widerwärtigsten Skandalen führte. In den meisten Kreisen der Berliner Reformjuden war man vom Rationalismus zur gänzlichen Gleichgültigkeit gegen alle Religion gelangt. Massenhaft trat man aus geschäftlichen oder anderen weltlichen Gründen zum Christentum über, dem nach Henne am Rhyn „binnen dreißig Jahren wohl die Hälfte der Berliner Judengemeinde zufiel".

Rücksichtslos überließen sich jüdische Weiber, darunter die Lieblingstochter des „jüdischen Luther", des „dritten Moses", mit ihren heiligen dunklen Augen, mit ihrem langen, schwarzen Haar, „das Urbild von Schlegels Schandbuch „Lucinde", dem wüsten Drange ihrer Lust in den unsaubersten Verhältnissen und andere leisteten Kupplerdienste. „Am ärgsten zeigte sich diese Verblendung", wie Henne am Rhyn behauptet, in den Teilnehmern am Herzschen Salon, der damals geradezu, wie Graetz sich alttestamentlich ausdrückt, ein „midianitisches Zelt" oder, wie wir mit moderner Bezeichnung sagen können, „ein schöngeistiges Bordell wurde". Die hier verkehrenden Freundinnen betrogen ihre verblendeten Gatten mit jungen Wüstlingen, unter denen Gentz die Hauptrolle spielte. Mit frechem Hohn nannten die sittlich Verkommenen beider Geschlechter ihren Verein, in welchem völliger Kommunismus des Genusses herrschte, „Tugendbund". Dorothea lief ihrem Mann davon, um mit Schlegel alle die Bocksprünge durchzumachen, die ihn von einer Torheit zur anderen, zum Katholizismus, zur Weisheit der Juden, zum Absolutismus, und zuletzt vor jene Gänseleberpastete brachte, nach der er in Dresden das Zeitliche segnete.

„Dorotheas Freundin Rahel aber gab sich vollends zur Prinzenkupplerin her. Sie verkuppelte den Prinzen Louis Ferdinand an die Jüdin Bonne. Eine geradezu ekelhafte Gesellschaft, die aber . . . . von großem Einfluß auf die nachklassische Literatur war, indem aus ihr das „Junge Deutschland" mit seinen jüdischen und nichtjüdischen Nachtretern in der Gegenwart hervorging." (Karl Paasch: Eine jüdisch-deutsche Gesandtschaft, III. Teil, Seite 229/230 und Israel und die Gojim (Verfasser ungenannt) Seite 229/230.)

Das Judentum brach auf diese Weise nicht nur in die deutsche Literatur ein, sondern auch in den deutschen Adel. Eine unzählige Menge deutscher Adelsfamilien hat durch die jüdische Estherpolitik ihre Deutschblütigkeit verloren und ist als Verlust am deutschen Volkstum zu buchen.

Man kann das Kapitel der Hofjuden und der Estherpolitik nicht behandeln, ohne auch die traurige Rolle zu erwähnen, die Geburts- und Beamtenadel in der Gründerzeit spielten. In dieser Zeit blühte das Hofjudentum gewissermassen „en gros". Es ist ein düsteres Bild, das uns Otto Glagau in seinem Buche: „Des Reiches Not und der neue Kulturkampf" entwirft. Da uns in diesem Abschnitt lediglich die Art interessiert, wie der Jude sich seinen Einfluß in hohen und allerhöchsten Kreisen mit Hilfe des Byzantinertums und der Estherpolitik zu sichern wußte, so gehen wir auch lediglich auf diese Seite der Gründerzeit ein. Das Judentum deckte seinen Raubzug gegen die deutsche Wirtschaft, indem es die leitenden deutschen Kreise zu Mitschuldigen an seinem Verbrechen machte. Als das betrogene deutsche Volk dann die Verursacher des Gründungsschwindels zur Strafe ziehen wollte, da setzte sofort seitens des Judentums unter den Herren Lasker und Bamberger eine großzügige Ablenkungs- und Vertuschungsaktion ein, indem der Gründertöter Lasker die Blicke des Volkes auf den deutschen Adel lenkte und diese Kreise als die Alleinschuldigen am Gründungsschwindel hinzustellen versuchte. Wie aber die Aufdeckung des Gründungsschwindels immer weitere Kreise zog und die Juden als die Haupt- und Obergründer ins Rampenlicht der Öffentlichkeit gezogen wurden, da wurden die ursprünglichen Gründertöter Lasker und seine ihm stammverwandte Presse plötzlich zu den eifrigsten Verteidigern der (jüdischen) Gründer und brandmarkten ihre Gegner als „elende Denunzianten" und „schändliche Plünderer". Gleich liebevoll wurden auch alle jene Deutschen bedacht, welche von den Gründern um ihr Geld betrogen worden waren und es wieder haben wollten.

Doch — wir wollen jetzt nur die Maienblüte der Gründerzeit betrachten. Davon entwirft uns Otto Glagau, ein Zeitgenosse der Gründer, das folgende anschauliche Bild:

> „In Österreich wie in Deutschland war die Börse der Mittelpunkt des öffentlichen und gesellschaftlichen Lebens geworden. Der hohe Adel, die höchsten Beamten, gefeierte Gelehrte und Künstler spekulierten an der Börse, bewarben sich bei Gründungen und Emissionen um Beteiligungen, boten ihre Dienste als Aufsichtsräte an, schmausten und zechten mit professionellen Gründern und Börsianern. In Österreich erwuchs ein zahlreicher Finanzadel. Börsenmänner wurden ununterbrochen zu Rittern und Baronen ernannt. Auch in Preußen sahen sich etliche hervorragende Gründer in den Adelstand erhoben und eine lange Reihe von Börsianern, die bei dem Schwindel beteiligt sind, erhielten bis in die letzte Zeit hinein Orden und Titel, was natürlich nur auf Vorschlag und Empfehlung ihrer Freunde und Klienten geschah und den großen Einfluß beweist, den diese Leute in Hof-, Adels- und Beamtenkreisen noch immer besitzen. In Österreich wie in Deutschland hatte sich eine Klasse von gewerbsmäßigen Spekulanten gebildet welche gleich den Bankiers, Direktoren und Aufsichtsräten

einen fabelhaften Aufwand trieben. Luxus und Verschwendung, Üppigkeit, Völlerei und Ausschweifungen jeder Art ergriffen alle Schichten der Gesellschaft. Die Gründer und Börsianer wußten mit Hilfe der Presse den Wahn zu erzeugen, als ob die ganze Nation im Golde schwimme. (Man beachte das Zusammenspiel zwischen dem Byzantinertum der Hofjuden und der Presse!) Das Gold wurde förmlich ausgestreut, die Preise gewaltsam in die Höhe getrieben. Es entstand eine künstliche Teuerung, Lebensmittel und Wohnung stiegen ums drei- und sechsfache. Die solide Arbeit, der ehrliche Erwerb gerieten geradezu in Mißachtung; Börsenjobberei und Schwindelgeschäfte wurden salonfähig, denn die Elite der Gesellschaft, selbst Damen, ältere und jüngere, trieben sie als eine Art von Sport.

Diesmal, — (das erste Gründungsfieber brach aus: in Frankreich Ende 1852, in Österreich 1855, in Deutschland nach 1856 —) wurde das gesamte Volk vom Höchsten bis zum Niedrigsten ausgesogen. Dienstboten und Wäscherinnen waren mit faulen Aktien bedacht worden, ebenso wie Exzellenzen und Prinzen. Einem weitverbreiteten Gerücht nach hat auch Kaiser Franz Joseph, ohnehin nicht reich, den größten Teil seines Privatvermögens in Aktien verloren. Desgleichen sollen verschiedene Mitglieder des Preußischen Königshauses große Summen dem Generalgründer Heinrich Quistorp anvertraut und dabei empfindlichen Schaden erlitten haben." (Otto Glagau: Des Reiches Not und der neue Kulturkampf.)

Der Hexensabbath der Gründerzeit endete mit einem furchtbaren Zusammenbruch, der Millionen deutscher Existenzen vernichtete. Der Gesamtverlust wurde von Glagau auf 2000 Millionen Taler eingeschätzt, eine Summe also, welche die französische Kriegsentschädigung an Deutschland aus dem Jahre 1871 weit übertrifft.

Die Byzantinerpolitik der Hofjuden aber hatte über ein ganzes Volk gesiegt. Denn die Juden hatten nicht nur ungezählte Reichtümer angesammelt; — sie hatten außerdem einen erheblichen Machtzuwachs im deutschen Volksleben gewonnen; in Adelskreisen und an den Höfen saßen sie fest. Und als das betrogene deutsche Volk die betrügerischen Gründer zur Rechenschaft ziehen wollte, da zeigte sich, daß die unlösliche Verfilzung zwischen Judentum und Adel auch die deutsche Rechtspflege korrumpierte. Zur Wirtschaftskorruption trat die Korruption der Rechtspflege. Und die Presse tat das ihrige, um die Korruption zu vertiefen. Denn sie deckte die hofjüdischen Byzantiner mit allen Künsten und Kniffen der talmudischen Dialektik. Das Zusammenspiel zwischen dem Byzantinertum der Hofjuden und der Vernebelungspolitik der Judenpresse ist zu lehrreich, als daß es übergangen werden dürfte. Vielleicht lernen die Deutschen auf diese Weise das Zeitungslesen.

So übernahm die „Vossische Zeitung" einen Artikel des „Berliner Börsenkuriers", welcher konstatierte, daß die verurteilten Gründer der Wredeschen Spritfabrik „in der Achtung, welche sie bisher genossen, eine Einbuße nicht erlitten" hätten. Der „Börsen-Kurier" drohte mit einer Massenauswanderung der Gründer und Börsianer.

Das „Berliner Tageblatt“ des Herrn Mosse (Moses) empfahl der Staatsanwaltschaft Milde und Nachtsicht und man kolportierte das Gerücht von der Versetzung des Herrn von Tessendorff. „Liberale“ Blätter jammerten, daß die Richter und Staatsanwälte sich von der „Zeitströmung gegen die Gründer beeinflussen ließen“. Die „Vossische Zeitung“ aber bezeichnete die „Ziele der Gründerhetze“ als politische Reaktion und machte für die Verluste der „Liberalen“ bei den Landtagswahlen im Herbst 1876 die „Gründerhatz“ verantwortlich.

Das stärkste leistete die damals vielgenannte „Deutsche Volkswirtschaftliche Korrespondenz“, das Organ der Schutzzöllner, das von großen Gründern unterhalten und von einem Freiherrn P. v. Rühle redigiert wurde. Ende 1876 schrieb dieses würdige Blatt:

„Schon fängt das Odium, das auf den Gründern lag, an, sich auf die Hetzer zu werfen; schon bildet sich die Überzeugung, daß uns die Schwindelperiode zwar mit Ruten schlug, die Verleumdungs- und Verfolgungsperiode aber mit Skorpionen. Die Schwindelperiode war weniger schädlich, weil eine großartige Zirkulation, ein rascher Blutumlauf neben dem fieberhaften, auch viel gesundes Leben erzeugte, und das national gesteigerte Kraftgefühl neben manchem Kartenhaus auch viel nützliche und dauernde Schöpfungen hervorbrachte, während die künstlich genährte Mißtrauensperiode nur zerstört und uns für den Ruin der Geschäfte nicht einmal den Ersatz einer geläuterten Geschäftsmoral darbietet.“ (?)

„Selbst die wenigen Gründer, die mit Bewußtsein täuschten, schlugen nur (!) dem Geldbeutel ihrer Opfer Wunder, die Hetzer und Verleumder aber der Ehre und dem guten Namen. Die Gründermanie leitete den geschäftlichen, die Verleumdungsmanie (!!) dagegen den moralischen Bankerott ein ....“

„Lebten wir noch in absolutistischen Zeiten, wo die Weisheit und die Machtfülle eines Mannes dem Lande die Richtung verleiht, so „würden wir an diesen Selbstherrscher die Bitte richten: Über alles, was während der Periode des geschäftlichen Aufschwunges (!!) geschah, jetzt den Schleier der Liebe, des Vergessens zu decken, dem rückwärts spähenden Blicke des Grolls ein militärisches „Rechtsum“ zu kommandieren und dem Auge des Volkes wieder die Direktion nach vorn in eine geläuterte (!!) hoffnungsreiche Zukunft zu geben. Wir würden ihn objektiver (!) und gerechter (!) wie die Tugendprediger (!) an alle die vielen Tatsachen erinnern, welche die Sünden jener Periode aus der Region des persönlichen Verschuldens (!) hinausheben und als eine allgemeine Verwirrung (!!) charakterisieren, an welcher die Regierung ihren sehr großen Schuldanteil hat, wenn bei so elementaren Stauungen überhaupt von Schuldanteilen die Rede sein kann.“ (Derselbe, ebda., S. 118—120.)

Die Deutschen haben nichts aus der Gründerzeit gelernt, denn an ihrem Ende hatte das Judentum seine Machtstellung im deutschen Volksleben, wie ich schon hervorgehoben habe, in jeder Beziehung weiter ausgebaut und gestärkt. Besonders der kaiserliche Hof war zum Tummelplatz einer Reihe von Hofjuden geworden, die z. T. sogar unangemeldet Zutritt zu Kaiser Wilhelm II. hatten. Darum konnte auch das Berliner Tageblatt im Jahre 1912 triumphierend melden:

„Deutschland gut regieren, heißt heutzutage ein guter Rechner sein, wie Sems Nachkommen es stets gewesen sind, darum sind heute an den Stellen, wo unsere Geschicke gelenkt werden, Rechner, Prognostiker für materielle Werte vonnöten. Ob's gar so verfehlt wäre, sich die aus den Reihen der jüdischen Rasse zu holen? Ob's nicht einer der besten Regenteninstinkte Wilhelms des Instinktiven ist, immer und immer wieder, wenn er in heiklen Situationen guten Rats bedarf, Direktor Ballin, Simon, Goldberger, Hermann, Arnold, Rathenau, Schwabach, Friedländer-Fuld ins Schloß zu bitten? Unsere Kriege werden heute auf einem Streifen Rechenpapier geführt."

Lesen wir, um den vollen und wahren Sinn dieser Stelle herauszustellen, den zuletzt zitierten Satz in der richtigen Betonung:

„Unsere (d. h. der Juden) Kriege werden heute auf einem Streifen Rechenpapier geführt."

In welcher Weise die den Kaiser Wilhelm II. umgebende Canaille von Hofjuden ihn zu beherrschen und damit Krieg gegen das deutsche Volk zu führen wußte, schildert uns der „Semi-Imperator" sehr anschaulich.

„Der kaiserliche Oberhof- und Hausmarschall Oberst à la suite Baron Reischach, dessen Mutter eine geborene Bonn-Baruch ist, Baron Hülsen und einige andere meist in den Semi-Alliancen Aufgeführte, spielten Hauptrollen am Kaiserhofe. Diese judstize Hofclique im Verein mit den drei bis vier Dutzend volljüdischen „persönlichen Freunden" von S. M. bildete undurchdringlich den großen jüdischen Ring um ihn, welcher es meisterhaft verstand, aufrechte deutsche Männer, wie den Fürsten Salm-Horstmar völlig abzudrängen und kalt zu stellen."

Nachdem dies geschehen, konnte der Kaiser einer besonderen „individuellen Behandlung" unterworfen werden. Dies geschah vermittelst okkultistischer Experimente.

„Ballin, Bleichröder und Rathenau verstanden es durch Veranstaltung spiritistischer Sitzungen — wobei als gefügiges Medium eine gewisse Seidler (aus der Körnerstr. 6 in Berlin) wirkte, den Kaiser dahin zu bringen, wo sie ihn haben wollten, indem sie seinen Hang zum Mystischen für sich praktisch machten. Das Ganze fundierten sie auf die Idee, der Berg, auf dem die alte Stammburg Zolr der Hohenzollern gestanden, sei eine altheidnische Opferstätte und seine Vorfahren seien dort Hohepriester gewesen — darauf beruhe die ihm von Gott übertragene Mission, d. h. sein Gottesgnadentum von Rechts wegen und danach sagte er von sich, er betrachte sich als „das Instrument des Herrn"." (Semi-Imperator 1919, S. 58—61.) Ich gebe diese Meldung mit allem Vorbehalt wieder. Die Verantwortung dafür hat der Franz Eher-Verlag, München, zu tragen, der den „Semi-Imperator" im Jahre 1919 herausgebracht hat.

Nun — dieser Herr, das Volk Israel nämlich, wußte sein „Instrument" meisterhaft zu handhaben.

Diese Seidler hat, wie aus der Presse vom Anfang dieses Jahres (1933) ersichtlich, gleich zu Anfang des Krieges einen für Deutschland unheilvollen Einfluß nicht nur am Kaiserhof, sondern auch im Großen Hauptquartier ausgeübt. In zwei Aufsätzen in „Ludendorffs Volkswarte" — 1933 (Folge 4 und Folge 6) erbringt Frau Dr. Ludendorff den Nachweis, daß der okkultgläubige General von Moltke, im Jahre 1914 Generalstabschef des deutschen Heeres, unter dem Einfluß des Mediums „Lisbeth Seidler" und sicher auch unter dem Einfluß des Anthroposophen und Juden Rudolf Steiner den wahnsinnigen Rückzugsbefehl nach der Marneschlacht durch den Freimaurer Oberstleutnant Hentsch gab. Während der Marneschlacht wurden in Wirklichkeit zwei Schlachten geschlagen. Vorne an der Front, im Schwert- und Feuerkampf, schlug und siegte der deutsche Soldat. Auf dem Kriegsschauplatz der unsichtbaren Fronten aber, im Reiche des Unwägbaren, im deutschen Großen Hauptquartier, schlug und siegte der Jude und der Freimaurer — und dieser Sieg verwandelte den Schwertsieg der Marneschlacht in eine Niederlage.

Wie das kam? Nun — Moltke stand seit 1899 unter dem Einfluß von Okkultlehren und war — um mit Frau Dr. Ludendorff zu reden — planmäßig durch Okkultglauben „induziert irre gemacht". In dieser Geistesverfassung wurde er an die Spitze des deutschen Heeres von dem ebenfalls durch die Seidler beeinflußten Deutschen Kaiser berufen und damit war dem kriegführenden Judentum auch das letzte Bollwerk der deutschen Kraft ausgeliefert. Bei einer solchen Reichs- und Heeresleitung mußte das Verhängnis seinen Lauf nehmen. Der Kaiser und sein Generalstabschef den Prophezeiungen eines okkultistischen „Mediums" unterworfen und hinter diesem Medium klar und erkennbar der kriegführende Jude! Und nun wird jeder die nachfolgende Meldung des „Dortmunder Generalanzeiger" vom 14. Januar 1933 Nr. 13 richtig lesen und richtig würdigen können:

> „In Koblenz, dem damaligen Hauptquartier, wurde ihr (nämlich der Lisbeth Seidler) in einem Schloßflügel ein eigenes Zimmer eingeräumt. Sie sollte ständig zur Verfügung stehen. Es war wohl nicht so sehr der Graf Moltke selbst — — — dem sie zur Seite stehen sollte, als seiner Frau, die zu dieser Zeit als eine der Berliner Koryphäen des Okkultismus galt. Ihr Mann, der Generalstabschef von Moltke, war eher dem geistigeren Theosophen Steiner zugetan, mit dem er sich sogar mitten in der Marneschlacht in Koblenz traf.
>
> Es ist nicht ganz klar, was sie während des Krieges, immer im Auftrage ihrer Gönnerin, der Gräfin von Moltke, getan hat. Bis in ihre letzten Tage hat sie die Schweigepflicht, die ihr damals auferlegt wurde, gehalten. Sie war im Besitze eines Passes vom Roten Kreuz und wurde zu allen möglichen Sondermissionen, auch ins neutrale Ausland geschickt." (Zitiert nach Dr. Mathilde Ludendorff: „Das Wunder an der Marne".) Ludendorffs Volkswarte, Folge 4, 1933.

Und wofür kämpfte Dr. Rudolf Steiner, dem der General Moltke so zugetan war, in den Tagen der Marneschlacht in der unsichtbaren Front? Darauf gibt uns Frau Dr. Mathilde Ludendorff Aufschluß:

„Ich weiß aus dem Munde einer Zeugin den Inhalt des Vortrages, den Steiner bei Ausbruch der Revolution in Deutschland im Goetheanum in Dornach angehört (soll wohl heißen: gehalten) hatte. Sie erzählte mir, wie entsetzt sie mit vielen anderen darüber war, wie Steiner vor lauter Freude über die Revolution des Juden Eisner seine politische Mission und Einstellung mit einem Mal enthüllte und förmlich über diesen Umsturz in Deutschland jubelte. Er hatte seine Beherrschung in seiner Freude verloren und enthüllte sich mit einem Mal als das, was er war, nämlich als ein volkstreuer Jude, der seine unendlich wichtige Aufgabe in der anthroposophischen Gesellschaft zu erfüllen hatte." (Dr. Mathilde Ludendorff: „v. Moltke unter der Suggestion Lisbeth Seidlers und Rudolf Steiners." Ludendorffs Volkswarte 1933, Folge 6). Anmerkung: Ich habe mich jahrelang mit dem Studium von Okkultismus und Astrologie gründlichst befaßt und bin auf Grund eigenen Studierens zur völligen Ablehnung dieser Erkenntnisgebiete gekommen.

Wie man sieht, verstehen sich die Hofjuden meisterhaft auf den Krieg der unsichtbaren Fronten. Sie haben mit dieser Kriegführung Deutschland niedergeworfen und drohen es vollends zu zerstören. Und die Deutschen haben bislang nichts daraus gelernt, wie die Nachkriegszeit schlagend und unwiderleglich mit Inflation, Judenskandalen und Schiebungen erwiesen hat.

Eine Darstellung der Inflation zu geben, das erübrigt sich im Zusammenhang dieses Abschnitts, weil die jüdische Kriegführung in der Inflation sich fast bis in die Einzelheiten mit den Vorgängen in der Gründerzeit deckt. Denn auch die deutsche Republik von Weimar hatte ihre Hofjuden.

Zum Beweise dafür, daß der Jude überall Krieg führt und überall dieselbe Taktik anwendet, seien noch einige Momentaufnahmen aus unserem Nachbarlande Frankreich gebracht.

In dem Illuminatenorden des Juden Weishaupt spielte der geheimnisvolle Graf St. Germain eine hervorragende Rolle. Er trug das rätselhafte Losungswort von Ort zu Ort, er wußte sich auch durch okkultistische Lehren und Zaubereien die Menschen zu unterwerfen und einen weitreichenden Einfluß zu erobern.

Dabei war dieser Graf St. Germain ein elsäßischer Jude und hieß Wolff, der aber hinter den Kulissen der Diplomatie eine große Rolle spielte und in alle Staatsgeheimnisse eingeweiht war. Von ihm berichtet Drumont weiter:

„Er fand nie einen Widersacher in den Salons der Freigeister, wenn er als ewiger Hofjude, mit ewiger Jugend ausgestattet, versicherte, daß er ein Zeitgenosse Jesus sei und dem Pontius Pilatus einst gute Dienste geleistet habe. Wer zweifelte daran, daß er nach Belieben Diamanten fabrizieren könne und was wäre dabei auch Verwunderbares? „Haben wir denn nicht erlebt" — so schreibt Drumont weiter, daß „Jules Ferry, dieser von jeglichem Vorurteil freie, edle Geist, überzeugt davon war, daß Madame Cailhava mit ihrem Zauberring ihm in St. Denis so viele Schätze nachweisen

werde, daß damit alle Vergeudungen und Diebstähle der Republik, die das französische Budget erlitten, vollständig gedeckt würden."
(Eduard Drumont: Das verjudete Frankreich, S. 220.)

Im Jahre 1848 schickte der Revolutionär Robert Blum den Wiener Juden Bauer mit Depeschen des Juden Schwarzer an den Juden Isaak Adolphe Crémieux nach Paris. Hier wurde aus dem Juden Bauer, der im Faubourg St. Germain die Bekanntschaft mehrerer Damen aus der aristokratischen Gesellschaft gemacht hatte, der Katholik Bauer, der sich im südlichen Frankreich in ein Kloster der barfüßigen Karmelitermönche aufnehmen ließ. Nachdem judenstämmige katholische Geistliche seine Lossprechung aus dem Orden bei Pius IX. erreicht hatten, wurde aus dem Karmeliter „déchaussé" ein rednerisch gut talentierter Abbé, der als Geistlicher an der Tuillerienkapelle angestellt wurde. Das war im Jahre 1866. Hier versah er nun unter dem Deckmantel eines katholischen Priesters die Stelle eines R a b b i n e r s (nach Karl Paasch: Eine jüdisch-deutsche Gesandtschaft) bei Napoleon III., denn der verstorbene Großrabbiner Ullmann hatte ihn schon vor seinem Übertritt zum Katholizismus in die Geheimnisse des Judentums eingeführt. (Über die Judenblütigkeit Napoleons III., vgl. Weimarer historisch-genealogisches Taschenbuch des gesamten Adels jehudäischen Ursprungs. Jahrgang 1913, S. 132.)

Und nun noch zum Schluß die Geschichte einer modernen Esther, die Drumont erzählen möge:

„Sehen wir uns z. B. Frau von Paiva näher an. Geboren in einer jüdischen polnischen Familie namens Lachmann, heiratete sie einen kleinen armen Schneider in Moskau, verließ ihn aber bald, um auf Abenteuer in Paris auszugehen. Auf dem Pariser Straßenpflaster lernte sie das äußerste Elend und den Jammer der feilen Liebe kennen. Eines Tages sank sie in den Champs Elysées entkräftet zu Boden und gelobte sich, wenn ihr das Schicksal, dem sie traute, günstig sei, hier einen Palast zu bauen.

Sie wird Maitresse eines jüdischen Pianisten, des berühmten Herz, der sie in den Tuilerien als seine rechtmäßige Gattin vorstellte; man wies ihr jedoch dort die Türe und sie beschloß, sich zu rächen. Herz, von dem sie sich, nachdem sie ihn zugrude gerichtet, getrennt hatte, floh nach Amerika. Hierauf vermählte sie sich in legitimer Ehe mit dem Marquis von Paiva, der sich später erschoß. Maitresse des Grafen Henckel geworden, konnten bald ihre Hände im Golde wühlen. Sie empfing in ihrem feenhaften Palaste in den Champs Elysées, dessen Pracht höchstens von dem hochherrlichen zu Pontchartrain übertroffen ward, Diplomaten, Schriftsteller und Künstler.

Im gleichen Schritt mit der ihrer Rasse eigenen Begabung wuchs ihr Haß; sie wurde der Mittelpunkt einer preußischen (??) Spionage gegen Frankreich, was ihr durch viele politische Berühmtheiten, welche ihr Haus besuchten und die vieles, nichts ahnend, verrieten, sehr erleichtert ward. So trug sie das ihrige zum Sturz des Kaiserreiches bei, und während dies fiel, erhob sie sich mehr und mehr. Sie wurde Gräfin Henckel von Donnersmark, kaufte die Diamanten jener Kaiserin, von der sie einst verstoßen ward, und ließ in Schlesien auf den Gütern ihres Gemahls durch den kaiserlichen Architekten Lefuel einen Palast bauen, ähnlich jenen Tuilerien, aus denen man sie vertrieben hatte. (Eduard Drumont: Das verjudete Frankreich, I. Bd., S. 93—95.)

Drumont täuscht sich bestimmt, wenn er in der Jüdin Henckel von Donnersmark eine Spionin zugunsten Preußens wittert. Denn der Sturz des französischen Kaiserreiches kam dem Judentum zugute. Dieses stieg unter Gambetta, der selbst ein Judensprößling war, zur Macht in Frankreich empor und hat es seitdem verstanden, die französische Politik im alljüdischen Interesse zu lenken. Weltkrieg, Revolution in Deutschland, Versailles, Dawes-Plan, Young-Plan, Balfour-Erklärung — alles Etappen jüdischer Kriegführung im Dienste des jüdischen kultischen Imperialismus und des jüdischen Messianismus. Eine Teilaufgabe in diesem großangelegten System der jüdischen Kriegführung fiel dem byzantinischen Hofjuden und der Esther zu. Sie haben sie glänzend gelöst!

Nehmen wir noch ein Beispiel jüdischer Estherpolitik aus der jüngsten Gegenwart. Aus dem Staate Liechtenstein berichtet uns der „Völkische Herold" vom 26. März 1933, Folge 12:

„Seit einigen Jahren fiel es allgemein auf, daß zahlreiche Juden sich entweder im Fürstentum Liechtenstein ansiedelten oder wenigstens die Liechtensteinische Staatsbürgerschaft erwarben. Die Gauner und Schieber aus ganz Europa, soweit sie jüdischer Rasse waren, erkoren sich das Ländchen, das nur 10 000 Einwohner hat, zum Asyl gegen den Arm der Gerechtigkeit. Natürlich kamen diese Juden nicht ohne Geld dorthin, sondern sie verschoben erst ihr Kapital nach Liechtenstein, machten dann eine kräftige Pleite, begaunerten den Goi um den Lohn seiner Arbeit und landeten schließlich im „gelobten Land" Liechtenstein. Dort waren sie dann vor dem Zugriff der Gerichte sicher und lebten von ihrem Raube. Ganz besonders wurde aber die Aufmerksamkeit von ganz Deutschland auf dieses Räuberneft aufmerksam gemacht durch den Fall der Gebrüder Rotter. Diese galizischen Juden hatten die Berliner Theater auf den Hund gebracht, Millionen von Mark unterschlagen und als der Staatsanwalt sie in seinen väterlichen Arm nehmen wollte, da waren diese Lumpen unauffindbar. Ihre Angestellten hatten sie um ihren wohlerworbenen Lohn betrogen und ihren Raub in Liechtenstein in Sicherheit gebracht. Denn ohne daß es die damalige marxistische Berliner Polizeidirektion gemerkt hatte, waren die Gebrüder Rotter gegen Zahlung von 40 000 Franken „Liechtensteiner" geworden und saßen fröhlich in der Hauptstadt des Raubstaates Liechtenstein, Vaduz, und pfiffen auf die deutschen Staatsanwälte. Alle Auslieferungsforderungen der deutschen Gerichte verliefen ergebnislos! Was hilft hier alles Recht, so lange das „Fürstentum" nicht gezwungen werden kann, diese Räuber und Betrüger auszuliefern? Eine Berliner Linkszeitung schrieb hierüber:

„Die Kapitalfluchtgesetze sind wertlos, solange die Hehlerhöhle Liechtenstein sich internationalen Schutzes erfreut. Liechtenstein ist kein Staat mit Daseinsberechtigung. Er ist ein Parasit, der auf

allen anderen Staaten herumschmarotzt. Es ist eine Eiterbeule."
„Diese Eiterbeule muß aufgestochen werden."

Jawohl, hier sind wir ganz Deiner Meinung, marxistischer Schreiber! Aber warum schreibst Du nicht die g a n z e Wahrheit? Warum verschweigst Du das Wichtigste, Du Heuchler? Warum flüchten denn alle Juden, die eigentlich ins Zuchthaus gehörten, nach Liechtenstein?

So will ich Dir denn die Wahrheit sagen. Weil die „Fürstin" Elisabeth eine Vollblutjüdin ist, die noch aus dem Ghetto stammt. Und „weil Israel für einander bürgt", machte die katholisch getaufte (!) jüdische Fürstin ihr Land zur Raubritterburg ihrer Rasse. Elisabeth von Liechtenstein, geb. von Gutmann (6. Januar 1875) heiratete zuerst Geza von Erös, einen armen Adeligen, nachdem sie sich schnell zuvor hatte taufen lassen. (Man beachte die Handlangerdienste des Christentums!) Am 22. Juli 1929 heiratete sie den 76jährigen Fürsten Franz von Liechtenstein, trotz des schärfsten Gegensatzes der fürstlichen Familie. Denn der Fürst von Liechtenstein gehört zu den reichsten Männern Europas. Sofort nach der Hochzeit erschienen Briefmarken mit dem „erhabenen Judenkopf" dieser einzigen jüdischen Landesherrin Europas. Eine Schmach für den ganzen arischen Adel! „Fürstin" Elisabeth stammt aus dem 1878 geadelten reinrassig-jüdischen Geschlecht von Gutmann, das vom Straßenhandel sich durch Fohlenhandel zu unermeßlichem Reichtum emporgegaunert hat. Diese neue jüdische Esther beherrscht aber ihren alten Gemahl vollkommen, erledigt vor allem seine gesamten Geld- und Staatsgeschäfte und sorgt dafür, daß nach dem Tode des Fürsten seine unermeßlichen Reichtümer in die Banken derer von Gutmann einmünden. Seitdem sie aber Fürstin von Liechtenstein geworden ist, strömen die jüdischen Schieber, Gauner und Schwindler in das „neue gelobte Land" und erwerben die Staatsbürgerschaft dieser großen Tochter Israels. Hoffentlich werden recht viele Juden „Liechtensteiner" und dann stechen wir diese jüdische Eiterbeule auf."

So weit der „Völkische Herold". Wie man sieht, arbeiten die einzelnen jüdischen „Waffengattungen" im System der jüdischen Kriegführung glänzend zusammen! Nur der harmloseste und politisch gänzlich Unbewanderte kann hier an eine zufällige Verkettung der Umstände glauben und nicht an jüdische Politik und nicht an jüdische Kriegführung! Im System des jüdischen Kriegsrechts dürfte auch diese Geschichte in ihrer ganzen Bedeutung erkannt werden.

Vielleicht lernen die Deutschen nach diesen Ausführungen auch die harmlos scheinenden Aussprüche des Talmud in ihrer kriegsrechtlichen Bedeutung erkennen. Nach dem Kapitel über Byzantinertum und Estherpolitik ist es uns möglich, die ganze Tragweite der folgenden in Sotah fol. 71 b sich findenden Bestimmung zu ermessen:

„R. Jehuda, nach anderen R. Schimon sagte: „Es ist erlaubt, den Frevlern in dieser Welt zu schmeicheln." (Dasselbe in Avoda Zara 10 b.)

2. Hauptstück.

Entrassung.

2. Abschnitt.

Vom Geiste des Geschlechtskrieges.

Leitwort: „Wenn wir einmal unumschränkte Herren der Presse geworden sind, wird es uns leicht möglich sein, die bestehenden Begriffe von Ehe, Tugend, Charakter abzuändern und der geheiligten Institution der Familie, welche bisher sakrosankt war, die erste Wunde zu schlagen und ihre Vernichtung zu Ende zu führen.“ (Broschüre eines Rabbiners, erschienen in der Wiener Deutschen Zeitung am 15. März 1909.)

Dem Leser ist soviel klar geworden, daß das System der jüdischen Kriegführung ebenso großartig unerbittlich, wie lückenlos und folgerichtig ist. In diesem Hauptstück ist uns die Aufgabe gestellt, dem Leser klarzumachen, daß das Judentum das System der Estherpolitik folgerichtig ausgebaut hat, indem es auch das nichtjüdische Weib als politischen Kräftefaktor in seine Kriegführung einzustellen und zu verwerten wußte.

Das Judentum hat, wo es politisch notwendig war, die Töchter Israels unbedenklich auf seinem Kriegsschauplatz verwertet. Denn z. B. die Unterwerfung des Blut-, Schwert- und Geistesadels der Nichtjuden unter die jüdische Macht war von jeher die vornehmste und, auf die Dauer gesehen, auch erfolgreich gelöste Aufgabe der Jüdin. Darüber hinaus aber hat das Judentum auch die breiten Massen der nichtjüdischen Völker seinem Willen unterworfen, indem es das nichtjüdische Weib auf den verschiedensten Lebensgebieten seinem Willen dienstbar zu machen verstand. Mode, Kino, Literatur, Musik sind die Waffen, mit denen es das nichtjüdische Weib angriff und unterwarf. Mischehe, Prostitution, Mädchenhandel, wahllose Triebentfesselung sind die Waffen, mit denen es die Entrassung der arteigenen Völker betrieb und noch betreibt.

Wie in der Freimaurerei die geistige und seelische Entrassung des nichtjüdischen Mannes zielbewußt durchgeführt wird, indem er zum „künstlichen Juden“ beschnitten wird[1]), so wird in Mischehe, Kameradschaftsehe, Ehe zu Dritt und Prostitution die Entrassung des nicht-

[1]) Vgl. Erich Ludendorff: Vernichtung der Freimaurerei durch Enthüllung ihrer Geheimnisse.

jüdischen Weibes zielbewußt durchgeführt, indem es seiner völkischen Geschlechtsehre beraubt wird. Denn weder der Mann noch das Weib haben ihr Geschlecht für sich allein und für ihre Gegenwart, sondern für die Herrlichkeit, Größe und Zukunft ihres Volkes.

Wir können verschiedene Stufen der Entrassung feststellen. Geistig und seelisch entrasst ist z. B. der Bürger der Christokratie, der Triebsandmensch; entrasst ist der Freimaurer, entrasst ist der in einer Mischehe lebende nichtjüdische Gatte, entrasst ist die Prostituierte, entrasst ist der Homosexuelle, entrasst ist der mit einem Juden oder einer Jüdin erzeugte Mischling. Da der Triebsandmensch der am leichtesten zu beherrschende Mensch ist, weil ihm der artgemäße angeborene Charakter infolge seelischer Abtötung keine Hemmungen mehr bereitet, so ist er auch das Bürger-Ideal des künftigen jüdischen Weltreiches. Dieses Triebsandmenschentum kann nur durch systematisch betriebene Entrassung gezüchtet werden: — Darum erstrebt das Judentum zielbewußt das Rassenchaos als Zuchtanstalt für den Triebsandmenschen der Zukunft. Da das Christentum in dem nur durch den Glauben ausgezeichneten und uniformierten Bürger der Christokratie im Enderfolg auch nur das Ideal des Triebsandmenschentums anerkennt, so bildet es kein Hindernis für das jüdische „Züchtungsideal". Die Grande Nation umfängt wie die katholische Kirche, vorurteilslos die „Rassen" — schrieb der katholische Priester Mönius über dieses Züchtungsideal und gibt damit zu, daß das Christentum dieses Ideal auch als das Seine anerkennt. Wer will dem katholischen Priester Mönius bestreiten, daß er sich auf das Christentum versteht und weiß, was ein wahrer Bürger der Christokratie ist?

Die Entrassung eines Volkskörpers ist ein „unblutiger" Vorgang. Deshalb wollen auch viele der Leser nicht zugeben, daß es sich bei ihr um Kriegführung handelt, und zwar um die speziell jüdische Form des Geschlechtskrieges. Eine einfache Überlegung wird uns das Wesen dieser Erscheinung als eines Krieges verständlich machen. Jeder weiß aus der Geschichte, daß in vielen Kriegen der Hunger ein erfolgreiches Mittel zur Niederringung des Gegners war. Erst der letzte Krieg bot mit seiner Hungerblockade über Deutschland ein eindringliches Beispiel für die Verwendung des Hungers als eines Kampfmittels. Der „unblutige" Vorgang der Aushungerung Deutschlands kostete Deutschland mehr als 800 000 Opfer. Den Hungerkrieg bestreitet niemand. Wer will den Geschlechtskrieg bestreiten? Will man ihn etwa deshalb noch bestreiten, weil die infolge „Geburtenstreik" hingemordete Zukunft nicht zu sehen und zu hören ist? Kann ein Volk nicht an Austrocknung und Verseuchung seines Blutes sterben? Der Tod ist ein Zerfallen und Versickern von einheitlich geleiteten Kräften in der Gegenwart, der Tod ist ewige Stabilisierung der Vergangenheit, wie das Leben ewige Gestaltung der zeitlosen Gegenwart ist: — und darum stirbt ein Volk, wenn es durch zukunfts-verneinenden Geschlechtstrieb sein Blut unfruchtbar im richtungslosen Chaos versickern läßt. Ich spreche ausdrücklich vom Geschlechtstrieb eines V o l k e s, weil ich dafür halte, daß in der Vereinigung von Mann und Frau die kleinste Einheit eines Volkes Wirklichkeit werden soll, aus der artgebundenes und damit rassebewußtes Leben entstehen kann.

Ins richtungslose Chaos oder — um einen zeitgemäßeren Ausdruck zu gebrauchen — in die vorurteilslose Internationale leitet das Judentum das Geschlechtsleben der artgebundenen Völker und läßt sie auf diese Weise im Rassenchaos verenden. Als ein Mittel zu diesem Ziele gibt uns der Jude Artur Landsberger in seinem Roman „Asiaten" das folgende System an. Er spricht zwar von Japan, doch können seine Ausführungen mit entsprechenden Änderungen ohne weiteres auf Europa übertragen werden.

„Das Goto-Komitee tagt in jeder Stadt, die mehr als fünfhundert Kurtisanen beherbergt. Sie läßt in diese Städte die Preisträgerinnen der kleineren Städte kommen und an dem Oiren-Dochu der betreffenden Stadt teilnehmen. — Wir spannen unser Netz über ganz Japan. Wir haben entscheidenden Einfluß auf sämtliche Liebesinstrumente dieses Landes. Alle werden die Melodie spielen, das Lied pfeifen, das wir angeben. Stellen Sie sich Japan als einen Riesenkörper vor. Jedes Land ist nichts anderes. Wer die Unterleibsfunktionen dieses Körpers reguliert, hat Einfluß auf den ganzen Körper, hat Gewalt über ihn. — Sehen Sie endlich, was ich will? Der Kampf um die Weltherrschaft muß zwischen Amerika und Japan ausgefochten werden. Durch einen Krieg? Das wäre grausam. Durch diplomatisches Feilschen? Das wäre eine beständige Unruhe, verbunden mit fortgesetzten Rüstungen. — Es gibt aber auch eine dritte Methode: Amerika saugt Japan aus. Es vertrustet nicht nur die Liebe. Es faßt das Land bei seinem stärkst entwickelten Instinkt. Hier, wo der Geschlechtsakt eine natürliche Funktion des Körpers wie jede andere ist, wo man daher nicht, wie bei uns, ganze Berge moralischer Widerstände überwinden muß, um zu ihm zu gelangen, braucht man nur in geschickter Form den nötigen Anreiz zu geben — und das entfesselte Geschlecht entkräftet sich in einem Rausch, dessen Dauer von uns bestimmt wird.

— — Durch Schaffung immer neuer Reizmittel kann man diesen Rausch in Permanenz erklären und aus diesem Lande die Insel der Besessenen machen.[2])

Das ist nur *eine* Seite des vom Judentum entfesselten Geschlechtskrieges. Die anderen Seiten werden wir noch im Verlaufe unserer Darstellung kennen lernen. Hier kommt es uns lediglich darauf an, zu beweisen, wie ein Vertreter des Judentums gerade den Geschlechtskrieg als ein wirksames Mittel zur Niederringung artgemäßer Völker schildert und empfiehlt. Das Judentum in seiner Gesamtheit hat schon immer im Sinne des von Artur Landsberger geschilderten Geistes gehandelt und befand sich damit in voller Übereinstimmig mit dem Geiste des talmudischen Kriegsrechts.

Dieses Recht nimmt keine Rücksicht auf die Geschlechtsehre des Weibes, wenn es gilt, das Weib und sein Geschlecht im Kampf um

---

[2]) Zitiert nach Weltkampf, Jahrgang 1927, S. 517.

die Macht des jüdischen Volkes einzusetzen. Es hängt dies sicher damit zusammen, daß das Weib schlechthin, nicht nur die Jüdin, im Judentum als etwas Minderwertiges betrachtet wird. Es findet sich im jüdischen Recht kein gerechtes Abwägen der weiblichen Eigenschaften; die Grundstimmung ist einfach die, daß das Weib etwas Minderwertiges ist und infolgedessen auf allen Lebensgebieten in eine untergeordnete Rolle hineingezwängt werden muß. Das drückt sich schon in der talmudischen Lehre von der Seelenwanderung aus. Die männliche Seele fährt zur Strafe in ein Weib und die weibliche Seele kann zur Reinigung und Läuterung in einen Mann versetzt werden. Als Regel wird gelehrt, daß die Seelen von Männern wieder in Männern weiterleben. Bezüglich der Seele der Frau findet sich die Ansicht vertreten, daß sie zur Belohnung in einen Mann kommt und zur Strafe in die Hölle verdammt wird. Verhältnismäßig gut kommt die Frau weg, wenn sie für die Sünden des Mannes büßen muß. In diesem Fall fährt ihre Seele nicht zur Hölle, sondern in einen anderen Leib.

Die Einzelheiten der jüdischen Seelenwanderungslehre darzustellen, erübrigt sich hier, wo es nur darauf ankommt, zu zeigen, daß im Judentum die Frau eine durchaus untergeordnete Stellung einnimmt.

Einige diesbezügliche Stellen aus dem Talmud werden die vorgetragene Ansicht erhärten. In Jalkut Rubeni Nr. 61 lesen wir:

„Bisweilen wenn der Mensch geizig ist mit seinem Gut und gibt kein Almosen und auch mit seiner Weisheit geizig ist, sodaß er andere nicht lehren will, alsdann wird er nachgehends gestraft, daß seine Seele in ein Weib fahren muß." Im Buche Nischmeth chajim fol. 168 col. 2. 19. Kapitel 14. Maamar: „Die Seele eines Mannes fährt in ein Weib zur Strafe. Und geschieht solche Versetzung der Seele auch wegen begangener schwerer Sünden."

Jalkut chadasch fol. 3, col. 2, Nr. 8:

„Damit die Unreinigkeit des Adams (welche von dem obersten Teufel Sammael in den Adam und darauf in dessen Nachkömmlinge gekommen) geläutert und gesäubert würde, so hat Abraham den Ismael gezeuget, welcher allen Unflat herausgezogen hat. Nach diesem ist der Eva Seele in den Isaak gekommen und ist sie auch (von der Unreinigkeit Sammaels) geläutert und gereinigt worden, weil Esau alle Unreinigkeit an sich gezogen hat. Und weil die Seele eines Weibes in den Isaak gefahren, so wird die linke Seite die Seite des Weibes genannt. Nach diesem sind ihrer beide Seelen in den Jakob gekommen und haben Kinder gezeuget! Nischmath chajim fol. 168, col. 2. 19. Kapitel 4. Maamar: „Einer Frauen Seele fährt in einen Mann ihr zur Belohnung (nämlich des Guten, das sie getan)."

Jalkut chadasch fol. 23, col. Titel Ischa aus dem Sepher haccavanoth (oder haccavonos) des Rabbi Jizchak Lurja fol. 55, col. 2:

„Das Geheimnis der Fahrung (Wanderung) der Seelen aus einem Leib in den anderen besteht darin, daß nur die Seelen der Männer wegen ihrer Sünden in einen anderen Leib kommen, die Seelen der Weiber aber gehen in keine anderen Leiber wegen ihrer Sünden, sondern empfangen ihre Strafe in der Hölle. Wenn aber bisweilen die Seele einer Frau in einen anderen Leib fährt, so geschieht solches nicht ihretwegen, sondern dieweil ihr Mann gesündigt hat, sodaß seine Seele nach seinem Tode notwendig wieder in einen anderen Leib versetzt werden muß und er einer von denjenigen ist, von welchen (Exod. 21. VI.) gesagt wird: So soll sein Weib mit ihm ausgehen. — Deswegen muß seiner Frau Seele um seinetwillen zum andern Mal in einen Leib kommen. Darum wenn der Mensch zum ersten Mal in die Welt kommt und sein Weib auch zum ersten Male in die Welt tritt, so ist solches die erste Ehe und geschieht solche Ehe leichtlich in einer Stunde, in einem Augenblick, ohne einiges Gezänk. Wenn aber ihrer beider Seelen in andere Leiber fahren und sie einander zum zweitenmale nehmen, so ist solches die zweite Ehe und geschieht dieselbe mit einem groben Gezänke, denn es sind droben Ankläger, welche die Ehe verhindern wollen, dieweil seine Seele wegen seiner Sünde in einen anderen Leib versetzt worden ist. Deswegen kann es die zweite Ehe sein, wenn auch schon ein junger Gesell eine Jungfrau heiratet, sofern sie nur von denselbigen Seelen sind, die versetzt worden sind."

Die talmudische Grundstimmung, daß das Weib ein Wesen von untergeordneter Bedeutung und dem Manne gegenüber geradezu unterwertig ist, kehrt in einer mannigfaltigen Reihe von talmudischen Vorschriften und Anschauungen wieder. So wird unter den sechs Dingen, welche für einen Schriftgelehrten unpassend sind, die Unterhaltung mit einem Weibe auf offener Straße genannt. (Berakkoth fol. 43 b). Ebendort lesen wir auch in fol. 45 b die für die Stellung des Weibes im jüdischen Volksleben bezeichnende Stelle: „Es sind nur drei Männer verpflichtet zum gemeinschaftlichen Tischgebet, zwei aber nicht. Weiber, auch wenn sie hundert sind, zählen nicht mehr als zwei Männer. Dasselbe gilt auch von den Sklaven." In Baba mezia finden wir in fol. 59 a die geistesverwandte Stelle:

Rabh sagte:

„Wer nach dem Rat seines Weibes handelt, stürzt ins Fegfeuer. Ist dein Weib klein, so bücke dich und flüstere ihr zu, aber nur in Hausangelegenheiten."

Während in der Stelle über das Tischgebet die Weiber den Sklaven gleichgestellt werden, findet sich noch eine bedeutende Verschlechterung ihrer Stellung im Chagiga fol. 1 a:

„Jeder ist zum Erscheinen (im Tempel zu Jerusalem) verpflichtet, ausgenommen ein Tauber, ein Blödsinniger, ein Minderjähriger, ein Geschlechtsloser, ein Zwitter, die Frauen, die unbefreiten Sklaven, ein Lahmer, ein Blinder, ein Kranker, ein Altersschwacher und wer zu Fuß nicht so weit gehen kann."

Das Weib ist aber nicht nur minderwertig, sondern auch ein unreines Wesen:

„Wer hinter einer Frau durch einen Fluß geht, hat keinen Anteil an der zukünftigen Welt." (Berakkoth fol. 61a). Und: „Es wird gelehrt: Die Frau ist ein Schlauch voll Unrat, ihre Öffnung ist voll Blut, dennoch läuft ein jeder ihr nach!" (Schabbath fol. 152a.) Ferner: „Als Rabh sich von Chija verabschiedete, sprach dieser zu ihm: Gott behüte dich vor dem das schlimmer ist, als der Tod. Gibt es denn etwas schlimmeres als den Tod?" Als Rabh fortging, dachte er nach und fand folgendes (Eccle 7,26): Bitterer als der Tod ist das Weib. Den Rabh quälte seine Frau. Sagte er ihr, daß sie ihm Linsen koche, kochte sie ihm Kichererbsen, daß sie ihm Kichererbsen koche, kochte sie ihm Linsen. Als sein Sohn Chija erwachsen war, bestellte er verkehrt. Jener sprach: Deine Mutter hat sich gebessert. Dieser erwiderte: Ich bestelle jetzt alles verkehrt." (Jabmuth oder Jebamoth fol. 63a.).

Einen Nachklang dieser talmudischen Auffassungen finden wir im Christentum, das auch hierin seine Herkunft vom Judentum nicht verleugnet. Obwohl die paulinischen Ansichten allgemein bekannt sein sollten, so seien sie doch hierhergesetzt, um ihre Übereinstimmung mit den talmudischen Ansichten zu zeigen und zu beweisen, wie sich die rabbinische Vergangenheit des Paulus sehr wohl mit dem Christentum verträgt. 1. Korinther Kap. 7 V. 1—5:

„Von dem ihr aber mir geschrieben habt, antworte ich: Es ist dem Menschen gut, daß er kein Weib berühre. Aber um der Hurerei willen habe ein jeglicher sein eigen Weib, und eine jegliche habe ihren eigenen Mann. Der Mann leiste dem Weibe die schuldige Freundschaft, desselbigen gleichen das Weib dem Manne. Das Weib ist ihres Leibes nicht mächtig, sondern der Mann. Desselbigen gleichen der Mann ist seines Leibes nicht mächtig, sondern das Weib. Entziehe sich nicht eines dem andern, es sei denn aus beider Bewilligung eine Zeit lang, daß ihr zum Fasten und Beten Muße habt, und kommt wiederum zusammen, auf daß euch der Satan nicht versuche um eurer Unkeuschheit willen."

V. 7—9:

„Ich wollte aber lieber, alle Menschen wären, wie ich bin, aber ein jeder hat seine eigene Gabe von Gott, einer so, der andere so. Ich sage zwar den Ledigen und Witwen: Es ist ihnen gut, wenn sie auch bleiben wie ich. So sie aber sich nicht mögen enthalten, so laß sie freien, es ist besser freien denn Brunst leiden . . . .

V. 32—40:

„Ich wollte aber, daß ihr ohne Sorge wäret. Wer ledig ist, der sorget, was dem Herrn angehöret, wie er dem Herrn gefalle. Wer aber freiet, der sorget, was der Welt angehöret, wie er dem Weibe gefalle. Es ist ein Unterschied zwischen einem Weibe und einer Jungfrau. Welche nicht freiet, die sorge was dem Herrn angehöret, daß sie heilig sei, beides am Leibe und auch am Geiste, die aber freiet, die sorget, was der Welt angehöret, wie sie dem Manne gefalle. Solches aber sage ich zu eurem Nutz, nicht daß ich euch einen Strick an den Hals werfe, sondern dazu, daß es fein zugehe, und ihr stets und unverhindert dem Herrn dienen könnt. So aber jemand sich lässet dünken, es wolle sich nicht schicken mit seiner Jungfrau, weil sie eben wohl mannbar ist, so tue er was er will, er sündigt nicht, er lasse sie freien. Wenn einer aber sich fest vornimmt, weil er ungezwungen ist und seinen freien Willen hat, und beschließt solches in seinem Herzen, seine Jungfrau also bleiben zu lassen, der tut wohl, welcher aber nicht verheiratet, der tut besser. Ein Weib ist gebunden durch das Gesetz, solange ihr Mann lebet, so aber ihr Mann entschläft, ist sie frei, sich zu verheiraten, welchen sie will, allein daß es in dem Herrn geschehe. Seliger ist sie aber, wo sie also bleibet, nach meiner Meinung. Ich halte aber, ich habe auch den Geist Gottes."

Die Verfälschung der erotischen Beziehungen zwischen Mann und Weib ist eine typische Auswirkung des talmudischen Geistes. Hier ist keine Höhe und Freiheit des Erlebens, kein stolzes und selbstverständliches Geben und Nehmen unter den Geschlechtern, kein Gefühl des Verantwortlichseins vor Vergangenheit, Gegenwart, Zukunft, vor seiner eigenen Geschlechtsehre und vor der Geschlechtsehre des andern, hier ist keine Ergriffenheit und Ehrfurcht vor dem Rätsel und Wunder der Zeugung und der Geburt, sondern ein schwüles kasuistisches Moralisieren, dessen Ergebnis am Ende eben dann eine aus verfälschter Erotik herausgewachsene unmoralische Askese ist.

Die Verfälschung der erotischen Beziehungen ergibt sich zwanglos aus der Anschauung, daß das Weib ein minderwertiges, unreines und unterwertiges Wesen ist. Der Talmud kennt den Begriff der Geschlechtsehre nicht, von einer weiblichen Geschlechtsehre ganz zu schweigen. Darum kennt er auch weder die Scham, noch die Höhe, noch die Pracht, noch den Stolz und den Reichtum des erotischen Erlebens. Wie in den Beziehungen des Juden zu seinem Jahwe alles entgöttlicht und nur ein ärmlicher Vertrag auf Gegenseitigkeit übrig geblieben ist, so ist auch in den erotischen Beziehungen alles entzaubert, alles verfälscht und nur e i n e s übriggeblieben, wofür ich nur die Umschreibung habe, daß es noch nicht einmal die Höhe des Geschlechtstieres erreicht hat. „Das Christentum gab dem Eros Gift zu trinken: — — er starb zwar nicht daran, aber entartete, zum Laster" sagt Nietzsche im vierten Hauptstück seines „Jenseits von Gut und Böse" Aphorismus 168. Dieses ernste Wort, über das die Christen mehr nachdenken und weniger sich entrüsten sollten, enthüllt das Geheimnis, weshalb die zweitausendjährige christliche Welt in Schmutz und Laster versunken und verkommen ist. Es enthüllt aber auch das Geheimnis, weshalb der unter den nichtjüdischen Völkern wütende Geschlechtskrieg so ungeheuer erfolgreich sein konnte, daß die Gefahr der Vernegerung, Verorientalisierung und Bastardierung von ganz Europa in so greifbare Nähe gerückt ist. Dagegen läßt das Nietzschewort die Frage offen, woher denn das Christentum das Gift bezogen hat, mit dem es den Eros vergiftete. Den Giftmischer aber haben wir im Judentum zu suchen.

Die Unterdrückung des Weibes im jüdischen Volksleben, seine Behandlung als minderwertiges und unterwertiges Wesen mußte notwendig zu ihrer seelischen Verkrüppelung und damit zu Enge, Dürftigkeit und Abgeschmacktheit der erotischen Beziehungen führen. Es gilt nicht als ein selbständiges Wesen mit eigener Geschlechtsehre und mit der Fähigkeit zu eigenem, hohem erotischen Erleben, sondern als Sache, Sklave, als „Matratze", meint der Talmud an einer Stelle.

Mit der Unterdrückung des jüdischen Weibes verlor aber nicht nur das Weib, sondern auch der jüdische Mann seine Freiheit: Denn wo das Weib sein Weibtum verliert, da muß auch der Mann sein

Herrentum begraben, denn ein Mann wird nie Herr ohne das Weib und dieses nie Frau ohne den Mann. Das Herrenmenschentum kann ja im letzten Grunde nur da entstehen, wo Mann und Weib in Art-eigenheit, Stolz und freiwilliger Beherrschtheit zu einer höheren Rasseneinheit verschmelzen.

Mit der Unterdrückung des Weibes verlor der Jude buchstäblich den Boden unter den Füßen. Die seelische Vernichtung, bzw. Verkrüppelung der Frau führt zur seelischen und moralischen Haltlosigkeit des Mannes. Wenn die Frau nicht mehr im Eigenen wurzeln darf und nurmehr durch das Medium des Mannes leben soll, da wird sie zum Treibholz. Daß die Jüdin im Wesentlichen nur innerhalb ihres Volksverbandes Treibholz blieb, verdankt sie allein jenen talmudischen „Umzäunungen", die sie als Jüdin turmhoch über die Nichtjuden stellten und von ihnen trennten. Ich darf in diesem Zusammenhang nur an jene Talmudstellen erinnern, in welchen der Nichtjude, der einer Jüdin beiwohnt, mit dem Tode bestraft wird. Diese Vorschrift widerspricht keineswegs der jüdischen Übung, die Töchter Israels mit Nichtjuden zu verheiraten, denn sie bezweckt den Schutz des jüdischen Volkstums. Sie widerspricht auch nicht der Theorie, daß der Talmud etwas wie eine weibliche Geschlechtsehre nicht kennt, denn der Nichtjude wird nur deshalb mit dem Tode bestraft, weil er mit seiner Beiwohnung den Bestand des jüdischen Volkes bedroht. Diese, der genannten Vorschrift zu Grunde liegende Tendenz, ergibt sich ganz deutlich aus Jabmuth (oder Jebamoth) fol. 16 b: „Wenn ein Nichtjude oder ein Sklave einer Israelitin beiwohnt, so ist das Kind ein Hurenkind[3]) (Mamser), (dasselbe steht in Joreh Deah Nr. 377,1)". Die Gefahr der Rassenmischung soll durch die Abstempelung des Bastardes als Hurenkind (Mamser) abgewandt werden. In derselben Richtung geht auch die Vorschrift, Jabmuth fol. 54 a:

> „Wenn ein Nichtjude oder ein Sklave einer Israelitin beiwohnt, so ist das Kind ein Hurenkind, sagt R. Dini, R. Jizchak und andere. Es kam dann einst jemand (der ein Sohn einer Israelitin von einem Nichtjuden war) vor Rabh und fragte, wie es denn sei, er antwortete ihm, daß so ein Kind tauglich sei. Darauf jener: dann gib mir deine Tochter. Das schon nicht! antwortete Rabh. Da sprach Simi ben Chiga zu Rabh: Die Leute pflegen zu sagen: In Medien tanzt ein Kamel auf einem Kab (kleines Getreidemaß, griechisch Kabos), da ist ein Kab, da ist ein Kamel und da ist Medien, es tanzt aber nicht! Andersmal sagte Rabh (und Jehuda auch) wenn ein solcher vor ihn kam: Entweder gehe an einen fernen Ort (wo man dich nicht kennt) oder nimm eine von deinesgleichen."

---

[3]) Vgl. dazu auch die Stelle Jabmuth fol. 61a, wo der Begriff der Hure definiert wird: „Die Weisen sagen: Unter Hure sind nur die Proselytin (die Nichtjüdin, siehe Eban haezer 6,1) die freigelassene Sklavin und die in Unzucht Beschlafene (im verbotenen Beischlaf) zu verstehen.

Den Nichtjuden gegenüber war die Jüdin „Fürstenkind", innerhalb des jüdischen Volksverbandes stand sie als minderwertiges Wesen weit unter dem Manne. —

Keine Bauern, keine Wehrmacht, kein Land und die Frau zur Sklavin entwürdigt, so ist das Judentum so gut wie jeder Lebensgrundlage beraubt! Wollte es unter diesen Umständen nicht zugrunde gehen, so mußte es zum Räuber werden, es mußte Krieg führen. Und die Jüdin mußte den Angriff auf die Völker der Welt mitmachen, sie mußte sich als Soldat in Reih und Glied stellen. Sie zog sich die Uniform der Esther an und kämpfte in ihrem Geiste, mit ihrer Schläue, ihren Verführungskünsten und mit ihrem Mute. Ihr Liebesleben aber war am Gifte des Talmudismus verendet. Wer nämlich dieses geradezu verzweifelte, durch und durch entgöttlichte, jedes Wertes beraubte Leben noch aushalten und ertragen will, ohne dessen überdrüssig zu werden, der mußte bedenkenloser Kyniker werden. Diese Schlußfolgerung hat denn auch der Talmudismus gezogen. Kynismus ist, was in Jona fol. 18 b steht:

„Rabh pflegte bei seinem Eintreffen in Darsis auszurufen: Welche Frau will mir für einen Tag angehören? — R. Nachman pflegte bei seinem Eintreffen in Sekanzib auszurufen: Welche Frau will mir für einen Tag angehören?" Kynismus ist die Stelle in Jona fol. 22b: „R. Zera sagte: Weshalb wurde Esther mit einer Hündin verglichen? Weil, wie die Hündin einen engen Muttermund hat und dem Männchen stets beliebt bleibt, wie das erstemal: ebenso blieb auch Esther dem Ahasveros stets beliebt wie das erstemal." Kynismus ist jene Stelle in Erubin fol. 100 b, in der es heißt: „Die Frau verlangt mit dem Herzen, der Mann mit dem Mund. Sie läßt das Haar waschen wie die Lilith (Nachtgespenst), sie setzt sich beim Wasserabschlagen nieder, gleich einem Vieh, und sie dient dem Manne als Matratze."

R. Jochanan sagte:

„Würde die Gesetzlehre nicht verliehen worden sein, so würden wir Keuschheit von der Katze, das Verbot des Raubens von der Ameise, das Verbot des Ehebruchs von der Taube und Anstand vom Hahn, der zuerst die Henne karessiert und nachher die Begattung ausübt, gelernt haben."

Kynismus ist ferner, was wir in Berakkoth fol. 61 b lesen:

„R. Kahana legte sich unter das Bett Rabhs. Er hörte, daß er plauderte und das Nötige verrichtete. Er sprach zu ihm: Es hat den Anschein, als hätte der Mund Abbas (Rabhs) noch nie eine Speise gekostet. Jener erwiderte: Kahana! Hier bist du? Gehe hinaus, es ist nicht schicklich! Dieser erwiderte: Es ist ja eine Lehre, ich wollte es lernen (Chagiga 5 b)."

Kynismus ist endlich jene in Babakamma stehende Stelle fol. 27 a:

„Wenn jemand von einem Dach herabgefallen ist und in einem Weibe stecken geblieben ist (sodaß er beim Herabfallen den Beischlaf vollzog), so ist er zur Zahlung verpflichtet. (Siehe auch: Jabmuth fol. 53 b. Kethuboth fol. 39 a). Er ist verpflichtet zur Zahlung des Schmerzensgeldes, des Kurgeldes und Versäumnisgeldes, nicht aber des Beschämungsgeldes, weil er die Tat nicht beabsichtigt hat."

Nach diesem allem wird jeder meiner Leser aus vollem und ganzem Herzen der Talmudstelle Jom-Tob oder Bezah fol. 25 b zustimmen, in der es heißt:

„Es gibt auf Erden drei unverschämte Geschöpfe, nämlich die Israeliten unter den Nationen, die Hunde unter den Tieren, die Hähne unter den Vögeln."

Die Verfälschung der erotischen Beziehungen zwischen den Geschlechtern erfährt noch eine wesentliche Förderung durch den talmudischen Aberglauben. Nach dem Talmud ist das Weib unrein, weil im Paradiese der Eva von der Schlange Schmutz eingeimpft worden sei. Diese Auffassung ist bekanntlich auch in das Christentum übergegangen. Ich erinnere in diesem Zusammenhang nur an die Auffassungen des Rabbiners Paulus in Korinther 11, V. 3 und 1. Timotheus 2, V. 12—14:

„Ich fürchte aber, daß nicht, wie die Schlange Eva verführte mit ihrer Schalkheit, also auch eure Sinne verrückt werden von der Einfältigkeit in Christo." — „Einem Weibe aber gestatte ich nicht, daß sie lehre, auch nicht, daß sie des Mannes Herr sei, sondern stille sei. Denn Adam ist am ersten gemacht, danach Eva. Und Adam ward nicht verführet, das Weib aber ward verführt und hat die Übertretung eingeführet."

Grob und zynisch sagt der Talmud: „Weshalb sind die Nichtjuden schmutzig? Weil sie am Berge Sinai nicht gestanden haben. Als nämlich die Schlange der Chava (Eva) beiwohnte, impfte sie ihr einen Schmutz ein, bei den Israeliten, die am Berge Sinai gestanden haben, verlor sich der Schmutz, bei den Nichtjuden verlor er sich aber nicht. (Schabbath fol. 146. Siehe auch Aboda Zara 22 b).

Wie verfälscht und entsittlicht im talmudischen Denken die erotischen Beziehungen zwischen Mann und Weib sein müssen, läßt sich ferner unschwer aus den folgenden Stellen ableiten.

Traumdeutungen aus Berakkoth fol. 56 a und b, 57 a:

Wer im Traume seiner Mutter beischläft, der hoffe auf Vernunft, wer eine verlobte Jungfrau beschläft, der hoffe auf Gesetzeslehre, wer seine Schwester beschläft, hoffe auf Weisheit, wer eine verehelichte Frau im Traum beschläft, ist sicher, daß er Teilhaber der künftigen Welt ist."

Wem fällt hierbei nicht der moderne psychoanalytische Traumdeuter, der Jude Sigmund Freud, ein, der die erhabensten dichterischen Schöpfungen aus „sexuellen Komplexen" und nervöse Störungen oder Störungen des Seelenlebens aus irgendwelchen „Verdrängungen" sexueller Komplexe erklären will? Sigmund Freud ist ein sprechendes Beispiel für die „Geltung" talmudischen Geistes. Dieser Jude braucht nichts vom Talmud gehört zu haben und doch atmet seine ganze Psychoanalyse von Anfang bis zu Ende talmudischen Geist. Die Psychoanalyse Freuds widerlegt die These von der voraussetzungslosen Wissenschaft, denn sie selbst, die Psychoanalyse, hat den Juden und den talmudischen Geist des Judentums zur Voraussetzung. Es wäre eine reizvolle Aufgabe für Mediziner, den

Geist des Talmud an Hand der Freudschen Psychoanalyse zu untersuchen. — — Wir müssen zum Thema zurückkehren.

Erubin fol. 18 b:

„Wenn jemand Geld aus seiner Hand in die Hand seiner Frau zählt oder aus ihrer Hand in seine, so bleibt er vom Höllengericht nicht verschont, selbst wenn er unserem Meister Moscheh gleicht."

Wie sollen bei solchen Anschauungen gesunde erotische Beziehungen zwischen Mann und Weib bestehen können? Vergiftend müssen auch die folgenden Stellen auf jedes erotisches Erleben wirken:

Schabbath fol. 143 b R. Jehuda sagte:

„Frauenmilch macht verunreinigungsfähig, auch wenn sie ohne Willen auf den Gegenstand gekommen ist. Die Milch eines Viehes ist nur dann verunreinigungsfähig, wenn sie mit Willen auf den Gegenstand gekommen ist."

Pesachim fol. 111 a:

Resch Lakisch sagte:

„Drei lasse man nicht durch die Mitte zweier Personen gehen, auch gehe man nicht durch ihre Mitte, und zwar: der Hund, die Palme und das Weib, manche sagen: auch das Schwein. Wenn ein menstruierendes Weib zwischen zwei Personen durchgeht, so kann es, wenn es am Beginn der Menstruation ist, einen von diesen töten."

„Wenn zwei Weiber auf der Straße sitzen, eins auf der einen Seite, das andere auf der anderen Seite, und das Gesicht einander zuwenden, so befassen sie sich zweifellos mit Zauberei."

Würdig reihen sich an diese Stellen talmudischen Aberglaubens jene Stellen an, in welchen der Talmud seine psychologische Ansicht über die Frau kundgibt. Jebamoth fol. 62 b:

„Abajje sagte: Einem Weibe ist ein Kab Ausschweifung lieber als zehn Kab von Enthaltsamkeit, d. h. die öftere Beiwohnung ist ihr lieber, als der höchste Verdienst."

Sotah fol. 20 a:

„R. Jehoschua sagte: Einer Frau ist ein Kab Ausschweifung lieber, als neun Kab Enthaltsamkeit. Ein dummer Frömmling, ein listiger Bösewicht, eine scheinheilige Frau und die Schläge der Pharisäer, das sind diejenigen, die die Welt zu Grunde richten."

Fol. 22 a:

Unsere Rabbinen haben gelehrt: Eine Betschwester, eine herumschweifende Witwe und ein Kind, dessen Monate noch nicht voll sind, verderben die Welt."

Kethuboth fol. 65 a:

„Ein Becher (Wein) steht dem Weibe schön, zwei sind unanständig, bei drei fordert sie (unzüchtig) mündlich auf, bei vier nimmt sie sogar einen Esel auf dem Markt (zu ihrer Befriedigung) ohne daran Anstoß zu nehmen."

Das Weib bildet nach diesem allem keinen sittlichen und kulturellen Faktor im jüdischen Volksleben. Das scheint allem zu widersprechen, was man sonst vom vorbildlichen jüdischen Familien- und Eheleben hört. Das Gegenteil von Vorbildlichkeit belegt uns ein Fall, den Roderich Stoltheim erzählt:

„Mir sind aus einem bestimmten Falle die Worte bekannt, mit denen eine reiche jüdische Frau die Beschwerde ihres hübschen Dienstmädchens über Nachstellungen von seiten des Hausherrn abtat. Fast mitleidig lächelnd und mit einer Art von mütterlichem Wohlwollen erklärte ihr die Hausherrin: „Was sind Sie für ein törichtes Kind! Sie sind hübsch, Sie sind jung, wenn Sie in ein anderes Haus kommen, da werden auch Männer sein und die werden Ihnen auch nachstellen. Und wenn Sie da wieder weggehen, anderswohin, wird's auch wieder so sein. Männer sind nun einmal so, einem hübschen Mädchen wird überall nachgestellt. Und schließlich werden Sie doch nachgeben. — Seien Sie gescheit, bleiben Sie hier, mein Mann ist reich, der kann Sie gut bezahlen!"[4])

Das dürfte das Gegenteil eines vorbildlichen Ehelebens sein, vollends, wenn man weiß, daß solche Fälle, wie der eben erzählte, an der Tagesordnung sind. Sagt doch Stoltheim an derselben Stelle:

„Es ist in Berlin in eingeweihten Kreisen bekannt, daß viele Vermittlerinnen gegen eine besondere Vergütung alle zuwandernden hübschen jungen Landmädchen ausschließlich jüdischen Häusern zuweisen.[4])

Der talmudische Kynismus müßte schlechthin undenkbar und unmöglich sein, wenn das Weib eine sittliche Kraft im Judentum wäre. Die versittlichende Wirkung, welche ein hochstehendes Weibtum im Volksleben auszuüben vermag, kann nicht hoch genug angeschlagen werden. Umgekehrt ist die Entsittlichung, welche vom Weibe ausgeht, eine das Lebensmark eines Volkes tödlich treffende Seuche. Es ist keine Entschuldigung des talmudischen Kynismus, wenn mir entgegengehalten wird, daß der Talmud auch „große und erhabene Wahrheiten" enthalte. Wir Deutsche würden es wohl keinem unserer großen Dichter und Philosophen verzeihen und vergessen, wenn er unser Empfinden einerseits durch die Weite, Größe und Erhabenheit seines Weltbildes erheben und andererseits durch rohen, niedrigen und brutalen Kynismus beleidigen würde. Der Deutsche, der das wagen würde, könnte Kant, Goethe, Schiller, Schopenhauer oder Nietzsche heißen — das wäre gleichgültig: — er hätte das empörte Deutschtum gegen sich.

Der talmudische Kynismus ist eine Folge davon, daß das Weib im Judentum weder zu einem Eigenleben noch zur Gestaltung des Weibstums als der die weibliche Seite des völkischen Geistes formenden Kraft kommen konnte. Da es im Judentum sowohl an einer kraftvollen, stolzen und selbstbewußten Männlichkeit, als auch an einem seelenvollen, ebenfalls stolzen und ebenfalls selbstbewußten Weibstum fehlt, so war die Folge dieses Mangels ein in jeder Form abstoßender Kynismus. Demut ist das biblisch-jüdische Ideal, Demut ist die biblisch-jüdische Tugend, Demut ist aber auch die biblisch-jüdische Waffe, mit deren Hilfe sich der Jude die Weltherrschaft er-

---

[4]) Das Rätsel des jüdischen Erfolges. 7. Auflage. 20.—24. Tausend. S. 224.

krochen hat. Mit Demut entwaffnet der Jude seinen Gott, mit Demut entwaffnete er die nichtjüdischen Völker und wiegte sie in Sicherheit. Wer die Demut als Tugend und als Waffe im System der jüdischen Kriegsführung kennenlernen will, der lese aufmerksam die folgenden wenigen Stellen und sehe sie sich auf ihren kriegsrechtlichen Gehalt an! Der aufmerksame Bibel- und Talmudleser wird die angegebenen Stellen unschwer vermehren können. Abrahams Demut wird uns im 1. Mose 23. V. 7 ff. besonders plastisch vorgeführt:

„Da stand Abraham auf und bückte sich vor dem Volk des Landes, vor den Kindern Heth. Und er redete mit ihnen und sprach: Gefällt es euch, daß ich meinen Toten, der vor mir liegt, begrabe, so höret mich und bittet für mich Ephron, den Sohn Zohars, daß er mir gebe seine zwiefache Höhle, die er hat am Ende seines Ackers, er gebe mir sie um Geld, soviel sie wert ist unter euch zum Erbbegräbnis.

Vers 12:

„Da bückte sich Abraham vor dem Volke des Landes."

Auch Eliphas weiß den Wert der Demut zu schätzen, denn er ermahnt in Hiob Kap. 22. V. 29 den Hiob:

Denn die sich demütigen, die erhöhet er, und wer seine Augen niederschlägt, der wird genesen."

Das ist die Demut als Mittel zur Erhöhung! In Psalm 113 V. 5 ff. wird uns nahegebracht, daß Jahwe den Geringen besonders gnädig ansieht, denn es heißt dort:

„Wer ist wie Jahwe unser Gott? Der sich so hoch gesetzt hat und auf das Niedrige siehet im Himmel und auf Erden, der den Geringen aufrichtet aus dem Staube und erhöhet den Armen aus dem Kot, daß er ihn setze neben die Fürsten, neben die Fürsten seines Volkes ...." Auch in den Sprüchen ist der Wert der Demut erkannt, denn wir lesen in Kap. 29. V. 23: „Die Hoffart des Menschen wird ihn stürzen, aber der Demütige wird Ehre empfahn." In Zephanja 2 V. 3 wird uns die Demut als Mittel zur Entwaffnung Jehowas empfohlen: „Suchet den Herrn alle ihr Elenden im Lande, da ihr seine Rechte haltet, suchet Gerechtigkeit, suchet Demut, auf daß ihr am Tage des Zorns des Herrn möget verborgen werden."

Wie man sieht, ist der Jude von der Sittlichkeit des ungebeugten Nackens und der ungebeugten Kniee weit entfernt. Hier ist nichts Gradliniges, kein stolzes, herrliches Schreiten, wie es uns von den Gestalten des Nibelungenliedes berichtet wird, hier ist berechnende Demut, die sich bückt, um Ehre zu empfangen, die die Augen niederschlägt, um zu genesen, die gering sein will, um erhöht zu werden. Dieses bleichsüchtigste und hinterlistigste aller Ideale, dieser Beutel für jeden Hintersinn, Widersinn und für den rachsüchtigsten Hochmut, den die Erde jemals sah, diese Uniform, in der der Jude seine seelische Verkrüppelung zu verbergen wußte, ist Gemeingut von dreihundert Millionen Christen geworden. Die Demut hat das Herrenmenschentum besiegt und unterworfen. Die Erde wurde dadurch unbeschreiblich arm und dürftig, sodaß man das flammende Nein verstehen kann und den bitteren Hohn dazu, den ein Friedrich Nietzsche dieser Welt entgegenschleuderte:

„Leise erbebte und lachte mir heute mein Schild, das ist der Schönheit heiliges Lachen und Beben.

Über euch, ihr Tugendhaften, lachte heute meine Schönheit. Und also kam ihre Stimme zu mir: „Sie wollen noch bezahlt sein!"

Ihr wollt noch bezahlt sein, ihr Tugendhaften! Wollt Lohn für Tugend und Himmel für Erde und Ewiges für euer Heute haben?

Und nun zürnt ihr mir, daß ich lehre, es gibt keinen Lohn und Zahlmeister! Und wahrlich, ich lehre nicht einmal, daß Tugend ihr eigener Lohn ist.

Ach, das ist meine Trauer; in den Grund der Dinge hat man Lohn und Strafe hineingelogen — und nun auch noch in den Grund eurer Seelen, ihr Tugendhaften!

.... Ach, meine Freunde! Daß euer Selbst in der Handlung sei, wie die Mutter im Kinde ist: das sei mir euer Wort von Tugend."[5])

So kann allerdings nur ein gestaltungsfroher Mensch sprechen, der reich und mächtig, stark und gütig genug ist, sich an die Dinge zu verschenken, ohne daß er sein Selbst verliert. Eine in Demut erstorbene Seele müßte vor der Dürftigkeit und Nichtigkeit ihrer Handlung erschrecken, in der sie sich selbst feststellen müßte, in der sie ihr Selbst widerspiegeln könnte.

„In Demut ersterben": — kann deutlicher gesagt werden, daß die Demut die tödliche Krankheit des Ariertums ist? Sie ist eine der fürchterlichsten Gaben des Judentums an die Welt, denn in ihrer Tasche finden sich wie in der Büchse der Pandora alle nur denkbaren zerstörenden Kräfte; an ihrer Spitze: unerträglicher Hochmut, ferner Neid, Scheelsucht, lohnsüchtiges Tugendstreben, perverse Minderwertigkeitsgefühle usw. Sie zerfressen den von der Demut und ihrem orgiastischen Minderwertigkeitsrausche besessenen Menschen unbarmherzig wie Motten ein Kleid — und lassen, wenn sie ihre Arbeit getan, einen dürftigen, ärmlichen Kyniker übrig, der zum schamlosesten Egoisten geworden ist, weil er aus seiner Dürftigkeit nichts mehr zu verschenken hat.

„In Demut ersterben": — das ist ein Ende, ein Tod. Es ist vielleicht die einzige richtige Erkenntnis dessen gewesen, der dieses Wort geprägt hat, daß nämlich dem in Demut Ersterbenden seine Armut und Dürftigkeit nur noch den Tod übrig läßt. In Demut erstorben ist der schamlose Kyniker, denn seine Demut läßt im letzten Grunde die Selbstentblößung, die Selbstprostitution des orgiastischen Minderwertigkeitsrausches als sittliche Tat erscheinen. Von der Demut zur Schamlosigkeit ist es nur ein kleiner Schritt. Und die Schamlosigkeit treibt ihren Spott mit der Ehre, besonders mit der Geschlechtsehre —

[5]) Friedrich Nietzsche, Also sprach Zahatustra.

sei es mit der eigenen, sei es mit der fremden. Zum Beweise dafür einige Stellen aus dem Talmud.

Schabbath fol. 140 b:

„R. Chisde sprach zu seinen Töchtern: Esset kein Brot in Gegenwart von Männern, esset nachts keine Kräuter und trinket nachts keinen Met, verrichtet nicht eure Notdurft an derselben Stelle, wo eure Männer, faßt euch der Mann mit der einen Hand am Busen und mit der anderen an der Scham, so lasset ihn den Busen anfassen, nicht aber die Scham, bis er ganz aufgeregt ist, sodann lasset ihn."

Jabmuth fol. 53 b:

„Wer seiner Schwägerin beiwohnt, ob versehentlich oder vorsätzlich, bezwungen oder willig, ob nur angeschmiegt oder die Beiwohnung vollendend, eignet sie sich an, auch ist zwischen (natürliche) Beiwohnung und (unnatürliche) Beiwohnung kein Unterschied.

Raba sagte:

Es gibt keinen erzwungenen Beischlaf, weil die Erektion nur bei Absicht erfolgt. — Vielmehr im Schlafe. — Vielmehr, wenn er mit eregiertem Gliede von einem Dache auf die auf der Erde liegende Schwägerin gefallen und so in ihr stecken geblieben ist! Wenn er in der Absicht gegen die Wand zu stoßen, gegen seine Schwägerin gestoßen hat, so ist sie ihm nicht angeeignet."

Es widerstrebt mir, noch weitere Beispiele talmudischer Schamlosigkeit zu bringen. Den Juden, die ein Wehgeschrei darüber anstimmen wollen, daß ich Schamlosigkeit als Schamlosigkeit bezeichne, auch wenn sie im Talmud steht, sei jetzt schon gesagt, daß sie auch heute noch unerreichte Meister in der Schmutzschriftstellerei sind. Der Beweis wird noch erbracht werden. Es sei ihnen weiter gesagt, daß solche Dinge nie im Talmud stehen würden, wenn sie nicht von Juden niedergelegt worden wären. Wir werden sehen, daß es vom talmudischen Geiste bis zur Pornographie unserer Zeit nur ein kleiner Schritt ist.

Daß dem Juden, auch dem jüdischen Hochschulprofessor, Schweinerei und Schmutz gar nichts so unangenehmes ist, daß der Jude außerdem die ungeheure Kluft sieht, die ihn von dem Arier trennt, beweisen uns die folgenden Ausführungen des Weltkampfes über den jüdischen Hochschulprofessor Lazarus Lessing: „Wie weit heruntergekommen wir allesamt bereits sind, das zeigt nichts deutlicher als ein Aufsatz des jüdischen Professors Theodor Lessing aus Hannover, den dieser über einen schriftstellernden jüdischen Mädchenhändler — Walther Serner — im „Prager Tageblatt" vom 10. Mai 1925 geschrieben hat. Nach Aufzählung der tschechisch-deutsch-jüdischen Größen, welche das „dem Geiste günstige" Prag hervorgebracht hat, heißt es: . . . . keines Rede hat mich so zum Mitschwingen (!) bewegt, wie die Gräßlichkeit des zweifelhaftesten unter allen tiefschürfenden Geistern Böhmens. Der Mann heißt Walter Serner." Der Verleger Serners hat den Lessing autorisiert, folgenden Lebensgang des Herrn Serner zu veröffentlichen.

„. . . . 35 Jahre, stammt aus Teplitz. Sein Vater ist deutscher Jude, seine Mutter Tschechin. Er kam früh auf die sogenannte schiefe Ebene und hat sich zeitlebens in aller Welt herumgetrieben. Seine Adresse werden sie nicht im Literaturkalender, wohl aber bei der Kriminalpolizei erfahren können. Er ist ein internationaler Hochstapler im allergrößten Stil. Seine Lehrjahre verlebte er in Paris als Costel (Zuhälter). In seinen Büchern steht nichts, was nicht erlebt wurde. Sie können das alles ruhig sagen, Herr Serner pfeift darauf. Er bereist gegenwärtig den Orient als Besitzer großer öffentlicher Häuser in Argentinien."

Der deutsche (jüdische) Hochschulprofessor schildert dann mit fühlbarer Wollust die geistigen Ausscheidungen des jüdischen Mädchenhändlers, dessen „vorurteilslose (!) Laufbahn" nichts daran ändere, daß er ein „Rubens- und Shakespeare-Format" besäße. Seine „Tigerin" sei ein großer Wurf ohne Gestaltungskraft und Kunst, aber so besessen vom Leben, wie ein Moderberg aus Würmern und sich anbohrenden Skorpionen. „Nach Erläuterung" „dieses gewaltigen Buches" zieht Lessing die Schlußfolgerung, „Satan selber mit seinem kalten Finger" könne nicht besser schreiben. Serner sei zwar nicht anschaulich: „Aber überall, wo der Teufelskerl mit dem G e i s t e erfaßt, da springt hervor eine Scharfsichtigkeit, von der jeder Psychologe zu lernen hat . . . ." Man denke sich einen Kant oder Schiller auch nur für einen Moment in diese Welt (also der Dirnen, Zuhälter und Mädchenhändler, der Verf.) versetzt und sie würden mit Sicherheit unfehlbar zugrunde gehen. Dies aber ist ein Unbedenklicher, der mitten hineinspringt und Wahrheiten herausholt, die weder ein Schiller je zu sehen, noch ein Kant je zu begreifen vermöchte."[6])

Das ist es ja, was wir immer behaupten und betonen, daß die Vertreter des arischen Geistes niemals einen Talmud erfinden und schreiben konnten, so wenig ein Jude jemals die kritische Kantsche Philosophie, Wilhelm Tell oder Don Carlos, Faust oder Egmont, den Kaufmann von Venedig oder Shakespearsche Königsdramen hätte schreiben können. Das arische Schrifttum hat wohl gewaltige und erhabene unvergängliche Schöpfungen aufzuweisen, dagegen kennt es keinen Talmud. Das jüdische Schrifttum hingegen kennt den Talmud, mittelmäßige Werke von Schriftstellern dritten Ranges und ein weitausgedehntes pornographisches Schrifttum. Wir Deutsche können ruhig aus unserem Schrifttum alles jüdische streichen und werden dadurch nur gewinnen, weil dann unsere durch den jüdischen Literaturbetrieb verdrängten deutschen Dichter, von denen die wenigsten bekannt sind, an den ihnen gebührenden Platz im deutschen Geistesleben aufrücken, das damit seine seelen- und gemütvolle Innerlichkeit zurückgewinnen dürfte.

Das sind die Verhältnisse, wie sie in der grauen und sonnigen Wirklichkeit liegen. Dem Judentum muß das auch klar sein. Wie sollte man sonst die talmudischen Gebote erklären, nach welchen der Nichtjude niemals in der Gesetzeslehre unterrichtet werden soll? Wenn der Talmud nicht das Generalstabswerk des Judentums wäre,

---

[6]) Der Weltkampf, Jahrg. 25. Rosenberg: Der internationale Mädchenhandel. S. 536/538.

von dessen Geheimhaltung der Erfolg der jüdischen Kriegführung abhängt, so wäre das Verbot der Unterrichtung der Nichtjuden im Talmud einfach unverständlich. Es ist ein Widersinn, die Erhabenheit und Weisheit dieser jüdischen Geistesschöpfung zu preisen und zugleich ihre Geheimhaltung anzubefehlen. Die arischen Völker haben die großen Schöpfungen ihrer Geisteshelden nie vor einander verborgen, sondern einander gern und willig mitgeteilt! Dem Deutschen ist die Welt Shakespeares so gut erschlossen worden, wie dem Engländer die Welt Goethes. Würde man uns nicht mit Recht mißtrauisch begegnen, wenn wir erklären würden, daß derjenige ein todeswürdiges Verbrechen begeht, der die Werke Schillers der nichtdeutschen Welt mitteilt, obwohl sie nach unserer gleichzeitigen Versicherung das Größte und Erhabenste enthalten, was Menschengeist je erdachte und ersann? Würde man uns nicht mit Recht mißtrauisch begegnen, wenn wir erklären würden, daß derjenige ein todwürdiges Verbrechen begeht, der das System des gesamten deutschen Rechts der nichtdeutschen Welt mitteilt, obwohl es nach unserer gleichzeitigen Versicherung das Größte und Erhabenste enthält, was Menschengeist je erdachte und ersann? Würde man uns nicht mit Recht mißtrauisch begegnen, wenn wir bezüglich unserer Philosophie und Religion die gleiche Stellung einnehmen würden? Das alles tut aber das Judentum bezüglich des Talmud. Warum macht es die Größe, Weisheit und Erhabenheit des talmudischen Weltbildes nicht allen Völkern zugänglich; warum hat es dies nicht schon längst getan, wie es die Pflicht seiner angeblichen messianischen Berufung gewesen wäre? Weil der Talmud das System des jüdischen Kriegsrechts enthält und als das jüdische Generalstabswerk anzusehen ist, in dessen Geiste das Judentum Krieg führt.

Man komme mir darum nicht mit der oberfaulen und überfälligen Ausrede, daß der Talmud auch Erhabenes enthalte, daß die von mir angeführten Stellen Entgleisungen der jüdischen Denker seien. Wir Deutsche würden keinem unserer Denker und Dichter solche „Entgleisungen" jemals verzeihen oder vergessen!

Im übrigen handelt es sich nicht um „Entgleisungen", sondern um „Äußerungen" des jüdischen Geistes, die als arteigen und typisch angesehen werden müssen, da die ganze moderne jüdische Literatur sich geradezu aus lauter solchen „Entgleisungen" zusammensetzt. Dieser Nachweis ist leicht zu erbringen. Immer und überall werden wir auf denselben Kynismus, auf dieselbe Ehrfurchtslosigkeit, auf dieselbe Brutalität gegenüber dem Liebesleben, auf dieselbe Tendenz zur Vernichtung und Entrechtung des Weibstums stoßen.

Die talmudische Entrechtung des Weibes haben wir noch kurz zu betrachten. Selbstverständlich wird die Jüdin besser gestellt, als die Nichtjüdin, soweit man überhaupt von Besserstellung sprechen kann.

Baba Kamma fol. 59 a: „Der Notzüchter braucht kein Schmerzensgeld zu zahlen, weil das Mädchen diese Schmerzen unter ihrem Ehemann gehabt haben würde."

Kidduschin fol. 2 b: „Ein Weib wird auf drei Weisen als Eheweib erworben und auf zwei Weisen erlangt sie wieder ihre Selbständigkeit. Erworben wird sie durch Geld, durch Urkunde und durch Beischlaf, sie erlangt ihre Selbständigkeit wieder durch Scheidebrief und durch den Tod ihres Mannes."

(Anmerkung: Das Folgende ist aus Dr. Erich Bischoff: „Das Buch vom Schulchan aruch" entnommen.)

Mischnah Niddah 5. 4.: Ein Mädchen von 3 Jahren und 1 Tag kann mittels Beischlaf angetraut werden.[7]) Wenn der Schwager sie (als Witwe) beschläft, hat er sie sich dadurch angetraut.[8]) Derjenige wird ihretwegen des Ehebruchs schuldig, der sie beschläft, nachdem ihr Vater sie an einen anderen verheiratet hat. Sie macht den sie Beschlafenden unrein,[9]) sodaß er diese Unreinheit bis auf die unterste Lage (seines Bettes) überträgt, wie auf die oberste. Ist sie mit einem Priester (Kohen) verheiratet,[10]) so darf sie von der Hebe (d. h. von dessen Deputat) essen. Hat einer der (alttestamentlich) verbotenen Anverwandten sie beschlafen, so hat er sie für die Ehe mit einem Kohen untauglich gemacht. Hat jemand eine aller (alttestamentlich) verbotenen Begattungen an ihr vollzogen, so wird er ihretwegen getötet, sie aber ist, (wegen ihrer Minderjährigkeit) straffrei.

Sanhedrin 55 b: (Wörtlich dasselbe, nur mit dem Zusatze:) „Unter „eine aller verbotenen Begattungen" ist auch die mit einem Tiere[11]) zu verstehen .... Wenn sie dies auch mit Absicht tut,

---

[7]) Nach Traktat Kidduschin 2 a kann ein Weib angetraut werden durch Überreichung eines Geldsackes mit den Worten: „Sei mir angetraut laut dem Gesetze Moses und Israels" oder durch Überreichung einer Antrauungsurkunde oder durch Beischlaf. Nach Kidduschin 12 b wurde das letztgenannte Verfahren mit Riemenschlägen am Manne geahndet.

[8]) Nach 5. Mose 25,5 ff. mußte der Bruder eines verstorbenen Juden, dessen kinderlos gebliebene Witwe heiraten (Leviratsehe), da Polygamie ja erlaubt war. Eine solche Schwägerin wurde (laut a. a. O. 2 a) **nur** durch Beischlaf geehlicht.

[9]) Bis zum Abende, worauf er ein rituelles Bad zu nehmen hat. Ihr bei dem tierischen Schändungsakte abgehendes Blut wird dem Menstrualblut gleichgesetzt.

[10]) Daß dies nicht bloße Theorie ist, zeigt das (weiter unten) Mitgeteilte aus Kethuboth 60 b, 61 a, wo Priester noch jüngere Mädchen sich angetraut haben! Nach Jebamoth 59 a durfte der Hohepriester sich **nur** ein noch **nicht** mannbares Mädchen antrauen! — Im Traktate Kidduschin 2,6 (Mischnah) und 50 b (Gemara) wird es als Forderung der guten Sitte (!) hingestellt, daß ein jüdisches Mädchen bei Eintritt der Mannbarkeit schon verheiratet sei! — Rab Chasde, der selbst schon mit 16 Jahren heiratete, nahm seine Frau als noch nicht Mannbare (Kidduschin 81 b, Niddah 66 a).

[11]) Bestialität wird im Talmud mehrfach erwähnt. Vgl. Jebamoth 59 b: Rab Schimmi bar Chijja sagte: Ist ein Weib von einem Tiere begattet worden. so ist sie (doch) zur Ehe mit einem Priester (Kohen) geeignet" (weil das nur als eine Verletzung angesehen wird). — Daß solche Fälle nicht etwa erdacht sind, sondern **Tatsachen waren**,

.... so hat doch der Allbarmherzige sie selbst verschont, nicht aber das Tier." (Das deswegen getötet wird).

Sanhedrin 69 a = Niddah 5. 4 (vgl. unter a).

Dieselbe zum talmudischen Axiom gewordene Lehre findet sich auch unter anderem: Jebamoth 57 b, 60 b, Kidduschin 10 a, Kethuboth 9 a (6 b, 11 b), Niddha 64 b.[12])

Was die Ehe mit noch jüngeren jüdischen und mit dreijährigen nichtjüdischen Mädchen anbetrifft, so sehe ich mich veranlaßt, alles anzuführen, was Dr. Erich Bischoff in seinem „Buch vom Schulchan aruch" zu diesem Thema sagt.

a) Mischnah Niddah 5. 4. (unmittelbar an das vorhin s. 154 Wiedergegebene anschließend): Ist sie (das beschlafene Mädchen) aber noch jünger (als 3 Jahre und 1 Tag), so ist das (so belanglos), als ob man den Finger ins Auge steckte."[13])

b) desgl. die Parallelen.

Man findet wohl keine religiöse Urkunde in der Welt, die solche Abscheulichkeiten, wie die eben (von Bischoff) genannten erlaubt.[14]) Jüdische und „christliche" (ich setze die christlichen ohne Anführungsstriche d. Verf.) Apologeten haben eingewandt, das seien alles nur aus mißverstandenen Bibelstellen gezogene „juristische Theorien" „ohne Tatsachenhintergrund", „zu sagen: ein Problema", wie Lessing in seinem „Nathan" jüdelt. Ewig schade, daß es der Talmud selbst ist, der diese Neunmalweisen des Schwindels überführt! Jebamoth 60b heißt es nämlich mit klaren Worter· „Rabbi Josua ben Levi sagte: Im Lande Israel war eine Stadt, gegen die (deren Brauch) sich Einspruch erhoben hatte. Da sandte Rabbi (Jehuda 1.) den Rabbi Romanus (oder Morinus) hin. Der untersuchte die Sache und fand da eine Proselytin im Alter von weniger als 3 Jahren und 1 Tag (die mit einem Priester verheiratet war, und) die er als (für den Priester) erlaubt erklärte .... Vielleicht aber war es an-

---

zeigt das unmittelbar folgende: „Als Rab Dimi kam, berichtete er: Einst ereignete sich in Hitlo, daß ein Dorfhund ein Mädchen, das (nackt oder mangelhaft begleitet, knieend) die Stube auswusch, von hinten begattete, und Rabbi (Jehuda 1.) erklärte sie geeignet für einen Priester, Samuel sagte: Für einen Hohenpriester." (Gemeint sind die als besonders heilig geltenden angeblichen Nachkommen von Priestern und Hohenpriestern." (Anmerkungen 7—11 Dr. Erich Bischoff, Das Buch von Schulchan aruch 1929, S. 154/155.)

[12]) Dr. Erich Bischoff, Das Buch vom Schulchan aruch 1929, S. 154/155.

[13]) Wie Lazarus Goldschmidt richtig anführt, ist es talmudisches Axiom, daß bei einem derart geschändeten kleinen Mädchen die geraubte Jungfrauschaft sich wieder ersetze, was natürlich eine physische Unmöglichkeit ist.

[14]) Bei der indischen Ehe eines reichen Mannes (mit einem noch unreifen Mädchen, so scheußlich sie für uns ist, obwohl dort die Geschlechtsreife viel früher eintritt), ist das Kind doch wenigstens 6 Jahre alt, was einem Lebensalter von 14—15 Jahren bei uns entspricht. (Erich Bischoff, das Buch vom Schulchan aruch. S. 157).

ders: (nämlich) sie war schon verheiratet (mit dem Priester), und er, (Rabbi Romanus) ließ es dabei bewenden.... Einst heiratete ein Priester eine Proselytin von weniger als 3 Jahren und einem Tag." (Rabbi Nachman bar Isaak erklärte dies für unzulässig, während es nach der Ansicht des Rabbi Jakob Bar Idi zulässig war.) — Indessen die beschnittenen und unbeschnittenen Apologeten werden mit hochgezogenen Augenbrauen und erhobenem Zeigefinger sagen, in den (von Bischoff angeführten) Fällen handle es sich doch um eine kleine Jüdin, und es sei eine „schamlose Lüge" und wer weiß was noch, zu behaupten, im Talmud werde auch eine kleine dreijährige Nichtjüdin als zum Beischlafe (natürlich nicht zur Ehe) geeignet erklärt! Mit dem alten Ben Akiba in Gutzkows „Uriel Acosta" kann ich den superklugen Herren nur den Rat geben: „Fleißig Talmud lesen, junger Acher! „Wenn ihr ein wenig Neuhebräisch (in dem das folgende geschrieben ist) lesen könnt und wollt — hier stets geschrieben:

Die geschändete dreijährige Nichtjüdin.

Abodah sarah 37a: „Rubina (oder Rabbi Jochanan) hat gesagt: Da ein nichtjüdisches Mädchen im Alter von drei Jahren und einem Tag zum Beischlaf geeignet ist, verunreinigt sie nur wie eine Flußbehaftete" (den Schänder nur bis zum Abend, worauf er ein Tauchbad nimmt und wieder rein ist, vgl. 3. Mose 15).

Vorher ist gesagt (Abodah sarah 36b unten): "Man bestimmte, daß ein nichtjüdischer Knabe wie ein Flußbehafteter (bis zum Abend) verunreinige, damit sich ein jüdischer Knabe nicht zu ihm geselle, wegen der Päderastie. Rabbi Seira sagte: Ich habe mich viel abgequält.... (mit verschiedenen Rabbinen wegen der Frage) von wann (welchem Alter) an ein nichtjüdischer Knabe wie ein Flußbehafteter verunreinige,.... als ich zu Rabbi Chijja kam, sagte er, mir: Mit (dem Alter) neun Jahren und einem Tag,.... denn sintemal er (in diesem Alter) zum (aktiven) Beischlaf geeignet ist, so ist er eben (gegenüber Juden und Jüdinnen) verunreinigend wie ein Flußbehafteter. (Nun folgt obige Lehre betreffs einer kleinen Nichtjüdin, die schon mit drei Jahren und einem Tag so verunreinige, worauf es heißt): Natürlich, denn man könnte glauben, weil er schon

---

[15]) Sanhedrin 69b: „Rabbi Chijja hat.... gesagt: Alle stimmen überein, daß der (aktive) Beischlaf eines 9 Jahre und 1 Tag alten Knaben als (wirkliche) Begattung gelte, und daß der eines Knaben unter 8 Jahren nicht als solcher gelte, man stritt nur hinsichtlich eines achtjährigen Knaben." — Und nun wird mittels spitzfindiger Schlußfolgerungen aus alttestamentlichen Versen langatmig „bewiesen", daß Haran (Abrahams Bruder) die Sarah (Abrahams spätere Frau) als achtjähriger gezeugt habe, ebenso sei es noch bei anderen gewesen. — Voran geht noch eine Meinungsverschiedenheit der bekannten Lehrhäuser der Schammaj und des Hillel (kurz vor Jesu Zeit), wie zu entscheiden sei, wenn eine Witwe mit ihrem unter 13 Jahre alten Sohne beischlafähnliche Unzucht trieb, nämlich ob sie dann noch einen Priester (Ahroniden) heiraten dürfe oder nicht! Die Frage wird bejaht!"

zu verleiten versteht" (so gelte es nur von ihm, dem neunjährigen Nichtjuden, nicht aber von der dreijährigen Nichtjüdin), darum wird uns das (auch von dem Mädchen ausdrücklich) gelehrt."

„Weil er zu verleiten versteht", erklärt Goldschmidt (Bd. 7, S. 920, Anm. 280) richtig: „Bei einem neunjährigen Knaben ist (nach talmudischer Ansicht) der Geschlechtstrieb schon reif, nicht aber bei einem dreijährigen Mädchen." — Das macht die schreckliche Erlaubnis der Kleinkinderbegattung geradezu grauenhaft! Das kleine Wesen wird zur Schändung für „geeignet" erklärt, obwohl es noch keinen Geschlechtstrieb hat und bei dem scheußlichen Akte keinerlei Genuß (wie bei dem neunjährigen Jungen vorausgesetzt wird), sondern nur Schmerzen! Und noch schlimmer: Die jüdische Dreijährige erlangt durch die viehische Behandlung seitens eines Juden wenigstens noch die vollen Rechte einer jüdischen Ehefrau, das nichtjüdische Kind dagegen nichts als Schmerzen und Schande. Denn der Jude darf dieses sein Opfer religionsgesetzlich nicht heiraten!

Gewisse Apologeten werden sich noch ärger „abquälen" müssen als der im Texte genannte Rabbi Seira, um aus den angeführten Stellen „moralische Erzählungen für artige Kinder" zu machen[16]).

Obwohl moderne jüdische „Dichter" usw. sich gerne ihrer nicht zwecks späterer Heirat errungenen „Erfolge" bei erwachsenen nichtjüdischen Mädchen rühmen, und obwohl auch jüdische Schänder nichtjüdischer Kinder oftmals verurteilt werden — ja obwohl bereits fünfzehnjährige ostjüdische Jungen (Bochrin) mit solchen Stellen in der Urschrift bekannt gemacht werden und dem verbohrten Ostjuden der Talmud „Gottes Wort" ist — bin ich natürlich weit entfernt, solche Stellen wie die obigen als verbindliche talmudische Satzung auszugeben, nach der auch unsere deutschen Satatsbürger jüdischen Glaubens handelten. Im Gegenteil bin ich davon überzeugt, daß unter vielen Tausenden kaum einer überhaupt von diesen Stellen eine Ahnung hat, und wenn jüdische Kleinkinderschändungen der erwähnten Art einmal bekannt werden, würde ich schlimmstenfalls denken: das sieht fast so aus, als ob der jüdische Verbrecher unbewußt nach jenen verbrecherischen Schlußfolgerungen der alten Talmudrabbiner gehandelt hätte. — Worauf es mir bei Mitteilung dieser und

---

[16]) Laut einer Anklageschrift des Herrn Staatsanwalt Schaufuß, Plauen, hat Emmanuel Heimann, der Prediger der dortigen jüdischen Gemeinde, als Zeuge vor dem Schöffengericht Plauen beschworen, „daß die Schändung weiblicher Personen, gleichviel ob jüdischer Abstammung oder nicht, nach israelitischem Religionsgesetze eine außerordentlich schwere Sünde sei." — Als er vor der Strafkammer als Sachverständiger auftreten und sich über obige Talmudstellen äußern sollte, erklärte er sich als Jude für befangen und als „bloßer Prediger" für talmudisch nicht genügend sachverständig (!!), worauf ihn das Gericht entließ. Ich hätte ihn so gern belehrt!" (Erich Bischof, das Buch vom Schulchan aruch S. 160.)

anderer Talmudstellen halachischen Inhalts einzig und allein ankam und ankommen wird, ist lediglich das, darzutun, bis zu welchem Wahnwitz sich die rabbinische Rabulistik verstiegen hat.

Der Schulchan-aruch ist von diesen bestialischen Erlaubnissen frei![17])

Nach diesem allem dürfte die Schlußfolgerung gerechtfertigt sein, daß die Frau im talmudischen Recht vollkommen preisgegeben ist. Es steht hier nicht die Frage zur Erörterung, ob der Talmud gilt oder nicht gilt. Bei der jüdischen pornographischen Literatur unserer Tage fragen wir auch nicht nach ihrer Geltung! Wir müssen sie und ihre Wirkung als gegeben hinnehmen und würden vermutlich jenen jüdischen Pornographen als unzurechnungsfähig bezeichnen, der seine Ausschwitzungen, die in hunderttausenden von Exemplaren unter der Bevölkerung verbreitet sind, als „ungültig" bezeichnen würde. Wir würden ihm mit Recht entgegnen: „Obwohl du deine Bücher als „ungültig" bezeichnet hast, so wirken sie doch auf unser Volk so zersetzend wie Säure. Man schreibt keine Bücher, um sie nachher als „ungültig" zu bezeichnen. Darum kann auch das Judentum nicht einen Talmud zusammenschreiben, der alle möglichen empörenden Gemeinheiten und Niederträchtigkeiten enthält, einen Talmud, dessen Inhalt den nichtjüdischen Völkern keine reine Freude bereitet: — und dann sich hinstellen und sagen: „Wir haben zwar wohl solche Dinge in unseren Talmud hineingeschrieben, aber beruhigt euch nur — diese Dinge gelten alle nicht!" Ich werde mich, wenn mich die Judenschaft in Deutschland wegen dieses Buches verklagen sollte, ebenfalls auf diesen bequemen Standpunkt stellen und erklären: — „Hohe Judenschaft! Ich habe zwar alle möglichen Dinge gesagt, die dich ehrlich und redlich empören müssen, aber beruhige dich nur — diese Dinge gelten alle nicht! Ich habe dieses Buch lediglich zu diesem Zwecke geschrieben, um nachher dem talmudischen Rezept entsprechend alle für dich unangenehmen Stellen als ungültig zu erklären."

Nach dieser kurzen, aber notwendigen Abschweifung kehren wir wieder zu unserem Gedankengang, daß die Frau im Talmud preisgegeben ist, zurück. Der Traktat „Nedarim" (Gelübde) 20 a, b schreibt darüber:

> „Die Halachah (d. h. das gültige Recht) ist: Alles, was ein Mann (in sexueller Hinsicht) mit seiner Frau tun will, darf er tun, gleichwie beim Fleische, das aus dem Schlachthaus kommt: will er es mit Salz essen, so darf er es (gesalzen) essen, (oder) gebraten, so darf er es (gebraten) essen, (oder) gekocht, so darf er es (gekocht) essen, (oder) gedünstet, so darf er es als (gedünstet) essen, ebenso wie beim Fische, der von der Fischbank kommt (und den er auch in verschiedenster Zubereitung essen darf) .... Eine (Jüdin) kam vor Rabbi (Jehuda 1.) und sprach zu ihm: „Rabbi ich habe ihm (meinem Manne) den Tisch zubereitet, er aber hat ihn umgekehrt![18]) Er antwortete: „Meine Tochter, die Thora hat

---

[17]) Erich Bischoff, das Buch vom Schulchan aruch S. 157/161.

[18]) D. h.: Ich war zu natürlichem, anständigen Beischlaf bereit, er aber hat mich auf unnatürliche, unanständige Weise gemißbraucht.

dich preisgegeben! Was soll ich für dich (da) tun?"[19]) Was soll ich für dich (da) tun?"[20])

Danach ist es nur folgerichtig, daß ein solches „Etwas", wie das Weib, jederzeit vom Manne fortgejagt werden kann. Dieses „Ideal" ist bekanntlich in der bolschewistischen Gesetzgebung der Sowjetunion verwirklicht. In Rußland kann die Ehe durch einfache Erklärung vor dem Standesbeamten geschlossen und gelöst werden. Ob den jüdischen Gewalthabern in Rußland bei Schaffung dieser „Ehegesetzgebung" die Talmudlehre Gittin fol. 90 a als „Vorbild" diente? „Die Schule Schammajs lehrte: Ein Mensch darf sich nicht von seiner Frau scheiden, es sei denn, daß er etwas Schändliches an ihr gefunden hat. (Siehe Deuter 24, 1.) Die Schule Hillels dagegen sagt: Selbst wenn sie ihm sein Gekochtes hat verbrennen lassen, so darf er sich von ihr scheiden lassen. R. Akiba sagt: Selbst wenn er ein anderes Weib gefunden hat, das schöner ist, als sie, denn es heißt: Und es geschieht, wenn sie keine Gunst in seinen Augen findet."

Wenn im Talmud schon über die jüdische Ehe so entsetzliche Vorstellungen herrschen, so kann nicht erwartet werden, daß sich die jüdischen Vorstellungen über die nichtjüdische Ehe auf einer höheren Ebene bewegen. Doch erfährt bezüglich der nichtjüdischen Ehe die Haltung des Juden eine wesentliche Verschärfung durch das Dogma der Auserwähltheit Israels und von der unendlichen Höherwertigkeit und Überlegenheit alles Jüdischen über das Nichtjüdische. Der Jude, dem die arteigene Religion des Nichtjuden so wenig gilt, daß er sie brutal und gemein als „ein mit fremden Götzen getriebenes Nachhuren" bezeichnet, wird selbstverständlich der Ehe der Nichtjuden noch weniger Ehrfurcht entgegenbringen: Der Jude, dem die Zertrümmerung der Altäre des Gottglaubens der Nichtjuden zur Pflicht gemacht ist und der schon seit Jahrtausenden sich als Meister in der Begriffs-, Seelen- und Lebensformen-Zertrümmerung erwiesen hat,

---

[19]) Erich Bischoff, das Buch vom Schulchan aruch S. 153/154.

[20]) D. h.: Da im mosaischen Gesetze (den 5 Büchern Mose) kein Verbot solcher Gemeinheiten steht, kann ich dir nicht helfen! (Vgl. in meinem (Bischoffs) Buche „Das Blut in jüdischem Schrifttum und Brauch" (Leipzig 1929) die große Anmerkung 2: „Was nicht verboten ist, das ist erlaubt.") — Herr Privatdozent D. Paul Fiebig, Pfarrer (!) an der Peterskirche in Leipzig, Mitarbeiter jüdischer Blätter, Vortragsredner des „Zentralvereins deutscher Staatsbürger jüdischen Glaubens", Leugner des Opfertodes Christi usw., hat an dieser talmudischen Behandlung von „Ehe-Intimitäten" nichts auszusetzen und findet den „Schwerpunkt des Gedankens" darin, „daß man sich einen Genuß nach seinem Geschmack zubereiten kann!" Zugleich hat er die Kühnheit zu behaupten, daß auch unsere Gesetze eine derart schweinisch behandelte Frau nicht schützen würden (!), Theodor Fritsch („Der Streit um Gott und Talmud", Leipzig 1922, Seite 58) hat diesen Schwindel schlagend widerlegt." (Erich Bischoff, Das Buch vom Schulchan aruch Seite 154.)

der sollte vor der Lebensform der nichtjüdischen Ehe die geringste Ehrfurcht haben und sollte sie nicht zertrümmern?

Das ist die Auswirkung des kultischen jüdischen Imperialismus, der uns unseren arteigenen Gottglauben verleumdete, verdächtigte, entwertete und vernichtete, daß er nunmehr wie eine fressende Seuche auch alle anderen Lebensgebiete und Lebensäußerungen zerfrißt und vernichtet. Hat dieser kultische jüdische Imperialismus vor unserem Gotterleben und Gottglauben nicht Halt gemacht, so wird er am allerwenigsten vor unserer Ehre, Geschlechtsehre, Rassenehre und vor unserer Ehe Halt machen!

Da das Judentum sich als das auserwählte Volk, als das priesterliche Geschlecht betrachtet, das weit über allen anderen Völkern steht, so nimmt es sich als selbstverständliches Recht, die Menschen seinem Willen entsprechend zu — züchten. Da die Nichtjuden alle Vieh sind und die Israeliten alle Fürstenkinder, so nimmt sich der Jude das selbstverständliche Recht, die Nichtjuden „zusammenzubringen" und „auseinanderzubringen", wie es ihm und seinem „Züchtungsideal" vom „Menschen" entspricht. Dieses jüdische „Züchtungsideal" ist aber das europäisch-asiatisch-negerische Rassenchaos; die Keimzelle für dieses Rassenchaos ist — das Konkubinat. Die Vorbedingungen für den Erfolg des jüdischen Geschlechtskrieges sind im talmudischen Geiste gegeben. Es greift alles ineinander. Das Dogma von der Auserwähltheit, der jüdische kultische Imperialismus, der Messianismus, der jüdische Kynismus, die judäozentrische Geschichtsauffassung unter den nichtjüdischen Völkern und endlich die Zertrümmerung des artgemäßen Gottglaubens bei den Nichtjuden: — wenn jetzt noch der jüdische Einbruch in das nichtjüdische Eheleben mit Hilfe der Breschbatterien des Konkubinats und der Prostitution gelingt, dann ist der Judensieg an der Front des Geschlechtskrieges vollkommen.

Auch Gustav Marx, der in seinem „Jüdischen Fremdenrecht" gegen Justus Ecker, wie auch gegen jüdische Apologeten polemisiert, muß zugeben, daß das rabbinische Recht die Ehe der Götzendiener als Konkubinat betrachtet. Er zieht mit Recht auch die Parallele zum Eherecht der römischen Kirche, unterläßt es aber, darauf hinzuweisen, daß die Nichtanerkennung des arteigenen nichtjüdischen Eherechts als Kampf- und Kriegsmaßnahme anzusprechen ist. Die Darstellung des jüdischen Fremdenrechts, wie sie Gustav Marx gibt, krankt überhaupt an dem grundlegenden Fehler, daß er dieses Recht nicht aus der jüdischen Geschichte und dem jüdischen Leben erklärt. Er kommt so zu falschen und schiefen Schlußfolgerungen. Das jüdische Recht, auch das jüdische Fremdenrecht, kann ohne den tragenden Untergrund des Judaismus, ohne Messianismus, jüdischen-kultischen Imperialismus, ohne die judäozentrische Geschichtsauffassung und ohne das Dogma von der Auserwähltheit Israels weder erkannt, noch dargestellt werden. Denn ebenso wie das kanonische Recht die römisch-katholische Kirche zur Voraussetzung hat, so hat das jüdische Recht eben den Judaismus zur Voraussetzung. Und dieser Judaismus führt Krieg immer und überall, wohin er kommt. Man hat in völkischen Kreisen bis zum Überdruß das Wort Mommsens über die Juden als dem Ferment der nationalen Dekomposition angeführt. Nie aber hat man das große Wort Mommsens vom Zweikampf zwischen dem Westen und Osten angeführt, das doch das Wesen seiner grandiosen Geschichtsauffassung scharf und klar ausspricht. Hätte man unser geschichtliches Denken an den Auffassungen und der historischen Blickweite eines Mommsen geschult, so hätten wir den Kampf mit dem Osten, besonders mit dem Judentum, schon längst auf einer Grundlage führen können, die uns Aussicht auf Erfolg versprochen hätte. Gestehen wir es uns ruhig ein, daß das Christentum mit seiner vom Judentum überkommenen judäozentrischen Geschichtsauffassung unseren geschichtlichen Blick verfälscht, verengt und gegen uns selbst gekehrt hat, sodaß wir die Höhe und die Weite der Mommsenschen Geschichtsauffassung überhaupt nicht begreifen konnten. Gestehen wir es uns ruhig ein, daß das Christentum uns zu moralischen Kriechtieren gemacht und verfälscht hat, indem es uns das demutvolle Kriechen als tugendhaft bezeichnet und die Sittlichkeit des ungebeugten Nackens und der ungebeugten Knie als gotteslästerlich verleumdet hat. Für solche Naturen ist natürlich die Mommsensche Geschichtsauffassung radikal unverständlich. Die Futterkrippenauffassung des Karl Marx, genannt historischer Materialismus, ist ihm zweifellos angemessener. Für solche Naturen ist natürlich der Gedanke, daß das Judentum einen Todkrieg gegen uns führt, undenkbar, ja geradezu absurd. Und doch hat Mommsen recht, wenn er in der römischen Geschichte eine „Episode der weltgeschichtlichen Auseinandersetzung des Westens mit dem Osten“ sah, wenn er in seiner Erzählung der Kriege Roms mit dem König Mithradates schreibt: „Es war nach langer Waffenruhe ein neuer Gang in dem ungeheuren Zweikampf des Westens und des Ostens, welcher von den Kämpfen bei Marathon auf die heutige Generation sich vererbt hat und vielleicht seine Zukunft ebenso nach Jahrtausenden zählen mag, wie seine Vergangenheit.[21]) In diesem Ringen von Westen und Osten ist der Ansturm des Semitismus gegen den Norden die in den letzten zwei Jahrtausenden wohl gefährlichste Episode, von der der jüdische Geschlechtskrieg nur ein kleiner Teilausschnitt ist.

In diesen Zusammenhang mußte Gustav Marx sein jüdisches Fremdenrecht stellen, dann hätte er den für die Beurteilung einzelner jüdischer Rechtssätze richtigen Blickpunkt gehabt. So aber beurteilt er den rabbinischen Rechtsstandpunkt über die Ehe der Nichtjuden als eines Konkubinates vom moralischen Standpunkt aus, statt ihn als Kriegs- und Kampfmaßnahme zu werten. Die diesbezügliche Stelle lautet bei Marx: „Die am peinlichsten berührende Konsequenz des nationalen Charakters des traditionellen Gesetzes ist es, daß die Ehe der Götzendiener, als nicht nach jüdischem Recht vollzogen, rechtlich nicht als Ehe betrachtet wird. Auch die jüdisch-heidnische Mischehe fällt unter denselben Gesichtspunkt. In-

[21]) Theodor Mommsen, Römische Geschichte.

dessen Justus und Ecker hätten besser ihr Urteil zurückgehalten, denn auch das auf die Beschlüsse des Tridentinum basierte Eherecht der römischen Kirche erkennt nur die vor dem römischen Priester vollzogene Ehe als solche an. Alle anderen Ehen sind weder wahre noch rechtskräftige (Neque vera, neque rata matrimonia) also — Konkubinat. Eben das ist auch der Rechtsstandpunkt des Rabbinismus.[22]) Für uns ist in diesem Zusammenhang nur die Feststellung Marrens wichtig, daß für den rabbinischen Rechtsstandpunkt die nichtjüdische Ehe — Konkubinat ist. Zurückgewiesen muß Marrens Unterstellung werden, daß dieser Rechtsstandpunkt eine Konsequenz des nationalen Charakters des Rechts ist. Keines der national gebundenen arischen Rechte kennt den Satz, daß die fremdvölkische Ehe — Konkubinat sei. Nein — der rabbinische Rechtsstandpunkt ist eine folgerichtige Entwicklung des jüdischen kultischen Imperialismus! Dieser ist der tragende Grund des jüdischen Rechts. Ohne ihn, ohne den jüdischen Messianismus, ohne die judäozentrische Geschichtsauffassung, ohne das Dogma von der Auserwähltheit Israels ist das jüdische Recht nicht zu verstehen; — das muß immer und immer wieder gesagt werden, bis es auch der verbohrteste Christ begriffen hat.

Die Ehe der Nichtjuden ist Konkubinat — so lautet der talmudische Rechtsstandpunkt. Dieser Anschauung reihen sich folgerichtig die beiden Lehren in Jebamoth fol. 94 b und fol. 98 b an: „Tosephot. Der Samen der Nichtjuden (Fremden, Nochrim) ist ein Viehsamen. (Dasselbe steht in Kethuboth 3 b Tosephot)" — „Die Rabbinen haben gesagt: Ein Nichtjude hat keinen Vater, weil sie in Unzucht versunken sind, der Herr hat ihren Samen für frei erklärt, wie es heißt (Ezech. 23, 20.): „Deren Fleisch gleicht dem Fleische des Esels und ihr Samen ist ein Pferdesamen."

Die Ehe der Nichtjuden ist Konkubinat — folglich ist der Hof des Nichtjuden ein Viehstall. Erubin fol. 61 b und 62 a, fol. 75 a: „Der Hof eines Nichtjuden gleicht einem Viehstall." — „Die Wohnung eines Nichtjuden wird nicht als Wohnung betrachtet." — Wer wagt es noch zu bezweifeln, daß das Judentum Krieg führt?

2. Abschnitt.

Von der Front des Geschlechtskrieges.

Der Jude führt den Geschlechtskrieg in den verschiedensten Formen. Dem nichtjüdischen Adel gegenüber führt er ihn gewissermassen „legal" durch zielbewußte Heiratspolitik, die zur Verjudung des nichtjüdischen Adels führt; die Masse der nichtjüdischen Völker dagegen wird durch zielbewußte Begünstigung von Prostitution, Abtreibung und Mischehen mit Andersrassigen verseucht und verdorben. Das ist die „illegale" Seite des jüdischen Geschlechtskrieges.

---

[22]) Gustaf Marr, Jüdisches Fremdenrecht (1886) S. 12.

Kein Geringerer als der Begründer des Zionismus, Theodor Herzl, meint über die jüdische Heiratspolitik: „Mit Ihren (der Rothschilds) Töchtern werden Sie unsere besten Offiziere, feinsten Künstler, genialsten Beamten belohnen. (!) Oder auch weiter nach Europa verheiraten, wie die Amerikaner, was ich für ganz nützlich halte. Es soll Ihr Geld recht weit zerstreut werden."[23])

An einer anderen Stelle meint er, daß durch die Mischehen zwischen Ariern und Juden, die jüdischen Familien „resorbiert" (aufgesaugt) und damit das Judentum dem Untergang entgegengehen würde. Selstverständlich hat ein Theodor Herzl an diese Fabel selber nicht geglaubt: denn die Praxis beweist zur Genüge, daß nicht das Judentum, sondern der jüdisch-versippte Adel aufgesaugt wurde. Der Adel wurde verjudet. Deshalb ist es nur Sand in die Augen der nichtjüdischen Völker, wenn Herzl in seinem „Judenstaat" schreibt:

> „Wer den Untergang der Juden durch Vermischung wirklich wünscht, kann dafür nur eine Möglichkeit sehen. Die Juden müßten vorher soviel ökonomische Macht erlangen, daß dadurch das alte gesellschaftliche Vorurteil überwunden würde. Das Beispiel liefert die Aristokratie, in der die Mischehen verhältnismäßig am häufigsten vorkommen. Der alte Adel läßt sich mit Judengold neu vergolden und dabei werden jüdische Familien resorbiert."[24])

Wer merkt nicht den Hohn des Juden über den „Adelsstolz" vor Judengeld? — Otto Glagau erzählt denn auch anschaulich, wie der Jude in der Gründerzeit die Vergoldung der alten Adelskronen vornahm: „Das in Österreich ausbrechende Gründungsfieber (in den fünfziger Jahren des vorigen Jahrhunderts) verpflanzte sich nach Deutschland und wütete schon damals hier noch ärger. Wie Pilze schossen die Banken und Kreditanstalten auf, nicht nur in Preußen, sondern auch in den Mittel- und Kleinstaaten — so in Hannover, Leipzig, Darmstadt, Luxemburg, Braunschweig, Bremen, Hamburg, Lübeck, Dessau, Gera, Koburg, Gotha, Meiningen, Sondershausen, Weimar, Bückeburg. Ebenso entstanden zahlreiche Hütten-, Bergwerks- und andere Industriegesellschaften auf Aktien. Die Menge der neuen Zettelbanken verursachte eine ungeheure Vermehrung des Papiergeldes. Deutschland wurde damit überschwemmt, das Publikum tief geschädigt und häufig betrogen. Alle Lebensbedürfnisse verteuerten sich. Obwohl diese Gründer-Ära unter der Reaktion stattfand, waren die Gründer in der Hauptsache auch schon damals „Liberale" und „Juden". Auf die Politik Verzicht leistend, entschädigten sie sich an der Börse. Die neuen Bankinstitute spielten in den betreffenden Kleinstaaten bald eine bedeutende Rolle, sie wußten sich die Höfe zu verpflichten, die zum Teil von ihnen geradezu abhängig waren, sie entnahmen ihre Verwaltungsräte aus den Kreisen des Adels und der Beamten-Aristokratie, und schufen sich so mächtige Verbündete. Dem allgemeinen Schwindel folgte 1857 eine große Krisis, die sich über ganz Europa und bis nach Amerika hin erstreckte

---

[23]) Theodor Herzl, Tagebücher 1. Bd. S. 114.
[24]) Theodor Herzl: Judenstaat.

und unzählige Zusammenbrüche von Gesellschaften und Einzelnen herbeiführte. Unter der Geldnot, dem Arbeitsmangel, dem Darniederliegen von Handel und Wandel litten auch schwer die unteren Klassen, aber der Aktenschwindel selber hatte sie noch nicht einfangen können." —Das wurde anders in der zweiten Gründungsperiode in den siebziger Jahren. Hier wurde das ganze deutsche Volk erfaßt, ausgeraubt und ausgeplündert. „Reiche und wohlhabende Leute verloren teilweise und ganz ihr Vermögen, kamen um Haus und Hof, wurden bettelarm. Unzählige aus dem Mittel- und Kleinbürgerstande verloren ihre langjährigen sauer erworbenen Ersparnisse, viele Tausende brachen völlig zusammen und sanken von Stufe zu Stufe, gar viele griffen zum Selbstmord. Die Aktienseuche hatte Millionen heimgesucht und auch diejenigen, welche nie ein Börsenpapier besaßen, haben durch die zahllosen Unterschlagungen und Diebstähle bei Banken und Bankhäusern, durch die zahllosen Konkurse und Subhastationen mehr oder minder große Verluste erlitten, während infolge der Krisis die arbeitende Klasse aus Mangel an Beschäftigung und wegen der übermäßigen Konkurrenz in Not und Elend geriet. Eine vollständige Vermögensverschiebung hatte stattgefunden: Millionen sind beraubt, ausgeplündert, etliche Tausende, vornehmlich Juden, haben sich ungemein bereichert . . . Was aber bedeuten diese Kursverluste gegenüber den Verheerungen, welche seit sechs Jahren Handel und Industrie, Gewerbe und Handwerk erfahren! Was bedeuten sie gegenüber dem sittlichen Defizit, welches seitdem uns belastet! Wieviel hat das deutsche Volk eingebüßt an Ruf und Ansehen, wieviel verloren an Ehrlichkeit und Moralität, an Tugend und Religion, an Arbeitslust und Sparsamkeit, an Zucht und Sitte! Wie schrecklich haben Mord und Selbstmord, Raub und Einbruch, Diebstahl und Betrug, Meineid und Notzucht, dazu die Verbrechen und Vergehen im Amt zugenommen!"[25])

Das Bild der Entrassung eines ganzen Volkes ist hier in vollkommener Schärfe entwickelt. Die Adelskronen wurden vom Judengold vergoldet, die Beamtenaristokratie vom Judengeld gekauft; zugleich eröffnet der Jude den Geschlechtskrieg, indem er durch Mischehen den Adel verjudet, entrasst und seinem Volksverband entfremdet. Dann eröffnet er mit Hilfe der so gewonnenen Verbündeten den Wirtschaftskampf gegen sein Wirtsvolk und raubt und plündert es aus! Die Folgen dieses Raubzuges sind: — Vernichtung ungezählter Existenzen, Selbstmord, Mord, Raub, Einbruch, Diebstahl, Betrug, Meineid und Notzucht — also moralische und biologische Entrassung auf der ganzen Linie. Jedoch — nicht genug, daß das nichtjüdische Volk auf diese Weise entrasst und entnervt wird, geht der Jude dazu über, durch erbitternden Klassenkampf die Volksmassen gegeneinander zu hetzen und sie einander zu entfremden, indem er den Adel gegen das Volk und die einzelnen Volksklassen gegeneinander und gegen den Adel aufhetzt. Das alles ist die Folge davon, daß der deutsche Adel

---

[25]) Otto Glagau: Des Reiches Not und der neue Kulturkampf.

ein „Geschlechtsbündnis“ mit dem Judentum einging, das in Wirklichkeit ein „Geschlechtskrieg“ war. „Und des Landes Pfeiler werden zerschlagen, und alle, die um Lohn arbeiten, werden bekümmert sein. — Aber die Fürsten zu Zoan sind zu Narren geworden, die Fürsten zu Noph sind betrogen, es verführen Ägypten die Ecksteine seiner Geschlechter.“ (Jesaias 19, V. 10 und 13.)

Die Schuld des deutschen Adels ist eine ungeheure, denn er vergaß durch sein Judenbündnis seine völkische Pflicht und trägt damit in seinem Teile die Schuld an der Entstehung der Sozialdemokratie, der Internationale. Die „Taten“ des deutschen Adels in der Gründerzeit reiften in der Frucht der Sozialdemokratie aus. Er hat heute kein Recht, sich über den Internationalismus in Deutschland zu beklagen, denn er beschritt mit seiner Judenfreundschaft als erster den Weg der Internationalisierung Deutschlands, den Weg, der zum Judenkrieg 1914 und zum Judensieg von 1918 führte . . .

> „Es verführten Ägypten die Ecksteine seiner Geschlechter. Denn der Herr hat einen Schwindelgeist unter sie ausgegossen, daß sie Ägypten verführen in all ihrem Tun, wie ein Trunkenbold taumelt wenn er speit.“

Wer das Rezept der Entrassung eines Volkes kennenlernen will, der lese Jasaias Kapitel 19, V. 1—15 und prüfe es an Hand der obigen Darstellung der Gründerzeit auf seinen kriegsrechtlichen Gehalt:

> „Dies ist die Last über Ägypten: Siehe der Herr wird auf einer schnellen Wolke fahren und über Ägypten kommen. Da werden die Götzen in Ägypten vor ihm beben, und den Ägyptern wird das Herz feige werden in ihrem Leib. Und ich will die Ägypter aneinander hetzen, daß ein Bruder wider den andern, ein Freund wider den andern, eine Stadt wider die andere, ein Reich wider das andere streiten wird.“ (Wir wollen dies Klassenkampf nennen und können feststellen, daß der Jude Karl Marx einen Vorgänger im Propheten Jesaias hat!) „Und der Mut soll den Ägyptern in ihrem Herzen vergehen, und will ihre Anschläge zunichte machen, da werden sie dann fragen ihre Götzen und Pfaffen und Wahrsager und Zeichendeuter. Aber ich will die Ägypter übergeben in die Hand grausamer Herren, und ein harter König soll über sie herrschen, spricht der Herrscher, der Herr Zebaoth. Und das Wasser in den Seen wird vertrocknen, dazu der Strom wird versiegen und verschwinden. Und die Wasser werden verlaufen, daß die Flüsse Ägyptens werden gering und trocken werden, beide, Rohr und Schilf verwelken und das Gras an den Wassern verstieben und alle Saat am Wasser wird verdorren und zunichte werden. Und die Fischer werden trauern, und alle die, so Angeln ins Wasser werfen, werden klagen, und die so Netze auswerfen aufs Wasser, werden betrübt sein. Es werden mit Schanden bestehen, die da gute Garne wirken und Netze stricken. Und des Landes Pfeiler werden zerschlagen, und alle, die um Lohn arbeiten, werden bekümmert sein. Die Fürsten zu Zoan sind Thoren, die weisen Räte Pharaos sind im Rat zu Narren worden. Was sagt ihr doch zu Pharao: Ich bin der Weisen Kind und komm von alten Königen her? Wo sind denn nun die Weisen? Laß sie das

verkünden und anzeigen, was der Herr Zebaoth über Ägypten beschlossen hat. Aber die Fürsten zu Zoan sind zu Narren worden, die Fürsten zu Noph sind betrogen, es verführen Ägypten die Ecksteine seiner Geschlechter. Denn der Herr hat einen Schwindelgeist unter sie ausgegossen, daß sie Ägypten verführen in all ihrem Tun, wie ein Trunkenbold taumelt, wenn er speit. Und Ägypten wird kein Werk haben, das Haupt oder Schwanz, Ast oder Sumpf ausrichte."

Wer die Verjudung des Adels kennenlernen will, der schlage das „Semigothaische, Genealogische Taschenbuch aristokratisch-jüdischer Heiraten" auf und lerne dort den adeligen Rassen- und Volksverrat in seinem ganzen Umfang kennen.

Wie das Judentum durch aristokratisch-jüdische Mischehen den Rassen- und Volksverrat der nichtjüdischen Völker von oben her begünstigte, so leistete es ihm auch von unten her mit den verschiedensten Mitteln Vorschub. Denn das „Züchtungsideal" des Juden sind nicht etwa arteigene, kraftvolle und selbstbewußte Volkstümer, sondern europäisch-asiatisch-negerische Triebsandmenschen. Darum richtet sich der Haß der Juden gegen alles selbstbewußte, rassenreine Volkstum. Ein Beispiel dieses jüdischen Hasses bot der schweizerische Jude F. Heinemann in Nr. 51 vom 12. Januar 1919 (Züricher Zeitung). Hier schreibt er in einer „neutralen Antwort" an den Juden Walter Rathenau: „Sie (Rathenau) jammern, daß Deutschland vor dem Kriege „nur für die Hälfte" seiner Bewohner Nahrung hatte, und „die andere Hälfte" mußte Lohnarbeit für andere Völker leisten, Rohstoffe kaufen und Ware verkaufen, sagen Sie und klagen gleichzeitig, daß man Ihnen jetzt 1919 die Kolonien nähme, die Erze und die Schiffe. Aber kein Volk der Welt, kein neutrales und kein feindliches, hat Sie gezwungen, auf Kosten des gesicherten sozialen Auskommens in rapider Vermehrung des teutonischen Stammes auch numerisch das erste Volk der Welt werden zu wollen. Niemand als Ihr alldeutscher Kriegsgott .... Diese Geburtenhetzjagd hatte die fleischliche Weltkriegsrüstung überzähliger Bataillone und überreichen Kanonenfutters zum Ziele."

Die Stärke und Kraft des Juden liegt nicht im Schwertkampf, sondern im Krieg der unsichtbaren Fronten, nicht im Mute, sondern in der Feigheit, nicht in der idealen Überzeugungskraft, sondern in der suggestiv-geschwätzigen Aufdringlichkeit, nicht im ehrlichen Angriff, sondern im angreifenden Ausweichen! Der Tod am malmenden Schwert ist nicht Sache des Juden, darum verlegt er den Kampf mit seinen schwertgewohnten Gegnern vom Schlachtfeld in den Mutterleib, wird Pazifist und sucht seine Gegner mit Hilfe der pazifistischen Ideale zu entwaffnen. Die Hetäre wird zum Idealbild des Weibes emporgelobt, das Weib entweibt, der Mann entmannt und alle männlichen Werte, alle soldatischen Werte entwertet, verleumdet und verdächtigt. Weil der Jude in dem um seine und seines Volkes Zukunft kämpfenden nichtjüdischen Soldaten seinen allerschärfsten Gegner wittert, deshalb verleumdet er den Heroismus. Weil er dem Soldaten nichts entgegenzusetzen hat, deshalb bekämpft er den werdenden Soldaten, indem er durch Prostitution und Rassenmischung den Mutterboden zerstört, dem das Soldatentum entwachsen kann. Darum wird in allen vom Judentum beherrschten Organisationen der systematische Geschlechtskrieg gegen das Muttertum geführt und die wahnsinnigste Triebentfesselung angestrebt. Einige Beispiele, wie jüdischerseits die Entrassung des deutschen Volkes betrieben wird, sollen die Ausführungen bestätigen. Hermann Fernau schreibt im Juliheft 1914 des „Weg“:

„Wir haben ein enormes Interesse daran, daß die deutschen Geburten abnehmen. Damit wird die Deutsche Siegessicherheit im Angesicht der enorm wachsenden slawischen und russischen Volksmassen so gering . . . . , daß die demokratischen Strömungen die Oberhand gewinnen und daß Deutschland den Franzosen die gewünschte kleine Konzession in Sachen Elsaß-Lothringen machen muß.“

Als Herr Jakobsohn von einem Vorgehen der Polizei gegen die geheime Prostitution hörte, da brachte er in seinem Briefkasten der „Weltbühne“ (Nr. 44, 1925) seine Seele folgendermaßen zu Papier:

„Und da muß ich doch sagen: wenn in diesem Lande der Vereine, der viel zu vielen Vereine, einer fehlt, der Lebensberechtigung hätte, so ist der Koitierschutzverein. Man soll die Menschen nicht in der Ausführung ihrer wichtigsten Funktionen behindern. Abgesehen von der seelischen Roheit: es ist auch ungesund. Sexualtruisten tun not, um Sexualdorados zu schaffen, um von jungen phantasie- und temperamentvollen Architekten Sexualkoven bauen zu lassen. Mit Fußangeln und Selbstschüssen für schnüffelnde Polizisten.“[26])

In Berlin brachte der Bolschewik Piskator ein Stück des Walter Mehring „Kaufmann von Berlin“ auf die Bühne, das eine unglaublich rohe und gemeine Beschimpfung des deutschen Soldaten darstellte. Die Nr. 34, Jahrgang 1929 der Zeitschrift „Tagebuch“ des Juden Leopold Schwarzschild veröffentlichte mit sichtlichem Stolz den betreffenden Auftritt:

„Straße. Der Straßenkehreroberaufseher mit zwei Straßenkehrern, Besen, Schippe und Karre.

—Der erste Straßenkehrer fegt einen Haufen Papier zusammen:
— Mensch, das war mal schwerreich gewesen!
Wenn das mal alles einer besessen,
Wo's nichts zu fressen gab — dafür gab es zu essen!
Der Aufseher: — Kommt alles untern Besen!
Kommt alles untern Besen!
Der erste: — Dafür warn wir mal
Alle zu haben,
Weil man dafür alles
Haben konnte,
Weil das mal Geld war,
Weil man dafür stritt!
Der Zweite: — Dreck!
Der Aufseher: — Weg damit!

[26]) Zitiert nach Weltkampf, Jahrg. 1926, S. 90.

Der erste Straßenkehrer fegt einen kullernden Stahlhelm
— Mensch! Das war mal die Macht gewesen!
Das hat mal auf einem Kopf gesessen!
Und dafür gab man dem Kopf was zu fressen!
— Kommt alles untern Besen!
— Kommt alles untern Besen!
— Das hat mal den Stahlhelm getragen
Weil der mal an der
Macht gewesen,
Weil das mal Geld war
Weil man dafür stritt!
— Dreck!
— Weg damit!
Der erste Straßenkehrer stößt mit dem Besen an einen Leichnam:
— Mensch! Das war mal Mensch gewesen!
Das hat mal einen Stahlhelm besessen!
Das lebte mal — Das hat ausgefressen!
— Kommt alles untern Besen!
— Kommt alles untern Besen!
— Das hat mal erschießen dürfen,
Weil es mal den
Stahlhelm getragen,
Weil das mal Geld war,
Weil man dafür stritt!
— Dreck!
— Weg damit![27])

Wer ermessen will, welche Abgründe das Judentum von den nichtjüdischen Völkern trennen, wer glaubt, daß zwischen Judentum und Deutschtum irgendwelche Verständigung möglich ist, der lese den „Schwertgruß" des auf Ösel begrabenen und von Mehring auch beschimpften Feldgrauen Walter Flex:

Schwertgruß.

Seis drum! Herzen zu Staub und Schwerter zu Rost
Wen schert's?
Mannesleben war immerdar Raub und Kost
des hauenden Schwerts,
Wiese und Wald auch schlingt die Erde hinab
zum Tod.
Lebenswiege ist immer ein Lebensgrab,
so ist's Gottesgebot.
Männerblut schluckt die dampfende Erde ein
im Streit.
Daß aus der Erde Gottes Männer gedeihn
in Ewigkeit.
Alles Verwesliche stirbt, so heiß es nach Licht
begehrt.
Müssen wir sterben — es stirbt sich am schlechtesten nicht
am malmenden Schwert.
Beide wohl Zage und Helden fällt der Stahl

[27]) Vgl. Weltkampf 1929, S. 473.

Doch sprecht:
Mischt das Schwert auch dem Feigen die Lust zur Qual?
Das Schwert ist gerecht.
Auf das Herz unserer Toten im fremden Sand
leg Stahl.
Als eine Handvoll Erde vom Vaterland
Und als Heldenmal.
Stahl ist Heimaterde von ehernem Mark
des Landes.
Feuer und Wasser der Heimat machten ihn stark
und tief an Glanz.
Seis drum — Schwerter zu Rost und Herzen zu Staub.
Wen schert's?
Ohne den Tod bleibt die fruchtbare Erde taub.
So freut euch des Schwerts!

Da das Konkubinat die Keimzelle des europäisch-asiatisch-negerischen Rassenchaos ist, so muß die Familie als die Keimzelle arteigener Volkstümer zertrümmert werden. Die Familie und ihr weiblicher Kernpunkt als der Mutterboden echter Männlichkeit, soldatischer Härte und Geradheit und echter Weiblichkeit muß unter allen Umständen dem rasselosen Konkubinat weichen, wenn das jüdische Züchtungsideal des europäisch-asiatisch-negerischen Triebsandmenschen erreicht werden soll.

Zielbewußt gehen darum Judentum und Freimaurerei mit ihren Parteitrabanten an die Zertrümmerung der — arischen Familie.[28]) In erster Linie wurde gleich nach dem Kriege die Wohnungsbaupolitik diesem Ziele dienstbar gemacht. So baute, um ein Beispiel aus Wien zu nennen, das die jüdische Politik besonders anschaulich enthüllt, die Sozialdemokratie ausschließlich Miethäuser mit Kleinwohnungen, die nur von kinderlosen Ehepaaren bewohnt werden konnten. Da die Wirtschaftslage dieser Ehepaare meist eine solche war, daß sie sich keine Kinder „leisten konnten", so blieb denn auch meist der Kindersegen aus. Wenn nun aber trotzdem Kinder kamen, so konnten und mußten sie in den besonderen „Kinderbewahrungsräumen" der Gemeindehäuser untergebracht werden, wo sie nach marxistisch-jüdischen Grundsätzen „erzogen" wurden. „Der Schulkindergarten muß obligatorisch sein." Warum? — Das sagt der freimaurerisch-marxistische Schulverein „Frei Schule — Kinderfreunde" in seinem Reichsorgan „Sozialistische Erziehung": „Die Kinderfreunde werden mit allen Mitteln daran gehen müssen, Erziehungsheime ins Leben zu rufen, die die Jugend etwa im d r i t t e n Lebensjahre erfassen und bis zum zwanzigsten Jahre in einer sozialistischen Lebensgemeinschaft festhalten." An einer anderen Stelle lesen wir: „Die Aufgabe der Kinderfreunde ist letzten Endes, die Erziehung der proletarischen Jugend in körperlicher und sittlicher Beziehung, die bisher in den Händen der Familie war, zu übernehmen. Denn das ideale Ziel des Vereins — möge es in noch so weiter Ferne liegen, — ist nicht bloß Unter-

[28]) Den folgenden Ausführungen liegt ein Aufsatz in Heft 64 Jahrgang 1929 des Weltkampfes zugrunde: „Der Vernichtungskampf gegen die Familie" von Dr. S....., Wien.

stützungsverein oder Fürsorgeanstalt zu sein, sondern die Kinder gänzlich aus der Familie wegzunehmen und in eigenen Heimen zu erziehen."

Wie man sieht, geht die Zertrümmerung der arischen Familie ganz systematisch vor sich. Die Erschwerung der Eheschließung wird ergänzt durch Begünstigung der Kinderlosigkeit und möglichste Unterbindung des Kindersegens. Die Loslösung der Frau vom Haushalt und die Loslösung der Kinder aus der Familie sind weitere Schritte zur Auflösung dieser völkischen Keimzelle. Dieser Prozeß nun wird durch radikale und brutale Eröffnung des Geschlechtskrieges gegen die heranwachsende Generation verschärft und beschleunigt. Propaganda der „Nacktkultur", des Exhibitionismus, der schrankenlosen Entfesselung der Geschlechtlichkeit als „Recht auf den eigenen Körper" ist eine der ersten und schönsten Blüten jüdisch-marxistischer Erziehungskunst. Selbstverständlich ist, daß in diesem Erziehungssystem das Dogma vom Klassenkampf nicht fehlen darf. Die erste Tagung der „Internationale für sozialistische Erziehung" (1922 auf Schloß Kleßheim bei Salzburg) sprach es aus: „Die Proletarierkinder sollen in einer Klassengemeinschaft erfaßt werden, um sie dort körperlich und geistig für den Klassenkampf zu ertüchtigen." Und im „Entwurf eines sozialistischen Erziehungsprogramms" (vom Jahre 1928) heißt es: „Der Klassenkampf führt zur sozialistischen Erziehung, darum Züchtung dieses Klassenkampfes in der Jugend vom frischen Kindesalter an."

Das Judentum ist sich der ungeheuren volkserhaltenden Kräfte bewußt, die in einem arteigenen Gotterleben enthalten sind. Es ist sich seit Urzeiten darüber klar, daß eine Fremdreligion mit tödlicher Sicherheit zur Volksvernichtung durch Seelenzertrümmerung führt. Enthält doch schon das mosaische Gesetz das Verbot der Anbetung von fremden Göttern, „denn das könnte dir ein Strick sein", während der jüdische Eroberungskampf um die fremden Völker in allererster Linie die Zertrümmerung des Seelenlebens und des Gotterlebens der nichtjüdischen Völker zum Ziele hat. „Ihre Haine sollst du ausrotten und ihre Altäre umstürzen!" Darum hat es durch die Jahrtausende hindurch mit bewunderungswerter Zähigkeit an seiner arteigenen Jehovareligion festgehalten und nicht einmal den Schritt ins Christentum getan, das doch Fleisch von seinem Fleisch und Blut von seinem Blute ist. Es witterte im Christentum von allem Anfang an die solipsistische, volksvernichtende Tendenz und lehnte diese Religion als eine den Bestand seines Volkes vernichtende Kraft ab. Hier zeigte sich die jüdischvölkische Witterung und der jüdischvölkische Instinkt dem arischen Instinkt überlegen: — zweifellos die Folge einer jahrhundertealten bewußten Erziehung in der Jehovareligion! Welch klare Rechenschaft sich das Judentum über die Beziehungen zwischen arteigenem Gotterleben und Volkserhaltung ablegt, mögen im Nachfolgenden zwei Äußerungen aus dem jüdischen Leben beweisen. Dubnow äußerte sich im 2. Bande seiner Weltgeschichte des jüdischen Volkes anläßlich der Belagerung Jerusalems durch die

Römer zum Thema folgendermaßen: „Zwischen dem Individuellen (dem Menschen) und dem Universellen (der Menschheit) steht das Nationale, d. h. das Kollektiv-Individuelle. Diese Zwischenstufe wurde von dem ursprünglichen Christentum ganz außer acht gelassen und so übersprang es ein von Lebenskräften strotzendes Volk, das mit Selbstverleugnung für sein Recht auf freie Entfaltung kämpfte. Im Augenblick der größten Anspannung der zentripetalen Kräfte (zur Nation hin) im Judentum entfachte das Christentum eine ungeheure zentrifugale Kraft (von der Nation weg). Abgesehen von einer kleinen Schar, versagte das jüdische Volk der neuen Lehre die Gefolgschaft und es mußte einer Lehre die Gefolgschaft versagen, die es dazu aufrief, nationalen Selbstmord zu begehen, sich und seine tausendjährige Kultur im Ozean der Völker aufzulösen. Solange die Kräfte reichten, kämpfte die jüdische Nation heldenhaft für ihre politische Freiheit, im ungleichen Kampf unterlegen, setzte sie auf dem Wege der inneren Zucht und mittelst passiver Resistenz ihr Ringen um die Erhaltung der geistigen Einheit unentwegt fort. Und auch später wußte sich der Judaismus, der eine nationale Religion mit einer universalistischen Potenz blieb, diesem Ziele anzupassen.

Ist es aber dem Christentum gelungen, diese Potenz zu verwirklichen? — Nun, sobald es aufgehört hatte, eine verfolgte Sektenlehre zu sein und die Stellung einer Staatsreligion des römischen Reiches (unter Konstantin dem Großen) erlangte, wurde es in viel höherem Maße das Werkzeug einer Eroberungspolitik, als der Judaismus ein Werkzeug der nationalen Selbstverteidigung war . . ."

„Zu derselben Zeit, als der Verkünder des persönlichen Glaubens, Jesus, am Kreuze verblutete und seine Bekenner unter Nero ausgerottet wurden, bluteten an Tausenden von römischen Kreuzen in Jerusalem und Galiläa die zu Tode gemarterten Kämpfer um die Freiheit Judäas, die Zeloten. Der Todesschrei des gekreuzigten „Heilands" der menschlichen Seele ertönte mitten im Stöhnen der zerfleischten Nation und angesichts der Kreuzesqualen ihrer heldenhaften Söhne, der Heilande der Volksseele, der Seele einer lebendigen und zum Leben entschlossenen Nation. Wessen Kreuz soll nun heiliger sein, wessen Heldentat ist eher durch die Glorie geistigen Heroismus verklärt? Wer will entscheiden, wo mehr Heldenmut an den Tag gelegt wurde — — auf Golgatha oder in den Mauern des belagerten Jerusalems, das von den das Golgathakreuz Vergötternden im Augenblick der Gefahr im Stich gelassen wurde?"[29]

Die andere Auslassung über das Christentum als entnationalisierende Religion und die Stellung des Judentums dazu finden wir in „Neue Welt" vom 9. März 1928 in einem Aufsatze „Die jüdische Schule", in dem es heißt:

„. . . . Der Zweck des Religionsunterrichtes kann natürlich nur der sein, die Kinder vor fremden, das Judentum schädigenden Einflüssen zu bewahren und sie so zu erziehen, daß sie selbst be-

---

[29]) Simon Dubnow, Weltgeschichte des jüdischen Volkes, 2. Bd. S. 560/61.

wußte Juden werden, unsere Vergangenheit schätzen und ihr Judentum über alles lieben lernen .... Der Geist der öffentlichen Schule ist ein christlich germanischer und wirkt auf unsere Kinder entnationalisierend und assimilierend. Den ganzen Vormittag sitzen die Kinder unter dem Christusbild, wochenlang werden im Winter Arbeiten für den Christbaum gemacht .... Was nützen da die schönsten Lehren vom Chanukafest, die herrlichsten Makkabäergeschichten .... „Sabbath ist der Ruhetag der Juden", sagt die Religionslehre, „das stimmt nicht", sagen sich die Kinder, „denn die Woche beginnt am Montag und der offizielle Ruhetag ist der Sonntag ...." Man müsse, heißt es weiter, „dem jüdischen Kinde die jüdische Schule geben und unsere Kleinen mit echt jüdischem Geiste so ausfüllen lassen, daß sie gegen die Verlockungen zur Felonie immunisiert sind ...."[30])

Genau das Gegenteil der hier, bezüglich der jüdischen Schule und des jüdischen Kindes, vertretenen Grundsätze versucht das Judentum bezüglich der arischen Schule und der arischen Familie in die Wirklichkeit umzusetzen, womit klar erwiesen ist, daß es gegen das Ariertum Krieg führt!

So wird der deutsche Junge nicht etwa wie der jüdische Junge zu Vaterlandsliebe und arteigenem Selbstbewußtsein erzogen, sondern durch das Ethos des Klassenkampfes zum rasselosen, art- und instinktlosen Triebsandmenschen; heißt es doch im jüdisch-marxistischen „Erziehungsprogramm": „Die Dorfjugend muß sich der Klassengegensätze, die nirgends so kraß sind wie im Dorfe, bewußt werden. Ausgenützt werden müssen die Gegensätze zwischen alt und jung ... In allen Dörfern muß der Gründung von Vereinen die Errichtung von Keimzellen vorausgehen ... Der Dorfjugend dürfen wir von vornherein die primitivsten Freudenäußerungen, Belustigungen, Unterhaltungen, Tanz und Alkoholgenuß nicht entreißen. Die Mädel dürfen nicht geneckt werden, wenn sie keinen Bubikopf oder kurze Röcke tragen ... Agitatoren, welche religisöe Fragen anschneiden, sind fernzuhalten. Agitationsgruppen jugendlicher Sozialisten haben wichtige Arbeit zu leisten. Diese Genossen bleiben auf belebten Plätzen stehen und beginnen einfache Kinderspiele zu spielen, die auch die Dorfjugend kennt und mitspielen kann. Der Bann ist gebrochen, der Eingang ins Dorf gewonnen."

Während das Judentum die religiöse Erziehung des jüdischen Kindes im Jahweglauben unter allen Umständen beibehält und sorgfältig pflegt, soll von dem nichtjüdischen Kinde jeglicher Gottglaube, auch das Christentum ferngehalten werden, weil ja das Gotterleben der Kinderseele das Rasse- und Artbewußtsein des Kindes wecken und stärken könnte. Daß das Judentum mit der Abschaffung des christlichen Religionsunterrichtes aus der Schule das arische Kind vor der Überfremdung mit jüdischem Gotterleben bewahrt hat, war ein sicher nicht gewollter Erfolg und stellt ein Vergreifen in der Wahl der Entrassungsmittel dar, das in einem weltgeschichtlichen Ringen

---

[30]) Weltkampf, Jahrgang 1928, S. 228.

von so ungeheurem Ausmaße sehr wohl geschehen kann. Da sich die jüdisch-völkische Forderung nach Abschaffung des christlichen Religionsunterrichtes mit der gleichen Forderung deckt, die seitens deutschgläubiger Kreise erhoben wird, so werden wir damit zu rechnen haben, daß das Judentum künftighin seine Stellung gegenüber dem Christentum als eines unentbehrlichen Schrittmachers seiner Weltmachtpolitik einer Revision unterziehen wird. Es wird eine weitere Judaisierung des Christentums anstreben. Es wird wohl künftighin bezüglich des christlichen Religionsunterrichtes in den Schulen eine andere Stellung einnehmen, als sie in dem folgenden im Mai 1928 an den Wiener Volks- und Hauptschulen verteilten Flugblatt umschrieben ist: „Schüler! Die Feinde der Arbeiterkinder in der Schule prügeln und unterdrücken euch stärker als je. Die Angst vor Sittennoten, schlechten Zeugnissen und Strafen treibt viele Kinder zum Selbstmord. Darum: Weg mit der Prügelstrafe, weg mit den arbeiterfeindlichen Lehrern aus eurer Schule! Laßt euch eure freie Zeit und eure Person nicht durch Schulaufgaben und Hierbleiben stehlen und tretet dagegen auf! Was wir in anderen Unterrichtsgegenständen erlernen, will uns der Katechet durch seine Wundergeschichten und frommen Märchen verwirren. Er redet von „liebe Deinen Nächsten" und prügelt und schimpft ärger als jeder andere Lehrer! Weg mit den Pfaffen und dem Religionsunterricht aus der Schule! Schüler! Wollt ihr diese Zustände abschaffen? Kämpft zusammen mit uns für diese Forderungen aller Arbeiterkinder! Rote Jugendpioniere Österreichs!" —

Welcher Geist unter diesem „Erziehungssystem Platz gegriffen hat, wird uns von der „Stunde" vom 23. November 1928 anschaulich geschildert! „In der Redaktion des genannten Blattes sprach ein junger Mann vor, der uns also vorgestellt wird:

> „Er heißt Barth-Wehrenalp, ist 17 Jahre alt und gibt seit einem Jahr eine Monatszeitschrift unter dem Titel „Der neuen Jugend" heraus, in der viele angesehene (!) Schriftsteller, wie Romain Rolland (Anm.: Mit einer Jüdin verheiratet), Felix Salten (Anm.: Jude) usw. mitarbeiten . . . Die Zeitschrift fordert Trennung von Schule und Staatsinteresse, Aufhebung des Klassifikationssystems und Disziplinarrechtes, Ausdehnung des Arbeits- und Stundenplanes auf aktuelle Probleme (!), unter anderem auf Nationalökonomie, freie Wahl der Fächer in der Oberstufe, ernsthafte sexuelle Erziehung, Ausdehnung der Schulpflicht bis zum 16. Lebensjahre, aus pädagogischen Gründen eine gewisse Loslösung der Jugend von der Familie (!) und schließlich steigende Unterordnung der diversen Schultypen unter das Diktat der gegebenen Wirtschaftsformen." (!)

Die „ernsthafte sexuelle Erziehung", von der in der genannten Zeitschrift geschrieben werden soll, wird von besonderen „Beratungsstellen" ausgeübt. „Auch Väter kommen", erzählt z. B. der „Abend" vom 28. Dezember 1928, „Mütter, die sich wegen ihrer Kinder Ratschläge holen wollen. Da ist eine Frau, sie hängt mit innigster mütterlicher Zärtlichkeit an ihrer Tochter. Sie weiß, daß das Mädchen mit einem jungen Manne eng befreundet ist. Sie selbst ist streng erzogen worden und kann dem neuen Zug der Zeit, der einen freien kameradschaftlichen Verkehr zwischen den Geschlechtern geschaffen, nicht folgen. Sie ist dankbar für die Ratschläge, mit denen sie der Jugendberater entläßt."

Ein besonders düsteres Kapitel ist das Kapitel: „Judentum, Alkohol, Wohnungswirtschaft." Brafmanns Kahalprotokolle enthüllen hier ein grauenerregendes Bild jüdischer Entrassungspolitik. In Rußland hatten die Juden es verstanden, sich unter der Herrschaft des Branntweinmonopols des russischen Staates den Kleinhandel mit Branntwein zu verschaffen. Die Folge war eine fürchterliche Ausbreitung der Branntweinpest, die besonders die russische bäuerliche Bevölkerung biologisch und wirtschaftlich radikal zu vernichten drohte. Die Trunksucht machte den russischen Bauern nicht nur moralisch, sondern auch rassisch und wirtschaftlich vollkommen widerstandsunfähig, sodaß im Gefolge der russischen Trunksucht der jüdische Wucherer seinen Einzug in der russischen Bauernwirtschaft hielt und sie schonungslos enteignete.

Der russische Generalprokurateur Derschawin wollte diese Mißstände beseitigen, indem er den Juden den Verkauf von Spirituosen entziehen wollte. Dagegen fuhren die russischen Juden sofort mit schwerstem Geschütz auf, indem sie 100 000 Rubel nach Petersburg schickten, um mit Hilfe von Bestechungen die Entfernung Derschawins aus dem Amte zu erreichen. Derschawin selbst erhielt 100 000—200 000 Rubel angeboten, wenn er seinen Kampf aufgebe. Als Derschawin festblieb und auch seine Beseitigung aus dem Amte nicht gelingen wollte, gingen die russischen Juden einen Schritt weiter und trachteten ihm nach dem Leben. Die Ermordung Derschawins scheint indessen nicht notwendig geworden zu sein, denn nach den Andeutungen Brafmanns (Hauptwerk 1, S. 17) ist es den Juden *tatsächlich gelungen*, die von Derschawin erstrebten Reformen durch ihre „großzügige" Bestechungsaktion zu hintertreiben. Derschawin hatte geglaubt, den Zaren vor den ihn umgebenden Judenhörigen (Bestochenen) warnen zu können. Dies ist nicht möglich gewesen. „Und so kam es, daß, anstatt beim Kaiser einen Ukas gegen die Juden zu erwirken, bei der ersten Sitzung des jüdischen Komitees alle Mitglieder desselben erklärten, daß der Verkauf von Spirituosen auf dem Lande wie bisher in den Händen der Juden bleiben solle. Der Kaiser wandte sich immer mehr von Derschawin ab . . . Ein über die Lage der Juden vorgelegtes Gutachten, das den Ansichten Derschawins entsprach, wurde Herrn S. (einem Judenhörigen) übergeben, der es vollkommen umarbeitete und die Ansichten Derschawins nicht im geringsten berücksichtigte oder erwähnte. Als Derschawin davon hörte, sagte er: „Judas verkaufte Christus für 30 Silberlinge und für wieviel verkauften Sie Rußland?"

Die Mißstände blieben bestehen! Das russische, von den Juden gekaufte und bestochene Regierungsgesindel, das den Zaren, damals Alexander I., umgab, und die Ansichten aller ehrlichen Männer durchkreuzte, siegte auch über Derschawin. Die Juden, die sonst überall die

Fortschrittler zu spielen lieben, verstanden es hier wie überall, wirkliche Reformen zu hintertreiben. Das Wirtsvolk verkam noch mehr, das wucherische, gaunerische Gast- und Fremdvolk triumphierte. Der Rubel hatte gesiegt.

Die Tragödie nahm ihren Lauf. In der bolschewistischen Oktoberrevolution 1917 wurde der vorläufig letzte Akt gespielt. Und es war kein Zufall, daß auch hierbei Juden die Hauptakteure waren!"[31])

Ähnliches berichtet Richard Andree in seinem Buche „Zur Volkskunde der Juden" von Ungarn und Siebenbürgen. „Selten wohnt der Jude in den stark von Deutschen bewohnten Gegenden, am besten gedeiht er unter den Slaven und richtet allerdings oft, das Branntweintrinken des rohen Bauern ausbeutend, durch Kreditgeben am Schanktische und wucherisches in Pfandnehmen der liegenden Habe manche slavischen Ortschaften zu Grunde."[32]) Dasselbe Bild wird uns aus Siebenbürgen aus dem Szamoschtale gezeigt, wo die Walachen in mehreren Bezirken des Landes zu Leibeigenen der Juden gemacht worden waren.

Was die österreichischen Verhältnisse anbetrifft, so muß selbst „Die Stunde" vom 21. 12. 1928 uns über die Zusammenhänge von Alkoholismus, Geschlechtlichkeit und Wohnungsnot das folgende Bild entwerfen:

> „Die Zahl der Sittlichkeitsverbrechen in Wien nimmt erschreckend zu. Es ist immer das alte Lied, das alte Leid: der Vater, alkoholisiert, mit niedergebrochenen Hemmungen, vergreift sich an seinem eigenen Fleisch und Blut oder an seinem Ziehkind, die Mutter schlägt aus der Verwahrlosung ihrer halbwüchsigen Tochter Münze, Bettgeher nähern sich ohne Schwierigkeiten den Kindern ihrer Quartiergeber . . . ."

Welche Folgen die Propaganda der Triebentfesselung und der geschlechtlichen Selbstschändung in Deutschland hatte, zeigt uns eine kleine Statistik. „Im Jahre 1925 waren in Deutschland ungefähr 26 Millionen Erwerbstätige gegen Krankheit versichert, von diesen 26 Millionen standen in diesem Jahre cirka 1,3 Millionen wegen Geschlechtskrankheiten in Behandlung. Allein in Preußen erkranken jährlich nahezu 1 Million Menschen an einer Geschlechtskrankheit. Wie verderblich sich die sinnliche Aufpeitschung besonders bei der Weiblichkeit auswirkt, zeigt eine andere Statistik, laut welcher bei der allgemeinen Ortskrankenkasse in Berlin folgende Anzahl berufstätiger Männer und Frauen infolge Geschlechtskrankheiten erwerbsunfähig wurden:

Im	Jahre	1918:	6 598	Männer und	6 785	Frauen
„	„	1921:	2 055	„ „	14 757	„
„	„	1922:	4 230	„ „	28 832	„
„	„	1925:	5 989	„ „	18 759	„

---

[31]) Arno Franke, Staat im Staate. S. 30/31.

[32]) Richard Andree, a. a. O. S. 266.

Beachtet man, daß diese Aufstellung nur Berlin betrifft, ferner bloß die erwerbstätigen Männer und Frauen umfaßt und alle diejenigen, welche bei krankenkassenärztlicher Behandlung erwerbsfähig geblieben waren, sowie die, welche infolge „Prüderie" privatärztliche Hilfe in Anspruch nahmen, unberücksichtigt läßt, so sagen diese wenigen Zahlen wohl mehr als genug."[33])

Wie die Propaganda der Triebentfesselung unter den Kindern von Vereinen wie „Die Kinderfreunde" und „Freie Schule" betrieben wurde, so unter den Erwachsenen von der „Liga für Menschenrechte" und dem „Eherechtsreformverein". Die „kulturelle Aufklärungsarbeit" dieser Organisationen, die in besonderen „Eheberatungsstellen" getrieben wird, hat die „Humanisierung des Rassenproblems" zum Ziele. Was darunter verstanden wird, zeigt eine solche „Eheberatungsstelle" in Leipzig, die im Sommer 1928 einem Mädchen den Rat gab, sich ruhig mit einem Neger zu verheiraten, da aus derartigen Rassemischungen schon prachtvolle Menschen hervorgegangen seien. Daß nicht nur Mischehen mit Negern, sondern auch solche mit Juden begünstigt werden, ergibt sich aus folgender Zusammenstellung (laut „Umschau": zur Biologie der christlich-deutschen Mischehe" von Dr. Max Markuse):

> „Im Jahre 1900 wurden in Deutschland unter 581 277 Ehen 2 004 jüdische-deutsche Ehen geschlossen. In der Zeitspanne von 1901 bis 1910 waren es derer „nur" 8 225, während wir zwischen 1911 und 1925 20 266 jüdisch-deutsche Mischehen zu verzeichnen haben."[34])

Das „Rasseproblem" wird aber nicht nur durch Mischehen „humanisiert", sondern auch die Propaganda der Geburteneinschränkung, durch die Propaganda des Mordes an der Zukunft. Die „Österreichische Liga gegen den Geburtenzwang", „der Bund für Geburtenregelung" stellen sich in freimaurerisch-jüdischer Selbstlosigkeit in den Dienst dieser Propaganda.

„Alle möglichen Begründungen sollen da unsere Deutschen Frauen von der Notwendigkeit der Geburtenverhütung überzeugen. Da ist es z. B. das Weltgewissen, in dessen Geiste der Freimaurer Joh. Ferch (Februar 1928) im Rahmen eines Vortragszyklus der „Liga für Menschenrechte" einen wunderschönen Vortrag hielt, der sich ungefähr in folgenden Gedankengängen bewegte: Der Pazifismus ist es, der der Menschheit Glück und Segen verheißt. Er ist es, der die Schrecken der Kriege verhindert. Was ist in erster Lnie die Ursache der Kriege? Der Menschenüberschuß. Wie bannt man den Menschenüberschuß? Statt nun zu antworten, indem sich Juden und Freimaurer aufhängen, rät der Freimaurer die Geburteneinschränkung an. Darum, Mütter, fordern wir die gesetzlich gestattete Abtreibung der Leibesfrucht! Denn wer die Geburten verhindert, verhindert den Krieg,

---

[33]) Dr. S . . . . Wien, Der Vernichtungskampf gegen die Familie a. a. O. S. 158.

[34]) Dr. S . . . . Wien, a. a. S. 159.

fördert den Frieden — und ewiges Heil wird den Menschen beschieden sein.

Sehen wir uns einmal die Redner an, welche anläßlich der eben erwähnten Vortragsreihe der Liga für Menschenrechte unter der Devise „Paragraph 144 und die Menschenrechte" sprachen. Es waren dies folgende „Staatsbürger": Stadtrat Prof. Dr. Julius Tandler, Chef des Wiener Fürsorgevereins und Jude, Präsident des Landgerichts für Strafsachen, Br. Dr. Ludwig Altmann, Jude, Meister vom Stuhle der Freimaurerloge „Kosmos", Rechtsanwalt Prof. Dr. Siegfried Türkel, Jude, Freimaurer („Schiller"), Nationalrätin Adelheid Popp, Jüdin, Dr. med. Margid Hilferding, Jüdin, Johannes Ferch (Jude?), Freimaurer („Sokrates") und Univ.-Doz. Dr. Joseph K. Friedjung, Jude, Freimaurer („Pionier").

So sehen die Repräsentanten des Weltgewissens aus.[35])

Werfen wir noch einen kurzen Blick auf die Folgen der Geburteneinschränkung. Ganz abgesehen davon, daß das Einkindsystem häufig sozial minderwertige und für den Lebenskampf untaugliche Menschen heranzieht, gibt doch die Tatsache zu denken, daß starke Persönlichkeiten, Führernaturen und schöpferische Künstler und Forscher vielfach aus kinderreichen Familien stammen. Eine lehrreiche diesbezügliche Zusammenstellung gibt Bornträger:

„Händel war ebenso wie der große Naturforscher Frauenhofer (Sohn eines armen Glasermeisters) das letzte Kind unter zehn Geschwistern. Johann Sebastian Bach das letzte unter 12 Kindern (er selbst hatte wieder 21 Kinder, darunter einige tüchtige Musiker). Lessing war das dreizehnte Kind, Franklin, der Erfinder des Blitzableiters, das sechzehnte Kind eines gewöhnlichen Seifensieders. Geibel war das siebte, Gellert unter dreizehn das fünfte Kind eines armen Dorfpfarrers. Blücher war das siebte Kind, Mozart ebenso. Der Freiherr vom Stein, Heinrich v. Kleist, der berühmte Augenarzt v. Graefe waren das fünfte Kind. Diese Beispiele beweisen zugleich, daß nicht etwa, wie das gelegentlich behauptet wird, mit Zunahme der Kinderzahl in einer Familie die Erbanlage und der Lebenswert der spät Gezeugten sich verschlechtert. Eine Liste bedeutender Männer, die in einer großen Kinderschar aufgewachsen sind, ließe sich aus der Geschichte in endloser Länge aufstellen. Hier seien nur die Deutschen genannt: Werner v. Siemens hatte dreizehn Geschwister, Albrecht Dürer 14, Luther 6, Ernst Moritz Arndt 5, Haydn 11."[36]) Wir können dieser Reihe noch Kant und Ludendorff anfügen .

Der Mord an der Zukunft hat also nicht nur ziffernmäßig festzustellende Verluste zur Folge — nach Dr. Moses jährliche Abtreibungen in Deutschland etwa 900 000 — sondern auch nie festzustellende Verluste an geistigen und charakterlichen Werten. Die Vernichtung dieser Werte beschränkt sich aber nicht nur auf die Aus-

---

[35]) Dr. S . . . . Wien, a. a. O. S. 160/161.

[36]) Angeführt nach Max Marcuse: Die Ehe S. 414.

mordung der Keime, sondern dehnt sich auf die Elternschaft aus. Denn ein Elternpaar, das gesunde Kinder haben könnte und Mord an der Zukunft treibt, bleibt charakterlich und seelisch nicht unverändert, sondern wird in seinem völkischen Willen irgendwie geschwächt und verdorben sein. Elternschaft ist völkischer Zukunftswille und Zukunftsverantwortlichkeit. Elternschaft ist die Vorwegnahme des in Zukunft werdenden völkischen Lebens. Elternschaft bildet Blut, Geist und Charakter der völkischen Zukunftsblüte, wie sie die reife Frucht der Vergangenheit ist. Sie kreist noch im Blute und Geiste der Zukunft, wenn die Träger der Elternschaft längst vermodert sind. Elternschaft ist keimendes Blut, keimender Charakter, keimender Geist: — ihre Keime vernichten heißt sie selbst vernichten.

Wer die Entrassung eines Volkes durch Zertrümmerung der Familie vollständig kennen lernen will, der muß neben der Statistik über den Geburtenrückgang noch die Selbstmord- und Auswanderungsstatistik ansehen. Den 50 000 Selbstmorden in Europa, von denen der Hauptanteil auf Deutschland, Österreich und Ungarn fällt, stehen im gleichen Jahre 1927 180 000 deutsche und von 1919 bis 1928 55 506 österreichische Auswanderer gegenüber. Dieser Blutverlust wurde in Österreich „ausgeglichen", indem in der Zeit von 1920 bis 1925 an 51 000 Personen das österreichische Staatsbürgerrecht verliehen wurde. Unter diesen 51 000 Personen befanden sich nicht weniger als 20 900 Konfessionsjuden. Die Zahl wäre zweifellos noch größer, wenn die Statistik die Rassejuden erfaßt hätte und nicht nur die Konfessionsjuden.

Unter dem volksbiologischen Gesichtspunkt betrachtet inwieweit Auswanderung und Zuwanderung das Rassenbild eines Volkes verändern, gewinnt der oben zitierte Ostjudenerlaß des ehemals preußischen Ministers Heine vom 1. November 1919 erst seine ganze rassenbiologisch schädliche Bedeutung. Ein solcher Erlaß, der einem Volkskörper so ungeheure Mengen rassisch unerwünschter Elemente zuführt, wie es der Ostjudenerlaß des preußischen Ministers Heine tat, ist für ein Volk zerstörender und vernichtender als der blutigste Krieg. Denn ein Krieg vermag das Rasseerbbild und das Rasseerbgut eines Volkes nicht so zu verändern, wie die durch Rassemischung, Geschlechtskrankheiten, Alkoholismus usw. bedingte rassische Gegenauslese. Während die kriegerische Auslese nur einen Teil des Volkskörpers trifft, wird durch die Gegenauslese und den jüdischen Geschlechtskrieg der g a n z e Volkskörper getroffen. Während im Schwertkampf nur Äste und Zweige eines Volkse abgehauen werden, geht der Angriff des jüdischen Geschlechtskrieges gegen Stamm und Wurzeln eines Volkes! Daß dieser Geschlechtskrieg im Zeichen der sogenannten „Humanität" geführt wird, ist ein echt freimaurerisch-jüdischer Dreh. Wir stoßen denn auch sofort auf Freimaurer und Juden, wenn wir uns die Hintermänner jener den jüdischen Geschlechtskrieg entfesselnden und führenden Organisationen, also ihren „Generalstab" ansehen. An leitender Stelle der marxistischen Organisation „Kinderfreunde" stehen der Freimaurer Oberlehrer Georg

Schiedl (Loge Goethe) und der Freimaurer Kommerzienrat Dr. Emil Schönfeld („Humanitas"). In den Nachkriegsjahren vereinigten sich die „Kinderfreunde" mit dem Vereine „Freie Schule", aus welchem Anlaß Otto Glöckel, der oberste Leiter des Wiener Schulwesens, in einem Artikel der „Sozialistischen Erziehung" (Januar 1923) folgende Worte fand: „Freie Schule und Kinderfreunde! Gemeinsam wollen wir führen das bewährte Schwert im Kampf gegen den Mißbrauch der Religion, gemeinsam gebrauchen die Kelle (!) beim Aufbau (!) eines neuen Schul- und Erziehungswesens, in „Freundschaft" (!) verbunden zum Kampf um: Mehr Licht. (!) Die „Freie Schule" war aus einer Schöpfung der Wiener Freimaurerloge „Pionier" hervorgegangen. Der erste Vereinsausschuß setzte sich aus folgenden Menschheitsbeglückern zusammen: Brüder Aristid Brezina, Br. Viktor Zenker, Br. Dr. Wilhelm Blahy, Br. Paul Wilhelm, Br. Dr. med. Alfred Baß, Br. Ferdinand Glatz, Br. Alexander Lang, Br. August Denk, Br. Heinrich Glücksmann, Br. Dr. med. Siegmund Pollitzer und Br. Aarach Schiller."[37])

Danach dürfte wohl kein Zweifel mehr daran bestehen, wer Interesse an der Entrassung des deutschen Volkes hat und wer sie betreibt. Für Deutschland können wir als hauptsächlich führende Köpfe in der Front des jüdischen Geschlechtskrieges die Herren Dr. Magnus Hirschfeld und Löwenstein nennen. —

Wir wenden uns einem andern Gebiet zu, auf dem das Judentum ebenfalls erfolgreich Krieg geführt hat und Krieg führt, dem Mädchenhandel.

Der Menschenhandel scheint ein uralter Gebrauch bei Israel zu sein, denn schon Joseph wurde von seinen Brüdern um 20 Silberlinge an die Ismaeliten verkauft. „Da sprach Juda zu seinen Brüdern: Was hilfts uns, daß wir unsern Bruder erwürgen, und sein Blut verbergen? Kommt, lasset uns ihn den Ismaeliten verkaufen, daß sich unsere Hände nicht an ihm vergreifen, denn er ist unser Bruder, unser Fleisch und Blut. Und sie gehorchten ihm. Und da die Midianiter, die Kaufleute, vorüberreiseten, zogen sie ihn heraus aus der Grube, und verkauften ihn den Ismaeliten um 20 Silberlinge, die brachten ihn nach Ägypten." (1. Mose 27. V. 26/28.) Das ist ein konkreter Fall von Menschenhandel, der uns in der Bibel erzählt wird. Der Menschenhandel muß aber in Israel in Übung gewesen sein, denn im 2. Mose V. 16 und im 5. Mose 24 V. 7 finden sich zwei scharfe Gesetzesbestimmungen gegen Menschendiebstahl und Menschenhandel.

„Wer einen Menschen stiehlt, es sei, daß er ihn verkauft, oder daß man ihn bei ihm findet, der soll des Todes sterben." Und: „Wenn jemand gefunden wird, der aus seinen Brüdern eine Seele stiehlt, aus den Kindern Israels, und versetzt oder verkauft sie, solcher Dieb soll sterben, daß du das Böse von dir tust." Das Verbot des Menschenhandels bezieht sich, wie sich aus der letzt angeführten Bestimmung

---

[37]) Dr. S . . . ., Wien, a. a. O. S. 152.

mit aller nur wünschenswerten Deutlichkeit ergibt, nur auf den Handel mit Angehörigen des Volkes Israel. Darum gibt auch Joel Kap. 4 V. 7 und 8 die ausdrückliche Erlaubnis zum Menschenhandel, soweit er Angehörige anderer Nationen betrifft. „Siehe, ich will sie erwecken aus dem Ort, dahin ihr sie verkauft habt, und wills euch vergelten auf euren Kopf. Und will eure Söhne und eure Töchter wiederum verkaufen durch die Kinder Juda, die sollen sie denen in Reicharabien, einem Volke in fernen Landen, verkaufen, denn der Herr hats geredet." (Joel Kap. 4 V. 7—8). Eine den Sklavenhandel mit Fremdlingen betreffende Vorschrift findet sich auch in 3. Mose 25 V. 44 und 45: „Willst du aber leibeigene Knechte und Mägde haben, so sollst du sie kaufen von den Heiden, die um euch her sind, und auch von den Kindern der Gäste, die Fremdlinge unter euch sind, und von ihren Nachkommen, die sie bei euch in eurem Lande zeugten. Diese möget ihr zu eigen haben!" Auch aus der Wirtschaftsgeschichte liegen Meldungen darüber vor, daß die Juden Menschenhandel trieben. So berichtet ein arabischer Arzt Ibrahim ibn Jakub, der im Jahre 973 nach Merseburg kam und auch Mecklenburg besuchte, über den Handel, den Juden mit den Slawen trieben. Neben Biberfellen, Pelzwerk, Weizen, Bernstein, Gold und Silber verhandelten sie blonde Sklavinnen und Verschnittene, erstere gehen nach Byzanz, letztere nach Spanien. Der Perser Nasir i Khubro besingt diese blonden slawischen Schönheiten, die mit tausend Goldstücken bezahlt wurden. Ibn Haugal berichtet, daß der ganze Sklavenhandel und das Kastrieren von Juden besorgt wird."[38])

Die Meldung des arabischen Arztes deckt sich mit der Tatsache, daß den Juden unter den Karolingern der Sklavenhandel erlaubt war, verkaufte doch Karl der Pippinide selbst 12 000 Sachsen in die Sklaverei. Die Sklaverei und der Sklavenhandel verschwanden erst im Laufe des 13. Jahrhundert aus Europa; Spanien ausgenommen.

Die Praktiken, welche die Juden heute bei ihrem Menschenhandelsgewerbe ausüben, scheinen sie schon vor Jahrtausenden den Phöniziern abgelauscht zu haben, von welchen Gobineau in seinem „Versuch über die Ungleichheit der Menschenrassen" das folgende zu berichten weiß: „Haben die Phönizier ihren Untergang der Korruption verdankt, die sie zerfraß und die sie überall verbreiteten? Nein, ganz im Gegenteil, diese Korruption ist das Hauptwerkzeug ihrer Macht und ihres Ruhms gewesen, von dem Tage an, wo sie, als spitzbübische Handelsleute, als verruchte Gäste, an den Gestaden der griechischen Inseln *die Frauen verführten, um Handel mit ihnen zu treiben*, und die Waren allerwärts zusammenstahlen, die sie dann eilends verkauften, war ihr Ruf ohne Zweifel sehr schimpflich, wie sichs gehörte, sie sind aber darum nicht weniger groß geworden und haben in den Jahrbüchern der Weltgeschichte einen hohen Rang eingenommen, ohne daß ihre Raubsucht und ihre Falschheit das

---

[38]) Die Ghettosage von E. L. Antz, Weltkampf, Jahrgang 1925, S. 29.

Mindeste dazu beigetragen hätte, sie davon herabzustürzen."[39]) Wie in homerischer Zeit schon diese Handelsleute den Griechen allerstärksten Widerwillen einflößten, so tönt uns auch aus altrömischer Zeit bewegliche Klage über den jüdischen Mädchenhandel entgegen, dessen Hauptzentrale damals Massilia (Marseille) war. C. Baulieu nennt in seiner Histoire du Commerce de Lion (Paris 1838) den Sklavenhandel als Quelle des großen jüdischen Reichtums. Auch der Bischof Agobert von Lion berichtet über den jüdischen Mädchenhandel (11. Jahrhundert).

Da vom 13. Jahrhundert ab der Sklavenhandel in Europa verboten war, so wurde er in illegaler Form und darum von der Öffentlichkeit unerkannt weitergetrieben. Wir wenden uns darum gleich dem Mädchenhandel in der Gegenwart zu. Und da muß gleich zu Beginn unserer Ausführungen festgestellt werden, daß der deutsche Name schändlich mißbraucht und entehrt wird, indem sich die jüdischen Mädchenhändler im Auslande als Deutsche bezeichnen. Welche Rückwirkungen auf den deutschen Ruf im Ausland der Mädchenhandel selbst hat, kann sich jeder ausmalen, der die nachfolgende aus der Feder eines ehemaligen deutschen Konsuls stammende Schilderung aus Rio de Janeiro liest:

„Kann es bei dem Besuche der wundervollen Hauptstadt Brasiliens wohl etwas beschämenderes für uns geben, als die Bemerkung, daß deutsche und österreichische Mädchen einen der zahlreichsten Bestandteile der dortigen Prostitution bilden? Ganze Straßen sind von ihnen bewohnt, und in der Sprache ihrer Heimat lassen sie vom offenen Fenster aus in schamlosester Weise ihren Lockruf an die vorübergehenden Männer ergehen, ja sogar in den zahlreichen Vergnügungslokalen jener Hauptstadt wird man von ihren Zudringlichkeiten behelligt.

Die meisten von ihnen sind noch sehr jung und erwiesenermaßen nicht aus eigenem Antrieb ausgewandert, um sich im fremden Lande mit ihrem schmutzigen Gewerbe Geld zu verdienen, sondern sie sind die unglücklichen Opfer jüdischer Kuppler und Kupplerinnen, welche seit einigen Jahren einen förmlichen Handel mit deutschen Mädchen nach Rio betrieben haben. Derselbe hatte zuletzt solche Verhältnisse angenommen und wirkte so zersetzend auf die ohnehin schon sehr schwache Moralität der brasilianischen Hauptstadt, daß die dortige Regierung endlich einschritt und die Deportation der jüdischen Kuppler, welche meistens als Goldwarenhändler figurierten, den Mädchenhandel aber als Haupterwerbszweig betrieben, verfügte.

Im Monat Dezember wurden in Rio de Janeiro folgende Personen auf den Schub gebracht: Markus Schomer, Moritz Silbermann, Markus Weinbach, Lebel Silbermann, Moses Silberstein, Moritz Eisenberg, Johann Freund, Adolf Bernstein, Tobias Saphir, Hermann Ficheler, Gerson Baum, Markus Schwarz, Hermann Weitel,

[39]) Graf A. de Gobineau, a. a. O. Bd. 1, S. 13.

Markus Freemann, Samuel Auster, Karl Bukowitz, Abraham Robins. — Sie fuhren in Kutschen nach dem Einschiffungsplatz und belegten auf dem Dampfer „Equator", welcher sie nach Buenos Aires bringen sollte, Plätze erster Kajüte, was ihnen der Sündenlohn, den sie in Rio eingesackt hatten, gestattete. In Buenos Aires angekommen, hatte die saubere Gesellschaft aber die unangenehme Überraschung, daß sich Polizei an Bord einfand und gegen ihre Ausschiffung protestierte, weswegen wohl jene „Onkels" nun wieder das alte Europa mit ihrer Gegenwart beglücken werden."[40])

Dieser aus dem Jahre 1880 stammende Bericht weist schon mit aller Deutlichkeit den Mädchenhandel als jüdische „Erwerbstätigkeit" nach. Daß dieser Handel im größtmöglichen Ausmaß betrieben wird, dafür sorgt schon die jüdische Betriebsamkeit und die jüdische Erwerbsgier. Doch werden einige Zahlen besser als viele Worte über d n Umfang des Mädchenhandels unterrichten. Die „Tägliche Rundschau" vom 24. Juli 1913 meldet:

> „Viertausend verschleppte Mädchen. Der vorgestern in Hamburg verhaftete russische (d. h. jüdische, d. Verf.) Mädchenhändler Jakubowitsch wird als der Hauptgeschäftsführer des gesamten Mädchenhandels aus dem östlichen Europa betrachtet. Im ganzen werden ihm einige tausend Fälle zur Last gelegt. Nach statistischen Feststellungen sind in den letzten Jahren von deutschen Häfen aus über viertausend Mädchen verschleppt worden."

Der im Jahre 1914 gegen den jüdischen Mädchenhändler Samuel Lubelski geführte Prozeß ergab den Tatbestand, daß dieser bei der Firma Weichmann angestellte Mädchenhändler mit Unterstützung einer großen Anzahl Agenten und Helfern allein im Jahre 1913 nicht weniger als 240 000 weiße Frauen und Mädchen[41]) an Bordellinhaber in Südamerika verkaufte. Die Firma Weichmann arbeitete für die Hamburg-Amerika-Linie (Direktor der Jude Ballin).

Mister London der erste Staatsanwalt New-Yorks, berechnet die Einkünfte der Mädchenhändler nach seinen Erfahrungen auf über 60 Millionen Dollar jährlich.

In der „Leipziger Freien Presse" schrieb die Frau des ehemaligen (württembergischen) Staatspräsidenten Blos, Anna Blos, folgendes: „Vor dem Kriege stellte das Deutsche Nationalkomitee zur Bekämpfung des Mädchenhandels über 1 400 Mädchenhändler fest, die den Export, Import und Transithandel mit Mädchen besorgten. Sie bildeten einen Ring untereinander und setzten sich aus allen Gesellschaftsklassen zusammen. Charakteristisch ist, daß sie zum Teil streng religiösen Vereinen angehörten: In den von zwei jüdischen Mädchenhändlern an ihre Verwandten gerichteten Briefen war in jeder dritten Zeile der Name des „lieben Gottes" erwähnt, der das für den Handel aufgewendete Geld segnen und viele Zinsen tragen lassen sollte." Tritt

---

[40]) „Kulturkämpfer" von Otto Glogau Nr. 3, Jahrgang 1880, Zitiert nach Roderich Stoltheim, das Rätsel des jüdischen Erfolges. 7. Aufl., S. 239/240.

[41]) Weltkampf, Heft 19, Jahrgang 1925, S. 531.

uns hier nicht der verlebendigte Talmud entgegen? Nun — Zinsen hat das Geschäft sicher getragen, wie uns schon der erste Staatsanwalt Neuyorks bestätigen konnte. Doch auch das „Neue Wiener Journal“ kann uns laut „Völkischer Beobachter“ vom 6. Juli 1926 den lukrativen Charakter des Mädchenhandels bescheinigen: „In Warschau erregte die Verhaftung einer Mädchenhändlerbande großes Aufsehen. Die Agenten der nunmehr unschädlich gemachten Verbrecherorganisation sollen auch Wienerinnen unter der Vorspiegelung, ihnen ausgezeichnete Posten im Auslande zu verschaffen, verschleppt und dem Mädchenhandel zugeführt haben. An der Spitze der Bande standen die sieben Brüder Müller mit ihren Frauen und Geliebten. Die Bande hatte ihre Zentralleitung in Warschau und Zweigstellen in Neuyork, Buenos Aires, San Franzisko. Außerdem hatten die Mädchenhändler in allen großen europäischen Hauptstädten ihre Vertreter und Agenten. Diese gaben sich meist für reiche Amerikaner aus, machten den Mädchen den Hof, beschenkten sie, verlobten sich mit ihnen und heirateten sogar nötigenfalls ihre zukünftigen Opfer. Nach der Trauung wurde gewöhnlich eine Hochzeitsreise nach Amerika unternommen, dort wurde die „junge Frau“ in sicherer „Obhut“ zurückgelassen. Diese „Obhut“ war gewöhnlich die Filialabteilung der Warschauer Mädchenhändlerzentrale. Die Opfer wurden dann an die Besitzer der öffentlichen Häuser, an berüchtigte Tanzlokale und an die Inhaber diverser Spelunken verkauft. Einzelne sollen nach Südamerika gebracht worden sein. Für jedes verkaufte Mädchen erhielt die Bande 2000—3000 Dollar. In den letzten zwei Jahren sollen die Brüder Müller allein aus Polen 220 Mädchen und Frauen ins Ausland verschleppt haben. Ende Juli sollte aus Warschau ein Transport, bestehend aus 27 Mädchen und Frauen sich nach dem Ausland begeben. Die Verhaftung der Rädelsführer der Bande rettete die Entführten vor dem furchtbaren Schicksal, das sie in Amerika erwartete. Der Jahresumsatz der Mädchenhändler dürfte durchschnittlich die Riesensumme von 200 000 bis 300 000 Dollar erreicht haben.[42])

Diese Meldung erbringt aber nicht nur einen Beleg für den lukrativen Charakter des Mädchenhandels, sondern zeigt auch einzelne Praktiken, mit deren Hilfe die Mädchenhändler ihre Opfer übertölpeln. Sie zeigt aber auch den Mangel der nationalpolitischen Erziehung und seine Folgen in geradezu grauenhaftem Ausmaße. In Unkenntnis über die Judenfrage und den Geschlechtskrieg der Juden, in Unkenntnis über die Gesetze der Arterhaltung und der Volkserhaltung, in Unkenntnis über die Verantwortlichkeit, die sie tragen, gehen diese Mädchen und Frauen diesen jüdischen Mädchenhändlern und ihren Organisationen ins Garn und gehen damit ihrem Volksverband für immer verloren. In welchen Formen sich der Mädchenhandel abspielt, mag durch einen Bericht der „Deutschen Zeitung“ vom 16. Dezember 1925 belegt werden. Alfred Rosenberg hat in zwei

[42]) Zitiert nach Alfred Rosenberg, Die größte Schande unseres Jahrhunderts, Weltkampf, Jahrgang 1927, S. 491.

Aufsätzen in Heft 19 und Heft 47 des Weltkampf die Kniffe und Schliche der Mädchenhändler eingehend behandelt. Auf diese Aufsätze sei ausdrücklich verwiesen.

Und nun der Bericht der Deutschen Zeitung: „Neue Arten des Mädchenhandels. Blühende Geschäfte mit weißen Sklavinnen!" Seit einiger Zeit beobachtete ich hier auffallende Tatsachen, die ein bezeichnendes Licht auf die neuen Methoden des internationalen Mädchenhandels werfen. Die Beförderung räterussischer Emigranten über Lettland hat sich im laufenden Jahre gegen das Vorjahr um etwa sechzig vom Hundert vergrößert. In der letzten Zeit ist der Umstand aufgefallen, daß viele russische Emigranten, in der Hauptsache Juden, in Begleitung schöner junger Frauen nach Buenos Aires fahren. Die Nationalität dieser Frauen entspricht dem Völkerwirrwarr in Rußland, man findet unter ihnen Russinnen, Polinnen, Deutsche, Litauerinnen, Kaukasierinnen usw. Jeder Ausländer führt nur eine Frau bei sich, die als seine Ehefrau oder Angestellte gilt. Da die Dokumente stets in Ordnung befunden werden, kann die Mitnahme der Frauen nicht beanstandet werden. Es ist ein offenes Geheimnis, daß die jungen Frauen nach Argentinien gebracht werden, um in Buenos Aires im Lunapanaro zu einem Preise von 5000 bis 15 000 Dollar verkauft zu werden. Da die Fahrtunkosten erheblich geringer sind, machen diese Leute bei jeder Fahrt ein gutes Geschäft. Wenn sie ohne Begleitung der Frauen zurückkehren, so erklären sie gewöhnlich, das Leben in Südamerika sei sehr schwer und teuer, sie wollten in ihre Heimat zurückkehren. Die Menge der auf diesem Wege nach Südamerika gebrachten jungen Frauen ist erschreckend. Auf Befragen erklären diese Emigranten meist, die schweren Lebensverhältnisse in Räte-Rußland zwängen sie, mit ihren Männern auszuwandern, die in Südamerika große Geschäfte besäßen. Alle erwarten ein schöneres Leben als in Rußland. Keinerlei Erklärungen und Beteuerungen, daß ihrer in Südamerika ein schreckliches Schicksal harrt, verfangen bei den hartnäckig ein besseres Schicksal suchenden jungen Frauen, sie fahren seelenruhig ihrem Schicksal entgegen."[43])

Wer den Bericht der „Deutschen Zeitung" nicht gelten lassen will, der möge sich vom Völkerbund belehren lassen, über dessen „Kampf" gegen den Mädchenhandel der „Tag" (Dux in Böhmen) an Hand eines Völkerbundsberichtes vom 8. April 1927 folgendermaßen berichtet:

„Über die Ergebnisse der Untersuchung des Völkerbundkomitees zur Bekämpfung des Mädchenhandels wurde von informierter Stelle folgendes mitgeteilt: Genaue Ziffern über die Ausdehnung des Mädchenhandels konnten nicht beschafft werden, jedenfalls wurde festgestellt, daß es sich um ein sehr weitverzweigtes Geschäft handelt, das hauptsächlich international und hier wieder vorwiegend von Europa nach den überseeischen Ländern getrieben wird. Die Untersuchung des Komitees, die durch eine Spende des amerikanischen Büros für Sozialhygiene in der Höhe von 75 000

[43]) Weltkampf, Jahrgang 1926, S. 485 und 486.

Dollar ermöglicht und von dem Vertreter der Vereinigten Staaten Dr. William Snow, geleitet wurde, erstreckt sich auf 28 Länder und 112 Städte. 6500 Gewährspersonen wurden befragt, unter denen sich 5000 Prostituierte befanden.

Diese ungeheure Enquete ergab die Tatsache, daß der Handel durch allerlei Engagements für scheinbar einwandfreie Beschäftigungen, vor allem Engagements für künstlerische Darbietungen oder durch angebliche Vermittlung von Hausgehilfinnenposten betrieben wird. Unter den Händlern und Händlerinnen und den Leiterinnen der öffentlichen Häuser besteht zwar keine feste Organisation, sie stehen aber alle miteinander in Geschäftsverbindung und halten einander ständig auf dem Laufenden. Der Handel geschieht in verschiedenen Etappen. Eine Kategorie der Beteiligten reist durch die „Lieferungsländer" und besorgt die Mädchen, die zweite Kategorie besorgt den Transport, während sich zahlreiche Beteiligte als Zwischenhändler betätigen. Eine ganze Reihe von Leuten beschäftigt sich vorwiegend mit der Besorgung gefälschter Ausweispapiere, unter denen die vordatierten Geburtszeugnisse von minderjährigen Mädchen eine große Rolle spielen.

In den überseeischen Ländern besteht eine andauernde Nachfrage nach europäischen Mädchen. Europa beliefert Mittel- und Südamerika, Nordafrika (!!) und sogar Indien immer wieder mit solcher „lebender Ware". Die Händler und Kuppler legen ihre Reisen gewöhnlich auf sorgfältig ausgewählten Umwegen zurück. Auch der Transport geschieht unter Anwendung aller möglichen Vorsichtsmaßnahmen, die namentlich vor der Hafenpolizei schützen sollen. So kommt es häufig vor, daß Mädchen in ganz abgelegenen Schiffsräumen untergebracht werden, um so der Kontrolle zu entgehen. Häufig schließt der Händler auch eine Scheinehe oder eine wirkliche Ehe mit seinem Opfer, besonders, wenn er dieses nicht anders zum Verlassen der Heimat bewegen kann. Ein Namenswechsel, der in überseeischen Staaten leicht zu erreichen ist, befreit ihn dann von seiner Verpflichtung. Auf diese Weise hat ein polnischer (wohl jüdischer!) Mädchenhändler mehr als dreißig Mädchen nach Brasilien verschleppt. Für die Opfer, die Europa verlassen haben, gibt es beinahe in keinem Falle mehr eine Rettung. Während es vor kurzem gelang, fünfzehn deutsche Mädchen, die für ein Kabarett in Athen engagiert waren, heimzuschaffen, gelingt es niemals, die Mädchen aus der Hölle überseeischer Häuser zu befreien."[44])

Was dem Mädchenhandel seine biologisch bedeutsame Note gibt, ist der Umstand, daß die Opfer immer und ausschließlich unter den Reinrassigen zu finden sind. Die Erhebungen Ißberner-Haldanes in südamerikanischen Bordellen ergaben die unleugbare Tatsache, daß das in den Bordellen als „feinere Auswahl" zurückgehaltene „Menschenmaterial" sich aus Blondinen und Kastanienbraunen aus dem kultivierten und hochrassigen Norden Europas zusammensetzte. So läßt der Jude jahraus jahrein durch Ausfuhr von tausenden, ja zehntausenden — der Jude Lubelski brachte es im Jahre 1913 auf 240000 — rassisch wertvollen Einzelmenschen wertvolles Blut, wert-

[44]) Weltkampf, Heft 47, Jahrgang 1927, S. 483/484.

volle Erbmasse sinnlos und lebenswidrig versickern und jammervoll verenden. Tag und Nacht, Jahr um Jahr, Jahrzehnt um Jahrzehnt wütet dieser jüdische Krieg gegen die Volkstümer, das Blut von hunderttausenden geschändeter Frauen verraucht und verdampft in der Hitze geiler Sinnlichkeit, die Geschlechtsehre hochrassiger Volkstümer wird von Mestizen, Mulatten, Kreolen und Negern in diesen Frauen geschändet, die in kynischer Schamlosigkeit dem Moloch des Rassenchaos geopfert werden. Hier werden Hekatomben von Menschen dem jüdischen „Züchtungsideal" des Triebsandmenschentums geopfert und die arteigenen, rassebewußten Volkstümer roh, gemein und brutal in das Rassenchaos hineingetrieben — und sie lassen sich auch noch hineintreiben, denn das Judentum ist ja das auserwählte Volk, das Gewissen unter den Völkern, das Weltgewissen! So steht's in der christlichen Dogmatik des Herrn Martensen und so muß es von Millionen Christen geglaubt werden! Wahrlich — das Wort Krieg ist zu schön, zu gerade, zu heroisch für diesen geilen jüdischen Ausrottungskampf gegen die nichtjüdischen Völker! Daß es die spezifisch jüdische Art der Kriegführung ist, soll noch durch das Nachfolgende belegt werden. —

Solange nichtjüdische Frauen und Mädchen dem jüdischen Mädchenhandel zum Opfer fielen, herrschte in Israel Zufriedenheit, Ruhe und Stille. Als aber auch einige Jüdinnen daranglauben mußten, da „blies die Wiener Morgenzeitung vom 1. Mai 1927 wehklagend ins Schofarhorn":

„Wir berichteten wiederholt, daß in Buenos Aires dem Hauptsitze der jüdischen Mädchenhändler, ein Kampf gegen diese verruchte Bande begonnen wurde, damit die Nutznießer des schändlichen Geschäftes völlig isoliert werden. Viele der Besitzer der öffentlichen Häuser, für welche die internationalen Mädchenhändler die lebendige Ware liefern, sind reich geworden und glauben nunmehr, durch Geldaufwand ihr Schandgewerbe vergessen zu machen. So drängen sie sich in den Theatern, in den jüdischen Vereinen und Körperschaften in die vordersten Reihen vor. Von großer Bedeutung für diesen Boykott ist, wie uns aus Buenos Aires geschrieben wird, die Stellungnahme der Kultursektion des jüdischen Schauspieler- und Artistenvereins, die beschlossen hat, daß ein jüdischer Schauspieler nur in einem solchen Theater mitwirken dürfe, in welchem an auffallender Stelle Tafeln mit der jüdischen Aufschrift: „Temaim ist der Eintritt verboten!" angebracht sind. Temaim (Unreine) ist die Bezeichnung für die Mädchenhändler und ihre Auftraggeber. Die jüdischen Schauspieler erklären, daß sie die Pflicht hätten, daran mitzuarbeiten, daß die moralisch Unreinen, Aussätzigen aus dem Lager der jüdischen Gemeinschaft ausgeschlossen und boykottiert werden. Die sämtlichen jüdischen Theater waren geneigt, sich diesem Beschlusse zu fügen, bis auf das Jüdische Volkstheater, dessen Direktion die Anbringung solcher Warnungstafeln ablehnte. Da die Schauspieler dieses Theaters von ihrem Standpunkte nicht abzubringen und entschlossen sind, in den Streik zu treten, wird wohl auch diese Theatergesellschaft gezwungen sein, nachzugeben."

Die Entrüstung der Wiener Morgenzeitung wird sofort verständlich, wenn wir in dem „Kölner Jüdischen Morgenblatt" (laut Dortmunder Generalanzeiger vom 30. März 1927) die Meldung lesen:

„Die schwere wirtschaftliche Notlage, in der die Juden der osteuropäischen Länder seit Jahrzehnten leben, hat es verursacht, daß die Opfer der internationalen Mädchenhändler seit jeher zum größten Teil jüdische Mädchen und Frauen waren. (Stimmt nicht! der Verf.) Der Krieg und seine verheerenden Folgen und später die Judenpogrome haben die Lage der jüdischen Frauen noch verschlechtert. Tausende jüdischer Kriegs- und Pogromwaisen fielen, ohne moralischen oder wirtschaftlichen Rückhalt, sich selbst überlassen, zur freien Beute für Mädchenhändler aller Nationen. Es ist nicht zu leugnen, daß auch unter den Mädchenhändlern ein starker Prozentsatz Juden ist, und wenn diese ihr verächtliches Geschäft erfolgreicher führen können, so ist das — so paradox es klingen mag — dem moralischen Gefühl der verlassenen Mädchen zuzuschreiben, weil die jüdischen Mädchenhändler diese Mädchen fast ausschließlich dadurch ins Garn locken konnten, daß sie mit ihnen eine Scheinehe eingingen, um sie dann im Orient oder in den südamerikanischen öffentlichen Häusern zu verkuppeln. Solange in diesen Zentren des Mädchenhandels die Juden nicht den gesellschaftlichen und wirtschaftlichen Boykott und die gerichtliche Verfolgung der Mädchenhändler selbst in die Hand nahmen, konnten die von den europäischen Staaten schon seit langem unternommenen Abwehrmaßnahmen gegen die Umtriebe der weißen Sklavenhändler keinen Erfolg haben."

(Der Hohn, daß alle Staaten gegen die jüdischen Mädchenhändler nichts ausrichten konnten, ist nicht übel.)

Diese ungewollten Bekenntnisse, daß es auch einigen Jüdinnen an den Kragen gegangen ist, sind kostbar wie nur wenige. Auch das Weitere ist von höchstem Interesse, zeigt es doch, daß die jüdischen Bordellbesitzer Argentiniens bisher als gute Gesellschaft galten, aber jetzt, da sie auch mit Jüdinnen zu handeln begannen, plötzlich an Achtung verloren haben.

„Der Weltverband der jüdischen Frauen hat nun im Verein mit dem Weltverband der zionistischen Frauen es schließlich erreicht, daß in all den großen südamerikanischen und orientalischen Zentralen die Juden selbst und vor allem die jüdischen Frauen und Mädchen in allen Großstädten und Hafenplätzen Expposituren der Kampfesorganisation errichteten. Berichte aus Argentinien aus der jüngsten Zeit wissen bereits zu melden, daß, wie zum Beispiel in Buenos Aires, die jüdischen Besitzer öffentlicher Häuser der allgemeinen Verachtung und dem gesellschaftlichen Boykott ausgesetzt sind. Selbst solche, die in den letzten Jahren, von dem Schandgewerbe reich geworden, dieses aufgaben und sich von dem alten Milieu lossagten, werden in der jüdischen Gemeinde nicht geduldet. Tatsächlich wurde die Entlarvung und Verhaftung der berüchtigtsten Mädchenhändler in den letzten zwei Jahren nur durch die Mithilfe der jüdischen Schutzverbände in diesen Ländern möglich gemacht.[45])

---

[45]) Alfred Rosenberg, Die größte Schande unseres Jahrhunderts, Weltkampf, Heft 47, Jahrgang 1927, S. 496/497.

Wenn nun plötzlich, wie sich aus Vorstehendem ergibt, auch jüdische Verbände zur Bekämpfung des jüdischen Mädchenhandels auftreten und erst dadurch die Entlarvung der berüchtigten Mädchenhändler möglich wurde, so liegt darin das indirekte Eingeständnis, daß der Mädchenhandel jüdisches Monopol war und ist. Die Errichtung jüdischer Kampforganisationen gegen den Mädchenhandel geschah, wie sich ebenfalls aus dem Vorstehenden ergibt, „zugunsten der jüdischen Frauen und Mädchen", nicht etwa zum Schutze der nichtjüdischen Frauen und Mädchen. Das Judentum hätte Jahrhunderte hindurch Zeit gehabt, sich Schulter an Schulter mit den arischen Staaten an der Bekämpfung des Mädchenhandels zu beteiligen. Daß es das nicht getan hat, sondern sich erst dann zur Abwehr entschloß, als auch Jüdinnen den Mädchenhändlern zum Opfer fielen, beweist, daß es nicht den Mädchenhandel an sich, sondern nur den Handel mit Jüdinnen verurteilt! Das beweist auch die Haltung der jüdischen Presse, welche sonst über alles Mögliche zu berichten weiß, bezüglich des Mädchenhandels aber folgerichtig die altbewährte Methode des Totschweigens oder der Vernebelung übte. Wir können uns auch überzeugt halten, daß der jüdische Kampf gegen den Mädchenhandel sofort eingestellt wird, wenn die Jüdinnen nicht mehr bedroht sind. Verlangt doch der „Gesetzentwurf" zu einer deutschen Strafgesetzvorlage der von Juden geführten „Deutschen Liga für Menschenrechte" erhebliche Milderung der Strafen für Frauenhandel, Kinderhandel, Zuhälterei usw. Gerade an der „Arbeit" der sogenannten Deutschen Liga für Menschenrechte zeigt sich das reibungslose und einzigartige Zusammenspiel der jüdischen Kriegführung und ihrer einzelnen „Waffengattungen". Da das „Züchtungsideal" des Judentums der europäisch-asiatisch-negerische Triebsandmensch ist und zu diesem Zweck das Rassenchaos als Zuchtanstalt und das Konkubinat als Keimzelle verwirklicht werden muß, so müssen selbstverständlich alle Schranken fallen, die diesem „Ideal" entgegenstehen, und alle „Kämpfer" straflos bleiben, die im Sinne dieses „Ideals" arbeiten und wirken. Zielbewußt arbeitet die sogenannte „Deutsche Liga für Menschenrechte" im Sinne dieser „Ideen", zielbewußt deckt sie die Mädchenhändler, wie die nachfolgende Meldung des Weltkampf, Jahrgang 1927, S. 504 beweist:

„Die sogenannte „Deutsche Liga für Menschenrechte" hat einen „Gesetzentwurf" zu der neuen deutschen Strafgesetzvorlage ausgearbeitet, da diese von „Barbarei" zeugte, genauer gesagt von vier Barbareien. Die erste sei die Todesstrafe, die zweite Arbeitshaus, unter Umständen lebenslängliches, für Prostituierte, Bettler, Landstreicher ohne Vorliegen einer sozialschädlichen Handlung, die dritte Zuchthausstrafe für aktive Pazifisten, die in Beziehung auf einen drohenden Krieg ihre (!) Pflicht täten, nämlich seinen Ausbruch zu verhindern, die vierte Androhung schwerer Freiheitsstrafen für das Unterfangen, ohne Schädigung eines Dritten über den eigenen Körper zu verfügen oder über den Körper anderer voll einsichts- und willensfähiger Menschen mit derer freien Zustimmung. Der Gegenentwurf verlangt fast Streichung oder Milderung der Strafen bei Abtreibung, Ankündigung von Abtreibungsmitteln, Nötigung zur Unzucht, Notzucht, Schändung

Unzucht mit Kindern, Verführung, Nötigung Abhängiger zum Beischlaf, Blutschande, Unzucht mit minderjährigen Pflegebefohlenen, Unzucht unter Mißbrauch der Amtsstellung, Unzucht zwischen Männern, öffentlicher Vornahme unzüchtiger Handlungen, unzüchtigen Schriften und Abbildungen, Sachen zu unzüchtigem Gebrauch, Aufforderung zur Unzucht, Kuppelei, Frauenhandel, Kinderhandel, Zuhälterei, Doppelehe, Ehebetrug, Ehebruch, gemeinschädliches Handeln bei Ausübung der Unzucht. Fürwahr ein ansehnliches Register.

Vier Barbareien zählt die saubere Liga für Menschenrechte und vergißt, daß ihr Handeln Barbarei an der Zukunft des deutschen Volkes darstellt. Die Mädchenhändler werden ihre helle Freude an solchen „Menschenrechten" haben, die uns des Menschentums berauben und der Tierheit ausliefern sollen.

Die Todesstrafe, Arbeitshaus, Zuchthaus, sexuelle Gebundenheit, das will die Liga beseitigen, Nationalgefühl, das möchte sie bestraft sehen.

Doch die Namen derer, die die genannten Ziele verfechten, erklären alles: Voran der Päderastenvorkämpfer Dr. Magnus Hirschfeld, dann Prof. Felix Halbe, Dr. phil. Helene Stöcker, Dr. med. Siegfried Weinberg, Dr. Johannes Werthauer, ein Demokrat, vier Sozialdemokraten, zwei Kommunisten, drei freie Sozialisten brüderlich vereint zu volkszersetzender Arbeit . . . ."

Unschwer läßt sich feststellen, daß der im ersten Abschnitt dieses Hauptstückes geschilderte „Geist des Geschlechtskrieges" in den von der Liga für Menschenrechte aufgestellten Zielen wiederkehrt. Man halte die im ersten Abschnitt zusammengestellten Bestimmungen und Lehren des Talmud und des Schulchan-aruch mit den Forderungen der Liga für Menschenrechte zusammen — z. B. Schändung, Unzucht mit Kindern — **so wird man unschwer feststellen können, daß die Deutsche Liga für Menschenrechte hundertprozentigen talmudischen Geist vertritt und daß dieser Geist noch sehr lebendig ist und uneingeschränkt „gilt".** Talmudische Theorie und talmudische Praxis stimmen restlos überein, wenn man nur einmal erkannt hat, daß Talmud und Thora das Kriegsrecht der Juden enthalten und daß die Juden nach diesem Kriegsrecht Krieg führen. Um das zu erkennen, muß man sich nur von dem Wahn befreien, als ob Kriegführen n u r mit Pulver und Blei und mit dem Schwerte möglich wäre! Unser Verhängnis war es, daß wir den Krieg der unsichtbaren Fronten nicht einmal erkannten, geschweige denn führten! So blieben bis zu dieser Stunde unsere Frauen, unsere Mädchen wehrlos und das Judentum traf auf ein Geschlecht, das sich durch den jüdischen Geschlechtskrieg gedankenlos sein gottgegebenes Rasseerbgut verseuchen, versickern, stehlen und rauben ließ. Statt unsere Frauen und Mädchen unserem Volkstum zu erhalten, überließen wir sie schutzlos dem Zugriff des Judentums — und dieses warf sie der geilen Genußgier von Mulatten- und Mestizenvölkern vor und beraubte uns damit wertvollen Rasseerbgutes. Kein Deutscher entschuldige diese Unterlassung mit der Ausrede, daß doch „nur" deutsche „Dirnen" von Juden verhandelt worden seien. Selbst wenn das der Fall wäre, so sind auch die deutschen

Dirnen noch zu gut, um den Juden als Handelsobjekt und den Mestizen als Genußobjekt zu dienen.

Zum Schluß dieses Abschnittes will ich noch das Urteil des Völkerbundes über den Zusammenhang zwischen Judentum und Mädchenhandel bringen. Das „Kölner Jüdische Wochenblatt" vom 1. Juli 1927 schreibt:

„Es folgte der Bericht des Generalsekretärs, der die Vorschläge der Sachverständigenkommission des Völkerbundes über Maßnahmen zum Schutze der Frauen und Kinder behandelt. Der Bericht des Völkerbundskomitees stellt einen erheblichen Anteil von Juden an dem Mädchenhandel fest, und zwar was sowohl die Händler als auch die Opfer betrifft. Die Hauptexportländer sind diejenigen Osteuropas und Frankreich, die Importländer sind hauptsächlich das lateinische Amerika und Ägypten. Sobald Osteuropa erwähnt wird, ward der jüdische Aspekt sichtbar. Das Völkerbundkomitee berührt in seinem Bericht die Institutionen der nichtstandesamtlichen rein religiösen Heiraten. Dabei wird festgestellt, daß gefälschte Dokumente, falsche Pässe und Heiratszertifikate eine gewisse Rolle spielen. Man müsse anerkennen, daß es einen jüdischen Mädchenhandel gibt."

3. Abschnitt.

Aus den Werkstätten des Geschlechtskrieges.

Jeder Krieg muß aus bestimmtem Geiste geführt und aus bestimmten Werkstätten gespeist werden. Wenn jedoch behauptet wird, daß zur Kriegführung Geld, Geld und wieder Geld gehöre, so ist das für den Schwertkampf der nichtjüdischen Völker vielleicht richtig, nicht aber für die Kriegführung der Juden. Diese sind darüber unermeßlich reich geworden, denn sie verstehen es meisterhaft, den Nichtjuden das Geld zu ihrer eigenen Vernichtung aus der Tasche zu ziehen. Den Beweis erbringt neben der jüdischen Presse und dem jüdischen Menschenhandel der Film. „Im Jahre 1925 gab es in Deutschland 3878 Kinos, am 1. Oktober 1928 aber schon 5267. 1925 standen 402 463 Sitzplätze zur Verfügung, 1928 aber bereits 1 876 601."[46]) Mit Hilfe dieses ungeheuren Propagandaapparates schreibt das Judentum den Deutschen den Geschmack vor, prägt ihnen sein Schönheitsideal ein und sagt ihnen, was sie über die wichtigsten Lebens-, Staats-, Wirtschafts-Volksfragen zu denken haben. Das Judentum ist Diktator des gesamten Filmwesens. Ein kurzer Blick auf den Hauptsitz der Filmerzeugung, die Vereinigten Staaten von Nordamerika, wird uns davon überzeugen:

„1. Die Paramount Famous-Lasky-Gesellschaft, deren Präsident der Jude Alfred Zukor und deren Produktionschef der Jude Jesse L. Lasky ist. Die jährliche Erzeugung beträgt 80 Großfilme, die durch 200 über die ganze Welt verteilte Niederlassungen vertrieben werden. Die Gesellschaft besitzt 500 Kinos.

---

[46]) Handbbuch der Judenfrage, 30. Auflage, Artikel: „Film", von Alfred Miller, S. 365.

2. Metro-Goldwyn-Mayer-Gesellschaft, im Besitze der Familie Löw. Die Erzeugung leitet der Jude Louis Meyer. Die Gesellschaft nennt 400 Lichtspieltheater ihr Eigen.

3. Die United-Artists-Gesellschaft, deren Leiter der Jude Hiron Abrams ist. Sie besitzt ebenfalls viele Lichtspieltheater.

4. Die Universal Pictures Corporation, deren Haupteigentümer der Jude Karl Lämmle (geb. Julius Baruch) ist. Sie besitzt 200 Filmtheater.

5. Die Fox-Film-Corporation, geleitet von dem Juden William Fox. Sie besitzt 356 Lichtspielhäuser, darunter das größte der Welt, das Roxy-Theater in New-York, steht in Verbindung mit der Filmgruppe Finkelstein-Rubin, die wiederum 150 Kinos ihr Eigen nennt. Die Fox-Film-Corporation dürfte heute wohl die größte Zahl der amerikanischen Lichtspieltheater unter ihrem Einfluß haben. (Die Zahlen beziehen sich auf 1928.)"[47])

Die eben aufgezählten „amerikanischen" Gesellschaften beherrschen nicht etwa nur ganz Amerika, sondern üben z. B. im britischen Weltreich und in Deutschland einen geradezu ausschlaggebenden Einfluß aus. In Großbritannien sind 90 Prozent aller Filme amerikanischen Ursprungs, sodaß z. B. in den 1200 Kinos Australiens, in China, Indien, Südafrika und Kanada ausschließlich amerikanische Filme gezeigt werden. Die englische Filmindustrie ist so gut wie vernichtet, das gleiche Schicksal droht Skandinavien, Frankreich und Italien — und auch Deutschland und Österreich drohen vom jüdischen Filmkapitalismus in Amerika verschluckt zu werden. „In Deutschland wurden im Jahre 1928 224 Filme erzeugt, während der Bedarf 450 ist. Von den in Deutschland um dieselbe Zeit aufgeführten Filmen stammten 42 Prozent aus deutscher Erzeugung, 39 Prozent waren amerikanischer, 6 Prozent französischer und 13 Prozent sonstiger ausländischer Herkunft. Die „schönere Zukunft" (eine ultra-katholische Zeitschrift!) vom 3. Februar 1929 berichtet, daß ihr ein Filmfachmann Deutschlands der mit allen wichtigeren Filmstellen und Filmkonzernen Deutschlands in Verbindung steht, am 18. Januar 1929 geschrieben hat: „Der Anteil des Judentums am heutigen Filmwesen ist derartig ausschlaggebend, daß wenigstens bei uns in Deutschland für christliche (soll wohl heißen deutsche ??) Unternehmungen nur ein ganz kleiner Prozentsatz übrig bleibt."[48]) Damit die jüdische Filmdiktatur in Deutschland vollkommen sei, wurde auch mit Hilfe des Reichsministers des Innern die Filmoberprüfstelle vollkommen mit Juden durchsetzt. Die Namen der im Jahre 1926 vom Herrn Reichsminister des Innern zu Beisitzern der Filmoberprüfstelle ernannten Herren schließen jeden Zweifel daran aus. Hier stehen sie: Abgeordneter Regierungsrat Dr. Leidig, Dr. W. Friedmann, Direktor Julius Sternheim, Direktor Maxim Galitzenstein.

Wie faßt nun das jüdische Filmkapital seine Aufgabe auf? Oberster Grundsatz jüdischer Filmpolitik ist Verherrlichung des jüdischen

---

[47]) Handbuch der Judenfrage, a. a. O. S. 366/367.

[48]) Handbuch der Judenfrage, a. a. O. S. 368.

Volkes und Fernhaltung aller dem Judaismus irgendwie abträglichen Tendenzen. Nehmen wir zum Beweise dafür den Film Ben Hur, der nach dem gleichnamigen Roman von Wallace gedreht wurde.

„Abraham Erlanger schuf mit Florenz Ziegfeld den Lichtstreifen, Fred Niblo hat ihn gedreht, der Roman Wallaces wurde von Papt Leo XIII. gesegnet, die Metro-Goldwyn-Mayer des Mister Markus Loew hat ihn hergestellt und die „Parufamet" brachte ihn in das filmhungrige, ach so bildungsbedürftige Deutschland. Der Film ist jedenfalls großartig „gemacht", besonders seinen technischen Qualitäten nach. Eine Seeschlacht, ein Wagenrennen, 12 000 Statisten, 45 Kameras, Darsteller aus Rußland, Mexiko, England, Deutschland, Frankreich, Hengste aus Wien, Tänzerinnen aus Paris — das alles kostete zusammen einige 16 Millionen Goldmark.

Die Seeschlacht zwischen der römischen Flotte und den Piraten muß man restlos bewundern. Die regietechnischen Schwierigkeiten (die Aufnahmen dauerten 3 Jahre) müssen ungeheuer gewesen sein, noch größer als bei dem sensationellen Wagenrennen, als der Jude Ben Hur dem Römer hinterhältig in die Achse des Rennwagens fährt, auf diese Weise Erster wird und einen riesigen Spieleinsatz gewinnt.

Die judenfreundliche Richtung des Romans ist scharf herausgearbeitet. Der Jude Ben Hur ist ein Muster von Edelmut, Tapferkeit, Kühnheit und völkischer Gesinnung, seine Gegenspieler, besonders wenn sie völkisch sind, kommen alle schlecht weg. Von den Darstellern möchten wir als Juden bezeichnen: Kathleen Kay, Carmel Myers, Mitchell Lewis, Ben Hurs, des jüdischen Prinzen, Braut steht vor uns, blond, helläugig, jeder Zoll eine Nordin. Ein erhabenes Bild.[49])

Wie das Judentum im Film verherrlicht wird, so darf das Deutschtum geschmäht und verächtlich gemacht werden. In diesem Zusammenhang muß der Jude Karl Lämmle aus Laupheim erwähnt werden, der einen der gemeinsten Hetzfilme gegen Deutschland „Die Berliner Bestie" herstellen ließ. Nicht vergessen werden darf auch der Jude Artur Loew, Sohn des Filmkönigs Markus Loew, der den deutschfeindlichen Hetzfilm „Die apokalyptischen Reiter" des Juden Blasko Ibanez mit den gemeinsten das Deutschtum schmähenden Stellen aufführen ließ und dazu in der Vossichen Zeitung folgende Erklärung abgab:

„Wir betrachten den Film „Die apokalyptischen Reiter" nicht aus irgendwie feindseliger Gesinnung, sondern wegen der ungeheuren Nachfrage nach Valentino Filmen. Die Filmtheater verlangten, daß gerade dieser Film gezeigt werde, weil er Valentinos größter sei. Das konnten wir nicht verweigern. Wir erkennen es an, daß Deutschland darnach strebt, den Krieg zu vergessen, aber wir halten es für unfair (!), dabei an diesem Film Anstoß zu nehmen, der sich nicht gegen Deutschland richten soll."

„Also um Valentinos willen wurden neuerlich deutsch-feindliche Szenen eingeschmuggelt: Beschießung eines mit der Roten

[49]) Dr. Hans Buchner, Völkerverseuchung durch Filmmonopol, im Weltkampf, Heft 39, Jahrgang 1927. S. 104/105.

Kreuzfahne versehenen Hauses durch Deutsche — Stehlen von Kunstwerken und einer goldenen Badewanne — ein General mißhandelt einen Offiziersburschen — unter dem Hohngelächter deutscher Offiziere wird ein belgischer Zivilist erschossen — Tafelorgien und Kneipgelage deutscher Offiziere — ein deutscher Soldat bedroht die Tochter seines Quartiergebers."[50])

Ich schlage vor: Eine deutsche Firma dreht einen antisemitischen Film, der das Thema des jüdischen Mädchenhandels zum Inhalt hat. Dem Judentum, das gegen den Film Einspruch erhebt, möge dann die betreffende Firma erwidern: „Wir erkennen es an, daß Judäa danach strebt, den jüdischen Mädchenhandel zu vergessen, aber wir halten es für unfair, dabei an diesem Film Anstoß zu nehmen, der sich nicht gegen Judäa richten soll."

In diese Kategorie gehört noch die Serie der bolschewistischen Potemkin-Filme, in welchen durch Erschießung, Niederschlagen und Niederstechen von Offizieren, Bürgern, Reaktionären und Konterrevolutionären die „tiefe Sittlichkeit des marxistischen Klassenkampfes" gezeigt wird.

Selbstverständlich läßt es das Judentum an sogenannten „Aufklärungsfilmen" nicht fehlen. In diese Kategorie gehören hauptsächlich die der Abtreibung oder der Geburteneinschränkung dienenden Filme. Natürlich sind auch sie ein Kampfmittel im System der jüdischen Kriegführung gegen die nichtjüdischen Völker. Selbstverständlich richten sie sich in erster Linie an das Weib, dessen geistige und seelische Haltung im Sinne der jüdischen Ziele beeinflußt werden soll.

„So z. B. der Film „Kreuzzug des Weibes" (Herstellerfirma Ziehm), in dem unter anderem durch Vergleich der Tötung des keimenden Lebens mit dem Tod auf dem Schlachtfeld das Frontsoldatentum schwer beschimpft wurde, neben der Propaganda für die Geburteneinschränkung. Der Film wurde trotz Einspruchs verschiedener Länder freigegeben. Das gleiche geschah mit einem Film „Fruchtbarkeit". Hier war ebenfalls für die Geburteneinschränkung und für die Anwendung empfängnisverhütender Mittel Propaganda gemacht, was sich letzten Endes gegen den Bestand des Staates richten muß. Als die Angelegenheit vor die Filmoberprüfstelle kam, erstattete der sozialdemokratische und jüdische Medizinalreferent des Reichsinnenministeriums, Oberregierungsrat Goldmann, ein Gutachten, das dahin lautete:

1. Der Gedanke der Geburtenregelung bzw. Empfängnisverhütung und Geburteneinschränkung ist bereits Allgemeingut der Bevölkerung. Diese Ansichten werden durch den Film nicht erst verbreitet.

2. Die Geburtenregelung und die Anwendung empfängnisverhütender Mittel sind ein wirksames Mittel zur Bekämpfung der Abtreibung.

3. Zur Frage, ob die Existenz und das Interesse des Staates bedroht sei, erklärte Goldmann, daß „jede Bevölkerung den Fort-

---

[50]) Dr. Hans Buchner, a. a. O., Weltkampf 1927, S. 104.

pflanzungsmodus" suche, der ihr am besten liege. Kein Land sei in der Lage, hier dem Volke Vorschriften zu machen.

Nach diesem Gutachten wurde der Film für das ganze Reich freigegeben. (Bayrischer Kurier, 29. März 1930.)"[51])

Wenn auch in diesen wenigen Beispielen der jüdische Vernichtungswille und seine Methoden klar erkennbar hervortreten, so soll doch noch an einem Beispiel gezeigt werden, gegen welche Welten sich der jüdische Haß richtet und wie er ihre und ihrer Begriffe Zertrümmerung und Vernichtung betreibt. Der Jude Siemsen hat sich darüber in seinem Werke über den epileptischen Psychopaten Charlie Chaplin ganz eindeutig und klar ausgesprochen:

„Der Nationalheros von Deutschland ist ganz gewiß nicht Professor Einstein. Auch Hans Thoma ist es nicht. Es sind so Leute wie Hindenburg und Ludendorff. Es ist im allerbesten Fall Bismarck. Der Nationalheros der ganzen übrigen Welt ist Charlie Chaplin. Das ist einer der Hauptgründe, weswegen Deutschland und die übrige Welt sich nicht mehr verstehen .... Und Deutschland kennt diesen kleinen Mann und großen Künstler bisher eigentlich nur vom Hörensagen. Wie soll da eine Verständigung möglich sein? Erst wenn Chaplins menschliche (!) Gestalt dahintorkelnd durch alle blamablen Unfälle des Lebens, wenn, sag ich, dieser tragische Clown unsere Heldenbärte und Hindenburger mit einem erstaunten Blick und einer zaghaften Handbewegung weg, aber auch radikal weggewischt haben wird, dann erst wird es in Deutschland wieder so sein, daß wir wieder leben, wieder atmen, wieder denken können.

Wer diesen Spaßmacher wirklich versteht, der wird manchmal in den besten Momenten, wenn um ihn her die Menge vor Lachen brüllt oder auch mißversteht und schweigt, nicht wissen, ob er lachen oder weinen soll, und nur mit schluchzendem Herzen lächeln. Dem wird die Größe Hindenburgs wohl nicht mehr viel bedeuten. Aber er kann gewiß sein, daß er überall dort, wo es Menschen gibt, die das Leben mit ein wenig Weisheit ansehen, Freunde hat, die ihn verstehen."

Dieser „Nationalheros der ganzen übrigen Welt" ist ein ganz gewöhnlicher raffinierter Geschäftemacher, dessen ganzes Eheleben nichts als ein einziger Skandal ist. Als seiner von ihm geschiedenen Frau das Recht der freien Verfügung über seinen letzten Film zugesprochen wurde, da ging der große „Nationalheros" bei Nacht und Nebel über die Grenze, um den Film vor der Pfändung zu retten. Auch diese „Chaplinade" muß man kennen, wenn man zu einer richtigen Beurteilung dessen kommen will, was Siemsen in Folgendem schreibt:

„So harmlos die Chaplinaden alle aussehen, in Wirklichkeit sind sie nichts anderes als eine fortgesetzte Unterminierung alles dessen, was heute in Ansehen, Amt und Würde ist — sie sind ein einziger Kampf gegen die Gesellschaftsordnung von heute.

Chaplin lüpft die Kulissen. Er lehrt, daß man nichts ernst nehmen soll, nichts als die allereinfachsten menschlichsten Dinge.

---

[51]) Alfred Miller, Film Handbuch der Judenfrage S. 373.

.... Er lehrt die vollkommene, die radikale Respektlosigkeit. Gott segne ihn. Er ist ein Revolutionär."[52])

Wie recht hat doch Simon Dubnow mit seiner Schilderung der jüdischen Methode der Begriffszertrümmerung, die wir im ersten Buche unserer Arbeit wiedergegeben haben!

Wir verlassen die Werkstätte des Films und betreten eine ganz andere Werkstätte, die ebenfalls „Munition" für den jüdischen Entrassungskampf liefert, die Werkstätte der jüdischen Literatur. Wir werden sehen, daß das, was Chaplin auf der Leinwand vorführte, die vollkommene, radikale Respektlosigkeit, von der Literatur in einer Unsumme sogenannter „geistiger Erzeugnisse" in ein System gebracht auf den Markt geworfen und geschäftsmännisch vertrieben wird. Wir werden sehen, daß das Judentum ohne bestimmte greifbare Organisation die nichtjüdischen Völker Europas und Amerikas so tiefgreifend revolutionierte, daß es heute noch nicht feststeht, ob das Rassenchaos nicht doch schon über uns gesiegt hat.

Daß der Jude mit unerreicht völkischer Instinktsicherheit den Lebensnerv der Völker bloßzulegen, zu treffen und herauszureißen versteht, sollte uns das bisher gezeigte System seines Entrassungskampfes gezeigt haben.

So hat er den Lebensnerv der völkischen Gemeinschaft im arischen Volkstum zerschnitten, indem er die vom Volkstum umfaßte Gemeinschaft der Stände im Marxismus umbog und umlog in einen Gegensatz der Stände, in Klassengegensätze. Dabei ist der wahre Sinn doch der, daß sie sich gegenseitig ergänzen und nicht, wie der Jude mit seiner Lehre vom Klassenkampf lehrt, sich gegenseitig ausschließen. Fassen wir die Nation als eine Einheit von Blut, Glaube, Kultur und Wirtschaft, so ist der Sinn der einzelnen Stände und Lebensgemeinschaften innerhalb der Nation vollkommen klar. Sie bilden die Regenerationskreise, aus denen die Nation sich immer wieder erneuert. Eine grobe und schematische Einteilung der in einer Nation vorhandenen lebensnotwendigen Regenerationskreise würde folgendes Bild ergeben:

1. Biologische Regenerationskreise
   a) Rasse
   b) Familie
2. Historische Regenerationskreise
   a) Volk
   b) Raum
   c) Wehrmacht, der Staat.
3. Wirtschaftliche Regenerationskreise
   a) Raum
   b) Berufsstände
   c) Staat.

---

[52]) Zitiert nach Weltkampf, Jahrgang 1927, S. 114/115.

4. Geistige Regenerationskreise

a) Artgemäßes Gotterleben
b) Arteigene Kunst
c) Arteigene Wissenschaft
d) Arteigener Staat
e) Arteigene Wehrmacht.[53])

Alle diese in einem Volk vorhandenen lebensnotwendigen Regenerationskreise greifen organisch in einander über, stehen in gegenseitigem genialen Gedanken- und Lebenskraftaustausch und erzeugen so, kraft gegenseitiger Befruchtung, das Leben der Nation. Wer die Befruchtung verhindert, indem er die einzelnen Lebenskreise zerreißt, verurteilt die Nation zum Tode. Aus der obigen Darstellung der Regenerationskreise ergibt sich ganz klar, daß die Störung oder gar Vernichtung eines der Regenerationskreise das Leben der übrigen ganz empfindlich stören und schädigen muß. So bedingt z. B. die Zerstörung eines der geistigen Regenerationskreise eine schwere Schädigung, wenn nicht gar Zerstörung der übrigen Regenerationskreise! Umgekehrt muß eine innerhalb der wirtschaftlichen Regenerationskreise eingetretene Störung und Schädigung nicht nur den ganzen Wirtschaftskörper, sondern auch alle übrigen Regenerationskreise aufs empfindlichste beeinflussen. Wie die Verfälschung der Rasse durch Überprägung eines fremden Weltanschauungsbildes und Gotterlebens erreicht werden kann, so geht der Stil einer Kunst, das Ethos und Pathos einer Wissenschaft und eines Gotterlebens unweigerlich verloren, wenn die Rasse nicht mehr da ist, deren schöpferischen Kräften jene Kunst und jene Wissenschaft ihre Entstehung zu verdanken haben. Denn es gibt keine voraussetzungslose Wissenschaft, so wenig es eine voraussetzungslose oder internationale Kunst gibt. Es ist eine unbegreifliche Bescheidenheit der Gelehrten, daß sie sich selber nicht als Voraussetzung der Wissenschaft empfunden und betrachtet haben. Nur so war das blasse Schemen einer voraussetzungslosen Wissenschaft möglich. Aber wie ein Faust nicht möglich ist ohne Goethe, ein Wallenstein ohne Schiller und ein Hamlet ohne Shakespeare, so ist eine Kantische Philosophie nicht ohne Kant und eine deutsche Wissenschaft nicht ohne Deutschtum möglich. Jede Wissenschaft formt sich nach dem Bilde der sie schaffenden Gelehrten. Je größer, umfassender, heroischer und lebendiger der Gelehrte, desto größer, glut- und lebensvoller wird die Wissenschaft sein, die von ihm ausgeht. Der Gelehrte aber ist ein Kind seines Volkes und als solcher Träger der völkischen Genialität. Voll und ganz kann der Gelehrte aber nur dann die völkische Genialität verkörpern, wenn er mit seinen rassischen und geistigen Wurzeln tief in die Geschichte und die Vorgeschichte seines Volkes zurückreicht. Es gibt keine voraussetzungslose Wissenschaft, im Gegenteil, die Voraussetzungen jeder Wissenschaft sind mit dem Gelehrtenmaterial gegeben,

---

[53]) Die Theorie der Regenerationskreise bildet die Grundlage einer umfassenden wirtschaftstheoretischen Arbeit des Verfassers.

dem die Forschung Schicksal und Lebensaufgabe ist. Darum hängt die Blüte jeder Wissenschaft von der rassischen und charakterlichen Unverdorbenheit des Gelehrtentums ab, dem die Wissenschaft anvertraut worden ist. Da keine Wissenschaft ohne lebendige Intuition denkbar und möglich ist, da keine Wissenschaft ohne innere Aufgeschlossenheit und Freiheit des Gelehrten für die Fülle der Problemstellungen, die uns das Leben bietet, möglich ist, so leuchtet die Bedeutung der Gewissensfreiheit und der Freiheit der Forschung ohne weiteres ein. Andererseits ist ganz selbstverständlich, daß, wie unter den einzelnen Menschen jeder auf dieselben Fragen eine andere Antwort finden wird, dasselbe auch bei den einzelnen Rassen der Fall ist. Am besten hat wohl der Jude Rothschild seinem Rassegenossen James Pereira gegenüber die Stellung des Juden gegenüber der Wissenschaft beleuchtet, wenn er, nach dem Berichte von Drumont, zu demselben sagte:

„Sie fassen die Aufgaben unserer Rasse ganz falsch auf. Die Erfindungen, z. B. die des Dampfes, sind die Sache des Ariers, mag er, mit Hilfe der Steuerzahler meinetwegen immerhin eine Anzahl von Millionen ausgeben, um ein Eisenbahnnetz zu entwerfen und zu Stande zu bringen und wenn er in Folge dessen in einer Dachkammer verhungert, so ist das seine Sache. Dann erst ist der richtige Augenblick für uns da, um die Dividenden einzustreichen. So verkehrt man mit dem Goj. Steht nicht im Talmud: Der Jude ist ein Mensch und was nicht von jüdischer Rasse ist dem Vieh gleich? Wie heißt es im fünften Buch Mose Kap. 6 V. 11: Jehova, der Herr dein Gott wird dir geben Häuser alles Gutes voll, die du nicht gefüllet hast und ausgehauene Brunnen, die du nicht ausgehauen hast und Weinberge und Ölberge, die du nicht bepflanzt hast, daß du essest und satt wirst.“[54])

Der arische Mensch ringt mit dem Göttlichen im Kosmos um die Entschleierung seines geheimnisvollen Bildes und so groß ist die Leidenschaft seines Erkennenwollens, daß er „darüber in einer Dachkammer verhungern“ kann. Während der Arier dem Pulsschlag des Göttlichen nachgeht, frägt der Jude nach seinem Nutzen. Der Arier *erlebt* alles, der Jude *nützt* alles *aus*. Für den Arier ist Erkennen oberstes Gesetz seines Forschens, für den Juden ist es das Beutemachen. In dieser rassisch bedingten, verschiedenen Einstellung zur Welt und ihren Geheimnissen liegt der Grund, weshalb von den Juden noch nie eine schöpferische Kulturtat ausging. Sie haben wohl Kulturen vernichtet, aber keine Kultur geschaffen. Und wenn man mir das Christentum als jüdische Kulturtat an den nichtjüdischen Völkern anpreisen will, so muß ich dem entgegenhalten, daß die uns erhaltenen Trümmer der germanischen Gottanschauung auf ein unendlich viel höheres, gewaltigeres, lebendiger und tiefer empfundenes religiöses Leben unter den Germanen schließen lassen, als es uns die christliche Ersatzreligion mit ihren krampfhaften Verzückungszuständen und ihrem seelentötenden Nützlichkeitsmechanismus jemals bieten

[54]) Drumont: Das verjudete Frankreich I. Band S. 288/289.

konnte. Wer uns das Christentum als jüdische Kulturtat anpreisen will, der vergißt die Leistungen des germanischen Gottglaubens. Dieser erhielt nämlich in den vielen Jahrtausenden, in denen die Germanen nichts vom Christentum wußten, *die germanischen Stämme und Völkerschaften rassisch und sittlich rein*, während unter der Herrschaft des Christentums sofort ein reißender Sitten- und Kulturzerfall unter den christlichen Völkern einsetzte. Es muß doch jeden Denkenden stutzig machen, wenn ein Forscher wie Johannes Scherr in seiner „Geschichte deutscher Kultur und Sitte" über eine etwa tausendjährige Epoche hundertprozentigen Christentums das Urteil fällt: „Nach mehr als tausendjährigem Schlummer sollte die Sonne heidnisch-klassischen Geistes wieder am Horizont emporsteigen, um eine mönchisch verfinsterte Welt zu erhellen, und der Sturm der Freiheit mußte seine Schwingen rühren, um die mit giftigen Miasmen erfüllte Atmosphäre deutscher Geschichte zu reinigen . . . Ja, das verachtete, verstoßene und verfolgte Heidentum war es, welches die in Altersblödsinn versunkene christliche Welt verjüngen mußte. Das war die Rache, welche die edelsten Geister der Griechen und Römer für die stupide Behandlung nahmen, welche ihnen von seiten der Kirchenväter widerfahren." Wir sind nicht etwa erst seit zweitausend Jahren auf der Erde, sondern sehen noch auf eine stattliche Reihe von Jahrtausenden zurück, die vor der christlichen Ära liegen. Diese ist der kleinste und sicher am wenigsten erfreuliche Teil unserer Geschichte, denn mit der christlichen Ära beginnt unsere Entrassung. Wenn wir auch dank der christlichen Zerstörungsarbeit an unserer arteigenen Kultur — Ludwig der Fromme — von unserer Vorgeschichte so gut wie nichts wissen, so steht doch soviel unumstößlich fest, daß die Jahrtausende heidnisch-germanischer Kultur die Germanen in kraftstrotzender Sittenreinheit heranwachsen ließen. Das Christentum traf auf gesunde, sittenreine, jahrtausende alte Volkstümer und hat sie ans Kreuz geschlagen. Das ist das Ergebnis der zweitausend Jahre christlicher Geschichte, die hinter uns liegen. Und das sind geschichtliche Tatsachen, an denen zu rütteln wohl keinem Historiker einfallen wird, der den Erscheinungen unbefangen gegenübersteht.

Von den Juden gilt dasselbe, was Mommsen in seiner Römischen Geschichte von den Phönikern sagt:

„Die Phöniker haben wohl von den kunstreichen und hochentwickelten babylonischen Gewerken für ihre Industrie, von der Sternbeobachtung für ihre Schiffahrt, von der Lautschrift und der Ordnung der Maße für ihren Handel Vorteil gezogen und manchen wichtigen Keim der Zivilisation mit ihren Waren vertrieben, aber daß das Alphabet oder irgend ein anderes jener genialen Erzeugnisse des Menschengeistes ihnen eigentümlich angehöre, läßt sich nicht erweisen und was durch sie von religiösen und wissenschaftlichen Gedanken den Hellenen zukam, *das haben sie mehr wie der Vogel das Samenkorn als wie der Ackermann die Saat ausgestreut.* Die Kraft der bildungsfähigen Völker, mit denen sie sich berührten, zu zivilisieren und sich zu assimilieren, wie sie die Hellenen und selbst die Italiker besitzen, fehlte den Phönikern gänzlich. Im Eroberungsgebiet der Römer sind vor der römischen Zunge die iberischen und die keltischen Sprachen verschollen. Die Berber Afrikas reden heute noch dieselbe Sprache wie zu den Zeiten Hannos und der Barkiden. Aber vor allem mangelt den Phönikern, wie allen aramäischen Nationen im Gegensatz zu den indogermanischen, der staatenbildende Trieb, der geniale Gedanke der sich selber regierenden Freiheit."

Wie Mommsen bezüglich der Phöniker, so urteilt Gobineau bezüglich der Juden. Der Letztere zieht denn auch die Verbindungslinie zwischen Phönikern und Juden. Er schreibt in seinem „Versuch über die Ungleichheit der Menschenrassen 2. Band, S. 91":

„Dieses Volk (die Juden, d. Verf.) hat, was es auch heute behaupten möge, so wenig wie die Phönizier, jemals eine ihm eigentümliche Zivilisation besessen. Es beschränkte sich darauf, die Vorbilder aufzunehmen, die ihm aus Mesopotamien kamen, und ihnen ein Wenig von ägyptischer Manier beizumischen. Die Sitten der Israeliten waren in ihrem schönsten Moment, zur Zeit Davids und Salomos, durchaus tyrisch und folglich ninivitisch."

Von diesem geschichtsphilosophischen Hintergrund aus wird das oben zitierte Wort des Juden Rothschild an den Juden James Pereira ohne weiteres verständlich. Wo die Juden hinkamen, da haben sie gehandelt wie Kapitalisten. Ihr Staatsideal ist der Kapitalistenstaat, ihr Regiment das Kapitalistenregiment, ihre Ehre Kapitalistenehre. Es hat schon seinen tiefen Sinn, daß eine der furchtbarsten Drohungen Jehowas gegen jüdische Gesetzesbrecher in 5. Mose 28, V. 43—44 das Zinsnehmen betrifft: „Der Fremdling, der bei dir ist, wird über dich steigen, und immer oben schweben, du aber wirst heruntersteigen und immer unterliegen. Er wird dir leihen, du aber wirst ihm nicht leihen, er wird das Haupt sein und du wirst der Schwanz sein." Jahwe kennt seine Juden als am Geldbeutel außerordentlich empfindliche Kapitalisten. Als solche erweisen sie sich auch bei Nehemia, wo sie, kaum nach Jerusalem zurückgekehrt, sofort anfangen, sich gegenseitig zu bewuchern, da scheinbar keine Fremdlinge vorhanden waren, an denen sie hätten wuchern können. (Nehemia Kapitel 5.) Die Juden sind immer und zu allen Zeiten die geborenen Kapitalisten gewesen. Und Sombart hat recht, wenn er meint:

„Es wäre nun endlich an der Zeit, daß die Mär verschwände: „Die Juden seien erst während des europäischen Mittelalters in das Geldleihgeschäft hineingezwungen worden, weil ihnen alle anderen Berufe verschlossen gewesen seien. Die zweitausendjährige Geschichte eines jüdischen Leihverkehrs bis zum Mittelalter beweist doch wahrhaftig schon deutlich genug die Irrigkeit jener Geschichtskonstruktion."[55])

Auch diese Tatsache beweist, daß der Jude zur Schaffung eines arteigenen Staates und einer arteigenen Kultur einfach unfähig ist, denn der kapitalistische Mensch ist der unschöpferische, rationelle Nützlichkeitsmensch, in dessen Totenfingern alles sterben muß, was man

---

[55]) Werner Sombart, Die Juden und das Wirtschaftsleben, S. 373.

unter dem Begriff der lebensvollen Kultur zu verstehen pflegt. Werner Sombart drückt das in seinem Buche: „Die Juden und das Wirtschaftsleben“ in folgender Weise aus: „Damit der Kapitalismus sich entfalten konnte, mußten dem naturalen, dem triebhaften Menschen erst alle Knochen im Leibe gebrochen werden, mußte erst ein spezifisch rationell gestalteter Seelenmechanismus an die Stelle des urwüchsigen, originalen Lebens gesetzt werden, mußte erst gleichsam eine Umkehrung aller Lebensbewertung und Lebensbedenkung eintreten. Der Homo kapitalisticus ist das künstliche und kunstvolle Gebilde, das aus dieser Umbildung schließlich hervorgegangen ist.“

Dieser kapitalistische Mensch bricht nun in das Gebiet der Wissenschaft ein, das ihm vollkommen wesensfremd ist, weil wahre Wissenschaft nur vom freien, vom schauenden, vom glaubenden und gotterhobenen Menschen ausgehen kann. Unter dem Griffe des kapitalistischen Menschen wird die Wissenschaft zur Technik und zum Betriebe! Dem kapitalistischen Menschen fehlt die Geduld des Ausreifenlassens und die Ehrfurcht vor dem geheimnisvollen Walten der Natur. Offene Fragen sind ihm unerträglich, Geheimnisse und heilige Rätsel sind ihm unheimlich! Wissenschaft und Natur sollen ihm und seinen Zwecken dienen. Daß sie nur in zweckloser Freiheit leben können, erscheint seiner Sklavenseele widersinnig. Also spannt er beide, Wissenschaft und Natur, in das enge Prokustesbett von Zweck und Nutzen und hat damit die Umkehrung aller Lebensbewertung und Lebensbedenkung erreicht. Ein typisches Beispiel der Umkehrung aller Lebensbedenkung hat uns der Jude Karl Marx mit seinem „Kapital“ geliefert. Nach seinem eigenen Geständnis hat er die Philosophie Hegels „umgestülpt“, auf den Kopf gestellt. Volk und Nation galten ihm nichts, dagegen sind ihm die Klassen das einzig Wirkliche, dessen Leben sich in der dialektischen Form der Klassenkämpfe abspielt. Profit und Mehrwert, Achtstundentag und gegenseitige Ausbeutung, Fressen, Saufen, Schlafen, das ganze Leben nichts als eine gewöhnliche Magenfrage, um die herum Philosophie, Kunst, Religion, Wissenschaft teils als Gift, teils als zweckmäßige Beigaben zur Erleichterung des Klassenkampfes garniert sind: — Das ist das „Weltbild“ einer talmudisch dürren Seele, die den Namen Karl Marx trägt.

Ein anderes typisches Beispiel der Umkehrung aller Lebensbewertung und Lebensbedenkung hat uns in der Medizin der Jude Siegmund Freud geliefert. Sie fragen mich, warum ich Karl Marx und Siegmund Freud zusammenstelle? Nun: — einmal, weil sie als Rassegenossen zusammengehören, sodann, weil die „Weltbilder“ beider Juden typisch jüdisch-kapitalistisch gesehen sind, endlich, weil der Marxismus die Freudsche Psychoanalyse in sein „Weltbild“ aufgenommen hat. Sehr bald nämlich erkannten die Juden, daß sich der Klassen-, Stände- und Entrassungskampf mit Hilfe der psychoanalytischen Bewegung unabsehbar verschärfen lasse.

Der Grundgedanke der Psychoanalyse Freuds ist der, daß das Geschlechtsleben des Menschen alle seine Lebensäußerungen beherrscht. Wenn der Mensch dichtet, so ist das geschlechtliche Betätigung, wenn er philosophiert nicht weniger, wenn der Säugling am Daumen lutscht, so ist das genau so geschlechtliche Betätigung, wie wenn der Erwachsene im heroischen Kampf sein Leben opfert. Wenn ich träume, wenn ich lache, wenn ich weine, so liegen allen diesen Tätigkeiten geschlechtliche Motive zugrunde. Kurz: — es gibt nichts im Menschenleben, das nicht geschlechtlich bedingt wäre. Infolgedessen sind irgendwelche Störungen und Erschütterungen sicherlich auch durch das Geschlechtsleben bedingt. Diese seelischen Störungen entstehen nach Freud dadurch, daß stark empfundene geschlechtliche Wünsche und Reize, die nicht befriedigt, sondern „verdrängt" werden, auf andere Nervenbahnen überspringen und dort bei irgendwelchen bestimmten Anlässen in krankhafter Weise störend sich bemerkbar machen.

Diese Theorie bot nun die Grundlage für die Erotisierung des ganzen menschlichen Lebens. Jetzt konnte von den Juden mit einem Scheine von Wissenschaft behauptet werden, daß die dem Arier für gewöhnlich selbstverständliche sittliche Triebleitung und Triebbeherrschung ungesund sei, weil dadurch „verdrängte Komplexe" entständen! Nun hatte man scheinbar ein Recht, zu behaupten, daß Triebbeherrschung unsittlich, Triebentfesselung aber sittlich sei. Im Namen der Psychoanalyse konnte man die Zertrümmerung der arteigenen Sittlichkeit der Völker betreiben, um an ihre Stelle die Triebentfesselung des Rassenchaos und die unbeherrschte Geilheit des Triebsandmenschen zu setzen. Der proletarische Klassenkampf wurde ergänzt durch die erotische Revolution. Die Namen der jüdischen erotischen Revolutionäre sind Legion. Ich nenne einige wenige: Artur Schnitzler, Jakob Wassermann, Gustav Meyrink, Arnolt Bronnen, Max Glaß und Hugo Bettauer. Sie alle zu behandeln, würde den Rahmen dieser Schrift sprengen und zu endlosen Wiederholungen Anlaß geben. Es genügt, den talmudischen Geist an dem hervorstechendsten Vertreter der erotischen Revolution nachzuweisen, an dem Juden Hugo Bettauer.

Wer die Stellung und Funktion Bettauers im System der jüdischen Kriegführung, des jüdischen Entrassungskampfes kennenlernen will, der muß den seine Zeitschrift „Er und Sie" eröffnenden Aufsatz lesen, in welchem Bettauer seine Stellung zu umreißen versucht hat. Es folgt der Aufsatz:

Die erotische Revolution.

Von Hugo Bettauer.

Soziale Gegensätze, wie sie schroffer nie gewesen sind, bitterste Wohnungsnot, die Verelendung ganzer Bevölkerungsschichten durch die Geldentwertung, Haß zwischen Rassen und Nationen, der Kampf Deutschlands um seine Existenz, soziale Umschichtung, Steuerpogrom, kapitalistische Behauptungswünsche und das Bestreben der unteren Schichten, die Erfolge, die sie errungen haben, nicht zu verlieren, nebenbei gewaltige technische Fortschritte — das sind Dinge, die die Welt beschäftigen, die Zeitungen füllen, im Mittelpunkt aller Diskussionen stehen. Bei näherer Betrachtung nur Augenblicksprobleme, nur Dinge für morgen und übermorgen, unwesentlich gegenüber den

Ewigkeitsfragen, von denen die Gestaltung der Menschheit das Glück der Kommenden abhängt.

So sehr verwirren und betäuben uns aber diese Sorgen des Tages, diese kleinen und großen Sensationen, daß wir gar nicht wissen und fühlen, wie wir inmitten der gewaltigsten und entscheidendsten (!!) Revolution aller Zeiten leben, wie sich ohne Führer und Parteitendenz (!), ohne Aufgebot von Machtmitteln und Demagogie unaufhaltsam eine Revolution vollzieht, die mehr als jede politische das Leben der kommenden Generation ändern muß.

Es ist dies: Die erotische Revolution!

Seit dem Siege des Christentums sind in Europa alle jene Institutionen, die mittelbar oder unmittelbar mit sexuellen Fragen zusammenhängen, stabil und unabänderlich geblieben. Grundprinzip: Die erotischen Triebe haben sich auf das Notwendigste zu beschränken. Der erwachsene Mann hat seine Lebensgefährtin zu wählen, die mit ihm untrennbar bis zum Tode erotisch verbunden ist. Mit dieser Wahlgefährtin muß er seine erotische Lust befriedigen, mit ihr Kinder zeugen, mit ihr welken, unfruchtbar werden und sterben. Jeder Schritt aus diesem Grundprinzip heraus ist mehr oder weniger strafbar, wird mit sozialer Ächtung geahndet, ist in seinen Konsequenzen fluchbeladen. Ehebruch ist ein Verbrechen. (!!) Das uneheliche Kind ein verdammtes, das Mädchen, das sich ohne Ehe einem Manne hingibt, eine Verworfene, wenn es aus bitterster Not sich verkauft, eine Dirne, die außerhalb des Gesetzes steht, rechtlos ist.

Ungeheuerlichkeit, die einen Schandfleck unseres jungen Staates bedeutet: In der Republik Österreich hat die Dirne, dieses schutzbedürftigste und beklagenswerteste Opfer des Mannes, das Wahlrecht nicht!

Das Grundprinzip: „Die Erotik ist Sache der Ehe", ist von Männern geschaffen worden, berücksichtigt die Frau überhaupt nicht. Die Frau ist einfach Objekt, ist Sache, die geheiratet wird, steht bis zur Heirat unter der Hörigkeit der Eltern, dann des Mannes. Ist der erotische Trieb stärker als der ihres Mannes, so muß sie psychisch und physisch zugrunde gehen, bekommt sie keinen Ehemann, so muß sie auf jede erotische Betätigung verzichten und verwandelt sich in ein abscheuliches, verdorrtes Wesen, das man als alte Jungfrau mit Hohn und Spott dafür bestraft, daß es das von den Männern aufgestellte Grundprinzip befolgt hat, statt es zu umgehen. Umgeht sie es aber offentsichtlich, so hört sie auf, Mitglied der menschlichen Gesellschaft zu sein, wird zur Dirne, die man bespeien und verfolgen darf. Nur die heimliche Umgehung des Grundprinzips ist gestattet. Wie überhaupt in erotischen Dingen nur Heuchelei, Lüge und Betrug gestattet sind, wie überhaupt das ganze öffentliche Leben, soweit es mit sexuellen Fragen zusammenhängt, auf Heuchelei, Lüge und Betrug aufgebaut ist.

Im Wandel der Zeiten ist das Grundprinzip siegreich geblieben. Und es hat sich am offiziellen Verhältnis von Mann und Frau fast nichts geändert. Nach wie vor darf nur der Mann die Frau wählen, nicht aber die Frau den Mann, nach wie vor muß sie ihre Erotik auf ihn einstellen, nach wie vor darf der Mann das ledige Mädchen zur Dirne machen, die Dirne aber keinen Anspruch auf Menschenrechte erheben, nach wie vor gibt es für den Mann eine auf Schleichwegen erreichbare freie Liebe, für die Frau aber nur Hörigkeit. Nur eines hat sich geändert und das sehr gründlich: mit der fortschreitenden kapitalistischen Industrialisierung der Welt wurde die Frau vom Mann aus dem Harem, dem Kemenat, dem Frauenhaus, der Web-, Näh- und Kinderstube heraus ins Leben geschleppt, in die Fabrik, die Schwitzstube, in das Kontor. Und in unausweichbarer Konsequenz konnte der Frau eine scheinbare Gleichberechtigung nicht versagt werden. Eine scheinbare. Denn wenn die Frau auch reiten, Auto fahren, allein ausgehen und reisen darf, wenn man ihr gestattet, Doktor und Abgeordneter zu werden, ihr erlaubt, ja sogar sie dazu zwingt, zu roboten und zu schuften wie der Mann, so bleibt sie doch seine Hörige, ist in ihren köstlichsten und lebenswichtigsten Funktionen von ihm abhängig, wird schuldbeladen und verflucht, wenn sie das Grundprinzip überschreitet.

Der Frau geht es heute nicht besser, sondern schlechter als vor hundert Jahren. Damals in der Zurückgezogenheit lernte sie sich bescheiden, reagierte als Kindergebärerin (!) ihre Erotik ab. Heute ist sie sexuell aufgepeitscht, kann im Alkoholrausch und Nikotindunst sich stundenlang als Frau bewegen, aber nur bis zu einer enggezogenen Grenze, eine Grenze, die der Mann aus rein egoistischen Gründen gezogen hat.

Ein japanischer Schriftsteller, der in Deutschland lebte, hat vor Jahren in ein paar lapidaren Sätzen das Leben der deutschen Frau geschildert, wie er es mit asiatischen Augen sah:

> „Die Frau wird mit ihrem Mann in Gesellschaft geführt. Zu diesem Zweck entblößt, markiert, unterstreicht sie ihre sexuellen Reize, schnürt die nackte Brust heraus, umspannt mit dünnem engen Stoff das Gesäß, versucht durch Kohlenstriche unter den Augen den Eindruck einer Buhlerin zu erwecken. Sie benebelt ihre Sinne mit Bier und Wein, sie raucht wie ein Mann, sie hört Zoten an, die man der letzten Geisha nicht bieten dürfte, sie duldet und erwidert Berührungen unter dem Tisch, sie flüstert dem Manne, der neben ihr sitzt, ungeheuerliche Intimitäten zu, und wenn sie, sexuell bis zum Siedepunkt aufgehetzt, sich mit ihrem Mann in das Ehebett legt, dreht er ihr den Rücken zu und schläft ein."

Die Schilderung ist kraß, aber in der Hauptsache wahr.

Die Frau ist also zum Arbeitstier geworden, wie es der Mann ist. Ihre sexuelle Freiheit hat sie sich dadurch nicht erobert .... Denn das Grundprinzip besteht zu Recht.

Oder bestand zu Recht. Denn die erotische Revolution ist im Gange, läßt sich trotz der Vogelstrauß-Politik nicht aufhalten. Seit zwei, drei Jahren beginnen sich alle erotischen Dinge umzuordnen, beginnen die Jungen an dem Grundprinzip zu rütteln. Das arbeitende, produktive

Volk hat damit begonnen, legt die Axt an ein uraltes System der Heuchelei und Verlogenheit, zu dessen Errichtung der Name des Heilands mißbraucht wurde. Wer die Augen offenhält, wer nicht so mit Dummheit geschlagen ist, daß er glaubt, Ruhrbesetzung und „Broadcasting“ seien die wichtigsten Dinge der Welt, der kann sehen, wie von Tag zu Tag die erotische Revolution fortschreitet. Die erotische Revolution, die freie glückliche Menschen schaffen will. Denn es ist nun einmal so, und kein Mensch kann es ändern, daß alles, was ist, auf Erotik beruht, alles was schön, gut, lieblich auf Erden, untrennbar mit Erotik verknüpft ist. Die Blume auf der Wiese, der Schmetterling, der sich über ihr schaukelt, das Singen der Vögel, das Zirpen der Grillen, das Rauschen der Bäume und das Reifen der Früchte —erotisches Symbol, erotischer Zweck, erotisches Wollen. Der Habgier, der Selbstsucht, der Dummheit und Böswilligkeit von Menschen war es vorbehalten, Gott Eros zum Verbrecher zu stempeln, erotisches Spiel mit Schmutz zu besudeln.

Diese Zeitschrift, die im Zeichen der großen erotischen Revolution entsteht, will mitkämpfen, will offen über Dinge sprechen, an denen der Philister noch immer mit Scheuklappen vorübergeht, wird sich nicht fürchten, die heikelsten, zartesten Probleme des Lebens zu erörtern, und wird es sich nicht nehmen lassen, offene Wunden aufzudecken, die die Menschen mit Lüge und Heuchelei verdecken wollen.

„Er und Sie“ wurde das Blatt genannt, weil es die Beziehung zwischen „ihm“ und „ihr“, zwischen Mann und Weib, aus dem Sumpfe einer verlogenen Pseudomoral zur sittlich freien Höhe herausheben will.

„Er und Sie“ wird Raum haben zur Erörterung aller Lebensfragen, auch wenn sie die geheimsten und geheimnisvollsten Beziehungen der Geschlechter betreffen. Nie aber wird unsere Zeitschrift Raum der Zote und der Pikanterie geben, diesen zwei gesetzlich anerkannten und geduldeten Hebeln aller verlogenen Sexualmoral.“ („Er und Sie“, Heft 1, S. 1 ff. 14. 2. 1924.)

Dieses „Erotische Manifest“ Hugo Bettauers enthält die Grundsätze und Richtlinien des jüdischen Geschlechtskrieges in konzentriertester Form. Der ganze Angriff richtet sich gegen die nichtjüdische Frau, sie ist die Festung, die erobert werden muß, der Damm, der eingerissen werden muß, damit das Rassenchaos durch die Bruchstelle eindringen kann. Zu diesem Zwecke gebraucht der angreifende Märtyrer die Waffe des gesellschaftlichen Mitleides. In den Mittelpunkt des gesellschaftlichen Mitleids wird die „erotisch unbefriedigte Frau“, die unverheiratete Mutter, das Freudenmädchen und das „abscheuliche und verdorrte Wesen der alten Jungfrau“ gestellt. Überflüssig zu erwähnen, daß die Ehe als Verbundenheit zweier Menschen auf Lebenszeit als unsittlich, der Ehebruch als erwünscht gilt. Weil es dem Juden etwas vollkommen Undenkbares zu sein scheint, daß zwei Menschen zu einer unlöslichen Einheit verschmelzen können, weil die Geschlechter sich ergänzen und nicht ausschließen sollen, deshalb eröffnet er den Geschlechtskampf, indem er für das von ihm mit allen Minderwertigkeiten ausgestattete Weib „die gleichen Rechte" wie für den Mann, also völlige Triebentfesselung, verlangt. Doch halt! Ich muß mich verbessern. Im System der jüdischen Kriegführung tritt neben den Klassenkampf der Geschlechterkampf, den der Jude mit Hilfe des gesellschaftlichen Mitleids unter allen Schlechtweggekommenen und irgendwie Entgleisten zu entfesseln trachtet.

Der Propaganda der in seinem erotischen Manifest entwickelten Grundsätze dienten die verschiedenen Zeitschriften und die in hunderttausenden von Exemplaren verbreiteten Romane Bettauers. Über sich und seine schriftstellerische Tätigkeit gibt er in dem schlüpfrigen Sensationsroman „Das entfesselte Wien" folgenden Bericht:

> „Fritz Landau (— das ist er selbst) war heute der gehaßteste, beliebteste, gefürchtetste und verehrteste Feuilletonist Wiens. Sein Gebiet war Sozialpolitik und Erotik, er verband beides zu einer sozialerotischen Weltanschauung, verteidigte das Recht der Frau, wurde von allen impotenten, innerlich verdreckten Männern, denen er die Frauen aufhetzte (!!!), gehaßt, von den Frauen dafür geliebt und von den Jungen verehrt. Seine Publikumserfolge, die Riesenauflagen, die seine Wiener Romane erzielten, brachten es mit sich, daß die meisten seiner Kollegen ihn am liebsten vergiftet hätten...
>
> Da Fritz Landau über Frauen schrieb und die Frauen immer wieder in Schutz nahm, konnte es nicht ausbleiben, daß Frauen aus allen Ständen und jeder Art sich an ihn wendeten, um ihm ihr Leid zu klagen, ihn um seinen Rat und Trost zu bitten. Oft auch nur, um ihn, ihren Anwalt kennen zu lernen."

Da das oberste Gesetz der erotischen Revolution nichts als eine ganz gewöhnliche Verköterung des Geschlechtslebens ist, so ist selbstverständlich nicht das arteigen-gebundene, rassisch-instinktsichere und rassenstolze Weib das Ideal der jüdischen Literaten, sondern die instinktlose Hetäre. Zum Beweise seien aus den Werken dreier Juden ganz unmißverständliche Worte nebeneinandergestellt. Max Brod: „Die Erziehung zur Hetäre", Artur Schnitzler: „Das weite Land", Schauspiel „Liebelei", „Der Weg ins Freie", Hugo Bettauer: „Die große Sünde"[56]) und in „Er und Sie" 4/2.

M a x B r o d : Ein junger Mann der Prager Gesellschaft stellt fest, daß seinen Freunden eine Hetäre fehlte. Er will seine Schwester dazu erziehen und meint über die Hetäre: „Ein Weib und dennoch Persönlichkeit (!), der Weib gewordene Freund, die Hetäre, die ihren schönen Leib als Prämie für höchste Kultur und geistige Leistungen aussetzt. Liederlich und frei genug, um der bürgerlichen Gesellschaft aus dem Wege zu gehen. Man müßte ihr die Entwicklung der menschlichen Kultur ruhig anvertrauen können." (9 ff.)

A r t u r S c h n i t z l e r : „Das weite Land." Da Liebe, Treue, Kameradschaft, schwere Hindernisse für den jüdischen Entrassungskampf bilden, so müssen sie entwertet werden. Artur Schnitzler besorgt das in folgender Weise: Aigner. Warum ich sie betrogen habe —?

[56]) Aufsatz in Bettauers Wochenschrift 1924/4. S. 6.

.... Sollt' es Ihnen noch nicht aufgefallen sein, was für komplizierte Subjekte wir Menschen im Grunde sind? So vieles hat zugleich Raum in uns —! Liebe und Trug, Treue und Treulosigkeit. .... Anbetung für die eine und Verlangen nach einer anderen oder nach mehreren. Wir versuchen wohl Ordnung in uns zu schaffen, so gut es geht, aber diese Ordnung ist doch nur etwas Künstliches .... Das Natürliche .... ist das Chaos. Ja .... die Seele ist ein weites Land ...."

In seinem Schauspiel „Liebelei" läßt Schnitzler die Christine ihrem Geliebten über etwaige Gewissensbisse folgendermaßen hinweghelfen:

„Du bist ja frei — Du kannst mich ja sitzen lassen, wenn Du willst .... Du hast mir nichts versprochen — und ich hab nichts von Dir verlangt. Was aus mir wird — es ist ganz einerlei — ich bin doch einmal glücklich gewesen, mehr will ich ja vom Leben nicht."

In seinem Roman: Der Weg ins Freie, heißt es über die Jüdin Sissy Wyner: „Sie sah Georg mit „lachenden Augen und lachenden Lippen" an und während sie mit ihm sprach, „wanderten ihre Blicke umher. Sie glühten in den Augen Willys, schmeichelten sich an Demeter vorbei, stellten an Heinrich Bermann eine rätselhafte Frage. Es war, wie wenn Irrlichter durch den Salon tanzten." (1. Abt. Bd. 3 S. 87).

Hugo Bettauer: „Die große Sünde." Die Frau, die man liebt, darf man verführen, die Frau darf sich dem Manne hingeben, den sie liebt, ob es die Gesellschaft billigt oder nicht. Liebe entschuldigt alles. Ohne Liebe aber wird die Umarmung Betrug, Gemeinheit, Verbrechen."

Bettauer spricht an dieser Stelle von einer verheirateten Frau, einem „flachsblonden Weibchen", das von einem Manne verführt wurde, der nun seine Tat bereut. Seine Reue wird ihm von einer „schönen, lieblichen, schlanken, braunäugigen Frau" behoben, indem sie ihm leise lächelnd erklärt: „Auch Sie kennen die Frauen nicht! Ich bin überzeugt, daß Frau Auguste ganz anders an die Stuttgarter Nacht zurückdenkt. Vielleicht ist es ihre schönste Erinnerung, die nur getrübt wird durch das Bewußtsein, sich recht albern benommen zu haben. Und vielleicht denkt das Bremer Frauchen immer, wenn ihr Seebär nach plumper Umarmung neben ihr schnarcht, mit seligem Lächeln an Sie, lieber Freund." ....

„Er und Sie" 4/2. „Wenn Menschen sich finden, so soll das lächelnd geschehen mit der Überzeugung: Wir gehören zueinander, und wäre es auch nur für eine flüchtige Stunde! Seine Brunst muß nach ihr schreien, ihre Sinne nach ihm dürsten. Dann ist alles in Ordnung, dann hat niemand das Recht des Widerspruchs, dann kann nur verstocktes Philistertum von „erlaubt" und „unerlaubt" sprechen."

„Das Natürliche ist das Chaos." — Wohl kein Wort kennzeichnet den ungeheuren Unterschied zwischen germanischem und jüdischem Wesen deutlicher als das Wort Schnitzlers. Jedermann kennt das berühmte Kantwort, daß der Anblick des gestirnten Himmels in ihm die Ehrfurcht vor dem natürlichen Gesetze über ihm und dem moralischen Gesetze in ihm erwecke. Damit hat Kant die alte germanische Auffassung und Anschauung der Natur, als einem von göttlichen Gesetzen getragenen und erhaltenen Kosmos, ausgesprochen und bestätigt. Strenge, unerbittliche und unfehlbare Gesetzmäßigkeit waltet nach germanischer Anschauung in der ganzen Natur, dieselbe Gesetzmäßigkeit findet der Germane auch in der eigenen Brust, in seinem Denken, seinem Gefühls- und Seelenleben. Willig und ehrfurchtsvoll ordnet er sich dem ewigen Kreislauf der Natur ein, ihm entsprechend formt er sein Leben und feiert er seine Feste. Hochzeit, Ehe, Zeugung, Kinder sind ihm große, ehrfurchtgebietende Symbole des im ewigen Kreislauf der Natur sich ewig neuverkündenden göttlichen Willens zur Bewußtheit.

Und nun kommt ein Jude und sagt ihm: Das Natürliche ist das Chaos. Und die Ordnung, die dem Germanen geradezu das Symbol alles Natürlichen ist, diese Ordnung soll „etwas Künstliches" sein! Die Gottesstimme der Notwendigkeit und der Freiheit, deren harmonischer Einklang das Wesen des germanischen Menschen ausmacht, die Gottbeseeltheit der Natur und der germanischen Seele: — das alles soll eine „künstliche Ordnung" sein, denn „das Natürliche ist das Chaos". Während der Germane in liebevollem Sichversenken in die Natur und ihre Geheimnisse die einzigartige Harmonie der Naturgesetze erkennt und in der ganzen natürlichen Welt nichts von Willkür findet, ist für den Juden die Natur ein chaotisches Willkürregiment, bei dem es nur um Macht und Ohnmacht und nicht um Harmonie und schöpferische Entwicklung aller Kräfte geht. Dem Germanen ist Willkür etwas so Undenkbares, daß er sie selbst einem Gotte nicht anzudichten vermag: — eine Weltauffassung, der Goethe in seinem Achilleis-Fragement schönsten Ausdruck verliehen hat:

Willkür bleibet ewig verhaßt den Göttern und Menschen,
Wenn sie in Taten sich zeigt, auch nur in Worten sich kundgibt,
Denn so hoch wir auch stehen, so ist der ewigen Götter
Ewigste Themis allein, und diese muß dauern und walten.

„Demgegenüber kann der jüdische Jahwe als die Inkarnation der Willkür bezeichnet werden."[57]) Wenn es ihm gefällt, unter den vielen Völkern der Erde ein Volk auszuwählen, so tut er es. Will er es quälen, so quält er es. Will er es erhöhen und reich machen, so übergibt er ihm unschuldige Völker zur Beute und setzt es in Städte, die es nicht gebaut hat und Häuser, die alles Gutes voll sind und läßt es aus Brunnen trinken, die es nicht gegraben hat, und Weinberge abernten, die es nicht gepflanzt hat. Denn „das Natürliche ist das Chaos". Die Vorsehung dieses außerweltlich gedachten jüdischen Jahwe ist vollendete Willkür, sein Recht ist ein Recht der Willkür, seine Gesetze Willkürgesetze. Unsere ganze bisherige Darstellung des Systems der jüdischen Kriegführung ist eine einzige Be-

---

[57]) H. St. Chamberlain: Die Grundlagen des 19. Jahrhunderts Seite 285.

stätigung des Satzes, daß die „Mißachtung der rechtlichen Ansprüche und der Freiheit Anderer ein in allen mit semitischem Blute stark durchsetzten Völkern, — auch in dem Juden — wiederkehrender Zug ist“.[58]) Der vom jahwistischen Glauben abgeleitete und durchsetzte kultische Imperialismus der Juden ist die verkörperte, aus dem Rechte der Willkür abgeleitete, Mißachtung des Rechtes und der Freiheit der anderen Völker. Schon aus dieser geistigen Verfassung des Judaismus ergibt sich die unausweichliche Schlußfolgerung, daß jedes Recht, das die Juden schaffen, sei es nun Zivilrecht, Handelsrecht, Strafrecht, seinem Grundcharakter und seinem eigentlichen Wesen nach K r i e g s r e c h t, j ü d i s c h e s Kriegsrecht ist. So hatten sie schon im uralten Babylonien ein feinausgebildetes Handels- und Obligationenrecht, aber selbst auf diesem beschränkten Gebiet geschah nichts, um dem gräßlichen Zinswucher zu steuern und an die Wahrung m e n s c h l i c h e r Rechte, etwa der Freiheit, hat man dort nie auch nur gedacht. Man lese darüber die sehr eingehenden Mitteilungen in Iherings Vorgeschichte der Indoeuropäer, S. 233 ff. nach.

„Der gewöhnliche Zinssatz betrug in Babylonien 20—25 Prozent. Ihering behauptet, die Zinsen seien eine babylonische, semitische (nicht sumerische) Erfindung, er sagt: „Alle anderen Völker verdanken ihre Bekanntschaft damit den Babyloniern“. Ehre wem Ehre gebührt! Auch die raffiniertesten Formen des Wuchers, z. B. der noch heute beliebte Ausweg, Geld ohne Zinsen zu leihen, sie aber gleich vom Kapital abzuziehen, waren im alten Babylon, noch ehe Homer Verse zu dichten begonnen hatte, wohl bekannt. Wann wird man uns denn endlich mit der alten erlogenen Märe in Ruhe lassen, die Semiten seien erst in den letzten Jahrhunderten infolge christlicher Bedrückungen zu Zinswucherern geworden.“[59])

Die Erklärung für den jüdischen Wucher ist einfach die, daß er ein Mittel im System der jüdischen Kriegführung ist und das Handels- und Obligationsrecht die jüdische Kriegführung nicht beschränken oder gar unmöglich machen durfte. Und wenn Chamberlain schreibt, daß sich bei den Juden „nie auch nur ein Ansatz zu einer echten Rechtsbildung gezeigt hat“, so hat er eben das System des jüdischen Kriegsrechts nicht gekannt, das eine e c h t e Rechtsbildung ist, — allerdings eine aus jahwistischem kultischem Imperialismus erzeugte Rechtsbildung. Diese Rechtsbildung hängt eng mit dem Satze Schnitzlers zusammen: das Natürliche ist das Chaos. Wie dieser Satz sich nur aus der jüdischen Jahwevorstellung als der verkörperten Willkür verstehen und herleiten läßt. Schnitzler steht nicht allein. Ihm zur Seite tritt der größte jüdische Denker, Baruch Spinoza, dessen Rechtssätze anzusehen sich wohl verlohnt. „Im politischen Traktat“ (2, 4 und 8) lesen wir: „Ein jeder hat soviel Recht, als er Macht besitzt.“ Hier könnte man allenfalls glauben, es handle sich lediglich um eine Feststellung tatsächlicher Verhältnisse, denn dieses zweite Kapitel ist überschrieben „Vom Naturrechte“. In der E t h i k jedoch (7. 4. Anhang 8)

---

[58]) Chamberlain a. a. O. S. 198.

[59]) Chamberlain a. a. O. S. 285.

steht schwarz auf weiß: „Nach dem höchsten Recht der Natur ist einem jeden Menschen unbeschränkt das zu tun erlaubt, was nach seinem Urteil zu seinem Nutzen gereichen wird“ und in der Abhandlung von der wahren Freiheit heißt es: „Um das, was wir zu unserem Heil und zu unserer Ruhe fordern, zu erlangen, bedürfen wir keiner anderen Grundsätze, als allein, daß wir das beherzigen, was zu unserem eigenen Vorteil gereicht.“ Daß ein so ehrlicher Mann nicht verlegen ist, auf derartigen Grundlagen eine reine Morallehre aufzubauen, stellt seinen angeborenen kasuistischen Gaben das schönste Zeugnis aus, man sieht aber, auf jüdischem Boden hätte römisches Recht nicht wachsen könen, sondern höchstens ein simplifiziertes Gesetzbuch, wie es etwa König Tippu Tib am Kongo brauchen mag . . . — Ganz anders verhält es sich mit den Deutschen. Die Selbstaufopferung, den Drang, von „innen nach außen zu bauen“, die Betonung des ethischen Moments, den unbändigen Freiheitssinn, kurz, die moralischen Eigenschaften hätten sie schon in reicher Fülle besessen. Nicht dagegen die geistigen. Der Scharfsinn war nie ein Nationalbesitz der Teutonen, das liegt so offenbar vor aller Augen, daß jeder Nachweis überflüssig ist. Schopenhauer behauptet: Der wahre Nationalcharakter der Deutschen ist Schwerfälligkeit. Dem deutschen Geiste stehen für die Rechtsbildung seine großen Gaben ebenfalls im Wege: seine unvergleichliche Phantasie im Gegensatz zur platten Empirie der römischen Vorstellungswelt), die schöpferische Leidenschaftlichkeit seines Gemütes (im Gegensatz zur kühlen Nüchternheit des Römers), seine wissenschaftliche Tiefe (im Gegensatz zu den praktisch politischen Tendenzen des geborenen Rechtsvolkes), sein lebhaftes Gefühl für Billigkeit (immer in gesellschaftlicher Beziehung ein schwankes Rohr im Vergleich zur strengrechtlichen Auffassung der Römer). Nein, dieses Volk wäre nicht befähigt gewesen, die Technik des Rechtes zur hohen Vollkommenheit auszubilden, es gleicht zu sehr den alten Indoariern, deren „gänzlicher Mangel des juristischen Unterscheidungsvermögens“ von Ihering in seiner Vorgeschichte der Indoeuropäer, § 15, dargetan wird.“[60])

„Das Natürliche ist das Chaos.“ In diesem Satze Schnitzlers offenbart sich, wie in der jüdischen Gottesvorstellung, das Wesen des jüdischen Rechts, insonderheit des jüdischen Kriegsrechts: Aus dem Chaos der jüdischen Seele entstanden, strebt es mit innerer Notwendigkeit dem Chaos zu. Darin liegt die unheimliche grauenerregende Logik und Zielsicherheit des jüdischen Kriegsrechtes, daß das Chaos als die Verkörperung des jüdischen Wesens zum obersten Grundsatz der jüdischen Kriegsführung und des jüdischen Kriegsrechtes wurde.

Geben wir dem Schnitzlerschen Satz seinen richtigen Sinn und sagen wir: „Das Natürliche — des jüdischen Wesens — ist das Chaos“ und erkennen wir an, daß das Chaos zum Wesensgefüge des Judaismus gehört, so wissen wir, daß das jüdische Kriegsrecht und das System der

---

[60]) H. St. Chamberlain, Grundlagen des 19. Jahrhunderts. S. 199/201.

jüdischen Kriegführung ein Kind der chaotischen Notwendigkeit ist. Denn auch das Chaos ist, sobald es in Erscheinung getreten ist, dem Satz vom Grund unterworfen.

Das System der jüdischen Kriegführung besteht darin, daß das Chaos zielbewußt zum Stoß und zum Angriff gegen die Welt der nichtjüdischen Völker angesetzt wird, daß seine Kräfte in der Organisation eines gesamten Volkes zusammengeballt sind, daß dieses Volk den chaotischen Stoß gegen alle Lebensgebiete führt und wie eine elementare Naturmacht alles hinunterschlingt, was seinem chaotischen Willen entgegensteht.

Da der Satz: „Das Natürliche ist das Chaos" ein wesentliches Element des jüdischen Geistes ist, so muß jeder Jude aus innerer Notwendigkeit Krieg gegen alle und jede Ordnung führen, die er nicht als etwas Natürliches, sondern als etwas Künstliches empfindet, erlebt und ansieht. Darum sind die menschlichen Idealtypen der jüdischen Dichter und Literaten diesem Satze entsprechend geformt. Ihr Leben, ihr Tun und Lassen, ihr Denken entspricht diesem Satze. So entspricht der weiblichen Hetäre der männliche, geschlechtliche Köter.

In seinem Roman: „Der Weg ins Freie" schildert uns Schnitzler in Georg Baron von Wergenthin den jüdischen Idealtypus einer Persönlichkeit. Dieser Herr Baron ist „vorurteilslos" genug, als Nichtjude — an einer Stelle nennt ihn Schnitzler sogar einen Germanen und schildert ihn als blond — nur in jüdischer Gesellschaft zu verkehren. Im Salon des jüdischen Geldmannes Salomon Ehrenberger wird Wergenthin mit der blonden und blauäugigen Anna Rosner zusammengebracht, wobei Frau Ehrenberger die Gelegenheit wahrnimmt, Wergenthin ins Ohr zu flüstern: „Die hab ich für Sie eingeladen!" Anna Rosner, die uns als herb-zurückhaltende, weiblich-innige und gemütstiefe Persönlichkeit geschildert wird, geht ahnungslos ihrem Verhängnis entgegen. Wergenthin bearbeitet sie zielbewußt in Richtung seiner sexuellen Wünsche, wobei der Gegensatz zwischen dem genießerischen Burschen und dem gläubig-vertrauenden Mädchen in innerlich unsäglich abstoßender Weise geschildert wird. Der am Ziel seiner Wünsche befindliche geschlechtliche Köter kann sich nicht schnell genug verabschieden — nein — kann dem Weib nicht schnell genug einen Tritt geben:

> „Denn daß auch dieses Abenteuer, so ernst und hold es begonnen, zu einem Ende bestimmt war, wußte Georg selbst in dieser Stunde, nur ohne jeden Schauer. Anna hatte sich ihm gegeben, ohne mit einem Wort, einem Blick, einer Gebärde anzudeuten, daß nun gewissermaßen ein neues Kapitel ihres Lebens anfing. Und so mußte von ihr, das fühlte Georg tief, auch der Abschied ohne Düsterkeit und Schwere sein: Ein Händedruck, ein Lächeln und ein stilles: „es war schön." (S. 116.)

Daß Anna ein Kind von ihm bekommt, ficht den vorurteilslosen Triebsandmenschen Wergenthin natürlich nicht an. Wer kein Volkstum und keine Verantwortung gegenüber Volkstum und Heimat kennt, der kann selbstverständlich auch keine Kameradschaft kennen und wird den weiblichen Kameraden gerade dann im Stich lassen, wenn er wirklich Kamerad sein und Kameradschaft beweisen müßte. Das Wesen der von den Juden so sehr gerühmten Kameradschaftsehe besteht darin, daß sie weder Kameradschaft noch auch Ehe ist. Denn Kameraden sind nach deutschen Begriffen auf Leben und Tod, auf Gedeih und Verderb miteinander verbunden.

Schnitzlers Wergenthin aber läßt die Anna Rosner im Stich und meint dazu innerlich befreit: „Die Geschichte ist aus." Und sein jüdischer Freund Beerman meint:

„Anna war vielleicht dazu geschaffen, Ihre Geliebte zu sein — nicht Ihre Frau. Wer weiß, ob nicht der, den sie einmal heiraten wird, allen Grund hätte, Ihnen dankbar zu sein, wenn die Männer nicht so rasend dumm wären. Reine Erinnerungen haben die Menschen ja doch nur, wenn sie was erlebt haben." (S. 445.)

Stellen wir neben den Schnitzlerhelden noch einige Bettauerhelden. In dem Bettauer-Roman: „Die lustigen Frauen von Wien" werden uns als handelnde Personen vorgeführt:

„Georg Rosmanit, eine „distinguierte, irgendwie exotische Erscheinung", ein „geborener" Wiener, aber ein entnationalisierter, durch tausend Feuer gegangener, entlaugter, in heißen Flammen gehämmerter, der den größten Teil seines Lebens in Japan verbracht hat."

Hella Winkler, Frau eines Kommerzienrates und Besitzers einer chemischen Fabrik, „eine unbestreitbar reizende Frau. Schlanke Fülle, rotblonde Haare, grüne, sinnliche Augen, der Mund fast ein wenig zu üppig, bebende Nüstern einer gutgeformten Nase, schneeweiße, bis zur äußersten Möglichkeit gepflegte Hände, schmale, kleine Füße und fabelhafte Beine. Alles in allem: ein rassiges, pikantes, junges Weib zwischen 25 und 28 Jahren, typische wienerische Fechsung, d. h. romanisch-magyarisch-slawisch-bajuwarische Mischung." (Man beachte, daß Georg Rosmanit und Hella Winkler dem jüdischen Züchtungsideal, des dem „entnationalisierten, entlaugten" Rassenchaos entsprossenen Triebsandmenschen entsprechen!)

„Er nimmt ihr gegenüber in einem leeren Abteil eines Schnellzuges in der 1. Klasse Platz.

„Wie benimmt sich nun so ein „distinguierter" Herr?"

„Der Herr schenkte .... der Dame den ersten Blick in dem Moment gerade, da sie die Beine übereinanderschlug, so daß Knöchel, Wade, Kniebeuge des einen Beines sichtbar wurden. Und nun wendet er keinen Blick mehr von ihr. Seine scharfen Augen glitten über den ganzen Körper weg, prüften das Gesicht, die Rundung der in einer Seidenbluse frei ruhenden Brüste, die Linie der Hüften und Schenkel, kehrten immer wieder zu den Beinen zurück."

„Und das rassige junge Weib typischer wienerischer Fechsung?"

„Sie fühlte diesen Blick, fühlte ihn fast körperlich, ihr rieselte es über den Hals, die Büste, blieb in ihrem Schoß sitzen, begann sie unruhig, nervös, erregt zu machen."

„Und er fühlte dieses Leben, sog den Duft von Parfüm, Hautgeruch, Lippenrouge ein, den die Frau ausströmte."

Nun aber geht es rasch:

Er küßt sie, zieht sie auf seine Kniee, „seine wühlenden, reißenden, lösenden Hände ließen sich nicht mehr abwehren, mit einem halberstickten Aufschrei sank sie auf die Kissen zurück, der Mann über, in ihr . . . ."

„So also sieht das im Sinne der neuen Bewegung wahre, echte Leben aus! Der ideale Held, das ideale Weib! Und die „sittlich freie Höhe", auf die uns die geschlechtliche Revolution „aus dem Sumpfe einer verlogenen Pseudomoral" emporheben will!"

„Frau Hella ordnet ihr Kleid, sammelt die Schildplattnadeln von den Kissen auf, richtet die Haare, setzt den Lippenstift in Bewegung . . . . der Mann streichelt sie zärtlich, küßt ihr die frische Lippenschminke wieder weg . . . ."

„Du! ich bin ja so glücklich, du europäisches Weib! Du! Mein asiatischer Traum ist in Erfüllung gegangen, Europa hat mich durch dich umarmt, geküßt, erobert! Seid ihr alle in Europa so wild, so weich und hingebungsvoll?"

Ja, diese Wiener Frauen! Hella Winkler klärt ihn über sie auf:

„Mit den jungen Burschen tanzt und flirtet man, mit den älteren Herren hat man das Verhältnis."

„Sag mal", erkundigte sich Georg, ist es denn wahr, daß man in Wien alle Frauen haben kann?"

„. . . . Es gibt sicher Frauen, die hübsch sind und doch ihrem Mann ganz treu. Allerdings, viele kenn' ich nicht!" Höchstens wenn der eigene Mann ein leidenschaftlicher Liebhaber bleibt. Und dazu komme noch, daß bei aller Teuerung, der Luxus größer sei als vorher: „Wer kann es einer kleinen Frau übelnehmen, wenn ihr ein Mann und ein Pelz so gut gefallen, daß sie das eine mit dem anderen verbindet?" Und auch eifersüchtig ist sie nicht: sie verspricht ihm, ihn in Wien einzuführen und mit „reizenden Frauen" bekanntzumachen, was sie auch wirklich macht.

Ihr Mann ist offenbar ein richtiger deutscher Mucker! Hella Winkler erklärt, er würde sie umbringen, „wenn er wüßte — er ist nämlich korrekt, furchtbar korrekt. Und hat keine Ahnung, wie leichtsinnig seine Frau ist."

Nach diesem Idealbild des geschlechtlich-heldischen (— ich sage des geschlechtlich-köterischen —) Mannes, der frei von allen geistig-sittlichen Hemmungen und Vorurteilen ist und auf dem Boden der geschlechtlichen Freiheit steht, sind mehr oder weniger alle Bettauerschen Romanhelden gezeichnet . . . Hier sei noch auf Oskar Fels hingewiesen, Zeitungsberichterstatter und Mörder aus Vorurteilslosigkeit, dessen Leitspruch ist:

„Reichtum, Nichtstun oder besser gesagt nichts tun müssen, das Leben nach bestem Können ausschlürfen — darin besteht für mich das höchste Glück!"

„Den Frauen gegenüber war Fels immer Sieger. Nicht nur, daß auch sonst spröde und unnahbare Frauen sich von seiner berauschenden Lebensbejahung und Unbedenklichkeit hinreißen ließen, verstand es Fels auch, sie nicht Oberhand über sich gewinnen zu lassen, sondern immer der zu sein, der sich als der erste zurückzieht."

Ferner Freiherr von Isbaregg („Hemmungslos"), Dieb und zweifacher Mörder aus Vorurteilslosigkeit:

„Der schöne, schlanke Jüngling mit dem exotischen, brünetten Gesicht und den immer wie im Fieber glimmenden schwarzen Augen, die überlange Wimpern seltsam beschatteten, gefiel den jungen Mädchen und den reifen Frauen in Edinburg wie in London, in Dublin wie in Glasgow, und mit unersättlicher Gier, der nur sein überlegener Zynismus die Balance hielt, stürzte er sich in tolle Abenteuer, aus denen er sieghaft, die Frauen in bitterem Schmerze hervorgingen."[61])

Die sehr ausgiebig angeführten Stellen aus Werken jüdischer Literaten, die beliebig vermehrt werden könnten, zeigen eine so radikale und zynische Zertrümmerung aller männlichen und weiblichen Werte, daß daraus nur die eine Schlußfolgerung gezogen werden kann, daß es dem Judentum bitterster und blutigster Ernst ist mit der Verwirklichung des Satzes: „Das Natürliche ist das Chaos." Zielbewußt erstrebt es denn auch das Rassenchaos durch die Propaganda der wahllosen und geschmacklosen Rassenmischung. Dazu dient die Erziehung zur „Vorurteilslosigkeit". Treue, Sittlichkeit, Sauberkeit sind also „Vorurteile" und „Moralfatzkereien", wie völkische Gesinnung, Artreinheit und Rassenreinheit. Der Triebsandmensch ist das Ideal, das Rassenchaos das erstrebenswerte Ziel. Einige Beispiele werden das erhärten.

Bernhard Kellermann schildert in seinem Roman „Der Tunnel" den Haß des jüdischen Ressentimentmenschen folgendermaßen:

„S. Wolf war das Muster eines Gentleman. Er hatte nur ein Laster und er verbarg es sorgfältig vor der Welt. Das war seine außerordentliche Sinnlichkeit. Das Blut begann in seinen Ohren zu knacken, sobald er ein junges, hübsches Mädchen sah. Er kam jedes Jahr mindestens einmal nach Paris und London, und in beiden Städten hatte er seine Freundinnen. Häufig brachte er auch von seinen Reisen „Nichten" mit, die er auch nach Neuyork verpflanzte. (Demnach Mädchenhändler!). Die Mädchen mußten schön, jung und blond sein. S. Wolf rächte auf diese Weise den armen Samuel Wolfsohn (seinen Vater), den die Konkurrenz gutgebauter Tennisspieler und großer Monatswechsel vor Jahren bei allen schönen Frauen aus dem Felde geschlagen hatte. Er rächte sich an jener blonden Rasse, die ihn früher mit dem Fuße getreten hatte. Und er entschädigte sich vor allem für eine entbehrungsreiche Jugend."

Siegfried Passarge macht in seinem Buche „Das Judentum als landschaftskundlich-ethnologisches Problem" sehr richtig und treffend auf die Mondnatur des Juden aufmerksam, worunter er die Fähigkeit des Juden versteht, eine glänzende „Ansichtsseite" zu zeigen und die weniger angenehme Rückseite zu verdecken. Es ist das die beliebte Taktik des jüdischen Kriegers, mit der er die nichtjüdischen Völker noch immer entwaffnet und entrafft hat. „Um des Friedens willen" und „damit der Name nicht entheiligt wird", empfiehlt der Talmud

---

[61]) Herwig Hartner: Erotik und Rasse. S. 207/208.

den Juden das anständige Benehmen gegen die Nichtjuden. Daß das nicht etwa sittlich gemeint, sondern als kriegsrechtliche Regel aufzufassen ist, gibt Bischoff zu verstehen, wenn er darüber schreibt:

„Der dritte Pfiff ist die Behauptung, daß die Härte mancher „rein juristischen“ Bestimmungen des Schulchan aruch dadurch wettgemacht werde, daß ein milderes Verfahren gegen Nichtjuden „um des Friedens willen“, „zur Verhütung von (nichtjüdischer) Feindschaft“ und aus Rücksicht auf die „Entweihung des (göttlichen) Namens“ empfohlen werde (welche die schlimmste Sunde sei), und daß dabei diese Formeln in homiletisch-erbaulichem Sinne gedeutet und nicht in ihrer einfachen (und wirklich gemeinten) juristischen Bedeutung aufgefaßt werden!—Marx Dalman hat („Jüdisches Fremdenrecht“, Karlsruhe und Leipzig 1886, S. 76 Anm.) mit Recht klargelegt, daß für Karo im Schulchan aruch „um des Friedens willen“ einfach denselben Sinn hat wie „um (nichtjüdische)Feindschaft zu vermeiden“, also trotz des Mißfallens mancher Apologeten annähernd bedeutet: „um des lieben Friedens willen“. Und „Entweihung des Namens“ bedeutet „juristisch“ weiter nichts als „eine Handlung, die — wenn sie herauskommt — die Juden und ihren Gott (bei den Nichtjuden) in Unehre bringt“, die Juden obendrein in Ungelegenheiten. — Diese Formeln in dem „juristisch-denkenden“ (Fiebig S. V.) Schulchan aruch zu dessen Gunsten als religiös-erbauliche zu mißdeuten, ist ein ebensolches Vexierkunststück, als wenn jemand aus dem juristischen Begriffe von „Treu und Glauben“ im Bürgerlichen Gesetzbuch die Behauptung herleiten wollte, daß das Bürgerliche Gesetzbuch zur „echten deutschen Treue“ erziehen und „sorgen wolle, daß dem Volke die Religion erhalten bleibe!“ — Der ganzen Rederei macht das ebenso wahre wie (im Vergleich zu Fiebig) mutige Wort des durchaus judenfreundlichen, aber objektiven Marx-Dalman ein Ende: „Vollends ist das Motiv der Rücksichtnahme auf das friedliche Verhältnis zu den Heiden (Nichtjuden), solange das Korrelat (nur) die Verhütung von Haß ist und die Rücksichtnahme selbst nur als ein durch die gegenwärtige Lage der Juden gebotener Notstand betrachtet wird, sittlich ohne Wert . . . Wenn es berechtigt ist, die Moral einer Religion nach den ihr zur Triebkraft des Handelns gemachten Motiven zu beurteilen, muß die internationale bzw. interkonfessionelle Moral des alten Rabbinismus . . . . einer sehr tiefen Stufe zugewiesen werden.“[62])

Abgesehen von dem verhängnisvollen Irrtum, etwas als Religion zu werten, was in Wirklichkeit Kriegsrecht ist, kommt hier an dieser Stelle sehr deutlich zum Ausdruck, daß die jüdische Mondnatur-Taktik in das System der jüdischen Kriegführung gehört. In der oben angeführten Stelle aus Bernhard Kellermanns „Tunnel“ wird auf sie angespielt, in der folgenden Stelle aus Gustav Meyrinks „Golem“ wird sie zynisch und brutal geschildert. Hier läßt der Ghetto-Millionär Wassertrum seinem Sohne folgende bemerkenswerte Erziehung angedeihen:

„Mit dem Scharfsinn eines Psychologen räumte er dem Kinde jedes Erlebnis aus dem Wege, das zur Entwicklung der Ge-

[62]) Dr. Erich Bischoff: Das Buch vom Schulchan-aruch S. 96—97.

wissenstätigkeit hätte beitragen können, um ihm künftige seelische Leiden zu ersparen.

Er hielt ihm als Lehrer einen hervorragenden Gelehrten, der die Ansicht verfocht, die Tiere seien unempfindlich und ihre Schmerzensäußerung ein mechanischer Reflex.

Aus jedem Geschöpf so viel Freude und Genuß herauspressen, wie nur irgend möglich, und dann die Schale sofort als nutzlos wegwerfen: das war ungefähr das ABC seines weitblickenden Erziehungssystems.

Daß das Geld als Standarte und Schlüssel zur „Macht" eine erste Rolle spielte, können Sie sich denken .... Und so wie er (Wassertrum) selbst den eigenen Reichtum sorgsam geheimhält, um die Grenzen seines Einflusses in Dunkel zu hüllen, so ersann er sich ein Mittel, seinem Sohn Ähnliches zu ermöglichen, ihm aber gleichzeitig die Qual eines scheinbar ärmlichen Lebens zu ersparen: er durchtränkte ihn mit der infernalischen Lüge von der „Schönheit", brachte ihm die äußere und innere Gebärde der Ästhetik bei, lehrte ihn äußerlich die Lilie auf dem Felde heucheln und innerlich ein Aasgeier sein." (S. 310 ff.).

Das sind die Voraussetzungen, von denen aus der Jude die rassische Zertrümmerung der arteigenen, nichtjüdischen Volkstümer einleitet und durchführt. Nur von diesem Gesichtspunkt aus wird die zynische Brutalität erklärlich, mit der besonders Hugo Bettauer den Kampf gegen den Rassengedanken unter den arteigenen nichtjüdischen Völkern geführt hat.

Den Juden Wolf, der sich an der blonden, nordischen Rasse „rächt", indem er blonde Mädchen verführt oder mit ihnen handelt, haben wir schon kennengelernt. Bettauer treibt den Rassenkampf noch brutaler als Kellermann, denn er führt uns in seinem Roman „Der Kampf um Wien" den Neger Sam vor, wie er seinem Herrn, einem reichen Amerikaner, gleich nach ihrer Ankunft in Wien „vergnügt grinsend im breiten Negerenglisch" erzählt:

„Draußen war hübsches, weißes Mädchen mit blondem Haar. .... Immer wenn ich vorbeiging, hat sie mich angelacht, sodaß ich Mut bekam und sie in Arm zwickte. O Master, Arm war weich und fein! .... Master, glauben Sie, daß Wiener Mädchen mich lieben werden?

Der Herr platzte lustig heraus:

Sam, paß auf, mach mir keine Unannehmlichkeiten hier im Hotel! Aber du hast recht, wenigstens hat man mir schon auf dem Schiff erzählt, daß sich deine farbigen Brüder bei den deutschen Mädchen durchaus keiner Unbeliebtheit erfreuen.

Werde ich probieren, Master, sagte Sam und verdrehte in Erwartung kommender Freuden die Augen und grinste, daß die schneeweißen Zähne zwischen den wulstigen, brennroten Lippen hervorleuchteten." (S. 4).

Und bald gesteht Sam seinem Herrn ein, „daß er den Abend mit einem .... schneeweißen Mädchen mit gelben Haaren verbringen werde".

Als Sam seinem Herrn erklärt, daß sie beide am besten täten, bald zu heiraten, macht ihn sein Herr aufmerksam, daß er mit ihr nicht nach Amerika gehen könne. Sam erwidert darauf:

„Ich wissen! Yankees schlechte Menschen und nicht wollen, daß armer Neger weißes Frau hat. Ich aber keine Sehnsucht nach Amerika, mir Wien viel lieber!" (S. 57.)[63])

Die Achtung der Geschlechter vor einander als der Träger rassischer Zukunftskeime und einer besonderen, einzigartigen rassischen Idee wird durch solche Darstellungen völlig vernichtet. Daß mit dem Schwinden der Achtung der Geschlechter vor einander und mit der Rassemischung der Rassen- und Volkstod eingeleitet wird, das ist selbstverständlich keinem klarer als dem Judentum. Hugo Bettauer führt uns in dem „Rassenroman": „Das blaue Mal. Der Roman eines Ausgestoßenen" — einen blonden, deutschen Universitätsprofessor vor, der nicht nur „vorurteilslos" genug ist, eine Mulattin zu heiraten, sondern auch volksvergessen, „entnationalisiert" und „entlaugt" genug, den Tod seiner Rasse gleichmütig hinzunehmen. (Leider steht mir der Bettauersche Roman nicht zur Verfügung, weshalb ich mich ganz auf Herwig Hartner „Erotik und Rasse" verlassen muß. Das letztgenannte Buch sei hier ausdrücklich empfohlen.)

„Ein Universitätsprofessor aus Göttingen, ein blonder, blauäugiger Herr, Pflanzenkundler, der sich auf einer Studienreise in den Vereinigten Staaten befindet, besucht den Besitzer einer Baumwollplantage in den Südstaaten. Was ihn in Amerika verdrießt, ist das „ewige Schimpfen auf die Schwarzen", die „stets gleiche bornierte Anschauung der Leute", daß der Schwarze kein vollwertiger Mensch sei, und er konnte „nicht begreifen, wie man diese harmlosen, gutmütigen Burschen mit Haß und Verachtung verfolgen konnte", wie ihm auch die „eigenartige Schönheit" „junger schlanker Negermädchen" angenehm in die Augen fiel.

„Er, der in der Pflanzenwelt die Berechtigung jedes lebenden Fädchens, die Entwicklung von Stufe zu Stufe, das Wachstum aus der Urzelle heraus sehen gelernt hatte, konnte Rassenvorurteile nicht verstehen, durchdrungen davon, daß alles auf der Welt seine tiefe Bedeutung, seine Berechtigung, und vor allem die fast schrankenlose Entwicklungsfähigkeit hatte. Für ihn waren die Neger nur Menschen mit anderer Hautfarbe, aber durchaus nicht minderwertig, höchstens auf einer tieferen Zivilisationsstufe stehend, von der aus sie der weiße Gärtner mit Milde und Liebe heben könnte." So müßten die Neger erst durch Jahrhunderte erzogen werden. „Tut man dies, so wird, ich bin dessen ganz sicher, dereinst der Neger an Intelligenz und Moral der weißen Rasse nicht sonderlich nachstehen" (S. 9), für welchen „Schwindel von Gleichberechtigung" sein amerikanischer Gastfreund allerdings nichts übrig hat. Allerdings wäre für Zeller-Bettauer die einfachste Lösung die: „über alle Rassenvorurteile hinweg das Aufgehen der Neger in den Weißen zu dulden." „Zeller merkt an den teils entrüsteten, teils eiskalten Mienen ringsum, daß er für die Begriffe der Anwesenden Ungeheuerliches gesagt hatte." Aber der Einwand, daß ein solcher Versuch „gleichbedeutend mit dem Aufgeben unserer selbst,

---

[63]) Herwig Hartner: Erotik und Rasse S. 164/165.

mit der Afrikanisierung, Vernegerung von ganz Amerika und bald der ganzen Welt" sei, macht auf den blonden, blauäugigen deutschen Hochschulprofessor als Vertreter Bettauerscher Vorurteilslosigkeit nicht den geringsten Eindruck.

Die einzige weiße Amerikanerin, deren nähere Bekanntschaft wir machen, die Frau seines Gastfreundes, „eine typische Vertreterin der nordischen Schönheit aus den Nordstaaten", ist nichts als eine kalte. berechnende, herrschsüchtige, unmenschliche Frau, die keinerlei sittliches Schamgefühl oder sittliche Bedenken, sondern ausgesprochen dirnenhafte Instinkte besitzt, so daß man meinen möchte, eine Stammkundin einer großstädtischen Bar vor sich zu haben. Welcher Abstand zu Karola, einem 14jährigen (!) Mulattenmädchen, in das sich Zeller verliebte, dem "schönen, schlanken Naturkinde", der „braunen Schönheit", das von dem ersten Augenblicke an sein Blut in Wallung gebracht hatte und von dem er sich in der Einsamkeit des Waldes „Old folks at home" vorsingen läßt! So feiert auch die verlogene Romantik von „Onkel Toms Hütte", die man längst für versunken hielt, ihre liebesfröhliche Auferstehung!

Diese sinnliche Wirkung, die die 14jährige Mulattin, ihre „stilvolle Schönheit", die „süße Nacktheit ihres Körpers" auf den blonden deutschen Universitätsprofessor ausübte, wird besonders eindrucksvoll beschrieben, und so erscheint es auch begreiflich, daß er sie, die überdies auch noch durch brutale Lynchakte bedroht ward, bei seiner Abreise mitnahm.

Da er Karola nicht allein in einem Negerhotel übernachten lassen wollte, machten sie sich auf einem verborgenen Rasenplatze in einem Parke ein gemeinsames Lager: „Die Nacht war heiß und schweigend .... Das Blut begann in seinen Adern zu kochen, und seine Hände liebkosten den heißen, jugendlichen Körper des Mädchens aus einer anderen Welt, das mit leisem, girrendem Jubelruf die Weibwerdung durch den von ihr Vergötterten empfing." (S. 46). „In Karolas Umarmung verlor er alle Erdenschwere, an ihrer jungen Brust fand er die restloseste Auslösung, das vollkommenste sinnliche Glück." (S. 47). Sie hing an ihm „mit einer zärtlichen Hingabe, deren eine Europäerin kaum noch fähig war." (S. 48). Daß das Verhältnis Folgen hat, macht ihm keine Sorgen: „Das Kind wird nicht hier aufwachsen, sondern in meiner deutschen Heimat. wo man solche Vorurteile nicht kennt, wo es niemand seiner Abstammung halber geringachten oder gar schmähen wird." Die Geburt kostete jedoch der kleinen Mulattin das Leben: „Und es war gerade noch Zeit genug. einen deutschen Notar aus der Nachbarschaft zu holen, der mißbilligend und verwundert zwar, aber schließlich doch das Unerhörte tat und einen blonden, weißen Universitätsprofessor mit einer Mulattin traute!" (S. 53.) Damit war er aber in Amerika unmöglich, er mußte seine Professur niederlegen „und sagte dem Lande, das zwar keine alten Schlösser, aber doch seine netten, alten Vorurteile hat, Ade." (S. 53).[64])

Die jüdischen Dichter und Literaten wären schlechte Kämpfer im Krieg der unsichtbaren Fronten, wenn sie den Kampf und die Werbung für ihr Volk, für das Judentum unterlassen würden. Darum

---

[64]) Herwig Hartner: Erotik und Rasse S. 165/167.

fehlt denn auch der ausgesprochene Werberoman für das Judentum im jüdischen Schrifttum keineswegs. Einen derartigen Werberoman hat Hugo Bettauer nach dem Vorbild des Juden Landsberger über das Thema: „Die Stadt ohne Juden" geschrieben. Hier nun wird ohne jedes Wissen, ohne jede Ahnung um die Geschichte von Wien — das ist die Stadt ohne Juden — drauflos behauptet und geschrieben, daß Wien ohne Juden „versumpert", „verdorft" und „verbauert", weil die arischen Trottel so idiotisch sind, daß sie ohne die „höhere Kultur" der Juden einfach lebensunfähig sind. Daß die großen Kunstwerke Wiens, seine Paläste, Theater und Museen nicht von Juden, sondern von Ariern erbaut wurden, daß es eine arische Dichtkunst, Tonkunst und bildende Kunst, daß es eine arische Wissenschaft gab, — lange, lange, ehe sich jüdische Dichterlinge, Literaten und Gelehrte „erfolgreich" und „erzieherisch" unter den Ariern betätigten — davon findet sich in dem Bettauer-Roman selbstverständlich keine Spur. Er ist eine einzige Verherrlichung der Juden, wie die folgende Kostprobe beweisen soll. Die Juden sind ausgewiesen. Was geschieht nun?

„Ein Geschäft nach dem andern wird gesperrt, ein Unternehmen nach dem andern verkracht, die ganze Konfektionsindustrie steht still, die Arbeitslosigkeit nimmt zu, die Krone sinkt ins Uferlose. Man schimpft „auf die Schieber, die alles verteuern, aber man spricht nicht von jüdischen Schiebern, sondern nur im allgemeinen." (S. 54.)

In den Schauspielhäusern wird ununterbrochen Ganghofer und Anzengruber gespielt, da von Juden nichts aufgeführt werden darf, (Bettauer hat erbärmlich schlechte Literaturkenntnisse !!), die Operettentheater müssen alle sperren, da „sämtliche alte und neue Operetten von Juden entweder komponiert oder geschrieben sind, meistens beides", und fast alle Tenore auswandern mußten, was Hofrat Spineder zu dem erkenntnisreichen Ausspruche veranlaßt, „daß sich die Juden und Christen hierzulande sehr gut ergänzt haben." (S. 55).

In den großen Modehäusern in der Kärntnerstraße steht zur Zeit der Hochsaison alles still:

„. . . . mit den christlichen Kundschaften war es nie weit her, und wenn es schon Christinnen, so hatte ihr Christentum doch irgendwo ein Klampferl. Entweder waren sie die Frauen oder Mätressen von Juden." (S. 57).

Die Modehäuser sind gezwungen, sich auf Loden, Barchent, Baumwolle und Flanell zu werfen, die als „hohe Pariser Mode" angepriesen werden, ferner genagelte Schuhe und Steirerhüteln; die Konditoreien werden in Stehbierhallen mit heißen Würsteln verwandelt. (S. 59.) Ein Ringkaffee nach dem andern geht ein oder wird zu einer Weinhalle verwandelt; die Zeitungen sind langweilig (!!) geworden, man ist gezwungen, nach dem „Berliner Tagblatt" (!!) zu greifen, auch eine geistig anregende Gesellschaft gibt es nicht mehr:

„Wien versumpert ohne Juden!" (S. 60).

„Um Wien vor dem völligen wirtschaftlichen und kulturellen Zusammenbruch zu retten, kommt es zur Aufhebung des Judengesetzes; vor allem hatten

„die Wiener Frauen und Mädchen, indem sie die christlich-soziale Partei im Stiche ließen, gezeigt, daß sie wieder ein blühendes, lustiges Wien voll Luxus, auch wenn es mitunter einen orientalischen Anstrich hat, haben wollen." (S. 133.)

Mit dem Falle des Judengesetzes ging die Krone sprunghaft in die Höhe, und bereits abends konnte die „Arbeiterzeitung" in einer Extra-Ausgabe, den Wienern von der „Ankunft des ersten Juden in Wien" Mitteilung machen.

Als sich dieser erste Jude mit einem Auto zur Freudenkundgebung auf den Ring wagte, ward er erkannt, im Triumphzug zum Rathause getragen, und der Bürgermeister Maria Laberl „betrat den Balkon, streckte segnend seine Arme aus und hielt eine Ansprache, die mit den Worten begann: „Mein lieber Jude!" (S. 140). [65])

Damit wollen wir es genug sein lassen. Nur jenen unbegreiflichen Leuten will ich noch eine Antwort geben, die mich darüber belehren wollen, daß ich so einem „literarischen Außenseiter" wie dem „Pornographen" Bettauer einen so großen Raum zugewiesen und soviel Aufmerksamkeit geschenkt habe. Bettauer stehe in keiner Literaturgeschichte — deshalb lese ihn kein ernsthafter Mensch. —

Sei weise, mein Sohn, so freuet sich mein Herz, so will ich antworten dem, der mich schmähet. Ein Witziger siehet das Unglück . . . weiter kann ich nicht schreiben, weil ich mit der Fortsetzung der Sprüche 27, V. 11, 12 ff. nicht einverstanden bin.

„Ein Witziger siehet das Unglück" — auch wenn es in keiner Literaturgeschichte steht. Ein Witziger sieht auch den Krieg, „auch wenn ihm keine Kugeln um die Ohren pfeifen, denn „die Küsse des Hasses sind gar zu reichlich" (Sprüche 27, V. 6.) Bettauers Romane sind in Hunderttausenden von Exemplaren verbreitet; seine Zeitschriften „Ich und Du" und „Bettauers Wochenschrift" wurden in einer Auflage von über 60 000 Exemplaren die Woche verbreitet. Wahrlich — „die Küsse des Hasses sind gar zu reichlich" — auch wenn sie in keiner Literaturgeschichte verzeichnet sind!

Bettauer wurde von einem Deutschen namens Rothstock niedergeschossen, weil seine Altersgenossen von dem Juden vergiftet wurden. Die Schüsse machen die Lage klar. Sie zeigen eindeutig den Krieg der unsichtbaren Fronten, der bisher in keinem nichtjüdischen Rechtsbuche verzeichnet steht. Jedes Pogromgeschrei wird bei dieser Sachlage sinnlos. Der jüdische Entrassungskampf ist in vollem Gange: — zynisch, unbarmherzig, brutal und gemein wird unser Blut verschleudert, vergeudet und verludert. Ist unser Blut dazu da, daß es in den geilen Orgien eines charakterlosen Völkerbreies sinnlos und lebenswidrig verdampft und verraucht? Bloß weil der Jude meint: „Das Natürliche ist das Chaos?" Hier gibt es, wie in jedem Kriege, nur ein Entweder — Oder! Entweder: Untergang der Völker und Entstehung des Triebsandmenschen im Rassenchaos, also das Ideal des ausgehenden Römischen Reiches: — Oder: — Arteigene Volkstümer

---

[65]) Herwig Hartner: Erotik und Rasse S. 187/189.

und rassenbewußte, volksverbundene Persönlichkeiten. Das erstere ist das jüdische, das letztere das deutsche Züchtungsideal — ein drittes gibt es nicht!

Wenn es Euch, ihr Deutschen, **noch** nicht klar ist, um was es geht, so mag euch zum Schluß noch der Spott des Juden in den Ohren gellen:

Ahasvers fröhlich Wanderlied

Seht, ich bin der Wurzellose,
Kein der Umwelt Anvermählter,
Keines Heimwehtraums Narkose
Treibt das Herz mir in die Hose,
Denn ich bin ein Leidgestählter.

Treibt ihr mich von euren Schwellen,
Ich bin doch der Meistbegehrte,
Eure Neidgeschreie gellen,
Denn ich trinke eure Quellen,
Und ich wäge eure Werte.

Meiner Seele glatte Häute
Bergen, was ich bettelnd büßte;
Doch es türmt sich meine Beute,
Und es jauchzen eure Bräute
Mir, dem Auswurf fremder Wüste.

Gähnend dampft ihr euren Knaster,
Zu der ehrbaren Verdauung,
Doch ich bin ein kluger Taster,
Und ich reize eure Laster,
Zu höchst eigener Erbauung.

Also treibe ich die Spiele,
Meines reifen Übermutes,
Sonderbare, sehr subtile,
Letzte, euch verhüllte Ziele
Meines Asiatenblutes.[66])

Deutsche, lernt dem jüdischen Krieger tief ins Auge und in die Seele sehen, Deutsche kämpft den Krieg der unsichtbaren Fronten! **Ihr allein könnt es!**

---

[66]) Der Jude Paul Mayer in der jüdischen Zeitschrift „Aktion" Nr. 5 vom Januar 1913.

3. Hauptstück.

Entwurzelung.

1. Christlicher Kapitalismus und Völkerzerfall.

a)

Das System des jüdischen Kriegsrechts berührt sich in wesentlichen Punkten mit der christlichen Ethik. Das ist auch ganz natürlich, da ja jüdisches Kriegsrecht und Christentum dem Judaismus entstammen. Die deutscherseits unternommenen Versuche, das Christentum als etwas dem Judentum Wesensfremdes und Entgegengesetztes hinzustellen, verschleiern den Tatbestand und erschweren die Forschung besonders bezüglich der unser Wirtschaftsleben aufs stärkste beeinflussenden Kräfte, die wir unter dem Namen oder Schlagwort des Kapitalismus zusammenzufassen pflegen. Was ist „Kapitalismus"? Woher kommt uns dieser Gast?

Da es ein Unding ist, eine so vielgestaltige Erscheinung wie den Kapitalismus in eine Definition zu pressen, so wähle ich den meines Erachtens zum Ziele führenden Weg, der den Geist des Kapitalismus und das Wesen des kapitalistischen Menschen an einzelnen Äußerungen erkennen läßt. Wir suchen also den Kapitalismus und seinen Geist an seinem Erscheinungsbild zu erfassen, ohne jedoch den Anspruch zu erheben, daß in dieser Skizze dieses Erscheinungsbild vollständig bis in alle Einzelheiten wiedergegeben wäre.

Für den Zweck unserer Untersuchung wählen wir nach Möglichkeit nur solche Äußerungen, welche als *typisch* für dieses Erscheinungsbild angesprochen werden müssen. Benjamin Franklin mag darum als einer der meistgelesenen Schriftsteller zu uns sprechen:

> „Bedenke, daß die Zeit Geld ist; wer täglich 10 Schillinge durch seine Arbeit erwerben könnte und den halben Tag spazieren geht, oder auf seinem Zimmer faulenzt, der darf, auch wenn er nur sechs Pence für sein Vergnügen ausgibt, nicht das allein berechnen, er hat nebenbei noch fünf Schillinge ausgegeben oder vielmehr weggeworfen.
>
> Bedenke, daß Kredit Geld ist. Läßt jemand sein Geld, nachdem es zahlbar ist, bei mir stehen, so schenkt er die Interessen, oder soviel als ich während dieser Zeit damit anfangen kann. Dies beläuft sich auf eine beträchtliche Summe, wenn ein Mann guten und großen Kredit hat und guten Gebrauch davon macht.
>
> Bedenke, daß Geld von einer zeugungskräftigen und fruchtbaren Natur ist. Geld kann Geld erzeugen und die Sprößlinge können noch mehr erzeugen und so fort. Fünf Schillinge umgeschlagen sind sechs, wieder umgetrieben sieben Schilling drei Pence und so fort bis es hundert Pfund Sterling sind. Je mehr davon vorhanden ist, desto mehr erzeugt das Geld beim Umschlag, sodaß der Nutzen schneller und immer schneller steigt. Wer ein Mutterschwein tötet, vernichtet dessen ganze Nachkommenschaft bis ins tausendste Glied. Wer ein Fünfschillingstück umbringt, *mordet* alles, was

damit hätte produziert werden können; ganze Kolonnen von Pfunden Sterling.

Bedenke, daß — nach dem Sprichwort — ein guter Zahler der Herr von jedermanns Beutel ist. Wer dafür bekannt ist, pünktlich zur versprochenen Zeit zu zahlen, der kann zu jeder Zeit alles Geld entlehnen, was seine Freunde gerade nicht brauchen.

Dies ist bisweilen von großem Nutzen. Neben Fleiß und Mäßigkeit trägt nichts so sehr dazu bei, einen jungen Mann in der Welt vorwärts zu bringen, als Pünktlichkeit und Gerechtigkeit bei allen seinen Geschäften. Deshalb behalte niemals erborgtes Geld eine Stunde länger als du versprachst, damit nicht der Ärger darüber deines Freundes Börse Dir auf immer verschließe.

Die unbedeutendsten Handlungen, die den Kredit eines Mannes beeinflussen, müssen von ihm beachtet werden. Der Schlag deines Hammers, den dein Gläubiger um 5 Uhr morgens oder um 8 Uhr abends vernimmt, stellt ihn auf sechs Monate zufrieden; sieht er dich aber am Billardtisch oder hört er deine Stimme im Wirtshause, wenn du bei der Arbeit sein solltest, so läßt er dich am nächsten Morgen um die Zahlung mahnen, und fordert sein Geld, bevor du es zur Verfügung hast.

Außerdem zeigt dies, daß du ein Gedächtnis für deine Schulden hast, es läßt dich als einen ebenso sorgfältigen wie ehrlichen Mann erscheinen und das vermehrt deinen Kredit.

Hüte dich, daß du alles, was du besitzest, für dein Eigentum hältst und demgemäß lebst. In diese Täuschung geraten viele Leute, die Kredit haben. Um dies zu verhüten, halte eine genaue Rechnung über deine Ausgaben und dein Einkommen. Machst du dir die Mühe, einmal auf die Einzelheiten zu achten, so hat das folgende gute Wirkung: du entdeckst, was für wunderbar kleine Ausgaben zu großen Summen anschwellen und du wirst bemerken, was hätte gespart werden können und was in Zukunft gespart werden kann ....

Für 6 Pfund jährlich kannst du den Gebrauch von 100 Pfund haben, vorausgesetzt, daß du ein Mann von bekannter Klugheit und Ehrlichkeit bist. Wer täglich einen Groschen nutzlos ausgibt, gibt an 6 Pfd. jährlich nutzlos aus, und das ist der Preis für den Gebrauch von 100 Pfd. Wer täglich einen Teil seiner Zeit zum Werte eines Groschen verschwendet (und das mögen nur ein paar Minuten sein), verliert, einen Tag in den anderen gerechnet, das Vorrecht 100 Pfd. jährlich zu gebrauchen. Wer nutzlos seine Zeit im Wert von 5 Schillingen vergeudet, verliert 5 Schillinge und könnte ebensogut 5 Schillinge ins Meer werfen. Wer 5 Schillinge verliert, verliert nicht nur die Summe, sondern alles, was damit bei Verwendung im Gewerbe hätte verdient werden können, — was, wenn ein junger Mann ein höheres Alter erreicht, zu einer ganz bedeutenden Summe aufläuft."

Es ist kapitalistischer Geist, der uns aus diesen Sätzen Franklins entgegenweht, jener Geist, dem als Zeitverschwendung gilt, was nicht nützlich angelegt wird, dem der rastlos tätige, nüchtern rechnende, rationell wirtschaftende, aus lauter Rücksicht auf Geld, Kredit und materiellen Erfolg zusammengesetzte Wirtschaftsmensch als der Idealtypus des Menschen überhaupt gilt. Wer gegen dieses Ideal von einem Menschen verstößt, ist für Franklin kein Vollmensch und gilt ihm nicht als sittlich einwandfrei. Die ganz betonte Art der Sittlichkeit, die aus den Franklinschen Sätzen so kategorisch zu uns spricht, erscheint mir als das Wesentliche des kapitalistischen Geistes, weil nur sie allein die Grundlage für jene methodische Lebensführung abgeben konnte, die dem Menschen den kapitalistischen Erfolg sichert. Geschäftlicher Erfolg im kapitalistischen Sinne ist eben nur bei einer ganz bestimmten methodischen Lebensführung möglich. Dieser Satz, der geradezu als kapitalistisches Axiom angesprochen werden muß, gehört, wenn er auch nicht gerade ausgesprochen wurde, schon seit den frühesten Anfängen zum eisernen Bestand kapitalistischen Denkens und Handelns. Methodische Lebensführung ist die erste Tugend des Kapitalisten; aber nur die methodische Lebensführung im Sinne und Geiste rationeller Wirtschaftlichkeit. Diese erstreckt sich, wie schon die florentinischen Kapitalisten um die Wende des 14. Jahrhunderts erkannt und eindringlich gepredigt haben, auf das Haushalten mit drei Dingen:

1. mit unserer Seele;
2. mit unserem Körper;
3. mit unserer Zeit.

„Wer keine Zeit zu verlieren weiß, — so lesen wir in den Familienbüchern des Florentiners Alberti — „der kann beinahe jede Sache tun; und wer die Zeit gut anzuwenden versteht, der wird bald Herr über jedes beliebige Tun sein." .... „Um von dem so kostbaren Gute, der Zeit, nichts zu verlieren, stelle ich mir diese Regel auf: „nie bin ich müßig, ich fliehe den Schlaf und lege mich erst nieder, wenn ich vor Ermattung umsinke..... Ich verfahre also so: ich fliehe den Schlaf und die Muße, indem ich mir etwas vornehme. Um alles in guter Ordnung zu vollbringen, was vollbracht werden muß, mache ich mir morgens, wenn ich aufstehe, einen Zeitplan: was werde ich heute zu tun haben? Viele Dinge: ich werde sie aufzählen, denke ich, und jeder weise ich dann ihre Zeit zu: dieses tue ich heute morgen, das nachmittags, das heute abend; und auf diese Weise vollbringe ich meine Geschäfte in guter Ordnung, fast ohne Mühe .... Abends überdenke ich mir alles, ehe ich mich zur Ruhe lege, was ich getan habe .... Lieber will ich den Schlaf verlieren als die Zeit" ....

Es ist derselbe Geist, der aus dem Florentiner Alberti im 15. Jahrhundert (christl. Zeitrechnung) wie aus dem Amerikaner Franklin im 18. Jahrhundert spricht! Daß die Träger durch eine Zeitspanne von nahezu 300 Jahren von einander getrennt sind, ist ein klassischer Beweis für die Dauerhaftigkeit und Beständigkeit dieses Geistes. Darüber hinaus ist anzumerken, daß dieses Bewußtsein, das sich so gleichartig in Italien wie in Nordamerika äußert, aus der gleichen Quelle gespeist werden mußte, die gleichermaßen in Italien wie in Amerika floß.

Wir ziehen zur Verdeutlichung des Gesagten noch eine Parallele zwischen Franklin und dem Bruder des großen Leonardo da Vinci, dem ehrsamen Florentiner Wollhändler Lorenzo da Vinci, der in seinem

Beichtbuche die vier christlichen Haupttugenden „wohl nicht ohne Hintergedanken in Bezug auf seinen Bruder, den berühmten Künstler, den Malern unter folgender Allegorie darzustellen anriet: die Klugheit mit drei Gesichtern, zum Zeichen, daß sie Gegenwart, Vergangenheit und Zukunft zu erkennen vermag; die Gerechtigkeit mit Schwert und Wage; die Kraft an eine Säule gelehnt; die Mäßigkeit; in der einen Hand den Zirkel, in der anderen die Schere, „mit der sie jeden Überfluß abschneidet."[67])

Leonardo da Vinci mag beim Lesen des brüderlichen Beichtbuches wohl an seinen gottesfürchtigen Großvater Antonio gedacht haben, der ebenfalls seinen Kindern die Weisheit kapitalistischer Lebensführung empfohlen hatte:

> „Meine Kinder, nehmt die Ameisen zum Vorbilde, die sich bereits heute um die Bedürfnisse des morgigen Tages sorgen. Werdet sparsam und mäßig. Mit wem soll ich einen guten Haushalter, einen guten Familienvater vergleichen? Ich vergleiche ihn mit einer Spinne, die im Mittelpunkt des weitgespannten Gewebes sitzt und zur Hilfe herbeieilt, sobald sie das geringste Zittern eines Fadens wahrnimmt .... Kinder seid barmherzig, wie es unsere heilige Kirche von uns fordert; zieht aber die glücklichen Freunde den unglücklichen, die reichen den armen vor. Die höchste Lebenskunst besteht darin, w o h l t ä t i g z u e r s c h e i n e n, und durch Schlauheit den Schlauen zu übertrumpfen."

Der alte Antonio da Vinci kannte sicher seine Bibel und nahm es sicher ernst mit dem Leben nach christlichen Grundsätzen und christlicher Weisheit, denn seine Ratschläge berühren sich unverkennbar mit der Spruchweisheit Kapitel 6 Vers 1 ff.:

> „Mein Kind, wirst du Bürge für deinen Nächsten, und hast deine Hand bei einem Fremden verhaftet, so bist du verknüpft durch die Rede deines Mundes und gefangen mit den Reden deines Mundes. So tue doch, mein Kind, also, und errette dich; denn du bist deinem Nächsten in die Hände kommen; eile, dränge und treibe deinen Nächsten. Laß deine Augen nicht schlafen, noch deine Augenlider schlummern. Errette dich wie ein Reh von der Hand und wie ein Vogel aus der Hand des Voglers. Gehe hin zur Ameise du Fauler; siehe ihre Weise an und lerne. Ob sie wohl keinen Fürsten, noch Hauptmann, noch Herrn hat, bereitet sie doch ihr Brot im Sommer, und sammelt ihre Speise in der Ernte. Wie lange liegest du Fauler? Wann willst du aufstehen von deinem Schlaf? Ja, schlafe noch ein wenig, schlummere ein wenig, schlage die Hände in einander ein wenig, daß du schlafest, s o w i r d d i c h d i e A r m u t ü b e r e i l e n w i e e i n F u ß g ä n g e r, u n d d e r M a n g e l w i e e i n g e w a p p n e t e r M a n n." —

Die methodische Lebensführung, die dem Zwecke rationeller Wirtschaftlichkeit entspricht, steht unter dem Gebot einer besonderen Wertschätzung des Reichtums. Die Anweisungen der Franklin, Alberti, Lorenzo und Antonio da Vinci haben nur einen Sinn, wenn der Reichtum als erstrebenswertes Glück, die Armut als zu vermei-

---

[67]) Werner Sombart, „Der Bourgeois." S. 145/146.

bendes Übel betrachtet wird. Allerdings — und das ist das Wesentliche der kapitalistischen Reichtums- und Glückphilosophie — wird der Reichtum nicht als Mittel zu einem genuß- und sinnenfrohen Leben erstrebt. Dem kapitalistischen Streben nach Reichtum liegt vielmehr eine asketische, weltflüchtige Gemütsstimmung zum Grunde, die nicht so sehr den Reichtum als solchen erstrebt, sondern den Reichtum als äußeren Ausdruck erfolgreicher Lebenstätigkeit und innerer Tüchtigkeit. Die methodische Lebensführung, die uns sowohl die Florentiner wie der Amerikaner Franklin anempfehlen, ist mit ihrer asketischen Gemütsstimmung religiös verwurzelt. Der religiöse Boden, dem die Florentiner Katholiken wie die amerikanischen Puritaner ihre asketische Gemütsstimmung und ihre kapitalistische Reichtums- und Glückphilosophie verdanken, ist das Christentum und seine biblische Weltanschauung. Als außerchristliche, aber ebenfalls weltanschauliche Quelle kommt für die Zeit des Frühkapitalismus noch der Stoizismus in Betracht, dessen Schriften eine stets gern gelesene und befolgte Lektüre der Florentiner Kapitalistenfamilien waren.

Wie sehr sich die Franklinschen Gedankengänge mit christlicher Weisheit berühren, möge sich aus der folgenden Zusammenstellung ergeben. Ich zitiere nach Sombart „Der Bourgeois" S. 197:

Benjamin Franklin und seine Verehrer lassen sich wie folgt vernehmen:

> „Der Mann, dem Gott Reichtum und eine Seele verliehen hat, ihn recht zu gebrauchen, hat daran eine besondere und vorzügliche Gnadenbezeugung erhalten."

Folgen Anweisung, den Reichtum gut anzuwenden.

> „Reichtum muß durch Fleiß und Geschicklichkeit beständig wuchern. Nie darf man ihn müßig liegen lassen; immer muß er das Vermögen seines Besitzers vermehren und Glück weit und breit verbreiten . . . .
>
> Die Nichtbenutzung des Reichtums widerstreitet ebensowohl seiner Bestimmung, als dies gegen die Pflicht der Menschheit verstößt . . . .
>
> Geld und Güter zu sammeln, ist verständig; aber sie zweckmäßig zu gebrauchen, vernünftig. Nicht der Reichtum macht glücklich, sondern seine weise Anwendung, und was hülfe es dem Menschen, wenn er alle Güter dieser Welt gewönne und nicht — ein Biedermann (!) wäre?
>
> Reichtum gibt Ansehen, gewährt Zuversicht und schafft Mittel (!) zu mancherlei nützlichen und ehrenvollen Unternehmungen . . .
>
> Der Reichtum verscheucht Sorgen, die Tag und Nacht an unserem Leben nagen. Heiter sehen wir in die Zukunft, sobald wir ein gutes Gewissen dabei bewahren. Dieses muß die Grundlage jedes Erwerbes sein.
>
> Immer richtig zu handeln und das Gute zu tun aus Ehrfurcht gegen Gott und aus Achtung gegen die Menschheit, gibt Freudigkeit zu jedem Unternehmen. Gott stets vor Augen und im Herzen zu haben, nebst verständiger Arbeit, ist der Anfang zur Kunst, reich zu werden; denn was hülfe aller Gewinn, wenn wir den scheuen müßten, der Herr der Welten ist, und was nützt uns das Geld, wenn wir nicht heiter auf zum Himmel blicken könnten."

Mit diesen Ausführungen vergleiche man nun, was Büchners Bibelkonkordanz S. 820 über den Reichtum unter anderem schreibt:

„Reichtum und Ehre sind eine Gabe Gottes, Pred. 5,18, Psalm 132, 15. 5. Mose 28,3—13 und er teilt sie nach seinem heiligen Wort den Frommen zu, damit man sie nicht für böse halte; und den Gottlosen, damit man sie nicht für das höchste Gut achte. Er entzieht sie denselben wieder, nach seinem Wohlgefallen, damit die Gottlosen an den, der sie gegeben, gedenken und vielmehr nach dem Reichtum in Christo trachten sollen; die Frommen aber im Glauben geprüfet werden, und damit es klar werde, daß, wie sehr auch die Welt den Reichtum hochstelle, und ihm eine Art Allmacht zuschreibe (Aristophan. Plut. 120sqq), doch des Menschen Wert nicht danach gemessen werden soll.

Ist ohne Gottes Segen nichts auszurichten. Ps. 127,1, so hilft es demjenigen, der Alles zusammenscharren will, nichts, daß er sein Brot mit Kummer ißt, und seinem Schlafe abbricht. Gott gibt es denen, die ihn lieben, schlafend, er gibt ihnen einen ruhigen erquickenden Schlummer, dessen die, die sich mit Geldsorgen plagen, entbehren V. 2. Der sichs sauer werden läßt, muß doch Gott in die Hände sehen und seinen Segen erwarten, Pred. 3,9. Sir. 11,11.

Der Mensch will sich in diese heilige Ordnung Gottes nicht schicken, sondern strebt nach zeitlichen Gütern, auch wohl durch unordentliche Mittel, Sprw. 21,6. Da doch ungerecht erworbener Reichtum nie erfreut, und die göttliche Rache gewiß herbeiführt. Niemand will sich genügen lassen, sondern die meisten reden die Sprache der I g e l, Sprw. 30,15, bringe her, bringe her, und bedenken die Eitelkeit und Gefahr, die mit Reichtum verknüpft sind, nicht. Wer Reichtum findet, der verliert seine Ruhe, im Wachen sinnt er auf Vermehrung, im Schlaf träumt er von Dieben, am Tage ist er bekümmert, des Nachts furchtsam, allezeit ein Bettler.

Der Reichste in der Welt kann der Armut im Tode nicht entgehen. Ihr also, die ihr viele Güter besitzt, seid auch zur Seligkeit berufen. 1. Tim. 2,4 aber vergesset a) Gottes Befehl nicht, Ps. 62,11. Jes. 58,7. 8.—1.Tim. 6,17. 18. Luk. 16,9. b) gedenket an die Liebe 1. Joh. 3,17 und c) d e n N u t z e n, w e n n i h r A l m o s e n g e b t, Luk. 12,33 so wird Christus, 1. Tim. 6,18. 19 die Liebeswerke, als Zeichen eures Glaubens, an jenem Tage anführen, Matth. 25,42. W o h l d e m R e i c h e n, d e r u n s t r ä f l i c h g e f u n d e n w i r d, Sir. 31,8. Wohl dem, der, wenn er in zeitlichen Gütern warm sitzt, nicht in Glauben und Liebe kalt wird, sondern vielmehr nach dem Reichtum in Gott trachtet, Luk. 12,21. N u r d e m C h r i s t e n i s t d e r R e i c h t u m n i c h t g e f ä h r l i c h, e r n u r k a n n i h n e b e n s o w ü r d i g g e b r a u c h e n, a l s s e i n e r l e i c h t e n t b e h r e n."

Der Widerspruch, der zwischen der asketischen und weltflüchtigen Grundstimmung gegenüber dem Reichtum einerseits und dem Streben nach Reichtum andererseits besteht, läßt sich auf Grund der eben gegebenen Ausführungen aus Büchners Bibelkonkordanz zwanglos erklären und auflösen. Der zugrundeliegende Gedanke ist einfach der: „Der Christ soll sich im Reichtum als Christ bewähren, er soll sich unsträflich zeigen, er soll den Reichtum würdig gebrauchen, d e n n C h r i s t u s w i r d d i e L i e b e s w e r k e a l s Z e i c h e n s e i n e s

Glaubens „an jenem Tage anführen." Die Bewährung im Glauben ist, wie die Grundlage des gesamten christlichen Lebens, so auch selbstverständlich die Grundlage der Berufsarbeit des Christen.

Die Ausdehnung des Bewährungsgedankens auf die tägliche Berufsarbeit ist eine der folgenschwersten Taten des Protestantismus gewesen. Dem Katholizismus galt nämlich die Bewährung des Glaubens durch die außerweltliche Askese des Mönchtums als höchstes Ideal. Wenn auch noch in der lutherischen Berufskonzeption diese Ausdehnung nicht widerspruchslos scharf und klar ausgesprochen ist, so war doch mit der Verwerfung der außerweltlichen Askese des Mönchtums als einer verdienstvollen Bewährung des christlichen Glaubens die Hinwendung zu einer besonderen Wertschätzung des Berufslebens mit innerer Notwendigkeit vollzogen. Andererseits muß im Auge behalten werden, daß der Protestantismus mit der mönchischen Askese nicht schlechthin die Askese verwarf, sondern in Übereinstimmung mit dem Katholizismus in der Askese ebenfalls ein von seinen Anhängern und Gläubigen zu befolgendes Lebensideal sah. Wenn Sombart aus Baxters „Directory" eine Reihe von Stellen anführt, welche erweisen sollen, daß in der puritanischen Ethik mehr das Armutsideal gepredigt wird, im Gegensatz zu den Scholastikern, bei denen er eher eine Hinneigung zum Reichtum feststellen will, so sind seine Ausführungen durchaus nicht überzeugend. Es ist dieselbe asketische, weltflüchtige Grundstimmung wie bei den Scholastikern, aus der heraus Baxter vor der Liebe zum Reichtum und vor den Gefahren des Reichtums warnt und seine christlichen Glaubensbrüder auffordert, sich innerlich vom Geld und vom Reichtum loszulösen und den Reichtum zu besitzen, als ob sie ihn nicht besäßen. Zweifellos will Baxter dasselbe wie sein Kollege Wesley und wie Luther: — die Bewährung des christlichen Glaubens nicht in der außerweltlichen Askese des Mönchtums, sondern in der innerweltlichen Askese der täglichen Berufsarbeit durch Fleiß und Sparsamkeit. Denn gerade Baxter, der nach Sombart den Reichtum so energisch verwirft, „erläutert (Saints everlasting rest c. XII.) Gottes Unsichtbarkeit durch die Bemerkung: wie man im Wege der Korrespondenz gewinnbringenden Handel mit einem nicht gesehenen Fremden treiben könne, so könne man auch durch einen „seligen Handel" mit dem unsichtbaren Gott die „eine köstliche Perle" erwerben. — Diese kommerziellen anstatt der bei den älteren Moralisten und im Luthertum üblichen forensischen Gleichnisse sind recht charakteristisch für den Puritanismus, der im Effekt eben den Menschen selbst seine Seligkeit „erhandeln" läßt."[68])

Während der Katholizismus durch die außerweltliche Askese des Klosterlebens seine Gläubigen „aus Volk, Stamm, Nation — und aus dem Berufsleben herauserlöste" und so als das Ideal der Lebensführung des Einzelnen die stille Beschaulichkeit nach Abtötung bzw. Sublimierung des Fleisches- und Sinnenlebens bezeichnet, bindet der

[68]) Max Weber Religionssoziologie Band I. S. 124.

Protestantismus seine Gläubigen einerseits auf das engste an das Berufsleben, indem er ihnen die Pflicht auferlegt, sich im alltäglichen Berufsleben als Christen zu bewähren, und löst sie andererseits vollkommen und radikal ab von dieser Welt, indem er in Übereinstimmung mit dem Katholizismus den Menschen zu einem außerweltlichen, übernatürlichen Wesen macht. Eine Reihe von Stellen aus der Bibel und christlichen Schriftstellern werden diese Ansicht erhärten.

„Wir haben hier keine bleibende Statt, sondern die zukünftige suchen wir." Hebräer 13,14. „Dieweil wir im Leibe wohnen, so wallen wir dem Herrn." (Paulus 2. Kor. 5,6.) „So wir nun aber im Leibe, welcher ja eigentlich unser ist, wallen und frembde seyn und unser Leben nichts anders ist, denn eine Pilgerschaft, wie viel mehr seyn die Güter, so wir um des Leibes willen haben, als Äcker, Häuser, Geld etc., nichts anderes denn eitel frembde Dinge und Pilgerschaften." „Derohalben müssen wir auch in diesem Leben gleich wie Fremdlinge leben, biß daß wir das rechte Vaterland erreichen, und ein besser Leben überkommen mögen, welches ewig ist." (Luther Teil II. S. 240. 370 a). „Unser Wandel (nicht Wandel, sondern unser Heimatsrecht, civitas oder ius civitatis) ist im Himmel, von dannen wir auch warten des Heilands Jesu Christi, des Herrn, welcher unsern nichtigen Leib verklären wird, daß er ähnlich werde seinem verklärten Leibe, nach der Wirkung, damit er kann auch alle Dinge ihm unterwürfig machen." (Philipper 3,20. 20.) „Die Welt erzeugt weder den Menschen, *noch ist der Mensch ein Teil der Welt.*" Lactantius (Div. Inst. lib. II. c. 6). „Der Himmel gehört zur Welt: *der Mensch aber ist über der Welt.*" (Ambrosius Epist. lib VI. Ep. 38). „Erkenne, o Mensch, deine Würde, erkenne die Herrlichkeit der menschlichen Natur. Du hast zwar den Körper mit der Welt gemein, aber du hast auch etwas Erhabeneres und bist schlechterdings nicht mit den übrigen Geschöpfen zu vergleichen." (Bernardus Opp. Basil. 1558 p. 79). „Der Christ erhebt sich über die ganze Welt; er bleibt selbst nicht im Himmelsgewölbe stehen, sondern überfliegt auch die überhimmlischen Räume im Geiste und bringt so, von heiliger Begeisterung gleichsam aus der Welt versetzt, Gott seine Gebete dar." (Origenes Contra Celsum, ed Heeschelio. p. 370). „Was tust Du, Bruder, in der Menschenwelt, der du größer bist als Gotteswelt?" (Hieronymus Ad. Heliod. de laude vitae solit.). „Diese ganze Welt hat nicht soviel Wert wie eine einzige Seele, denn Gott opferte sich nicht für die ganze Welt, sondern für die menschliche Seele. Höher ist also der Wert der Seele, die nur durch Christi Blut erlöst werden konnte." (Meditat. devotiss. c. II. Pseudo. Bernhard). „Augustin sagt: ein größeres Werk ist die Rechtfertigung des Sünders, als die Schöpfung von Himmel und Erde, denn Himmel und Erde werden vergehen, aber das Heil und die Rechtfertigung der Vorherbestimmten werden bleiben. Augustin hat recht. Wohl ist das Gut des Ganzen ein größeres Gut, als das besondere Gut eines einzelnen, wenn beide der Gattung nach eins sind, aber das Gut der Gnade eines einzigen ist größer als das natürliche Gut der ganzen Welt." (Thomas Aq.

Summ. Prima Secundae Partis. Qu. 113.9). „Wieviel besser ist's, ich verliere die ganze Welt, denn daß ich Gott verliere, der die Welt geschaffen hat und unzählige Welten schaffen kann, der besser ist, denn hunderttausend und unzählige Welt. Denn was ist doch für eine Vergleichung Zeitliches gegen Ewiges? .... Eine Seele ist besser denn die ganze Welt." (Luther T. XIX. S. 21).

Das ist die Gemütsstimmung, aus der die außerweltliche Askese des Katholizismus, wie die innerweltliche Askese des Protestantismus sich allein erklären läßt. Die andere Wurzel der protestantischen Berufsethik — der Katholizismus scheidet hier aus — ist die Lehre vom Gnadenstand, durch welche gerade auch die protestantische innerweltliche Askese eine erhebliche Verschärfung erfahren hat. Allerdings gilt dies nicht allgemein vom Protestantismus, sondern speziell vom Kalvinismus und Puritanertum. Denn die Lehre vom Gnadenstand ist im Luthertum der deutschen Religiosität entsprechend fast ausschließlich gefühls- und gemütsbetont und bezeichnet ein inneres, subjektives Verhältnis des Menschen zu Gott. In der Gottesvorstellung Luthers kommt immer und immer wieder die deutsche Seele Luthers zum Durchbruch, welcher Worte und Formeln nichts, das Gotterleben der Einzelseele dagegen alles bedeutet. Bei diesem Gotterleben gibt es kein Außen und kein Innen, kein Oben und kein Unten, sondern nur das seiner selbst bewußte und sich selbst erlebende göttliche Wesen. Das Luthertum kennt zwar mit seiner im Ganzen unglücklichen Lehre von der Dreieinigkeit einen vom Lutherschen Gotterleben scharf geschiedenen außerweltlichen Gottes**begriff**, der teils aus biblischen, teils aus außerbiblischen Elementen zusammengesetzt ist und dessen theologische Ausbildung in den vergangenen 400 Jahren uns zum Jahwe der Bibel zurückgeführt hat. Von Luther gehen zwei Wege aus. Der eine Weg geht vom Christentum weg zu deutschem Gotterleben und deutscher Gottschau. Der andere Weg führt über die Bibel zum Katholizismus oder zum Judentum hin. Der deutsche Protestantismus befindet sich darum folgerichtigerweise auf dem Marsch nach Rom, der englische Puritanismus und der Kalvinismus hat den Weg zum Judaismus hin gewählt. Diese Formulierung mag schroff klingen, doch ist sie mit voller Absicht so schroff gefaßt, um zu zeigen, wo von allem Anfang an der innere Bruch des Protestantismus lag, der heute mehr und mehr zum Vorschein kommt. Wenn es dem Katholizismus gelang, die einander entgegengesetzten Elemente des Christentums, das Ariertum und das Judentum zu einer gewissen Einheitlichkeit zu verschmelzen, so kam im Protestantismus der alte Gegensatz zwischen Ariertum und Judentum wieder zum unversöhnlichen Bruche.

Während also im gefühls- und gemütsbetonten Luthertum die Lehre vom Gnadenstand noch stark von Luthers persönlichem Gotterleben durchflutet ist, steht im Mittelpunkt der kalvinistischen Lehre schroff und unerbittlich die Prädestinationslehre. Wir haben sie bei der Darstellung des Christentums als solipsistischer Lehre schon kennengelernt, weshalb ich jetzt zur Vermeidung von Wiederholungen auf diese Darstellung verweisen kann. Welche Wirkung die kalvinistische Lehre auf den gläubigen Kalvinisten hatte, zeigte uns Bunyans Pilgerreise. Für diejenigen Kritiker, welche mir entgegenhalten wollen, daß ein Buch wie Bunyans Pilgerreise nicht geeignet sei, um den Seelenzustand ganzer Völker zu erkennen, setze ich die Schilderung hierher, die Thomas Buckle über den Geisteszustand des schottischen Volkes in seiner Geschichte der Zivilisation in England im vierten Kapitel des zweiten Bandes entwirft:

„Die religiöse Sinnesrichtung der Bevölkerung fand ihren Ausdruck zunächst in dem Eifer, mit dem sie sich den religiösen Übungen hingaben: davon werde ich in einem anderen Zusammenhange noch zu berichten haben. Sodann aber auch in der knechtischen Unterwerfung unter das Machtwort der Prediger. Die Geistlichen mischten sich in jedermanns Privatverhältnisse, ordneten an, wie er es mit seiner Familie halten solle und besichtigten von Zeit zu Zeit den Haushalt persönlich. Ihre Günstlinge, die Ältesten, waren überall: jedes Kirchspiel war in Aufsichtsbezirke geteilt, denen je ein Ältester vorstand. Hier hatte er Kontrolle zu üben. Außerdem waren Spione aufgestellt. Nicht nur die Straßen, selbst die Privathäuser wurden durchsucht; man sah nach, ob jemand während der Kirchzeit zu Hause geblieben war und die Predigt versäumt hatte. Und allen diesen Kontrollierungen fügte man sich, ohne zu murren. Die Autorität der Priester galt als unbeschränkt. Sie hatten sie dadurch zu erzeugen gewußt, daß sie ihre Hörer glauben machten, was von der Kanzel gesprochen werde, komme unmittelbar von Gott. Die Prediger galten als Abgesandte Gottes: sie waren die auserwählten Pfeile in Gottes Köcher.

Der Furcht vor dem Priester entsprach die Furcht vor Dämonen. Man glaubte allgemein, böse Geister schwärmten über die Erde, zögen hin und wider, lebten auch in der Luft und hätten das Geschäft, die Menschen zu versuchen und ihnen Leides zuzufügen. Ihre Zahl war endlos. An ihrer Spitze stand Satan selbst, und dieser fand sein Vergnügen daran, in Person zu erscheinen und jeden zu umstricken und zu erschrecken, den er antraf. Zu diesem Zwecke nahm er verschiedene Gestalten an. Zuweilen besuchte er die Erde als ein schwarzer Hund, ein andermal als ein Rabe usw. Seine Teufeleien waren endlos, denn nach Ansicht der Gottesgelehrten wurde er immer verschlagener, je älter er wurde; und nach einem Studium von 5000 Jahren hatte er jetzt eine unvergleichliche Geschicklichkeit erlangt. Die Geistlichkeit predigte fortwährend über ihn und bereitete ihre Zuhörer auf eine Zusammenkunft mit ihrem großen Feinde vor. Dadurch wurde das Volk fast rasend vor Furcht. So oft der Prediger Satan erwähnte, seufzte und stöhnte die Gemeinde. Oft saßen die Leute vor Schrecken erstarrt und betäubt auf ihren Sitzen. Schreckbilder erfüllten ihre Seele, folgten ihnen überall hin, begleiteten sie bei ihrer täglichen Arbeit. Überall glaubte man den Teufel zu sehen.

Und die Schauder vermehrten sich bei dem Gedanken an die furchtbaren Höllenstrafen, mit denen die Prediger drohten. Mit Behagen erzählten diese ihren Zuhörern, wie sie bei großen Feuern gebraten und an ihren Zungen aufgehängt, wie sie mit Skorpionen gegeißelt, wie sie in siedendes Öl und geschmolzenes Blei geworfen würden. Ein Fluß von Feuer und Schwefel breiter als die Erde harre ihrer; ihre Knochen, ihre Lungen, ihre Leber würden gesotten, aber nie verzehrt werden. Zu gleicher Zeit würden Würmer sie anfressen und während diese an ihrem Leibe nagten, würden sie von Teufeln umringt sein, die ihrer spotteten. Eine Hölle folge auf die andere. Der Allmächtige habe seine Muße in früherer Zeit damit hingebracht, diesen Ort der Qualen einzurichten und fertig zu machen, um ihn beim Erscheinen des Menschengeschlechts zu dessen Aufnahme bereit zu haben."

Diese in eine wahnsinnige Angst hineingepeitschten Menschen bekannten sich zur Prädestinationslehre, zu jener Lehre also, nach welcher der Einzelmensch schon von Ewigkeit her von Gott zur ewigen Seligkeit oder zur ewigen Verdammnis bestimmt war. Nie gab es für Menschen ein entsetzlicheres Entweder — Oder, als für die Puritaner und Kalvinisten des 17. Jahrhunderts.

„Der Gott der Kalvin und John Knox war ein furchtbarer Gott, ein Gott des Schreckens, ein Wüterich, und die Seelenstimmung, in die die Prediger ihre Gemeinde versetzten, war die der beständigen Angst. Aus dieser erwuchs aber der sehnliche Wunsch: sein Leben den Vorschriften der Kirche gemäß einzurichten. Und das ist es, was uns hier angeht, wo wir die überragende Bedeutung der Religion für den Menschen, also auch für den Wirtschaftsmenschen der früheren Zeit, erkennen wollen. Kein Zweifel: diese Bedeutung hatte sich für die Menschen in den protestantischen oder wenigstens doch den kalvinistischen Ländern während des 17. Jahrhunderts noch weit über das frühere Maß hinaus gesteigert. Religion war Wahnsinn geworden und hatte den Menschen alle Besinnung geraubt. Das ersehen wir ja schon aus der sonst unbegreiflichen Tatsache, daß die Prädestinationslehre die Wirkung hatte, alle Kalvinisten zu einem streng kirchlichen Leben zu führen. Während die schlichte Logik des gesunden Menschenverstandes sich sagen muß, daß, wenn es von meinem Willen und Verhalten gänzlich unabhängig ist, ob ich selig oder verdammt werde, ich auch mein Leben nach meinem Wohlgefallen einrichten kann, und daß ich dadurch an meinem Schicksal in der Ewigkeit nichts ändere. Aber es handelte sich nicht mehr um geistig gesunde Menschen, sondern um Irre.

Die Ansichten der Geistlichkeit über das richtige Leben der Gläubigen wurden von jedem bedeutenden Kalvinistenprediger in dickleibigen Traktaten, in England den sogenannten „Directories" niedergelegt, die etwa — als Sammlungen kasuistischer Entscheidungen — den katholischen Summen entsprechen. In ihnen nimmt die Wirtschaftsethik einen breiten Raum ein."[69]) Sie nahm schon deshalb einen breiten Raum ein, weil die durch und durch verängstigten Gläubigen von ihren Geistlichen gebieterisch Antwort auf Frage heischten:

„Woran erkenne ich, daß ich zur Seligkeit oder zur Verdammnis bestimmt bin?" Die geistliche Antwort lautete kurz und bündig: „Am Erfolg oder Mißerfolg deiner bürgerlichen und wirtschaftlichen Tätigkeit! Bist du erfolgreich, so zeigt dir Gott damit seine Gnade auch im Jenseits an, bist du aber nicht erfolgreich, so ist dir damit Gottes Verdammnis angezeigt."

---

[69]) Werner Sombart Der Bourgeois S. 298/299.

Mit dieser Lehre von der Bewährung und dem Gnadenstand brachte der Protestantismus, schärfer ausgedrückt, der Kalvinismus und das Puritanertum, das Meisterstück fertig, den Menschen aufs innigste mit seinem Berufsleben zu verbinden und zu verknüpfen und ihn andererseits vollkommen von der Welt loszulösen. Auf dem Grunde dieser religösen Erziehung ruhen die Tugenden der Lebensführung des kapitalistischen Menschen, ruht die kapitalistische Denkungsart. Denn wenn der Mensch nur aus seinem Berufsleben erkennen konnte, ob er zur Seligkeit oder zur Verdammnis bestimmt sei, da mußte der Beruf mit einem Schlage eine überragende Bedeutung gewinnen und es mußten alle jene Eigenschaften systematisch herangezüchtet werden, welche ein erfolgreiches Berufsleben verbürgten. Mit anderen Worten: Der natürliche Mensch mußte zum kapitalistischen Menschen umgeschaffen werden, dem allein das Heil des beruflichen Erfolges sicher war. Die Tugenden des natürlichen Menschen wurden „außer Kurs gesetzt", sofern sie dem Berufsleben hinderlich waren, während die Tugenden des kapitalistischen Menschen „im Kurse stiegen" und zugleich eine sehr energische Hinwendung des Kalvinisten und Puritaners zum Alten Testament eintrat. Diesem Teile der Bibel entnahmen Priester und Laien ihre wirtschaftliche Weisheit und ihre wirtschaftliche Sittlichkeit. Ihren Geboten entsprechend handelten sie in jedem Sinne und Verstande dieses Wortes. Durch diese Türe trat der Judaismus in die Seele der abendländischen Völker ein und ergriff von ihr Besitz um sie für die nächsten Jahrhunderte vollkommen zu beherrschen. Während der Katholizismus durch die außerweltliche Askese den Judaismus noch einigermaßen von den Völkern ferngehalten hatte, führte ihn der Protestantismus durch die innerweltliche Askese und seine Predigt von der kapitalistischen Berufssittlichkeit mitten in die Seele der nichtjüdischen Völker des Abendlandes und Amerikas hinein. Denn das Jahrhundert der hundertprozentigen Kirchlichkeit ist zugleich das Jahrhundert der beginnenden methodischen Lebensführung im Sinne der innerweltlichen kapitalistischen Askese und das Jahrhundert der Entfesselung des Kapitalismus. Kein Geringerer als John Wesley hat diesen Zusammenhang zwischen Puritanismus, innerweltlicher Askese und Kapitalismus festgestellt. Denn er schreibt:

„Ich fürchte: wo immer der Reichtum sich vermehrt hat, da hat der Gehalt an Religion in gleichem Maße abgenommen. Daher sehe ich nicht, wie es, nach der Natur der Dinge, möglich sein soll, daß irgendeine Wiedererweckung echter Religiosität lange Dauer haben kann. Denn Religion muß notwendig sowohl Arbeitsamkeit (industry) als Sparsamkeit (frugality) erzeugen, und diese können nichts anderes als Reichtum hervorbringen. Aber wenn Reichtum zunimmt, so nimmt Stolz, Leidenschaft und Weltliebe in all ihren Formen zu. Wie soll es also möglich sein, daß der Methodismus, das heißt eine Religion des Herzens, mag sie jetzt auch wie ein grünender Baum blühen, in ihrem Zustand verharrt? Die Methodisten werden überall fleißig und sparsam; folglich vermehrt sich ihr Güterbesitz. Daher wachsen sie entsprechend an Stolz, Leidenschaft, an fleischlichen und weltlichen Gelüsten und Lebens-hochmut. So bleibt zwar die Form der Religion, der Geist aber schwindet allmählich. Gibt es keinen Weg, diesen fortgesetzten Verfall der reinen Religion zu hindern? Wir dürfen die Leute nicht hindern, fleißig und sparsam zu sein. Wir müssen alle Christen ermahnen, zu gewinnen was sie können und zu sparen, was sie können, das heißt im Ergebnis: reich zu werden."

Wie man sieht, waren sich die puritanischen Geistlichen über die Wirkung ihrer Predigt vollkommen im Klaren. Wir wollen uns deshalb auch davor hüten, die Ansichten dieser Männer, die als Führer und Zeitgenossen der puritanischen Kapitalisten zweifellos den tiefsten Einblick in alle Verhältnisse hatten, irgendwie zu verbessern.

Heute mag die religiöse Wurzel abgestorben sein, aber die kapitalistischen Tugenden und der Geist des Kapitalismus sind geblieben. Eine furchtbare Vergangenheit weht uns aus ihm entgegen. Welche Härte, welche Grausamkeit, welche seelischen Martern waren notwendig, um dem Menschen in der Zeit des Frühkapitalismus die kapitalistischen Tugenden so einzubrennen, daß sie ihm gewissermaßen als unverlierbarer Besitz in Fleisch und Blut übergingen? Wer denkt bei den oben geschilderten puritanischen Methoden der Erziehung des Menschen zum Kapitalisten, zum „Bürger", wer denkt bei der Erziehungsmethode durch systematische Seelenverängstigung nicht unwillkürlich an das, was Friedrich Nietzsche in seiner Abhandlung „Zur Genealogie der Moral" im Kapitel: „Schuld, schlechtes Gewissen und Verwandtes" schreibt? Ich stimme nicht mit dem Grundgedanken des Aphorismus überein und doch trifft er für die Schaffung des kapitalistischen Menschen unbedingt zu, die es nach Sombart notwendig machte, daß dem „natürlichen Menschen zuerst alle Knochen im Leibe zerbrochen wurden." Was also Nietzsche für den Menschen ganz allgemein behauptet, das lasse ich gelten für den künstlichen kapitalistischen Menschen als puritanisch-kapitalistisches Kunstprodukt. Das diesem Menschen angezüchtete Gewissen ist das Gewissen des kapitalistischen „Bürgers" und sind die Tugenden und die Vernunft dieses Bürgers. Nach diesen Einschränkungen möge der Aphorismus Nietzsches folgen:

„Sein Gewissen? .... Es läßt sich voraus erraten, daß der Begriff „Gewissen", dem wir hier in seiner höchsten, fast befremdlichen Ausgestaltung begegnen, bereits eine lange Geschichte und Form-Verwandlung hinter sich hat. Für sich gutsagen dürfen und mit Stolz, also auch zu sich ja sagen dürfen — das ist, wie gesagt, eine reife Frucht, aber auch eine späte Frucht: — wie lange mußte diese Frucht herb und sauer am Baume hängen! Und eine noch viel längere Zeit war von einer solchen Frucht gar nichts zu sehen — niemand hätte sie versprechen dürfen, so gewiß auch alles am Baume vorbereitet und gerade auf sie hin im Wachsen war! — „Wie macht man dem Menschentiere ein Gedächtnis? Wie prägt man diesem teils stumpfen, teils faseligen Augenblick-verstande, dieser leibhaften Vergeßlichkeit etwas so ein, daß es gegenwärtig bleibt?" ... Dieses uralte Problem ist, wie man denken kann, nicht gerade mit zarten Antworten und Mitteln gelöst worden; vielleicht ist sogar nichts furchtbarer und unheimlicher an der ganzen Vorgeschichte des Menschen als seine Mnemotechnik. „Man brennt etwas ein, damit es im Gedächtnis bleibt: nur was nicht aufhört, wehzutun, bleibt im Gedächtnis." — Das ist ein Hauptsatz aus der allerältesten (leider auch allerlängsten) Psychologie auf Erden. Man möchte selbst sagen, daß überall, wo es jetzt noch auf Erden Feierlichkeit, Ernst, Geheimnis, düstere Farben im Leben von Mensch und Volk gibt, etwas von der Schrecklichkeit nachwirkt, mit der ehemals überall auf Erden versprochen, verpfändet, gelobt worden ist: die Vergangenheit, die längste. tiefste, härteste Vergangenheit, haucht uns an und quillt in uns herauf, wenn wir „ernst" werden. Es ging niemals ohne Blut, Martern, Opfer ab, wenn der Mensch es nötig hielt, sich ein Gedächtnis zu machen; die schauerlichsten Opfer und Pfänder (wohin die Erstlingsopfer gehören), die widerlichsten Verstümmelungen (zum Beispiel die Kastrationen), die grausamsten Ritualformen aller religiösen Kulte (und alle Religionen sind auf dem untersten Grunde Systeme von Grausamkeiten) — alles das hat in jenem Instinkte seinen Ursprung, welcher im Schmerz das mächtigste Hilfsmittel der Mnemonik erriet. In einem gewissen Sinn gehört die ganze Asketik hierher: ein paar Ideen sollen unauslöschlich, allgegenwärtig, unvergeßbar, „fix" gemacht werden, zum Zweck der Hypnotisierung des ganzen nervösen und intellektuellen Systems durch diese „fixen Ideen" — und die asketischen Prozeduren und Lebensformen sind das Mittel dazu, um jene Ideen aus der Konkurrenz mit allen übrigen Ideen zu lösen, um sie „unvergeßlich" zu machen. Je schlechter die Menschheit „bei Gedächtnis" war, um so furchtbarer ist immer der Aspekt ihrer Bräuche; die Härte der Strafgesetze gibt insonderheit einen Maßstab dafür ab, wieviel Mühe sie hatte, gegen die Vergeßlichkeit zum Sieg zu kommen und ein paar primitive Erfordernisse des sozialen Zusammenlebens diesen Augenblicks-Sklaven des Affekts und der Begierde gegenwärtig zu erhalten. Wir Deutschen betrachten uns gewiß nicht als ein besonders grausames und hartherziges Volk, noch weniger als besonders leichtfertig und in den Tag hineinleberisch; aber man sehe sich unsere alten Strafordnungen an, um dahinter zu kommen, was es auf Erden für Mühe hat, ein „Volk von Denkern" heranzuzüchten (will sagen: das Volk Europas, unter dem auch heute noch das Maximum von Zutrauen, Ernst, Geschmacklosigkeit und Sachlichkeit zu finden ist, und das mit diesen Eigenschaften ein Anrecht darauf hat, alle Art von Mandarinen Europas heranzuzüchten). Diese Deutschen haben sich mit furchtbaren Mitteln ein Gedächtnis gemacht, um über ihre pöbelhaften Grundinstinkte und deren brutale Plumpheit Herr zu werden: man denke an die alten deutschen Strafen, zum Beispiel an das Steinigen (— schon die Sage läßt den Mühlstein auf das Haupt des Schuldigen fallen —), das Rädern (die eigenste Erfindung und Spezialität des deutschen Genius im Reich der Strafe!), das Werfen mit dem Pfahle, das Zerreißen- oder Zertretenlassen durch Pferde (das „Vierteilen"), das Sieden des Verbrechers in Öl oder Wein (noch im vierzehnten und fünfzehnten Jahrhundert), das beliebte Schinden (Riemenschneiden), das Herausschneiden des Fleisches aus der Brust; auch wohl daß man den Übeltäter mit Honig bestrich und bei brennender Sonne den Fliegen überließ. Mit Hilfe solcher Bilder und Vorgänge behält man endlich fünf, sechs „ich will nicht“ im Gedächtnisse, in bezug auf welche man sein Versprechen gegeben hat, um unter den Vorteilen der Sozietät zu leben, — und wirklich! mit Hilfe dieser Art von Gedächtnis kam man endlich „zur Vernunft!“ — Ah, die Vernunft, der Ernst, die Herrschaft über die Affekte, diese ganz düstere Sache, welche Nachdenken heißt, alle diese Vorrechte und Prunkstücke des Menschen: wie teuer haben sie sich bezahlt gemacht! wieviel Blut und Grausen ist auf dem Grunde aller „guten Dinge“!“ . . .

Das ist ein düsteres Stück aus der Vorgeschichte und Geschichte des christlich-kapitalistischen Menschen, denn seine Ausgestaltung und Form-Verwandlung reicht bis in die früheste Geschichte des Judaismus zurück und er ist die „reife und späte Frucht“ einer jahrtausendelangen jüdisch-völkischen Entwicklung. Der Judaismus ist die Vorfrucht des christlichen, speziell des puritanischen Kapitalismus. —

Wenn man nach den Familienbüchern Albertis gehen und sie für die Erkenntnis des kapitalistischen Geistes verwenden will, so hat auch die spätantike stoische Philosophie einen Einfluß auf die Bildung des kapitalistischen Geistes ausgeübt. „Man kann, — so schreibt Sombart in seinem schon mehrfach zitierten Werke „Der Bourgeois“ — wenn man es darauf anlegt, das heißt einzelne Ansichten ohne ihren Bezug auf das Ganze des Lehrgebäudes herausgreift, jeden stoischen Traktat in einen utilitarisch-rationalistischen verflachen, und deshalb bot unsern florentiner Wollhändlern selbst die stoische Philosophie, die sie kannten, eine Fülle von Anregung und Belehrung. Ich denke mir z. B., daß Alberti oder Ruccelai Marc Aurels wundervolle „Selbstbetrachtungen“ zur Hand nahmen, mit Eifer studierten und sich dabei folgende Stellen auszogen (ich zitiere mit geringen Abweichungen nach der Übersetzung von Dr. Albert Wittstock):

„Ich bestrebte mich . . . . einfach und mäßig zu leben, weit entfernt von dem gewöhnlichen Luxus der Großen“ (I. 3);

„von Apollonius lernte ich . . . mit Bedachtsamkeit, doch ohne Wankelmut, auf nichts Rücksicht zu nehmen, als auf die gesunde Vernunft“ (I, 8);

„weiter danke ich den Göttern, daß ich nicht zu große Fortschritte in der Rede- und Dichtkunst (die nach Ansicht der Stoiker nicht dem Ernst und der strengen Wahrheitsliebe entsprechen), noch auch in anderen solchen Wissenschaften, die mich sonst leicht gänzlich gefesselt haben könnten.“ (I, 17);

„laß die Brüder, die Zerstreuung, es fehlt dir die Zeit“ (II, 2);

„die Seele des Menschen . . . schändet sich . . . wenn sie bei ihren Handlungen und Bestrebungen kein Ziel verfolgt, sondern unbesonnen ihr Tun dem Zufall überläßt, während die Pflicht gebietet, selbst die unbedeutendsten Dinge auf einen Zweck zu beziehen (II, 16);

„für den Guten (bleibt) nur das übrig, daß er zu allem, was ihm als Pflicht erscheint, die Vernunft zu seiner Führerin habe“ (III, 16);

„des Nutzens wegen ist die Natur gezwungen, so zu verfahren, wie sie es tut“, (IV, 9);

„hast du Vernunft? Ja. Warum gebrauchst du sie dann nicht? Denn wenn du sie schalten läßt, was willst du noch mehr?" (IV, 13).

„Wenn du des Morgens nicht gern aufstehen magst, so denke: ich erwache, um als Mensch zu wirken. Warum sollte ich mit Unwillen das tun, wozu ich geschaffen und in die Welt geschickt bin? Bin ich denn geboren, im warmen Bette liegen zu bleiben? — „Aber das ist angenehmer." — Du bist also zum Vergnügen geboren, nicht zur Tätigkeit, zur Arbeit? Siehst du nicht, wie die Pflanzen, die Sperlinge. die Ameisen, die Spinnen, die Bienen (N. B. wörtlich so bei Alberti!) jedes ihr Geschäft verrichten und nach ihrem Vermögen der Harmonie der Welt dienen? Und du weigerst dich, deine Pflicht als Mensch zu tun, eilst du nicht zu deiner natürlichen Bestimmung? Aber man muß doch auch ausruhen? Freilich muß man das. Indes hat auch hierin die Natur eine bestimmte Grenze gesetzt, wie sie im Essen und Trinken eine solche gesetzt hat. Du aber überschreitest diese Schranke, du gehst über das Bedürfnis hinaus. Nicht so in den Äußerungen deiner Tätigkeit; hier bleibst du hinter dem Möglichen zurück. Du liebst dich eben selbst nicht, sonst würdest du auch deine Natur und das, was sie will, lieben. Diejenigen, welche ihr Handwerk lieben, arbeiten sich dabei ab, vergessen das Bad und die Mahlzeit. Du aber achtest deine Natur weniger hoch, als der Erzgießer seine Bildformen, der Tänzer seine Sprünge, der Geizhals sein Geld, der Ehrgeizige sein bißchen Ruhm? Auch diese versagen sich den Gegenständen ihrer Leidenschaft zu Lieb eher Nahrung und Schlaf, als daß sie die Vermehrung dessen unterlassen, was für sie so anziehend ist." (V, 1);

„beim Reden muß man acht haben auf die Ausdrücke und bei den Handlungen auf die Erfolge. Bei den Handlungen muß man sogleich zusehen, auf welchen Zweck sie hinzielen, und bei den Worten prüfen, welches ihr Sinn ist" (VII, 4);

„niemand wird müde, seinen Nutzen zu suchen; Nutzen aber gewährt uns eine naturgemäße Tätigkeit. Werde also nicht müde, deinen Nutzen zu suchen" (VII, 74);

„du mußt in dein ganzes Leben, wie in jede einzelne Handlung Ordnung bringen (VIII, 32);

„unterdrücke die bloße Einbildung; hemme die Leidenschaft; dämpfe die Begierde; erhalte die königliche Vernunft bei der Herrschaft über sich selbst" (IX, 7);

„warum genügt es dir nicht, diese kurze Lebenszeit geziemend hinzubringen? Warum versäumst du Zeit und Gelegenheit? (X, 31);

„handle nicht aufs Geratewohl, nicht ohne Zweck." (XII, 20).

Viele dieser Sätze des wahrhaft kaiserlichen Philosophen lesen sich wie Übersetzungen aus den Familienbüchern Albertis. Sie könnten aber auch in William Penns „Früchten der Einsamkeit" stehen und würden selbst den Tugendschriften Benjamin Franklins zur Zierde gereichen.

Die Lebensphilosophie der Alten mußte unseren Florentinern nun aber darum noch ganz besonders lieb und wert sein, weil sie auch für ihr Gewinnstreben die vortrefflichsten Rechtfertigungsgründe beizubringen wußte. Was z. B. der feinsinnige Seneca über Sinn und Bedeutung des Reichtums und des Erwerbs sagt, hat Alberti fast wörtlich übernommen. Die wichtigsten Stellen (de tranqu. an., 21. 22. 23) lauten im Auszuge wie folgt:

„Der Weise hält sich keineswegs der Gaben des Glücks für unwert. Er liebt den Reichtum nicht, aber er hat ihn gern; er nimmt ihn nicht in sein Herz auf, aber in sein Haus; er verschmäht ihn nicht, wenn er ihn hat, sondern hält ihn zusammen.

Offenbar hat der Weise, wenn er Vermögen besitzt, mehr Mittel, seinen Geist zu entwickeln, als wenn er arm ist . . . beim Reichtum ist ein weites Feld eröffnet für Mäßigung, Freigebigkeit, Sorgfalt, Pracht und gute Verwendung (Alberti schränkte das etwas ein, knickerig, wie er veranlagt war, indem er sagte: „Die Freigebigkeit, die einen Zweck hat, ist immer lobenswert"; selbst gegen Fremde kann man freigebig sein: "sei es um sich das Renommee der Freigebigkeit zu verschaffen (per farti conoscere non avaro), sei es, um sich Freunde zu erwerben." Della fam., 237) . . . . Reichtum erfreut, wie bei der Schiffahrt ein günstiger, fördernder Wind, wie ein guter Tag und in frostiger Winterszeit ein sonniges Plätzchen . . . . Einige Dinge werden einigermaßen geschätzt, andere sehr; zu diesen gehört unstreitig der Reichtum. Höre also auf, den Philosophen das Geld zu verbieten; niemand hat die Weisheit zur Armut verdammt. Ein Philosoph kann große Schätze haben, aber sie sind niemand genommen worden, sie sind nicht blutbefleckt, sie sind ohne Unrecht und schmutzigen Gewinn erworben. (Wie die Sachen in Wirklichkeit lagen: daß Seneca z. B. den Britanniern ein Darlehen von 40 Mill. Sesterzen auf hohe Zinsen aufgedrungen hatte, dessen plötzliche und gewaltsame Eintreibung ein Grund zum Aufstand der Provinz im Jahre 60 war, konnte man ja aus den Schriften nicht mehr ersehen! Jedenfalls machten sich die Alberti und seine Nachfolger diese Grundsätze selbst zu eigen)... Häufe deine Schätze beliebig an, sie sind rechtmäßig" usw.[70])

So münden über den Weg von Familienbüchern und Wirtschaftstheorien stoische Grundsätze in das christlich-kapitalistische Denken ein und wirken bis in unsere Tage nach. Sie halfen an ihrem Teile bei der Züchtung und Schaffung des kapitalistischen Menschen mit, der bei vollkommener persönlicher Ehrenhaftigkeit trotzdem als der schlimmste Zerstörer arteigener Volkstümer und völkischer Lebensordnungen und als der Urheber unermeßlichen Elends anzusprechen ist. Denn der Kapitalist hat die Welt zerrechnet, entzaubert, entgöttlicht; durch seine materialistische Wertrechnung wurde sie entwertet; vor ihm galten nur meßbare und wägbare Größen; der Nutzen war ihm das Maß aller Dinge und alles, was nicht gemessen und gewogen werden konnte, war in seinen Augen ein götzendienerischer und unsittlicher Greuel. Wohl nirgends zeigt sich deutlicher, welche versittlichende Kraft auf die Persönlichkeit die Bindung an das Volkstum übt, als im kapitalistischen Denken, wo diese sittliche Bindung **fehlt** und der Mensch als ein vollkommen von jeder Gemeinschaft isoliertes Lebewesen gedacht ist. Und damit kommen wir zu einer anderen Seite der puritanisch-kalvi-

---

[70]) Werner Sombart, Der Bourgeois S. 287/288.

nistischen Berufsauffassung, die auch hier wieder wie in der Prädestinationslehre erweist, daß sie den Mut hatte, die im Christentum im Keime liegenden Gedankengänge folgerichtig zu Ende zu entwickeln.

In dem Kapitel über das Christentum habe ich den Gedanken entwickelt und vertreten, daß das Christentum eine solipsistische Religion ist. Wenn dieser Gedanke richtig ist, dann muß er sich an einzelnen Äußerungen des christlichen Denkens und Handelns nachweisen lassen.

Der christliche Solipsismus hängt mit dem Bewährungsgedanken aufs engste zusammen. Denn dieser ist es, welcher auf der einen Seite die Berufsarbeit fördert und andererseits die Weltflucht begünstigt. Der Christ, der sich in die Welt verstrickt, läuft Gefahr, das Heil in Christo zu verlieren. Deshalb mahnt der Apostel:

„Habt nicht lieb die Welt, noch was in der Welt ist. So jemand die Welt lieb hat, in dem ist nicht die Liebe des Vaters. Denn alles, was in der Welt ist, des Fleisches Lust und der Augen Lust und hoffärtiges Leben, ist nicht vom Vater, sondern von der Welt. Und die Welt vergeht mit ihrer Lust; wer aber den Willen Gottes tut, der bleibet in Ewigkeit." (1. Johannes 2,15—17).

Es entspricht wohl vollkommen der weltfeindlichen christlichen Gemütsstimmung, was in Büchners Bibelkonkordanz S. 706 steht:

„Was ist törichter, als das Vergängliche dem Unvergänglichen das Irdische dem Himmlischen vorziehen; sich in einen Unflat einflechten lassen, der uns um die Liebe Gottes bringt, in seelenverderbliche Lüste und endlich in die ewige Verdammnis stürzt. Lasset uns doch einzig und allein unsere Lust an dem Herrn haben! Ps. 37, 4."

Da die Welt im Christentum immer als eine Gefahr für die Menschenseele betrachtet wird, so ergibt sich daraus auch ohne weiteres die nicht nur ablehnende, sondern geradezu feindselige Stimmung des Christen gegen die Welt. Die Abschließung gegen die Welt erweist sich darum als Notwendigkeit für den Christen, der sich bewähren und seine Seele retten will. Man hat diese Abschließung des Christen von der Welt mit Unrecht eine Verinnerlichung genannt. Statt die Welt mit der ganzen Kraft seiner Seele, seines Geistes und Gemütes zu verinnerlichen, hat der Christ sie mit Hilfe des christlichen Weltbildes rationalisiert, mechanisiert und veräußerlicht. Die Kulturbarbarei unserer Tage in Europa, Amerika und überall, wohin die kapitalistischen Völker des Abendlandes ihren Fuß gesetzt haben, ist ein unwiderleglicher Beweis dieser Ansicht. Da die Welt für den Christen keinen Wert und kein Interesse hat, so muß er zwangsläufig ihr nicht nur gefühllos, sondern geradezu feindlich gegenüberstehen. Das Wort von der Kulturbarbarei mag hart erscheinen und doch haben Luther und Melanchthon dasselbe mit anderen Worten gesagt:

„Warum verwunderst du dich darüber nicht auch, Erasme, daß von Anbeginn der Welt her unter den Heiden allezeit höhere, theurere Leute, größer, höher Verstand, viel trefflicher Fleiß, Übung aller Künste gewest, denn unter Christen oder Gottes Volk? Wie auch Christus selbst sagt, daß die Kinder dieser Welt klüger sind, denn die Kinder des Lichts; welches ein wichtig groß Wort ist. Ja, welchen unter den Christen (daß ich der Griechen, Demosthenis und anderer geschweige) könnten wir mit Verstand oder Fleiß allein Ciceroni vergleichen?“ (Luther Teil XIX, S. 37). „Wodurch zeichnen wir uns also vor ihnen aus? Durch Geist, Gelehrsamkeit, **sittliche Bildung**? Keineswegs, sondern allein durch die wahre Erkenntnis, Anrufung und Verehrung Gottes.“ (Melanchthonis et alior. Declam. T. III. de vera invocat. Dei.) Hier wird dem Heidentum sogar der Vorzug der sittlichen Bildung vor dem Christentum zugestanden, — von Männern, welche es wissen müssen. Das ist auch selbstverständlich für Menschen, die vollkommen isoliert und ohne jede Beziehung in der Welt stehen. Der oberste Wert für den Christen ist seine Seele; neben ihr kennt er keinen anderen Wert. „Dein erster und letzter Gedanke sei du selbst, dein einziger Gedanke dein Heil.“ (De inter. Domo. Pseudo-Bernhard). „Wenn du dich aufmerksam betrachtest, so ist es zu verwundern, wenn du je an etwas anderes denkst.“ (Bernardus. Tract. de XII grad. hum. et sup.) „Bist denn du selbst nicht das Köstlichste für dich?“ (Boëthius De Consol. Philos. lib. II. Prosa IV). „Ob die Sonne größer ist als die Erde, oder nur einen Fuß in die Breite mißt, ob der Mond mit fremdem oder eigenem Lichte strahlt: das zu wissen bringt keinen Nutzen, nicht zu wissen keinen Schaden. Euer Wohl ist in Gefahr: das Heil nämlich eurer Seelen.“ (Arnobius Adv. gentes lib. II. c. 61). „Ich frage also: was ist Gegenstand der Wissenschaft? Die Ursachen der natürlichen Dinge. Welche Seligkeit habe ich davon zu erwarten, wenn ich den Ursprung des Nils oder die Faseleien der Physiker über den Himmel kenne?“ (Lactantius Inst. div. lib. III. c. 8.). „Auch wiß- und neugierig sollen wir nicht sein. Manche halten es für etwas Großes, wenn sie, ohne sich doch darum zu bekümmern, was Gott ist, diese gesamte Körpermasse, welche Welt genannt wird, aufs sorgfältigste erforschen. Die Seele unterdrücke diese eitle Wißbegierde, die den Menschen meistens zu dem Glauben verleitet, daß nur Körperliches existiere.“ (Augustinus De Mor. Eccl. cath. lib. I. c. 21). „Das auferstehende und ohne Ende lebende Fleisch ist ein bei weitem wissenswürdigerer Gegenstand, als alles, was nur immer die Ärzte durch Forschung in demselben (im menschlichen Körper) kennenlernten.“ (Ders. de anima et ejus orig. lib. IV. c. 10). „Laß natürliche Kunst fahren. Ist genug, daß du weißt, daß Feuer heiß, Wasser kalt und feucht ist. Wisse, wie du deinen Acker, Viehe, Haus und Kind üben sollst, das ist dir genug in natürlicher Kunst. Darnach denke, wie du allein Christum erlernest, der wird dir zeigen dich selbst, wer du bist, was dein Vermögen ist. Also wirst du Gott und dich selbst erlernen, welches kein natürlicher Meister, noch natürliche Kunst je erfahren hat.“ (Luther T. XIII. S. 264).

Das Christentum ist als solipsistische Religion auch eine geschichtslose Religion. Nicht als ob es keine Geschichte hätte, nicht als ob es keine Geschichte gestaltet hätte: — es hat als solipsistische Religion während seines ganzen Bestehens gegen den Geist der Geschichte gehandelt, die im Grunde genommen nur Völkergeschichte sein kann. Das Christentum kennt aber keine Völker, es kennt nur Einzelne, isolierte Einzelmenschen, denn seit dem Tode Christi steht die Einzelseele im Mittelpunkte der Welt. Christus ist nicht der Anfang, sondern das

Ende aller Geschichte! Das Reich Christi, das „nicht von dieser Welt“ sein wollte, kennt den Menschen nur als übernatürliches Einzelwesen, das keine Geschichte kennt. Das Reich Christi hat mit seiner übernatürlichen Wirklichkeit die Erde und ihre Völker ihrer Wirklichkeit beraubt, sie zu Scheinwesen herabgedrückt, die keine Geschichte haben. Mit dem Worte: „Mein Reich ist nicht von dieser Welt“ — bekennt das Christentum, daß es keine Geschichte kennt. Es kann auch keine Geschichte kennen, denn mit Christus und seinem Kommen ist aller Sinn der Welt nach christlicher Auffassung erfüllt; an Christus gemessen wird nach dieser Auffassung alle Geschichte sinnlos; der Einzelmensch lebt gewissermachen nur, um sich erlösen zu lassen, um durch ein vor nahezu 2000 Jahren geschehenes Ereignis Erlösung von einer zum Schein herabgedrückten Wirklichkeit, also von einer Scheinwirklichkeit zu finden. Das Vorbild Christi kann nach christlicher Auffassung nie und nirgends erreicht werden und so kommt es, daß der Sinn des Menschenlebens nur im Glauben an die Erlösung durch Christus bestehen kann. Dieser Sinn ist seit 2000 Jahren derselbe und wird in zwei Millionen Jahren noch derselbe sein; das will besagen, daß das Christentum keinen Gestaltwandel in der Geschichte kennen kann und kennt. Darum ist Christus nicht Anfang, sondern Ende aller Geschichte! Darum mußte er notwendig das Ende der Welt als nahe bevorstehend verkündigen! Das ist der Grund, weshalb das Christentum keine eigene, christozentrische Geschichtsauffassung ausbilden konnte, sondern der judäozentrischen Geschichtsauffassung verfiel, wie ich im zweiten Hauptstück des ersten Buches nachgewiesen habe. — Dem scheint der Umstand zu widersprechen, daß sich in der christlichen Literatur einzelne Keime und Ansätze zu einer christozentrischen Geschichtsauffassung finden. Bei näherem Zusehen wird man jedoch finden, daß es sich hierbei entweder um Nachbildungen der judäozentrischen Geschichtsauffassung oder um Äußerungen des christlichen Imperialismus handelt. Ich zitiere die Stellen, die ich hierbei im Auge habe nach Ludwig Feuerbach: „Wesen des Christentums.“

„Die Kreation hat nur einen egoistischen Zweck und Sinn.“

„Der Zweck der Erschaffung der Welt war allein Israel. Die Welt ist der Israeliten wegen erschaffen worden und seynd dieselben die Frucht, die übrigen Völker aber seynd ihre Schalen.“ „Wann die Israeliten nicht wären, so käme kein Regen herunter in die Welt und ginge die Sonne nicht auf, wofern es nicht ihretwegen geschehe, wie (Jerem. 33,25) gesagt wird: Halt ich meinen Bund nicht mit Tag und Nacht?“ „Er (Gott) ist unser Verwandter und wir seynd seine Verwandten .... Wer einem Israeliten einen Backenstreich gibt, der tut soviel, als wann er der göttlichen Majestät einen Backenstreich gäbe.“ (Eisenmengers Entdecktes Judentum I. T. Kap. 14). Die Christen tadelten die Juden ob dieses Hochmutes, aber nur deswegen, weil das Reich Gottes von ihnen genommen und den Christen übertragen worden sei. Daher finden wir bei den Christen dieselben Gedanken und Gesinnungen wie bei den Israeliten. „Wisse, wie sich Gott also dein annimmt, daß deine Feinde seine Feinde sind. (Luther T. VI. S. 99.) „Wer mich schmähet, schmähet Gott.“ (T. IV. S. 577.)

„Die Christen sinds, um welcher willen Gott der ganzen Welt verschonet .... Der Vater läßt seine Sonne aufgehen über die Bösen und Guten und lässet regnen über Gerechte und Ungerechte. Doch geschieht solches alles um der Frommen und Dankbaren willen." T. XVI. S. 506). „Die ganze Natur ist zum Nutzen der Frommen und ihretwegen geschaffen." (Melanchthon Epist. sel. a. C. Peucero ed. Witeb. 1565, p. 558). „Die christliche Kirche ist vor allen Dingen erschaffen, ihretwegen ist die Welt gemacht." (Hermas in Pastore). „Alles ist für den Menschen, der Mensch für Christus, Christus für Gott. Gott hat die Welt gemacht für die Auserwählten; Gott hat bei der Schöpfung keinen andern Zweck gehabt, als die Gründung der Kirche." (Malebranche bei Mosheim ad Cudworth. Syst. Int. S. V. c. 5. § 4). Daher auch der Glaube der Christen, daß sie nach göttlichem Rechte die Besitzer der ganzen Erde oder Welt, die Gottlosen und Ungläubigen aber unrechtmäßige Besitzer ihrer Länder seien. Ein Glaube, der sich übrigens auch bei den Mohammedanern findet. „Le monde", sagen auch sie, „est à nous avec tout ce qui paroit à la surface du globe." (Ölsner, Effets de la Religion de Mohammed Paris 1810. p. 52.)"

Diese Auffassungen sind, wie schon bemerkt wurde, ein abgeblaßtes Spiegelbild von Auffassungen aus der judäozentrischen Geschichtsauffassung. Einen selbständigen Gedanken enthalten sie nicht. Während aber im Judentum eine volksartige Einheit von Blut und Glaube Träger der judäozentrischen Geschichtsauffassung ist, kommen als Träger des christlichen Weltbildes nur Einzelseelen und durch den christlichen Glauben verknüpfte Versammlungen von Einzelseelen in Betracht. Das christliche Bewußtsein kann nur Kirchenbewußtsein und Lehrbewußtsein, niemals aber blutsmäßig-völkisches Bewußtsein und Erlebens- und Geschichtsbewußtsein sein. Die christliche Einheit des Glaubens steht der Einheit des völkischen Lebens und der völkischen Geschichte unversöhnlich gegenüber. Ernst Tröltsch spricht dieselben Gedanken in etwas anderer Form aus, wenn er in seinen Aufsätzen zur Geistesgeschichte und Religionssoziologie (Band IV der gesammelten Schriften) auf S. 157 ff. schreibt:

„Das Evangelium Jesu war dem kommenden Reich Gottes zugewendet und stellte alle Neuordnung Gott anheim. Für die gegenwärtige Erdenzeit forderte es nur eine wahrhaftige Bereitung auf diesen Wendepunkt durch Gewinnung der unendlich wertvollen, vor Gott bestehen könnenden Persönlichkeit und die Verbindung aller in der schlichten Werktätigkeit der Nächstenliebe als einer Offenbarung und Wirkung der wahren Gottesgesinnung, der Liebe. Den Staat ließ es bestehen, wie er war, als von Gott zugelassene Fremdherrschaft, der man sich zu fügen hat. Die Gesellschaft wollte es nicht reformieren, sondern nur ihre Leiden durch Bruderliebe von Fall zu Fall lindern. Den Armen und Unterdrückten wandte es sich nicht ausschließlich, aber vor allem zu, weil hier am meisten Empfänglichkeit zu finden war und die Liebe das reichste Feld hatte. Seine Größe ist die um Staat und Gesellschaft unbekümmerte Forderung der Erfüllung der Persönlichkeit mit ewigem Leben und der Verbindung der Menschen in einer überirdischen Liebesgemeinschaft. Die aus dem Evangelium hervorgehenden Gemeindebildungen unterschieden sich dann untereinander als Vereinigung von Jesus-Gläubigen, die sein Gesetz halten und einen engen Kreis von Zusammentretenden nach dem Liebesprinzip und dem Heiligkeitsgedanken organisieren wollen — die Grundprinzipien der Sekte —, und als Heils- und Erlösungsanstalt, welche die Gemeinde durch die Wunderkräfte der Sakramente hervorbringt und unabhängig ist von dem Maß persönlicher Leistung, darum auch auf die Organisation nach dem Gesetz Christi um der alleinwirkenden Macht der Gnade willen verzichtet — die Grundprinzipien der Kirche. Die Sekte trat bald fast ganz zurück, die Kirche wurde die Form des christlichen Gemeinschaftslebens und sozialen Denkens, ein Staat im Staate, eine Gesellschaft in der Gesellschaft, die Staat und Gesellschaftsordnung gewähren ließ als von Gott zugelassen und ihre eigenen Verhältnisse nach innen christlich ordnete, soweit es die anerkannte Fortdauer der weltlichen Ordnungen erlaubte, konservativ und ohne Radikalismus."

Das Christentum entnahm, wie die judäozentrische Geschichtsauffassung dem Judaismus, so fast alle wissenschaftlichen Begriffe seiner Ethik der antiken Philosophie der Stoa. In Anlehnung an die Stoa konstruierte es seine Sozialphilosophie, nach welcher „die volle christliche Moral der staats- und rechtslosen, gewaltfreien und völlig selbstlosen Liebesgemeinschaft nur im Urstand möglich war. Seit dem Sündenfall und den Urfreveln der Menschheit ist teils zur Strafe für die Sünde, teils als Zügel gegen die Sünde die gegenwärtige Ordnung der Gesellschaft als relatives Naturgesetz, als Ausfluß der jetzt unter den Bedingungen des Sündenstandes sich äußernden göttlichen Vernunft eingetreten . . . So wurde der Staat zu einem Erzeugnis der Sünde und gegenüber der Kirche herabgedrückt zum irdisch-weltlichen Diener, der überall die Spuren seines sündhaften Ursprungs trägt und daher mit ihr an Wert sich nicht vergleichen kann. So wird aber andererseits der Staat auch zu einem Schutzmittel gegen das Böse und einer Stiftung der göttlichen Vernunft und damit erhoben zum Helfer der Kirche in der Aufrechterhaltung der staatlichen Ordnung."[71])

Da Christus nicht Anfang, sondern Ende aller Geschichte ist, so mußte folgerichtig in den Mittelpunkt des christlichen Denkens die Kirche treten. Die Kirche als Heils- und Erlösungsanstalt! Da Heil und Erlösung der Einzelseele Zweck, Aufgabe und einziger Sinn des christlichen Einzel- und Kirchenlebens ist, eine Aufgabe, die nur in der ausdehnungslosen Gegenwart erfüllt werden und die als solche keine Geschichte haben kann, so sind selbstverständlich Staat, Volk und Gesellschaft überflüssig, wenn nicht geradezu hinderlich und dem Wohl der Einzelseele gefährlich. Für diese solipsistische Ethik ist selbstverständlich die Anarchie ein erstrebenswertes Ziel. Wie sehr die solipsistischen und anarchistischen Seelen- und Gemütsstimmungen dem Christentum wesenseigen sind, möge durch eine bunte Fülle von Zitaten belegt werden.

---

[71]) Ernst Tröltsch, Aufsätze zur Geistesgeschichte und Religionssoziologie.

„Den Christen muß nicht nur der Glaube, sondern auch das Leben unterscheiden .... Ziehet nicht, sagt der Apostel, am fremden Joche mit den Ungläubigen .... Es bestehe also zwischen uns und ihnen die größte Trennung." (Hieronymus Epist. Caelantiae matronae). „Wie kann das eine Ehe genannt werden, wo die Übereinstimmung des Glaubens fehlt? Wie viele sind aus Liebe zu ihren Weibern Verräter ihres Glaubens geworden! (Ambrosius Epist. 70 Lib. IX). „Denn Christen dürfen nicht Heiden oder Juden ehelichen." (Petrus Lombard. Lib. IV. dist. 39. c. 1.). Auch diese Scheidung ist keineswegs unbiblisch. Wir sehen ja vielmehr, daß die Kirchenväter sich gerade auf die Bibel berufen. Die bekannte Stelle des Apostels in betreff der Ehen zwischen Heiden und Christen bezieht sich nur auf Ehen, die schon vor dem Glauben bestanden, nicht auf solche, welche erst geschlossen werden sollen. Man sehe, was hierüber schon Petrus Lombardus sagt in dem eben zitierten Buche: „Die ersten Christen haben alle ihre Verwandte, die sie von der Hoffnung der himmlischen Belohnung abwenden wollten, nicht erkannt, auch nicht einmal gehört. — Dies hielten sie vor die eigene Kraft des Evangelii, daß um dessen willen alle Blutsfreundschaft verachtet werde; indem .... die Brüderschaft Christi der natürlichen weit vorginge. — Uns ist das Vaterland und der gemeine Name nicht lieb, als die wir selbst vor unseren Eltern einen Abscheu haben, wenn sie etwas wider den Herrn raten wollen." (G. Arnold. Wahre Abbilder der ersten Christen Band IV. c. 2). „Wer Vater oder Mutter mehr liebt denn mich, der ist meiner nicht wert." Matth. 10,37 .... Hierin erkenne ich euch nicht als Eltern, sondern als Feinde an .... Was habe ich mit euch zu schaffen? Was habe ich von euch außer Sünde und Elend?" Bernardus. Epist. 111, Ex. pers. Heliae mon. ad. parentes). „Höre Isidors Ausspruch: viele Geistliche, Mönche .... verlieren über dem zeitlichen Wohl ihrer Eltern ihre Seelen .... Die Diener Gottes, welche für das Wohl ihrer Eltern sorgen, fallen von der Liebe Gottes ab." (De modo bene viv. Serm. VII.) „Jeden gläubigen Menschen halte für deinen Bruder." (Ibid. Serm. XIII.) „Ambrosius sagt, daß wir weit mehr lieben sollten die Kinder, die wir aus der Taufe heben, als die Kinder, die wir fleischlich zeugten. (Petrus Lomb. Lib. IV. dist. 6. c. 5. addit. Henr. ed. Burim.) „Die Kinder werden mit der Sünde geboren, und erben nicht das ewige Leben ohne Erlassung der Sünde .... Da es also nicht zweifelhaft ist, daß in den Kindern die Sünde ist, so muß einiger Unterschied sein zwischen den Kindern der Heiden, welche schuldig bleiben, und den Kindern in der Kirche, welche von Gott angenommen werden." (Melanchthon Loci de bapt. inf. Argum. II.) „Mit den Ketzern darf man weder beten, noch singen." (Concil. Carthag. IV. can. 72, Carranza Summ.) „Die Bischöfe oder Geistlichen sollen an die, welche keine katholischen Christen sind, auch wenn sie ihre Blutsverwandte sind, nichts von ihren Sachen verschenken." (Concil. Carthag. III. can. 13. ibid.)[72])

Zur Verdeutlichung des christlichen Solipsismus, der aus den eben angeführten Äußerungen rein und ungeschminkt uns entgegentritt,

[72]) Ludwig Feuerbach, Das Wesen des Christentums S. 486/487.

wollen wir einen der großen deutschen „Einsamen" zu uns sprechen lassen, dessen Seele sich in einem Augenblick höchsten Gotterlebens unserem Blicke groß und weit öffnet. Hölderlin ist es, der seinen Hyperion an Bellarmin schreiben läßt:

„Ich habe nichts, wovon ich sagen möchte, es sei mein eigen.

Fern und tot sind meine Geliebten, und ich vernehme durch keine Stimme von ihnen nichts mehr.

Mein Geschäft auf Erden ist aus. Ich bin voll Willens an die Arbeit gegangen, habe geblutet darüber, und die Welt um keinen Pfennig reicher gemacht.

Ruhmlos und einsam kehr' ich zurück und wandre durch mein Vaterland, das, wie ein Totengarten, weit umher liegt, und mich erwartet vielleicht das Messer des Jägers, der uns Griechen, wie das Wild des Waldes, sich zur Lust hält.

Aber du scheinst noch, Sonne des Himmels! Du grünst noch, heilige Erde! Noch rauschen die Ströme ins Meer, und schattige Bäume säuseln am Mittag. Der Wonnegesang des Frühlings singt meine sterblichen Gedanken in Schlaf. Die Fülle der all-lebendigen Welt ernährt und sättigt mit Trunkenheit mein darbend Wesen.

O selige Natur! Ich weiß es nicht, wie mir geschiehet, wenn ich meine Augen erhebe vor deiner Schöne, aber alle Lust des Himmels ist in den Tränen, die ich weine vor dir, der Geliebte vor der Geliebten.

Mein ganzes Wesen verstummt und lauscht, wenn die zarte Welle der Luft mir um die Brust spielt. Verloren ins weite Blau, blick' ich oft hinauf an den Äther und hinein ins heilige Meer, und mir ist, als öffnete ein verwandter Geist mir die Arme, als löste der Schmerz der Einsamkeit sich auf ins Leben der Gottheit.

Eines zu sein mit allem, das ist Leben der Gottheit, das ist der Himmel des Menschen.

Eines zu sein mit allem, was lebt, in seliger Selbstvergessenheit wiederzukehren ins All der Natur, das ist der Gipfel der Gedanken und Freuden, das ist die heilige Bergeshöhe, der Ort der ewigen Ruhe, wo der Mittag seine Schwüle und der Donner seine Stimme verliert, und das kochende Meer der Woge des Kornfelds gleicht.

Eines zu sein mit allem, was lebt! Mit diesem Wort legt die Tugend den zürnenden Harnisch, der Geist des Menschen den Zepter weg, und alle Gedanken schwinden vor dem Bilde der ewig-einigen Welt, wie die Regeln des ringenden Künstlers vor seiner Urania, und das eherne Schicksal entsagt der Herrschaft, und aus dem Bunde der Wesen schwindet der Tod, und Unzertrennlichkeit und ewige Jugend beseliget, verschönert die Welt.

Auf dieser Höhe steh' ich oft, mein Bellarmin! Aber ein Moment des Besinnens wirft mich herab. Ich denke nach und finde mich, wie ich zuvor war, allein, mit allen Schmerzen der Sterblichkeit, und meines Herzens Asyl, die ewigeinige Welt, ist hin; die Natur verschließt die Arme, und ich stehe, wie ein Fremdling, vor ihr, und verstehe sie nicht.

Ach! wär' ich nie in eure Schulen gegangen. Die Wissenschaft, der ich in den Schacht hinunter folgte, von der ich, jugendlich töricht, die Bestätigung meiner reinen Freude erwartete, die hat mir alles verdorben.

Ich bin bei euch so recht vernünftig geworden, habe gründlich mich unterscheiden gelernt von dem, was mich umgibt, bin nun vereinzelt in der schönen Welt, bin so ausgeworfen aus dem Garten der Natur, wo ich wuchs und blühte, und vertrockne an der Mittagssonne.

O ein Gott ist der Mensch, wenn er träumt, ein Bettler, wenn er nachdenkt, und wenn die Begeisterung hin ist, steht er da, wie ein mißratener Sohn, den der Vater aus dem Hause stieß, und betrachtet die ärmlichen Pfennige, die ihm das Mitleid auf den Weg gab."

So spricht unverfälschtes deutsches Gotterleben aus der Seele deutscher „Einsamer". Klar, rein und groß tritt uns die Gottverbundenheit und Gotteswißheit einer deutschen Seele aus den Sätzen Hölderlins entgegen, dessen dichterischer Genius gerade **das** als furchtbarstes Unglück seines seelischen Erlebens empfand, was der christliche Solipsismus als heilsnotwendig seinen Gläubigen empfiehlt, — die Abschließung von Welt und Natur.

Eines zu sein mit allem, das ist Leben der Gottheit, das ist der Himmel des Menschen. Eines zu sein mit allem, was lebt, in seliger Selbstvergessenheit wiederzukehren ins All der Natur, das ist der Gipfel der Gedanken und Freuden . . . so ruft uns der Dichter aus seinem gottaufgeschlossenen Herzen und Erleben zu.

„Ambrosius sagt, daß wir weit mehr lieben sollen **die** Kinder, die wir aus der Taufe heben, als **die** Kinder, die wir nicht fleischlich zeugten." — „Den Christen muß nicht nur der Glaube, sondern auch das **Leben** unterscheiden . . ." „Habt nicht lieb die Welt, noch was in der Welt ist . . ." — so spricht der christliche Solipsist.

Der deutsche Dichter und sein religiöser Genius fordert **Aufgeschlossenheit** des Herzens und der Seele gegenüber der „allebendigen Welt"; der christliche Solipsist fordert **Abgeschlossenheit** gegen die „**sündliche Welt**".

„Ich bin nun vereinzelt in der schönen Welt" — **klagt** der deutsche Dichter, den „ein Augenblick des Besinnens herabgeworfen und vor dem die ewigeinige Welt, seines Herzens Asyl, und die Natur die Arme verschlossen hat."

„Ich bin nun vereinzelt" — das ist der **Jubel** des christlichen Solipsisten, — denn „uns ist das Vaterland und der gemeine Name nicht lieb, als die wir selbst vor unseren Eltern einen Abscheu haben, wenn sie etwas wider den Herrn raten wollen."

Die Gottaufgeschlossenheit des Dichters verbindet ihn mit der ewigeinigen Welt; der Glaube des Christen an den außerweltlichen Herrn trennt ihn von der Welt und zertrümmert erbarmungslos diese ewigeinige Welt. Die Gottaufgeschlossenheit des Dichters erhebt ihn in seliger Selbstvergessenheit auf „heilige Bergeshöhen, zum Ort der ewigen Ruhe, wo der Mittag seine Schwüle und der Donner seine Stimme verliert, und das kochende Meer der Woge des Kornfelds gleicht"; — der Glaube des Christen gebietet ihm, überall in der Welt, die doch Schein sein soll, die Ehre seines außerweltlichen Herrn zu suchen! — Und damit betreten wir wiederum das Gebiet, auf das es uns in dem Gesamtzusammenhang unserer Arbeit ganz besonders ankommt.

Tröltsch spricht in der oben von uns zitierten Stelle von der „schlichten Werktätigkeit der Nächstenliebe als einer Offenbarung und Wirkung der wahren Gottesgesinnung, der Liebe". Er spricht auch davon, daß das Christentum die Gesellschaft nicht habe reformieren wollen, „sondern nur ihre Leiden durch Bruderliebe von Fall zu Fall lindern".

Unter dem Druck der inneren Isolierung des Einzelnen, unter dem Druck der christlich-solipsistischen Gesinnung mußte die christliche Nächstenliebe eine ganz besondere Färbung, einen ganz besonderen Charakter annehmen. Die vom Christentum geforderte asketische und grundsätzlich feindselige Abschließung des Gläubigen von der Welt mußte der Nächstenliebe jede persönliche Note nehmen, d. h. die Nächstenliebe mußte unpersönlich oder sachlich werden. Die Versachlichung der Nächstenliebe wurde wiederum von der konsequentesten protestantischen und von der konsequentesten katholischen Form des Christentums vom Kalvinismus und vom Jesuitismus, durchgeführt.

Um mit dem Jesuitismus zu beginnen, gebe ich im Nachstehenden einen kurzen Auszug aus der Schilderung Hoensbroechs über den Jesuitenstaat in Paraguay. Dieser Auszug zeigt aufs deutlichste, wie der konsequent durchgedachte und durchgeführte christliche Solipsismus zur völligen Versachlichung der Nächstenliebe, zur Zertrümmerung der arteigenen Volkstümer und damit geradeswegs ins Kollektiv führen muß.

> „Schon das äußere Bild der Siedelung, das sich mit geringen Abweichungen in allen anderen Reduktionen an Parana und Uruguay, in Tschiquitos, Mojos und wo sonst die Väter wirken, wiederholt, verrät deutlich, welcher Art die soziale und wirtschaftliche Verfassung dieser jesuitischen Kolonien ist. Wir haben hier überall kommunistische Gemeinwesen vor uns, die patriarchalisch aber absolut von je zwei oder mehr Patres regiert werden. In der Tat ist der Begriff des Privateigentums den 2500 bis 8000 Rothäuten, welche in einer solchen Reduktion wohnen, fast unbekannt. Nur der geringfügige Schmuck der Weiber wird als solches betrachtet. Alles was der „Christ" sonst hat und braucht, die Hütte, in der er haust, die Felder, die er bestellt, das Vieh, von dem er sich nährt und kleidet, die Waffen, die er trägt, die Instrumente, mit denen er arbeitet, selbst das einzige Tischmesser, das jedes junge Paar bei der Gründung seines Hausstandes erhält, ist Tupambac — Eigentum Gottes. Dem entspricht es, daß der „Christ" weder über seine Zeit, noch über seine Person frei verfügen kann. Nur als Säugling bleibt er in der Obhut seiner Mutter. Aber kaum kann er laufen, so kommt er unter die Aufsicht der Patres und ihrer Beamten, die das Kind schon im Spiele zu allerlei nützlicher Arbeit anzuleiten suchen. Wächst das Kind heran, so lernt es, falls es ein Mädchen ist, spinnen und weben, ist

es ein Knabe, lesen und schreiben, aber nur in der Guaranisprache. .... Das Höchste, was der Indianer bei besonderer Begabung erreichen kann, ist das Korregidorat, das Amt des Korregidors, als welcher er den regierenden Patres gleichsam als Feldwebel zur Hand gehen muß. Verrät er besondere Anlage zu irgendwelchem Handwerk, so wird er sorgfältig darin ausgebildet. Aber die Verfügung darüber steht nicht ihm zu, sondern den Patres. Er würde auch sicherlich nicht selber wählen, wenn er könnte. So wenig ist er gewöhnt, über seine Person zu verfügen. Er darf sogar nicht einmal auf eigene Faust den Bezirk der Reduktion verlassen, geschweige denn eine Niederlassung der Weißen besuchen. Er steht mithin unter Aufsicht. Er ist tatsächlich kein freier Mann."[73])

Man vergleiche diese Schilderung aus der Feder des Grafen Hoensbroech mit der Schilderung, welche Buckle von den kirchlichen Zuständen Schottlands im 17. Jahrhundert entworfen hat: — und man wird überraschende Gemeinsamkeiten entdecken.

Hoensbroech nennt den Jesuitenstaat Paraguay ein kommunistisches Gemeinwesen. Zu Unrecht. Es handelt sich um ein auf solipsistischer Grundlage aufgebautes kapitalistisches Kollektiv, in welchem die christliche Nächstenliebe schon so gründlich versachlicht und unpersönlich geworden ist, daß die Jesuitenpatres über alles, auch über die Eheschließung ihrer Zöglinge vollkommen frei verfügten.

Diesem jesuitischen kollektiven Kapitalismus steht auf kalvinistisch-puritanischer Seite der typisch solipsistische Kapitalismus des berufstätigen Einzelmenschen gegenüber. Doch ist auch hier die Versachlichung der christlichen Nächstenliebe schön zu beobachten. Nach kalvinistischem Dogma ist

„die Welt dazu — und nur dazu — bestimmt: der Selbstverherrlichung Gottes zu dienen, der erwählte Christ ist dazu — und nur dazu — da, den Ruhm Gottes in der Welt durch Vollstreckung seiner Gebote an seinem Teil zu mehren. Gott aber will die soziale Leistung des Christen, denn er will, daß die soziale Gestaltung des Lebens seinen Geboten gemäß und so eingerichtet werde, daß sie jenem Zweck entspreche. Die soziale Arbeit des Kalvinisten in der Welt ist lediglich Arbeit „in maiorem gloriam Dei". Diesen Charakter trägt daher auch die Berufsarbeit, welche im Dienste des diesseitigen Lebens der Gesamtheit steht. Schon bei Luther fanden wir die Ableitung der arbeitsteiligen Berufsarbeit aus der „Nächstenliebe". Aber was bei ihm ein unsicherer, rein konstruktiv-gedanklicher Ansatz blieb, wurde nun bei den Kalvinisten ein charakteristischer Teil ihres ethischen Systems. Die Nächstenliebe" äußert sich — da sie nur Dienst am Ruhm Gottes, nicht! der Kreatur, sein darf — in erster Linie in Erfüllung der durch die lex naturae gegebenen Berufsaufgaben, und sie nimmt dabei einen eigentümlich sachlich-unpersönlichen Charakter an: den eines Dienstes an der rationalen Gestaltung des uns umgebenden Kosmos. Denn die wunderbar zweckvolle Gestaltung und Einrichtung dieses Kosmos, welcher ja nach der

[73]) Graf Paul Hoensbroech, Der Jesuitenorden Enzyklopädie I. Band S. 771/772.

Offenbarung der Bibel und ebenso nach der natürlichen Einsicht augenscheinlich darauf zugeschnitten ist, dem „Nutzen" des Menschengeschlechts zu dienen, läßt die Arbeit im Dienst dieses unpersönlichen gesellschaftlichen Nutzens als Gottes Ruhm fördernd und also gottgewollt erkennen . . . ."[74])

Mit voller Absicht habe ich Max Weber sprechen lassen, um zu zeigen, daß auch ihm der eigentümlich unpersönliche Charakter der christlichen Nächstenliebe aufgefallen ist, den ich in Zusammenhang mit dem christlichen Solipsismus gebracht habe. Weber bringt an derselben Stelle noch ein weiteres Beispiel christlicher Nächstenliebe, das ich dem Leser nicht vorenthalten kann, weil es wie kein zweites den Charakter des christlichen Solipsismus zeigt. Weber schreibt:

„Was eine solche durch die alleinige Beziehung des Lebens auf Gott „bedingte Unpersönlichkeit" der „Nächstenliebe" auf dem eigenen Gebiet des religiösen Gemeinschaftslebens bedeutet, kann man sich recht gut etwa an dem Gebahren der „China Inland-Mission" und der „International Missionaries Alliance" verdeutlichen (s. hierüber Warneck, Gesch. d. Prot. Mission 5. Aufl. S. 99, 111). Mit riesigen Kosten wurden gewaltige Scharen von Missionaren ausgerüstet, z. B. an die 1000 für China allein, um durch Wanderpredigt das Evangelium allen Heiden im strikt wörtlichen Sinne „anzubieten", weil Christus dies geboten und seine Wiederkunft davon abhängig gemacht hat. Ob die dergestalt Angepredigten dem Christentum gewonnen und also der Seligkeit teilhaftig werden, ja ob sie selbst die Sprache des Missionars auch nur grammatisch verstehen, — das ist prinzipiell durchaus nebensächlich und Angelenheit Gottes, der ja darüber allein verfügt. China habe, meint Hudson Taylor (s. Warneck a. a. O.) ca. 50 Millionen Familien. 1000 Missionare könnten 50 Familien täglich (!) „erreichen" und so das Evangelium in 1000 Tagen oder weniger als drei Jahren allen Chinesen „angeboten" sein. — Es ist genau das Schema, nach welchem der Kalvinismus z. B. seine Kirchenzucht betrieb: nicht das Seelenheil der Zensurierten — welches lediglich Gottes (und in Praxi: ihre eigene) Sache war und durch kirchliche Zuchtmittel ja in gar keiner Weise beeinflußt werden konnte, — sondern die Mehrung des Ruhmes Gottes war der Zweck. — Für jene modernen Missionsleistungen ist, da sie auf interdenominationeller Grundlage ruhen, nicht der Kalvinismus als solcher verantwortlich. (Kalvin selbst lehnt die Pflicht zur Heidenmission ab, da die weitere Ausbreitung der Kirche „unius Dei opus" sei). Aber allerdings entstammen sie offensichtlich jenem durch die puritanische Ethik sich hinziehenden Vorstellungskreis, wonach man der Nächstenliebe Genüge leistet, wenn man Gottes Gebote zu dessen Ruhme erfüllt. Damit ist auch dem Nächsten gegeben, was ihm gebührt, und das weitere ist nun Gottes eigene Angelegenheit. — Die Menschlichkeit der Beziehungen zum Nächsten ist sozusagen abgestorben. Das äußert sich in den verschiedensten Verhältnissen. So etwa — um noch ein solches Rudiment jener Lebensluft anzuführen, — auf dem Gebiet der in gewisser Beziehung mit Recht berühmten reformierten charitas: die Amsterdamer Waisen, mit ihren noch im 20. Jahrhundert senk-

[74]) Max Weber, Religionssoziologie Band I, S. 99—101.

recht in eine schwarze und rote, oder rote und grüne Hälfte gespaltenen Röcken und Hosen — einer Art Narrenkleidung — angetan und in Parade zur Kirche geführt, waren für die Empfindung der Vergangenheit sicher ein höchst erbauliches Schauspiel und sie dienten in eben dem Grade zum Ruhme Gottes, als alle persönlich-„menschliche" Empfindung dabei sich hätte beleidigt fühlen müssen . . ."[75])

b.

Der auf sich allein gestellte Mensch, der einem außerweltlichen Gott gegenübergestellt ist, kennt weder Volk noch Vaterland, weil er nur Pflichten gegen sein Seelenheil kennt. Die Isolierung, in welche der Christ hineingetrieben ist, folgt aus der für das Christentum grundlegenden Anschauung, daß es außer Gott und der erlösungsbedürftigen menschlichen Einzelseele schlechterdings keine Wirklichkeit auf der Welt gibt. Die auf der Erde lebenden vielen Einzelseelen sollen durch die Nächstenliebe — aber nur durch die den Christusgläubigen geltende Nächstenliebe — zusammengehalten werden. Diese Nächstenliebe kann aber kein unzerreißbares Band sein, da sie als Erzeugnis einer geschichtslosen Religion weder eine Vergangenheit noch eine Zukunft hat und darum auch keine Gegenwart haben kann. Sie reicht in keine Vergangenheit zurück, weil die isolierte Einzelseele, wie sie das Christentum kennt, keine Vergangenheit hat; sie kann infolgedessen keine Kraft, keine Größe, Weite und Mächtigkeit aus der Vergangenheit an irgendeine Zukunft weitergeben. Die christliche Nächstenliebe, von solipsistischen Eintagsfliegen getragen und gelebt, entsteht und vergeht wie diese Eintagsfliegen: — sie lebt sich nicht in die Tage hinein, sondern von den Tagen weg; sie kann, da sie keine Vergangenheit beseelt hat, auch keine Zukunft beseelen. Sie kann, da sie nur Beziehungen vom Einzelnen zum Einzelnen und keine Beziehungen vom Einzelnen zum Volk und vom Volk zum Einzelnen kennt, keine Geschichte haben und von den sittlichen Kräften der Geschichte nicht befruchtet werden. Ihr ausschließlich auf das christliche Jenseits gerichteter Blick hat sie den Boden unter den Füßen verlieren lassen. Mit dem blutmäßigen Empfinden mußte sie die Vergangenheit und damit die Verantwortung verlieren. Denn es genügt nicht, dem Einzelnen Liebe zu seinem Nächsten anzubefehlen, wenn man ihn zu gleicher Zeit aus dem Zusammenhang mit seinem Blute und mit der Geschichte seines Blutes herausreißt und herauserlöst. Man stelle im Gegenteil den Einzelnen in den Gesamtzusammenhang mit seinem Blute, lehre ihn die Geschichte seines Blutes verstehen, lade die ganze schwere Verantwortung seines Blutes und seiner Vergangenheit auf seine Schultern: — und es ist überflüssig, ihm Nächstenliebe anzubefehlen. Dauer und Ewigkeit verspricht nur eine Liebe, wo die Volksgenossen „unergründlich sich verwandt" ihr Wesen schon kennen, ehe sie sich überhaupt gesehen! Dauer und Ewigkeit kann nur eine Liebe versprechen, die selber zeitlos ist! Eine auf die Dauer eines Menschenlebens und auf den „Nächsten" beschränkte Nächstenliebe —

[75]) Max Weber a. a. O. S. 100/101.

und das ist die solipsistische Nächstenliebe des Christentums — ist begrenzt, egoistisch und darum wertlos. Und hier liegt die ewige und darum sittliche Bedeutung des vom „übernationalen" — sagen wir besser: „unternationalen" — Christentum vernachlässigten und verachteten Volkstums. Dieses Volkstum lehrt uns auch den vor Jahrtausenden dahingegangenen „Nächsten" zu lieben, weil es der Vermittler ist zwischen dem Tage, der vor Jahrtausenden im Auge des Vorfahrs glänzte und dem Tage, den heute der späte Nachfahr begrüßt, in dessen Adern noch das Blut des Vorfahrs kreist. Das Volkstum lehrt uns, den Nächsten nicht nur heute und hier zu suchen, sondern seine Nähe und Freundschaft auch in den Jahrtausenden der Vergangenheit und der Zukunft zu empfinden und zu fühlen.

„Wie oft im Lichte dürstet' ich euch zu sehn,
Ihr Helden und ihr Dichter aus alter Zeit!
Nun grüßt ihr freundlich den geringen
Fremdling, und brüderlich ist's hier unten.

Und Siegesboten kommen herab: die Schlacht
Ist unser. Lebe droben, o Vaterland,
Und zähle nicht die Toten! Dir ist,
Liebes! Nicht e i n e r zu viel gefallen." (Hölderlin.)

Von dieser versittlichenden Kraft des Volkstums hat uns das solipsistische Christentum und der christliche Kapitalismus abgeschnitten. Der Mensch wurde nicht mehr als Glied seines Volkes gewertet, sondern an seinen wirtschaftlichen Erfolgen gemessen. Je größer sich diese Erfolge vor den Augen der erstaunten Zeitgenossen türmten, desto größer war der Mensch. Und so stürmte der vom Christentum gespeiste und entfesselte kapitalistische Geist von Erfolg zu Erfolg und zertrümmerte mit den Granitklötzen des Erfolges Einzelseelen, Völker und ganze Kulturen. Wenn vor dem christlichen Geiste die Erde als Schein galt und nur der menschlichen Einzelseele ewiger Wert und Wirklichkeit zugeschrieben wurde, so handelte der kapitalistische Geist nur folgerichtig, wenn er den irdischen Schein zerriß und zerstörte: — das Reich Gottes zwang er damit allerdings nicht auf die Erde herunter.

Das kapitalistische Erfolgsstreben sah zwar erfolgreiche Einzelmenschen: — es fragt sich nur, ob die Zertrümmerung der arteigenen Volkstümer, deren Blut den Kitt im kapitalistischen Wirtschaftskörper abgeben mußte, nicht ein zu hoher Preis für das „Glück" jener kapitalistischen Einzelmenschen war?! Für ihr Glück — und ihr Seelenheil! — Diesem Erfolgsstreben nicht gesteuert, sondern es durch seine Lehre noch gestachelt zu haben, das ist und bleibt die weltgeschichtliche Schuld des Christentums. Denn vor dem Götzen des Erfolges gingen ganze Volkstümer in die Brüche: — und das Christentum, das angeblich die Rettung der Einzelseele anstrebte, ließ seelenruhig die Verwüstung und Vernichtung des Mutterbodens der Einzelseele zu, der arteigenen Volkstümer. Es kann nicht für sich in Anspruch nehmen, daß es jemals etwas für die Erhaltung der Volkstümer getan hätte. Die ganze Geschichte des Christentums ist ein einziger Beweis für die Tatsache, daß das Christentum immer in Feindschaft zu den arteigenen Volkstümern stand. Die volkstumsfeindliche Richtung des christlichen Glaubens war die Quelle der christlichen Glaubenskriege und stand an der Wiege des christlichen Kapitalismus, der denn auch folgerichtig den vom christlichen Solipsismus eingeleiteten geistigen Völkerzerfall auf dem Gebiete der Wirtschaft fortführte. Der kapitalistische Erfolgsgötze brachte nicht nur die Völker ums Leben, sondern auch die Einzelmenschen um ihre Seele!

Man macht mir den Einwurf, daß die christlichen Tugenden der Mäßigung und Ordnung, der Genügsamkeit und des Fleißes, der Mäßigung, Keuschheit und Demut brauchbare Menschen und hervorragende Charaktere herangezüchtet habe. Das ist nur zum Teil richtig. Denn alle diese Tugenden sind nur auf das Wirtschaftsleben des Einzelmenschen und sein Erfolgsstreben bezogen, sie empfangen ihren Sinn vom christlich-kapitalistischen Denken her, das den Erfolg eines Einzellebens sichern und nicht den ewigen und göttlichen Sinn des Lebens überhaupt schaffen und gestalten will. Diese Tugenden als die Karrenschieber des Kapitalismus und nicht als schöpferische Gestalter des Lebens mußen notwendig zu Zerstörern der arteigenen Völker und ihrer arteigenen Kulturen werden. Diese Tugenden, in das Gefüge der kapitalistischen Wirtschaft eingebaut, mußten notwendig im höheren Sinn des Wortes entsittlichend wirken, weil durch den Kapitalismus und das Christentum die blutsmäßigen Bindungen zerrissen wurden, die allein erst wahre Sittlichkeit ermöglichen. Denn Sittlichkeit kann nur aus einem eigenständigen Leben entstehen, das ohne Unterbrechung sich selber treu bleiben kann. Die christliche Sittlichkeit fordert aber vom einzelnen Menschen die Verleugnung seiner blutsmäßigen Herkunft und die Treulosigkeit gegen sich selbst.

> „Die Deutschen sind durch die Kirche Winfrids, die Bewidmung mit römischem Rechte, die Reformation, den dreißigjährigen Krieg, die Aufklärung Schritt für Schritt sich selbst untreu gemacht worden. Wer wagt dieser Tatsache gegenüber zu behaupten, daß die Deutschen die Entwicklung des Waldbaumes gehabt, der allmählich seine Wurzeln in die Tiefe, seine Äste und den ragenden Wipfel in die Höhe gestreckt hat?[76])

Die Treulosigkeit gegen sich selbst trägt die Schuld am Landsknechts- und Freibeutertum der Deutschen, sie trägt die Schuld an dem entmannenden deutschen Liberalismus und Pazifismus, am völkisch verantwortungslosen Kapitalismus, sie trägt nicht zuletzt auch die Schuld an der deutschen Gottlosigkeit. Wie soll ein Volk, dem man seit über tausend Jahren lehrt, daß es sich von sich selbst, von seinem eigenen gottgegebenen Innern abzuwenden und einer anderen, ihm vollkommen wesensfremden Innerlichkeit zuzuwenden hat, — wie sollte ein solches Volk noch gotterfüllt sein? An dem furchtbaren Irrtum, daß man in einem Volke eine ihm wesensfremde

[76]) Paul de Lagarde, Deutsche Schriften.

Religion zum Leben erwecken könnte, droht das deutsche Volk vollends auseinanderzufallen. Denn der Gottglaube als der im Menschen lebendige göttliche Funke kann dem Menschen nicht vom Menschen eingepflanzt werden; er kann sich nur am Göttlichen entzünden.

„Es ist ein Gott in uns, der lenkt, wie Wasserbäche, das Schicksal, und alle Dinge sind sein Element."[77])

Das hat das Christentum verkannt und das ist ein weltgeschichtlicher Irrtum, der in unseren Tagen zu seiner weltgeschichtlichen Schuld zu werden droht, wenn es nicht seinen Ansprüchen auf Weltherrschaft entsagt. Denn es muß erkannt und anerkannt werden, daß die Entwicklung und Aneignung von Tugenden als fester und unverlierbarer Bestandteile des Charakters einer individuellen Persönlichkeit nur der formenden Kraft eines reichen Erfahrungsschatzes gelingen kann, der von überlegenem Wissen und zielsicherer Urteilskraft gesammelt und gesichtet und von festen, unlöslich mit ihrem Volkstum verbundenen Persönlichkeiten mitgeteilt und für die Erziehung eines Volkstums nutzbar gemacht werden kann. Das Christentum aber als eine die Volkstümer vernachlässigende und verachtende geschichtslose Religion ist außerstande, die völkische Geschichte als die Quelle völkischer Erfahrungen zur Erkenntnis der Volkspersönlichkeiten sowohl, wie auch zur Gestaltung einer volkspersönlichen Sittlichkeit auszuwerten. Es hat im Gegenteil durch seine Predigt vom Reiche Gottes, das „nicht von dieser Welt ist", zum mindesten in Deutschland den Blick des Volkes von seiner Vergangenheit ab gelenkt und einer illusorischen Zukunft zu gewendet, so daß in diesem Volke der Sinn für Geschichte weitgehend abgestorben ist. Ein Volk ohne Geschichte muß aber zu einem Volke ohne Sittlichkeit werden. Denn ein Volk, das die göttliche Stimme in seiner Geschichte und seinen großen Männern und Frauen nicht hört, hat auch die Fähigkeit verloren, die Stimme Gottes in der eigenen Brust zu hören. So wird das geschichtslose Volk zum sittenlosen Volk und zum Raube jedes willensstarken Barbaren. Dieses Verhältnis zwischen Geschichte und volkspersönlicher Sittlichkeit hat auch Paul de Lagarde in seinen deutschen Schriften sehr schön gezeichnet, wenn er schreibt:

„Der Mensch ist, weil fortdauernder Entwicklung fähig, weil unsterblich, weil ein Gedanke des göttlichen Geistes, nur in der Entwicklung, also nur in der Geschichte, Mensch. Ungeschichtliche Völker sind nicht das Normale, sondern die Wirkung einer Krankheit. Wer will aber dann aus ihrer Art, welche in Tat und Wahrheit nur eine Unart heißen darf, Schlüsse auf die an der Spitze der Entwicklung stehende, also gewiß, da sie die Fähigkeit der Vaterschaft besaß, kerngesunde Phase unserer Geschichte machen? Zeugen heutzutage jüdische Eltern von zwölf und zehn Jahren in einer ungarischen Pußta ein mikrokephales Halbtier, so ist das von pathologischem, nicht von physiologischem Werte: und beharren scheinbar Völker in dem Zustande, in welchem ihre Ahnen vor zehntausend Jahren lebten, so sind sie historisch rhachitisch, nicht

---

[77]) Hölderlin Hyperion.

Typen uralter Gesundheit, sondern bemitleidenswerte Ergebnisse uralter Krankheit, mithin für die normale Gestalt der Urzeit nichts beweisend."[78])

Mit demselben Nachdruck, mit dem ich einzig und allein die Geschichte mit ihrem unendlich reichen Erfahrungsschatz als die Quelle für die Erkenntnis und Gestaltung der volkspersönlichen Sittlichkeit bezeichne, wird vom Christentum der ethische Monotheismus als die alleinige Quelle der Sittlichkeit und damit als allein volkserhaltende Kraft hingestellt. Auf diesen Einwand möchte ich zunächst einmal mit Lagarde antworten:

„Daß der jüdische Stamm einst der Welt die Verehrung des einigen Gottes gegeben hat, ist nicht wahr. Einmal weiß die Mehrzahl der Bewohner unserer Erde — Welt sagt man nur, wenn man nicht nachdenkt — sie weiß von einem einigen Gott noch heute nichts, da die Mehrzahl dieser Bewohner, wie der jüdische Ausdruck lautet, heidnisch ist: sodann lehnt auch die christliche Kirche in so gut wie allen ihren Gestalten den Glauben an den einigen Gott ab, da sie an den dreieinigen Gott glaubt, und da sie denjenigen, der diesem ihrem Glauben gegenüber vom einigen Gotte redet, als geflissentlichen Feind ihres durch die faselnde Phrase von der frohen Botschaft vom Frieden nicht charakterisierten Wesens ansieht: drittens haben die Juden den angeblich einigen Gott selbst erst spät entdeckt, da der Dekalog Jahwe als einen Gott neben anderen Göttern kennt, der Vers des Gesetzes V. 6,4 philologisch äußerst schwer zu verdauen ist, und die grobdrähtige Leiblichkeit des den ersten Menschen nach seiner Natur und seinem Aussehen knetenden, im Paradiese spazieren gehenden, bei Abraham Kalbsbraten essenden, dem Moses sich von der Nordseite zeigenden Judengottes einem etwa vorhandenen Monotheismus der Juden jeden Wert nimmt: da erst die Verquickung jüdischer Formeln mit platonischen Gedanken das hervorgebracht hat, was man anständigerweise Monotheismus nennen darf: da endlich dieser so zur Existenz gelangte Monotheismus philosophisch wie gemütlich schlechthin nichts zu bedeuten hat." [79])

Wenn es schon mit dem Monotheismus so bedenklich hapert, so hapert es noch mehr mit seiner Ethik. Der Dekalog und die mosaische Gesetzgebung überhaupt ist wirklich nicht dazu angetan, sittlich ohnedies hochstehenden Völkern und Rassen, wie es z. B. die Germanen waren, als Richtungsweiser für die Jahrtausende zu dienen. Diese Tatsache wäre schon längst als solche anerkannt worden, wenn nicht diese Gesetzgebung mit dem Prädikate des Göttlichen versehen und jedes kritische oder ablehnende Urteil mit dem Makel der Gottlosigkeit und Verworfenheit abgestempelt worden wäre.

In der Wirtschaft gilt es als unumstößlicher Satz, daß die Übertragung von Gold im Verhältnis von Volk zu Volk unmöglich ist. Für die Religion und Sittlichkeit wird ein gleicher Satz nicht anerkannt. Im Gegenteil: — gerade hier vertritt das Christentum mit unduldsamer Schärfe den Satz, daß sich die jüdische Religiosität und

---

[78]) Lagarde: Deutsche Schriften.
[79]) Paul de Lagarde, Deutsche Schriften.

Sittlichkeit wahllos auf alle Völker übertragen, von allen Völkern annehmen und auch verdauen lasse, — ohne daß sie an ihrer Seele Schaden nehmen. Die Übertragung von Gold kann zum Ruin aller betroffenen Volkswirtschaften führen, während die Übertragung einer artfremden Religiosität und Sittlichkeit „nur" die seelische Verkümmerung des vergewaltigten Volkes zur Folge hat. Da Religion und Sittlichkeit nicht im luftleeren Raume konstruiert werden, sondern als die Ergebnisse tausendfältiger Erfahrungen und Schmerzen, tiefsten Leides, höchster Freude, begeisterten Erhobenseins, zerschmetternder Trauer und weltentrückter Seligkeit zu werten sind, so muß im Leben der Völker und der Einzelnen der Geschichte die weitesttragende Bedeutung zugeschrieben werden. Freilich kommt es noch darauf an, was eine Rasse aus ihrer Geschichte macht und über welche Kräfte sie bei der Gestaltung ihrer Geschichte verfügt. Das tut der Bedeutung der Geschichte nicht den geringsten Abbruch. Denn die Geschichte ist der Spiegel, aus dem ein Volk seine Gesichtszüge und sein Wesen ablesen kann; sie bestimmt unparteiisch Größe und Herrlichkeit, Gemeinheit und Niedertracht im Wandel der Zeiten, sie belohnt nicht und bestraft nicht, denn sie kann das Gute untergehen und das Schlechte triumphieren lassen: — aber dem Baume, der die tiefsten Wurzeln in das Erdreich zu treiben wußte und der seinen knorrigen Stamm und die weitausladenden Äste am weitesten in das Reich des göttlichen Lebens zu strecken verstand, hat sie noch nie Kraft und Nahrung versagt. Darum ist das christliche Bekenntnis zur Geschichtslosigkeit gleichbedeutend mit dem Verzicht auf völkisches Eigenleben; die von einem außerweltlichen Gott zum Gesetz erhobene und als solche gebotene Sittlichkeit kann die durch geschichtliche Erfahrungen und eigenständiges Gotterleben gewonnene Sittlichkeit der einzelnen Volkspersönlichkeiten niemals neben sich dulden.

Da der Geschichtsablauf für jedes Volk ein verschiedener ist, die einzelnen Völker also aus den von ihnen gewonnenen Erfahrungen verschiedene Ansichten über Sittlichkeit entwickeln werden, so kann es nicht eine für alle Völker gleichmäßig geltende Sittlichkeit geben, nach der sie ein für allemal ihr Leben einzurichten hätten. Da das Gotterleben nicht nur für jeden Einzelnen, sondern auch für jedes Volk verschieden sein wird, sowohl was die innere Kraft und Tiefe, als auch die Ausdrucksfähigkeit anbetrifft, so werden nicht nur die geschichtlichen Handlungen und Erfahrungen, sondern auch die Anschauungen über Sittlichkeit maßgebend dadurch beeinflußt werden. Auch der Gottglaube einzelner Menschen und ganzer Völker wird stets im Sinne der Verschiedenartigkeit der sittlichen Anschauungen wirken. Jedes Volk ist eine Wahrheit und ein göttlicher Gedanke, jedes Volk ist eine eigengeartete sittliche Gemeinschaft. Und diese sittliche Gemeinschaft ist teils Wirklichkeit, teils Ideal. Als Wirklichkeit lesen wir sie und ihr Wesen aus der Geschichte ab, als Ideal oder Hochziel ist diese sittliche Gemeinschaft „etwas, das zugleich ist und nicht ist". Es ist die im tiefsten Herzen der Menschen leuchtende Sonne, um welche unsere Gedanken und Kräfte, um welche auch alle die Mittelpunkte schwingen, welche unser Leben umkreist, eine Sonne, deren Schein fahl und bleich wird, wenn sie aus den Tiefen der Seelen an das Tageslicht emportaucht. Die Blumen und Bäume freuen sich an Hyperions Strahlen, die Menschen gedeihen nur an der geheimnisvollen Wärme eines nie gesehenen Sternes. Die deutsche Nationalität ist wie jede andere Nationalität eine Kraft, welche nicht gewogen, geschaut, geleitet, beschrieben werden kann, welche da ist, wenn sie wirkt, welche überall da ist, wo in Deutschland etwas wächst und gedeiht."[80])

Wie man sieht, ist die christliche „Verinnerlichung" mit ihrer Geschichtslosigkeit mehr als nur an der Oberfläche geblieben: — sie hat nicht einmal die Oberfläche der menschlichen Seele erreicht, indem sie jedem Menschen die gleiche Seele und das gleiche Seelenleben zuschrieb. Um nämlich das menschliche Gemüt und die menschliche Seele zu erkennen, ist es notwendig, in das Leben der Art und der Rasse hinabzusteigen und sich im Gebiete des Gemeinschaftslebens gründlich umzusehen. Die Höhen und Tiefen der Menschenseele, ihre Hoheit und Gemeinheit, ihre Großmut, Feigheit und Tapferkeit, ihr weltüberwindendes Heldentum, ihre verborgenen Möglichkeiten, ihre Rätsel, Geheimnisse und Wahrheiten, ihre Einfalt, ihre Zwiespältigkeiten, ihre Zweifel, ihr Ja und ihr Nein: — alle diese Dinge zeigen sich dem forschenden Auge erst im Spiegel der Geschichte. Erst von der Gemeinschaft her läßt sich der Einzelne erkennen. Und diese Gemeinschaft wurde von der geschichtslosen christlichen Religion geflissentlich übersehen, indem sie der Einzelseele unendlichen Wert zuschrieb. Dieser unendliche Wert sollte vor dem ewigen Verderben gerettet werden, mochten darüber auch die Volkstümer zugrundegehen. Daß mit den Volkstümern auch diese zu rettenden Einzelseelen absterben mußten, weil sie als „aus dem wilden Ölbaum ausgehauene Zweige" verdorren mußten, das wurde vom Christentum und seinen Verteidigern nicht bedacht. Die Geschichte ist die Wurzel, aus der die fernste Vergangenheit im Menschen zu neuem Leben erwacht, und wer diese Wurzel abschneidet, der raubt dem Geiste und dem Bewußtsein der Geschichte und der fernsten Vergangenheit die Möglichkeit, die Unsterblichkeit aller geistigen Kräfte sichtbarlich zu allen Zeiten zu beweisen. Darum ist die Leugnung der Geschichte, die bewußte Abkehr von der Geschichte und das Bekenntnis zur Geschichtslosigkeit ein Attentat auf die Unsterblichkeit des Geistes der Geschichte und der geschichtsbildenden Volkstümer und Rassen. Denn die Unsterblichkeit kommt ja nicht von außen als ein Gnadengeschenk eines Gottes, das nach Willkür von ihm geschenkt oder entzogen werden kann. Nein — die Unsterblichkeit besteht wie in der ewigen Geburt des Gottes in der Fülle und im Reichtum der ewig wechselnden Gestalten, so in der schöpferischen Tat des gotterfüllten Menschen — und des gotterfüllten Volkes. Diese Taten sind zeitlos, weil sie alle eingehen in den zeitlosen Willen und das zeitlose göttliche Bewußtsein, um aus diesem Grunde heraus den Wandel der Zeiten immer von neuem zu be-

[80]) Paul de Lagarde. Deutsche Schriften.

stimmen. Der Tod aber besteht nicht im Zerbrechen der Formen und Gestalten, er besteht nicht im Schwinden des Bewußtseins: — Tod ist da, wo das Gewordene zur Form erstarrt und das Leben zur ewig sichtbaren Versteinerung abgelagert ist, aus der kein Neues mehr werden kann. Der Tod ist die Verewigung unfruchtbarer und unschöpferischer Zustände: — darum ist der christliche Himmel das grausigste und entsetzlichste Symbol des Todes, das sich Menschenhirne jemals ausdenken konnten.

Das Christentum strebt den Tod an, indem es die Versteinerung der Menschen im fertigen christlichen Denken und Geiste betreibt. Mit seiner Geschichtslosigkeit strebt es den Tod an, indem es durch die Erhebung der Bibel zur Quelle aller Gotteserkenntnis (diese kann es gar nicht geben) nur eine Vergangenheit für alle Völker gelten läßt, die Vergangenheit einer grobsinnlichen Schöpfungsgeschichte, die in der Vergangenheit des jüdischen Volkes einmündet. Nicht nur, daß die nichtjüdischen Völker von ihrer Vergangenheit getrennt wurden, ist eine Todesursache für diese Völker, sondern auch der Umstand, daß die Vergangenheit des jüdischen Volkes zur Vergangenheit der übrigen Völker gestempelt wurde. Das Christentum hat den Geist und die Sprache unserer Geschichte getötet, weil es dem Deutschtum seinen Geist und seine Sprache einschwärzte und ihm auf diese Weise Sinn, Gemüt und Verständnis für die Sprache Gottes im deutschen Gewande vollständig und radikal verdarb. „Der Weg zur Religion ist wiederum Religion"[81] — das hat das Christentum nicht begriffen, sonst hätte es die nichtjüdischen Völker nicht von ihrer artgemäßen Religion abgetrennt, sie nicht ihrer Religion beraubt und sie nicht auf einem nichtreligiösen Wege zur Annahme seiner Glaubenssätze gezwungen. Oder will jemand behaupten, daß der Glaubenskrieg, Ketzer- und Hexenbrand ein religiöser Weg gewesen sei?

Wie jedes Volk den Weg seiner eigenen Geschichte gehen muß, so muß es auch den Weg seines eigenen Gottglaubens gehen. Wie ihm aus der Geschichte die Keime und die Früchte seiner Taten und Aufgaben entgegenwachsen, so gestaltet ihm sein Gottglaube in seiner ewigen Jugend das Ideenbild zur Weiterführung und Erfüllung dieser Aufgaben und ihrer Forderungen. In dieser Weise ist die Verbindung zwischen Gottglaube und Geschichte herzustellen. Nur so ist es möglich, den Gottglauben in Einklang mit dem geschichtlichen Geschehen zu bringen. Den christlich gewordenen Völkern obliegt darum die Pflicht, sich aus der christlichen Geschichtslosigkeit zur eigenständigen Geschichte und Geschichtsbetrachtung zurückzufinden, auf die Stimme des Göttlichen in ihrer Geschichte zu hören, solange, bis sie wieder hell und klar und mächtig in der eigenen Brust widertönt, ihre Träger zur höchsten Kraftentfaltung im Rahmen des Volkslebens spornend. Die Auseinandersetzung mit dem Christentum wird nicht ausbleiben, denn der konsequenteste Vertreter des Christentums, „der Jesuitismus, muß die Kirche, deren Firma er führt, und die an der germanischen Natio-

---

[81]) Paul de Lagarde, Deutsche Schriften.

nalität zugrundegegangen ist, aus einer römisch-katholischen zu einer universal-katholischen machen wollen: ich glaube, daß er diese Aufgabe jetzt völlig begriffen hat, und an ihrer Ausführung arbeitet. Die germanischen Völker hingegen haben die Religion mit ihrer Nationalität in Beziehung zu setzen: denn der Protestantismus hat, was er erreicht, nur durch die germanische Naturanlage der ihm Zugefallenen erreicht, und die Stellung gegen Rom ist die natürliche, wenn nicht C h r i s t e n, sondern G e r m a n e n kämpften wollen. Weltreligion im Singulare und nationale Religionen im Plurale, das sind die Programmworte der beiden Gegner."[82]) Ein eigenständiger Gottglaube ist aber, wie nun hinlänglich klar geworden sein dürfte, nicht ohne eigenvölkische Geschichtsbetrachtung möglich. Für diese Art der Geschichtsbetrachtung hat man den Ausdruck der „organischen Geschichtsauffassung" geprägt, meist ohne näher zu beschreiben, was darunter zu verstehen ist. Ich möchte diesen Ausdruck deshalb vermeiden, weil er zu vieldeutig ist und zu Vergleichen veranlassen kann, die die wahren Verhältnisse nicht treffen. Unter einem Organismus versteht man eine beseelte und eigenbewußte Ganzheit, die in einem bestimmten Wechselverhältnis zu ihren Gliedern steht, denen aber Vernunft und Urteilskraft fehlen. Das ist der grundlegende Unterschied zwischen den Gliedern eines Organismus und den Gliedern eines Volkes, den individuellen Persönlichkeiten. Selbstverständlich betont auch die eigenvölkische Geschichtsbetrachtung im Gegensatz zum Christentum die Gliedhaftigkeit der Einzelmenschen innerhalb ihres Volkes, selbstverständlich definiert sie den Begriff des Menschen als überzeitliches, geistig-seelisches, mit einer bestimmten Körperlichkeit begabtes und der volksbiologischen Kausalität unterworfenes Lebewesen, das die Fähigkeit besitzt, den geheimnisvollen Kräften des Lebens durch Zeugung und schöpferische Tat zur ewigen Geburt und damit zur Unsterblichkeit zu verhelfen: — aber das sind Betrachtungen, die man unabhängig von jedem Vergleich mit einem Organismus gewinnen kann. Die Verteidiger des Christentums werden hier zweifellos die Anmerkung machen, daß doch auch von mir der überzeitliche Charakter der geistig-seelischen Verfassung des Menschen betont werde. Dasselbe tue auch das Christentum. Wirklich? Ich glaube doch nicht ganz. Der überzeitliche geistig-seelische Charakter des Einzelmenschen leitet sich bei der eigenvölkischen Geschichtsbetrachtung im Gegensatz zum Christentum von dem überzeitlichen Wesen des Volkstums ab, das den Einzelnen als ein nicht weiter teilbares kleinstes Teilwesen körperlich gleichsam aus sich herausstellt, ihm bis zu einem gewissen Grade ein Eigenleben zugestehend. Nach der eigenvölkischen Geschichtsauffassung kann der Einzelne nur im Rahmen eines Volkstums Mensch sein; nach ihr macht das Volkstum den Einzelnen, während nach christlicher Auffassung — und zwar nach k o n s e q u e n t e r christlicher Auffassung — die vielen Einzelnen zur — Kirche zusammentreten. Nicht die Gemeinschaft des Volkstums, son-

---

[82]) Paul de Lagarde, Deutsche Schriften.

dern die Gemeinschaft der Heiligen ist ja das christliche Ideal. Überall, wo das Christentum von Volkstum und Volkserhaltung spricht, ist es seinem Wesen untreu geworden und hat „heidnische“, nichtchristliche Gedankengänge in sich aufgenommen. Nach eigenvölkischer Geschichtsauffassung sind schon die Völker göttlichen Ursprungs, denn es ist nicht einzusehen, warum die Entstehung von Völkern unmöglicher gewesen sein sollte, als die Entstehung von Einzelnen. Sollte gerade in der Naturwissenschaft für die Entstehung des Einzelnen im Verhältnis zur Ganzheit des Volkes der Satz keine Geltung haben, daß das Ganze vor dem Teile war? Nach christlicher Auffassung kommt nur der Einzelseele göttlicher Ursprung zu; von der Schaffung der Volkstümer weiß die christliche Schöpfungsgeschichte nichts zu erzählen. Nach eigenvölkischer Geschichtsauffassung genügt die Einzelseele niemals, um die ganze Fülle des Göttlichen in einem kurzen Leben zum reinen und umfassenden Ausdruck zu bringen. Dazu reicht vielleicht nicht einmal die ganze Kraft eines himmelstürmenden Volkes aus. So erschöpfte das Griechentum seine ganze Kraft vollkommen in der einen Richtung der göttlichen Herrlichkeit, in der Schönheit, und kam darüber zu keiner Staatsbildung. Während also die eigenvölkische Geschichtsauffassung in jedem Volke einen göttlichen Gedanken sieht, steht auch hier das Christentum in Übereinstimmung mit dem Judentum in unversöhnlichem Gegensatz zu dieser Auffassung. Das Christentum schreibt nur einem einzigen Volke die wahre Erkenntnis und Verehrung Gottes zu, dem Judentum, und hebt dieses Volk als das auserwählte Volk aus allen übrigen Völkern hervor, die es damit mit dem Stempel der Unterwertigkeit versah. — Neben die Geschichtslosigkeit des Christentums tritt als weitere zerstörende Kraft die von mir schon gezeichnete judäozentrische Geschichtsauffassung. Sie muß in diesem Zusammenhang noch einmal kurz gestreift werden. Büchners Bibelkonkordanz schreibt zu diesem Thema:

> „Israel heißt das Volk und Eigentum Gottes, weil Gott dasselbe aus allen Völkern auserlesen, daß es unter seiner unmittelbaren Oberherrschaft und Leitung stünde, nach seinem Gesetze lebte und seines Schutzes sich erfreute; einen theokratischen Staat bildete. Daß das Wahrheit war, erhellt daraus, daß in diesem Volk allein die Erkenntnis und Verehrung Eines Gottes öffentlich und gesetzlich war, und daß aus diesem Volk das Heil der Welt gekommen ist . . . .“

Ich will nicht wiederholen, was Paul de Lagarde über den jüdischen Monotheismus gesagt hat; der Leser mag es oben nachlesen und feststellen, daß Lagarde genau das Gegenteil von dem sagt, was Büchners Bibelkonkordanz hier schreibt. Nichtsdestoweniger ist für unsere Betrachtungen der Umstand wichtig, daß die Bibelkonkordanz allgemein christliche Auffassungen wiedergibt, die das Bewußtsein der christlichen Völker aufs allertiefste beeinflussen mußten.

Wenn das Judentum das auserwählte Volk war, so mußte dem gläubigen Christen die Mitgliedschaft oder Zugehörigkeit zu diesem Volke geradezu Herzensangelegenheit sein. Darum versteht auch in logischer Folgerichtigkeit Büchners Bibelkonkordanz unter dem Begriffe „Volk" — „das geistliche Israel, welches im Glauben, als dem Schmuck einer wiedergeborenen Seele, Gal. 2, 20, Christo dient, das auserwählte Geschlecht. Auch die Heiden sollen Kinder des lebendigen Gottes genannt werden, die sich zu Christo bekehren, Römer 9, 26. Christi Eigentum, Titus 2, 14. Christus war bereitet für alle Völker, Luk. 2, 31, damit er die Kinder Gottes zusammenbrächte, Joh. 11, 52 . . ."

Wie tiefgreifend durch diese judäozentrische Geschichtsauffassung das Bewußtsein und Selbstbewußtsein der Völker umgekrempelt wurde, das hat das englische Volk bewiesen, in welchem die Auffassung Fuß fassen konnte, daß die Engländer die Nachkommen der verlorenen zehn israelitischen Stämme seien. So gaben sich die Puritaner altbiblische Namen und gefielen sich darin, selbst das geringste Geschehen ihres oft recht trivialen Lebens mit der Bibel in Verbindung zu bringen. Derselbe Brauch soll auch in Pietistenkreisen des Schwabenlandes heute noch herrschen.

Das Judentum als das Volk Gottes rückte für die nichtjüdischen Völker in die Rolle des Lehrmeisters ein. Seine Weisheit galt als oberste Weisheit, sein Gesetz als Vorbild der nichtjüdischen Gesetzgebung, seine Sittlichkeit als unerreichtes Ideal und seine Wirtschaftsmoral als Gipfelpunkt aller Wirtschafts- und Soziallehren. So hielt die jüdische Wirtschaftsauffassung im Gefolge der judäozentrischen Geschichtsauffassung ihren Einzug in das Wirtschaftsleben der nichtjüdischen Völker und erzeugte auf dem Boden der geistig völlig zerrissenen Volkstümer aus seinem rationalistisch-rechnerischen Denken den bürgerlichen, kapitalistischen Menschentypus, der dazu berufen sein sollte, als vollkommener Biedermann eine ganze Welt in Trümmer zu legen. Gerade an dem Beispiel des kapitalistischen Biedermanns, der als solipsistischer Mensch für sich betrachtet nur Tugenden aufzuweisen hat, erweist es sich, wie gefährlich und lebensmörderisch Tugenden werden können, wenn sie nur und ausschließlich auf den Einzelmenschen in seiner ganzen Abstraktheit bezogen werden und nicht von einem Volkstum her Sinn und Ziel empfangen. Der kapitalistische Mensch ist der seines Blutes und seiner eigenständigen Seele beraubte, mit jüdisch-rationalistischem Geiste erfüllte, durch und durch abstrakte Mensch, dessen Heimat die in seinen Büchern befindlichen Zahlenkolonnen sind. Das Experiment, den Homunkulus zu schaffen, ist restlos gelungen. Sein Ergebnis ist der kapitalistische Mensch. Gelungen ist dieses Experiment dem jüdisch-rationalistischen Denken und der judäozentrischen Geschichtsauffassung! Als Geburtshelfer hat das Christentum unschätzbare Dienste geleistet. Als Nebenerfolg seiner Arbeit kann es das Verdienst für sich buchen, den Beweis dafür erbracht zu haben, daß Tugenden nicht deshalb gut sind, weil sie Tugenden sind. Denn es gibt keine abstrakten Tugenden, sondern nur von Fall zu Fall das Leben gestaltende und von göttlichem Geiste erfüllte schöpferische Taten. Der kapitalistische Mensch sucht den Nutzen und die Frucht; der von der volkspersönlichen Sittlichkeit getragene Mensch streut den Samen. Was keinen Nutzen bringt und keine Frucht trägt, ist für den kapitalistischen Menschen wertlos, denn er ist der den Erfolg genießende und darum ausbeutende Mensch; dem volkspersönlich gebundenen Menschen liegt allein am Samen, denn er ist der schaffende Mensch. Dieser ist immer ein gläubiger Mensch, dessen Schicksal unter der Herrschaft des kapitalistischen Denkens für die Regel — das Zugrundegehen ist. Denn die Welt des Nutzens ist kein Boden für schaffende Menschen, wie die Schöpferwerkstatt des schaffenden Menschen eine dem kapitalistischen Menschen stets verschlossene Welt sein wird. Darin liegt die kulturelle Tragödie des kapitalistischen Geistes beschlossen, daß er wie ein heißer Wind alle Länder verdorren ließ, über die er zog, und daß in allen diesen Ländern Geist und Gemüt der Völker erstarb und ihr Leben verödete. Kultur läßt sich weder kaufen noch errechnen, Kultur kann nur gelebt und erlebt werden und dazu ist notwendig, daß in einem Volke möglichst viele königliche Menschen leben und eine starke Aristokratie des Geistes und der völkischen Selbstzucht die Lebensführung des Volkes bestimmt. Der Kapitalismus begünstigt aber nicht den königlichen Menschen, sondern die Masse, denn der königliche Mensch ist der „unberechenbare“ Mensch, während der Mensch der Masse sich „berechnen“, „typisieren“ und „taylorisieren“ läßt. Man hat auf die Sklavenwirtschaft des Altertums mitleidig oder mit humaner Entrüstung herabgesehen. Die Antike war wenigstens ehrlich und erkannte die Sklaverei als öffentlichrechtliche Einrichtung an; der Antike war die widerliche Heuchelei fremd, mit der die heutige kapitalistische Massenwirtschaft unter einem Schwall von humanitären und moraltriefenden Redensarten die moderne Sklaverei der industriellen Massenheere verbirgt. Außerdem weiß auch unser Zeitalter noch einiges von Assientoverträgen und von Pressung von Senegal- und Sudannegern usw. zum Heeres- und Kriegsdienst zu erzählen!

Wer die Erscheinung der Masse beseitigen will, der muß den königlichen Menschen wollen, der muß auch die Erziehung zum königlichen Menschen wollen. Der königliche Mensch ist aber heute der schroffste Gegensatz zum priesterlichen Menschen, der als Christ zum Verhängnis aller nichtjüdischen Völker geworden ist. Der priesterliche Mensch als der Agitator des Judaismus und Verbreiter der judäozentrischen Geschichtsauffassung hat die Naturwerte entnatürlicht, die Moral verfälscht, den Gottesbegriff verfälscht und die Geschichte durch die Verkuppelung mit der judäozentrischen Geschichtsauffassung vollkommen und radikal ihres eigenvölkischen Sinnes beraubt. Das kapitalistische Experiment hat es eindringlich bewiesen, daß es keine abstrakte Moral gibt, sondern daß die Moral der Ausdruck der Lebens- und Wachstumsbedingungen eines Volkes sein und seinem innersten Instinkt entsprechen muß. Darum ist die oberste Forderung, die wir stellen müssen, die Forderung nach einem eigenvölkischen, eigenständigen Charakterhaushalt, zugleich begleitet von der Forderung nach Beseitigung der judäozentrischen Geschichtsauffassung und ihrer Schrittmacher. Hier hat die Arbeit der Philosophen, Historiker, Juristen, Volkswirte und Mediziner einzusetzen, denn sämtliche Wissenschaften sind in die Fesseln des Judaismus geschlagen, wie diese kurze Skizze es für die vom kapitalistischen Geiste geschlagene Wirtschaft nachgewiesen hat. Vielleicht wird heute der Aphorismus 24 des „Antichrist" von Friedrich Nietzsche besser verstanden, nachdem der Kapitalismus die ganze Erde in Trümmer gelegt hat: — vielleicht erfährt er aber auch heute noch Spott und Hohn oder eisige Ablehnung:

„Die Juden sind das merkwürdigste Volk der Weltgeschichte, weil sie, vor die Frage von Sein und Nichtsein gestellt, mit einem vollkommen unheimlichen Bewußtsein das Sein um jeden Preis vorgezogen haben: dieser Preis war die radikale Fälschung aller Natur, aller Natürlichkeit, aller Realität, der ganzen inneren Welt so gut als der äußeren. Sie grenzten sich ab gegen alle Bedingungen, unter denen bisher ein Volk leben konnte, leben durfte; sie schufen aus sich einen Gegensatz-Begriff zu natürlichen Bedingungen, — sie haben, der Reihe nach, die Religion, den Kultus, die Moral, die Geschichte, die Psychologie auf eine unheilbare Weise in den Widerspruch zu deren Natur-Werten umgedreht. Wir begegnen demselben Phänomene noch einmal und in unsäglich vergrößerten Proportionen, trotzdem nur als Kopie: — die christliche Kirche entbehrt, im Vergleich zum „Volk der Heiligen", jedes Anspruchs auf Originalität. Die Juden sind, ebendamit, das verhängnisvollste Volk der Weltgeschichte: in ihrer Nachwirkung haben sie die Menschheit dermaßen falsch gemacht, daß heute noch der Christ antijüdisch fühlen kann, ohne sich als letzte jüdische Konsequenz zu verstehen.

Ich habe in meiner „Genealogie der Moral" zum ersten Male den Gegensatz-Begriff einer vornehmen Moral und einer Ressentiment-Moral psychologisch vorgeführt, letztere aus dem Nein gegen die erstere entsprungen: aber dies ist die jüdisch-christliche Moral ganz und gar. Um Nein sagen zu können zu Allem, was die aufsteigende Bewegung des Lebens, die Wohlgeratenheit, die Macht, die Schönheit, die Selbstbejahung auf Erden darstellt, mußte hier sich der Genie gewordene Instinkt des ressentiment eine andere Welt erfinden, von wo aus jene Lebens-Bejahung als das Böse, als das Verwerfliche an sich erschien. Psychologisch nachgerechnet, ist das jüdische Volk ein Volk der zähesten Lebenskraft, welches, unter unmögliche Bedingungen versetzt, freiwillig, aus der tiefsten Klugheit der Selbsterhaltung, die Partei aller Décadence-Instinkte nimmt, — nicht als von ihnen beherrscht, sondern weil es in ihnen eine Macht erriet, mit der man sich gegen „die Welt" durchsetzen kann. Die Juden sind das Gegenstück aller décadents: sie haben sie darstellen müssen bis zur Illusion, haben sich, mit einem non plus ultra des schauspielerischen Genies, an die Spitze aller décadence-Bewegungen zu stellen gewußt (— als Christentum des Paulus —), um aus ihnen Etwas zu schaffen, das stärker ist als jede Ja-sagende Partei des Lebens. Die décadence ist, für die im Juden- und Christentum zur Macht verlangende Art von Mensch, eine priesterliche Art, nur Mittel: diese Art von Mensch hat ein Lebens-Interesse daran, die Menschheit krank zu machen und die Begriffe „gut" und „böse", „wahr" und „falsch" in einen lebensgefährlichen und weltverleumderischen Sinn umzudrehen." —

Damit haben wir den Übergang zum nächsten Abschnitt gefunden.

2.

Jüdischer Kapitalismus und Völkerzerstörung.

Martin Luther entwirft in seiner Schrift „Von Kaufhandlung und Wucher" ein Bild des kapitalistischen Treibens, das, im Jahre 1524 gezeichnet, auf unsere Zeit noch ebenso zutreffen dürfte wie auf seine Zeit:

„Wer ist so grob, der nicht sieht, wie die Gesellschaften nichts andres sind, denn eitel rechte Monopolia? .... Sie haben alle Ware unter ihren Händen und machens damit, wie sie wollen, und treiben ohne Scheu die obberührten Stücke, daß sie steigern oder niedrigen nach ihrem Gefallen und drücken und verderben alle geringen Kaufleute, gleichwie der Hecht die kleinen Fische im Wasser, gerade als wären sie Herren über Gottes Kreaturen, und frei von allen Gesetzen des Glaubens und der Liebe .... Darüber muß gleichwohl alle Welt ganz ausgezogen werden und alles Geld in ihren Schlauch sinken und schwemmen .... Alle Welt muß in Gefahr und Verlust handeln, heuer gewinnen, über ein Jahr verlieren, aber sie (die Kapitalisten) gewinnen immer und ewiglich und büßen ihren Verlust mit ersteigertem Gewinn, und so ists nicht Wunder, daß sie bald aller Welt Gut zu sich reißen."

Das hier von Luther entworfene Bild der wirtschaftlichen Zustände seiner Zeit ist niederschmetternd genug und sollte auch dem Gutgläubigsten die Frage auf die Lippen drängen, wo denn die so viel gepriesenen Wirkungen der Herrschaft des Kreuzes blieben, wenn solche Zustände möglich waren? Diese Frage ist schon um deswillen gerechtfertigt, weil das Christentum den Anspruch erhebt, die Germanen aus der „Nacht der heidnischen Barbarei" ins „Tageslicht der wahren Gotteserkenntnis emporgeführt" zu haben. Wer dem Heidentum gegenüber den Mund so voll nimmt, kann sich zweifellos auch gelegentlich störende Gegenfragen gefallen lassen.

Die Schilderung Luthers stimmt mit der Wirklichkeit überein. Es steht fest, daß es schon im 13. Jahrhundert Aktiengesellschaften gab (z. B. die Kölner Schiffermühlen), daß Flandern schon zu Beginn des 14. Jahrhunderts Versicherungsgesellschaften kannte, daß Syndikate und Bankrotte blühten, daß Wechsel von einem Ende Europas auf das andere ausgestellt wurden und daß das jüdische Geschäft damals blühte wie nur je, denn Van der Kindere meldet vom 14. Jahrhundert aus Flandern kurz und treffend, daß anständige Geldverleiher bis 6½ Prozent und Juden zwischen 60 Prozent und 200 Prozent Zins nahmen. Diese für den jüdischen Leihkapitalismus unangenehme Tatsache, die sich so gar nicht in das Bild der vielgerühmten jüdischen Menschenfreundlichkeit einfügen lassen will, hat man jüdischerseits mit dem Ammenmärchen „erklären" wollen, daß die Juden „von Natur" eigentlich Ackerbauern seien und erst im Laufe des Mittelalters Geldverleiher geworden seien, weil die nichtjüdischen Völker sie von allen anderen Berufen ferngehalten hätten. So einfach liegen die Dinge nun gerade nicht. Die Propheten und die jüdische Geschichte wissen anderes zu berichten.

So fanden sich in einer Reihe von Städten am Euphrat und Tigris israelitische Siegel aus älteren Epochen. Und hundert Jahre vor der ersten Zerstörung Jerusalems, in der Zeit Sennacheribs, lernen wir als das größte Bankhaus Babylons das jüdische Bankhaus Firma „Egibi Brüder" kennen, das im Orient eine ähnliche Rolle gespielt haben soll wie das Haus Rothschild in Europa.

Eine andere Tatsache. Wie erklären sich die jüdischen und christlichen Verteidiger des Judentums das von Nehemia im Kapitel V berichtete Charakteristikum des jüdischen Kapitalisten? Während ihre jüdischen Volksgenossen den Tempel aufbauten, benutzten die Ratsherren und die Priester die Gelegenheit und trieben den schändlichsten Wucher und beraubten ihre ärmeren Volksgenossen ihrer „Äcker und Weinberge, Ölgärten und Häuser". Die Stelle bei Nehemia lautet: (Kapitel V, V. 1 ff.)

> „Und es erhub sich ein groß Geschrei des Volks und ihrer Weiber wider ihre Brüder, die Juden. Und waren etliche, die da sprachen: Unsrer Söhne und Töchter sind viel; laßt uns Getreide nehmen und essen, daß wir leben. Aber etliche sprachen: Laßt uns unsere Äcker, Weinberge und Häuser versetzen, und Getreide nehmen in der Teuerung. Etliche aber sprachen: Wir haben Geld entlehnt zum Schoß für den König auf unsere Äcker und Weinberge; nun ist doch wie unserer Brüder Leib auch unser Leib, und wie ihre Kinder unsre Kinder, und siehe, wir müssen unsere Söhne und Töchter unterwerfen dem Dienst, und sind schon unsrer Töchter etliche unterworfen, und ist kein Vermögen in unsern Händen; und unsere Äcker und Weinberge sind der andern worden. Da ich aber ihr Schreien und solche Worte hörte, ward ich sehr zornig. Und mein Herz ward Rats mit mir, daß ich schalt die Ratsherren und die Obersten und sprach zu ihnen: Wollt ihr einer auf den andern Wucher treiben? Und ich brachte eine große Gemeine wider sie zusammen, und sprach zu ihnen: Wir haben unsre Brüder, die Juden, erkauft, die den Heiden verkauft waren, nach unserm Vermögen; und ihr wollt auch eure Brüder verkaufen, und sie sollen uns verkauft werden? Da schwiegen sie und fanden nichts zu antworten. Und ich sprach: Es ist nicht gut, das ihr tut. Solltet ihr nicht in der Furcht Gottes wandeln um des Hohns willen der Heiden, unserer Feinde? Ich und meine Brüder und meine Knaben haben ihnen auch Geld geliehen und Getreide; laßt uns doch diese Schuld erlassen. So gebt ihnen nun heutiges Tages wieder ihre Äcker, Weinberge, Ölgärten und Häuser und den Hundertsten am Gelde, am Getreide, am Most und am Öl, den ihr von ihnen zu fordern habt. Da sprachen sie: Wir wollens wiedergeben, und wollen nichts von ihnen fordern, und wollen tun, wie du gesagt hast. Und ich rief den Priestern, und nahm einen Eid von ihnen, daß sie also tun sollten. Auch schüttelte ich meinen Busen aus und sprach: Also schüttele Gott aus jedermann von seinem Hause und von seiner Arbeit, der dies Wort nicht handhabet, daß er sei ausgeschüttelt und leer. Und die ganze Gemeine sprach: Amen, und lobeten den Herrn. Und das Volk tat also."

Diese Klagen Nehemias sind außerordentlich aufschlußreich, geben sie doch ein anschauliches Bild von den rechtlichen und sozialen Verhältnissen in Israel. Sie gewähren uns vor allen Dingen Einblick in das jüdische Eigentums-, Pfand- und Schuldrecht; Rechtseinrichtungen, die wir kurz behandeln wollen in der Hoffnung, daß sich für unser Thema vielleicht einiges Brauchbare daraus ergeben wird.

Das jüdische Recht kennt Eigentum an Personen und Sachen. Das Sacheigentum zerfällt in Eigentum an beweglichen Sachen wie Vieh, Geräte usw. und in Eigentum an unbeweglichen Sachen, also an Häusern und Grundstücken.

Das Eigentum an Personen, die Leibeigenschaft oder Sklaverei, bestand in Israel schon seit den ältesten Zeiten (1. Moses 12,16 und 14,14 u. a.) und erstreckte sich auf Männer, Weiber und Kinder, meist auf Angehörige nichtjüdischer Völker (3. Mose 25,44 ff.), die entweder im Kriege gefangen oder durch Kauf erworben wurden. Eine dritte Form der Entstehung der Leibeigenschaft ist die, daß sich Fremdlinge, die sich selbst nicht ernähren konnten, freiwillig oder zwecks Einlösung von Schuldverbindlichkeiten in Leibeigenschaft begaben. Sklavenhandel ist uns schon seit den frühesten Zeiten des Altertums bekannt. Für das Judentum berichtet uns schon die Genesis (Kapitel 17, V. 12 ff. und V. 23, 27), daß die Juden Sklaven kauften, denn Abraham allein hat an hausgeborenen 318 waffengeübte Männer (1. Mose 14,14). Esra (2, 64 ff.) und Nehemia (7,66 ff.) geben an, daß mit 42 360 Freien etwa 7 337 Sklaven und Sklavinnen nach Jerusalem zurückgekehrt seien. Diese Zahlen geben jedoch kein zuverlässiges Bild über den Umfang der Sklaverei in Israel, da die reicheren Juden großenteils im Lande des Exils zurückgeblieben sind, die somit auch ihre Sklaven bei sich behielten.

Außer den Fremden konnten aber auch Israeliten in Leibeigenschaft ihrer eigenen Volksgenossen geraten. Dies geschah meistens dann, wenn sich ein Jude im Falle äußerster Mittellosigkeit befand und sich nicht mehr anders zu helfen wußte, als indem er sich und seine Familie an einen Wohlhabenden verkaufte. (2. Moses 21,2. 3. Moses 25, 39, 47.) Ferner verkauften unbemittelte Israeliten ihre Töchter, um sie auf diesem Wege zu versorgen. (2. Moses 21, 7.) Nach 2. Moses 22,3 konnte ein Dieb gerichtlich in die Sklaverei verkauft werden. Während nach 2. Moses 21,16 und 5. Moses 24,7 jeder Jude vor Menschendiebstahl und Seelenverkäuferei geschützt war, scheint sich doch gewohnheitsrechtlich eine andere Übung herausgebildet zu haben. Zahlungsunfähige jüdische Schuldner konnten nämlich auch gegen ihren Willen vom Gläubiger in Leibeigenschaft genommen werden; der Gläubiger konnte aber auch dem Schuldner seine Kinder wegnehmen und zu Sklaven machen. Diese gewohnheitsrechtliche Übung konnte ausgebildet werden, weil sich im Gesetz kein Verbot fand, welches dieser Übung widersprach, über welche denn auch an mannigfachen Stellen der Bibel geklagt wird. Die folgende Zusammenstellung einiger Bibelstellen wird diesen Sachverhalt erhärten:

„Und es schrie ein Weib unter den Weibern der Kinder der Propheten zu Elisa und sprach: Dein Knecht, mein Mann, ist gestorben; so weißt du, daß er, dein Knecht, den Herrn fürchtete; nun kommt der Schuldherr, und will meine beiden Kinder nehmen zu eigenen Knechten." (2. Könige 4,1). Vergleiche Nehemia 5,5. 8.

„Man reißet das Kind von den Brüsten, und machts zum Waisen, und macht die Leute arm mit Pfänden. Den Nackten lassen sie ohne Kleider gehen, und den Hungrigen nehmen sie die Garben. Sie zwingen sie, Öl zu machen auf ihrer Mühle, und ihre Kelter zu treten, und lassen sie doch Durst leiden. Sie machen die Leute in der Stadt seufzend, und die Seele der Erstgeborenen schreiend, und Gott stürzet sie nicht." (Hiob 24,9/12).

„So spricht der Herr: Um drei und vier Frevel willen Israels will ich ihrer nicht schonen, darum daß sie die Gerechten um Geld und die Armen um ein Paar Schuhe verkaufen. Sie treten den Kopf der Armen in Kot und hindern den Weg der Elenden. Es geht Sohn und Vater zu einer Dirne, damit sie meinen heiligen Namen entheiligen. Und bei den Altären schlemmen sie auf den verpfändeten Kleidern, und trinken Wein in ihrer Götter Hause von den Gebüßeten." (Amos 2,6/8).

„Höret dies, die ihr den Armen unterdrückt, und die Elenden im Lande verderbet, und sprecht: Wann will denn der Neumond ein Ende haben, daß wir Getreide verkaufen, und der Sabbath, daß wir Korn feil haben mögen, und das Maß ringern, und den Preis steigern, und die Wage fälschen; auf daß wir die Armen um Geld und die Dürftigen um ein Paar Schuhe unter uns bringen, und Spreu für Korn verkaufen?" (Amos 8,4/6.)

Vergleiche Matthäus 18,21—35.

Das Bild, das uns aus diesen verschiedenen Bibelstellen entgegentritt, ist nicht gerade erfreulich; doch lassen sich unschwer die Züge des jüdischen Kapitalisten erkennen, der keinen Anstand nimmt, seinen Volksgenossen zum Leibeigenen zu machen, wenn es seinen Interessen entspricht. Nichtsdestoweniger finden sich in der Stellung der israelitischen und nichtisraelitischen Leibeigenen einige rechtliche Unterschiede.

Zuerst einiges über die Stellung der nichtisraelitischen Leibeigenen. Sie wurden zu allen Beschäftigungen, leichten und schweren, im Hause, auf dem Felde und als Handwerker herangezogen. Dem Herrn stand das Recht der körperlichen Züchtigung gegen sie zu. Er konnte sie verkaufen, verschenken und vererben. (3. Moses 24, 44 ff.) Die Sklavin konnte er für sich oder seinen Sohn zum Kebsweib nehmen; er mußte dabei nur den in 5. Moses 21, 10 ff. vorgeschriebenen Formen genügen. Sklaven und Sklavinnen konnte er nach Gutdünken untereinander verheiraten. Die der Sklavenehe entsprossenen Kinder galten als Eigentum des Herrn, wie denn der Sklave nicht nur nach talmudischem, sondern auch nach altisraelitischem Recht kein Eigentum erwerben konnte, sondern alles von ihm Erworbene seinem Herrn zufiel. Bezüglich der Sklavenehe nimmt das rabbinische Recht an, daß der Herr sie jederzeit auflösen kann, weil sie für den Rabbinismus nicht als Ehe gilt. Die aus der Ehe des Herrn mit einer Sklavin geborenen Kinder gelten nicht als Leibeigene. — Ein aus dem Auslande entlaufener Sklave durfte seinem Herrn weder ausgeliefert, noch von einem Israeliten seiner Freiheit beraubt werden. Eine an sich selbstverständliche Vorschrift. (5. Moses 23,15 ff.) — Die Sklaven mußten Mitglieder der Jahwegemeinde sein. Nach 1. Moses 17,10 ff. mußten die hausgeborenen Sklaven acht Tage nach der Geburt, gekaufte Sklaven beim Dienstantritt beschnitten werden. Das rabbinische Recht brachte hier eine Änderung. Weigerte sich der gekaufte Sklave, sich der Beschneidung zu unterziehen, so erhielt er ein Jahr Bedenkzeit. Beharrte er auch dann noch auf seinem Entschlusse, so mußte ihn sein Herr an einen Nichtisraeliten verkaufen. — Ein Recht auf Freilassung hatte der nichtisraelitische Sklave nicht. Er konnte aber freigelassen werden, wie sich aus den Stellen 3. Moses 19, 20, Sprüche 17,2; 1. Chronika 2, 34 ff. und 1. Moses 15, 22 ff. mit genügender Deutlichkeit ergeben dürfte. Immerhin handelt es sich bei diesen Fällen um Ausnahmen.

Die israelitischen Leibeigenen scheinen etwas besser gestellt gewesen zu sein. Das Gesetz in 3. Moses 25, 35 ff. macht einen deutlichen Unterschied zwischen israelitischen und nichtisraelitischen Leibeigenen. Sie sollen ihrem Herrn „nicht dienen als Leibeigene, sondern wie ein Taglöhner", sie konnten sich selbst Eigentum erwerben (3. Moses 19, 13), um sich zu lösen, und sie sollten nicht lebenslänglich Eigentum ihres Herrn sein, sondern nach Ablauf einer bestimmten Dienstzeit ihre Freiheit erlangen. Die Bestimmung in 3. Moses 19, 13, wonach der (israelitische) Taglöhner entlohnt werden muß, läßt den Schluß zu, daß es sich bei den israelitischen Leibeigenen eben um Schuldhäftlinge handelt, denn alle Israeliten sind Knechte Gottes .— Ein Israelit, der sich einem Fremdling oder Gast verkaufen mußte, soll von seinen Volksbrüdern wieder ausgelöst werden. Solidarität ist jedem Israeliten zur Pflicht gemacht. (3. Moses 25, V. 47—48.) — „Die israelitischen Schuldhäftlinge sollen alle siebenmal sieben Jahre, also im sogenannten Halljahr, frei werden."[83]) Praktischen Wert hatte diese Vorschrift eigentlich schon deshalb nicht, weil fünfzigjährige Dauer einer Leibeigenschaft das ganze Leben des Schuldhäftlings ohnedies schon verpfuschte. Außerdem „steht fest, daß das Halljahr selbst eine nie praktisch gewordene theologische Konstruktion der Exilszeit war, und die Art der Motivierung der anderen Vorschriften läßt für sie das gleiche vermuten."[84]) — Nun findet sich aber bezüglich der Freilassung der israelitischen Knechte noch eine zweite Vorschrift in 2. Moses 21, V. 2 ff., welcher erheblich größere praktische Bedeutung zukommen dürfte, als der Halljahrsvorschrift:

> „So du einen ebräischen Knecht kaufest, der soll dir sechs Jahre dienen; im siebenten Jahre soll er frei ausgehen umsonst. Ist er ohne Weib kommen, so soll er auch ohne Weib ausgehen; ist er aber mit Weib kommen, so soll ein Weib mit ihm ausgehen. Hat ihm aber sein Herr ein Weib gegeben, und hat er Söhne oder Töchter gezeuget, so soll das Weib und die Kinder seines Herrn sein, er aber soll ohne Weib ausgehen. Spricht aber der Knecht: Ich habe meinen Herrn lieb und mein Weib und Kind, ich will

---

[83]) Max Weber, Religionssoziologie III. Band S. 77.
[84]) Max Weber, Religionssoziologie III. Band S. 77.

nicht frei werden, so bringe ihn sein Herr vor die Götter, und halte ihn an die Türe oder Pfosten, und bohre ihm mit einem Pfriemen durch sein Ohr und er sei sein Knecht ewig."

Wie man sieht, ist die Bevorzugung der israelitischen vor den nicht-israelitischen Leibeigenen nicht ganz konsequent durchgeführt, denn das Festhalten von Weib und Kind des Knechts — eine Art Zurückbehaltungsrecht — hat doch offensichtlich den Zweck, auch den Knecht festzuhalten. — Darum darf hinter die Besserstellung der israelitischen Leibeigenen sehr wohl ein Fragezeichen gemacht werden. Außerdem darf die Tatsache nicht vergessen werden, daß die Herren nur sehr schwer zur Erfüllung der Gesetzesforderungen zu bringen waren. Ein Beispiel hat uns Nehemia schon erzählt. Bei Jeremias Kapitel 34, V. 8 ff. finden wir ein weiteres Beispiel aufgezeichnet.

„In der Zeit der Belagerung Jerusalems durch die Chaldäer hatte König Zedekia unter dem Antrieb des durch die Not der Zeit gesteigerten nationalen und religiösen Gemeinsinns ein Freijahr (derôr; so heißt 3. Moses 25,10 das Jobeljahr) ausrufen lassen und alle Besitzer leibeigener Hebräer und Hebräerinnen zur Freilassung derselben feierlich verpflichtet. Was das Gesetz für das je 7. Dienstjahr vorschrieb, aber unerfüllt geblieben war, sollte nun ohne Rücksicht auf die Dauer der Dienstzeit der einzelnen allgemein geschehen. Die Freilassung war erfolgt. Sobald aber die größte Gefahr durch die zeitweilige Aufhebung der Belagerung vorüber zu sein schien, siegte der Eigennutz der Herren über den Gemeinsinn, und sie zwangen die Freigelassenen wieder in die Leibeigenschaft zurückzukehren, ohne daß Zedika es hinderte; eine Eidbrüchigkeit, die Jeremia mit dem schwersten Strafgericht bedroht."[85])

So der Prophet Jeremias, so die gesamte jüdische Prophetie, deren Kritik an den sozialpolitischen Zuständen ebenso scharf wie eindeutig ist.

„Das Geschenke nehmen, die Bestechung, die Rechtsbeugung stehen an der Spitze (Amos 2,6. Jesaias 1,23; 5,3), durch welche „Recht in Galle verwandelt" wird (Amos 6,12), Blutgeld wird genommen (Amos 5,12), unschuldiges Blut vergossen (Jesaias 1,15; 7,6; 22,3), das Volk geschunden (Micha 3,2—3), die Rechtsprechung zum Vorteil der Gottlosen und zum Nachteil der Armen, Witwen und Waisen (Jesaias 10,2) und der Gerechten (Amos 5,12) verkehrt, statt Recht Gewaltsamkeit (Jeremias 7,6; 22,3) und Schinderei geübt (Jesaias 5,7), Acker an Acker und Haus an Haus wird gereiht (Jesaias 5,8); Micha 2,1. 2), die Armen (Amos 8,4), insbesondere die „Armen im Tor" (Amos 5,12), d. h. die von den Stadtpatriziaten beherrschte Landbevölkerung unterdrückt, Korn in großen Lasten von ihnen genommen (Amos 5,11), die Weiber und Kinder vom Hof getrieben (Micha 2,9), Unrecht an den Dürftigen verübt (Amos 4,1), von dem Ertrag ihrer — entgegen dem Pfändungsverbot — gepfändeten Kleider schlemmen die Reichen (Amos 2,8). Hochmütig sind die Reichen (Amos 6,4 ff; vgl. Jesaias 3,16), die gibborim saufen (Jesaias 5,22, vgl. 5,11), und das Kardinallaster ist der Geiz (Amos 9,1), so auch nach dem Exil Habakuk 3,9)."[86])

---

[85]) Dr. Eduard C. August Riehm, Handwörterbuch des biblischen Altertums II. Band S. 1503/1504.

[86]) Max Weber a. a. O. III. Band S. 126.

Wenn die Gesetzgebung schon Manches zu wünschen übrig läßt, so ließ die Gesetzeserfüllung so gut wie alles zu wünschen übrig. Aus den Schilderungen der jüdischen Prophetie gewinnt man den Eindruck eines ausgesprochen anarchistischen Kapitalistenregiments in Israel.

Denselben Eindruck gewinnt man auch aus der Betrachtung des Schuld- und Pfandwesens. Die Zinsen für Gelddarlehen heißen „sehr charakteristisch neschek, d. i. Biß, was abgebissen oder abgezwackt wird."[87]) Im Gesetz ist es verboten, „dem armen Volksgenossen für ein Gelddarlehen Zinsen oder bei der Rückerstattung von geborgten Lebensmitteln einen Aufschlag abzunehmen (2. Moses 22, 25. — 3. Moses 25, 36 ff.) .... Eine Strafe gegen Zuwiderhandelnde ist übrigens nicht festgesetzt, und auch nach talmudischem Recht wurden solche nur zur Wiedererstattung verurteilt. Das Nichtzinsnehmen galt wesentlich als religiöse Liebespflicht, die der Gottesfürchtige und Gerechte zu erfüllen beflissen war (Ps. 15, 5. 37, 26. Hes. 18, 8, 17. Matth. 5, 42), während weniger Gottesfürchtige sich an das Verbot nicht hielten (Hes. 18, 13. 22, 12) und dem Unwillen und den Verwünschungen des Volkes, wie den Rügen und Drohungen der Propheten trotzten (Vgl. noch Spr. 28, 8; Jer. 15, 10, Ps. 109, 11). Darum rechnet es sich Nehemia als ein nicht geringes Verdienst an, daß er in einer schweren Hungersnot die Erfüllung der Gesetzesforderung und die Rückgabe der von den Darlehen an Geld und Lebensmitteln genommenen Prozente durchsetzte (Neh. 5). Der Zins ist dabei Neh. 5, 11 als der Hundertste bezeichnet, wobei wahrscheinlich an die im Altertum nicht ungewöhnliche, z. B. bei den Römern übliche monatliche Verzinsung mit einem Prozent zu denken ist. —

Die gewöhnlichste Sicherstellung des Gläubigers bot das Pfandrecht. Das Pfand wurde entweder gleich von vornherein gegeben, um geborgt zu bekommen und hieß dann, wie das für die Erfüllung eines Versprechens gegebene Unterpfand (1. Mose 38, 17 ff.), „erabôn" (vgl. Neh. 5, 3), oder es wurde von dem sein Guthaben beitreibenden Gläubiger genommen, um den Schuldner durch sein eigenes Interesse zur Rückerstattung zu verbinden und hieß in diesem Falle chabol oder „abot" (Band). Hier zieht nun das Gesetz der Hartherzigkeit und Habsucht des Gläubigers bestimmte Schranken. Es gebietet ihm, wenn er dem armen Schuldner das Oberkleid abgepfändet hat, was oft vorgekommen sein muß (Am. 2, 8. Hiob 22, 6. Spr. 20, 16. 27, 13), ihm dasselbe vor Sonnenuntergang zurückzugeben, weil er sonst keine Decke für die Nacht habe (2. Moses 22, 26 ff.); und das jüngere Gesetz fügt hinzu: weder das Kleid einer Witwe noch die unentbehrliche Handmühle noch ein Teil derselben dürfe gepfändet werden, und der Gläubiger dürfe überhaupt das Haus seines Schuldners nicht betreten, um ein Pfand wegzunehmen, sondern müsse vor dem Haus stehen bleiben und sich das Pfand von dem Schuldner herausbringen lassen (5. Moses 24, 6. 10—13. 17). Trotz dieser Gesetzesbestimmungen

[87]) Riehm a. a. O. II. Band S. 1438.

w a r a b e r d a s P f a n d r e c h t e i n H a u p t m i t t e l u n g e r e c h t e r G l ä u b i g e r z u r B e d r ü c k u n g u n d Ü b e r v o r t e i l u n g d e r A r m e n (vgl. noch Hiob 24, 3. Hes. 18, 7. 12. 16.—33, 15). In der Zeit der äußerlichen Gesetzesgerechtigkeit wurde es auch dazu mißbraucht, die Satzung, nach welcher am Sabbath keine Zahlungen gemacht werden sollten, dadurch zu umgehen, indem dem Verkäufer statt des Geldes ein Pfand, gewöhnlich das Oberkleid, zurückgelassen wurde, welches nach dem Sabbath einzulösen war."[88])

Gewohnheitsrechtlich konnte der Gläubiger, der sein Darlehen nicht zur bestimmten Zeit zurückbezahlt erhielt, nicht nur das Vermögen des Schuldners pfänden, sondern auch seine Person mit Weib und Kindern als Leibeigene in Dienst nehmen oder verkaufen. (2. Könige 4, 1. Neh. 5, 5. 8. Jes. 50, 1. Matth. 18, 25,) Dabei konnte es denn manchmal geschehen, daß sich ein Schuldner diesem Lose durch die Flucht entzog. (1. Sam. 22, 2.)

Wie die sozialen Zustände, so auch der Handel in Israel. Es ist in diesem Zusammenhang nicht uninteressant, daß schon zur Zeit Salomos die Juden als Roßtäuscher in ganz Syrien bekannt waren. Sie müssen also damals schon über die gleichen Eigenschaften verfügt haben, die auch heute noch an ihnen auffallen. Das bestätigt uns denn auch Riehm in seinem Handwörterbuch des Biblischen Altertums, wenn er schreibt: „Die Eigenschaften, welche die jüdische Nation befähigten, nach Verlust ihres Stammlandes mit der Zeit immer mehr zum ersten Handelsvolk der Welt zu werden, treten bei alledem doch ohne Zweifel schon bei den alten Israeliten an den Tag. Denn der interne Geschäftsverkehr, Kleinhandel mit Landesprodukten (Amos 8, 5 ff. Neh. 5, 1 ff.), Herdentieren und deren Erzeugnissen, sowie mit den Produkten der Industrie wurde von alten Zeiten her von den Israeliten selbst auf das lebhafteste betrieben; und die Gesetzesbestimmungen gegen Betrug und Wucher (3. Moses 19. 35 ff., 5. Moses 25, 13 ff.) die häufigen prophetischen Rügen der Unredlichkeit im Handel und Wandel (Hos. 12, 8. Amos 2, 6. 8, 5 ff. Mich. 6, 10 ff. Hes. 45, 9 ff. u. a.) und manche Sprichwörter (Spr. 11, 1. 20, 10, 23. Sirach 27, 2 ff.) zeigen genugsam, wie viel Gewinnsucht und ebenso geschickte als rücksichtslose Ausbeutung günstiger Verhältnisse, namentlich auch der Not anderer schon damals damit verbunden war. Auch das Markten und Abdingen war allen Anzeichen nach schon bei den alten Israeliten ebenso üblich, wie bei den heutigen, und wie es überhaupt im Orient fast mit allem Kaufen und Verkaufen verbunden zu sein pflegt." — Das Getto zur Erklärung dieser jüdischen Eigenschaften heranzuziehen, ist ein klein wenig kindlich, da die Getthogesinnung doch selbst ein Teil jüdischen Wesens und das Ghetto eine spezifisch j ü d i s c h e Schöpfung ist. Nein — die Juden sind in den letzten Jahrtausenden, seitdem sie erkennbar in der Geschichte stehen, sich gleich geblieben. Ob in Ägypten, in Palästina, in Babylon oder in England und Deutschland, ob im ersten Jahrtausend vor der christlichen Ära oder im ersten

---

[88]) Riehm a. a. O. Band II. S. 1438/1439.

Jahrtausend dieser Ära oder in unseren Tagen: — immer sind sich Propheten, Geschichtsschreiber, Dichter und Philosophen über die Juden ebenso einig, wie die Massen der nichtjüdischen Völker über dieses Volk untereinander uneinig sind. Ist es nicht genau dasselbe wie in Palästina, wenn der englische Nationalökonom Dr. W. Cunningham „die Wirksamkeit der Juden in England vom 10. Jahrhundert an mit einem Schwamm vergleicht, der alle Wohlhabenheit des Landes aufsaugt und dadurch jede wirtschaftliche Entfaltung hintanhält? Interessant ist daselbst der Nachweis, daß schon zu jenen frühen Zeiten die Gesetzgebung sich alle Mühe gab, die Juden zu der Annahme anständiger Gewerbe und ehrlicher Arbeit zu veranlassen, und dadurch zugleich zur Amalgamierung mit der übrigen Bevölkerung, doch alles ohne Erfolg."[89]) Und die Gründe des Mißerfolges? Lagen sie etwa im Ghetto in dem vom Judentum gemeinten Sinne? Nein, niemals! Im Gegenteil könnte man sagen, daß die nichtjüdischen Völker das Judentum großzogen und mächtig werden ließen, indem s i e sich nicht von i h m abgeschlossen und bei sich selber und in ihrem eigenen Inneren den Judaismus geradezu züchteten. Diese Behauptung möge durch einen gewiß einwandfreien Zeugen belegt werden, durch H. St. Chamberlain, der in seinen Grundlagen schreibt: „Andererseits ist es sicher und muß wohl beachtet werden, daß, wenn die Juden die Verantwortung für manche grauenhafte historische Entwicklung, für den Verfall mancher heldenmütiger, kraftstrotzender Völker trifft, diese Verantwortung noch schwerer auf den Häuptern jener Europäer lastet, welche die zersetzende Tätigkeit der Juden aus den schnödesten Gründen stets ermutigt, beschützt, gefördert haben, und das sind in erster Reihe die Fürsten und der Adel — und zwar von dem ersten Säkulum unserer Zeitrechnung an bis zum heutigen Tage. Man schlage die Geschichte, welches europäischen Volkes man will, auf, überall wird man, sobald die Juden zahlreich sind und sich „zu fühlen" beginnen, bittere Klagen aus dem Volk, aus dem Kaufmannsstand, aus den Kreisen der Gelehrten und der dichterischen Seher gegen sie erheben hören, und immer und überall sind es die Fürsten und der Adel, welche sie beschützen: die Fürsten, weil sie Geld zu ihren Kriegen brauchen, der Adel, weil er leichtsinnig lebt. Von Wilhelm dem Eroberer z. B. erzählt Edmund Burke, daß, da die Einkommen aus „talliage" und aus allerhand drückenden Steuern ihm nicht genügten, er von Zeit zu Zeit den Juden ihre Schuldscheine entweder konfiszierte oder für ein Spottgeld abzwang, wodurch dann, da fast der gesamte anglo-normännische Adel des 11. Jahrhunderts in den Händen der jüdischen Wucherer lag, der König selber der erbarmungslos strenge Gläubiger seiner hervorragendsten Untertanen wurde. Dabei beschützte er zugleich die Juden und verlieh ihnen Privilegien aller Art. (Wo ist hier von Ghetto die Rede?) Dieses eine Beispiel stehe für Tausende und Abertausende. Haben also die Juden einen großen und historisch verderblichen Einfluß ausgeübt, so ist es nicht zum wenigsten

[89]) H. St. Chamberlain, Die Grundlagen des 19. Jahrhunderts Seite 401.

Dank der Komplizität jener beiden Elemente, die in geradezu niederträchtiger Weise die Juden zugleich verfolgten und ausnutzten. Und zwar dauert dies bis hinab ins 19. Jahrhundert: Graf Mirabeau steht schon vor der Revolution mit den Juden in engster Fühlung, Fürst Talleyrand verficht in der Constituante ihre unbedingte Emanzipation gegen die Vertreter aus den bürgerlichen Ständen, Napoleon beschirmt sie, als nach so wenigen Jahren schon aus ganz Frankreich klagende Bitten um Schutz gegen sie bei der Regierung eingereicht werden, und zwar tut er es, obwohl er selber im Staatsrate ausgerufen hatte: „Heuschrecken und Raupen sind diese Juden, sie fressen mein Frankreich auf!" — er brauchte eben ihr Geld; Fürst Dalberg verkauft den Frankfurter Juden, der gesamten Bürgerschaft zum Trotz, die vollen Bürgerrechte für ein halbe Million Gulden (1811), die Hardenbergs und Metternichs lassen sich beim Wiener Kongreß vom Bankhaus Rothschild umgarnen, und, entgegen den Stimmen sämtlicher Bundesvertreter, verfechten sie den Nachteil der Deutschen und den Vorteil der Juden und setzen schließlich ihren Willen durch, ja, die beiden durch sie vertretenen konservativsten Staaten sind die ersten, welche diejenigen Mitglieder des „fremden, asiatischen Volkes", die in den Jahren der allgemeinen Not und des Jammers auf unsauberen Wegen zu ungeheuren Reichtümern gelangt waren, in den erblichen Adelsstand erheben, was ehrlichen und verdienten Juden nie geschehen war. Waren also die Juden für uns eine verderbliche Nachbarschaft, so fordert doch die Gerechtigkeit das Geständnis, daß sie nach der Natur ihrer Instinkte und ihrer Gaben handelten, wobei sie zugleich ein wahrhaft bewunderungswürdiges Beispiel der Treue gegen sich selbst, gegen die eigene Nation, gegen den Glauben der Väter gaben; die Versucher und die Verräter waren nicht sie, sondern wir. Wir selber waren die verbrecherischen Helfershelfer der Juden, das war so und ist noch heute so; und wir selber übten Verrat an dem, was der erbärmlichste Bewohner des Ghetto heilig hielt, an der Reinheit des ererbten Blutes; auch das war schon früher so, und ist es heute mehr denn je . . . Jüdische Geschichte, jüdische Vorstellungen, jüdisches Denken und Dichten wurden zu wichtigen Bestandteilen unseres seelischen Lebens. Es geht doch wohl nicht an, jene äußere Reibung von dieser inneren Durchdringung ganz zu trennen. Hätten wir den Juden nicht feierlich zu unserem Ohm ernannt, er wäre bei uns ebensowenig heimisch geworden wie der Sarazene, oder wie jene übrigen Wracke halbsemitischer Völkerschaften, welche nur durch bedingungsloses Aufgehen in den Nationen Südeuropas ihr Leben — doch nicht ihre Individualität — retteten. Der Jude dagegen war ein gefeites Wesen; mochte er auch hin und wieder auf den Scheiterhaufen geschleppt werden, die bloße Tatsache, daß er Jesum Christum gekreuzigt hatte, umgab ihn mit einem feierlichen, Furcht erregenden Nimbus. Und während das Volk auf diese Weise fasziniert wurde, studierten die Gelehrten und heiligen Männer Tag und Nacht in den Büchern der Hebräer: von den Aussprüchen jüdischer Hirten, wie Amos und Micha, getroffen, fielen die Denkmäler einer Kunst, wie sie die Welt nie wieder erblickt hat; vor dem Hohn jüdischer Priester sank die Wissenschaft verachtet dahin; entvölkert wurden Olymp und Walhall, weil es die Juden so wollten; Jahwe, der zu den Israeliten gesprochen hatte: „Ihr seid mein Volk und ich bin euer Gott", wurde nun der Gott der Indoeuropäer; von den Juden übernahmen wir die verhängnisvolle Lehre von der unbedingten religiösen Intoleranz. Nicht wir haben die Juden zu dem gemacht, was sie sind, zu Juden; nicht wir haben den Juden durch Ghetto und sonstige Zwangsmaßnahmen ihre unerfreulichen Eigenschaften angezüchtet; — sondern die Juden haben uns verdorben und wir haben uns von ihnen zu Juden machen lassen, indem wir den Judaismus mit vollen Zügen genossen und den jüdischen Geist willig in uns aufnahmen. Das ist die Entwicklungslinie, die im Gebiete der Wirtschaft zum christlichen Kapitalismus führte und die sich direkt aus dem Judaismus herleitet, wie aus dem Folgenden noch deutlicher werden dürfte.

Der jüdische Kapitalismus ist aus dem Handel mit Effekten, mit Wertpapieren entstanden; er ist ausgesprochener Leihkapitalismus. Schon die Bibel beweist ziemlich eindeutig, welche Bedeutung dem Anleihewesen im jüdischen Denken beigemessen wird. Denn in 5. Mose 28, V. 43—44 heißt es:

> „Der Fremdling, der bei dir ist, wird über dich steigen, und immer oben schweben; du aber wirst heruntersteigen und immer unterliegen. Er wird dir leihen, du aber wirst ihm nicht leihen; er wird das Haupt sein, und du wirst der Schwanz sein."

Damit ist einer der schwersten Flüche Jahwes über jene Israeliten ausgesprochen, welche die Gebote Jahwes nicht befolgen. Immerhin ein nicht zu unterschätzender Beweis für die Wertschätzung des Leihwesens im jüdischen Volke! Diese Wertschätzung des Geldes findet sich aber nicht etwa nur vereinzelt, sondern immer wiederkehrend sowohl in der jüdischen theologischen Literatur, wie auch in den heiligen Schriften der Juden. Auch hier findet sich, wie in der christlichen Denkweise, die Verknüpfung des Erfolgstrebens und des Strebens nach Reichtum mit dem Bewährungsgedanken. Der zwischen Jahwe und Israel geschlossene Vertrag, der die Grundlage der jüdischen Gesetzesreligion bildet, hat das wechselseitige Versprechen zum Inhalt, nach welchem Israel das Gesetz Jahwes erfüllt und Jahwe die Gesetzeserfüllung belohnt. Der Gerechte — d. h. der nach dem Gesetz Lebende — sollte belohnt, der Gottlose — d. h. der Gesetzesverächter — sollte bestraft werden. Während das ältere Judentum noch kein Jenseits kannte, drangen später, nach Esra, unter dem Einfluß des Parsismus Glaubensvorstellungen über die Fortdauer der Seele nach dem Tode und über die Auferstehung des Leibes in die Gedankenwelt des Judentums ein. Danach galt dem älteren Judentum als Belohnung Jahwes das materielle Wohlergehen auf Erden, während im jüngeren Judentum dieser Glaube noch um die Vorstellung bereichert wurde, daß die Frommen und die Gerechten auferstehen werden. Das irdische Glück ist auf alle Fälle der Prüfstein eines gerechten Lebens und echter Frömmigkeit. Über das Leben jedes

Israeliten wird im Himmel Buch geführt und zwar mit Aktiven und Passiven.

„Kohelet Rabba 77 c fordert zur Todesbereitung, daß der Mensch seine „Rechnung“ in Ordnung bringe. Gelegentlich werden auf Wunsch Kontoauszüge gemacht: Als die Engel Ismael verklagen, fragt Gott: „Wie ist sein augenblicklicher Stand? Ist er im Augenblick ein Gerechter oder ein Frevler, d. h. überwiegen die Mizwoth oder die Übertretungen?“ Sie antworten ihm: er ist ein Gerechter usw. Als Mar Ukba starb, verlangte er seine Rechnung, d. i. die Summe der Almosen, die er gegeben. Sie betrug 7000 Sus. Da er nicht glaubte, daß diese Summe zu seiner Rechtfertigung ausreiche, so verschenkte er noch sein halbes Vermögen, um sicher zu gehen. Kethuboth 25. Vgl. B. Bathra 7. Endgültig wird die Frage, ob einer ein Gerechter oder ein Verdammter sei, aber erst entschieden, wenn es sich nach dem Tode des Menschen um sein ewiges Geschick handelt. Dann wird die Rechnung geschlossen und das Saldo gezogen. Aus der Summe und dem Gewicht der Mizwoth und dem Gewicht der Übertretungen ergibt sich Gerechtigkeit oder Verdammnis. Über das Ergebnis der Rechnung wird dem Menschen eine Urkunde . . . . , welche seine Mizwoth und Aberoth enthält, ausgefertigt und zur Anerkennung vorgelesen.“[90])

Die Idee der Kontokorrentrechnung mit dem Himmel macht den Reichtum zu einem wünschenswerten Mittel der himmlischen Aktivrechnung, weshalb man auch ganz folgerichtig in einem der bekanntesten jüdischen Erbauungsbücher unserer Zeit lesen kann:

„Bist du wahrer Israel, so wirst du Gelüst nicht kennen; wirst keinen Besitz für dich, wirst in allem nur M i t t e l zu Gott wohlgefälliger Tat erstreben“ (daß auch materielle Mittel gemeint sind, geht aus dem Zusammenhange hervor). „Ist ja dein ganzes Leben nur eine Aufgabe, alle Güter und Genüsse nur M i t t e l zu dieser Aufgabe . . . . und zu dieser Aufgabe gehört auch, wo Kraft und religiöse Möglichkeit vorhanden, Genüsse und G ü t e r z u e r s t r e b e n, nicht aber als Zweck, sondern als Mittel zur Erfüllung von Gott ausgesprochener Pflichten.“[91])

Aus dieser Gemütslage, die alles Geschehen in die Formel „Lohn und Strafe“, Wohlergehen als Lohn und Unglück als Strafe, preßt, dürfte sich die reichtumsfreundliche Stimmung der jüdischen heiligen Schriften unschwer ableiten und erklären lassen. Was dem unverdorbenen, nichtjüdischen Menschen eine auf natürliche Weise zu beantwortende Frage ist, nämlich die Frage nach den Entstehungsgründen für Reichtum und Armut, das ist für den Juden geradezu ein übersinnliches, religiöses Problem. Er kann sich den Kopf darüber zermartern, warum es dem Gottlosen „gut“ und dem Gerechten „schlecht“ geht; — und findet wegen der völlig falschen Fragestellung selbstverständlich keine befriedigende Antwort. So klagt Hiob:

„Warum denn leben die Gottlosen, werden alt und nehmen zu mit Gütern? Ihr Same ist sicher um sie her und ihre Nach-

[90]) Werner Sombart, Die Juden und das Wirtschaftsleben S. 246.

[91]) Zitiert nach Werner Sombart, Die Juden und das Wirtschaftsleben S. 248.

kömmlinge sind bei ihnen. Ihr Haus hat Frieden vor der Furcht, und Gottes Rute ist nicht über ihnen. Seinen Stier läßt man zu, und es mißrät ihm nicht; seine Kuh kalbet und ist nicht unfruchtbar. Ihre jungen Kinder lassen sie ausgehen wie eine Herde, und ihre Knaben löcken. Sie jauchzen mit Pauken und Harfen, und sind fröhlich mit Flöten. Sie werden alt bei guten Tagen, und erschrecken kaum einen Augenblick vor der Hölle; die doch sagen zu Gott: Heb dich von uns, wir wollen von deinen Wegen nicht wissen; wer ist der Allmächtige, daß wir ihm dienen sollten? oder was sind wirs gebessert, so wir ihn anrufen?" (Hiob 21 V. 7 ff.) So klagt Asaph im 73. Psalm:

„Israel hat dennoch Gott zum Trost, wer nur reines Herzens ist. Ich aber hätte schier gestrauchelt mit meinen Füßen, mein Tritt wäre beinahe geglitten. Denn es verdroß mich der Ruhmredigen, da ich sah, daß es den Gottlosen so wohl ging. Denn sie sind in keiner Fahr des Todes, sondern stehen fest wie ein Palast. Sie sind nicht in Unglück wie andere Leute, und werden nicht wie andere Menschen geplagt. Darum muß ihr Trotzen köstlich Ding sein, und ihr Frevel muß wohlgetan heißen. Ihre Person brüstet sich wie ein fetter Wanst; sie tun, was sie nur gedenken. Sie achten alles für nichts, und reden übel davon, und reden und lästern hoch her. Was sie reden, das muß vom Himmel herab geredet sein; was sie sagen, das muß gelten auf Erden. Darum fällt ihnen der Pöbel zu, und laufen ihnen zu mit Haufen wie Wasser; und sprechen: Was sollte Gott nach jenen fragen? Was sollte der Höchste ihrer achten? Siehe, das sind die Gottlosen; die sind glückselig in der Welt und werden reich. Soll es denn umsonst sein, daß mein Herz unsträflich lebt, und ich meine Hände in Unschuld wasche? Und bin geplagt täglich, und meine Strafe ist alle Morgen da . . . ."

Dasselbe Thema behandelt auch der 37. Psalm. Diese ganze Glückphilosophie, die man um ihrer elenden und falschen Fragestellungen willen schon in die unterste Stufe der primitiven Philosophie verweisen muß, hat bekanntlich in der englischen eudämonistischen Philosophie, wonach der Zweck des Staates „das größte Glück der größten Zahl" sein soll, ihre sehr unerfreulichen Nachwirkungen gezeitigt. —

Zum Beweise der Wertschätzung des Reichtums durch das Judentum noch eine Reihe von Bibelstellen:

„Und wird dich lieben und segnen und mehren, und wird die Frucht deines Leibes segnen und die Frucht deines Landes, dein Getreide, Most und Öl, die Früchte deiner Kühe und die Früchte deiner Schafe auf dem Lande . . . . Gesegnet wirst du sein über allen Völkern . . . ." (Deut. 7 V. 13—15). „Der Herr dein Gott wird dich segnen, wie er dir geredet hat. So wirst du vielen Völkern leihen und du wirst von niemandem borgen." (Deut. 15,6; Vgl. 28,43—44. Ps. 109,11).

"Fürchtet den Herrn, ihr seine Heiligen; denn die ihn fürchten haben keinen Mangel." (Ps. 34,10).

„Der Herr kennt die Tage der Frommen, und ihr Gut wird ewiglich bleiben. Sie werden nicht zuschanden in der bösen Zeit, und in der Teuerung werden sie genug haben." (Ps. 37,18).

„Du — Herr — suchest das Land heim und wässerst es und machst es sehr reich. Gottes Brünnelein hat die Fülle . . . . Du krönest das Jahr mit deinem Gut und deine Fußstapfen triefen von Fett." (Ps. 65,10—12).

„Heil dem Mann, der Jahwe fürchtet, an seinen Geboten große Lust hat .... Reichtum und Überfluß ist in seinem Hause." (Ps. 112, 1. 3).

„Wohl dem Menschen, der Weisheit findet, und dem Menschen, der Verstand bekommt! .... Langes Leben ist zu ihrer rechten Hand, zu ihrer Linken ist Reichtum und Ehre." (Sprüche 3,13/16).

„Im Hause des Gottlosen ist der Fluch des Herrn; aber das Haus des Gerechten wird gesegnet." (Sprüche 3,33).

„Reichtum und Ehre ist bei mir, währendes Gut und Gerechtigkeit" (nach einer anderen Übersetzung: „glänzender Wohlstand und Wohltätigkeit) Spr. 8,18.

„Das Gut des Reichen ist seine feste Stadt; aber die Armen macht die Armut blöde." (Sprüche 10,15).

„Den Weisen ist ihr Reichtum eine Krone; aber die Torheit der Narren bleibt Torheit" (Sprüche 14,24).

In des Gerechten Haus ist Guts genug; aber in dem Einkommen des Gottlosen ist Verderben." (Spr. 15,6).

„Wo man leidet in des Herrn Furcht, da ist Reichtum, Ehre und Leben." (Spr. 22,4).

„Denn welchem Menschen Gott Reichtum und Güter gibt und die Gewalt, daß er davon isset und trinket für sein Teil, und fröhlich ist in seiner Arbeit, das ist eine Gottesgabe." (Prediger 5,18).

„Es ist ein Unglück, das ich sah unter der Sonne, und ist gemein bei den Menschen: einer, dem Gott Reichtum, Güter und Ehre gegeben hat, und mangelt ihm keins, das sein Herz begehrt; und Gott doch ihm nicht Macht gibt, desselben zu genießen, sondern ein andrer verzehrt es; das ist ein eitel und böses Übel." (Pred. 6,1/2).

„Frühe säe deinen Samen, und laß deine Hand des Abends nicht ab; denn du weißt nicht, ob dies oder das geraten wird; und obs beides geriete, so wäre es desto besser." (Prediger 11,7).

„Es kam mir aber alles Gute mit ihr (der Weisheit), und unzähliger Reichtum in ihrer Hand." (Weisheit 7,11).

„Aber die Weisheit errettet die aus aller Mühsal, so sich an sie halten. Dieselbige leitete den Gerechten, so vor seines Bruders Zorn flüchtig sein mußte, strackes Weges, und zeigte ihm das Reich Gottes, und gab ihm zu erkennen, was heilig ist, und half ihm in seiner Arbeit, daß er wohl zunahm, und viel Guts mit seiner Arbeit gewann; und war bei ihm, da er übervorteilet ward von denen, die ihm Gewalt taten, und machte ihn reich ...." (Weisheit 10,9/11).

„Denn der Wohltat, dem Vater erzeigt, wird nimmermehr vergessen werden; und wird dir Gutes geschehen, ob du auch wohl ein Sünder bist." (Sirach 3,16).

„Ehre Vater und Mutter mit der Tat, mit Worten und Geduld; auf daß ihr Segen über dich komme. Denn des Vaters Segen bauet den Kindern Häuser, aber der Mutter Fluch reißet sie nieder." (Sirach 3,9/11).

„Der Arme wird geehret um seiner Klugheit willen, und der Reiche um seiner Güter willen. Ist aber die Klugheit löblich an einem Armen, wie viel mehr an einem Reichen! Und was einem Reichen übel anstehet, das stehet viel mehr dem Armen übel an." (Sirach 10,33. 34).

„Gott segnet den Frommen ihre Güter, und wenn die Zeit kommt, gedeihen sie bald." (Sirach 11,23).

„Wenn der Reiche redet, so schweiget jedermann, und sein Wort hebt man in den Himmel. Wenn der Arme redet, so spricht man: Wer ist der? und so er fehlet muß er herhalten. Reichtum ist gut, wenn man ihn ohne Sünde brauchet; aber Armut des Gottlosen lehret ihn viel Böses reden." (Sirach 13,28/30).

„Ein weiser Mann bringet sich selbst in Ehren durch seine weise Rede; und ein kluger Mann ist lieb und wert bei Fürsten. Wer seinen Acker fleißig bauet, der macht seinen Haufen groß; und wer Fürsten bei sich hält, daß er lieb und wert ist, der kann vielen Bösen zuvorkommen. Geschenke und Gaben verblenden die Weisen, und legen ihnen einen Zaum ins Maul, daß sie nicht strafen können. Ein weiser Mann, der sich nicht brauchen läßt, und ein vergrabener Schatz, wozu sind sie beide nütze?" (Sirach 20,29/32).

„Wer seinen Acker bauet, der wird Brot die Fülle haben; wer aber unnötigen Sachen nachgeht, der ist ein Narr." Sprüche 12/11).

„Den Segen hat das Haupt des Gerechten; aber den Mund der Gottlosen wird ihr Frevel überfallen."

„Der Gottlosen Güter versiegen wie ein Bach, wie ein Donner verrauscht im Regen." (Sirach 40,13).

„Dein Auge siehet gern, was lieblich und schön ist; aber eine grüne Saat lieber denn beides." (Sirach 40,22).

„Das Erbgut der Kinder von Gottlosen kommt um, und ihre Nachkommen müssen verachtet sein." (Sirach 41,9).

Dieselbe reichtumsfrohe Gemütslage läßt sich auch aus dem Talmud feststellen.

„Rab Jahada im Namen Rabs lehrte (es heißt Deut. 15,4): „Es soll doch kein Dürftiger unter dir sein." Das Deinige geht dem aller übrigen Menschen vor." (B. Mez. 30 b).

„Wer die Thora in der Armut hält, wird sie zuletzt im Reichtum halten." (Abot IV, 9).

„Es gibt 7 Eigenschaften, die eine Zierde für den Frommen und für die Welt sind: „eine der 7 ist Reichtum. (Ab. VI, 8—9)."

„Der Mensch .... wende sich im Gebete zu dem, dessen ist der Reichtum und die Besitztümer .... In Wahrheit kommen beide, Reichtum und Arbeit nicht vom Geschäft, sondern alles geht nach Verdienst" (Kidd. 82 a).

„Es heißt Ex. 2,3: „Da nahm sie (Moses Mutter) für ihn ein Kästchen von Rohr. Warum insbesondere von Rohr? R. Eleasar hat gesagt: Daraus geht hervor, daß die Gerechten (Frommen) ihr Geld mehr lieben als ihren Körper" (Sota 12 a). Darum sagte auch der alte Amschel Mayer-Rothschild: „Mei Geld ist mei Ehr — wer mer nehmt mei Geld, der nehmt mer mei Ehr!"

„Rabba ehrte die Reichen, ebenso ehrte R. Aquiba die Reichen." (Erub. 86 a).

„Die Rabbanen lehrten: Wer ist reich? Wer an seinem Reichtum Zufriedenheit findet — Worte R. Meirs. R. Triphon sagt: Wer 100 Weinberge, 100 Felder und 100 Knechte zu deren Bearbeitung hat. R. Aquiba sagt: Wer eine Frau hat, die schön ist in ihrem Betragen. R. Jose sagt: Wer den Abtritt in der Nähe seines Tisches hat." (Sabb. 25 b).

„Wer den R. Eleasar b. Asarjah im Traume sieht, der hoffe auf Reichtum. (R. Nathans Ethik a. a. O. S. 137).

„Wer das Buch der Könige im Traume sieht, der hoffe auf Reichtum." (S. 138).

Selbstverständlich können mir auch Bibelstellen entgegengehalten werden, in welchen die Armut gepriesen wird. Das Ausschlaggebende in der Stellung des Judaismus zu Reichtum und Armut scheint mir indessen weniger in Lob und Preis des Reichtums und der Armut zu liegen, als darin, daß die Frage nach Reichtum oder Armut geradezu zu einem übersinnlichen, religiösen Problem im Judaismus gemacht wurde. Während dem Arier der erkennende und schauende Mensch als der religiöse Mensch gilt, ist für den Judaismus der reiche und der erfolgreiche Mensch zugleich auch der religiöse Mensch. Aus dieser grundlegend verschiedenen Auffassung vom Berufe und von der Berufung des Menschen ergibt sich auch ein grundlegender Unterschied in den sittlichen Anschauungen und dem sittlichen Empfinden. Daß es dem Frommen — d. h. dem Gesetzestreuen — „schlecht" gehen soll, während es dem Gottlosen — d. h. dem Gesetzesverächter — „gut" geht, das ist dem Judentum eine religiöse Unbegreiflichkeit. Für die Arier liegt das Unbegreifliche auf einem ganz anderen Gebiete, weil ihr religiöses Leben ein ganz andersgeartetes ist als das des Juden. Während nämlich dem arischen Menschen das Erkennen und Schauen als tiefstes Erleben heilig ist, kennt der Jude kein anderes Heiligtum als sein Geschäft, das er deshalb auch in seinen Tempel trug. Das jüdische Zentralheiligtum war zugleich auch jüdische Zentralbank. Wie dem Arier Denken, Dichten und Schauen Religion ist, so dem Juden sein Handel und sein Geschäft. Dieser Gedanke wird vielleicht noch einleuchtender, wenn man die Verknüpfung des jüdischen Imperialismus und Messianismus mit dem Streben nach Reichtum betrachtet. Wenn der Gedanke richtig ist, daß ein Gott nur Göttliches verheißen kann, so hat Jahwe seinem auserwählten Volke nur Göttliches verheißen, als er ihm Reichtum und Macht versprach. Göttlich sind Reichtum und Macht, weil sie von Jahwe verheißen sind.

„. . . . Das Land, da du auf liegest, will ich dir und deinem Samen gegen." (1. Mose 28 V. 13.) „Und will dir und deinem Samen nach dir geben das Land, da du ein Fremdling innen bist, das ganze Land Kanaan zu ewiger Besitzung, und will ihr Gott sein." (1. Mose 17,8). „Wenn dich nun der Herr, dein Gott, in das Land bringen wird, das er deinen Vätern Abraham, Isaak und Jakob geschworen hat, dir zu geben, große und feine Städte, die du nicht gebauet hast, und Häuser alles Gutes voll, die du nicht gefüllet hast, und ausgehauene Brunnen, die du nicht ausgehauen hast, und Weinberge und Ölberge, die du nicht gepflanzet hast, daß du issest und satt wirst . . . ." (5. Mose 10,11). „Denn der

Herr, dein Gott, führet dich in ein gut Land, ein Land, da Bäche und Brunnen und Seen innen sind, die an den Bergen und in den Auen fließen; ein Land, da Weizen, Gerste, Weinstöcke, Feigenbäume und Granatäpfel innen sind; ein Land, da Ölbäume und Honig innen wächst; ein Land, da du Brot genug zu essen hast, da dir nichts mangelt; ein Land, des Steine Eisen sind, da du Erz aus den Bergen hauest. Und wenn du gegessen hast, und satt bist, sollst du den Herrn, deinen Gott loben für das gute Land, das er dir gegeben hat." (5. Mose 8,7—10). „Denn die Menge der Kamele wird dich bedecken, die jungen Kamele aus Midian und Epha. Sie werden aus Saba alle kommen, Gold und Weihrauch bringen, und des Herrn Lob verkündigen .... Und deine Tore sollen stets offen stehen, weder Tag noch Nacht zugeschlossen werden, daß der Heiden Macht zu dir gebracht, und ihre Könige herzugeführt werden... Ich will Gold anstatt des Erzes und Silber anstatt des Eisens bringen, und Erz anstatt des Holzes und Eisen anstatt der Steine; und ich will zu deiner Obrigkeit den Frieden machen und zu deinen Vögten die Gerechtigkeit ...." (Jesaias Kap. 60).

In den Verheißungen Jahwes an sein Volk steht die Vergrößerung und Erweiterung von Macht und Reichtum so sehr an der Spitze, daß man den Judaismus schlechterdins nicht mehr eine Religion der Verinnerlichung, sondern eine Religion des personifizierten Machtwillens und Reichtumsstrebens nennen muß. Wie der jüdische Imperialismus nicht denkbar ist ohne die Verheißungen Jahwes, so bildet der Macht- und Reichtumswille einen wesentlichen Bestandteil dieser Verheißungen. Ja, — diese Verheißungen sind ohne den Macht- und Reichtumswillen völlig undenkbar. Nicht Verinnerlichung wird verheißen, sondern Macht, nicht Gotterleben und Gottesgewißheit, sondern Reichtum: — und so erweist sich Jahwe als der Gott der Kapitalisten, als der Gott d e s kapitalistischen Volkes der Erde schlechthin. In diesen jahwistischen Verheißungen von Macht und Reichtum konzentrierte sich der jüdische religiöse Wille, sie trugen den Juden über Land und Meer, sie ließen ihn Not und Elend, Krankheit und Bedrückung, Verstoßung und Verachtung tragen und ertragen: — es ist symbolisch, daß der Jude seinen Gott zu demselben abstrakten Wesen machte, wie sein Kapital. Jahwe ist in genau demselben umfassenden Sinne Weltgott geworden, wie das jüdische Kapital — Weltkapital wurde.

Dieselben Beziehungen zum Reichtums- und Machtwillen können wir, wie im jüdischen Imperialismus, so auch im jüdischen Messianismus feststellen. Denn es werden den Juden für das Messiasreich alle Schätze der Erde verheißen. Statt vieler Stellen zitiere ich aus Eisenmengers „Entdecktes Judentum" eine ausführliche Talmudstelle. Im großen Jalkut Rubeni fol. 192, col. 3 in der Parascha Vesoth habberachà aus dem Büchlein Tufhaarez fol. 34 lesen wir:

„Wisse, daß wir durch die Tradition oder mündliche Lehre gelernt haben, daß wenn der Messias mit den Versammelten, in dem Exil oder Elend gewesenen Juden, in das Land Israels kommen wird, zur selbigen Zeit siebentausend von den Kindern

Israels daselbst werden gefunden werden. Es werden auch zur selbigen Zeit die Toten in dem Lande Israels wieder lebendig und der Tempel von Edelgestein und Perlen gebauet werden. Alsdann werden die Toten, die in dem Lande Israels sind, und wieder lebendig werden, neue geistliche Kreaturen werden. Auf gleiche Weise werden diejenigen siebentausend Menschen, welche beim Leben werden gefunden werden, neue Geschöpfe am Leibe und Geiste werden, und einen Leib haben, wie der Adam einen gehabt hat, ehe er gesündigt hatte; und wie der Leib unseres Lehrmeisters Mosis war, auf welchem der Friede sei: und sie werden alle, und zwar vor den Augen derer, aus der Gefangenschaft versammelten, Juden, wie die Adler in der Luft fliegen. Wenn nun die aus der Gefangenschaft versammelten Juden sehen werden, daß ihre Brüder neue Kreaturen geworden sind und zu dem Ende in der Luft fliegen, damit sie sich in das untere Paradies begeben, darinnen zu wohnen und das Gesetz aus dem Munde des gebenedeieten Gottes zu lernen: alsdann werden dieselbigen sich in ihren Herzen bekümmern und traurigen Gemütes sein und wider den König Messiam murren und sagen: sind wir denn nicht ebenso wohl Israeliten als wie diese? Woher kommt es denn, daß sie würdig worden sind, an Leib und Seele geistlich zu werden und wir sind nicht also? Da wird ihnen der König Messias zur Antwort geben: es ist bekannt und offenbar, daß der heilige, gebenedeite Gott Gleiches mit Gleichem zu vergelten pflege. Dieweil nun diejenigen, welche außerhalb des Landes Israel gewesen sind und sich bemüht haben, in dasselbige zu kommen, um eine reine Seele zu erlangen, und ihres Gutes und Leibes nicht verschont haben, auch auf dem Meere und zu Lande dahin gezogen sind und sich nicht darum bekümmert haben, ob sie in dem Meer zu Grunde gehen oder in harter Herren Gewalt gefangen geführet werden möchten, und das Hauptwesen von ihrem Geist und ihrer Seele; nicht aber von ihrem Leibe und Gut gemacht haben: deswegen sind sie geistlich worden und ist ihnen Gleiches mit Gleichem vergolten. Dieweil aber ihr, die ihr gleich wie sie in das Land Israels hättet gehen können, wegen der Begierde des Reichtums zu nachlässig gewesen seid und euch um euer Gut und euern Leib bekümmert und von denselben euer Hauptwesen; von eurem Geist und eurer Seele aber nur ein Nebenwerk gemacht habt, so seid ihr deswegen auch leiblich geblieben und wird euch Gleiches mit Gleichem vergolten. Dieweil ihr Reichtum verlanget habt, so wird auch der gebenedeite Gott euch Reichtum geben. Denn siehe alle Meere sind beschworen, daß sie alles Silber und Gold, wie auch alle Edelsteine und Perlen, welche in dem Meer zugrunde gegangen sind, in das Meer (vor die in dem Lande Kanaan gelegene Stadt) Joppe bringen. Das Meer bei Joppe hat auch alles, was von der Erschaffung der Welt her bis zur Zeit des Königs Salomos (auf welchem der Friede sei) zugrundegegangen ist, auf das trockene Land ausgeworfen, wovon der König Salomo reich geworden ist. Aber alles, was von der Zeit des Salomo bis zur Zeit der Versammlung der ins Elend vertriebenen Juden (im Meer) zugrundegegangen ist, dasselbige wird das Meer bei Joppe alles auf das trockene Land werfen und wird es der König Messias unter alle die Gerechten austeilen und einem jeden seinen gebührenden Teil geben. Dieses ist dasjenige, so (Deut. 33 V. 19) geschrieben stehet:

Sie werden von dem Überfluß (oder Reichtum) des Meeres saugen. So werden auch alle Schätze, welche unter der Erde liegen, in das Land Israel gebracht werden und dieses ist, was (im angezogenen Orte Deuter. 33 V. 19 weiter) geschrieben stehet: und von den verdeckten Schätzen im Sande. Dieses alles wird in dem Lande Israels dem König Messias geoffenbart werden und wird er es unter die aus der Gefangenschaft versammelten Juden austeilen und einem jeden seine Portion geben, daß sie mit großem Reichtum werden gesättigt werden: und werden diejenigen, welche wegen ihres Gutes und ihrer Leiber sorgfältig gewesen sind, leiblich verbleiben und Reichtum satt haben. Diejenigen aber, welche sich nicht um ihren Leib und ihr Gut, sondern nur um ihre Seelen bekümmert haben, werden zu neuen Kreaturen gemacht und in das untere Paradies gebracht werden.

Der langen Rede kurzer Sinn ist der, daß das Judentum im Messiasreich alle Schätze erlangen soll, die es in diesem kurzen Erdenleben nicht erlangen konnte. In den jüdischen Phantasien vom Messiasreich wird der diesseitige, irdische Kapitalismus ins Übersinnliche übertragen und durch die Verheißungen Jahwes heilig gesprochen. Das kapitalistische Gewinnstreben auf Erden findet im Messiasreich seine volle Anerkennung und Belohnung. Es wird dadurch geheiligt und heiligt selber dieses Erdenleben. Heiligung des Lebens ist für den Judaismus gleichbedeutend mit Durchdringung des Lebens mit kapitalistischem Geiste, also mit Welteroberung und mit Unterdrückung und Ausbeutung der nichtjüdischen Völker. Jahwe hat seinem Volke Reichtum und Segen die Fülle verheißen, wenn es ein h e i l i g e s Leben führt. Heilig im jüdischen Sinne heißt einfach: „Jahwe geweiht." Darum ist ein Leben im Sinne der Verheißungen Jahwes für den Juden ein h e i l i g e s Leben, denn die Verheißungen Jahwes sind göttliche Verheißungen und daher unfehlbar und von zeitloser Dauer. Es führt eine gerade Linie von den Verheißungen Jahwes in Moses und Jesaias zu der oben angeführten Talmudstelle. Nichts ist darum ungereimter, als in der Bibel einen anderen Inhalt und Geist zu suchen als im Talmud. Man lese zum Beweise dafür die kapitalistische Botschaft in 5. Mose 28,1 ff.:

„Und wenn du der Stimme des Herrn, deines Gottes gehorchen wirst, daß du haltest und tust alle seine Gebote, die ich dir heute gebiete, so wird dich der Herr, dein Gott, das höchste machen über alle Völker auf Erden, und werden über dich kommen alle diese Segen, und werden dich treffen, darum, daß du der Stimme des Herrn, deines Gottes, bist gehorsam gewesen. Gesegnet wirst du sein in der Stadt, gesegnet auf dem Acker. Gesegnet wird sein die Frucht deines Leibes, die Frucht deines Landes und die Frucht deines Viehes, die Früchte deiner Rinder und die Früchte deiner Schafe. Gesegnet wird sein dein Korb und dein Backtrog. Gesegnet wirst du sein, wenn du eingehest, gesegnet, wenn du ausgehest. Und der Herr wird deine Feinde, die sich wider dich auflehnen, vor dir schlagen; durch e i n e n Weg sollen sie ausziehen wider dich, und durch sieben Wege vor dir fliehen. Der Herr wird gebieten dem Segen, daß er mit dir sei in deinem Keller und in allem, das du dir vornimmst, und wird dich segnen in dem Land, das dir der

Herr, dein Gott, gegeben hat. Der Herr wird dich zum heiligen Volk aufrichten, wie er dir geschworen hat, darum daß du die Gebote des Herrn, deines Gottes, hältst, und wandelst in seinen Wegen; daß alle Völker auf Erden werden sehen, daß du nach dem Namen des Herrn genannt bist, und werden sich vor dir fürchten. Und der Herr wird machen, daß du Überfluß an Gütern haben wirst, an der Frucht deines Leibes, an der Frucht deines Viehes, an der Frucht deines Ackers, auf dem Land, das der Herr deinen Vätern geschworen hat, dir zu geben. Und der Herr wird seinen guten Schatz auftun, den Himmel, daß er deinem Land Regen gebe zu seiner Zeit, und daß er segne alle Werke deiner Hände. Und du wirst vielen Völkern leihen; du aber wirst von niemand borgen. Und der Herr wird dich zum Haupt machen, und nicht zum Schwanz, und wirst oben schweben, und nicht unten liegen, darum daß du gehorsam bist den Geboten des Herrn, deines Gottes, die ich dir heute gebiete zu halten und zu tun, und nicht weichest von irgend einem Wort, das ich euch heute gebiete, weder zur Rechten, noch zur Linken, damit du anderen Göttern nachwandelest, ihnen zu dienen."

Mit anderen Worten: Jahwe hat dem Judentum ein Gesetz und ein Recht gegeben, welches dem einzelnen Juden Reichtum und Wohlergehen sichert und Unterdrückung und Ausbeutung der anderen Völker möglich macht. Und der Grundsatz des jahwistischen Rechts ist in Vers 12 dieser kapitalistischen Botschaft und in Vers 6 des Kap. 15 des Deuteronomiums ausgesprochen und lautet: „Der Herr, dein Gott, wird dich segnen, wie er dir verheißen hat; so wirst du vielen Völkern leihen, und du wirst von niemand borgen; du wirst über viele Völker herrschen, und über dich wird niemand herrschen." In diesem Zeichen hat der jüdische imperialistische Leihkapitalismus die weltgeschichtliche Bühne betreten, um seine Herrschaft über die Erde mit Hilfe des von ihm geschaffenen Gesetzes anzutreten.

Der Geist des jüdischen Leihkapitalismus tritt besonders scharf und klar im jüdischen Schuldrecht heraus. Technisch erfordert das System des Leihkapitalismus eine durch keine Verkehrshindernisse erschwerte, reibungslose Geschäftsabwicklung. Die bei allen Schuldverhältnissen entstehenden Verpflichtungen mußten sich den Bedürfnissen des Gläubigers — bei persönlicher Sicherstellung des Gläubigers — leicht und mühelos anschmiegen und anpassen können. Das heißt: Das Schuldverhältnis wurde dem Gläubigeregoismus unterworfen, der es jederzeit „realisieren", „flüssigmachen" konnte. Der jüdische Leihkapitalismus ging darauf aus, das gesamte Wirtschafts- und Verkehrsleben zu „mobilisieren". In Verfolgung dieser Tendenz wurden die Schuldverhältnisse jeder persönlichen Note beraubt, oder — wie der schöne Ausdruck lautet — versachlicht. Dieser Versachlichungsprozeß hat z. B. einen recht lebendigen Ausdruck gefunden in den Rechtsfiguren des „abstrakten" Schuldversprechens, des „abstrakten" Schuldanerkenntnisses, in der Erscheinung des Wechsels und des Inhaberpapiers. Gerade am Inhaberpapier läßt sich zeigen, wie fremd seine Rechtsform dem römischen und germanischen Rechte war und wie sehr es andererseits dem Geiste des jüdischen Rechts entspricht. Selbstverständlich wird sich niemals ohne weiteres der Beweis erbringen lassen, daß eine bestimmte Rechtsform dem jüdischen Rechtskreise, eine andere etwa dem römischen und eine dritte dem germanischen Rechtskreise angehöre. Doch soviel läßt sich sagen, daß die eine Rechtseinrichtung etwa mehr dem Geiste des jüdischen Rechts, während eine andere Rechtseinrichtung mehr dem römischen oder dem germanischen Rechtskreise entspricht. —

So betrachtete bekanntlich das römische Recht die Obligation, das Schuldverhältnis, als eine streng persönliche Bindung zweier Personen an einander. Dieser Auffassung entsprechend konnte der Gläubiger seine Forderungen nicht oder doch nur unter sehr schweren Bedingungen übertragen. Zwar wurden später nach Ausbildung der Delegations-, Novations- und Zessionslehre im römischen Rechte die Forderungen freier übertragbar: — das änderte aber nichts an dem streng persönlichen Charakter des römischrechtlichen Schuldverhältnisses.

Diesen höchstpersönlichen Charakter trug auch das deutsche Vertragsrecht. Nach deutschem Rechte war der Schuldner nur an denjenigen zu leisten verpflichtet, dem er die Leistung versprochen hatte. Weil auch hier keine Forderung übertragen werden konnte, so behalf man sich nach Einführung des römischen Rechts in Deutschland mit dem Notbehelf der Order- und Inhaberklausel.

Wenn Goldschmidt meint, daß den den modernen Ordre-Inhaber- und Blankopapieren zugrunde liegenden Rechtsgedanken: „Daß nämlich die Urkunde auch in der Hand jedes folgenden (sukzessive) zur Zeit der ersten Begebung noch völlig unbestimmten Nehmers Träger des beurkundeten Rechts ist", „weder das Altertum noch auch nur das Mittelalter voll entwickelt" habe, so hat er dabei das jüdische Recht übersehen.

„Die Grundidee des jüdischen Obligationenrechts ist die: es gibt auch Verpflichtungen gegen unbestimmte Personen; man kann auch mit Herrn Omnis Geschäfte abschließen. Dieser Grundgedanke ist in den einzelnen Lehren wie folgt verankert:

Das jüdische Recht kennt kein Wort für Obligation, sondern nur eines für Schuld (Chow), eines für Forderung (Thwia) Forderung und Schuld werden im jüdischen Recht als selbständige Gegenstände angesehen. Ein sehr charakteristischer Beleg für die Rechtsidentität einer Forderung und Verpflichtung an sich mit einer körperlichen Sache ist die Entstehung eines Forderungsrechtes durch das Erwerbssymbol. Selbstverständlich ist demnach, daß gegen die Übertragung von Forderungen und gegen die Stellvertretung zur Abschließung eines Vertrages kein gesetzliches Hindernis besteht. Die Person, gegen welche eine Forderung oder Verpflichtung vorhanden ist, braucht daher nicht an sich bestimmt zu sein, sondern sie kann auch ihre Bestimmung durch den Besitz gewisser Sachen und Eigenschaften erlangen, sodaß sich die Forderung oder Verpflichtung eigentlich gegen die Sache oder Eigenschaft richtet, und nur, um den persönlichen Charakter des obligatorischen Verhältnisses zu wahren, direkt auf den Inhaber dieser Gegenstände oder Eigenschaften sich beziehen muß.

Das obligatorische Rechtsverhältnis geht zwar von seinen Subjekten aus, aber es wird, sobald es entstanden ist, in seinen beiden Faktoren Forderung und Verpflichtung zu einer in sich begründeten, absoluten, von jeder Individualität getrennten Substanz, deren Kräfte und Eigenschaften sich sinnlich in den Handlungen beliebiger Personen darstellen. Daher eben die Auffassung: daß eine Verpflichtung ebenso wie gegen einen bestimmten Gläubiger, auch gegen die Gesamtheit aller Menschen, gegen die Allgemeinheit entstehen kann. Demnach findet eine Übertragung der Obligation durch bloße Überlieferung des Papiers statt, da ja das Geschäft, das vermittels des Papiers mit dem Publikum eingegangen ist, sich ebenso auf den Zessionar wie auf den Zedenten bezieht. Der Inhaber des Papiers ist also gleichsam Mitglied einer Gesamtgläubigerschaft (dies ist die juristische Konstruktion Auerbachs)."[92])
Der scharfe Unterschied zwischen der römischrechtlichen und germanischen Auffassung der höchstpersönlichen Bindung von Gläubiger und Schuldner im Schuldverhältnis einerseits und der jüdischen Auffassung einer rein sachlichen Bindung an ein einmal aus irgendwelchem Grunde entstandenes Schuldverhältnis andrerseits läßt die Vermutung zu, daß das Inhaberpapier mehr dem jüdischen Rechtskreise angehört und von da aus in das römische und germanische Recht aufgenommen wurde. Diese Vermutung verdichtet sich fast zur völligen Gewißheit, wenn man in den Kreis der Betrachtungen noch die Tatsache hineinzieht, daß Bibel und Talmud das „Inhaberpapier" in völlig einwandfreier Form kennen.

Die Stelle in der Bibel findet sich in Tobias und lautet (in de Wettescher Übersetzung) wie folgt:

4,20. „Und nun zeige ich dir die 10 Talente Silbers, die ich niedergelegt habe bei Gabael, dem (Bruder) Gabrias zu Rages in Medien."

5,1. „Und Tobia antwortete und sprach: Vater, ich will alles tun, was du mir geboten;

2. Aber wie werde ich können das Geld in Empfang nehmen, da ich ihn nicht kenne?

3. Da gab er ihm die Handschrift und sprach zu ihm: „Suche dir einen Mann, der mit dir ziehe, und ich will ihm Lohn geben, während ich lebe, und so gehe hin, und nimm das Geld in Empfang."

9,1. Und Tobia rief Raphael und sprach zu ihm: .... ziehe nach Rages in Medien zu Gabael und hole mir das Geld.

5. Da zog Raphael hin und kehrte bei Gabael ein und übergab ihm die Handschrift. Er aber brachte die Beutel mit den Siegeln und gab sie ihm."

„Die bekannteste Stelle im Talmud (Baba batra fol. 172) lautet (in Goldschmidtscher Übersetzung 6,1398) so:

„Einst wurde in einem Gerichtskollegium R. Honas ein Schein vorgelegt, in welchem es hieß: Ich N., Sohn des N., habe von dir eine Mine geborgt. Da entschied R. Hona: Von dir, auch vom Exilarchen, von dir auch vom König Sapor."

---

[92]) Werner Sombart: Die Juden und das Wirtschaftsleben S. 89/90.

„Die Anmerkung, die Goldschmidt dazu macht: „d. h. der Inhaber des Schuldscheins kann nicht nachweisen, daß er der Gläubiger ist und er braucht daher nicht bezahlt zu werden", verkehrt den Tatbestand genau in sein Gegenteil; wie Goldschmidt zu dieser seltsamen Auslegung kommt, die aller talmudisch-rabbinischen Jurisprudenz widerspricht, ist nicht einzusehen. Denn es ist gar nicht zweifelhaft, daß die Rabbiner während des ganzen Mittelalters die Rechtsform der Inhaberpapiere gekannt und aus der zitierten Talmudstelle abgeleitet haben."[93])

So hauptsächlich R. Ascher (1250—1327) und Josef Karo, deren Bedeutung bestimmt nicht unterschätzt werden kann. Der erstere äußert sich z. B. in Resp. 68, 6 zum Inhaberpapier wie folgt: „Wenn einer sich zweien verpflichtet und in einer Klausel vermerkt: „zahlbar dem Inhaber des Schuldscheins von diesen beiden", so darf nur diesem gezahlt werden, denn ein solcher Schtar ist eben ein Inhaberpapier."

R. Josef Karo (16 sc.) meint im Choschen Mischpat zum Inhaberpapier: „Wenn in einer Verschreibung der Name des Verleihers nicht benannt ist, sondern sie lautet auf „Inhaber dieses", so wird ein jeder bezahlt, der solches vorzeigt" (61, 10) vgl. 50; 61, 4. 10; 71, 23.

Es ist im Rahmen dieser Arbeit nicht möglich, das jüdische Schuldrecht eingehend zu behandeln, da es mir ausschließlich darauf ankommt, das Wesen des jüdischen Leihkapitalismus an besonders hervorstechenden Einzelzügen seines Erscheinungsbildes zu zeichnen.

Wie die jüdische Rechtsbildung nicht ohne den jüdischen kultischen Imperialismus und Messianismus zu verstehen ist, so stand sie auch unter dem Zwang der Zerstreuung und dem Willen zur Fremdheit. Das jüdische Volk konnte in der Zerstreuung seinen Bestand nur retten, wenn es nicht nur den blutsmäßigen, sondern auch den rechtlichen Zusammenhang wahrte. Es mußte ein Recht haben, an das jeder Jude gebunden war und dessen Sätze das Leben jedes einzelnen Juden sicherten. Dieses Recht mußte unter den im weiten Gelände weit zerstreuten jüdischen kämpfenden Gruppen und Einzelnen unzerreißbare Verbindungslinien herstellen, durch welche den jüdischen Kämpfern Rückzug und Angriff gedeckt wurde. Mit anderen Worten: — Das jüdische Recht mußte elastisch sein, ja es durfte in seiner Anpassungsfähigkeit sich womöglich von anderen Rechtsschöpfungen nicht unterscheiden, sodaß es anderen, nichtjüdischen Rechtskreisen mühelos eingeschwärzt werden konnte, ohne sein innerstes jüdisches Wesen irgendwie aufgeben zu müssen. Alle diese Momente haben bei der Entstehung des Inhaberpapiers mitgewirkt.

„Was bewog denn „die jüdischen Kaufleute aus Alexandrien" dazu, die Inhaberklausel in ihre Polizen aufzunehmen? Straccha (a. a. O.) teilt es uns mit: die Angst um ihre Schiffsladungen. Diese nämlich schwebten in der Gefahr, von den christlichen Piraten, von dem Navarch und Präfekten der katholischen kgl. Flotte gekapert zu werden, da die Waren der Hebräer und der Türken von ihnen als Freibeute angesehen wurden. „Die jüdischen

[93]) Werner Sombart: Die Juden und das Wirtschaftsleben S. 81.

Kaufleute aus Alexandrien" setzten nun in die Polize einen beliebig erdichteten christlichen Namen, z. B. Paulus oder Scipio, ein und nahmen doch die Waren in Empfang — dank der hinzugefügten Inhaberklausel.

Wie oft aber, während des ganzen Mittelalters und noch in der neueren Zeit, muß dieses Motiv bei den Juden: durch irgend eine Vornahme sich als den eigentlichen Empfänger einer Sendung, einer Schuld usw. zu verbergen, wirksam gewesen sein! Und da bot sich die Form des Inhaberpapiers als das willkommene Mittel dar, jene Verborgenheit zu bewirken. Die Inhaberpapiere gewährten die Möglichkeit, Vermögen verschwinden zu lassen, bis eine Verfolgungswelle über die Judenschaft eines Ortes hinweggegangen war. Die Inhaberpapiere gestatteten den Juden, ihr Geld beliebig wo anzulegen und im Augenblick, da es gefährdet wurde, durch einen Strohmann beheben zu lassen oder ihre Forderungen zu übertragen, ohne die geringste Spur ihres früheren Besitzes zu hinterlassen. (Nebenbei bemerkt: die schier unerklärliche Tatsache, daß den Juden während des Mittelalters alle Augenblicke „ihr ganzes Vermögen" abgenommen wurde, und daß sie nach ganz kurzer Zeit wieder reiche Leute waren, wird ihre Aufhellung gewiß zum Teil von der Seite der hier erörterten Probleme finden: es wurde eben den Juden nie ihr ganzes Vermögen abgenommen, ein beträchtlicher Teil war auf einen Strohmann übertragen worden). Es ist, wie mir scheint, mit Recht darauf hingewiesen worden, daß diese Verbergungszwecke allerdings die Form des reinen Inhaberpapiers erheischten, aber auch nur sie, während alle übrigen Zwecke, die man im Mittelalter mit der Inhaberklausel verband, (also vor allem die Erleichterung der Stellvertretung vor Gericht), ebenso gut oder besser durch die alternative Inhaberklausel erreicht wurden.[94])

Der Kampfcharakter des jüdischen Rechts springt aus diesen Ausführungen ohne weiteres in die Augen. Denn die Juden haben selbstverständlich das Inhaberpapier nicht nur dazu benützt, um ihr Vermögen bei Gefahr im Verzug verschwinden zu lassen, sondern auch dazu, um das nichtjüdische Vermögen lautlos und unerkannt anzugreifen und aufzusaugen. Diesem Zwecke diente das Inhaberpapier an der spezifisch jüdischen Schöpfung — der Börse. Die Geschichte des Börsenhandels weist so eindeutig auf den jüdischen Ursprung hin, daß es völlig genügt, die einzelnen hiefür ins Gewicht fallenden Tatsachen kurz aufzuzählen.

Im Jahre 1688 schrieb der portugiesische Jude Don Jos. de la Vegas das Buch „Confusion de confusiones", das zum ersten Male den börsenmäßigen Handel in allen seinen Verzweigungen erschöpfend behandelte, und zwar, wie uns ein gewiegter Kenner versichert, in einer Weise, daß „es bis zum heutigen Tage nach Form und Inhalt die beste Darstellung des Fondsverkehrs geblieben" ist."[95]) Woher hatte der Jude seine Kenntnisse? Das ist unschwer zu erraten, wenn man weiß, daß der Rabbinismus alles tat, um den börsen-

---

[94]) Werner Sombart: Die Juden und das Wirtschaftsleben S. 86.

[95]) Werner Sombart a. a. O. S. 103.

mäßigen Handel in Effekten zu erleichtern. R. Schabbatai Cohen (Schach 50,7) belehrt uns darüber folgendermaßen (nach der Übersetzung bei Auerbach 281):

„Der Käufer des Inhaberpapieres hat gegen den Schuldner eine Forderung auf Schadenersatz, wenn der Schuldner gegen eine chirographische Quittung, oder gar ohne diese, so daß eine Publizität (Ersichtlichmachung) der Zahlung nicht hervorgebracht wurde, zahlte, um nicht den Handel mit solchen Papieren zu gefährden. Wenn auch R. Ascher und Konsorten von Schtarot jede Verordnung, die die Rabbiner überhaupt zur Ausbreitung des Handels eingeführt hatten (!), fernhalten, weil ein Handel mit Schuldscheinen ihrer umständlichen Übertragung wegen nicht stark sein kann, so sprechen diese Autoren es nur für Schtarot (resp. Chirographien) als Rektapapiere aus, bei Inhaberpapieren hingegen, deren Umsatz in jetziger Zeit — also im 17. Jahrhundert — ein bedeutend größerer ist als der Umsatz von Mobilien, sind alle Verordnungen der Rabbiner für eine Ausdehnung des Handels sehr zu berücksichtigen."

Der Rabbinismus bekennt sich also hier als Vater des börsenmäßigen Handels in Effekten. Aber selbst wenn uns dieses rabbinische Zeugnis nicht vorliegen würde, so könnten wir aus dem folgenden Berichte des französischen Gesandten im Haag ein anschauliches Bild über die Beziehungen zwischen Judentum und Börse gewinnen: (Revue historique Bd. 44, 1890)!

„In diesem Staat (Holland) spielen die Juden eine große Rolle, und nach den Prognostiken dieser vorgeblich politischen Spekulanten, die selbst oft in Ungewißheit sind, sind die Preise dieser Aktien in so beständigem Schwanken, daß sie mehrere Male des Tages Handelsgeschäfte verursachen, welche eher den Namen eines Spiels oder einer Wette verdienten, um so mehr, als die Juden, welche die Triebfedern dieses Gebarens sind, Kunststückchen dabei ausüben, welche die Leute immer wieder aufs neue foppen und zum Besten halten, selbst wenn es die tüchtigsten sind."

„. . . . ihre jüdischen Makler und Agenten, die geschicktesten Leute dieser Art, die es auf der Welt gibt, ..." „Wechsel und Aktien, in welcher Art von Dingen sie immer große Summen und Vorräte halten."[96])

In welcher Weise die Juden den Börsenhandel handhabten und wie sie dabei die Vorteile der räumlichen Verbreitung und Zerstreuung ausnützten, darüber gibt uns der gleiche, aus dem Jahre 1698 stammende, Bericht des französischen Gesandten den wünschenswertesten Aufschluß:

„Sie unterhalten sich über die beiden (d. h. Neuigkeiten und Handel) mit dem, was sie ihre Brüderschaften (congregues) nennen, von denen die von Venedig (obgleich weniger reich und zahlreich) als die erste angesehen wird unter denen, die sie die großen nennen, weil sie den Westen mit dem Osten und dem Süden verbindet durch die Brüderschaft von Salonichi, welche ihre Nation in jenen beiden anderen Weltteilen regiert und für sie

---

[96]) Vgl. dazu Werner Sombart a. a. O.

haftet (? en repond) mit der von Venedig, welche, mit der von Amsterdam, alle nördlichen Teile beherrscht (unter die sie die von London nur geduldete und die geheimen in Frankreich zählen), sodaß sie in diesen beiden Beziehungen, Handel und Neuigkeiten, die ersten und am besten unterrichtet sind über das, was in der Welt vorgeht, woraus sie dann ihr System aufbauen jede Woche, in ihren Versammlungen ,welche sie sehr zweckmäßig den Tag nach dem Sonnabend, das heißt am Sonntag, halten, während die Christen aller Sekten mit den Pflichten ihrer Religion beschäftigt sind. Diese Systeme, die aus dem Feinsten und Spitzfindigsten bestehen, was sie von Neuigkeiten während der Woche empfangen haben, durchsiebt und geläutert durch ihre Rabbis und Schriftgelehrten, werden schon am Sonntag nachmittag ihren jüdischen Börsenmaklern und Agenten zugestellt, welche die denkbar gewitzigsten in dieser Art sind. Nachdem sich diese nun auch untereinander besprochen haben, gehen sie einzeln noch am selben Tage diese für ihre Zwecke zurechtgelegten Nachrichten zu verbreiten; den nächsten Tag (Montag morgen) fangen sie sodann gleich an, sie ins Werk zu setzen, je nachdem sie die Stimmung der einzelnen geneigt finden: zu Verkauf, Kauf, Wechsel und Aktien. Da sie immer große Summen und Vorräte in allen diesen Artikeln bereit halten, sind sie stets in der Lage, richtig abmessen zu können, wenn der beste Moment gekommen ist, à la Hausse oder à la Baisse oder auch zu gleicher Zeit in beiden Richtungen ihre Coups auszuführen."

Dieselben Beobachtungen konnte in unseren Tagen in den Zeiten der Inflation jeder machen, der die Augen einigermaßen offenhielt, d. h. sie nach guter deutscher Sitte nicht gewaltsam verschloß, weil er sich als „ethischer Kulturträger" fühlte und als solcher natürlich von einer Judenfrage nichts wissen wollte. (Es ist merkwürdig, wie es die Deutschen immer gleich mit der Kultur zu tun kriegen, wenn sie sich mit der Judenfrage beschäftigen sollen.) Man hat sich in Deutschland während und nach der Inflation verschiedentlich darüber gewundert, mit welcher Gesetzmäßigkeit und Präzision die Geldentwertung in Deutschland durchgeführt wurde und wie es möglich war, von einem Tag zum andern die Stabilisierung der Mark mit einem Federstrich zu bestimmen. Von interessierten, meist jüdischen Kreisen, wurde dem deutschen Volke das Märchen erzählt, daß die Inflation ein durch „höhere Gewalt" verursachtes unabwendbares Ereignis gewesen sei, gegen welches es kein Schutzmittel gegeben habe. — Wie lagen die Dinge in der wirtschaftlichen und politischen Wirklichkeit? — Daß die Inflation ein unabwendbares Ereignis gewesen sei, ist eine ganz grobe jüdische Irreführung und Verfälschung des Sachverhalts, welche der Reichsbankpräsident Schacht schon am 20. 9. 1926 richtiggestellt hat, indem er ausführte (Des Volkes Recht 1927 Nr. 3):

„Ich selbst habe zu den Verteidigern des sofortigen Überganges zur Goldwährung gehört und die sofortigen Goldunterlagen herstellen wollen, indem ich die hypothekarische Belastung von Sachwerten ablehnte und eine Goldbanknote schaffen wollte. Ich habe immer den Gedanken vertreten, daß die Aufrechterhaltung einer goldgedeckten Banknote in jedem Stadium der Wirtschaftszerrüttung möglich ist. Die Schaffung einer Goldbanknote erschien mir deshalb wichtig, weil der Wertmesser durch eine solche Goldbanknote wieder hergestellt ist und das ungeheure Unrecht der Inflation vermieden wird, wonach der Wissende und wirtschaftlich Geschulte sich auf Kosten des Ungeschulten bereichert. Das große Unglück der Inflation ist die Blindheit gewesen, in der die Bevölkerung gegenüber den wenigen Menschen erhalten wurde, die mit Wirtschaftsdingen wirklich vertraut waren. Hätte man jeden Tag in dem kleinsten Dorfe gelesen: die Papiermark ist heute so viel von dieser Goldbanknote wert, so wäre die grobe Täuschung der großen Masse nicht in jenem Umfange eingetreten, wie es tatsächlich war. In Wirklichkeit hätten damals ein paar hundert Millionen Goldmark genügt, um zunächst den ganzen Währungsverfall aufzuhalten."

Das wollten aber die wahren Herren unseres Währungs- und Finanzwesens nicht. Ihnen lag die radikale Ausbeutung und Zertrümmerung des deutschen Wirtschaftslebens am Herzen. Wer dieses Ziel wollte, der mußte auch die Mittel und die Technik wollen, die zu diesem Ziele führten.

„Es ist deshalb recht interessant, einmal zu betrachten, wie das Judentum die technische Frage (der Durchführung der Inflation) in glänzender Weise gelöst hat und zwar so, daß die deutsche Regierung selbst die praktische Durchführung übernahm und damit den Henker gegen das eigene Volk zu Gunsten des Judentums spielte: Gleich bei Beginn der Inflationszeit setzte bei der deutschen Reichspost, gerade auch in unserer Hauptstadt Berlin, eine ganze Welle von Bestellungen von sogenannten „Devisen-Vermittlungsschränken" ein. Es ist dies eine Einrichtung — durch Deutsche mit gewohnter Gründlichkeit durchgearbeitet —, mit deren Hilfe in den einzelnen jüdischen Bank- und Geschäftshäusern in sogenannten Devisenzimmern eine Fülle direkter Drahtleitungen an sinnreichen Apparaten zusammenläuft, sodaß diese jüdischen Bank- und Geschäftshäuser in der Lage sind, untereinander ohne Vermittlung eines Postamtes telefonisch direkt zu verkehren. Hebt Herr Mendelsohn den Hörer, so meldet sich ohne Vermittlung des Amtes sofort Herr Bleichröder. Das Amt aber kann nicht mithören. Oft haben jüdische Geschäftsleute mit einer Bestellung 90 bis 100 solcher Privatdrähte mit den entsprechenden Apparaten bei der Post bestellt. Daß von der Börse aus solche direkten Leitungen an die jüdischen Bankhäuser unmittelbar gehen, ist selbstverständlich. So ist die ganze Hauptstadt und ähnlich alle wichtigen Börsen- und Handelsplätze mit einem ganzen Netz von direkten Privatdrähten der Juden wissermaßen übersponnen. Es bestehen zwischen den wichtigsten Börsenplätzen Deutschlands auch noch ebensolche unabhängige F e r n leitungen. In den Fernkabeln, die ein ganzes Bündel von Drähten umschließen, haben sich reiche Juden einzelne Drähte als ihre privaten Verbindungen bei der Post gemietet. So bestehen z. B. unmittelbare Verbindungen zwischen Berlin und Hamburg, und Berlin und Frankfurt a. M., auf welchen sich in der einen Stadt unmittelbar das eine jüdische Bankhaus meldet, wenn aus der anderen Stadt der Jude anruft. Also ein vollständiger unüberwachter Geheimdienst, eingerichtet durch die deutsche Reichspost!

Ergänzt wird das System dadurch, daß auch zwischen den einzelnen Ländern, z. B. zwischen Deutschland und Frankreich einzelne solcher direkter Leitungen bestehen. Nimmt man nun beispielsweise an, daß von der jüdischen Zentrale in Neuyork durch irgendeinen chiffrierten Funkspruch oder ein Kabeltelegramm, direkt oder über Amsterdam, nach einer einzigen jüdischen Stelle in Deutschland die Weisung kam, am übernächsten Tag die deutsche Reichsmark um 50 Prozent an der Börse herabzudrücken, so konnte diese eine jüdische Stelle binnen wenigen Stunden diese Instruktion auf dem alljüdischen Privat-Fernsprechnetz gewissermaßen schlagartig verbreiten; am übernächsten Tage trat wie zufällig bei allen Börsenjuden dieselbe Haltung in Erscheinung. Das übrige Judentum aber war gewarnt und hatte seine Aufträge an der Börse entsprechend gegeben. Alle Juden haben es gewußt, nur der deutsche Michel hat nichts erfahren, dank der vorzüglichen Technik, mit der die deutsche Regierung die Einrichtungen den Juden ins Haus gebaut hatte. Diese „Devisenvermittlungsschränke" sollte man also richtiger „Bolschewistenschränke" nennen, denn sie sind das ausgesprochene Werkzeug zum Kampf des internationalen Judentums zur Vernichtung des (nationalen) nichtjüdischen Besitzes. — Man sieht also, das technische Rätsel ist glänzend gelöst."[97])

Wenn man den oben angeführten Bericht des französischen Gesandten aus dem Jahre 1698 mit der eben wiedergegebenen Darstellung der deutschen Inflation durch Henning vergleicht, so wird man feststellen müssen, daß die Organisation des Leihkapitalismus sich in den Jahrhunderten verfeinert hat, in ihrem Geiste und Wesen aber sich gleich geblieben ist.

Darüber tönen uns durch Jahrhunderte aus den nichtjüdischen Wirtschaftskreisen immer dieselben Klagen entgegen:

1. Die Juden drücken die Preise.
2. Die Juden treiben Kundenfang.
3. Die Juden suchen alles zu monopolisieren.

So klagen die Gewerbetreibenden Hannovers im 18. Jahrhundert: „Der Handel mit Manufakturwaren ist ganz in die Hände der Juden geraten. Mit Vorliebe führt der Jude in seinem Laden ausländische Hüte, Schuhe, Strümpfe, lederne Handschuhe, Mobilien und gemachte Kleider aller Art, umgekehrt führen sie die Rohstoffe mit Vorliebe außer Landes . . ." „Die Juden machen ihren Nachbarn die Kunden abspenstig. Überall lauern sie den Käufern und Verkäufern auf . . ." „Die Goldarbeiter in Frankfurt a. M. beschweren sich (1685), daß die Juden alles Bruchgold und -Silber aufkauften und ihnen durch unzählige Spione vor der Nase wegfischten. In gleicher Weise beklagen sich die Kürschner in Königsberg (1703), daß die Juden Hirsch und Moses mit ihrem Anhang es ihnen im Ein- und Verkauf des Pelzwerks zuvortäten und ihnen großen Schaden zufügten. (Sombart S. 161.) „Wenn Einquartierung in die Stadt kommt, laufen sie den Soldaten und Offizieren nach und suchen sie in ihr Geschäft zu locken,

---

[97]) Wilhelm Henning: Das Geheimnis des Bolschewismus S. 7/8.

um andern die Kundschaft zu entziehen." Auch das Hausiergewerbe nimmt unter ihrem Einflusse eine lästige Ausdehnung an; so klagen 1672 die Stände der Mark Brandenburg, „die Juden liefen auf den Dörfern und in den Städten herum, hausieren und drängten den Leuten ihre Waren auf!" In Frankfurt a. O. klagt man, „daß die Juden den Kunden nachliefen, den Reisenden in die Hotels, dem Adel auf die Schlösser, den Studenten auf ihre Buden, weil sie nicht damit zufrieden seien, gleich anderen Kaufleuten ihre Waren in den Gewölben feilzuhalten, sondern durch Zudringlichkeit den übrigen Geschäftsleuten den Absatz zu entziehen trachteten."[98])

Diese Klagen könnten aus der Wirtschafsgeschichte beliebig vermehrt werden, was ich jedoch nicht tun will, um die Leser nicht zu ermüden. Das erspart uns jedoch nicht die Pflicht, nach einer Erklärung für diese Erscheinungen zu suchen. Es wurden dafür die verschiedensten Gründe angeführt. Ich stelle einige dieser Gründe zusammen:

Der Jude kann billiger liefern

a) weil er minderwertige Qualität liefert;

b) weil er an Maß und Gewicht den Verkäufer übervorteilt. „Von den deutschen Juden heißt es: zu diesem allem kommt unter anderem noch, daß die Juden auf den allerkleinsten Vorteil raffiniert sind. Mißt er zehn Ellen aus, so sind es 9⅞." (Sombart Seite 173.)

c) weil er weniger Ansprüche macht und sich mit einem geringeren Gewinn begnügt. „Darunter dann die Kaufleute notwendig leiden müssen, indem diese mehr verzehren als ein Jude und also sich mit dem Verkauf ihrer Waren einigermaßen nach ihrem Zustande richten müssen." (Sombart, S. 174.)

d) weil er den Umsatz beschleunigt. „Noch im Anfang des 19. Jahrhunderts gilt es als eine jüdische, 'von der Gegenpartei nicht zu befolgende Handelsmaxime: öfterer Umsatz mit geringen Prozenten ist ungleich einträglicher als seltener Umsatz mit höherem Gewinn'." „Weit mehr hat die folgende . . . Maxime im Handel der Juden ihr so mächtiges Emporkommen gar sehr erleichtert: Öfterer Umsatz mit geringem Vorteil (Prozenten) ist ungleich mehr wert, als seltener Umsatz mit höherem Gewinn."

Diese Umstände haben zweifellos im Wirtschaftskampf der Juden alle eine Rolle gespielt und sie werden alle im Zusammenhang mit dem jüdischen Recht behandelt werden: — sie sind jedoch bisher nicht als Teile im gesamten System der jüdischen Kriegführung erkannt worden. Außerdem ist die Aufzählung nicht vollständig, denn es fehlen in ihr die beiden Rechtsinstitute der Chasaka und der Maaruphia. Was darunter zu verstehen ist, wird später erläutert werden.

---

[98]) Roderich Stoltheim: Das Rätsel des jüdischen Erfolges. S. 94/95.

Unsere bisher gezeichnete Skizze des jüdischen Leihkapitalismus sollte den Hintergrund für die Darstellung des jüdischen Kriegsrechts abgeben. Da wir nunmehr das Grenzgebiet zum Kriegsrecht betreten haben, ist es unsere Aufgabe, an dieser Stelle auch die „Grenznormen" anzuführen und zu behandeln, die leihkapitalistischen und kriegsrechtlichen Geist atmen, ohne daß man sie in ihrer Ganzheit dem einen oder dem anderen der beiden Gebiete zuweisen könnte.

Die grundsätzlich kapitalistische Einstellung des Judaismus läßt sich, wie wir schon gesehen haben, mühelos durch eine Reihe von Talmudstellen belegen. Zum Wesen des reinen Kapitalisten gehört die einseitige Bevorzugung des Handels vor dem Ackerbau. Ich zitiere nach Simon Dubnow (Weltgeschichte des jüdischen Volkes III. Band, S. 322):

> „Beim Anblick eines aufgepflügten Feldes rief einst ein Gesetzeslehrer aus: „Wie weit und wie breit du auch aufgeackert sein magst, es ist immer besser, Handel zu treiben, als sich mit dir abzuplagen."

Denselben Gedanken drückte ein anderer Gesetzeslehrer beim Anblick eines Ährenfeldes aus: „Wie hoch ihr auch emporschießen möget, immer ist es noch besser Handel zu treiben, als euch zu pflegen."

Das Haupt der Akademie von Machusa, Rab, pflegte zu sagen: „Hundert Sus (Silbermünze) im Handel werfen täglich Fleisch und Wein ab, hundert Sus im Boden aber nur Salz und Gemüse, und auch dabei muß man noch auf der Erde schlafen."

Aus den im Folgenden zusammengestellten talmudischen Erwerbsprinzipien wird der Leser unschwer die Beziehungen zwischen den oben wiedergegebenen jüdischen Verkaufsgrundsätzen — öfterer Umsatz bei kleinerem Gewinn — und den talmudischen Grundsätzen feststellen können.

> „Besser ein Maß vom Fußboden, als ein Malter vom Dache. Pesach. 112) d. h. besser ein kleinerer Gewinn in der Nähe, als ein großer, der erst aus weiter Entfernung geholt werden soll."[99])
>
> „Besser ein kleiner Kürbis, als ein großer" (Succa 54) d. h. es ist besser, daß wir ihn bald haben, obgleich er noch klein ist, als bis dahin zu warten, wo er sein vollkommenes Wachstum zu erhalten pflegt, wo es aber noch ungewiß ist, ob wir ihn werden genießen können. Dieses Sprichwort drückt den Gedanken aus, daß ein kleiner Vorteil jetzt besser sei, als ein größerer in der Erwartung einer ungewissen Zukunft. So wahr übrigens dieser Satz auch ist, und so viele Anhänger er auch im merkantilistischen Leben finden mag; so lehrt doch die Erfahrung, daß man weder ihn noch sein Gegenteil zum Grundsatze machen darf, da der Erfolg gewöhnlich von Konjunkturen und Ereignissen abhängt, die außer aller menschlichen Berechnung liegen. Auch gehört eine besondere Umsicht und ein, durch Erfahrung und Geschäftskunde geübter Scharfsinn dazu, die vorhandenen Kombinationen richtig aufzufassen und auf ein sicheres Resultat hin zu deuten. Es

---

[99]) R. J. Fürstenthal: Rabbinische Anthologie S. 97. Nr. 173.

bewährt sich also hier das einzig wahre Sprichwort: nulla regula sine exceptione."[100]) (Keine Regel ohne Ausnahme.)

„Pesachim 113 a: Rabh sprach zu seinem Sohne Ajba: .... Komm ich will dich nun weltliche Dinge lehren: Während der Staub sich noch an deinen Füßen befindet, verkaufe deine Ware... Zuerst öffne den Geldbeutel, nachher löse den Getreidesack .... Lieber ein Kab vom Erdboden als ein Kor vom Dache. Hast du Datteln in der Kiste, so laufe zum Brauer." (Übers. L. Goldschmidt).

Eindeutig klar ist trotz aller talmudischer Zwiespältigkeit das, was Rabbi Jehuda über Käuferanlockung u. dgl. schreibt:

„Der Krämer soll den Kindern nicht Stangen und Nüsse verteilen, weil er sie dadurch gewöhnt, zu ihm zu kommen — die Weisen jedoch erlauben es. Auch darf man nicht den Preis verderben — die Weisen jedoch meinen: sein Andenken sei zum Guten (d. h. es wäre eine löbliche Gewohnheit). Man soll nicht die gespaltenen Bohnen auslesen, entscheidet Abba Saul — die Weisen dagegen erlauben es."

Erfreulich klar und kurz und bündig sagt der Schulchan aruch in Choschen hammischpat 228, 18:

„Dem Krämer ist es erlaubt, den Kindern, die bei ihm kaufen, Nüsse und dergleichen zu schenken, um sie an sich zu ziehen; auch kann er wohlfeiler, als der Marktpreis ist, verkaufen und die Marktleute können nichts dagegen haben."

Verdienen, unter allen Umständen verdienen ist der nicht ausgesprochene Zweck aller dieser talmudischen Äußerungen. Verdienen, rücksichtslos verdienen, denn Jahwe hat den Juden die ganze Erde und ihre Güter als Eroberungsgebiet zugewiesen: „Wir aber sind erschaffen, daß wir Gott dienen sollen; *ist es nun nicht billig, daß wir uns ohne Schmerzen nähren?*"

Für den Juden steht das Judentum und der Judaismus nicht nur im Mittelpunkt des Wirtschaftslebens. Wer die Erde erobern und die Völker sich unterwerfen will, der muß auch das Wirtschaftsleben erobern und die Völker auch wirtschaftlich von sich abhängig machen wollen. Die Völkerwelt hat auch nach jüdischer Ansicht keine andere Bestimmung als die der Unterwerfung unter Israel und des Dienstes an Israel. Denn sie ist außerhalb des Reiches Jahwes, weil sie „durch Verwerfung der Thora und überhaupt eines jeden göttlichen Gesetzes in bewußten Gegensatz gegen Gott getreten ist. Sie hat den Götzendienst erwählt und sich Gott absolut verschlossen, so daß er sich an ihr nicht mehr bezeugen kann und sie von seinem Reichsplan schlechthin ausgeschlossen hat. Von Gott verlassen, ist die Völkerwelt dem Dienste des Fleisches verfallen, und im Fleischesdienst auch der menschlichen Natur verlustig geworden; sie hat tierische Art angenommen, so daß sie für ethisch und physisch unrein anzusehen ist."[101])

---

[100]) R. J. Fürstenthal: Rabbinische Anthologie S. 97. Nr. 173.

[101]) Ferdinand Weber: System der altsynagogalen palästinischen Theologie. S. 64.

Das ist die Gesinnung, aus der heraus der Jude seinen Wirtschaftskampf führt und die ihn zu der unbarmherzigen Schlußfolgerung in Sanhedrin 92 a bringt:

„Über einen Menschen, in welchem keine Thora ist, soll man sich nicht erbarmen.“ Diese Stimmung und Gemütslage des Juden gegen die nichtjüdischen Völker, welche den jüdischen Kapitalisten nicht mehr zum Kaufmann, sondern zum Krieger und Soldaten im Dienste des Judaismus macht, findet sich nicht nur vereinzelt in den heiligen Schriften der Juden, sondern durchzieht sie wie ein roter Faden. Sie ist nicht nur Wesensbestandteil des jüdischen Leihkapitalismus, sondern auch Wesensbestandteil des jüdischen Kriegsrechts. Stellen wir einige Stellen zusammen, ohne den Anspruch auf Vollständigkeit zu erheben.

„Herr stehe auf, laß deine Feinde zerstreuet, und die dich hassen, flüchtig werden vor dir.“ (4. Mose 10,35). „Sollst du so dem Gottlosen helfen, und lieben, die den Herrn hassen? Und um deswillen ist über dir der Zorn vom Herrn. Aber doch ist was Gutes an dir gefunden, daß du die Ascherabilder hast ausgefegt aus dem Lande, und hast dein Herz gerichtet, Jahwe zu suchen.“ (2. Chron. 19,2/3). „Er wird behüten die Füße seiner Heiligen, aber die Gottlosen müssen zunichte werden in Finsternis; denn viel Vermögen hilft doch niemand.“ (1. Samuel 2,9). „Die dich aber hassen, werden zu Schaden werden, und der Gottlosen Hütte wird nicht bestehen.“ (Hiob 8,22). „Er bringt die Stolzen um, ohne erst zu forschen, und stellet andere an ihre Statt: darum daß er kennet ihre Werke, und kehret sie um des Nachts, daß sie zerschlagen werden. Er straft sie ab wie die Gottlosen an einem Ort, da man es siehet.“ (Hiob 34,24). „Ja, schau die Hochmütigen, wo sie sind, und beuge sie, und zermalme die Gottlosen, wo sie sind! Verscharre sie miteinander in der Erde, und versenke ihre Pracht ins Verborgene, so will ich dir auch bekennen, daß mir deine rechte Hand helfen kann.“ (Hiob 40,7/9). „Aber ich habe meinen König eingesetzt auf meinen heiligen Berg Zion. Ich will von der Weise predigen, daß Jahwe zu mir gesagt hat: Du bist mein Sohn, heute habe ich dich gezeuget; heische von mir, so will ich dir die Heiden zum Erbe geben und der Welt Enden zum Eigentum. Du sollst sie mit einem eisernen Szepter zerschlagen, wie Töpfe sollst du sie zerschmeißen.“ (Psalm 2,6/9). „Auf, Herr, hilf mir, mein Gott! denn du schlägst alle meine Feinde auf den Backen, und zerschmetterst der Gottlosen Zähne.“ (Psalm 3,8). „Laß der Gottlosen Bosheit ein Ende werden, und fördere die Gerechten.“ (Psalm 7,10). „Du schiltst die Heiden, und bringest die Gottlosen um; ihren Namen vertilgest du immer und ewiglich. Die Schwerter des Feindes haben ein Ende; die Städte hast du umgekehret; ihr Gedächtnis ist umkommen sammt ihnen.“ (Psalm 9,6/7). „Stehe auf, Herr; Gott, erhebe deine Hand; vergiß der Elenden nicht! Warum soll der Gottlose Gott lästern, und in seinem Herzen sprechen: Du fragest nicht danach? Du siehest ja, denn du schauest das Elend und Jammer; es stehet in deinen Händen; die Armen befehlens dir; du bist der Waisen Helfer. Zerbrich den Arm der Gottlosen, und suche heim das Böse, so wird man sein gottlos Wesen nimmer finden. Der Herr ist König immer und ewiglich; die Heiden müssen aus seinen Landen umkommen. Das Verlangen der Elenden hörest du, Herr; ihr Herz ist gewiß, daß dein Ohr drauf merket, daß du Recht schaffest dem Waisen und Armen, daß der Mensch nicht mehr trotze auf Erden." (Psalm 10,12—18). „Der Herr prüfet den Gerechten; seine Seele hasset den Gottlosen und die gerne freveln. Er wird regnen lassen über die Gottlosen Blitze, Feuer und Schwefel, und wird ihnen ein Wetter zu Lohn geben." (Psalm 11,5/6). „Herr, mache dich auf, überwältige ihn und demütige ihn; errette meine Seele von dem Gottlosen mit deinem Schwert" (Psalm 17,13). „Gott, zerbrich ihre Zähne in ihrem Maul; zerstoße, Herr, das Gebiß der jungen Löwen! Sie werden zergehen wie Wasser, das dahinfleußt. Sie zielen mit ihren Pfeilen; aber dieselben zerbrechen. Sie vergehen, wie eine Schnecke verschmachtet; wie eine unzeitige Geburt eines Weibes sehen sie die Sonne nicht. Ehe eure Dornen reif werden am Dornstrauch, wird sie ein Zorn so frisch wegreißen. Der Gerechte wird sich freuen, wenn er solche Rache siehet, und wird seine Füße baden in des Gottlosen Blut, daß die Leute werden sagen: Der Gerechte wird ja seiner Frucht genießen; es ist ja noch Jahwe Richter auf Erden." (Psalm 58,7/12). „Ich hasse ja, Herr, die dich hassen, und verdreußt mich an ihnen, daß sie sich wider dich setzen. Ich hasse sie in rechtem Ernst, sie sind mir zu Feinden worden." (Psalm 139,21/22).

Damit will ichs genug sein lassen. Die Stellen, in denen das Ethos des Glaubenshasses mit glühendster Leidenschaft und erbarmungslosem Fanatismus gepredigt und die Ausbreitung des Reiches Jahwes gefordert wird, könnten nach Belieben vermehrt werden. Bemerkenswert ist an diesem Ethos der Begriff der Feindschaft und die Permanenzerklärung der Feindschaft. Feind ist dem Juden der Gottlose, d. h. der „Nicht-an-Jahwe-Glaubende", d. h. der Heide. Diesen Feind gilt es auszurotten. Solange noch ein Jude und ein Heide auf Erden sich gegenüberstehen, solange wird der Haß des Juden dauern und zwar in ungeminderter Stärke. Es ist eine Verkennung der tatsächlichen und der rechtlichen Verhältnisse, wenn Max Weber in seiner Religionssoziologie zwischen einer „Binnenmoral" und einer „Außenmoral" im Judentum unterscheidet und wenn Sombart das jüdische Fremdenrecht unter die Formel bringt: „Im Verkehr mit den Fremden brauchst du's überhaupt nicht so genau zu nehmen." Es handelt sich bei Thora, Talmud und Schulchan aruch nicht um Moral, sondern um Recht. Darum gilt für die Juden nicht etwa eine doppelte Moral, nämlich eine das „Innenverhältnis" und eine das „Außenverhältnis" regelnde Moral, sondern es gilt für sie im Innern Staatsrecht und nach außen ein auf ihr Leben besonders zugeschnittenes Fremdenrecht. Und dieses Fremdenrecht hat selbstverständlich einen eigenvölkischen Begriff der Feindschaft entwickelt. Wir haben gesehen, daß das jüdische Fremdenrecht sehr scharf und klar unterscheidet:

1. Die Fremdlinge der Gerechtigkeit.
2. Die Proselyten des Tores.

Wir haben ferner die Stellung der nichtjüdischen Leibeigenen im jüdischen Volksverband kennengelernt.

Scharf geschieden vom Fremdling der Gerechtigkeit, vom Proselyten des Tores und vom nichtjüdischen Sklaven steht nun der „Nicht-an-Jahwe-Glaubende", der Gottlose, der Heide als der Feind der jüdischen Volksgemeinschaft vor uns, dem Feindschaft und Krieg in alle Ewigkeit erklärt wird. Und dieser Krieg wird so lange geführt, bis das Reich Jahwes erobert und nach Schemoth rabba c. 23 Jerusalem zur Metropolis der Welt gemacht ist. Ein Mittel dazu ist der Leihkapitalismus mit seinem Zinsendienst.

Wenn ich nun im Folgenden das jüdische Wucherrecht behandle, so wird mir zweifellos von seiten meiner Kritiker entgegengehalten, daß dieses Recht nicht nur wucherfreundliche, sondern auch wucherfeindliche Ansichten entwickle. Das mag zugestanden werden. Die Kritiker können mir auch entgegenhalten, daß, wie die wucherfeindlichen, so auch die wucherfreundlichen Ansichten als „gültig", d. h. als mit demselben Rechte „gültig" bezeichnet werden könnten. Auch das mag zugestanden werden. Meine Kritiker werden aber nie behaupten können, daß das Ideal des Rechts in der Gleichberechtigung des Sittlichen und des Unsittlichen, des Gerechten und des Ungerechten, des Wucherfreundlichen und des Wucherfeindlichen liege. Das mag das Ideal des talmudischen Rechts sein: — das deutsche Recht urteilt darüber anders. Eine zwanglose Erklärung dieses talmudischen Ideals kann nur vom Standpunkt dieser Arbeit aus gegeben werden, der die wucherfreundlichen Bestimmungen im jüdischen Rechte als Kriegsrecht betrachtet und die wucherfeindlichen Bestimmungen dem jüdischen Staatsrecht zurechnet.

Im Gesamtzusammenhang dieser Arbeit gilt das Judentum als kriegführende Nation. Der jüdische kultische Imperialismus, die judäozentrische Geschichtsauffassung, der Messianismus sind als historische und politische Begebenheiten und Wirklichkeiten nachgewiesen worden. Das Judentum ist als eine imperialistische Nation allerersten Ranges erkannt und der Nachweis erbracht worden, daß sein Machtstreben besondere, jüdisch völkische Wege einschlug, auf denen ihm bisher kein Volk zwecks eigener Machtergreifung gefolgt ist. Wer die Macht will, der muß auch die Wege zur Macht und Herrschaft und die Mittel dazu wollen! Darum muß auch der jüdische kultische Imperialismus das jüdische Kriegsrecht wollen und in eiserner Folgerichtigkeit den von diesem Rechte bezeichneten Weg zur Judenmacht, Judenherrschaft und Judenherrlichkeit beschreiten. Wer also das Dasein oder die Geltung des jüdischen Kriegsrechts bestreiten will, der versuche zuerst den Nachweis, daß es keinen jüdischen kultischen Imperialismus, keine judäozentrische Geschichtsauffassung und keinen Messianismus gibt! Andere Beweise lasse ich nicht gelten.

Damit wird der Streit um die Geltung oder Nichtgeltung einzelner Rechtssätze vollkommen gegenstandslos. Entweder gibt es ein jüdisches Kriegsrecht in seiner Ganzheit, dann gelten alle Einzelsätze als Teile dieses jüdischen Kriegsrechts: — oder es gibt kein jüdisches Kriegsrecht und keine jüdische Kriegführung, — dann ist es müßig, sich um Einzelsätze zu streiten.

Das ist die Problemstellung, die Sombart und Weber, die Philosemiten und Antisemiten gleichermaßen übersehen haben. Ein Beispiel für viele. Sombart schreibt in seinem mehrfach schon angeführten Buche: Die Juden und das Wirtschaftsleben:

„Schwieriger gestaltet sich das Problem, wenn es sich um Feststellung der Gültigkeit von Einzellehren handelt. Ob heute noch der Satz des Talmud „gilt": „Auch den Besten der Goim soll man erschlagen" oder was sonst die Pfefferkorn, Eisenmenger, Rohling, Dr. Justus und Genossen an schrecklichen Aussprüchen aus den jüdischen Religionsbüchern ausgraben, und was heute die Rabbiner „mit Entrüstung" als ganz und gar obsolet zurückweisen."

Sombart meint dazu, daß, da im Talmud sich für jede Sache die entgegengesetztesten Ansichten finden, also alles „kontrovers" sei, sich aus dem Talmud alles „beweisen" lasse. Obwohl er darüber spottet, verfolgt er jedoch in seinem Buche dieselben Methoden, wie die von ihm Verspotteten. Auch er zieht den Talmud usw. zur Beweisführung für seine Ansichten heran, obwohl alles darin „kontrovers" ist. —

Der von mir eingeschlagene Weg ist ein anderer. Ich sage: „Der jüdische Imperialismus fordert wie jeder andere Imperialismus seine Diplomatie und sein Kriegsrecht. Ein Imperialismus ohne Kriegsrecht und ohne den Willen zur Kriegführung ist sinnlos und närrisch. Den jüdischen Imperialismus sehe ich in der Weltgeschichte des jüdischen Volkes am Werke; die von ihm eingeschlagenen Wege zur jüdischen Machtergreifung decken sich mit den von Thora, Talmud und Schulchan aruch vorgeschlagenen Mitteln und vorgezeichneten Wegen. — Wenn das Judentum Krieg führt, so wird es ihn nach bestimmten Regeln führen. Ist es wirklich ein so aus aller Möglichkeit liegender, also unmöglicher Gedanke, daß das Judentum nach seiner Art Krieg führt? Wenn man diese Frage verneint und zu der ehrlichen Antwort kommt, daß das Judentum tatsächlich Krieg führen kann und Krieg führt — ist es dann nicht eine selbstverständliche kriegsrechtliche Regel, die der Talmud aufstellt: „Auch den Besten der Goim soll man erschlagen."? — Bringen nicht die anderen Völker ihren Soldaten die Regel bei, im Kampfe zuerst die Offiziere der feindlichen Truppen abzuschießen und diese so der Führung zu berauben? Wer entrüstet sich über d i e s e alte Soldatenregel, die doch keine andere Anweisung enthält als die angeführte Talmudregel? — Entweder gibt es also ein jüdisches Kriegsrecht, dann ist der Satz: „Auch den Besten der Goim soll man erschlagen" eine selbstverständliche kriegsrechtliche Regel — oder es gibt kein jüdisches Kriegsrecht, dann ist dieser Satz eine ganz gemeine und niederträchtige Anweisung zum Mord, über deren Geltung oder Nichtgeltung kindlich veranlagte Gemüter streiten mögen.

Nach dieser Auseinandersetzung wollen wir den jüdischen Begriff des Wuchers betrachten.

Der Rabbi Salomon lehrt in seinem Kommentar über Exod. 22, 19 folgendes:

„Der Wucher ist wie ein Biß einer Schlange, welche eine kleine Wunde in den Fuß (eines Menschen) beißt, daß er sie nicht fühlt;

sie verursacht aber geschwind eine hitzige Geschwulst, daß er bis an den Wirbel seines Hauptes auflauft: also empfindet (der Mensch) auch den Wucher nicht und wird derselbe nicht wahrgenommen, bis daß er aufsteigt (und sich vermehrt) und desselben vieles Vermögen vermindert."

Dieser Ansicht könnten noch eine Reihe gleichlautender Stellen zur Seite gestellt werden. Hier trägt der Jude gleichsam noch Zivilkleider, (Staatsrechtliche Seite des Wuchers.) In den folgenden Stellen, die genau das Gegenteil dessen aussagen, was wir in der eben angeführten Stelle gelesen haben, legt der Jude sein Zivilkleid ab und wird Soldat. Der rücksichtslose Klassenkämpfer und Leihkapitalist tritt uns aus dem talmudischen Traktat Bava mezia fol. 75, col. 1 entgegen (kriegsrechtliche Seite des Wuchers):

> „Es hat der Rabbi Jehuda gemeldet, daß der Samuel gesagt habe, daß es den Weisen (und hochgelehrten Rabbinen) erlaubet sei, von einander auf Wucher zu entlehnen. Was ist die Ursache? Dieweil sie wohl wissen, daß der Wucher verboten und es Geschenk sei, was einer dem andern (wegen des gelichenen) gibt. Der Samuel hat zum Aboth bar Jhe gesagt: leihe mir hundert (Pfund) Pfeffer für hundert und zwanzig (Pfund), denn solches ist recht und billig (maßen diejenigen zwanzig Pfund, welche über die empfangenen hundert Pfund gegeben werden, kein Wucher, sondern ein Geschenk für die durch das Leihen empfangene Guttat zur Bezeigung der Dankbarkeit sind.) Der Raf Jehuda spricht, daß der Raf gesagt habe, es sei dem Menschen erlaubt, seinen Kindern und Hausgenossen auf Wucher zu leihen, damit sie den Geschmack des Wuchers schmecken mögen."

Der leihkapitalistische Klassenkampf soll indessen eine verpönte Ausnahme sein, denn in 5. Mose 23,20 ist scharf und klar das Verbot ausgesprochen, dem israelitischen Volksgenossen auf Zins zu leihen oder ihn zu bewuchern. „Du sollst von deinem Bruder nicht Wucher nehmen, weder mit Geld, noch mit Speise, noch mit allem, damit man wuchern kann."

An diesem Verbote entwickelt nun der Talmud das jüdische Kriegsrecht des Wuchers, indem er das Recht der Bewucherung des Fremden (auch des Proselyten des Tores) aufstellt. Den israelitischen Volksgenossen darfst du nicht bewuchern, von Fremden magst du Wucher nehmen. Bezüglich der Bewucherung des Fremden geht der talmudische Streit lediglich darum, ob der Vers 5. Mose 23,21 nur eine Erlaubnis oder ein positives Gebot, den Fremden zu bewuchern, enthält. Der Vers lautet: „Von den Fremden magst du Wucher nehmen, aber nicht von deinem Bruder, auf daß dich der Herr, dein Gott, segne in allem, das du vornimmst im Lande, dahin du kommst, dasselbe einzunehmen."

Die rabbinische Kasuistik dazu liest sich folgendermaßen: (Ich folge Eisenmenger): Rabbi Bechai schreibt in seinem Kommentar über die fünf Bücher Mosis fol. 113, col. 4:

> „Was unsere Rabbinen in dem Traktat Maccoth sagen: der sein Geld nicht auf Wucher gibt, auch nicht einmal von einem Goi Wucher nimmt: so ist hieraus kein Verbot zu verstehen (als

wann es verboten wäre, von demselben Wucher zu nehmen), sondern es geschieht nur durch eine Umzäunung und Schwermachung von demjenigen, der sich in selbigen Tugenden (die Psalm 15 stehen) übet, daß er sich (wenn er sich solches Wuchers enthält) durch Gelübde und Zäune umschränket, auf daß er derjenigen Vortrefflichkeiten, deren in selbigem Psalm gedacht wird, teilhaftig werde."

Im Buche Pesikta rabbetha fol. 80, col. 3 in der Parascha Teze heißt es: (die Worte Lenòchri tàschich sind ein befehlendes Gebot (und heißen): „An dem Fremden sollst du wuchern."

Auf denselben Ton sind auch die Ausführungen des Rabbi Levi ben Gerson in seiner Auslegung der fünf Bücher Mosis fol. 234, col. 1 in der Parascha Teze abgestimmt:

„(Die Worte Lenòchri tàschich) sind ein befehlendes Gebot (und bedeuten): „An dem Fremden sollst du wuchern." Dieweil derselbe Abgötterei treibet, so hat uns das Gesetz auferlegt, ihm auf Wucher zu leihen, wann er von uns entlehnen will, auf daß wir ihm allen möglichen Schaden verursachen, dadurch wir nicht unrecht tun. Deswegen hat uns auch die Schrift in dem, was vorhergeht (nämlich Deuteronomium 15 V. 3) befohlen, von dem Fremden zu fordern (und denselben mit Eintreibung der Schuldigkeit zu quälen und zu plagen). Und solches muß also ausgelegt werden, daß der Zweck darinnen nicht der sei: An dem Fremden magst du wuchern: Denn wann dieses der Verstand wäre, so zeigten diese Worte nur an, daß es erlaubt sei usw."

Hiermit stimmt auch der Rabbi Mosche bar Majemon in seinem Sepher Mizvòtw fol. 73, col. 4 unter dem Titel Mizvath aseh überein, wenn er schreibt:

„Das hundertundachtundneunzigste (befehlende) Gebot ist, daß uns (Gott) befohlen hat, von einem Goi Wucher zu begehren, und daß wir alsdann erst ihm leihen, (wenn er uns Wucher gibt und sonsten nicht), sodaß wir ihm keinen Nutzen schaffen und keine Hülfe leisten; sondern ihm Schaden zufügen sollen auch gar in einer Sache, in welcher wir mit ihm Nutzen haben; gleichwie wir (im Gegenteil) gewarnt sind, daß wir einem Israeliten solches nicht tun sollen: und dieses ist dasjenige, was der gelobte Gott sagt: Lenòchri tàschich das ist: „An dem Fremden sollst du wuchern"; denn die mündlich empfangene (und gelernte) Auslegung ausweiset, daß dieses ein befehlendes Gebot sei. So wird auch in dem Buch Siphre gemeldet, daß (die Worte) „An dem Fremden sollst du wuchern" ein befehlendes Gebot; und (die Worte) „An deinem Bruder aber sollst du nicht wuchern" ein verbietendes Gebot sind!"

Demgegenüber steht der Rabbi Bechai auf dem Standpunkt, daß es dem Israeliten freisteht, auf Wucher zu geben oder nicht zu geben. Er schreibt in seiner Auslegung der fünf Bücher Mosis fol. 213, col. 4:

„Es sind einige, welche die Worte Lenòchri tàschich auslegen: „An dem Fremden magst du wuchern", sodaß es kein Gebot, sondern eine freiwillige Sache ist, gleichwie die Worte (Exodi 20 V. 9): „Sechs Tage sollst du arbeiten" (in welchen es dem Menschen frei stehet zu arbeiten oder nicht zu arbeiten) und ist ihr Zweck hierin, daß das Gesetz ganz und gar kein Gebot in diesen Worten verordnet habe, daß man einem Goi auf Wucher geben soll, sondern daß es einem freistehe, ob er es tun will oder nicht, dieweil es das Gesetz nicht verboten hat."

Dieser ganze Rabbinerstreit ist öde und unfruchtbar und lenkt ab. Das Wesentliche ist doch, daß der Wucher grundsätzlich nicht verboten ist, daß er als erlaubt und sittlich einwandfrei gilt. Das Wesentliche ist ferner, daß das jüdische Wucherrecht maßgebend von der Stellung des Judentums zum Fremden aus beeinflußt wird und nicht umgekehrt. Das ist nicht nur beim jüdischen Wucherrecht so, sondern auch beim jüdischen Schuldrecht. Heißt es doch z. B. in 5. Mose Kapitel 15, V. 1—3:

„Über sieben Jahre sollst du ein Erlaßjahr halten. Also solls aber zugehen mit dem Erlaßjahr: „Wenn einer von seinem Nächsten etwas borgte, der solls ihm erlassen, und solls nicht einmahnen von seinem Nächsten oder von seinem Bruder; denn es heißt das Erlaßjahr dem Herrn. Von einem Fremden magst du es einmahnen; aber dem, der dein Bruder ist, sollst du es erlassen."

So harmlos diese Vorschriften auf den ersten Blick sich ansehen, so enthalten sie doch das ganze Geheimnis des jüdischen Finanzkapitalismus — wenn man sie in Zusammenhang mit anderen Vorschriften des jüdischen Kriegsrechts bringt, insbesondere mit den Vorschriften des jüdischen Beuterechts, deren furchtbare Auswirkungen uns die Geschichte des Leihkapitalismus der letzten Jahrhunderte erzählt.

Das Wort Lev. 19, V. 13: „Du sollst deinem Nächsten nicht unrecht tun, noch ihn berauben. Es soll des Taglöhners Lohn nicht bei dir bleiben bis an den Morgen" — erfährt in dem talmudischen Traktat Bava mezia fol. 111, col. 2 die Auslegung: „Die Beraubung eines Goi ist erlaubt." Dasselbe wird in dem talmudischen Traktat Sanhedrin fol. 57, col. 1 in dem Tosephot gelesen: „Einem Israeliten ist erlaubt, einem Goi unrecht zu tun, dieweil geschrieben stehet: „Du sollst deinem Nächsten nicht unrecht tun" — und wird des Goi nicht gedacht." Denselben Rechtsgedanken — ich wiederhole, daß es sich nach meiner Ansicht um jüdisches **Kriegsrecht** handelt — schärft der Traktat Baba mezia fol. 61 a Tosephot noch einmal dem Juden ein, indem er schreibt: „Die Beraubung eines Bruders (Israeliten) ist nicht erlaubt, die Beraubung eines Nichtjuden ist erlaubt, denn es steht geschrieben (Lev. 19, 13): „Du sollst deinem Bruder kein Unrecht tun" — aber diese Worte — sagt Jehuda — haben auf den Goi keinen Bezug, indem er nicht dein Bruder ist."

Ergänzend greift das jüdische Beuterecht ein, das in Baba bathra fol. 54 b folgende Formulierung erfahren hat: „Die Güter der Nichtjuden gleichen der Wüste, sind wie herrenloses Gut und jeder der zuerst von ihnen Besitz nimmt, erwirbt sie."

Das jüdische Beute- und Eroberungsrecht hat einen sehr sorgfältigen Ausbau erfahren, der durch das System des jüdischen Imperialismus und Leihkapitalismus einfach erfordert wurde. Jahwe hat den Juden alle Völker zur Ausbeutung verheißen: — darum mußten auch alle Vorkehrungen getroffen werden, welche diesen Erfolg herbeiführen können. Das Eroberte mußte ebenso gesichert werden, wie das Gefundene. Daß der Begriff der Eroberung für den Juden mit den Begriffen „Erlisten“, „Erschleichen“, „Stehlen“, „Ausnützen eines Irrtums“ zusammenfällt, sei nur nebenbei erwähnt.

Im engsten Zusammenhang mit dem jüdischen Beute- und Eroberungsrecht steht das jüdische Besitzrecht der Chasaka und der Maaruphia. Es handelt sich hierbei um Folgendes. Nach dem von Professor Dr. Siegfried Passarge herausgegebenen Buche Jakob Brafmanns „Das Buch vom Kahal“ vergibt der jüdische Kahal das Besitzrecht über das nach jüdischer Ansicht herrenlose Eigentum der Nichtjuden an die einzelnen jüdischen Mitglieder des Kahal.

„Der Kahal teilt das nichtjüdische Eigentum unter die Juden regelrecht auf! Wenn er z. B. dem Juden A. das Haus des Nichtjuden C. verkauft — was hat dann A. erworben? Vom jüdischen Standpunkt und nach der ganzen Art des jüdischen Wesens außerordentlich viel: das Recht nämlich, allein und von anderen Juden unbehindert auf das Grundstück, auf das er die Chasaka erworben hat, zu spekulieren, es ungehindert auszubeuten! Kein anderer Jude darf dem C. Geld borgen, keiner darf ihm helfen, wenn A. so weit ist, daß ihm bald der Besitz, auf den er die Chasaka (vom Kahal) gekauft hat, als reife Frucht in den Schoß fallen wird. Jeder Jude spekuliert auf ganz bestimmte ihm zugewiesene Objekte und er hat dabei die ganze Judenschaft auf seiner Seite und zu seiner Unterstützung, während der Nichtjude, um dessen Eigentum es geht, niemand auf seiner Seite hat, allein steht, weil ja sein Volk von dem Vorhandensein der Chasakaverschwörung keine Ahnung hat!“[102])

Maaruphia ist das vom Kahal zu kaufende Recht des Juden auf alleinige Ausbeutung eines nichtjüdischen Kunden oder nichtjüdischen Kundenkreises.

Zur Verdeutlichung des Gesagten seien aus dem Brafmannschen Buche zwei Kahalprotokolle hierhergesetzt:

Protokoll 427 II.: „Dem Schneider J. ist das Eigentumsrecht (Chasaka) für sein eigenes Haus und für das Haus seines Nachbarn, des Christen J., mit allen Bauten um den Hof von dem Kern der Weltkugel bis zur Himmelshöhe definitiv verkauft worden. Auch erhält er den Titel Morenu und zahlt dafür 10 Tscherwonez. Er gibt außerdem dem Kahal ein Festmahl.“

Protokoll 105. (Chasaka auf ein Kloster) „Von den Vorstehern des Kahal wird befohlen, das Recht auf den Besitz eines Klosters auf der Jurjewskajastraße, das früher den Karmelitern gehörte und jetzt im Besitze der Franziskaner ist, zu verkaufen. Seine Grenzen sind folgende: auf der einen Seite der Jurjewskajastraße, beginnend mit dem Holzhause des Rabbi Moses, Sohn des R. Israel, bis zur Tartarskajastraße, von der anderen Seite letztere Straße: von der Ecke der Krewski-Querstraße bis zum Hause des unbeschnittenen (Christen) Matwi Chrenowitsch inbegriffen.

---

[102]) Arno Franke: Staat im Staate S. 49.

Dieses Recht auf obengenanntes Kloster mit allen seinen Häusern und Gebäuden, wie sie in dem Bereich der obengenannten Grenzen aufgeführt sind, auf alle steinernen und hölzernen Gebäude, Keller, Zimmer wie auf das Haus, das in diesem Bereich von dem Christen Schmied Seleisi erbaut wurde, mit allen Gebäuden und Räumen, die ihm gehören, wie auch die Branntweinbrennerei des Klosters, die sich in seinem Grundstück befindet, den Hof und den freien Platz in demselben Bereich — wie auch die Gemüsegärten und Heuschläge, die zu den Häusern der Jatkowajastraße gehören — das Recht auf alles Angeführte vom Mittelpunkt der Erde bis zur Höhe des Himmels haben die Vorsteher des Kahal dem Vorsteher Rabbi Eleasar, Sohn des R. Joseph, Segal, seinen Nachkommen wie Rechtsnachfolgern zu immerwährendem Besitz verkauft. Die für diesen Verkauf schuldigen Gelder hat genannter Rabbi Eleasar schon längst bezahlt bis zum halben Kopeken, wofür ihm von den Kahalvorstehern eine Kaufurkunde ausgestellt wird, Wort für Wort wie das Dokument Nr. 100, das dem Rabbi Abel, Sohn des R. Meyer, ausgestellt wurde. Diese Urkunde ist von sechs Vorstehern, mit Ausnahme des reichen Rabbi Isaak, den Notaren und Bevollmächtigten unterschrieben am Mittwoch, den 6. Mai 1800."

Der Rechtsgedanke des jüdischen Kriegsrechts, daß das Eigentum der Nichtjuden wie herrenloses Gut ist, hat in der Einrichtung der Chasaka und Maaruphia seinen folgerichtigen Ausbau erfahren. Ebenso folgerichtig ist er im jüdischen Fundrecht weiterentwickelt worden. Das von einem Nichtjuden Verlorene und von einem Juden Gefundene braucht der Jude dem Eigentümer nicht zurückzugeben. Es ist ja herrenloses Gut!

Das jüdische Recht der Schuldverhältnisse wendet diesen Gedanken in der Weise an, daß es einem Juden die Nichtbezahlung einer Schuld an die Erben eines Nichtjuden gestattet, wenn dieser gestorben ist und niemand etwas vom Bestehen dieser Schuld weiß. Der Jude behält ja nur herrenloses Gut!

Selbstverständlich gehören auch Betrug, Irreführung, Ausnützen von Irrtümern der Nichtjuden in das System des jüdischen Kriegsrechts. Der Jude eignet sich hierbei auf alle Fälle nur herrenloses Gut an. —

Wer die Grundsätze des jüdischen Leihkapitalismus zu Ende denkt, der wird ohne Mühe und nur mit einiger Folgerichtigkeit aus dem Satze: „Das Eigentum der Nichtjuden ist wie herrenloses Gut" das jüdische Wucherrecht, Schuld-, Eroberungs-, Beute-, Fund- und Betrugsrecht ableiten können. Wir sollten weniger entrüstet über die Juden sein und lieber etwas mehr denken und mehr Charakter zeigen. Dann würden wir schon längst gefunden haben, daß die Juden nicht unmoralisch sind, sondern Krieg führen.

Wenn ich im Folgenden aus Dr. Erich Bischoff „Das Buch vom Schulchan aruch" die jüdische Gesetzgebung mit den von Bischoff dazu gegebenen Kommentaren übernehme, so mache ich den ausdrücklichen Vorbehalt dazu, daß es nicht jüdische Unmoral und Verworfenheit ist, die in dieser Gesetzgebung zum Ausdruck kommt, sondern jüdische —

und zwar spezifisch jüdische — Kriegführung! Wenn ich also auch die entrüsteten Äußerungen Bischoffs bringe, so mache ich sie mir doch nicht zu eigen. Meine von der Ansicht Bischoffs abweichende Ansicht verbietet die sittliche Entrüstung über Kriegsmaßnahmen einer kriegführenden Nation. Hier ist nicht sittliche Entrüstung, sondern tätige Abwehr am Platze. Und dazu sind trotz aller sittlichen Entrüstung die Christen aller Schattierungen unfähig. Sie sind im letzten und tiefsten Winkel ihres Herzens doch die geheimen Helfershelfer und Schwurbrüder der Juden. Nach diesen Vorbehalten mag Bischoff zu Wort kommen:

17. Choschen hamischpat 156, 5 Hagah:

„Hat ein (jüdischer) Mensch einen Nichtjuden als ständigen Kunden — da gibt es Orte, wo man urteilt, daß es anderen (Juden) verboten ist, jenem (ersten Juden) Konkurrenz zu machen; es gibt aber Orte, wo man nicht (so) urteilt; ja, manche erlauben es (jedoch) anderen Juden, zu dem Nichtjuden zu gehen, ihm zu leihen, mit ihm Geschäfte zu machen, ihn sich (durch Geschenke oder Gefälligkeiten) günstig zu stimmen und (dadurch) von jenem (ersten Juden) wegzulocken. Denn (der erste Jude hat kein gesetzliches Privileg auf „seinen" Nichtjuden, sondern) „Hab und Gut der Nichtjuden ist wie herrenloses Gut, und jeder, der zuerst kommt, ist berechtigt" (sie sich anzueignen, hier also: den Nichtjuden für sich zu kapern). „Manche aber verbieten" (einen solchen „unlauteren Wettbewerb").

Ein Jude hat einen Nichtjuden, um mit Fiebig zu reden, für sich in Erbpacht genommen (sei es durch gewährte Darlehen, Vorschüsse oder sonstige Geschäftsvorteile oder, wie noch heute in Polen usw. als Hofjude durch beflissene Geschäftsführung, Gefälligkeiten usw.) und glaubt, ihn dauernd mit Beschlag belegt zu haben. Ein anderer Jude erkennt dieses vermeintliche Privileg nicht an und neidet dem ersten Juden das gute Geschäft. Er geht daher dem auserkorenen Nichtjuden mit Anerbietung oder Gewährung von allerlei Vorteilen geschäftig um den Bart, um ihn dem ersten Juden abspenstig zu machen und ihn für sich zu beschlagnahmen. Warum sollen die geldlichen Vorteile dieser Geschäftsverbindung mit den „Goi" (Nichtjuden) allein in die Tasche des erstgenannten Juden fließen? Dieser hat doch den Nichtjuden nicht kontraktlich für sich erworben, sondern nur sozusagen durch den Kaufpreis der Gefälligkeiten usw. Der Schulchan aruch aber sagt ja selbst (Choschen mischpat 271,4), daß ein Jude etwas, das einem Nichtjuden gehört, nicht schon durch Zahlung eines Kaufpreises, sondern erst mittels eines förmlichen Kontraktes erwirbt; ehe dieser nicht vollzogen ist, kann jeder sich das bisher dem Nichtjuden Gehörige aneignen, da es solange „herrenloses Gut" ist. Sinngemäß kann also auch im vorliegenden Falle ein zweiter Jude den Nichtjuden für sich beschlagnahmen! — Die aus einem agrarischen Falle (Choschen ha-mischpat 271,4 und auch schon 194,2) gezogene „Rechtsparömie" (Fiebig a. a. O., S. 63): „Hab und Gut der Nichtjuden sind wie herrenloses Gut, das der erste Beste sich aneignen darf", wird hier mittels rabbinischer „Sommerlogik" auf einen Geschäftsfall angewandt, auf den sie eigentlich gar nicht paßt. — Soweit wäre alles verhältnismäßig harmlos. Indessen die „Rechtsparömie“ ist weder aus dem „agrarischen“ noch aus dem „geschäftlichen Falle“ noch aus der talmudisch-agrarischen Grundlage hervorgegangen (Baba bathra 54 a), die auch nur einen Spezialfall behandelt (Hoffmann, S. 45 ff), sondern begegnet uns schon ganz *absolut gefaßt* (ohne Beziehung auf einen Spezialfall) im Talmud Baba kamma 38 a: „Rabbi Abahu hat gesagt: Weil die Nichtjuden (die „Kinder Noah“) die (ihnen angeblich aufgegebenenen) sieben Gebote nicht hielten, ... hat er (Gott) ihr Geld den Juden erlaubt“, und zu der auf demselben Blatte erzählten Geschichte über die talmudische Rechtsungleichheit (daß ein Nichtjude den Schaden, den ein stößiger Ochse verursachte, *bezahlen* muß, der Jude aber im umgekehrten Falle *nicht*) bemerkt der berühmte Talmudlehrer Raschi: „Sie (die Rabbinen) haben ihnen (den angeblichen römischen Prüfern ihres Gesetzes) *wegen seiner Gefährlichkeit* den (wahren) Grund dieser Satzung *nicht offenbart*, (nämlich) daß *das Geld eines Nichtjuden* (zu nehmen) *wie die Besitzergreifung von herrenlosem Gut* (hephkêr) *ist!* Vgl. den Ausspruch des hochberühmten Talmudisten Rabbi Simeon ben Jochai im Midrasch Wajjikra rabba c. 13: „*Ihr* (der Nichtjuden) *Geld hat er* (Gott, den Juden zu nehmen) *erlaubt*, wie geschrieben steht 5. Moses 20,14): „Und du sollst essen die *Beute* von deinen *Feinden!*“ — In bezug wenigstens auf die „Götzendiener“ heißt es zudem in Josevh „Ikkarim“ III. 25: „Der Leib (das Leben) eines Götzendieners ist *erlaubt* (für die Juden), um wieviel mehr sein Geld.“ — Aus Baba kamma 38 a und Raschi geht hervor, daß das Axiom (die Rechtsparömie) von der *Vogelfreiheit des nichtjüdischen Geldes* sehr viel *älter* als ihre Verwendung im Schulchan aruch und von *weit allgemeinerer Bedeutung* ist als dort — aus Raschi lernen wir außerdem, daß diese a. a. O. vor den Nichtjuden *geheimgehaltene* Lehre von den Juden selbst für *gefährlich* erachtet wird. So ist der Sachverhalt!“ [103])

Chochen ha-mischpat 259, 1 und 266, 1.

259,1: „Wer eine Sache sieht, die ein Jude verloren hat, ist verpflichtet, sich Mühe zu geben, um *sie ihm wieder zuzustellen*; denn es heißt (5. Mose 22,1: „Das verirrte Rind deines *Bruders*) sollst du deinem *Bruder* zurückbringen!“

266,1: „*Den verlorenen Gegenstand eines Nichtjuden* (zu behalten) *ist* (dem jüdischen Finder rabbinisch) *erlaubt*; denn es heißt (5. Mose 22,1): „Das Verlorene deines *Bruders*.“ Bringt ihn aber (der jüdische Finder dem nichtjüdischen Verlierer dennoch) *zurück*, so begeht er eine *Gesetzesübertretung*, weil er (durch diese Verhütung von Verlust) *die* (wirtschaftliche) Macht der (nichtjüdischen) *Gesetzesübertreter* stärkt. Bringt er ihn aber *zurück*, um „den Namen zu heiligen“, damit sie (die Nichtjuden) die Juden preisen und sie als ehrliche Leute erkennen, so ist das ein *löbliches Tun*.“

Beide Vorschriften sind dem Talmud entnommen (Baba mezia 26 b bzw. Baba kamma 113 b; vgl. auch Sanhedrin 72 b und

---

[103]) Erich Bischoff: a. a. O. S. 99/101.

Abodah sarah 26 b). Wenn in unserer Stelle Justus und Ecker statt Gesetzesübertretung „schwere“ oder „große Sünde“ sagen, so wollen sie einfach den hebräischen Doppelausdruck „obêr abirâh“ (übertretend durch Übertreten) ganz richtig wiedergeben. Daß der Schulchan aruch in der Ehrlichkeit gegen die nichtjüdischen Verlierer so etwas Schlimmes sieht, macht die Vorschrift gehässig. (Anmerkung des Verfassers: Das ist nicht richtig! Der Jude findet nur herrenloses Gut und würde gegen die Verheißungen Jahwes handeln, wenn er das durch Jahwe verheißene Gut zurückgeben würde!) Ebenso ist es nicht verständlich, weshalb hier der Schulchan aruch die Nichtjuden „Gesetzesübertreter“ nennt; Maimonides (dem Karo in der ganzen Fassung der Vorschrift folgt) nennt sie sogar (in Hilchôt geselâh 3) „Gottlose der Welt“! Abgötterei, Unzucht usw. (wie Fiebig, a. a. O., S. 72, meint) kann man doch nicht ihnen allen zuschreiben! Joseph Karo sagt in seinem Buche „Beth Joseph“ ausdrücklich: „Hier sind alle Nichtjuden gleichermaßen gemeint, ob götzendienerisch oder nicht (ihnen allen braucht Verlorenes nicht vom Juden zurückgegeben zu werden). Und unser Rabbi (Jakob ben Ascher) war nicht genau, wenn er hier nur die Götzendiener gemeint glaubte. Vielleicht tat er das, weil im Lande Edom (dem christlichen Europa) die getauften Juden die (gläubigen) Juden bei den Herrschern wegen dieses und ähnlicher Gesetze verdächtigten, worauf die (jüdischen) Weisen erwiderten, es seien nur die (wirklichen) Götzendiener der talmudischen Zeit gemeint .... nicht aber seien mit diesen Gesetzen die Nichtjuden der Gegenwart gemeint, die sich ja zum Weltschöpfer bekännten.“ So ironisiert Karo schon vor 365 Jahren die jüdischen, von Hoffmann erwähnten Apologeten bis zu denen unserer Tage! — Die immer wiederholte Entschuldigung Hoffmanns usw., diese nichtjuden-feindlichen Fundbestimmungen „setzen voraus“, daß auch die Nichtjuden das von Juden Verlorene nicht wiedergäben, ist eine unbeweisbare „Voraussetzung“ Hoffmanns selbst und seiner Nachredner, lediglich für ihre apologetischen Zwecke aus den Fingern gesogen, genau so, wie der Schulchan aruch selber diese „Voraussetzung“ ohne Beweis, also eine nackte Verleumdung, nach dem Vorgang des Maimonides dazu benützt, darauf seine inhumanen Fundgesetze gegen die Nichtjuden (Anmerkung des Verfassers: Es handelt sich um Kriegsrecht); aufzubauen. Fiebig, der so viel vom „Juristischen“ redet, sollte uns doch wenigstens eine Stelle aus einem nichtjüdischen Fundrechte nachweisen, die eine Fundunterschlagung den Juden gegenüber erlaubt! Rein aus der subjektiven Mythologie gegriffene Behauptungen sind keine Beweise, und darum bleibt die Tatsache bestehen, daß im Talmud wie im Schulchan aruch diese Eigentumsschädigung des Nichtjuden gestattet ist. — Im Talmud steht (an der auch sonst noch sehr bedenklichen Stelle) Baba kamma 113 b zu lesen: „Rab Bebaj bar Abaje hat als Ausspruch Rabbi Simeons des Frommen berichtet: .... Was ein Nichtjude verloren hat, ist (zu behalten) erlaubt .... denn es heißt (5. Mose 22,3): „was dein Bruder verloren hat“ (sollst du als Finder ihm wiedergeben). Deinem (jüdischen Mit-)Bruder mußt du es wiedergeben, einem Nichtjuden aber nicht .... Es wird überliefert: Rabbi

Pichas ben Jair sagt: Wo Entheiligung des (Gottes-)Namens vorliegt (d. h. die Fundunterschlagung herauskommen könnte), ist auch das, was ein Nichtjude verloren hat, (zu behalten) verboten." — Der berühmte Bibelerklärer Raschi bringt ja (zu 5. Mose 29,19 ff.) zur Rechtfertigung der jüdischen Fundunterschlagung gegenüber dem Nichtjuden auch einen ganz anderen Grund als die Hoffmann-Fiebigsche „Voraussetzung" vor. Er schreibt: „Wer einem Nichtjuden das (von diesem) Verlorene wiedergibt, der stellt ihn (den Nichtjuden) damit einem Juden gleich (dem man das Verlorene wiedergeben muß) und gesellt ihn (uns Juden) bei und beweist dadurch an sich, daß er das Wiedergeben (des Verlorenen lediglich an einen Juden) nicht für ein Gebot seines Schöpfers erachtet, weil er auch mit den Nichtjuden so verfährt, hinsichtlich deren es ihm doch (gerade) nicht befohlen ist!" — Der Jude, der dem Nichtjuden dessen Verlorenes aus reiner Ehrlichkeit (und nicht, weil die Fundunterschlagung herauskommen könnte) zurückgibt, begeht also nach Raschis Ansicht wirklich eine „große" Sünde, weil er angeblich ein göttliches Gebot mißachtet, das jenes Zurückgeben nur dem „Bruder" (Juden) gegenüber befiehlt! Hoffmann und Fiebig haben also mit ihrer Bemängelung der „großen" Sünde (bei Justus und Ecker) wieder einmal gezeigt, daß blinder Eifer schädlich ist! Auf Fiebigs übliches Gerede über den Ausgleich des „streng Juristischen" durch die „Heiligung des Namens Gottes" (Wiedergabe des Fundes, aber nur, wenn die Unterschlagung herauskommen könnte) weiter einzugehen, wäre Papier- und Satzkostenverschwendung.

Übrigens schlägt sich, wie auch sonst manchmal, Fiebig selbst ins Gesicht, indem er (trotz seiner Entrüstung über die Übersetzung „eine große Sünde") auf Seite 99 seiner Schrift das Rechtsgutachten des Rabbi Isaak bar Schescheth (starb um 1350 in Saragossa) wiedergibt, in dem es u. a. heißt: „Ein Jude, der einem Nichtjuden anzeigt, daß dessen jüdischer Schuldner fliehen will, um den Nichtjuden nicht zu bezahlen, der also den Nichtjuden dadurch vor Geldverlust bewahrt, „hat auf alle Fälle ein großes Unrecht getan, denn er (handelte) wie einer, der dem Nichtjuden etwas Verlorenes wiederbringt."! — Irreführungen mancher Apologeten haben, wie noch manches andere, kurze Beine!"

Choschen ha-Mischpat 176, 12 Hagah:

„Hat jemand (Jude A) seinen Glaubensgenossen (Jude B) (unter der Bedingung) angestellt, B solle mit dem Gelde des A Geschäfte machen, alles aber, was er (B) „finde" (jeder Extraprofit) solle ihm (B) gehören — und er (B) kassiert von einem (sich irrenden) Nichtjuden bereits bezahlte Schulden (nochmals) ein, so gehört (dieser unlautere Extraprofit) unter den Begriff des „Gefundenen" (und Jude A hat kein Anrecht darauf), da der bezahlte (aber dem Nichtjuden seinerzeit nicht zurückgegebene) Schuldschein (eigentlich) nur noch Papierwert hatte. (Jude B), welcher jenes (nochmals kassierte) Geld dem Nichtjuden zurückgegeben hat, ist nicht verpflichtet, diesen Betrag seinem Glaubensgenossen (A) zu vergüten. — Auch von vornherein ist es gleichfalls erlaubt."

Der etwas verzwickte Sachverhalt ist der: Jude A hat einen jüdischen „jungen Mann" (B) angestellt, der die Geldgeschäfte des

A besorgen soll mit der Maßgabe, daß alle Extraprofite, die B bei diesen Geschäften etwa herausschlägt, dem B gehören (und vielleicht einen Teil seines Gehaltes bilden sollen. A händigt u. a. dem B einen Schuldschein eines Nichtjuden (C) ein, dessen Betrag, wie A weiß, der Nichtjude C schon bezahlt hat, ohne sich aber — aus Dummheit oder Nachlässigkeit — den Schuldschein damals von A gleich wiedergeben zu lassen. A sagt aber dem B nichts davon. Dieser weist dem Nichtjuden C denn auch den Schuldschein vor, und der dumme Kerl bezahlt wirklich gegen Aushändigung des Scheines die Schuldsumme nochmals. Nach rabbinischem Recht könnte nun B diese Summe für sich behalten, erstens als ihm (s. den Text) kontraktlich zugesicherten „Fund" (Extraprofit) und zweitens, weil (vgl. unten Choschen ha-mischpat 348, 2 Hagah) es nach rabbinischem Rechte auch erlaubt ist, einen geschäftlichen Irrtum eines Nichtjuden auszunützen. Nun erfährt aber B irgendwie (etwa durch den sich endlich erinnernden Tölpel C oder durch den sich die Hände reibenden Juden A), daß der Schuldschein schon seinerzeit bezahlt und dem dummen C nur nicht zurückgegeben worden sei. B ist kein Jude vom Schlage des Schulchan aruch, sondern ein anständiger Mensch (Anmerkung des Verfassers: — sagen wir besser, er führt nicht Krieg) — und gibt dem C das zu Unrecht gezahlte Geld zurück. Als sein Prinzipal A das erfährt, wird er böse und verlangt von B Schadenersatz für den entgangenen Geschäftsgewinn, indem er meint, B. hätte den „Fund", nämlich die irrtümliche nochmalige Zahlung des C, mit ihm (A) teilen müssen oder wenigstens dem C dessen Schuldschein auch diesmal nicht ausliefern sollen. — Jedoch unsere Schulchen-aruch-Entscheidung weist diese Ansprüche des A ab: „Der „Fund" (Extraprofit) ist dem B allein vertraglich zugesichert. (Im übrigen kommt weder ein Kompagnon-Verhältnis noch gemeinsamer Betrug und die entsprechenden Schulchan-aruch-Vorschriften in Betracht.) Den Schuldschein aber mußte B dem C zurückgeben und schädigte den A dadurch nicht, da jeder bezahlte Schuldschein im ehrlichen Geschäftsverkehr nur noch Papier ist. — Coschen mischpat 176, 2 Hagah will mithin den jüdischen Angestellten gegen ungerechtfertigte Ansprüche seines Prinzipals A schützen, der als ein recht übler Bursche gekennzeichnet ist. — Nebenbei aber ist diese Vorschrift sehr interessant durch die (übrigens auch von Dr. Hoffmann, „Der Schulchan aruch", 2. Aufl., S. 163, bestätigte) seltsame ständige rabbinische Ansicht, daß Irrtum (beim Kaufen, Verkaufen, Bezahlen usw.) gleich „Verlust" sei, und daß man das von einem Nichtjuden Verlorene ihm nur dann wiedergeben solle, wenn aus dieser Fundunterschlagung Unangenehmes zu befürchten sei. — Der Schlußsatz der Hagah will sagen, man könne dem Nichtjuden das von ihm irrtümlich zuviel Bezahlte sogleich wiedergeben, wenn sich noch während des Bezahlens der Irrtum herausstelle, ihm also z. B. sein Geld gleich zurückschieben."[105])

Choschen ha-mischpat 183,7.

Schickte jemand (ein Jude) einen (jüdischen) Boten, um Geld von einem Nichtjuden in Empfang zu nehmen, der Nichtjude aber gab diesem (Boten) irrtümlich zuviel, so gehört alles (zu viel Erhaltene) dem Boten. (Hagah:) Aber nur, wenn der Bote die

---

[105]) Erich Bischoff a. a. O. S. 101—103.

Zuvielbezahlung bemerkt, ehe er (das ganze Geld) seinem Auftraggeber gegeben (abgeliefert) hat. Hat er es aber nicht gemerkt, sondern (den ganzen Betrag schon) seinem Auftraggeber abgeliefert, so gehört diesem der ganze Betrag" (einschließlich der Zuvielzahlung, und der Bote hat hinterdrein auf das zuviel Gezahlte keinen Anspruch mehr).

Diese Vorschrift erklärt sich aus dem zu Ch. ha-mischpat 176,12 Gesagten. Auch hier ist der Irrtum des Nichtjuden ein im Sinne des Schulchan aruch rechtmäßiger „Fund" (volkstümlich: „ein gefundenes Fressen") für einen Juden. Von einem Zurückgeben des unrechten Gutes an den Nichtjuden ist (nach rabbinischem Rechte) auch hier keine Rede, da der Jude einem Nichtjuden das von diesem Verlorene nicht wiederzugeben braucht. — Ebensowenig ist hier von einer „Heiligung des Namens" (durch Zurückgeben) oder von Zurückgeben „um des Friedens willen" bzw. „zur Verhütung von Feindschaft" die Rede, was nach Fiebig als „selbstverständliche" jüdische Handlungsweise hier nicht erwähnt zu werden braucht. Wenn das so selbstverständlich wäre, würde Fiebig nicht in seiner Schutzerörterung („Juden und Nichtjuden", S. 66) so weit gehen, zu sagen, auch er würde gegebenenfalls „nach reiflicher Erwägung des Einzelfalles" irrtümlich zu viel Erhaltenes nicht zurückgeben, z. B. wenn dies zu viele Umstände machte und dieses Verhalten „aus mancherlei Erwägungen kasuistischer Art (!) gerechtfertigt und unanstößig erschiene". — Eine solche sich selbst für den Rabbinismus aufopfernde Apologetik war kaum nötig, ebensowenig das Reden über Juristerei usw. Es genügt die einfache Feststellung, daß hier der Schulchan aruch lediglich zu entscheiden hat, wer von zwei Juden zu einer im Sinne unseres BGB. verwerflichen „ungerechtfertigten Bereicherung" nach rabbinischem Rechte berechtigt ist!"[106])

Ich muß auch hier wieder anfügen, daß es sich bei diesen rabbinischen Vorschriften nicht um „bürgerliches", sondern um Kriegsrecht handelt.

Coschen ha-mischpat 183, 7 Hagah:

„Wenn (ein Jude) mit einem Nichtjuden ein Handelsgeschäft macht, und es kommt ein anderer Jude dazu und hilft ihm, den Nichtjuden (zu dessen Schaden) irremachen in Bezug auf Maß, Gewicht oder Zahl (des Handelsobjektes), so teilen sie den unredlichen Gewinn, gleichviel, ob er (der zweite) ihm (dem ersten) gegen Bezahlung oder umsonst geholfen hat."

„Auch hier ist der Irrtum des Nichtjuden als ein rechtmäßiger „Fund" für die Juden aufgefaßt. Wenn Hoffmann, Fiebig usw. zur Entschuldigung der unleugbar höchst unmoralischen (kriegsrechtlichen, bitte!) Vorschrift sagen, es handle sich hier um rein juristische Begriffe, die Moral „gehöre in ein anderes Kapitel", so wird man vergeblich fragen, in welchem „Kapitel" denn der Schulchan aruch jene Unmoral verurteile. Wenn Hoffmann ferner sagt, der Schulchan aruch (Coschen ha-mischpat 231,1 und 19) bezeichne dies sogar dem Götzendiener gegenüber „als eines der schwersten Verbrechen", so ist erstens dort von einem der schwersten Verbrechen nicht die Rede, und zweitens sieht man daraus nur, daß

[106]) Erich Bischoff a. a. O., S. 103—104.

der Schulchan aruch eben auch „anders kann". Ich bezweifle, daß irgendein anderes Gesetzbuch auf der Welt eine solche Entscheidung wie Choschen ha=m. 183,7 Hagah getroffen hat! Alle Essenzen der Apologeten machen diese üble Stelle nicht sauberer."[107])

Choschen ha=mischat 176, 12.

„Wenn ein Teilhaber (Kompagnon) eines Geschäfts etwas gestohlen oder geraubt hat, muß er den (daraus erzielten) Gewinn mit seinem Sozius teilen. Ist ihm aber (bei der Weiterverwertung des ungerechten Gutes) Schaden erwachsen, so muß er ihn allein tragen."

„Was Hoffmann (Der Schulchan aruch, S. 171) hierzu sagt, ist für die Art seiner Apologetik ungemein bezeichnend: „Das Gericht hat eben nur zwischen den beiden Prozessierenden zu entscheiden." (Von Prozessieren ist im Texte gar keine Rede!) „Die Moralpredigt (!), wenn (?) einer oder der andere oder beide (?) unrecht getan haben, gehört nicht in den Rechtskodex, und die Pflichten der beiden Kompagnons gegen den Bestohlenen gehören nicht unter die „Gesetze für Kompagnons" (wo obiger Text steht), sondern unter die Gesetze über den Diebstahl." — Was für eine „schwere Strafe" für solche Diebe und Räuber wird da wohl stehen? Herr Hoffmann beruhigt uns: „Das biblische Gesetz und ebenso der Schulchan aruch kennen für Raub und Diebstahl keine andere Strafe als die Bezahlung" (oder die Zurückgabe, aber keine Kriminalstrafe — sehr angenehm für jüdische Dieber und Räuber!), „und der Schulchan aruch schreibt (Coschen ha=mischpat 267, 1) nach dem Talmud vor: „Wer einen anderen beraubt, ist nicht verpflichtet, den (ursprünglichen) Eigentümer aufzusuchen, um ihm das Geraubte zurückzuerstatten, sondern er (der Räuber) kann es bei sich behalten, bis der Eigentümer kommt und das Seinige nimmt (abholt)." Man darf wohl fragen, woher ein nachts auf der Straße Beraubter die Adresse des Räubers kennen soll! Wiederum weiß Hoffmann Rat: „Es ist demnach klar, daß, solange der Beraubte sich nicht meldet, das Gericht" (von dem im Texte überhaupt nicht die Rede ist) „nur zwischen den beiden Dieben (?), die auf den Raub (?) Anspruch machten, zu entscheiden hatte." — Hoffmann sagt zu wenig; aber schon das genügt, um erkennen zu lassen, wie „moralinfrei" das rabbinische Recht des Schulchan aruch im Vergleiche zu wirklichem Rechte ist. — Wenn Hoffmann Seite 173 ein hiervon abweichendes (nur auf einen „ähnlichen" Fall bezügliches) Responsum von 1539 als „authentisches Aktenstück" mitteilt, so weiß er doch genau, daß eine solche Einzelansicht keine Verbindlichkeit hat, zumal sie nur „Moralpredigt" ist."[108])

Choschen ha=mischpat 183,8.

„(Der Jude) Ruben schickt den (Juden) Simon, daß dieser ihm (bei einem Nichtjuden) ein Gewand auf Kredit kaufe. Als der Zahlungstermin kommt, gibt (Ruben) ihm (dem Simon) das Geld zur Bezahlung (der Schuld). Da stellt sich heraus, daß der (nichtjüdische) Verkäufer sich (auf das damalige Geschäft leichtsinnigerweise) nicht mehr besinnen kann (und das Geld nicht nimmt). Simon muß dann dem Ruben den Betrag zurückgeben und darf

[107]) Erich Bischoff: a. a. O., S. 104—105.
[108]) Erich Bischoff: a. a. O., S. 105—106.

nicht sagen: „Ich will es bei mir behalten, da der Nichtjude sich vielleicht noch darauf besinnt" (nämlich auf das Geschäft, und dann das Geld haben will). Ebenso darf er nicht sagen: „Ich will den Namen heiligen und es dem Nichtjuden (von freien Stücken) zustellen."[109])

Choschen ha=mischpat 283 Hagah.

„Wenn ein Jude einem Nichtjuden etwas schuldig, der Nichtjude aber gestorben ist und kein (anderer) Nichtjude etwas von der Schuld weiß, so ist er (der Jude) nicht verpflichtet, an die Erben (des Nichtjuden die Schuld) zu bezahlen."

Dem im ganzen Rabbinismus waltenden Grundsatze: „Was (im jüdischen Gesetze) nicht verboten ist, das ist erlaubt", mit seinen schlimmen Folgerungen steht der andere zur Seite: „Was nicht ausdrücklich (im jüdischen Gesetze) geboten ist, das braucht man nicht zu tun." Das ist nicht, wie Fiebig („Juden und Nichtjuden" S. 76) sagt, „jüdische juristische Urteilsschärfe", sondern haarspaltender Buchstabendienst zu unlauteren Zwecken! Weil z. B. im Alten Testamente kein Gebot besteht, daß man seine Schulden bezahlen solle, so schließt der Rabbinismus hieraus, man brauche dies überhaupt nicht zu tun, wenn es nicht gemerkt wird und keine unliebsamen Folgen entstehen. An den noch zu behandelnden Stellen (Choschen ha=mischpat 348,2 Hagah. 369 6 nebst Hagah) und öfter wird dies geradezu als Axiom angewandt. Ein paar vereinzelte, unmaßgebliche „Stimmungsworte" loben es zwar, wenn ein Jude ein Darlehen zurückgibt (Talmudtraktat Kethubôth 36 a, dgl. Arachin 22 a); n ö t i g aber hat es nach Talmud und Schulchan aruch der Jude (zumal gegenüber Nichtjuden) nicht, solange er sich nicht dazu genötigt sieht. Natürlich herrscht auch anderswo unter edlen Seelen die Ansicht: „Wer seine Schulden bezahlt, verzettelt sein Vermögen" — aber Fiebig, der auch hier wieder so viel Überflüssiges von „rein juristisch" usw. redet, zeige uns doch einmal ein anderes Gesetzbuch in der Welt, das mit nackten Worten sagt, man brauche (zumal Andersgläubigen) geliehenes Geld nicht zurückzugeben!"[110])

Choschen ha=mischpat 348,2 und Hagah.

„Jeder (Jude), der stiehlt, sei es auch nur einen Pfennig wert, übertritt das Gebot (3. Mose 19,11): „Ihr sollt nicht stehlen" und ist verpflichtet, (das Gestohlene oder dessen Wert) zu erstatten — einerlei, ob er das Geld eines Juden oder Nichtjuden, eines Erwachsenen oder Minderjährigen gestohlen hat. — (Hagah:) I r r t u m eines Nichtjuden (auszunutzen) ist erlaubt, z. B. ihn beim Rechnen irren zu lassen oder ein (von ihm vergessenes) Darlehen nicht zu bezahlen, ist erlaubt, sofern er es nicht weiß (merkt), so daß keine „Entweihung des Namens" geschieht. — Manche aber sagen, es sei verboten, ihn (den Nichtjuden absichtlich) irre zu machen; es (die Ausnützung seines Irrtums) sei vielmehr nur (dann) erlaubt, wenn er sich von selbst geirrt habe."

Diese Vorschrift ist fast wörtlich aus des Maimonides Mischneh Thorah, Hilchoth genebah 1 entnommen. — In der talmudischen Grundlage (es ist wiederum das böse Talmudblatt Baba kamma

---

[109]) Erich Bischoff: a. a. O., S. 106.
[110]) Erich Bischoff: a. a. O. S. 110/111.

113 b) ist geradezu von nacktem Betruge die Rede. Die Stelle (die sich unmittelbar an den Text Baba kamma 113 b: „Was ein Nichtjude verloren hat, ist erlaubt“ . . . . usw. anschließt) lautet:

„Samuel (der berühmte Rektor der babylonischen Talmudschule zu Nehardea) hat gesagt: „Sein (des Nichtjuden) Irrtum ist (zum Ausnützen) erlaubt.“ So kaufte Samuel (selbst) von einem Nichtjuden ein g o l d e n e s Becken, (das jener) für ein b r o n z e n e s (hielt), um vier Sus (Gulden) und übervorteilte ihn außerdem noch (beim Bezahlen) um 1 Sus. Ebenso kaufte Rab Kahana von einem Nichtjuden 120 Fässer statt 100 (die jener nur verkaufen wollte) und übervorteilte ihn außerdem (beim Bezahlen) noch um 1 Sus. Er sprach zu ihm (obwohl er wußte, daß jener sich irrte, heuchlerisch): Siehe ich verlasse mich auf dich (daß du richtig gezählt hast). Rabina kaufte mit einem Nichtjuden Palmholz zum Zerspalten; (als der Nichtjude nicht anwesend war,) da sprach er (Rabina) zu seinem Knechte: Geh und hole mir (zu meinem eigenen Gebrauche) etwas vom dicken Ende (des Baumes oder der Baumstämme); denn der Nichtjude kennt nur die A n z a h l (nicht aber die L ä n g e der Hölzer).

„Im ersten der drei Fälle bietet also der ahnungslose Nichtjude dem Herrn Akademierektor Samuel ein goldenes Becken als vermeintlich messingenes an. Der Herr Rektor erkennt mit „jüdischer Urteilsschärfe“ (Fiebig a. a. O. S. 176) den wahren Sachverhalt, klärt aber den Nichtjuden n i c h t auf, sondern bezahlt das Becken wirklich nur so hoch, als ob es aus Messing wäre, und bemogelt den unaufmerksamen Nichtjuden beim Aufzählen des Kaufpreises noch obendrein wissentlich um 1 Sus! Ist das nicht doppelter Betrug oder was sonst? — Im zweiten Falle merkt Rab Kahana, daß der Nichtjude sich in der Zahl der Fässer geirrt hat und ihm statt 100 vielmehr 120 Fässer zum Kaufe anbietet. Heuchlerisch sagt er: „Ich verlasse mich auf dich“, zahlt ihm für die 120 Fässer nur den Preis von 100 Fässern und bemogelt den Unaufmerksamen obendrein beim Aufzählen der Kaufsumme um 1 Sus, so daß (wie Raschi zu dieser Talmudstelle sagt), der dumme Nichtjude 3 Sus statt deren vier nimmt. — Rabina betrügt (man darf sogar sagen: bestiehlt) seinen nichtjüdischen Geschäftspartner, der sich nur die Anzahl der gemeinsam gekauften Stämme gemerkt hat, indem er durch seinen Diener heimlich für sich etwas von dem Rauminhalte des Holzes abhacken läßt.

Nach unseren Rechtsbegriffen würde dies nicht nur „ungerechtfertigte Bereicherung“, sondern offenbarer B e t r u g und im letzten Falle sogar Diebstahl sein. Nach jüdischer Anschauung aber ist das, warum sich der Nichtjude irrt und betrügen läßt, für den geschäftstüchtigen Juden ein „Fund“ (das Volk sagt: gefundenes Fressen), und etwas vom Nichtjuden „Verlorenes“ darf sich der Jude aneignen!“ (Anmerkung des Verfassers: Bischoff irrt sich hier: Der kriegsrechtliche Gedanke des „herrenlosen Gutes“ ist hier bis in seine letzten Konsequenzen entwickelt!)

„Das war den mittelalterlichen Rabbinen doch ein wenig zu stark, und sie erlaubten nur den feineren Betrug beim Irrtum eines Nichtjuden, indem sie den Ausdruck „hiteith“ (irre m a c h e n) als „irren l a s s e n“ deuteten. So sagte denn der berühmte französische Rabbi Mose von Coucy in seinem „Großen Buch der Gesetze“ (Sepher mizwôth gadôl, Venedig 1547, Blatt 132 c): „Der

Irrtum eines Nichtjuden ist erlaubt, wenn er sich von selbst irrt. Wieso? Wenn der Nichtjude sich zu seinem Schaden verrechnet, so muß der Jude (der den Fehler merkt, diesen nicht aufdecken, sondern) zu ihm sagen: „Siehe, ich verlasse mich auf deine Rechnung, ich weiß es nicht, aber ich gebe dir was du gesagt hast!" Jedoch ihn (absichtlich) irren zu machen, ist verboten; denn vielleicht verrechnet sich (einmal) der Nichtjude absichtlich, um ihm (dem Juden) eine Falle zu stellen, wodurch (dessen betrügerische Absicht aufgedeckt würde und) der Name des Himmels entweiht würde" (die Juden und ihr Gott in schlechten Ruf kämen.) — Im allgemeinen sagen das Maimonides und nach ihm unsere Schulchan-aruch-Stelle (in der Hagah) auch.

Diese Hagah (des Isserles) ist von jeher den jüdischen und judenzenden Apologeten sehr unangenehm gewesen. Mag auch solcher grobe oder feinere Betrug (denn weiter ist es nichts) im Leben „rühriger Geschäftsleute" tausendmal vorkommen — das Peinliche ist und bleibt, daß dergleichen im Schulchan aruch, der doch das geltende jüdische Recht darstellen will, mit nackten Worten kodifiziert ist!

Der zu seinem Glück ungenannte Verfasser des „Zentralvereins"-Flugblattes „Antisemitische Wahrheiten" (mit dem genannter Verein hoffentlich nicht mehr ahnungslose Staatsanwälte und Richter zugleich mit seinen Strafanzeigen beschickt) hat die edle Dreistigkeit, zu behaupten, der Satz des Schulchan aruch „der Irrtum des Nichtjuden ist erlaubt, z. B. ihn im Rechnen irren zu lassen" — sei durch den Schreibfehler eines Abschreibers entstanden, der schon vor Jahrhunderten von den maßgeblichen Autoritäten nachgewiesen sei." — Natürlich ist davon nicht ein Wort wahr, wie ich in meinen (— Bischoffs —) „Rabbinischen Fabeln" (Leipzig 1922 S. 62 ff.) wirklich nachgewiesen habe, ohne die Tinten- und Druckerschwärzevergeuder „Schamloser Lügner" oder dergleichen zu nennen, da ich der literarischen Minhagim (Bräuche) eines Weimarer Landesrabbiners oder Berliner Rabbinerseminar-Dozenten sehr ungewohnt bin. „Dreistigkeit hilft sogar Gott gegenüber" ist ein altes rabbinisches Stimmungswort — aber dreistes „Irren-Machen" ahnungsloser Gerichtspersonen und anderer Mitteleuropäer wird schließlich doch einmal aufgedeckt, wie es meine (— Bischoffs —) weitverbreiteten „Rabbinischen Fabeln" erfolgreich getan haben!

Ungemein kennzeichnend für Fiebigs „Wissenschaftlichkeit", wenn es sich um Verteidigung selbst bedenklichster jüdischer Lehren handelt, ist sein Verfahren gegenüber der hier zur Verhandlung stehenden Hagah. Von vornherein ist es ihm „klar, daß man (d. h. Isserles, der Verfasser der Hagah) Unsittliches nicht hat erlauben wollen und können. Es muß sich um etwas juristisch und moralisch Einwandfreies handeln, wo das „erlaubt" ausgesprochen und die „Heiligung des göttlichen Namens" betont wird." Herr F. weiß so gut wie ich, daß diese „Heiligung usw." kein fromm-religiöser Begriff ist, sondern nur die Sorge bedeutet, daß nichts herauskommt! So geht er denn, von vornherein befangen, mit allen, den jüdischen Apologeten abgeguckten Advokatenkniffen an die Verteidigung der Stelle heran, ohne die im Talmud und von Mose von Coucy gegebenen Lehren zu kennen oder zu nennen, sondern mit eigener und mißverstandener fremder Weisheit.

Wiederum tritt das (seinem Meister Kahan abgelernte) Vexierspiel mit „streng juristisch" und „ethisch" auf; Betrug „kann" nicht vorliegen. Nein das „zum Irrtum veranlassen" (oder kahanisch „Anlaß zum Irrtum werden") „kann durch Nachlässigkeit, Vergeßlichkeit, schlechte Schrift usw. geschehen." Das ist Kahan-Fiebig-Kommentar, den kein anderer Rabbi bestätigt. Mose von Coucy und selbst schon der Erzähler im Talmud erklären genau, was mit „Irren-Lassen" gemeint ist: Sehen, daß der Goi sich zu seinen Ungunsten irrt, ihn nicht darüber aufklären, sondern sagen: „Ich verlasse mich auf deine Rechnung!" — Freilich, das „will und kann" Fiebig nicht schreiben, für den alle Gegengründe von selbst widerlegt sind durch die (nachgesprochene) Übersetzung: „Der Rest Israels tut kein Unrecht" (Zephanja 3,13; a. a. O. S. 65)! — In einem hat er völlig recht, falls er es in übertragenem Sinne auf sich selbst bezieht: „Man kann auf die mannigfaltigste Weise für andere zum Anlaß von Irrtum werden (Kahan-Jargon), ohne daß man dabei böse Absichten hat." — Sehr wohl! Wenn man z. B. statt „irrenlassen" übersetzt „Anlaß zum Irrtum werden", statt „eine Schuld nicht bezahlen" aber „ein Darlehen vorenthalten", wenn man das Vaterunser für einen Abklatsch jüdischer (merkwürdigerweise viel späterer!) Gebete usw. ausgibt, wenn man vorm Altare zu der Gemeinde sagt: „Das ist mein Leib .... Das ist mein Blut", während man schwarz auf weiß die christliche Lehre vom Opfertode Jesu Christi bekämpft(!), oder wenn man sich für einen judenfreundlichen Vortrag von jüdischer Seite bezahlen läßt und dann in der Vorrede zu diesem als Buch erweiterten Vortrage sich (da es vielleicht kein anderer tut oder glaubt) höchstselbst seine Unparteilichkeit, Objektivität und andere schöne Dinge bescheinigt. Die „Absicht" eines solchen unbedingten Juden- und Judenmissionsfreundes — nämlich das Judentum und jüdische Schrifttum allzeit und allerwegen, selbst auf Kosten des Christentums, mit allen Mitteln und nachdrücklichst zu verherrlichen — mag ja in seinen Augen „nicht böse", sondern vielmehr rühmlich und förderlich sein. „Für andere" kann ein solches grundsätzliches Verhalten eines evangelischen Pfarrers leicht „Anlaß zum Irrtum" werden, vor allem zum Irrewerden an seiner Person, und zu der Frage berechtigen, ob der als löblich vorausgesetzte Zweck auch stets alle angewandten apologetischen Mittel und Mittelchen heiligt, und ob schon jemals ein Rabbiner apologetische Vorträge zum höheren Ruhme des Christentums gehalten oder ebensolche Bücher geschrieben hat. — Es wäre besser, Herr Pfarrer Fiebig beschäftigte sich mehr mit den reichen Pflichten der Seelsorge seiner ungemein großen Gemeinde als mit Dingen, von denen er nichts versteht, sondern über die er nur die (meist auch schwachbeinigen) Ausführungen der modernen anderen jüdischen Apologeten — oft ebenso unverständig wie unverständlich — nachredet.

Trotz ihm und seinesgleichen wird einer, dem es nicht auf die Begriffsspaltereien von „irren lassen" und „irren machen" oder von „feinerem" und „grobem" Betrug ankommt (der neuhebräische Text wendet für beides dasselbe Wort an), beidemal „betrügen" übersetzen dürfen."[111])

---

[111]) Erich Bischoff: a. a. O. S. 111/116.

Soweit Bischoff, der mit der philologischen Methode der Textkritik das bestätigt, was sich aus unserer historischen Betrachtungsweise vollkommen zwanglos, gewissermaßen von selbst, ergibt. Die sämtlichen angeführten Stellen aus Thora, Talmud und Schulchan aruch lassen sich mühelos aus den tragenden Gedanken des jüdischen Rechts ableiten, aus:

1. dem jüdischen kultischen Imperialismus
2. dem jüdischen Messianismus
3. der judäozentrischen Geschichtsauffassung.

„Du wirst alle Völker verzehren, die Jahwe, dein Gott, dir geben wird. Du sollst ihrer nicht schonen, und ihren Göttern nicht dienen; denn das würde dir ein Strick sein." Das ist die ausgesprochene Tendenz des jüdischen kultischen Imperialismus.

„Das Eigentum der Nichtjuden ist wie herrenloses Gut" — das ist die selbstverständliche juristische Schlußfolgerung aus dem jüdisch-kultischen Machtwillen.

Die Aneignung von herrenlosem Gut geschieht in den verschiedenen Formen des Fundes, der Irreführung, des Raubes, des Betrugs, des Diebstahls, wobei die Vorschriften des rabbinischen Rechts lediglich die Technik der Aneignung unter juristischen Gesichtspunkten behandeln. Das rabbinische Recht geht von dem sehr richtigen, allerdings nicht ausgesprochenen, Grundgedanken aus, daß die Aneignung von — in jüdischem Sinne — herrenlosem Gut in keinem Falle irgendwie unmoralisch sein kann, vollends, da in den messianischen Verheißungen dem Judentum die ganze Erde als Eigentum versprochen ist.

Mit unerreichter Genialität und vorbildlicher Treue gegen sich selbst und sein Recht hat das Judentum es verstanden, die ganze Welt mit dem System des Leihkapitalismus zu überziehen.

Die philologische Kritik des jüdischen Rechts wird immer zu unfruchtbaren Streitigkeiten führen, während die historische Auffassung, daß dieses Recht und die jüdische Wirtschaftsweise Wesensbestandteil des jüdisch-kultischen Machtstrebens sind, sofort eindeutige und klare Verhältnisse schafft. Über die „Geltung" oder „Nichtgeltung" des jüdischen Imperialismus braucht man sich nicht den Kopf zu zerbrechen: — die Geschichte des jüdischen Volkes hat ihn eindeutig bewiesen. Über das Dasein des Kapitalismus braucht man sich ebenfalls nicht zu streiten. Daß Geist und Charakter des kapitalistischen Systems dem Geiste des Judaismus und seinem Rechte völlig entsprechen, kann angesichts des unaufhaltsamen Aufstiegs des Judentums zur Weltherrschaft mit dem besten Willen auch nicht mehr bestritten werden.

Es bleibt uns nur noch kurz die Beantwortung der Frage übrig, in welcher Weise der talmudische Geist des Kapitalismus Leben und Wirklichkeit beeinflußt hat? Die Geschichte bietet uns auch hiefür mannigfache Beispiele. Sie werden manchem Deutschen die Augen öffnen und ihm zeigen, wie recht Wahrmund hatte, als er schrieb:

„Nach talmudisch-rabbinischer Auffassung ist der Weg der Juden über die Erde ein Kriegszug zu deren Eroberung — nichts anderes. Sie betrachten sich als Soldaten auf dem Marsche, die verborgen lagern, oder durch falsche Flagge gedeckt sind — inmitten des Feindes, stets gewärtig des Zeichens zum Angriff und Überfall."[112])

Wir wollen zum Beweis dafür nur einen kurzen Blick auf die Tätigkeit des Leihkapitalismus während des Krieges werfen, welcher der Verfasser noch eine besondere Untersuchung widmen wird, weil es sich hier um ein besonders dunkles, aber außerordentlich lehrreiches Kapitel der Wirtschaftsgeschichte handelt. Der Leser möge sich also mit dem folgenden kurzen und, wie ich zugebe, unbefriedigenden Einblick in die Geschichte der Kriegswirtschaft zufrieden geben.

Deutschland war auf den Krieg nicht vorbereitet, denn in seinem Mobilmachungsplane fehlte eines der wichtigsten Stücke, nämlich die wirtschaftliche Mobilmachung. Diese mußte bei Kriegsbeginn erst in Gang gebracht werden, als die ungeheuren Erfordernisse des Krieges die ganze deutsche Wirtschaft in ein Chaos zu verwandeln drohten. Diesen Augenblick wußte der Jude Walter Rathenau mit dem Scharfblick des Feindes zu erfassen und zu nützen. Er ging zum deutschen Kriegsminister, bot ihm seine Hilfe an und erhielt den Auftrag, die deutsche Wirtschaft aus der Friedens- in die Kriegswirtschaft überzuführen und den Bedarf des deutschen Heeres sicherzustellen. Damit rückte das Judentum durch Übernahme seiner historischen Rolle als Heereslieferant in die entscheidenden Macht- und Schlüsselstellungen des deutschen Wirtschaftskörpers ein und sicherte sich den entscheidenden Einfluß auf das deutsche Kriegsglück. — Das war der erste Schritt zur deutschen Niederlage.

In denselben Tagen, in welchen die deutsche Wirtschaft dem Judentum ausgeliefert wurde, geschah auch die Auslieferung der deutschen Währungs- und Finanzhoheit an das jüdische Leihkapital. Das geschah durch drei Gesetze.

1. Durch das „Gesetz betr. die Feststellung eines Nachtrages zum Reichshaushaltsetat für das Rechnungsjahr 1914";
2. durch das „Gesetz betr. die Änderung des Bankgesetzes";
3. durch das „Gesetz betr. die Ergänzung der Reichsschuldenordnung".

Das war der zweite Schritt zur deutschen Niederlage. Denn das erstgenannte Gesetz bestimmte in seinem § 2:

„Der Reichskanzler wird ermächtigt, zur Bestreitung einmaliger außerordentlicher Ausgaben die Summe von 5 000 000 000 Mark **im Wege des Kredits flüssig zu machen.**"

Diese Vorschrift, welche die Finanzierung des Krieges im Wege des Kredits anordnete, war der Beginn der Inflation. Die Bereitstellung der für die Kriegführung erforderlichen Mittel konnte nämlich durch Ausgabe von Wechseln erfolgen, für welche die Bestimmungen des Reichsbankgesetzes wesentlich erleichtert wurden. Nach § 2 des zu Nr. 2 genannten Gesetzes war die Reichsbank ermächtigt, Wechsel des Reiches zu diskontieren und Noten dafür auszugeben. Damit

---

[112]) Wahrmund: Das Gesetz des Nomadentums. S. 59.

nun hiebei die Reichsbank nicht in Verlegenheit kam, ihre Noten in Währungsgeld einlösen zu müssen, wurde die Goldeinlösungspflicht aufgehoben. Der § 2 des „Gesetzes betr. die Reichskassenscheine und Banknoten" bestimmte:

„Bis auf weiteres ist die Reichshauptkasse zur Einlösung der Reichskassenscheine und die Reichsbank zur Einlösung ihrer Noten nicht verpflichtet." Die einschlägigen Bestimmungen der zu Ziffer 2 und Ziffer 3 genannten Gesetze lauten: § 2 (Ziffer 2): „Den Vorschriften des Bankgesetzes genügen Wechsel, die das Reich verpflichten und eine Verfallzeit von höchstens 3 Monaten haben, auch dann, wenn aus ihnen sonstige Verpflichtungen nicht haften." § 1 (Ziffer 3): „Die Bereitstellung der Geldmittel kann auch durch Ausgabe von Wechseln erfolgen." § 2: „Die Wechsel werden von der Reichsschuldenverwaltung mittels Unterschrift zweier Mitglieder ausgestellt."

Das Reich unterschrieb Wechsel, gab der Reichsbank die Erlaubnis zur Ausgabe von Banknoten und befreite sie von der Goldeinlösungspflicht. Und das alles nannte sich Kriegsfinanzierung. In Wirklichkeit war es nackte Inflation. Die Ausgabe der Wechsel bewirkte ein starkes Anschwellen der Notenflut und damit ein starkes Anziehen der Preise. Die Kriegsgewinn- und Inflationskonjunktur setzte ein. Der Beweis liegt in den folgenden, vielsagenden Zahlen:

Wir hatten Wechselbestand und Notenumlauf:

	Wechsel (**Millionen Mark**)	**Notenumlauf in Millionen Mark**
Am 23. Juli 1914	751	1891
Am 31. Juli 1914	2081	2209
Am 7. August 1914	3737	3897

Die Preise gestalteten sich, wie folgt (Berliner Markt) die Tonne:

	Weizen	**Weizenmehl**	**Roggen**	**Roggenmehl**
Im Juli Durchschnitt	204 Mk.	264 Mk.	174 Mk.	229 Mk.
Im August Durchschnitt	224 Mk.	359 Mk.	194 Mk.	294 Mk.[113])

Selbstverständlich, daß sich die Juden aller „Ressorts" gegenseitig in die Hände arbeiteten. Der jüdische Finanzkapitalist, der die private Aktiengesellschaft „Reichsbank" in Händen hatte und außerdem die großen D-Banken diktatorisch beherrschte, stellte durch seine „fabelhafte" Art der Kriegsfinanzierung der Heeresverwaltung „billiges" Geld zur Verfügung und diese zahlte dem jüdischen Zwischenhandel alle Preise, weil sie dem Judentum ausgeliefert war. Der Kreis ist geschlossen. Der Leihkapitalismus finanzierte den Krieg durch Inflation und jagte dem jüdischen Zwischenhandel mit Hilfe der Organisation der Kriegsgesellschaften durch das Mittel der Preistreiberei und des Wuchers sämtliche Kriegsgewinne in die Tasche.

Die Kriegsgesellschaften sind eine Schöpfung des Juden Walther Rathenau und bildeten neben den Kriegsamtsstellen die Gestaltungsmittelpunkte des Judentums in Deutschland und die Handlungs-

---

[113]) Die Angaben stützen sich auf Dr. A. Dallmayr: Der große Raubzug, Heft 2. S. 12 ff.

grundlage, von der aus die Verjudung der deutschen Wirtschaft zielbewußt durchgesetzt werden konnte. Über die Verhältnisse in der deutschen Kriegswirtschaft unterrichtet am besten eine Eingabe des Reichshammerbundes an die deutschen Bundesfürsten vom 16. 3. 1916, die als geschichtliches Erinnerungsblatt allerersten Ranges hier Platz finden möge, weil sie vielen „erwachten Deutschen" von heute zeigt, wie süß sie damals geschlafen haben — bis in die höchsten Stellen hinauf:

„Den hohen deutschen Bundesfürsten

wagen die ehrerbietigst Unterzeichneten im Auftrage deutscher Männer und Frauen ihre schweren vaterländischen Sorgen durch beiliegende Eingabe in Ehrfurcht zu unterbreiten. Wir hoffen, daß in so ernster Zeit unsere freimütigen Worte nicht anders aufgefaßt werden, denn als Ausdruck des festen Vertrauens in die Kraft und Weisheit der deutschen Fürsten, damit sie, wie oft schon an Schicksalswenden, auch jetzt ihren Willen zum Wohle des durch den Opfertod Hunderttausender neu geeinten und dennoch schwer bedrohten deutschen Reiches einsetzen werden.

In deutscher Treue und Ehrfurcht
Reichshammerbund
Der Bundeswart:
Alfred Roth.

Hamburg, 16. März 1916.

Es folgt der Wortlaut der Eingabe:

„Die inner-wirtschaftlichen Verhältnisse und die außenpolitische Leitung des Reiches zeigen eine bedrohliche, anscheinend unabwendbare Entwicklungsrichtung — unabwendbar, weil sie von den leitenden Reichsregierungsstellen geduldet wird — so daß nur noch eine persönliche unzweideutige Willenskundgebung der Fürsten Deutschlands die in allen Schichten täglich wachsende Verstimmung zu beschwichtigen vermag.

1. Die innerwirtschaftlichen Verhältnisse stehen grokenteils unter der Herrschaft der Kriegswucherer. Die Maßnahmen der Reichsregierung hiergegen sind zu spät und vielfach unzulänglich getroffen worden und werden nicht mit dem nötigen Nachdruck durchgeführt. Höchstpreise stehen zwar auf dem Papier, die Wucherer kehren sich aber nicht daran. Es ist immer das gleiche Treiben: Händler-Ringe lassen die wichtigsten Nahrungs- und Bedarfsmittel vom Markte verschwinden; die Verbraucher werden unruhig und sind in ihrer Angst bereit, jeden Preis zu zahlen. Hat dieser die von den Händlern gewünschte Höhe erreicht, so kommen die Waren allmählich zum Vorschein und finden trotz unerhörtester Preise reißenden Absatz. Darüber, daß hierbei ein Teil der städtischen Bevölkerung größter Bedrängnis entgegengeht, kann jene Erscheinung nicht hinwegtäuschen, daß Abend für Abend die vornehmen Gasthäuser überfüllt sind und in den Theatern brillantengeschmückte Frauen sich breitmachen — aus jenen Kreisen, denen das Kriegsgeschäft große Gewinne zuführt. Es sind die nämlichen Kreise, die von jeher den Auftakt zu dem rasenden Tanz ums goldene Kalb gegeben haben, bei dem alles Hohe, Schöne und Edle vernichtet wird, wie es die erste Kriegsbegeisterung so wunderbar geweckt hatte.

Die Reichsregierung scheint, weil der „Burgfrieden“ die werteschaffende Bevölkerung fast mundtot macht und wehrlos den Ausbeutern überliefert, alles in bester Ordnung zu finden. Männer in höchster Stellung suchen ihren gesellschaftlichen Umgang in den Kreisen jener unvornehmen Plutokratie, empfinden es nicht als Schmach, bei Großwucherern zu Gast zu sein, — ja, holen sich aus diesen Kreisen Rat für volkswirtschaftliche Maßnahmen! Diesem Rat ist es wohl zuzuschreiben, daß die verschiedenen „Reichs“- und „Kriegs“-Gesellschaften (Zentral-Einkaufs-Gesellschaft, Reichsgetreide-Stelle, Kriegsmetall-Gesellschaft usw.) nicht als wirklich gemeinnützige Reichseinrichtungen gegründet wurden, sondern als Zwittergebilde, die in Wirklichkeit Domänen für bestimmte Geschäftemacher sind — in verschwenderischen Räumen, mit einer Unmasse Angestellter, unerhörte Spesen verursachend, so daß dadurch eine unnötige Verteuerung des wichtigsten Lebensbedarfes eintritt. Die Leiter wie die Angestellten dieser Gesellschaften sind zum großen Teil Israeliten, die als unabkömmlich dem Kriegsdienst entzogen wurden.

Das Urteil vieler Fachleute über die Leistungen dieser „Reichs“- und „Kriegs“-Gesellschaften lautet vernichtend. Und doch sitzen zum Teil in den Direktorien dieser Gesellschaften hohe, aktive Reichsbeamte. Die hierdurch geschaffenen Verhältnisse müssen, sobald sie erst allgemein bekannt werden, einen Sturm der Empörung entfachen, der mit den vorhandenen Mißständen aufräumen, aber auch zugleich das Vertrauen in Ehrlichkeit, Kraft und guten Willen der Reichsregierung tief zu erschüttern droht.

Es ist nicht schwer, sich die Gemütsverfassung unserer Krieger vorzustellen, wenn sie bei ihrer Heimkehr erfahren, daß, während sie Leib und Leben für das Vaterland einsetzten, die Reichsgewalt nicht genügende Kraft zeigte, ihre Angehörigen vor Bewucherung und Ausbeuterei zu schützen. Millionen und Abermillionen sind so dem Volke entpreßt worden, indessen waffenfähige Männer draußen in Kampf und Not das Deutsche Reich schirmen. Die in weiten Kreisen hierüber bestehende Verstimmung greift nachgerade auch in die Front über und droht die alte deutsche Kampffreudigkeit lahm zu legen. Überall hört man die Frage auftauchen: „Für wen kämpfen wir eigentlich?“ Diese Stimmung ist ja bereits in Aufschriften an Eisenbahnwagen von ausziehenden Soldaten kundgetan worden. Eine solche Aufschrift lautete jüngst: „Wir kämpfen für das deutsche Vaterland, aber nicht für Spekulanten und Drückeberger.“

2. Dieselbe unheimliche, ungreifbare Macht der Plutokratie, wie sie besonders in den Direktionszimmern der Großbanken sich ansammelt, deren Treiben im Innern den Geist der Opferfreudigkeit in den einer dumpfen Erbitterung verwandelt hat, macht sich in der Beeinflussung der deutschen äußeren Politik erkennbar. Die Beziehungen der Geldmächte sind international, vaterlandslos, immer auf Gewinn gerichtet, darum, wenn nötig, auch antinational. Ihre Fäden spinnen sich von einem Kulturstaat zum andern, um sie alle gleichmäßig auszubeuten. Offensichtlich wäre es der internationalen Hochfinanz — der „Finanz-Aristokratie“ wie sie sich bescheiden nennt — außerordentlich unbequem, wenn das von ihr gesponnene Netz irgendwo ein großes Loch erhielte, wenn also in dem Weltkrieg ein Großstaat vernichtet würde — vor allem England, der Hauptsitz der internationalen Plutokratie. Darum darf England nicht vernichtend getroffen werden, darum sucht man Deutschland am rück-

sichtslosen Gebrauch seiner U-Boote zu hindern, darum muß Präsident Wilson immer mit der Kriegsrute drohen, um die deutsche Reichsregierung zu beeinflussen, geplante Maßnahmen unausgeführt zu lassen. Vielfach schienen jene Mächte mit ihren Anmaßungen gegenüber der deutschen Reichsregierung erfolgreich zu sein, so daß alle ehrliebenden Elemente Deutschlands vor Zorn erröten. Um solcher Ursachen willen mußte wohl auch die machtvolle Gestalt des Großadmirals v. Tirpitz, der seinem Vaterlande die für England verderbenbringende Waffe geschmiedet hat, unter den Kriegshelden ausgeschaltet werden.

So müssen im Volke unsichtbare Mächte immer mehr als die wirklichen Könige unserer Zeit empfunden werden; die Kundigen aber wissen z. B. die Bedeutung des Namens Ballin abzuschätzen. Er gilt als der Vertraute Sr. Majestät des Deutschen Kaisers und der höchsten Reichsstellen; er ist aber auch der gute Freund Sir Ernest Cassels und des „Amerikaners" Morgan. In amerikanischem Staatsdienst steht ein Paul Warburg, Bruder des Inhabers des großen Hamburger Bankhauses Warburg & Co. Das „amerikanische" Bankhaus Speyer ist verwandt mit Herrn von Gwinner (Deutsche Bank) bzw. von Schwabach (S. Bleichröder & Co.). So spielen die Fäden hinüber, herüber, durcheinander und umspinnen Fürsten, Reiche und Völker — wie die Spinne ihre Opfer.

Das Unbehagen in weiten Volksschichten mußte sich steigern, nachdem fortgesetzt durch die Zeitungen bekannt wird, wie viele industrielle und kaufmännische Unternehmungen seit Kriegsbeginn geradezu ungeheuerliche Gewinne zu verzeichnen haben. Viele Aktien-Gesellschaften — so z. B. Lederfabriken, Großmühlen, Zuckerfabriken usw. verteilten in den letzten beiden Rechnungsjahren Dividenden von 25—30 Prozent, in einzelnen Fällen sogar 50—100 Prozent.

Es ist unverkennbar, daß diese ungewöhnlichen Gewinne — in einer Zeit, wo weite Schichten des Volkes Not leiden und viele mittelständische Existenzen sich in der schwierigsten Lage befinden, ja z. T. ihren Betrieb einstellen mußten (schon deshalb, weil Betriebs-Inhaber, Gehilfen und Arbeiter im Felde stehen) — tiefe Mißstimmung erregen müssen, weil der Lebensbedarf durch diese hohen Gewinne in unverhältnismäßiger und unnötiger Weise verteuert wird.

In gleicher Weise haben die in Berlin organisierten Rohstoff- und Nahrungsmittel-Zentralen verteuernd gewirkt. Durch ein schwer zu rechtfertigendes System der Konzentration der Vorräte, durch einen übermäßig ausgedehnten Apparat von Angestellten, Kommissionären, Agenten und Zwischenhändlern — zumeist aus Personen bestehend, die keinerlei Fachkenntnis besitzen — ist in vielen Dingen eine künstliche Verteuerung hervorgerufen worden, die schwer auf dem Volke lastet und andererseits Einzelne unverhältnismäßig bereichert. Es kann nachgewiesen werden, daß z. B. die Zentral-Einkaufs-Gesellschaft vom Auslande her angebotene billige und gute Ware ablehnte, während sie selber minderwertige Ware zu unerhört hohen Preisen verkaufte.

Tatsächlich haben diese Zentralen in vielen Fällen Preise gefordert, die jeden Privatmann unter die Anklage des Wuchers und in das Gefängnis gebracht hätten.

Bedenken erregend ist auch der Umstand, daß die Leitung dieser für die Volks-Ernährung in der Kriegszeit so wichtigen Organisationen vielfach Personen anvertraut wurde, deren nationale Zuverlässigkeit höchst fragwürdig ist. So nimmt in der Zentral-Einkaufs-Gesellschaft ein Herr Jacques Meyer eine leitende Stellung ein, der in Friedenszeiten Vertreter der Firma Dreyfuß & Co. in Paris war — der nämlichen Firma, gegen welche zur Zeit vor französischen Gerichten ein Prozeß spielt wegen umfangreichen Getreidewuchers — eines Millionenwuchers.

Überhaupt sind es die Beziehungen zur internationalen Plutokratie und zum vaterlandslosen Händlertum, welche ernste Bedenken erwecken sollten — gegen Personen, denen in dieser schweren Zeit leitende Posten im nationalen Wirtschaftsbetrieb anvertraut sind. Es besteht hier die Gefahr, daß auf solche Weise — an manchen Stellen vielleicht unbewußt — den Interessen der internationalen Geldmächte in die Hand gearbeitet wird — derart, daß die herrlichen Waffentaten unserer ruhmreichen Heere durch Machenschaften auf wirtschaftlichem und kapitalistischem Gebiete zunichte gemacht werden.

Es sei an den Prozeß gegen Samuel Lubelski in Beuthen, Ober-Schlesien, März 1914 erinnert, in dem nachgewiesen wurde, daß durch eine Hamburger Schiffahrts-Gesellschaft in den letzten Jahren vor dem Kriege hunderttausende von jungen militärtauglichen Leuten aus Deutschland und Österreich — durch ein besonders hiefür geschaffenes Agentenheer — angeworben und nach Nord-Amerika ausgeführt wurden.

Es besteht der Eindruck, als ob die internationalen Geldmächte und Händlerkreise den Krieg seit langem vorbereiteten und auf eine Schwächung der Mittelmächte planmäßig hinarbeiteten. Es könnte nicht verwundern, wenn auch jetzt noch — nachdem die deutschen Waffen sich als unbesiegbar erwiesen haben — durch wirtschaftliche Machenschaften die Sache der Mittelmächte zu Fall zu bringen versucht würde. Wie mächtig die Gruppe der internationalen Finanz und Händlerschaft sich fühlt, dafür zeugt das offene Bekenntnis des Herrn Walther Rathenau, der im Jahre 1912 in der „Neuen Freien Presse" in Wien schrieb: „300 Personen, die sich alle untereinander kennen, leiten die wirtschaftlichen Geschicke Europas ...." Und dieser Mann, mit seinem bedenklichen Verschachtelungssystem unzähliger Gesellschaften, wurde von der deutschen Reichsregierung zu Beginn des Krieges zum Leiter der Kriegs-Rohstoffwirtschaft berufen. Wie überhaupt die bevorzugende Besetzung wichtiger Ämter mit Israeliten auffällig ist.

Das muß umso bedenklicher stimmen, als allgemein bekannt geworden ist, in welcher hinterhältiger Weise die in der Hauptsache ebenfalls von Israeliten geleitete Harmsworth-Northcliffe-Stern-Presse in England, Frankreich und Rußland seit Jahren zum Kriege mit Deutschland hetzte. Sie ist ein reines Geschäftsunternehmen plutokratischer Geldmacher. Wie eng wiederum die Presse mit einem gewissen Teile der deutschen Tageszeitungen verbandelt ist, das hat sich vor dem Kriege ebenfalls häufig genug gezeigt und ist namentlich auch durch die Machenschaften des Reuterschen Büros offenbar geworden.

So hat die internationale Plutokratie auch das Deutsche Reich unter ihren Einfluß gebracht, was allerdings auch noch zum großen Teil in den räumlichen und gesellschaftlichen Berliner Beziehungen der hohen Reichsstellen zu jenen Kreisen begründet liegt. Die hervorragendsten Vertreter der internationalen Hochfinanz geben sich den hohen Reichsbeamten gegenüber stets von der gewinnendsten Seite und machen sich ihnen durch Ratschläge scheinbar unentbehrlich, (vgl. Sirach 20,29/32) so daß diese unter der glänzenden Außenseite die wahren, ganz und gar unnationalen, wenn auch gelegentlich mit nationalen Zwecken zusammenfallenden Endabsichten der Plutokratie nicht zu erkennen vermögen. Das mag als Erklärung für die Tatsache gelten, daß die Reichsregierung bei ihren wirtschaftlichen Maßnahmen zu wenig Vertreter der Landwirtschaft, des Handwerks, der Industrie, der Verbraucher zu Rate zieht, sich hauptsächlich auf die Vertreter des sogenannten „legitimen Handels" stützt, der zu mindestens drei Vierteln parasitärer Art ist, sich in 4—5=facher, gänzlich überflüssiger Schichtung zwischen Güter=Erzeuger und =Verbraucher drängt und beide ausbeutet. So zeigen denn fast alle wirtschaftlichen Maßnahmen der Reichsregierung eine bedenkliche Unsicherheit. Sie erwiesen sich häufig der Spekulation und dem unlauteren Zwischenhandel vorteilhaft, während die nächste Aufgabe zur Beseitigung der Volksnot und Ausbeutung die nachdrücklichste Ausschaltung der gewissenlosen Händlerringe hätte sein müssen.

Diesem verhängnisvollen Ineinanderarbeiten von Reichsbehörden und Händlern gegen das werktätige Volk wird nur entgegenzutreten sein durch die Forderung der Einzelstaaten, in alle Körperschaften volkswirtschaftlicher Art Vertreter abzuordnen, die beauftragt werden, bei allen Maßnahmen rücksichtslos das Wohl der Bevölkerung dem der Händler und Spekulanten voranzustellen. Unbedingt ist die Wucher=Auffassung zu brechen, daß, wer die Ware in der Hand hält, unbegrenzt ihren Preis hochtreiben darf. Es muß mit Beschlagnahmen, Geld=, Freiheits= und Ehrenstrafen schonungslos eingegriffen werden, damit Volk und Wucherer fühlen, daß wieder die Staatsgewalt die Hände am Steuer hat. In dem Maße, wie dies geschieht, wird das Vertrauen des Volkes zu den deutschen Fürsten zurückkehren und so vielleicht unabsehbares Unheil verhütet werden.

Gegenüber den von allen national zuverlässigen Kreisen häufig beklagten Unbeständigkeiten in der Führung der deutschen auswärtigen Politik erscheint die dauernde Tagung des Bundesrats=Ausschusses für auswärtige Angelegenheiten und seine tatsächliche Befassung mit der auswärtigen Politik notwendig.

Die Sicherheit und Zukunft des Deutschen Reiches in innerpolitischen und auswärtigen Fragen hängen von dem unverzüglichen Eingreifen der deutschen Fürsten und Einzelstaaten ab, da sonst — durch innere und äußere Einschnürung — die mit teurem Blute erkauften deutschen Waffensiege und ihre Sicherung in Frage gestellt werden."

Dieses geschichtliche Erinnerungsblatt gibt ein einwandfreies Bild der kriegswirtschaftlichen Verhältnisse. Alle in Thora, Talmud und Schulchan aruch geschmiedeten Waffen des jüdischen Kriegsrechts werden hier in ihrer Anwendung und Auswirkung vorgeführt. Wucher, Preistreiberei, Korruption, Händlermonopole, Gesetzesverletzung feiern hemmungslos Orgien im Rücken eines der heldenhaftesten Heere, die die Weltgeschichte jemals sah! Das ist das Bild der jüdischen Kriegführung in Deutschland während des Großen Krieges. Wohl nie hat sich eine Unterlassung schlimmer gerächt als die Unterlassung der wirtschaftlichen Mobilmachung auf deutscher Seite. Sie bildete die Einbruchstelle in die deutsche Frontlinie für das organisierte Judentum und sein Leihkapital. Und dieses führte seinen

Krieg gegen das Deutschtum mit der brutalsten Rücksichtslosigkeit, die ich durch einige wenige Schriftstücke, die als Stichproben aus einer unheimlichen Masse von Beweismaterial herausgegriffen sind, belegen will.

„Bis zu welchem Grade der Gemeingefährlichkeit die Verhältnisse in der Lebensmittelversorgung des deutschen Volkes schon frühzeitig gediehen sein mußten, das ließ ein Brief des Prof. Dr. Abel-Jena erkennen, womit dieser sein Ausscheiden aus dem Beirate des Kriegsernährungs-Amtes begründete. Die „Vossische Zeitung" (Nr. 333, 1916) veröffentliche das Schreiben im Wortlaute:

„Unmittelbar gezwungen, meinen Austritt zu erklären, werde ich aber dadurch, daß ich nach gewissenhafter Überzeugung die Art und Weise, wie das Kriegsernährungsamt seine Aufgaben auffaßt, und die Maßnahmen, die es getroffen hat, in vielfacher Hinsicht nicht nur als verfehlt, sondern geradezu als g e m e i n s c h ä d l i c h u n d v o l k s f e i n d l i c h erachten muß. Ich unterlasse es, auf Einzelheiten einzugehen, weil ich mir bei der Verschiedenheit der grundsätzlichen Anschauungen keinen Erfolg von ihrer Erörterung verspreche. Verkennen will ich nicht, daß die immer unbefriedigender werdenden Zustände ihre Ursache zum Teil in dem passiven Widerstande, der Verständnislosigkeit und Schwächlichkeit der ausführenden Behörden haben. Aber daß große Teile der Bevölkerung heute in Wahrheit unterernährt werden, während andere Teile, auch unter der feindlichen Bevölkerung in den besetzten Auslandsgebieten, sowie ein großer Teil der Kriegsgefangenen mehr haben, als sie brauchen; daß der Mittelstand systematisch zugrunde gerichtet wird; daß jüdische Gaunerei und agrarische Habsucht das Volk in unerträglicher Weise auspowern; daß infolgedessen immer schärfere Erbitterung weite Kreise erfaßt und auf gewaltsame Entladung zum Schaden des Staatsganzen hindrängt — alles das ist im wesentlichen Schuld des Kriegsernährungsamtes, das nicht nach meiner Meinung allein sich seinen Aufgaben in keiner Weise gewachsen gezeigt hat."[114])

Wenn wir schon bei der Lebensmittelversorgung der Bevölkerung in Deutschland sind, so ist es nicht uninteressant, auch etwas über das Ergehen des Judentums in Deutschland während des Großen Krieges zu erfahren. Auch hier einige Stichproben.

„Der Magistrat (Lebensmittelamt) Stettin erließ am 28. Oktober 1916 folgendes Rundschreiben an die Lebensmittelgeschäfte:

„Soweit in der Butterkundschaft eines Butterkundengeschäfts rituell lebende Juden vorhanden sind, sind diese, sofern sie die Annahme von Margarine oder Kunstspeisefett aus religiösen Gründen verweigern, mit Butter zu beliefern. Ist sich das Butterkundengeschäft nicht darüber klar, ob für die Weigerung Margarine oder Kunstspeisefett entgegenzunehmen, lediglich religiöse Gründe maßgebend sind, so hat es den r i t u e l l lebenden Kunden an das Lebensmittelamt, Zimmer 11, zu verweisen. Das Lebensmittelamt wird alsdann den Fall untersuchen und dem Butterkundengeschäft weitere Anweisung erteilen. Im Auftrag: gez. Meyer."

---

[114]) Otto Armin: Die Juden in den Kriegsgesellschaften S. 61.

„In Herford gab der Vorsteher des Lebensmittelamtes in der Stadtverordnetensitzung die Erklärung ab, daß 13 jüdische Familien ständig statt Margarine stets Butter bekommen hätten.“[115]

Demnach galt in Deutschland verschiedenes Recht für Deutsche und für Juden. Die Letzteren wurden als Gäste so sehr vor den Mitgliedern des deutschen Wirtsvolkes bevorzugt, daß man unwillkürlich an die Vorschrift in 5. Mose 14,21 denken muß, die lautet: „Ihr sollt kein Aas essen; dem Fremdling in deinem Tor magst dus geben, daß ers esse, oder daß ers verkaufe einem Ausländer; denn du bist ein heilig Volk dem Herrn, deinem Gott . . . .“ Diese Vorschrift braucht ja nicht gerade immer auf Aas bezogen zu werden; man kann statt Aas auch Margarine sagen. Man kann aber auch für Aas den Begriff „Fleischkonserven“ setzen, wie uns der folgende, dem „Göttinger Tageblatt“ (Nr. 163, 1919) entnommene Bericht belehrt:

„Unsere Hausfrauen sind sehr unangenehm durch die Tatsache überrascht worden, daß an Stelle des Frischfleisches am letzten Sonnabend Büchsenfleisch ausgegeben werden mußte, weil der sehr reduzierte Schlachtviehbestand des Kreises geschont werden muß. Man hätte sich schließlich mit dieser unabwendbaren Tatsache abgefunden, in der Hoffnung, daß die Aufhebung der Blockade in absehbarer Zeit auch eine Besserung in der Fleischversorgung herbeiführen werde. Womit sich aber der überwiegende Teil der Einwohnerschaft nicht abgefunden hat, ist der Umstand, daß den jüdischen Mitbürgern frisches Fleisch verabfolgt wurde. Es sind uns deshalb zahlreiche Beschwerden sowohl aus den Kreisen der Hausfrauen, als auch aus den Kreisen der Schlachtermeister zugegangen. Wir haben deshalb Anlaß genommen, uns an zuständiger Stelle über den Sachverhalt zu erkundigen und es ist uns erklärt worden, daß tatsächlich eine Belieferung der jüdischen Bevölkerung mit frischem Fleisch erfolgt ist. Die Gründe sind in einer Regierungsverfügung zu suchen, die bestimmt, daß der rituell lebenden jüdischen Bevölkerung geschächtetes Frischfleisch an Stelle des Büchsenfleisches zu verabfolgen ist. Darum mußte der Magistrat am letzten Sonnabend Frischfleisch an zwei jüdische Schlachtermeister liefern. Es ist jedoch weiten Kreisen nicht verständlich, warum zugunsten einer Minderheit der Bevölkerung eine Ausnahme gemacht wird, zumal nachgewiesen ist, daß unsere jüdischen Mitbürger im allgemeinen gar nicht so bedenklich sind, wenn es sich um den Einkauf des amerikanischen Schweinespecks handelt. Von gewisser jüdischer Seite wird sofort ein großes Geschrei erhoben, wenn man ihr den Vorwurf macht, daß sie anders denke und handle, als die überwiegende Mehrheit des deutschen Volkes. Hier aber nimmt man unbedenklich Ausnahmegesetze für sich in Anspruch, die angesichts der allgemeinen Notlage völlig unberechtigt sind. Übrigens hat die Regierung auch hinsichtlich anderer Lebensmittel für die jüdische Bevölkerung Ausnahmegesetze erlassen. So wird z. B. für die jüdische Bevölkerung nach rituellen Grundsätzen eine ganz bestimmte Sorte von Fett hergestellt.“

Dieselben Vorgänge lassen sich für Charlottenburg, Dresden und eine Reihe anderer deutscher Städte feststellen. Es ist wirklich be-

---

[115]) Otto Armin: Die Juden in den Kriegsgesellschaften S. 147.

ruhigend für jeden Deutschen, für den deutschen Frontkämpfer sowohl, wie für die deutsche Frau, wenn sie erfahren dürfen, daß es den „jüdischen Mitbürgern" während des Krieges unter dem Schutz des unvergleichlichen deutschen Heldentums so gut erging. Dieses Heldentum bildete gleichsam den Vorhang, hinter welchem das Judentum seinen kriegswirtschaftlichen Geschäftsbetrieb aufbauen konnte. Sagte doch der jüdische Journalist Isaak Marcosson auf einem Bankett des American Lucheon Club:

„Der Weg des Friedens würde den internationalen Selbstmord zur Folge haben, der des Krieges führte zu internationalem Prestige. Der Krieg ist ein riesenhaftes Geschäftsunternehmen: die Waren, die dabei verhandelt werden, sind nicht Sicherheitsrasierapparate, Seifen und Hosen, sondern Menschenblut und Menschenleben (!). Die Welt ist mit Erzählungen von Heroismus in dem Kriege geradezu überschüttet worden. Heroismus war in dem Kriege aber die gewöhnlichste Sache von der Welt. Das Schönste in diesem Kriege ist vielmehr die Geschäftsorganisation."

Wir haben gesehen, daß diese für das jüdische Kapital in Deutschland zweifellos sehr befriedigend war. Nach dem Geständnis des Herrn Marcosson muß sie jedoch auch in den anderen kriegführenden Staaten das „Schönste" von allem gewesen sein. Zweifellos haben die Guggenheim, Baruch, Kuhn, Loeb & Co., die Morgan usw. in Amerika auch sehr gut abgeschnitten. Wir wollen jedoch die Geschäfte dieser Leute während des Krieges auf sich beruhen lassen und einen anderen Handel betrachten, der besonders den englischen Soldaten interessieren dürfte. Dieser anonyme Handel, dem wir jetzt unsere Betrachtung zuwenden wollen, ist so charakteristisch für den „leihkapitalistischen Geist", daß seine Darstellung im Zusammenhang dieser Arbeit nicht fehlen darf.

Auf die Frage, wie es kommt, daß das Reich seine Kriegswirtschaft ohne alles Weitere dem Judentum auslieferte, gibt der nachfolgende Auszug aus einem Briefe eines hohen Reichsbeamten folgende aufschlußreiche Antwort:

„Ein allgemein bekannter und geachteter militärischer Führer habe auf den Vorhalt, weshalb denn fast alle Aufträge seiner Befehlsstelle an jüdische Händler vergeben würden, unmutig zur Antwort gegeben: Ob man glaube, daß ihm das angenehm sei? Er würde auch lieber deutsche Firmen berücksichtigen, allein: Die Artikel, um die es sich handle, seien heute alle nur vom Auslande zu bekommen, und zwar dem feindlichen. Die deutschen Firmen erhielten daher die betr. Waren nicht, wogegen die Juden infolge ihrer Verbindungen alles beibrächten, so daß man auf sie angewiesen sei.

.... Die Tatsache ist also, daß während die Völker sich feindlich gegenüberstehen, die Juden hiervon nicht berührt werden. Ihre Zusammengehörigkeit geht über die Grenzen hinweg, sie kennt diese nicht, so wenig der Völkerstreit einen Einfluß darauf ausübt. Man wird nun leicht geneigt sein zu sagen: Das kann uns unter den obwaltenden Verhältnissen nur recht sein. Zugegeben! Wird aber dadurch die Internationalität des Judentums, oder noch richtiger: ihr Unberührtsein von den Welthändeln nicht auf das schlagendste bewiesen? — Und glaubt man nicht, daß das, was unsere Juden tun, auch bei denen der feindlichen Staaten geschieht, sodaß jene das, was ihnen fehlt, auf dem Umwege über den jüdischen Handel sich von uns zu verschaffen wissen?"[116])

Die Juden haben also aus dem feindlichen Ausland für Deutschland lebenswichtige Waren während des Krieges eingeführt. Etwa aus England? Meinte wohl der englische Kontreadmiral M. W. W. P. Consett diesen Handel, als er in „The triumph of unarmed forces" 1914—1918[118]) schrieb:

„Unser erbärmlicher und unrühmlicher Handel hat den Krieg verlängert. Die rächenden Folgen dieses Handels liegen noch heute, nach über vier Jahren, über einer geschlagenen Welt. Noch immer spottet die rächende Göttin der Bemühungen einer schwachen Menschheit, die in ihren Reihen die Ordnung wieder herstellen will, die sie vorher so mutwillig den Kräften der Zerstörung preisgab."[118])

Meinte Consett die englischen Juden? Da er keine Anhaltspunkte gibt, so bleibt uns nichts anderes übrig, als den Beweis bis zu jenem Punkte zu führen, an dem feststeht, daß englische Firmen Deutschland während des Krieges mit englischen Waren beliefert haben. Dieser Beweis genügt für unseren Zweck der Nachzeichnung der Gesichtszüge des Leihkapitalismus vollständig.

Da dieser Handel die englische Blockade brechen mußte, so müssen wir zuerst auf das Wesen dieser Blockade eingehen. Es besteht nämlich ein Widerspruch zwischen der Tatsache, daß Deutschland etwa 800 000 Todesopfer der englischen Blockade angibt, und dem englischen Handel mit Deutschland. Es besteht ein Widerspruch zwischen der Tatsache, daß hunderttausende englischer Soldaten in Flandern starben, und dem englischen Handel mit Deutschland. Es besteht ein Widerspruch zwischen den englischen Blockadeerklärungen und Blockademaßnahmen einerseits und dem englischen Handel andrerseits. Hie Blockademaßnahme, dort Blockadebruch. Hier liegen Widersprüche vor, die sich noch verschärfen, wenn man sich das englische Blockaderecht und die englischen Blockademaßnahmen während des Krieges ansieht.

Nirgends zeigt sich die Schwäche völkerrechtlicher Abmachungen eindringlicher als gerade im Blockaderecht. Blockade ist das Recht eines Kriegführenden, die Küsten und Häfen seines Gegners durch Kriegsschiffe für die gesamte Schiffahrt zu sperren. Versucht ein Schiff, den Wachring der blockierenden Kriegsschiffe zu durchbrechen, so haben diese das Recht, den „Blockadebrecher" aufzubringen und als gute Prise zu behandeln. Schiff und Ladung verfällt der aufbringenden Nation. Diese Sätze scheinen klar und eindeutig zu sein und doch herrscht hier der ärgerlichste Streit. Denn es stehen sich zwei Auffassungen ent-

---

116) Otto Armin: Die Juden in den Kriegsgesellschaften, S. 23.

117) London 1928 Williams and Norgate Ltd.

118) Nach: Generäle, Händler und Soldaten, von Maxim Ziese und Hermann Ziese/Beringer.

gegen: — wir wollen sie „die englische“ und „die kontinental-europäische“ nennen.

Die englische Auffassung des Blockaderechts vertritt zwei miteinander aufs engste zusammenhängende Theorien, die Theorie der papierenen Blockade und die Theorie der fortgesetzten Reise. Die Papierblockade, die als das gefährlichste Werkzeug des wirtschaftlichen Seekrieges anzusprechen ist, erfordert lediglich die Erklärung, daß über ein Gebiet die Blockade verhängt sei, daß also dieses Gebiet als blockiert zu betrachten sei. Eine klassische Formulierung dieser Papierblockade hat England im Jahre 1807 gegen die Teilnehmer der Napoleonischen Kontinentalsperre erlassen: „Die Blockade soll dieselbe sein, als wenn sie effektiv in strengster Weise durch die Streitkräfte Sr. Majestät ausgeführt würde.“ Die Sache sieht sich furchtbar harmlos an, denn die Blockade steht ja „nur auf dem Papier“. Jedoch hier greift nun die Theorie von der „fortgesetzten Reise“ ein, welche die ganze Einrichtung der Papierblockade zu einer schlecht verhüllten Seeräuberei macht. Unter „fortgesetzter Reise“ eines Schiffes versteht die englische Seemacht die folgenden drei Möglichkeiten. Ein Schiff begeht Blockadebruch und kann aufgebracht werden:

1. wenn es sich auf der Fahrt von einem neutralen Hafen nach einem feindlichen Hafen befindet;
2. wenn es von einem neutralen Hafen nach einem neutralen Hafen unterwegs ist, aber dann von hier aus einen feindlichen Hafen anlauft;
3. wenn das Schiff von Neutralien nach Neutralien fuhr, dann einen feindlichen Hafen anlief und nun auf der Rückfahrt nach einem neutralen Hafen sich befindet.

Wie man sieht, kann nach der Theorie von der „fortgesetzten Reise“ schlechthin jedes Schiff von jedem zufällig des Weges kommenden englischen Kriegsschiff aufgebracht werden. Die Papierblockade ist gleichbedeutend mit Fernblockade und die Freiheit der Meere ist aufgehoben.

Dieser englischen Auffassung der Papierblockade steht die kontinentaleuropäische der „Effektivblockade“ gegenüber. Diese Blockade fordert die Erklärung, daß die Küste blockiert sei, und zugleich die Unterhaltung einer wirksamen Blockierung. Die Blockade muß also „effektiv“ sein. Das bedeutet soviel, daß das Schiff, das die nicht „effektive“ Blockade bricht, nicht mehr aufgebracht werden kann. Hat es die Blockadelinie erfolgreich durchbrochen und befindet es sich im freien Meer, so ist eine Aufbringung völkerrechtswidrig. Diese kontinentaleuropäische Auffassung der Effektivblockade wurde durch die Pariser Seerechtsdeklaration vom Jahre 1856 in das Völkerrecht eingeführt, ohne jedoch von England anerkannt zu werden. Auch die Londoner Seerechtserklärung vom Jahre 1909 scheiterte am englischen Widerstand, weil auch in ihr das Blockaderecht im Sinn der Effektivblockade geregelt war.

Es war darum nur folgerichtig von England, als es sofort nach Kriegsausbruch daran ging, die Blockade über die deutschen Küsten im Sinne seiner „Papierblockade“ zu verhängen. Es würde zu weit führen, die einzelnen Maßnahmen alle zu schildern, die England ergriff, um den gesamten Welthandel mit Hilfe seines Blockaderechts seiner Kontrolle zu unterwerfen. Es genügt festzustellen, daß England spätestens am 15. März 1915 alle Maßnahmen getroffen hatte, welche zur hermetischen Abschließung der deutschen Küsten mit Notwendigkeit führen mußten. Die Order in Council, die zur wirtschaftlichen Erdrosselung Deutschlands führen mußte, stammt vom 11. März 1915 und lautet:

„Vom 1. März 1915 ab können in Zukunft alle Güter, gleichgültig, auf welchem Schiffe sie sich befinden, von England beschlagnahmt werden, wenn

1. diese Güter sich nach einem feindlichen Hafen unterwegs befinden, auch wenn sie für Neutrale bestimmt sind oder diesen sogar gehören;
2. diese Güter aus einem feindlichen Hafen kommen, selbst wenn sie einem Neutralen gehören oder für ihn bestimmt, oder auch neutralen Ursprungs sind;
3. diese Güter für den Feind bestimmt oder dessen Eigentum sind, auch wenn die Beförderung über einen neutralen Hafen erfolgt;
4. diese Güter zwar aus einem neutralen Hafen kommen, aber feindlichen Ursprungs oder feindliches Eigentum sind."

Der Sachverhalt ist also der, daß England bis März 1915 alle Maßnahmen getroffen hatte, um Deutschland wirksam abzudrosseln, — und trotzdem soll es einen blühenden Handel mit Deutschland getrieben haben? Wie ist das möglich?[119])

„Dänemark, dessen Gesamteinwohnerzahl sich in den Jahren 1913 bis 1917 um den Durchschnitt von 2 850 000 hielt, führte im Jahre 1913, das wir allen folgenden Berechnungen als Durchschnittsfriedensjahr zugrundelegen wollen, vom Auslande her über See an pflanzlichen Ölen

1913 . . . . 474 796 Doppelzentner

ein. Dahingegen erhielt dieser eine Staat, der eines der Hauptdurchfuhrländer nach dem abgesperrten Deutschland war, im Jahre

1915 . . . . . . 717 661 Doppelzentner

pflanzliches Öl zugeführt.

Dies bedeutet also, daß die dänische Gesamteinfuhr an Ölwerten, worunter sowohl eßbare wie auch technische Pflanzenöle zu verstehen sind, sich vom Jahre 1913 zum Jahre 1915 um 51,13 Prozent gesteigert hat, also um über die Hälfte des Vorkriegsimportes!

Im Jahre 1916 stieg der Import an pflanzlichen Ölen nach Dänemark dann gegenüber dem Jahre 1913 auf

1916 . . . . . . 710 716 Doppelzentner.

Das ist also gegenüber der Vorkriegszeit ebenfalls eine Steigerung von 49,70 Prozent.

---

[119]) Vgl. zum Folgenden wie zum Vorhergehenden: Generäle, Händler und Soldaten von Maxim Ziese und Hermann Ziese-Beringer S. 94 ff. und S. 225 ff.

Von dieser Gesamteinfuhr an pflanzlichen Ölwerten nach Dänemark lieferte **England** selbst in den Jahren

1913	59 014	Doppelzentner
1914	110 384	"
1915	207 623	"
1916	127 664	"
1917	35 555	"

Das Jahr 1917 ist das Jahr, in welchem England sich unter amerikanischem Druck entschloß, die Blockade wirksam durchzuführen.

Was das Palmfruchterzeugnis der Kopra anbetrifft, so steht fest, daß 92,40 Prozent der dänischen Einfuhr aus England stammte. Es steht ferner fest, daß dieses **aus englischen** Kolonien stammende Erzeugnis mit **englischen** Schiffen, die mit **englischer** Kohle befeuert waren, an Deutschlands Grenzen verbracht wurden.

„Dänemark erhielt an Kopra in den Jahren

1915, 1916, 1917 .	1 091 267	Doppelzentner
Davon kamen aus England . .	1 008 350	"

so daß alle übrigen Kopralieferanten Dänemarks zusammen mit nur 82 917 Doppelzentnern, also mit nur 7,60 Prozent an der Gesamtlieferung in den Jahren 1915—1917 beteiligt waren."

Einfuhr von Ölkuchen-Futtermitteln nach Dänemark

1913	6 651 249	Doppelzentner
1914	5 469 761	"
1915	7 387 239	"
1916	6 180 147	"
1917	1 915 737	"

Von dieser Menge lieferte England verhältnismäßig wenig, es steigerte aber seine Einfuhr im Jahre 1915 auf das Doppelte des Friedensjahres 1913. Die Zahlen lauten für England:

1913	354 377	Doppelzentner
1914	383 283	"
1915	734 194	"
1916	376 024	"
1917	93 672	"

Schmieröle: „Betrachten wir die Statistiken der skandinavischen Länder Dänemark, Schweden und Norwegen auf die Einfuhr von mineralen Schmierölen im Frieden und während des Krieges, so ergibt sich folgendes:

Dänemarks Einfuhr an mineralen Schmierölen betrug im Jahre

1913 . . . . . . 55 579 Doppelzentner.

Davon aus Deutschland allein 12 003 Doppelzentner. Diese Einfuhr hat dann in den Jahren 1915 und 1916 eine Steigerung um fast 50 Prozent auf etwa 108 000 Doppelzentner erfahren, wobei zu berücksichtigen ist, daß Deutschland, das früher an dieser Einfuhr stark beteiligt war, naturgemäß keine nennenswerten Mengen mehr aus dem Lande ließ.

Der Hauptlieferant dieses Maschinenschmieröls war vor allem Amerika, welches von der im Jahre 1915 und 1916 im genauen Durchschnitt 107 680 Doppelzentner betragenden Gesamteinfuhr Dänemarks an Schmierölen fast alles, nämlich 102 135 Doppelzentner Öl, jährlich lieferte." Und alles ging durch die englische Blockadelinie, während der englische Soldat auf dem flandrischen Blutfelde blutete — im Vertrauen auf die Blockade.

Baumwolle:	1913	1914	1915	1916	1917
Nach Dänemark	60 090	48 197	71 545	81 600	29 247
Davon aus England	148	1 004	34 637	60 594	9 143
Nach Schweden	244 035	246 623	1 226 466	288 185	70 930
Davon a. England	19 402	15 783	102 722	5 051	1 769
Nach Norwegen	39 867	65 816	111 370	54 973	36 883
Davon aus England	4 620	29 065	66 155	31 625	10 487

Aus den angeführten Zahlen ergibt sich aufs deutlichste, wie ungeheuer England seine Einfuhr nach den skandinavischen Ländern gesteigert hat.

Was die Belieferung Deutschlands mit Lebensmitteln anbetrifft, so ist auch hier die Statistik einigermaßen aufschlußreich, denn sie läßt erkennen, inwieweit die Unterstützung Deutschlands auf Kosten Englands ging.

	1913	1914	1915	1916	1917
Deutschland-Österreich	2 506 196	2 812 093	5 563 993	6 190 305	3 263 196
England	3 471 224	3 493 807	2 671 854	1 910 366	1 700 499

Unter Lebensmittel versteht die Statistik: Lebendes Vieh aller Art, Fleisch aller Art, Fisch, Milch, Butter, Käse, Eier, alle Fleisch- und Fischkonserven. Die angeführten Zahlen drücken das Gewicht in Doppelzentnern aus.

Für den Beweis des englischen Handels in Kaffee, Tee und Kakao bringe ich keine Zahlen, sondern einen Brief des englischen Admirals Consett vom 4. April 1916, in dem es heißt:

„Nach den Geschäften in Kakao und Kaffee beginnt nunmehr das gleiche Spiel mit dem Tee. Sämtliche Kais in Kopenhagen sind mit Tee in großen Mengen vollgestapelt. Der Konsul und ich gingen die Kais entlang zwischen Tausenden von Kisten. Ich muß bekennen, daß ein Gefühl der Erniedrigung mich erfaßte, als ich all dieses Zeug sah, von dem ein großer Teil aus unseren Kolonien kommt — auf dem Wege nach Deutschland. Es ist eine große Menge chinesischen Tees dabei, aber der größere Teil ist Ceylon-Tee. Wer steckt hinter diesem Geschäft? Mir ist das völlig unbegreiflich. Da herrscht Knappheit an Tonnage und wir lassen es zu, daß Tee, der soviel Raum in Anspruch nimmt, aus dem fernen Osten in ungeheuren Mengen verschifft wird, um unsere Feinde zu stärken. Ist es da ein Wunder, daß man uns Heuchler nennt?"[120])

Wer steckt hinter dem Geschäft? — so fragst du ahnungsloser englischer Soldat deine Admiralität. Diese hat dir sicher keine Antwort

[120]) Generäle, Händler und Soldaten S. 112

gegeben. So mag dir die Antwort eines deutschen Soldaten genügen: „Sieh dir deine englischen kapitalistischen Juden genau an — sie steckten hinter dem Geschäft, wie sie bei uns „hinter dem Geschäfte steckten."

Es ist immer dasselbe Spiel, uralt und doch ewig neu. Heute in Berlin, Paris, Madrid, London und Neuyork wie vor Jahrtausenden in Babylon. Rothschild ist so alt wie der Leihkapitalismus. Es ist immer dasselbe, ob der Jude einen demokratischen Kulturkarren vor sich herschiebt oder einen Karren mit alten Lumpen und Knochen: — nur keusche und unberührte Naivität kann auf den beiden Karren verschiedene Ladungen vermuten. Es ist immer dasselbe: — ob mit dem Gesetz oder gegen das Gesetz, ob mit dem Wirtsvolk oder gegen das Wirtsvolk, ob mit alten Lumpen und Knochen oder mit Blut und Menschenleben — der jüdische Leihkapitalismus will auf alle Fälle verdienen und verdient auf alle Fälle. Heute macht er Krieg, morgen Revolution, übermorgen Inflation, dann wieder Deflation: — er wirbelt alles durcheinander und verdient an allem, denn Menschenleben sind vor ihm wie Zahlen . . . Und die größere Zahl liebt er mehr wie die kleinere. Darum ist er Demokrat in der Politik, „Aristokrat" in der Gesellschaft und Plutokrat in der Wirtschaft. — Immer aber ist er obenauf. Denn das Eigentum der Nichtjuden ist wie herrenloses Gut und der Nichtjuden Geld ist ihr, der Juden, Eigentum. Für den Kriegführenden gelten nur die Gesetze des Krieges: —dieser Satz gilt für die Juden ebenso wie für die Nichtjuden. Darum wandelt sich im Kriege das Recht zur Macht. Darum wird im Kriege die Macht zum Ordnungsfaktor im Völkerleben. Auch dieser Zug gehört in das Charakterbild des jüdischen Kapitalismus, der als Gestalt gewordener jüdischer Machtwille zu einem wesentlichen Ordnungsfaktor im Leben der nichtjüdischen Völker geworden ist. Denn das kriegführende Judentum hat seit undenklicher Zeit die Gesetze der Nichtjuden auf die Seite geschoben und mißachtet, weil es selber nach der Ordnung seines kapitalistischen und kultischen Machtwillens lebte und die Nichtjuden unter diese seine Ordnung zwang. So klagt schon Juvenal, daß die Juden die römischen Gesetze verachten, ihr eigenes Gesetz aber halten. Darum bestimmt auch der Schulchan aruch als kriegsrechtliche Regel:

Choschen ha-mischpat 369, 6 und Hagah.

„Desgleichen, wenn ein Jude den Zoll vom Könige gepachtet hat, so beraubt der (Jude), der schmuggelt, den jüdischen Pächter. — Wenn aber ein Nichtjude den Zoll gepachtet hat, so ist (das Schmuggeln) erlaubt, weil es (dann nur) so viel ist, wie seine Schuld nicht bezahlen, was (ja) in einem Falle gestattet ist, wo keine „Entweihung des Namens" vorliegt (es nicht herauskommt.) —

(Hagah): Manche sagen, daß, selbst wenn der Zolleinnehmer ein Jude ist, (den Zoll) aber nicht für sich selbst gepachtet hat, sondern für den (nichtjüdischen) König einzieht, er (der Zöllner), obwohl da ein Schmuggel durch Landesgesetz verboten ist, (den jüdischen Schmuggler) zum Zollzahlen nicht nötigen soll, weil (auch hier, dem nichtjüdischen Herrscher und Staate gegenüber, das Schmuggeln) so ist, als wenn man seine Schulden nicht bezahlt, was doch (nach jüdischem Rechte) erlaubt ist. Ist aber Grund zur Furcht vor dem Könige vorhanden (daß dieser den gemeinsamen jüdischen Zollunterschleif merken könnte), so kann er ihn (der jüdische Zöllner den jüdischen Schmuggler zum Zollzahlen) zweifelsohne nötigen."

„Der an manche Reichsgerichtsentscheidungen erinnernde Schachtelstiel der Hagah ist verschuldet von der Talmuderklärung zum Traktate Nedarim IV) des Rabbi Nissim Gerondi (ben Ruben), der 1380 zu Barcelona starb. Der Haupttext ist dem „Tur" (369,6) des Jakob ben Ascher entnommen.

Der langen Rede kurzer Sinn ist: Der Jude darf keinen jüdischen, wohl aber einen nichtjüdischen Zollpächter und sogar einen nichtjüdischen Herrscher (für den etwa ein Jude den Zoll direkt eintreibt) um den Zoll betrügen, auch wenn das nichtjüdische Landesgesetz dies verbietet. Der jüdische Zollbeamte und der jüdische Zolldefraudant dürfen auf das nichtjüdische Landesgesetz pfeifen, falls keine Gefahr einer Entdeckung ihrer Schädigung der nichtjüdischen Staatsfinanzen zu befürchten ist.

Nach rabbinischem Rechte ist für den Juden jede geldliche oder ähnliche Schädigung eines Glaubensgenossen ein strafbares Vergehen. Dagegen ist .... dem Nichtjuden gegenüber (sofern er es nicht merkt oder merken kann) eine solche Schädigung erlaubt, also auch eine Zoll- oder Steuerhinterziehung zum Schaden des nichtjüdischen Monopolpächters oder sogar des nichtjüdischen Staatsoberhauptes. Ja, der nicht für seinen eigenen Beutel wirtschaftende, sondern für das Staatsoberhaupt und die Staatsfinanzen mit der Zoll- oder Steuereinziehung betraute jüdische Einnehmer soll sogar seinen Glaubensgenossen bei diesen Durchstechereien nicht im Wege sein, sofern für die beiderseitige Gaunerei keine Entdeckungsgefahr besteht!

Trotzdem hat D. Hoffmann („Der Schulchan aruch" S. 74) den — — Mut, zu sagen: „So viel steht im Sch. a. fest, daß jede Benachteiligung des Staates durch Schmuggelei, Steuerkontravention u. dgl. dem frommen Juden als ein schweres religiöses Verbrechen gelten muß." — Ich nenne das mit dem besseren Rabbinismus „Stehlen der Meinung" des naiven Lesers durch zweideutige Worte. Was H. meint, gilt erstens nur für den frommen Juden; der Schulchan aruch hat hier aber gerade unfromme im Auge, die schmuggeln und bei Schmuggelei eines Glaubensgenossen durch die Finger sehen! Zweitens ist von „müssen" überhaupt nicht die Rede, und drittens ist der Begriff der „Entheiligung des Namens" wieder einmal zu Vexierzwecken religiös gefaßt, während er hier in Wirklichkeit nur „rein juristisch" bedeutet, daß etwas von dem Betruge herauskommen könnte! Viertens aber hat schon Marx-Dalman („Jüdisches Fremdenrecht", S. 45 und 68) mit Recht darauf hingewiesen, daß im Haupttexte (Choschen ha-mischpat 369,6) vorausgesetzt wird, „der nichtjüdische Steuerbeamte immer als unredlich zu betrachten ist und man in diesem Falle sich der Steuer entziehen darf." Dagegen hat Hoffmann (S. 74 Anm.) nur den lahmen Einwand, „daß in einem Lande, wo man die gesetzlichen Steuern und Zölle leicht erfahren kann, niemand sich damit entschuldigen wird, daß der Steuerbeamte mehr verlange, als das Steuergesetz gebietet." Windige Ausrede! Auf dem uns schon mehrfach bekannt gewordenen Talmudblatte Baba kamma 113 steht folgende Erörterung, welche die Urquelle unserer Choschen ha-mischpat Stelle bildet: „Darf man denn den Zoll hinterziehen? Samuel (das berühmte babylonische Schulhaupt) sagte doch: „Staatsgesetz ist Gesetz!" .... Hierzu berichtete Rab Chanina bar Kahana als (erläuternden) Ausspruch Samuels (die Hinterziehung sei erlaubt) bei einem Steuer- oder Zolleinnehmer ohne (vorherbestimmte) Taxe (der also mehr Steuern als vorgeschrieben einnehme). In der Schule des Rabbi Jannai erklärte man: (die Hinterziehung sei erlaubt) bei einem (Steuer- oder) Zolleinnehmer, der selbständig (ohne Staatsauftrag) handelt. Rab Aschi sagt: Dies gilt von einem nichtjüdischen Zöllner .... Rabbi Akiba sagt dies (daß man nicht hinterziehe) nur von dem Falle, wenn „Heiligung des Namens" (zu beachten, d. h. wenn mögliche Entdeckung des Unterschleifs zu befürchten) sei; anderenfalls tue man es."

Bei der weiteren Erörterung, ob ein solcher Unterschleif gegenüber einem Nichtjuden nicht „Beraubung" sei, erklärt Raba (Baba kamma 113 b), dies sei vielmehr eine Schuld nicht bezahlen, (was ja erlaubt ist).

Den Kernpunkt der Frage, nämlich daß der Jude (nach Rab Aschi wie nach dem Sch. a.) einen nichtjüdischen Abgabenpächter durch Zoll- oder Steuerhinterziehung betrügen darf, unterschlägt Hoffmann frohgemut gemäß dem bekannten rabbinischen Trick, in der Verlegenheit an der Sache vorbeizureden!"[121])

Jüdische und christliche Apologeten und Kritiker werden zweifellos versuchen, meine Schilderung des jüdischen Leihkapitalismus als „übertrieben" oder als im Gefolge des Krieges aufgetretene einmalige nicht wiederkehrende „Auswüchse" hinzustellen. Diese Leute wollen ja gewöhnlich den Kapitalismus retten und nur die sog. „Auswüchse des Kapitalismus" beseitigt wissen, die sie allerdings nicht näher bezeichnen. Solchen und ähnlichen Einwendungen gegenüber kann nicht schroff und unversöhnlich genug betont werden, daß der Leihkapitalismus, wie der Kapitalismus überhaupt, eine säkulare Erscheinung ist, die erst verschwinden wird, wenn in keinem Kopfe mehr eine jüdische oder eine christliche Idee und Wertung vorhanden ist. Im Zeichen des Kapitalismus hat der Osten über den nordischen Westen gesiegt und die ganze Erde in ein Trümmerfeld verwandelt. Nicht der Krieg ist schuldig an den geschilderten unerfreulichen Zuständen, nicht der Krieg hat den Menschen habgierig gemacht — das ist eine oberfaule Entschuldigung — sondern der kapitalistische und habgierige Mensch hat den Krieg zum Geschäft gemacht und die Gelegenheit des Krieges für seine Zwecke ausgenützt. So wars im Weltkrieg, so wars in den napoleonischen Kriegen, so wars im Dreißigjährigen Kriege, so wars in der Kipper- und Wipperzeit, so wars in den ganzen vergangenen Jahrhunderten und so wirds in den kommenden Jahrhunderten sein, wenn nicht der judaistisch-kapitalistische Spuk aus den Köpfen ausgeräumt wird. Auch diese Behauptung will ich für zweif-

[121]) Dr. Erich Bischoff: Das Buch vom Schulchan aruch S. 117/119.

ierische Gemüter durch einige, aus verschiedenen Jahrhunderten der Wirtschaftsgeschichte gegriffene Beispiele belegen, die deutlich zeigen, wie sich die Tätigkeit der Juden in den Jahrhunderten gleichbleibt und wie sehr ihre Arbeit dem Geiste des in diesem Buche geschilderten jüdischen Kriegsrechtes entspricht.

Friedrich der Große wollte bekanntlich die Seidenweberei in Preußen hochbringen und suchte dieses Ziel durch Beschränkung der fremden Einfuhr und Sicherstellung des Innenmarktes für die einheimische Produktion zu erreichen.

„Diese Absicht aber begegnete dem passiven Widerstande der Kaufleute, unter denen die Juden den in den Reglements von 1730 und 1750 zugestandenen Seidenhandel ziemlich monopolisiert hatten. Ihnen wurde 1752 der Großhandel mit Seidenwaren verboten, für das Detailgeschäft der Absatz einheimischer Fabrikate befohlen. Um die Aufhebung jenes Verbotes zu erreichen, verpflichteten sie sich, von letzteren jährlich für 24 000 Taler abzunehmen, suchten aber diesen Zwang auf jede Weise zu umgehen, indem sie nur geringe Sorten bestellten und die Preise drückten. Dazu trieben sie einen organisierten Schmuggel, der ihnen einen bis 6 Prozent billigeren Verkaufspreis als anderen Händlern gestattete; in Berlin allein berechnet man den Wert der unversteuert eingebrachten Waren auf 60 000 Taler jährlich. In der Tat ergab die Anwendung schärferer Kontrollmaßnahmen während des einen Monats März 1753 die Versteuerung eines Quantums wie sonst in einem Jahre."[122])

Dieselben Erfahrungen mußte Friedrich der Große auch bezüglich seines Kaffee- und Tabakmonopols machen, das die Juden ebenfalls durch ihren Schmuggel zu durchbrechen suchten. Er erließ darum im Jahre 1766 die Verordnung:

„Daß diejenigen Juden, welche auf Kontrebande-Handel betreten werden, nicht nur den Landesgesetzen gemäß bestraft werden und ihres Schutz-Privilegii verlustig gehen sollen, sondern auch, wenn dieser Handel nicht unterbleiben sollte, Seine Königliche Majestät die sämtlichen Juden aus dero Landen jagen zu lassen resolvieren dürften."[123])

Das zweite Beispiel für die säkuläre Bedeutung und Wirksamkeit des kapitalistischen Geistes entnehmen wir der Kipper- und Wipperzeit, für welche Gustav Freytag in seinen „Bildern aus der deutschen Vergangenheit" eine klassische Schilderung gegeben hat, die ich nachstehend im Auszug wiedergebe, damit nicht behauptet werden kann, daß ich ein für meine Beweisführung zurechtgemachtes Bild jener Zeit wiedergegeben hätte:

„Von allen Schrecken des beginnenden Krieges (— Dreißigjähriger Krieg —) erschien dem Volke selbst keiner so unheimlich als eine plötzliche Entwertung des Geldes. Für die Phantasie des leidenden Geschlechts wurde das Übel um so ärger, weil es in die trübe Stimmung der Jahre scheinbar plötzlich einfiel, weil es überall die gehässigsten Leidenschaften aufwühlte und Unfrieden in den Familien,

---

[122]) Georg Liebe: Das Judentum in der Deutschen Vergangenheit.
[123]) Nach Georg Liebe a. a. O. S. 94.

Haß und Empörung zwischen Gläubiger und Schuldner, Hunger, Armut, Bettelhaftigkeit und Entsittlichung zurückließ. Es machte ehrsame Bürger zu Spielern, Trunkenbolden und Troßknechten, jagte Prediger und Schullehrer aus ihren Ämtern, brachte wohlhabende Familien an den Bettelstab, stürzte alles Regiment in heillose Verwirrung und bedrohte in einem dichtbevölkerten Lande die Bewohner der Städte mit dem Hungertode.

. . . Im August 1621 sah der Bauer auf eine mittelmäßige Ernte; in Handel und Verkehr waren einige Stockungen eingetreten, aber auch ein erhöhter Eifer, wie bei starken Rüstungen natürlich ist, und die männliche Jugend wurde durch das wilde Treiben der Kriegsmänner noch mehr gelockt als eingeschüchtert. Allerdings war schon seit längerer Zeit an dem Gelde, welches im Lande umging, Ungewöhnliches bemerkt worden. Des guten schweren Reichsgeldes wurde immer weniger, an seiner Statt war viel neue Münze von schlechtem Gepräge und rötlichem Aussehen im Umlauf. Noch befremdlicher fiel auf, daß die fremden Waren fortwährend im Preise stiegen. Man empfand eine anhaltende Teuerung. Wer ein Patengeschenk machen wollte oder fremde Kaufleute bezahlen mußte, der zahlte für die alten feinen Joachimstaler ein immer wachsendes Aufgeld. Aber im örtlichen Verkehr zwischen Stadt und Land wurde das zahlreiche neue Geld ohne Anstand genommen, ja es wurde mit erhöhtem Schwunge umgesetzt. Die Masse des Volkes merkte nicht, daß die verschiedenartigen Münzen, mit denen es zu bezahlen pflegte, ihm unter der Hand wertloses Blech geworden waren; die Klügeren aber, welche das Sachverhältnis ahnten, wurden zum großen Teile Mitschuldige an dem unredlichen Wucher der Fürsten.

Es läßt sich noch jetzt deutlich erkennen, wie dem Volke die Erkenntnis seiner Lage kam, und noch jetzt werden wir erschüttert durch den plötzlichen Schreck, die Angst und Verzweiflung der Masse, und durch die Sorge und den männlichen Zorn der Denkenden. Noch jetzt fühlen wir beim Lesen der alten Berichte etwas von der Empörung, womit man die Schuldigen betrachtete. Und wenn wir auf manchen wunderlichen Irrtum der öffentlichen Meinung herabsehen und auf die wohlmeinenden Einfälle einzelner, welche gute Ratschläge geben, so ist uns doch gegenüber dieser Zeit der Trauer und der Demütigungen ein frohes Lächeln erlaubt über die Tüchtigkeit, mit welcher schon damals von Männern aus dem Volke der Grund des Übels erkannt und in einer der schwierigsten nationalen Fragen die rechte Antwort und dadurch einigermaßen Abhilfe gefunden wurde . . . .

. . . Es gab zuverlässige Landesherren und treue Münzbeamte auch damals im Lande; aber ihre Anzahl war gering, und häufig war das Verhältnis des Münzmeisters, welcher von einem deutschen Kreise für tüchtig befunden war und in einer gesetzlichen Münze arbeitete, doch eine Tätigkeit voll befremdlicher Kniffe. Die Überwachung war bei dem unvollkommenen Münzverfahren schwierig, die Versuchung groß, die sittlichen Anschauungen im allgemeinen viel niedriger als jetzt. Vom Landesherrn bis zum Handlanger und dem jüdischen

Lieferanten herab betrog beim Münzen jeder den anderen. Der Landesherr ließ den Münzmeister eine Reihe von Jahren arbeiten und reich werden, er ließ vielleicht stillschweigend geschehen, daß die Landesmünze zu leicht ausgebracht wurde, um in der rechten Stunde dem Schuldigen den Prozeß zu machen. Dann wurde diesem wie einem Schwamme durch einen Druck alles ausgepreßt, was er in vielen Jahren tropfenweise aufgesogen hatte. Es half ihm auch nicht, wenn er den Dienst längst aufgegeben hatte, die habsüchtige Gerechtigkeit wußte nach vielen Jahren noch an ihn zu kommen. Der Münzmeister aber, welcher nicht in der bequemen Lage des Löwen war, durch einen einzigen Schlag mit der Tatze seine Beute zu sichern, pflegte unablässig seinen Münzherrn, die Lieferanten, ja sogar seinen Kassierer, die Gesellen und Jungen zu bevorteilen, vom Publikum ganz zu schweigen. Nicht besser machten es die anderen genannten Helfer. Jede Hand war gegen die des andern und der Fluch, welcher nach der Sage auf dem Gold der deutschen Zwerge liegt, schien im 17. Jahrhundert noch alle die zu verderben, welche die glänzenden Metalle in Geld verwandelten. — Das gewöhnliche Geschäftsverfahren war folgendes.

Der Münzmeister kaufte das Metall ein, bestritt die Kosten des Prägens und zahlte für jede Mark Kölnisch, welche er schlug, dem Landesherrn noch einen Schlagschatz, welcher, wie es scheint, für gewöhnlich vier gute Groschen betrug. Er mußte aber das feine Silber teuer bezahlen, die Löhne und die Zutaten stiegen fortwährend im Preise. Da half er sich. Wenn er dem Münzherrn wöchentlich für tausend bis zweitausend Mark den Schlagschatz zahlte, so verschwieg er ihm fünfzig Mark, die er außerdem geprägt hatte, und behielt den Schlagschatz derselben für sich; er prägte ferner scharf, d. h. er machte das Geld am Silbergehalt um einen halben Gran schlechter, als es sein sollte (was gesetzlich noch erlaubt war), er schlug je hundert Mark am Gewicht um etwa vier Lot zu leicht, was von niemand gemerkt wurde, und wenn er wußte, daß das Geld sogleich in entfernte Gegenden, besonders nach Polen, verführt werden sollte, so brach er am Gewicht noch dreister ab. Nicht sauberer war der Verkehr mit den Lieferanten, welche ihm das Metall herbeischafften. Durch ganz Deutschland zog sich damals ein heimlicher Handel, der vom Gesetz hart verpönt und von den städtischen Torwächtern mit vielem Spürsinn verfolgt wurde, der Handel mit gemünztem Metall und mit eingeschmolzenem Geld. Was der Soldat an Beute gewonnen, was der Dieb aus der Kirche gestohlen hatte, wurde von den Hehlern zu flachen Kuchen oder kegelförmigen Massen verschmolzen, welche in der Kunstsprache „Plantschen" und „Könige" hießen: was dem Gelde durch Beschneiden abgekippt war und was sonst unter falschem Namen vorsichtig versandt werden mußte, das wurde aus dem Schmelztiegel über nasse Besenreiser gegossen und so gekörnt. Außerdem aber wurde von unermüdlichen Aufkäufern das gut geprägte Geld gegen schlechteres eingetauscht; kleine Wechsler, meist wandernde Juden, zogen von Dorf zu Dorf, bis weit über die Grenzen des Deutschen Reiches, und sammelten, ähnlich wie jetzt die Lumpensammler, ihre Ware von dem Landmann, dem Kriegsknechte, dem Bettler. Aller Herren Angesicht, alle Wappen und Umschriften, Roß und Mann, Löwe, Schaf und Bär, Taler und Heller, die Heiligen von Köln und Trier und die Denkmünzen des Ketzers Luther wurden für die Münzen zusammengekauft, getauscht, gesammelt. Die heimliche Ware wurde dann in Fässer, in Tuchballen und Rauchwerk geschlagen. Es gab Reisewagen mit doppeltem Boden, welche besonders zu solchem Transport eingerichtet waren. Noch besserer Schutz war als Reisegefährte ein Geistlicher, für den allerbesten galt ein Trompeter, welcher dem Händler den Anschein eines fürstlichen Kuriers gab. Traf sichs, daß ein vornehmer Herr nach derselben Gegend reiste, so wars am bequemsten, diesen zu bestechen, denn er und sein Gefolge, ihre Wagen und Pferde wurden an den Stadttoren nicht untersucht. Oder der Agent verkleidete sich selbst in einen vornehmen Herrn oder Soldaten und ließ die Last durch die Reitpferde oder seine Knechte fortschaffen. Zuweilen mußte der Münzmeister unter dem Vorwande eines Besuches bei guten Freunden dem Agenten bis an die Grenze entgegenfahren; dann gingen fern von Menschenwohnungen auf einsamer Heide oder in einer Waldeslichtung die kostbaren Waren auf Kaufmanns Parole aus einer Hand in die andere.

Unterdes trug der kleine jüdische Händler seinen Ledersack mit alten Groschen bei Nacht auf Seitenwegen über die Grenze, in zwiefacher Furcht, vor den Räubern und vor den Hütern des Gesetzes. Der lederne Sack, sein breitkrämpiger Hut und der gelbe Tuchring am Rocke, das Abzeichen des Juden im Reiche, wurde am häufigsten in der Münze gesehen. Und es bestand zwischen dem Händler und Münzmeister meist ein vertrauliches Geschäftsverhältnis: der Münzmeister erlaubte zuweilen dem Juden, das Bruchsilber im versiegelten Ledersack in die Schmelztiegel zu werfen, damit nicht gestohlenes Gut an das Tageslicht komme. Aber allerdings war auch diese Vertraulichkeit nicht ohne Hintergedanken. Denn dem Juden begegnete wohl, daß sich unter hundert Mark, die er in Talern lieferte, eine Mark falscher Taler mischte, oder daß ihm die Säcke mitsamt den Münzen unterwegs naß geworden waren, was ihrer Schwere einige Lot zusetzte, oder daß ihm zwischen granuliertes Silber feiner weißer Uhrensand kam, der doch mitwog. Dafür entschädigte sich der Münzmeister, indem er die Wagschalen so zu hängen wußte, daß die eine Seite des Balkens kürzer wurde, oder indem er durch Heraufschnellen und langsames Herunterlassen der Wagschalen trotz dem lotrechten Stand des Züngleins die Ware um einige Lot leichter machte, oder er fälschte gar die Gewichte. Und was der Meister nicht tat, das wagten die Münzjungen. Wenn der Lieferant noch so vorsichtig war, sie wußten ihm unter die Schmelzproben des bereits abgewogenen Silbers Kupferstaub zu mischen, um die Probe schlechter zu machen, als sie wirklich war. In solcher Weise war der Verkehr auch bei den Münzstätten, welche auf das Gesetz noch Rücksicht nahmen.

Außer den geprüften Münzen aber gab es in den meisten der zehn Kreise noch andere von leichterem Gewissen und kühnerer Tätigkeit. Nicht geradezu Falschmünzer in unserem Sinne, obgleich auch dergleichen Privatindustrie mit großer Rücksichtslosigkeit betrieben wurde. Es waren Münzer im Dienste eines Kreisstandes, welcher das Recht zu prägen hatte; dieser Standesherren und Städte waren aber zur Zeit sehr viele, und allen lag ihr Münzrecht am Herzen, weil es Einnahme brachte. Deshalb wurde von ihnen auch gegen die Reichsbeschlüsse, welche die Pflicht auferlegten, das Geld in einer gesetzlichen Kreismünze prägen zu lassen, auf ihrem eigenen Gebiet kräftig gemünzt. Zuweilen verpachteten sie ihr Münzrecht gegen eine Jahresrente, ja sie verkauften ihre Münzstätte an andere Herren, sogar an gewinnsüchtige Unternehmer. Dergleichen unregelmäßige Prägstellen wurden „Heckenmünzen" genannt. Und in ihnen fand eine planmäßige Verderbnis des Geldes statt. Nach der Berechtigung des Münzers wurde nicht gefragt, wer mit Feuer und Eisen umzugehen wußte, verdang sich zu solchem Werke. Auf den vorgeschriebenen Feingehalt und das Gewicht des Geldes ward wenig Rücksicht genommen, es ward mit falschen Stempeln geprägt und auf leichte Münzen Bild des Landesherrn und Jahreszahl aus einer besseren Zeit geschlagen, ja es wurden in wirklicher Falschmünzerei die Stempel fremder Münzen nachgestochen. Den neugeprägten Münzen ward dann durch Weinstein oder Lotwasser der neue Glanz genommen. Alles unter dem Schutz des Landesherrn. Das Vertreiben des so geprägten Geldes erforderte alle Schlauheit und Vorsicht der Händler, und es bildete sich hier ein Geschäftsbetrieb, bei welchem, wie sich vermuten läßt, viele Zwischenträger beschäftigt waren. Auf Reichstagen und Kreisversammlungen hatte man seit siebzig Jahren gegen die Heckenmünzen donnernde Verfügungen erlassen, aber ohne Erfolg. Ja, seit Einführung des guten Reichsgeldes waren sie häufiger und arbeitsamer geworden, denn seit der Zeit lohnte ihre Arbeit besser.

So war es schon vor dem Jahre 1618. Die kleinen wie die großen Landesherren brauchten Geld und wieder Geld. Da fingen einige Reichsfürsten an — die Braunschweiger waren leider unter den ersten — die Arbeiten der verrufensten Heckenmünzer zu übertreffen. Sie ließen statt von Silber in einer schlechten Mischung von Silber und Kupfer schwere und leichte Landesmünze schlagen. Bald wurde versilbertes Kupfer daraus. Zuletzt schlug man z. B. in Leipzig das kleine Geld gar nicht mehr von Kupfer, das man höher verwerten konnte, sondern die Stadt gab statt dessen eckiges Blech mit einem Stempel aus. Wie die Pest griff diese Entdeckung, Geld ohne große Kosten zu machen, um sich. Aus den beiden sächsischen Kreisen verbreitete sie sich nach den rheinischen und süddeutschen. Hundert neue Münzen wurden errichtet. Wo ein verfallener Turm für Schmiede und Blasebalg fest genug erschien, wo Holz zum Brennen vollauf und eine Straße war, das gute Geld zur Münze und schlechtes hinauszufahren, da nistete sich eine Bande Münzer ein. Kurfürsten und Herren, geistliche Stifter und Städte wetteiferten miteinander, aus Kupfer Geld zu machen. Auch das Volk wurde angesteckt. Seit Jahrhunderten hatten Goldmacherkunst und Schatzgräberei die Einbildungskraft des Volkes beschäftigt, jetzt schien die glückliche Zeit gekommen, wo jeder Fischtiegel sich auf des Münzers Wage in Silber verwandeln konnte. Es begann ein tolles Geldmachen. Daß reines Silber und altes Silbergeld im kaufmännischen Verkehr auffallend und unaufhörlich teurer wurden, so daß endlich für einen alten Silbergulden vier, fünf und mehr Gulden gezahlt werden mußten, und daß die Preise der Waren und Lebensmittel langsam höher stiegen, das kümmerte die Menge nicht, solange das neue Geld, dessen Erzeugung sich ja ins Unendliche vermehren ließ, immer noch willig genommen wurde. Die Nation, ohnedies aufgeregt, geriet zuletzt in einen wilden Taumel. Überall schien Gelegenheit, ohne Arbeit reich zu werden. Alle Welt legte sich auf Geldhandel. Der Kaufmann machte Geldgeschäfte mit dem Handwerker, der Handwerker mit dem Bauer. Ein allgemeines Umherlungern, Schachern, Übervorteilen riß ein. Der moderne Schwindel mit Aktien und Börsenpapieren gibt nur eine schwache Vorstellung von dem Treiben damaliger Zeit. Wer Schulden hatte, jetzt eilte er, sie zu bezahlen. Wem der gefällige Münzer einen alten Braukessel in Geld umschlug, der konnte dafür Haus und Acker kaufen. Wer Gehalte, Sold und Löhne auszuzahlen hatte, der fand es sehr bequem, die Summen in weiß gesottenem Kupfer hinzuzahlen. In den Städten wurde nur noch wenig gearbeitet und nur um sehr hohes Geld. Denn wer einige alte Taler, Goldgulden oder anderes gutes Reichsgeld als Notpfennig in der Truhe liegen hatte, — wie damals fast jedermann — der holte seinen Vorrat heraus und setzte ihn vergnügt in das neue Geld um, da der alte Taler, merkwürdigerweise, vier-, ja sechs- und zehnmal so viel zu gelten schien als früher. Das war eine lustige Zeit. Wenn Wein und Bier auch teurer waren als sonst, sie waren es doch nicht in demselben Verhältnis wie das alte Silbergeld. Ein Teil des Gewinnes wurde im Wirtshaus verjubelt. Auch geneigt zu geben war man in solcher Zeit. Die sächsischen Stände bewilligten auf dem Landtage zu Torgau mit Leichtigkeit einen hohen Zuschlag zur Landsteuer, war doch Geld überall im Überfluß zu haben! Auch zum Schuldenmachen war man sehr bereit, denn überall wurde Geld zu günstigen Bedingungen angeboten und überall konnte man Geschäfte damit machen. Deshalb wurden von allen Seiten große Verpflichtungen übernommen. — So trieb das Volk in starker Strömung zum Verderben.

Aber es kam die Gegenströmung, zuerst leise, dann immer stärker. Zuerst klagten alle die, welche von festem Gehalt ihr Leben bestreiten mußten, am lautesten die Pfarrgeistlichen, am schmerzlichsten die Schullehrer, die armen Kalmäuser. Wer sonst von zweihundert Gulden gutem Reichsgeld ehrlich gelebt hatte, der bekam jetzt zweihundert Gulden leichtes Geld, und wenn auch, wie allerdings oft geschah, die Gehalte um einiges, bis zum vierten Teile, erhöht wurden, er konnte selbst mit dem Zuschuß nicht die Hälfte, ja bald nicht den vierten Teil der notwendigsten Ausgaben bestreiten. Die geistlichen Herren schlugen wegen dieses unerhörten Falles in der Bibel nach, fanden darin einen unverkennbaren Widerwillen gegen alle Heckenmünzerei und begannen gegen das leichte Geld von den Kanzeln zu predigen. (Früher hatten sie mitgemacht! s. o.) Die Schullehrer auf den Dörfern hungerten, solange es gehen wollte, dann entliefen sie und vermehrten den Troß der Vagabunden, Bettler, Soldaten. Die Dienstboten wurden zunächst aufsätzig. Der Lohn von durchschnittlich zehn Gulden aufs Jahr reichte ihnen jetzt kaum hin, ihre Schulden zu bezahlen. In allen Häusern gab es Gezänk mit der Brotherrschaft, Knechte und Mägde entliefen, die Knechte ließen sich anwerben, die Mägde versuchten es auf eigene Hand. Unterdessen verlor sich die Jugend von den Schulen und Universitäten. Wenige bürgerliche Eltern waren damals so wohlhabend, daß sie ihre Söhne in der Studienzeit ganz aus eigenen Mitteln erhalten konnten. Dafür gab es eine Menge Stipendien, seit Jahrhunderten hatten fromme Leute den armen Studenten Geld gestiftet. Der Wert der Stipendien schwand dem Schüler jetzt plötzlich dahin, sein Kredit in der fremden Stadt war bald erschöpft, vielen Studierenden wurde der Lebensunterhalt unmöglich, sie verfielen der Armseligkeit und den Versuchungen der blutigen Zeit. Noch kann man in mehreren Selbstbiographien ehrbarer Theologen lesen, welche Not sie damals ertragen mußten. Dem einen wurde zur Rettung, daß er in Jena alle Tage für vier Semmel auf das Kerbholz seines Magisters schneiden durfte, ein anderer vermochte, durch Stundengeben in der Woche achtzehn Batzen zu erwerben, die er aber sämtlich für trockenes Brot ausgeben mußte.

Die Unzufriedenheit griff weiter. Zunächst die Kapitalisten, welche ihr Geld ausgeliehen hatten und von den Zinsen (damals in Mitteldeutschland fünf, selten sechs Prozent) lebten. Sie waren vor kurzem als wohlhabende Leute viel beneidet worden, jetzt reichten ihre Einnahmen vielleicht kaum hin, ihr Leben zu erhalten. Sie hatten tausend gute Reichstaler ausgeliehen, und jetzt zählte ihnen der Schuldner eilig tausend Taler in neuem Gelde auf den Tisch. Sie forderten ihr gutes altes Geld zurück, zankten und klagten vor Gericht; aber was sie zurückerhalten hatten, trug des Landesherren Bild und das alte Wertzeichen, es war gesetzlich geprägtes Geld, und der Schuldner konnte sich mit Recht darauf berufen, daß auch er solches Geld in Kapital, Zinsen und für Arbeit empfangen hatte. So entstanden zahllose Prozesse und die Juristen kamen in arge Verlegenheit. Endlich gerieten die Städte, die Landesherren selbst in Bestürzung. Sie hatten gern das neue Geld ausgegeben, und viele von ihnen hatten es maßlos gemünzt. Jetzt aber bekamen sie bei allen Steuern und Abgaben auch nur schlechtes Geld wieder ein, für hundert Pfund Silber jetzt hundert Pfund versilbertes Kupfer, während auch für sie alles teurer geworden war und ein Teil ihrer Ausgaben durchaus in gutem Silber gemacht werden mußte. Da versuchten die Regierungen sich durch neue Unredlichkeiten zu helfen. Sie hatten erst das gute Reichsgeld durch einen Zwangskurs niederzuhalten gesucht, jetzt setzten sie plötzlich den Wert ihres eigenen Geldes herab, wieder mit Zwangskurs und Strafdrohung für alle, die ihm weniger Wert gönnen würden. Aber das falsche Geld sank doch unaufhaltsam unter den verordneten Wert. Da verboten einzelne Regierungen ihr eigenes Landesgeld, das sie eben erst gemünzt hatten, für Steuern und Abgaben. Sie selbst weigerten sich, wiederzunehmen, was sie in den letzten Jahren geprägt hatten. Jetzt erst merkte das Volk die ganze Gefahr seiner Lage. Ein allgemeiner Sturm gegen das neue Geld brach los. Es sank auch im Tagesverkehr bis auf ein Zehntel seines Nennwertes. Die neuen Heckenmünzen wurden als Nester des Teufels verschrieen, die Münzer und ihre Agenten, die Geldwechseler und wer sonst aus dem Geldhandel Geschäft gemacht, wurden Gegenstände des allgemeinen Abscheus. Damals wurde in Deutschland für sie die Volksbezeichnung Kipper und Wipper allgemein. Die Wörter kamen von den Niedersachsen: k i p p e n sowohl auf der Geldwage betrügerisch wiegen als auch Geld beschneiden und w i p p e n das schwere Geld von der Wagschale werfen. Man sang Spottlieder auf sie. In dem Rufe der Wachtel glaubte man ihren Namen zu hören, und der Pöbel schrie „kippediwipp" hinter ihnen her, wie „hep" hinter den Juden. An vielen Orten rottete sich das Volk zusammen und stürmte ihre Wohnungen. Noch lange Jahre nachher, nach allen Schrecken des langen Krieges galt es für eine besondere Schande, wenn einer in der Kipperzeit zu Geld gekommen war. Überall entstanden Unordnungen, Aufläufe; die Bäcker wollten nicht mehr backen, ihre Läden wurden zerschlagen; die Fleischer wollten zur vorgeschriebenen Taxe nicht mehr schlachten; Bergleute, Studenten, Soldaten tobten in wildem Aufruhr; die Stadtgemeinden versanken in Schulden bis zur Zahlungsunfähigkeit, z. B. das wohlhabende Leipzig. Aller Handel und Verkehr hörte auf, das alte Gefüge der bürgerlichen Gesellschaft krachte und drohte auseinander zu brechen . . . ."

Wer diese Schilderung der Kipper- und Wipperzeit liest, der wird wohl die Empörung unserer Vorfahren über die amtlich betriebene Geldentwertung und Falschmünzerei sehr lebhaft nachfühlen können, vollends wenn er die im Weltkrieg und in der Nachkriegszeit betriebene Inflation miterlebt hat. Nichts beweist die Kontinuität des leihkapitalistischen Geistes schlagender als die Gleichheit des Erscheinungsbildes der Geldentwertung in der Kipper- und Wipperzeit und in der Inflationszeit der Jahre 1914—1923 der christlichen Ära. Wie die Kipper- und Wipperzeit ein leihkapitalistischer Beutezug im Geiste des jüdischen Kriegsrechts war, so auch die Inflation unserer Tage. Es ist leider nicht möglich, eine Geschichte der Inflation zu schreiben, weil über die letzten Gründe, die zur Inflation geführt haben, von allen „interessierten" Kreisen tiefstes Schweigen beobachtet wird. Immerhin sind da einige Tatsachen, die für das Wesen der Inflation so bezeichnend sind, daß von ihnen auf die treibenden Kräfte der Geldentwertung geschlossen werden kann. Da ich nicht will, daß mir irgendwelche Kritiker vorhalten, ich hätte, um die Übereinstimmung der Inflation mit der Kipper- und Wipperzeit nachzuweisen, auch hier ein willkürlich zurechtgemachtes Bild der Inflation entworfen, so gebe ich im Nachfolgenden dem Rechtsanwalt Dr. Oelenheinz das Wort mit seinem Schriftsatz vom 22. 9. 1927 der christl. Ära für den Kölner Banknotenprozeß. Es heißt dort:

„I. Der Grundgedanke der Klage ist der, daß das Reich die Inflation absichtlich und schuldhaft herbeigeführt hat, was im einzelnen näher darzutun sein wird. Es soll nicht bestritten werden, daß durch einen verlorenen Krieg die Währung eines Landes ungünstig beeinflußt wird. Es hängt dies damit zusammen, daß im In- und Ausland das Vertrauen in die Einlösung der Geldzeichen durch die Befürchtung, es könnten die Lasten infolge des Kriegsverlustes für das Volk erdrückend sein, beeinträchtigt werden kann. Eine solche Beeinträchtigung der Währung kann aber nur immer in gewissen Grenzen sich halten und wird eine vorübergehende sein; sie wird nur solange dauern, bis der im Krieg unterlegene Staat den Beweis erbringt, daß ihm die wirtschaftliche Erholung trotz der Kriegsschäden möglich ist. Diesen Beweis hatte das Deutsche Reich schon längst erbracht. Hier aber handelt es sich um etwas ganz anderes, nämlich darum, daß man das Geld durch übermäßige Vermehrung der Geldzeichen absichtlich entwertet hat zu dem Zwecke, die Lasten des verlorenen Krieges ausschließlich einem Teil des Volkes aufzuerlegen. Der Plan zu diesem Beginnen wurde gefaßt in Schwanen-Werder, bei der insbesondere der Reichsbankpräsident , Finanzdirektor Morvelius, der sozialdemokratische Führer Parvus Helphand u. a. beteiligt waren. Hier wurde beschlossen, durch Entwertung des Geldes die Gläubiger von Geldforderungen zugunsten des Reiches einerseits, das ein Hauptschuldner dieser Geldforderungen ist, und der Sachbesitzer andrerseits, zu enteignen. Der dort gefaßte Plan wurde dann im einzelnen durchberaten und ins Werk gesetzt durch eine engere Versammlung in Köln. An jener Versammlung nahmen teil: der jetzige (1927) Außenminister Dr. Stresemann, der jetzige (1927) Reichsbankpräsident Kommerzienrat Dr. Louis Hagen (Levi), Großindustrieller Ottomar Strauß und Oberbürgermeister Adenauer, wobei nicht versäumt wird, zu bemerken, daß auch die Damen anwesend waren. Zum Beweise über die hier aufgestellten Behauptungen werden die sämtlichen obengenannten Personen als Zeugen benannt.

II. Zur näheren Erläuterung sollen noch folgende Einzelheiten hervorgehoben werden.

1. Das alte Reichsgesetz bestimmt bekanntlich, daß für alle ausgegebenen Reichsbanknoten die Deckung zu einem Drittel des Nominalbetrages in Gold jederzeit verfügbar zu halten sei. Diese Bestimmung ist ein Schutzgesetz zum Schutze der Banknoteninhaber.

Die Aufsichtsbehörde des Reiches hat eine Hauptaufgabe gerade darin, dafür zu sorgen, daß diese Bestimmung des Bankgesetzes von der Reichsbank eingehalten würde. Diese Aufsichtspflicht haben die Reichsbehörden gröblich verletzt. Sie haben es zugelassen, daß teilweise schon während des Krieges, ganz besonders aber in den ersten Jahren nach dem Kriege viele Milliarden von Reichsbanknoten gedruckt und in den Verkehr gebracht wurden, ohne daß irgendeine entsprechende Erhöhung der Golddeckung stattgefunden hätte.

Das Reichsbankgesetz bestimmt aber weiter, daß das Reich nur Kredit bekommen darf gegen Schuldscheinverpflichtungen, die von der Reichsschuldenkommission ausgestellt sind. Gegen dieses Schutzgesetz hat die Regierung, und zwar handelt es sich um die Nachkriegsregierung, gröblich verstoßen. Die Reichsschuldenkommission hat, wie zu ihrer Ehre ausdrücklich betont werden mag, sich geweigert, diese Schuldverpflichtungen mit ihrem Namen zu decken. Deshalb ist der damalige Reichsfinanzminister Schiffer eigenmächtig in seiner Eigenschaft als Finanzminister Wechselverpflichtungen des Reiches eingegangen und (hat) diese Wechsel der Reichsbank gegen Banknoten eingereicht.

2. Daß die sämtlichen Handlungen der maßgebenden Persönlichkeiten von einer geflissentlichen *Täuschungsabsicht* begleitet waren, ist daraus ersichtlich, daß man, um dem Publikum den Umfang der *Herausgabe neuer Noten zu verschleiern* und das Ansehen der Nachkriegsnoten in den Augen der Unwissenden zu erhöhen, *noch im Jahre 1923 Banknoten in der Ausstattung der Vorkriegsnoten herausgegeben hat mit dem kaiserlichen Adler und den Unterschriften aus dem Jahre 1910 und früher.* Gerade das häufige Erscheinen der alten Tausender war geeignet, im Publikum den Glauben hervorzurufen, als ob das Nachkriegsgeld wohl einmal dem Vorkriegsgeld gleichgestellt werden könnte. Andererseits hatte dieser Nachkriegsdruck der alten Vorkriegsnoten, der schließlich bis zum Betrage von 123 Milliarden sich ausdehnte, für die maßgebenden Persönlichkeiten die Bedeutung einer Vorbeugung gegen etwa sich geltendmachende Aufwertungswünsche der Inhaber. Man beabsichtigte offenbar gegenüber einem Aufwertungsbegehren den Einwand zu bringen, daß die Summe der einzulösenden Banknoten zu hoch sei, daß die Reichsbank unmöglich einen entsprechenden Betrag ohne Gefährdung der Währung aufbringen könne. Das gleiche Manöver hat man ja bekanntlich mit den Kriegsanleihen gemacht. Als die Einlösung der Kriegsanleiheschulden des Deutschen Reiches, die solange als Ehrenschulden von obengenannten maßgebenden Persönlichkeiten bezeichnet wurden, ernstlich in Frage hätte kommen können, weil schon eine große Menge Kriegsanleihen von der Kriegsanleihe-A.-G. zurückgekauft worden war — die besser Unterrichteten, insbesondere die Großfirmen, die an Stelle der Steuern Kriegsanleihe gezeichnet hatten, hatten rechtzeitig ihre Kriegsanleihe verkauft —, *da hat man auch die Kriegsanleihe gefälscht, indem man große Mengen Neudrucke veranstaltete, die ebenfalls wie die Reichsbanknoten das kaiserliche Wappen und die Unterschriften der früheren Zeit getragen haben*, und man hat dann in offiziellen Ausführungen dargelegt, daß noch soviel Kriegsanleihen sich in den Händen des

Publikums befinden, daß eine irgendwie erhebliche Aufwertung den Ruin des Deutschen Reiches bedeute."[124])

Wie man sieht, birgt die Erscheinung der Inflation für uns Deutsche noch manches Rätsel, zu dessen Lösung manche Frage an Juden und Freimaurer — die in dem oben angeführten Schriftsatz erwähnten Persönlichkeiten sind teils Juden, teils Hochgradfreimaurer — notwendig wäre. Allerdings steht nicht zu erwarten, daß viel dabei herauskommt, denn das jüdische Kriegsrecht erlaubt den Meineid. Ich zitiere die in Frage kommenden Stellen nach Dr. Erich Bischoff „Das Buch vom Schulchan aruch". (S. 90/93):

„Joreh deah 239,1 (Hagah).

(Ein Meineidsparagraph).

„Wenn ein Jude einen Nichtjuden bestohlen hat, (die Inflation war ein Diebstahl im Großen), und man (das Gericht) legt ihm in Gegenwart anderer Juden einen Eid auf, und (diese Juden) wissen, daß er falsch schwören wird, so sollen sie ihn zu einem Vergleiche mit dem (bestohlenen) Nichtjuden nötigen und (auf ihn einwirken), nicht falsch zu schwören, auch wenn er (doch noch) zum Eide gezwungen würde, weil durch seinen (ganz offensichtlich falschen) Eid der Name (Gottes) entheiligt würde. Wird er aber zum Eide gezwungen, ohne daß in der Sache Entheiligung des Namens vorliegt (weil ihm niemand den Meineid nachweisen kann), so soll er (ruhig falsch schwören, gleichzeitig aber) den Schwur in seinem Herzen vernichten (für ungültig erklären), weil er zu ihm gezwungen worden sei, wie oben (Joreh deah 232) gesagt ist."

Dazu bemerkt der Kommentar Beer ha-golah:

Siehe dort (232,14 Hagah): „Wo Todesstrafe droht, nennt man es (wenn man sich durch einen Meineid los schwört) einen „Notschwur" und achtet nicht darauf, ob Entheiligung des Namens (oder keine) vorliegt." Bei Geldprozessen aber, schreibt er (Isserles), ist nur dann (Meineid erlaubt), wenn keine Entheiligung des Namens vorliegt (weil niemand ihm den Meineid nachweisen kann).

Joreh deah 232,12 heißt es: „Jeder, der zu einem Eide gezwungen ist, dessen Eid ist nichtig, auch wenn er sagt, er schwöre nach der Meinung der Mehrzahl (im rechten Wortsinne) und nach der Meinung Gottes" (der einen Meineid verbietet).

Joreh deah 232,14 lautet: „Wenn jemand (ein Jude) einem Zwangsausübenden ein (eidesstattliches) Gelübde oder sich durch einen Eid verschwört, so ist das kein Gelübde und kein Eid . . . . (sondern geschieht nur), damit man von dem (Zwangsausübenden) freikomme. . . . . Es ist sogar erlaubt, dergleichen (Gelübde oder Schwüre) unverlangt und von freien Stücken oder in größerem Umfange, als verlangt wird, zu tun, ... weil dies alles nur aus Zwang geschieht, ... doch (geschehe) alles nur, soweit es nötig ist." (Hagah): „Wenn ein König oder Fürst ihm (einem Juden) befiehlt, unter Eid von einem (anderen Juden) auszusagen, ob dieser mit einer Nichtjüdin Geschlechtsverkehr gepflogen habe — um (diesen Juden) mit dem Tode zu bestrafen,

[124]) Dr. Oelenheinz: Spiegel der Inflation. S. 15/17.

so heißt dies ein Zwangsschwur (Notschwur), und dieser ist (beim Schwören) innerlich ungültig zu machen. Ebenso, wenn (Jude) A. bei (Jude) B. Geld hinterlegt hat und der (nichtjüdische) König oder Fürst (Herr) befiehlt, denjenigen in den Bann zu tun, der von dem Gelde des A. etwas weiß (aber nicht sagt), so ist ein solcher Bann, sofern der nichtjüdische (Herrscher) das Geld des A zwangsweise zu Unrecht nehmen will, völlig nichtig, und so darf auch B., bei dem das Geld hinterlegt ist, (fälschlich) schwören, daß er nichts von A. (in Verwahrung) habe, wenn nur solche Leute (wie B.) den Eid in ihrem Herzen für ungültig erklären und keine Entweihung des Namens dabei ist" (keine Möglichkeit vorliegt, daß der Meineid entdeckt wird und so Schande über Gott und Volk der Juden kommt).

(Hagah): „Alles dies gilt nur dann, wenn es möglich ist, daß man seinen Schwur falsch leistet, ohne daß der Nichtjude dies erfährt; andernfalls ist es „wegen Entheiligung des Namens" verboten."

— Daß der „rein geistige Vorbehalt" (Reservatio pure mentalis) bei einem sachlich falschen Eide juristisch und ethisch gleichermaßen sträflich und verwerflich ist, darüber braucht wohl kein Wort verloren zu werden. Joreh deah 239,1 selbst spricht nicht (wie 232,14 und die Kommentare) von drohender Todesstrafe allein, sondern ganz allgemein von einem falschen (sog. „Reinigungs")-Eide des Beschuldigten (und tatsächlich Schuldigen). Selbst Joreh deah 232,14 ist in dem Falle des A. nicht von Todesstrafe die Rede, sondern von einer angeblich widerrechtlichen Gewaltsamkeit des Herrschers; ob eine solche vorliegt, ist dem subjektiven Urteil des B. überlassen! So ist dem Begriffe des Zwanges ein unzulässig weiter Spielraum gegeben, und tatsächlich fühlt sich z. B. der strenge Ostjude schon „gezwungen", wenn er vor einem nichtjüdischen Richter einen Eid schwören soll. — Verschärfend tritt noch hinzu, daß alle diese „rein geistigen Vorbehalte" beim Eide, Schwure oder eidesstattlichen Gelübde hier nur dem Nichtjuden gegenüber erlaubt werden. Es ist eine der objektiven Wahrheit zuwiderlaufende Irreführung, wenn Hoffmann („Der Schulchan aruch, 2. Auflage, Berlin 1894, S. 172 Anm.) behauptet, es werde „in Joreh deah 232,12 bis 16 absolut entschieden, daß alle durch ungerechte Drohungen erzwungenen (eidesstattlichen) Gelübde und Eide ungültig sind, einerlei, ob sie von (lies: durch) Juden oder Christen (!) erpreßt sind, und ob ein Jude oder ein Christ durch die Nichterfüllung (!) des Eides (lies: durch den Meineid!) zu Schaden kommt! —Gleich im nächsten Satze muß er zugestehen, daß an allen Stellen immer nur von dem Meineid gegenüber einem Nichtjuden die Rede ist. Aus dieser Klemme sucht er sich durch den Winkelzug zu helfen, daran seien die Quellen (dieser Schulchan aruch Vorschriften) schuld, nämlich die Responsen (rabbinischen Rechtsgutachten) usw., z. B. die Hagahôth Ascher usw., bei deren Entscheidungsfällen der durch den Meineid Betrogene zufällig jedesmal ein „Goi" (Nichtjude) gewesen sei. — Seltsam! Der Schulchan aruch weiß doch sonst sehr gut aus einem speziellen Responsum oder einem im Talmud berichteten Spezialfalle eine allgemeine Regel zu schöpfen und z. B. aus nackten Betrugsfällen der talmudischen Quelle das allgemeine Verbot einer bloßen „Irrtums-Erregung“ herauszudestillieren (Choschen ha-mischpat 348,2 Hagah). — Und warum weiß denn der Schulchan aruch (Choschen ha-mischpat 87,20) ein so treffliches Mittel anzugeben, wie jüdische Richter sich und das „jüdische Geschlecht“ gegen den Meineid eines Juden vor einem jüdischen Gerichtshofe zu schützen wissen? Hier wird jeder heimliche Vorbehalt (jede rein mentale Reservation beim Eide) auf das fürsorglichste ausgeschlossen (Choschen ha-mischpat 87,20 Hagah) mit der Admonition:

> „Wir lassen dich nicht nach deiner Meinung, sondern nach unserer Meinung (in unserem Sinne) schwören. — Und wenn ein Betrug (des Schwörenden) dabei möglich ist, so muß ihm der Richter sagen, daß er (der Eidesleistende) bei seinem Eide jede Art Betrug, die er in seinem Herzen habe, (jeden mentalen Vorbehalt) offen heraussagen (d. h. angeben und nicht bei sich behalten) solle.“

Warum darf gegenüber diesem Wahrheits-„Zwange“ der von jüdischer Seite ausgeht, der Jude seinen Eid nicht „innerlich ungültig machen“ und, etwa mit der Versicherung, er schwöre „nach dem wahren Wortsinne und nach der Meinung Gottes“ (der den Meineid verbiete) nicht doch einen Meineid schwören? Weil er es hier mit Juden und nicht mit Nichtjuden zu tun hat!“ Und weil er mit den Nichtjuden Krieg führt!

Man kann sich denken, welche Bedeutung diese Bestimmungen für den Rassen- und Wirtschaftskampf haben. Für die Juden gilt auf alle Fälle der Schutz des Bankgeheimnisses, das mit allen Mitteln aufrechterhalten wird. Und die Schändung der nichtjüdischen Rassen steht ebenfalls auf alle Fälle unter dem Schutze der Meineidsberechtigung.

Vernebelung, Entrassung, Entwurzelung: — in einzigartiger Geschlossenheit steht das System des jüdischen Kriegsrechts vor uns. Wahrhaftig dieses System ist so einzig vollkommen, daß der jüdische Priester ein Anrecht darauf hatte, in 5. Mose 24,8 zu bestimmen:

> „Hüte dich bei der Plage des Aussatzes, daß du mit Fleiß haltest und tust alles, das dich die Priester, die Leviten, lehren; wie ich ihnen geboten habe, so sollt ihrs halten, und darnach tun.“

Was ist gefährlicher — das jüdische Kriegsrecht oder das schwerstbewaffnete Heer? Hat nicht die auf den leisen Sohlen des jüdischen Kriegsrechts einherschleichende judaistische Revolution das Antlitz der Erde nachhaltiger geändert, als es selbst die blutigsten Kriege vermochten? Wer wagt es noch, den jüdischen Krieg der unsichtbaren Fronten als leeren Wahn zu bezeichnen? Wohl kein ernstzunehmender Politiker mehr.

Wie ist diesem Krieg der unsichtbaren Fronten zu begegnen? —

Abschließender Teil.

Der deutsche Aufmarsch zum Krieg der unsichtbaren Fronten.

1.

Das Judentum als kriegführende Nation anerkennen, bedeutet soviel, als es zum Subjekt der Völkerrechtsgemeinschaft erheben. Darauf wird mir entgegengehalten werden, daß das Judentum keine kriegführende Nation sei und daß ich den Begriff des Krieges weit überspanne. Meine Erwiderung auf diesen Einwand ist kurz und bündig, daß ich mich in meiner Darstellung nur an die gegebenen Tatsachen und Rechtsideen gehalten habe und daß ich weder der Erfinder des jüdischen Kriegsrechts, noch auch der jüdischen Kriegführung bin, daß ich aber das, was ich in diesem Buche zur Darstellung brachte, für eine durch nichts aus der Welt zu schaffende kriegerische Wirklichkeit halte, die als todbringende Wirklichkeit einen ungeheuer bedrohlichen Umfang gewonnen hat.

Ich betrachte das Judentum aber nicht nur als eine tatsächlich kriegführende Nation, sondern billige ihm das Recht auf Kriegführung und speziell auf *seine* Art der Kriegführung ausdrücklich zu.

Wir haben uns auf diese Wirklichkeit einzustellen und dürfen sie nicht nach der Art des bekannten Vogels einfach übersehen wollen und als nicht vorhanden betrachten. Den Juden, die uns fernerhin Thora, Talmud und Schulchan aruch als reine Sittengesetze aufschwätzen wollen, sei entgegnet, daß es ganz allein *unsere* Sache ist, an Hand der geschichtlichen und rechtlichen Gegebenheiten den Begriff des jüdischen Krieges festzustellen. Es herrscht Kriegszustand, wenn sich die Völker und Staaten mit bewaffneter Macht entgegentreten und niederringen wollen. Dieser Satz wird allgemein anerkannt. Es herrscht aber auch Kriegszustand, wenn ein Volk die anderen Völker in den unzerreißbaren Schlingen und Netzen des Messianismus, der judäozentrischen Geschichtsauffassung, des kultischen Imperialismus und Kapitalismus zu erdrosseln sucht und nach ganz bestimmten Regeln, die seiner Ansicht nach Recht sind, einen mörderischen Vernebelungs-, Entrassungs- und Entwurzelungskrieg gegen die anderen Völker führt. Dieser Satz muß sich im Bewußtsein der Völker erst Anerkennung verschaffen. Es muß anerkannt werden, daß ein Krieg auch in der Form des Erdrosselungskampfes geführt werden kann, genauer gesagt, in der Form des seelischen Erdrosselungskampfes, der automatisch den rassischen, geistigen und wirtschaftlichen Zerfall des zu erdrosselnden Volkes zur Folge hat. Wie uns im Schwertkampf die Methoden des Gegners nicht gleichgültig sein dürfen, so dürfen wir auch im Erdrosselungskampf, den die Juden gegen uns führen, uns nicht einfach die jüdischen Schlingen und Netze über den Kopf werfen lassen, sondern müssen uns eben dagegen wehren. Unsere Erkentnis genügt, um eine systematische und organisierte Abwehr als dringend notwendig erscheinen zu lassen. — Diese Abwehr erfordert:

1. Zwischenstaatliche Anerkennung des jüdischen Volkes als Subjekt der Völkerrechtsgemeinschaft. Mit der doppelten Staats-

angehörigkeit der Juden muß gründlichst aufgeräumt werden. Sie dürfen in keinem Staate mehr durch die doppelte Staatsangehörigkeit auch nur den geringsten Stützpunkt gewinnen. Ausscheiden des jüdischen Volkes aus dem Volks-, Staats-, Kultur- und Wirtschaftsverband der nichtjüdischen Völker und Bildung einer geschlossenen Front aller nichtjüdischen Völker gegen das Judentum.

2. Gründung eines souveränen Judenstaates in Uganda.
3. Vollständige systematische Darstellung des jüdischen Kriegsrechts und Aufnahme dieses in das geltende Völkerrecht.
4. Zwischenstaatliche Verträge auf Ausschaltung des Judentums aus dem ganzen internationalen Nachrichten- und Pressedienst, aus Diplomatie und Konsulardienst.
5. Alle nichtjüdischen Staaten verpflichten sich, bei ihren Gesandtschaften beglaubigte staats- und volksangehörige Korrespondenzbeamte zu unterhalten, die allein zur Empfangnahme amtlicher Nachrichten und Erklärungen befugt sind. Außerdem werden zwischenstaatliche Verträge abgeschlossen des Inhalts, daß jede Zeitung oder periodische Druckschrift, welche Falschmeldungen über einen Staat verbreitet, zu schwersten Strafen verurteilt wird. Zu diesem Zweck wird ein zwischenstaatlicher Schiedsgerichtshof gebildet, dessen Urteil vom Staat der verurteilten Zeitung oder periodischen Druckschrift zu vollziehen ist.

   Sobald der von einer Zeitung beleidigte Staat Einspruch beim Schiedsgerichtshof eingelegt hat, ist die Zeitung bis zur Verkündung des Urteils zu verbieten. Wird der Klage des Staates nicht stattgegeben, so hat er der geschädigten Zeitung Schadenersatz zu leisten.

   Die Urheber und Verbreiter von Falschmeldungen sind vor dem Schiedsgerichtshof abzuurteilen und vom Staat, dessen Staatsangehörigkeit sie besitzen, zu bestrafen. Dasselbe gilt für die Inhaber von Druckereien, von welchen die beleidigenden Artikel und Falschmeldungen gedruckt wurden.
6. Die Ausarbeitung eines zwischenstaatlichen Presserechts und Presseehrenrechts ist eines der dringendsten Erfordernisse unserer Tage.

   Dieses Recht müßte folgende Punkte behandeln:
   a) Richtigstellung von Falschmeldungen in der Presse des falschmeldenden Staates
   b) Richtigstellung von Falschmeldungen in der Presse aller anderen Staaten.
   c) Bestrafung der Urheber, Drucker und Verbreiter von Falschmeldungen.
   d) Bekanntmachung des Urteils in der gesamten Presse der Erde und durch Rundfunk.

Das sind die Punkte, deren Erfüllung im Wege völkerrechtlicher Verträge und Abmachungen angestrebt werden muß, wenn die unheilvolle Macht den Judentums und seiner Ableger — Freimaurerei und Jesuitismus — gebrochen werden soll. Sie enthalten die Mindestforderungen für die Sicherstellung des Weltfriedens vor der jüdisch-freimaurerisch-jesuitischen Kriegshetze.

2.

Staatsrechtlich muß zur Lösung der Judenfrage Folgendes gefordert werden:

a)

Als Angehörige einer fremden Nation, deren außenpolitische Vertretung bis auf Weiteres im Zionismus und seiner obersten Leitung anzuerkennen ist, scheiden die Juden aus dem deutschen Staats- und Volksverband aus. Renten und Pensionen, auf welche sich einzelne Juden im Dienste des Deutschen Reiches und der deutschen Länder auf Grund deutscher Gesetze ein Anrecht erworben haben, laufen bis zum Tode des Berechtigten weiter.

Die Juden verlieren mit der deutschen Staatsangehörigkeit nicht nur alle Rechte als deutsche Staatsbürger, sondern auch die Rechtsfähigkeit und Geschäftsfähigkeit im Sinne des Bürgerlichen Rechts. Sie können sich auch im Rechts- oder Geschäftsverkehr nicht vertreten lassen. Jeder direkte oder indirekte Vertreter eines Juden wird insoweit dem Juden gleichgestellt, als er ihn vertritt.

b)

Das deutsche Eherecht muß dahin geändert werden:

a) bei einer Mischheirat mit Juden oder mit Personen nichtarischer Abstammung scheidet der deutsche Ehegatte aus dem deutschen Volksverband aus und verliert sein Vermögen.

Heirat mit Juden hat zur Folge, daß der deutsche Ehegatte in jeder Beziehung mit Juden gleichgestellt wird.

b) Heiraten zwischen Personen, unter deren Vorfahren sich Juden befinden, sind ausgeschlossen. Da sich im deutschen Volkskörper Judenbastarde finden werden, die von urgroßelterlicher oder gar großelterlicher Seite her Judenblut in sich haben, so muß wenigstens der Häufung jüdischen Erbgutes vorgebeugt werden. Dies geschieht am besten durch Einführung dieses Ehehindernisses. Von diesem Ehehindernis kann nicht befreit werden. Heiraten zwei solche Bastarde einander trotz dieses Ehehindernisses, so werden sie den Juden gleichgestellt und scheiden unter Verlust ihres Vermögens aus dem deutschen Staats- und Volksverband aus. Die gleiche Folge hat die Erzeugung eines außerehelichen Kindes durch Judenbastarde.

c) Ehen dürfen künftig nur nach Vorlegung eingehender Ehezeugnisse geschlossen werden.

Die beabsichtigte Eheschließung ist bei Mischehen mindestens 6 Monate vor der standesamtlichen Trauung dem zuständigen Finanzamt anzuzeigen. Dieses hat die Vermögensenteignung des deutschen Ehepartners durchzuführen.

Die Kapitalflucht aus Gründen der Eingehung einer Mischehe wird besonders schwer bestraft.

c)

In die deutsche Strafgesetzgebung ist der Begriff der Rassenschande einzuführen.

Rassenschande ist der Geschlechtsverkehr von Deutschen männlichen oder weiblichen Geschlechts mit Personen nichtarischer Herkunft.

Die Rassenschande wird mit Zuchthaus bis zu drei Jahren bestraft.

Hat die Rassenschande Schwangerschaft des deutschen Teils zur Folge, so wird der Schwängerer mit dem Tode bestraft.

Rassenschänderische Notzucht wird mit dem Tode bestraft.

d)

Die Ausschaltung des Judentums aus dem deutschen Geistesleben erfordert vor allem die gründliche Beseitigung der judäozentrischen Geschichtsauffassung und die Behandlung der deutschen Geschichte nach deutschen Gesichtspunkten.

Das kann völlig nur erreicht werden durch Verbannung des christlichen Religionsunterrichts aus der deutschen Schule. Da das Christentum die judäozentrische Geschichtsauffassung vertritt, so hält diese Auffassung und damit der Judaismus mit der christlichen Religion durch den Religionsunterricht seinen Einzug in das deutsche Geistes- und Seelenleben. Reines Deutschtum verträgt sich nicht mit der vom Christentum vertretenen und verbreiteten judäozentrischen Geschichtsauffassung. Darum Trennung von Staat und Christentum, von Schule und Christentum. Wer die judäozentrische Geschichtsauffassung mit dem Deutschtum vereinbaren kann, der mag Christ werden. Er soll aber andere Deutsche nicht zum Bekenntnis der judäozentrischen Geschichtsauffassung und damit zum widerdeutschen Judaismus zwingen.

e)

Die Ausschaltung des Judentums aus dem deutschen Geistesleben erfordert aber darüber hinaus die völlige Zertrümmerung der freimaurerischen Logen und Einziehung ihres Vermögens.

Deutsche, welche künftighin einer freimaurerischen oder okkulten Loge oder einer sonstigen jüdisch geleiteten Organisation beitreten, werden in jeder Hinsicht den Juden gleichgestellt. Sie verlieren außerdem ihr Vermögen.

f)

Diener einer christlichen Kirche oder Sekte können kein Staatsamt und kein sonstiges öffentliches Amt bekleiden. Als öffentliches Amt im Sinne dieser Vorschrift ist auch die Stellung als Eigentümer, Herausgeber oder Mitarbeiter einer nichtkirchlichen Zeitung oder periodischen Druckschrift anzusehen.

g)

Die Ausschaltung des Judentums aus dem deutschen Geistesleben fordert ferner die Zertrümmerung der Judenmacht in Theater, Kino, Literatur und Zeitungswesen.

Zu diesem Zweck verlangen wir einen Umbau unseres Steuerwesens.

Jüdische Theater und Kinos unterliegen einer fünfmal höheren Besteuerung als die deutschen Unternehmen gleicher Art.

Jüdische Presseerzeugnisse dürfen nur zu einem Preise verkauft werden, der 50 v. H. unter den Gestehungskosten liegt. Dieser Verkaufspreis unterliegt außerdem der fünffachen Besteuerung.

Jüdische Bücher dürfen nur zum fünfmal höheren Preise verkauft werden als die deutschen Bücher. Dem Verkäufer bleiben als Entschädigung seine Gestehungskosten. Den diese Gestehungskosten überschießenden Betrag hat er an das Finanzamt abzuliefern.

Als jüdisch gilt jedes Unternehmen, an welchem Juden, Freimaurer und Jesuiten oder kirchliche Organisationen persönlich, direkt oder indirekt, oder sachlich mit Kapital oder sonstigen Einlagen beteiligt sind. Dasselbe gilt sinngemäß für Zeitungen, Zeitschriften, Bücher, Verlage und Buchhandlungen.

h)

Die Ausschaltung des Judentums aus dem deutschen Wirtschaftsleben macht folgende Maßnahmen erforderlich:

Sämtliche jüdischen Unternehmungen und Betriebe unterliegen der fünffachen Besteuerung und dürfen ihre Waren nicht billiger verkaufen als die deutschen Konkurrenzunternehmen.

Der Hauptangriff gilt jedoch dem jüdischen Leihkapital. Da es nachgewiesen ist, daß das Judentum neben dem Jesuitismus und der Freimaurerei die Schuld am Weltkriege trifft, daß es an Revolution und Inflation die Schuld trägt, so haben wir das Recht, die Reparationslasten auf das Judentum und seine Trabanten abzuwälzen und von ihnen eine Inflationswiedergutmachungssteuer einzufordern, welche uns die Entschädigung der Inflationsgeschädigten gestattet.

Das Judentum im Ausland, das nicht wünscht, daß seine Volksorganisation in Deutschland mit den Reparationen belastet wird, kann ja seinen Einfluß zur Streichung der Reparationen in den nichtdeutschen Staaten geltendmachen.

Zum Zwecke der Lösung und bis zur Lösung der Judenfrage legt das deutsche Reich seine Hand auf das in Deutschland befindliche Judenvermögen und stellt es sicher. (Das Eigentum der Juden ist wie herrenloses Gut!) Dazu ist nicht nur die Auslieferung des stehenden und umlaufenden, sowie des Barvermögens und der Wertsachen notwendig, sondern auch die Anmeldung sämtlicher Forderungen von Juden an Deutsche.

Auch diese Forderungen werden von Reichs wegen sichergestellt und darüber Zahlungssperre verhängt. Zur Begleichung dieser Forderungen erhebt das Reich von den an die Juden verschuldeten Deutschen eine Judenablösungssteuer.

Das auf diese Weise vom Reich sichergestellte Judenvermögen haftet für das Wohlverhalten der Juden und ihrer Trabanten im

In- und Ausland. Außerdem haften die Juden dem Deutschen Reich für jede Verursachung eines Krieges als Geiseln mit ihrem Leben.

i)

Die Ausscheidung des Judaismus aus dem deutschen Volkskörper fordert die Pflege eines deutschen Charakterhaushaltes, welche in drei Richtungen erfolgen muß:

a) Abwehr der Ansteckung des Volks- und Rassenkörpers mit fremden und verbrecherischen Krankheitsstoffen durch Erbgesundheitspflege in den Sippen.
b) Sorgsame Pflege deutscher Dichtung, deutscher Kunst und Philosophie. Für jeden Deutschen muß die Kenntnis der deutschen Dichter so selbstverständlich sein, wie für den Christen die Kenntnis der Bibel und der Kirchenlieder.
c) Anerkennung der Geistes- und Gewissensfreiheit für jeden Deutschen, aber nur für den Deutschen.

Von solchen Deutschen, welche weltanschaulich oder in ihrem Gewissen an ausländische Obere oder an gegen das Deutschtum gerichtete Weltanschauungen oder Organisationen gebunden sind, wird erwartet, daß sie soviel Charakter aufbringen, sich vom Deutschtum loszusagen und aus dem deutschen Staats- und Volksverband auszuscheiden.

Ein Beispiel. — Wir erwarten von dem Liz. Hermann Sasse, daß er, der einen sehr sonderbaren Begriff von Deutschtum zu haben scheint, soviel Charakter aufbringt, aus dem deutschen Staats- und Volksverband auszuscheiden. In dem von ihm herausgegebenen kirchlichen Jahrbuch der evangelischen Landeskirchen Deutschlands 59. Jahrgang 1932 wird der Punkt 24 des nationalsozialistischen Programms besprochen. Dieser Punkt lautet:

„Wir fordern die Freiheit aller religiösen Bekenntnisse im Staat, soweit sie nicht dessen Bestand gefährden oder gegen das Sittlichkeits- und Moralgefühl der germanischen Rasse verstoßen.

Die Partei als solche vertritt den Standpunkt eines positiven Christentums, ohne sich konfessionell an ein bestimmtes Bekenntnis zu binden. Sie bekämpft den jüdisch-materialistischen Geist in und außer uns und ist überzeugt, daß eine dauernde Genesung unseres Volkes nur erfolgen kann von innen heraus auf der Grundlage: Gemeinnutz geht vor Eigennutz."

Der theologische Kritiker des Jahrbuches meint zu diesem Punkte:

„Die N. S. D. A. P. hat das große Glück gehabt, daß an ihrer Gründung kein Theologe beteiligt war. Das war ein Glück; denn Parteien, bei denen die Theologie Pate gestanden hat, haben es, das Zentrum natürlich ausgenommen, nie zu etwas gebracht . . . . Aber dieses große Glück erwies sich im Falle des Artikels 24 als ein Unglück. Denn dieser Artikel macht jede Diskussion mit der Kirche unmöglich. Man kann dem Nationalsozialismus alle seine theologischen Sünden verzeihen, dieser Artikel 24 schließt jedes Gespräch mit der Kirche, der evangelischen wie der katholischen, aus ....

Die evangelische Theologie kann sich über alle Punkte des Parteiprogramms mit den Nationalsozialisten unterhalten, sogar über die Judenfrage und die Rassenlehre, sie kann vielleicht das ganze übrige Programm anerkennen, aber über diesen Artikel ist nicht einmal ein Gespräch möglich. Sie kann sich auch nicht auf irgendwelche Kommentare, seien es amtliche von Hitler oder Feder, oder nichtamtliche von der Bewegung angehörenden Theologen, einlassen. Sie müßte als Bedingung einer Aussprache die vorbehaltlose Zurücknahme dieses Artikels fordern. Denn die evangelische Kirche müßte ein Gespräch darüber mit dem offenen Zugeständnis beginnen, daß ihre Lehre eine vorsätzliche und permanente Beleidigung des „Sittlichkeits- und Moralgefühls der germanischen Rasse" ist und daß sie demgemäß keinen Anspruch auf Duldung im Dritten Reiche hat. Da die Führung der Partei hauptsächlich in katholischen Händen liegt, und es die evangelischen Parteimitglieder, auch soweit sie die normale theologische Bildung genossen haben, im allgemeinen darüber keine klaren Vorstellungen besitzen, sei es hier gesagt, daß die evangelische Lehre von der Erbsünde — im Unterschied von der katholischen — die Möglichkeit nicht offen läßt, daß die germanische oder nordische oder auch irgendeine andere Rasse von Natur imstande ist, Gott zu fürchten und zu lieben und seinen Willen zu tun, daß vielmehr das neugeborene Kind edelster germanischer Abstammung mit den besten Rasseeigenschaften geistiger und leiblicher Art der ewigen Verdammnis ebenso verfallen ist wie der erblich schwer belastete Mischling aus zwei dekadenten Rassen. Wir haben ferner zu bedenken, daß die Lehre von der Rechtfertigung des Sünders Sola gratia, sola fide (— allein durch Gnade, allein durch Glauben —) das Ende der germanischen Moral ist wie das Ende aller menschlichen Moral; und wir erlauben uns die Behauptung, die wieder eine schwere Beleidigung der nordischen Rasse darstellt, daß die Juden Jesus Christus um dieser alle Moral umstürzenden Lehre willen zugleich im Namen des deutschen Volkes und der nordischen Rasse ans Kreuz geschlagen haben. Wir sind der Meinung, daß nicht nur der jüdisch-materialistische, sondern ebenso der deutsch-idealistische Geist in und außer uns bekämpft werden muß, wie es unser Bekenntnis tut, wenn es die große deutsche Mystik als Irrlehre aus der Kirche ausschließt. Wir sind ferner der Meinung, daß eine dauernde Genesung des deutschen Volkes auf der Grundlage keines ethischen Satzes erfolgen kann, auch nicht auf Grund des von uns anerkannten Satzes „Gemeinnutz geht vor Eigennutz". Schließlich bestreiten wir, daß eine Partei den Standpunkt des Christentums vertreten kann, ferner, daß es ein positives Christentum gibt, das man vertreten kann, „ohne sich konfessionell an ein bestimmtes Bekenntnis zu binden." Wir erklären des weiteren, daß wir an dem, was hier „Christentum" genannt wird, kein großes Interesse haben, daß uns aber alles an dem im Wort und Sakrament gegenwärtigen Christus, dem Herrn, an seinem Evangelium und seiner Kirche liegt. Wir wollen nicht wissen, ob die Partei für das Christentum eintritt, sondern wir möchten erfahren, ob auch im Dritten Reich die Kirche das Evangelium frei und ungehindert verkünden darf oder nicht, ob wir also unsere Beleidigungen des germanischen und germanistischen Moralgefühls ungehindert fortsetzen dürfen, wie wir es mit Gottes Hilfe zu tun beabsichtigen, oder ob uns dort Einschränkungen auferlegt werden — z. B. daß wir es nicht mehr in der Schule tun dürfen — und wer das Recht hat, diese Einschränkungen uns auferlegen."

— Der Grundsatz der Geistes- und Gewissensfreiheit fordert in diesem Falle von Herrn Sasse die Erfüllung der selbstverständlichen Anstandspflicht, daß er aus dem deutschen Volks- und Staatsverband ausscheidet. Denn auch dem Christen steht nicht frei, sein Volk zu beleidigen. Wir als deutsche Nichtchristen besitzen doch auch Charakter genug, nicht einem christlichen Kirchenverband angehören zu wollen. Aber einen Volksverband beleidigen oder verächtlich machen und sich obendrein noch jede Einmischung in seine beleidigende Tätigkeit verbitten — und trotzdem noch dem Volksverband angehören wollen, das ist denn doch der Gipfel der Charakterlosigkeit.

Der Grundsatz der Geistes- und Gewissensfreiheit erfordert Erziehung zu deutscher Charakterfestigkeit. Dieses Ziel wird nicht erreicht, wenn deutsche Eltern gezwungen werden können, ihre Kinder in christlichen Religions- und Geschichtsunterricht zu schicken, der die Verleumdung, Beleidigung oder Verächtlichmachung der deutschen Sittlichkeit, der nordischen Rasse und des deutschen Volkes zum Inhalt und Gegenstand hat.

3.

Anhang.

Vorschläge für die Schaffung eines zwischenstaatlichen Presserechts und Presseehrenrechts.

Als Mindestfordernisse müßten für den Inhalt der internationalen Vereinbarungen folgende Punkte aufgestellt werden:

1. Jeder Staat verpflichtet sich, nur das Erscheinen von wirtschaftlich sichergestellten Zeitungen und Zeitschriften zuzulassen.
2. Jeder Staat verpflichtet sich, für größte Sauberkeit im Anzeigenwesen seiner Zeitungen zu sorgen.
3. Jeder Staat verpflichtet sich, das Erscheinen irgendwelcher „lanzierter" Artikel und Aufsätze in den Zeitungen unter schwere Strafe zu stellen.
4. Jeder Staat verpflichtet sich, sein Pressewesen so zu ordnen, daß Stammesfremde, sowie solche Personen, welche weltanschaulich oder materiell einer anderen Macht als der Staats- und Volkshoheit zu gehorchen verpflichtet sind, weder Drucker noch Eigentümer einer Zeitung, noch auch Mitarbeiter an einer Zeitung sein können.

5. Jeder Staat verpflichtet sich, für einen ehrenhaften Ton in seiner Presse allen anderen Staaten gegenüber Sorge zu tragen.

6. Jeder Staat verpflichtet sich für den Fall, daß Falschmeldungen oder falsche Berichte in seiner Presse erscheinen sollten, welche geeignet sind, die Würde und Hoheit eines anderen Volkes und Staates herabzusetzen und verächtlich zu machen, den Urheber, Drucker und Verbreiter solcher Meldungen unter schwerste Strafe zu stellen.

Sollte von der Regierung des beleidigten Staates die Aburteilung der Zuwiderhandelnden vor dem internationalen Schiedsgerichtshof für die Presse gefordert werden, so ist der beleidigende Staat verpflichtet, die Verbrecher dem Schiedsgerichtshof zwecks Aburteilung zu übergeben. Ihm obliegt der Vollzug der vom Schiedsgerichtshof ausgesprochenen Strafe.

7. Jeder Staat verpflichtet sich, bei der Schaffung eines internationalen Schiedsgerichtshofes für die Presse mitzuwirken.

8. Jeder Staat verpflichtet sich, keine Zeitung aus öffentlichen Mitteln zu unterstützen und alle von ihm abhängigen oder geleiteten Organe als amtliche Organe zu bezeichnen.

9. Jeder Staat verpflichtet sich, das direkte und indirekte Bestechungswesen bei den Zeitungen unter schwerste Strafe zu stellen.

10. Jeder Staat verpflichtet sich, für eine solche Regelung der Eigentümer- und Mitarbeiterverhältnisse an den Zeitungen zu sorgen, daß jederzeit klar ersichtlich ist, wer für den Ton und Charakter der Zeitungen im Allgemeinen und der Aufsätze und Berichte im Besonderen verantwortlich ist.

Vorschläge für den Entwurf eines zwischenstaatlichen Presseehrenrechtes.

Eingedenk ihres hohen Berufes, die Würde, Ehre und die Lebensinteressen ihrer Völker zu wahren, schließen die Eigentümer sämtlicher Zeitungen der Erde folgenden Vertrag:

§ 1.

Es gilt als unsittlich und unehrenhaft, eine Zeitung oder periodische Druckschrift erscheinen zu lassen, um sich durch unlautere Mittel wie Bestechung, Erpressung, Korruption im Anzeigenwesen, Falschmeldungen und Greuelberichte, durch Anstellung käuflicher Federn, durch Veröffentlichung bezahlter Aufsätze u. dgl. m. den Lebensunterhalt zu sichern.

Die unterzeichneten Vertragschließenden verpflichten sich daher, diesem Unwesen durch Veröffentlichung und Anprangerung der Namen der Eigentümer, Mitarbeiter und Herausgeber dieser Zeitungen und durch Verhängung der Verkaufs- und Postbezugssperre über sie zu steuern.

§ 2.

Es gilt als unsittlich und unehrenhaft, das Anzeigenwesen zum Gegenstand unlauterer Geschäfte zu machen.

Die Zeitungen verpflichten sich, über Geschäfte und Unternehmungen, welche die Vergebung ihrer Inseratenaufträge irgendwie als Druckmittel zum Zwecke der Beeinflussung der öffentlichen Meinung direkt oder indirekt zu verwerten suchen, allgemein die Inseratensperre zu verhängen und sie als Meinungsfälscher zu kennzeichnen.

Die Meinungsfälschung soll ebenso schwer bestraft werden, wie die Geldfälschung.

§ 3.

Es gilt als unsittlich und unehrenhaft, im Dienste irgendeiner Persönlichkeit, Macht oder Organisation zu stehen und zu schreiben, welche außerhalb des Volksverbandes oder gar in Feindschaft zu dem Volksverband steht, in dessen Gebiet und Sprache eine Zeitung erscheint.

Dieses Landsknechttum im Dienste fremder Herren oder Staaten ist als besonders verächtlich auf das allerschärfste zu bekämpfen.

Das System des Hintermänner- und Strohmännertums ist mit der Würde des Presseberufes, mit der Hoheit und Würde des Volkes, in dessen Gebiet und Sprache eine Zeitung erscheint, unvereinbar und darum als unsittlich und unehrenhaft zu brandmarken und zu bestrafen.

§ 4.

Über eine Zeitung oder periodische Druckschrift, deren Eigentums- und Mitarbeiterverhältnisse nicht ganz einwandfrei klar liegen, die das Landknechtstum im Dienste fremder Herren oder Staaten duldet oder fördert, sollen empfindliche Strafen verhängt werden.

§ 5.

Es gilt als unsittlich und unehrenhaft, Lügen, Falschmeldungen, erfundene Greuelberichte oder andere Berichte zu veröffentlichen, welche geeignet sind, die Ehre, die Würde und die Lebensinteressen eines anderen Volkes zu verletzen und herabzusetzen.

§ 6.

Alle diese Vergehen gegen dieses Ehrenrecht sollen vor einem Ehrenhofe des internationalen Schiedsgerichtshofes abgeurteilt werden.

Verzeichnis des benützten Schrifttums.

Armin Otto	Die Juden im Heer
Armin Otto	Die Juden in den Kriegsgesellschaften
Aster H. R.	Die drei Betrüger
Avé-Lallemant Friedr. Christ.	Das deutsche Gaunertum
Bartels Adolf	Heinrich Heine. Auch ein Denkmal.
Bey Osman	Enthüllungen über die Ermordung Alexanders II.
Binder Julius	Philosophie des Rechts
Bischoff Erich	Das Buch vom Schulchan aruch. (Wohl die beste Arbeit, die über den Schulchan aruch geschrieben wurde.)
Brafmann Jakob	Das Buch vom Kahal
Columella L. Junius Moderatus	De re rustica
Carey Henry Charles	Lehrbuch der Volkswirtschaft und Sozialwissenschaft
Chamberlain H. St.	Die Grundlagen des 19. Jahrhunderts
Dallmayr Adolf	Der große Raubzug
Darwin Charles Randolph	Die Entwicklung des Priestertums und der Priesterreiche
Diest-Daber Otto von	Geldmacht und Sozialismus
Dodel-Port Arnold	Entweder — Oder! Eine Abrechnung in der Frage „Moses oder Darwin" an der Jahrhundertwende
Dubnow Simon	Weltgeschichte des jüdischen Volkes. 10 Bände
Düring Eugen	Kritische Geschichte der Nationalökonomie und des Sozialismus
Düring Eugen	Die Judenfrage als Rassen-, Sitten- und Kulturfrage
Eberle Josef	Großmacht Presse
Eisenmenger Joh. Andreas	Entdecktes Judentum. (Etwaigen Kritikern, die Lust haben sollten, über Eisenmenger den Stab zu brechen, wie es z. B. auch Sombart tut, halte ich das Urteil Bischoffs über Eisenmenger entgegen: „Geboren 1654 in Mannheim, gestorben 20. Dezember 1704 als Professor in Heidelberg. Er hatte in Amsterdam das Judentum und dessen Literatur aufs gründlichste studiert und besaß von dieser mehr Kenntnisse, als alle heutigen jüdischen und christlichen Gelehrten zusammen. Er bietet fast stets vor seinen zahllosen Übersetzungen den Urtext der oft sehr seltenen und von ihm benutzten jüdischen Werke und weist nur ganz selten eine nicht ganz einwandfreie Übersetzung auf. Wenn jüdische Schmieranten heute seine zwei dicken Quartbände als einen „Schmähfolianten" bezeichnen, so wissen sie selber nicht, wie dumm sie sind. — Be-

	kanntlich wurde die erste Auflage (1700), nachdem Eisenmenger ein jüdisches Angebot von 10 000 Talern für Unterlassung des Druckes ausgeschlagen hatte, auf Betreiben der Frankfurter Juden vom Kaiser beschlagnahmt (erst 1740 freigegeben), worauf Friedrich I. von Preußen 1711 in Königsberg, wo der Kaiser nichts zu sagen hatte, das Buch auf seine Kosten neu drucken ließ und die Auflage Eisenmengers Erben schenkte.")
Erbt Wilhelm	Das Judentum
Feuerbach Ludw.	Das Wesen des Christentums
Feuerbach Ludw.	Das Wesen der Religion
Feuerbach Ludw.	Pierre Bayle
Fester Richard	Die Politik Kaiser Karls und der Wendepunkt des Weltkrieges
Fester Richard	Die Internationale 1914—1919
Franke Arno	Staat im Staate
Freytag Gustav	Bilder aus der deutschen Vergangenheit
Fried Alfred H.	Mein Kriegstagebuch (4 Bände)
Fried Alfred H.	Der Kaiser und der Weltfriede
Fritsch Theodor	Handbuch der Judenfrage 1931
Fritsch Theodor	Der falsche Gott
Fürstenthal Raphael Jakob	Rabbinische Anthologie
Giesebrecht Wilhelm von	Geschichte der deutschen Kaiserzeit (6 Bände)
Glagau Otto	Des Reiches Not und der neue Kulturkampf
Gobineau Arthur Graf	Versuch über die Ungleichheit der Menschenrassen (Übers. Ludwig Schemann, 4 Bände)
Gunkel Hermann	Genesis
Hartmann Eduard von	Die Krisis des Christentums in der modernen Theologie
Hartmann Eduard von	Die Selbstzersetzung des Christentums und die Religion der Zukunft
Hartner Herwig	Erotik und Rasse
Henel Hans Otto	Vierhundert Jahre Schindluder
Henne Am Rhyn Otto	Kulturgeschichte des Judentums
Herrmann Karl	Von Pater Philippart, von Kardinal Mercier und anderen unbekannten Soldaten
Herwig	Georg Schönerer. Ein Lebensbild. 4 Bände. Dieses Buch sei jedem Deutschen dringendst empfohlen
Herzl Theodor	Tagebücher. 3 Bände
Herzl Theodor	Zionistische Schriften
Hitler Adolf	Mein Kampf
Ihering Rudolf	Der Zweck im Recht. 2 Bände
Ihering Rudolf	Vorgeschichte der Indoeuropäer

Kernholt Otto	Vom Ghetto zur Macht
Kittel Rudolf	Judenfeindschaft oder Gotteslästerung
Kittel Rudolf	Geschichte der Hebräer
Klemm Gustav Friedrich	Allgemeine Kulturgeschichte der Menschheit (10 Bände)
Knesebeck Ludolf Gottschalk v. d.	Die Wahrheit über den Propagandafeldzug und Deutschlands Zusammenbruch
Lagarde Paul de	Deutsche Schriften
Lamprecht Karl	Deutsche Geschichte
Lamprecht Karl	Deutsches Wirtschaftsleben im Mittelalter
Lehmann Max	Preußen und die katholische Kirche seit 1640
Lehmann Max	Freiherr vom Stein
Lehmann Max	Scharnhorst
Lenz Friedrich	Staat und Marxismus. 2 Bände
Liebe Georg	Das Judentum in der deutschen Vergangenheit
Ludendorff Erich	Vernichtung der Freimaurerei durch Enthüllung ihrer Geheimnisse
Ludendorff Erich	Kriegshetze und Völkermorden
Ludendorff Erich	Weltkrieg droht auf deutschem Boden
Ludendorff E. u. M.	Das Geheimnis der Jesuitenmacht und ihr Ende
Lützelberger E. C. J.	Grundzüge der paulinischen Glaubenslehre
Marr Wilhelm	Sieg des Judentums züber das Germanentum
Martensen H.	Die christliche Dogmatik
Meister Wilhelm	Judas Schuldbuch
Meyer Eduard	Israel und seine Nachbarstämme
Meyer Eduard	Geschichte des Volkes Israel
Mommsen Theodor	Römische Geschichte
Movers Karl Franz	Die Phönizier. 4 Bände
Muhs Karl	Anti-Marx
Nicolai W.	Geheime Mächte
N. N.	Die Unschuld der Jenseitigen
Nobel Alfons	Mord in der Politik
Rappaport Moritz	Sozialismus, Revolution und Judenfrage
Reventlow Ernst	Deutschlands auswärtige Politik
Reventlow Ernst	Minister Stresemann als Staatsmann und Anwalt des Weltgewissens
Reventlow Ernst	Für Christen, Nichtchristen, Antichristen
Reventlow Ernst	Kriegsschuldlüge und Kriegsschuldlügner
Riehm Eduard C. Aug.	Handwörterbuch des biblischen Altertums

Ritter Immanuel Heinrich	Geschichte der jüdischen Reformation
Rosenberg Alfr.	Die Spur des Juden im Wandel der Zeiten
Rosenberg Alfr.	Unmoral im Talmud
Rosenberg Alfr.	Der Mythus des 20. Jahrhunderts
Schemann Ludw.	Gobineaus Rassenwerk
Scherr Johannes	Geschichte deutscher Kultur und Sitte
Scherr Johannes	Menschliche Tragikomödie
Schwally	Semitische Kriegsaltertümer
Schickedanz Arno	Sozialparasitismus im Völkerleben
Sinclair Upton	Der Sündenlohn. Eine Studie über den amerikanischen Journalismus
S. S.	Hinter den Kulissen des französischen Journalismus
Sombart Werner	Die drei Nationalökonomien
Sombart Werner	Der moderne Kapitalismus
Sombart Werner	Die Juden und das Wirtschaftsleben
Sombart Werner	Der Bourgeois
Sorokin Pitirim	Die Soziologie der Revolution
Steinhausen Georg	Geschichte der deutschen Kultur
Steuernagel	Die Einwanderung der israelischen Stämme in Kanaan
Stoltheim Roderich	Das Rätsel des jüdischen Erfolges
Thaidigsmann G.	Rom, Babel, Jerusalem
Treitschke Heinrich von	Deutsche Geschichte im 19. Jahrhundert
Treitschke Heinrich von	Der Sozialismus und der Meuchelmord
Treitschke Heinrich von	Politik
Treitschke Heinrich von	Ein Wort über unser Judentum
Tröltsch Ernst	Die Soziallehren der christlichen Kirchen und Gruppen
Weber Ferdinand	System der altsynagogischen Theologie aus Targum, Midrasch und Talmud
Weber Max	Religionssoziologie. 3 Bände
Wellhausen	Geschichte des Volkes Israel
Wichtl Friedrich	Weltfreimaurerei, Weltrevolution und Weltrepublik 11. Auflage
Wolf Heinrich	Weltgeschichte der Lüge
Wolf Heinrich	Angewandte Rassenkunde
Wolf Heinrich	Angewandte Kulturgeschichte

Wohlgemut Josef	Jeschurun. Monatsschrift für Lehre und Leben im Judentum
Ziese Maxim, Ziese-Beringer Hermann	Generäle, Händler und Soldaten
Zunz Leopold	Die gottesdienstlichen Vorträge der Juden historisch entwickelt.

Quellenwerke

Außer Eisenmengers Entdecktem Judentum und Bischoffs Buch vom Schulchan aruch wurden benützt die Bibelübersetzung Luthers und Kautzsch. Ferner der Talmud in der Ausgabe von Lazarus Goldschmidt.

Sammelwerke

M. Gottfried Büchners Biblische Real- und Verbal-Hand-Konkordanz. Otto von Gerlach Bibelwerk. Graf Paul Hoensbroech: Der Jesuitenorden. Eine Enzyklopädie. Marcuse Max: Die Ehe. Ein biologisches Ehebuch. J. T. Müller: Die symbolischen Bücher der evangelisch-lutherischen Kirche.

Zeitschriften

Soweit nicht schon im Schrifttumsverzeichnis angeführt, wurden folgende Zeitschriften benützt: Janus (Münchener Halbmonatsschrift für Literatur, Kultur und Kritik). Der Hammer. Ludendorffs Volkswarte. Der Volkswart. Nationalsozialistische Monatshefte. Völkischer Sprechabend. Der Weltkampf. Widerstand.